易經明解

丁酉劉志鑫

易经明解

温海明◎主编

第一辑

孔學堂書局

山东省泰山学者、孔子研究院特聘专家温海明教授项目成果

图书在版编目（CIP）数据

易经明解. 第一辑 / 温海明主编. — 贵阳 : 孔学
堂书局, 2024.5

　　ISBN 978-7-80770-512-3

　　Ⅰ.①易… Ⅱ.①温… Ⅲ.①《周易》—研究 Ⅳ.
①B221.5

　　中国国家版本馆CIP数据核字(2024)第071135号

易经明解　第一辑　温海明 / 主编

YIJING MINGJIE　　DIYIJI

图书监制：祁定江
责任编辑：张发贤　周亿豪

出版发行：贵州日报当代融媒体集团
　　　　　　孔学堂书局
地　　址：贵阳市乌当区大坡路26号
印　　制：宝蕾元仁浩（天津）印刷有限公司
开　　本：710mm×1000mm　1/16
字　　数：699千字
印　　张：34.75
版　　次：2024年5月第1版
印　　次：2024年5月第1次印刷
书　　号：ISBN 978-7-80770-512-3
定　　价：59.00元

编辑委员会

新时代易学

（代序）

　　海明回国任教十多年来，尤其是最近几年作为国际易学联合会秘书长兼学术部部长，为推动《周易》的学理研究、普及易学知识、推动《周易》国际化做了很多工作。如今面世的《易经明解》一书三卷本，就是他多年来从事易学研究与普及工作的见证和结晶。

　　过去十多年中，海明在中国人民大学哲学院一直从事与《周易》和比较哲学有关的教学与研究工作，在易学和比较哲学研究方面硕果累累，是同辈当中的佼佼者。他在取得当代哲学研究前沿性成就的同时，没有忘记自己早年弘扬易道的志向，坚持通过研读《周易》来传播中国哲学与文化。过去几年，他用现代科技手段带领当代中青年易学家解读《周易》卦爻辞，形成了一个蔚为大观的易学研究团体，并主编完成了这部《易经明解》。此书在相当程度上代表当代易学研究的水准和风貌，是这个时代研究《周易》经传文的重要记录，所以希望海内外《周易》研究者都关注和留意此书。

　　《易经明解》一书的出版，对推动《周易》学术研究和在促进《周易》研究国际化方面有重要意义，可以后天八卦来说明八方面的意义。

　　首先，震惊百里——《周易》是绵延三千多年的古老学问，《易经明解》博采众长，可谓老树新枝，既是《周易》魅力经久不衰的证明，又说明江山代有人才出，如今这个时代《周易》研究后继有人。该书出版不仅标志着当代中国《周易》研究人才济济，而且标志着当代中青年易学家共同研究易学、弘扬易道的共同体已然成型，这个学术共同体基本上由国内高校和科研院所从事《周易》教学和研究的专家们组成，包括研究《周易》多年，造诣精湛、很有成就的学者们。相信这个易学共同体将继续以开放的态度研讨《周易》，继承中国文化之道，推动中国哲学国际化。

其次，巽风化俗——《周易》研究在当代开启了全天候共同研究的新模式。在微信学习群出现之前，全球同一时间几百学者共同研究同一问题并不容易，但微信学习群开启了研究学术问题的新模式。2015年10月，海明组建并运行至今的"周易明解——易学与哲学"微信群，自创立之初就是一个共同学习《周易》经传、研讨卦爻辞的学习交流群，群内学者和专家们的讨论在相当程度上致力于破解卦爻辞言象意之间的千古之谜。如今这些研讨的主要成果都记录在《易经明解》一书当中，不仅值得当代研究者重视，而且作为这个时代的易学研究记录，可为后世研究新时代易学提供非常宝贵的历史记录。

第三，离日光辉——《易经明解》对于当代参差不齐的《周易》研究起到了正本清源的作用。该书内容主要是微信学习群的研讨记录，从2015年10月12日开始，每周一卦，每日一爻，每周的主讲人都是海内外易学名家，他们同时同台串讲卦爻辞精义，并为群内师友们答疑解惑，碰撞出了很多灵感火花。整部书以卦爻辞为主线，以传统注释为正统，参照古今多种不同注释，如新时代的易学明灯，指引着当代《周易》研究前进的方向。

第四，坤德兼容——《易经明解》继承并发扬了义理象数兼顾、兼容并包的研易学风。"周易明解"微信学习群团结海内外几百位易学研究者，加上几个分群，前后参与学习者达千余人。就本书记录而言，一年多下来，在群里讲解卦爻辞的易学专家有三十多位，几乎占据当代易学界半壁江山，他们各自贡献出原创性的易学见解，或言义理，或谈象数，各展所长，精彩纷呈。2017年1月8日，在64卦384爻解读结束之际，该群在国际易学联合会的支持下，以群内导读专家为主，在中国人民大学举办了"明解《周易》的当代意义"学术研讨会，与会专家们为《周易》的当代研究和普及工作贡献了很多智慧，其兼容并包、厚德载物的学风取得了良好的社会影响。

第五，悦言正脉——《易经明解》对于鱼龙混杂的《周易》研究界，相当程度上起到了统一思想、加强周易研究的现代价值、增进文化自信的功能。几年来，海明与海内外易学同行对于传播《周易》哲学思想，弘扬《周易》文化，增进文化自信，起到了相当的推动作用。通过长期的公益讲学活动，《易经明解》的成果记录表明该群师友们的共同努力实现了最初定的目标，即通过解读卦爻辞，明易理，推人事。师友们立足经传互证，明白解读《周易》，深化易学基础，找回易学正脉，领悟易道哲理，提升人生境界。可见，《易经明解》所形成的易学团队是当代易学界的一股清流，协同着《周易》研究各门各派的不同说法，抓住古今易学正宗，海纳百川，有容乃大，其重易理、偏学术的易学正脉倾向在相当程度上引导着当代易学界向健康有序的方向发展。

第六，乾行古今——《易经明解》在这个时代有着经世致用的重要价值，对于推动易学国际化，为中华文明的世界化，为中国经典在国际舞台上焕发光彩作好了铺垫。虽然历代《周易》著作很多，但自唐太宗敕令孔颖达主编《五经正义》迄今，已近一千五百年了，这中间鲜有汇集当世易学家一同相与论学及攻坚克难的易学著作，几个时代很少有共同研读易学并为后世铭记的学术团体。当今之世，得益于信息传播技术，"周易明解"学术研讨群能够汇集全国乃至世界的易学家一同研讨许多易学千古之谜，以共同实化易学智慧的精神努力取得了如此丰硕的成果，实在可喜可贺。

第七，坎水洗心——《周易》是洗心之学，海明第一篇发表的论文就是研究阳明易学的，对于阳明洗心研易有自己独到的体会。这些年他与易学学术共同体和当代主要易学研究者读易研易，其状态犹如王阳明《玩易窝记》所载："此古之君子所以甘囚奴，忘拘幽，而不知其老之将至也。夫吾知所以终吾身矣。"在《易经明解》一书中，海明与师友们在导读卦爻辞之时，常常流露出享受读易、参透人生甚至超尘脱俗的情怀。过去几年中，他在离阳明悟道的龙场不远的贵阳孔学堂书局（《孔学堂》杂志）挂职期间，坚持引领当代师友们学易悟道。他在洗心炼志、退藏于密之时，不忘感而遂通，与师友们以忘我投入的精神研究易学，可以说再现了从孔子到阳明那种"斯文"在兹、传承绝学的努力和担当。

第八，艮止成德——《易经明解》一书中很多见解有明确的当下性和新时代性，发前人未发之处不少。海明带领他的研究生们不间断地收集讲课记录并加以整理编辑，又经导读易学家们多次修订。如今这部讲稿《易经明解》能够出版，对于推动新时代《易经》研究，可谓功莫大焉。海明早年在北京大学攻读硕士学位期间，除跟朱伯崑、陈来、余敦康、刘大钧、李中华、王博等教授学习《周易》之外，还得马恒君教授《周易正宗》之传，多位易学前辈对海明引领易学研究团体，打造《易经明解》的抱负、视野和方法等都产生过重要影响，为其成德树人打下坚实基础。山东大学周易研究中心和孔学堂书局的领导们眼光长远，都意识到这部书具有新时代价值和历史价值，对该书编辑出版工作给予巨大支持。作为国际易学联合会会长，我也非常乐意看到这部具有新时代意义的巨著编辑出版，希望海明继续协同海内外师友们和易学爱好者们共同推进易学的国际化事业，推广传播中华文化之道。

国际易学联合会第四届理事会会长

中国社会科学院哲学研究所研究员

2018年6月22日

甲辰再序

甲辰早春，杏花春雨，与恩师安乐哲先生同游江南绍兴，此地自古地灵人杰、文脉流长。幸得丁青君接引，来到兰亭花街洪溪鲜虾山南麓阳明先生墓前，门口安静清幽，流水潺潺，山上林木郁郁葱葱。烟雨蒙蒙之中，于山麓间诵读《玩易窝记》全文，其中有：

> 阳明子之居夷也，穴山麓之窝而读《易》，其间，始其未得也，仰而思焉，俯而疑焉，函六合，入无微，茫乎其无所指，兮乎其若株。其或得之也，沛兮其若决，联兮其若彻，菹淤出焉，精华入焉，若有相者而莫知其所以然。其得而玩之也，优然其休焉，充然其喜焉，油然其春生焉；精粗一，外内翕，视险若夷，而不知其夷之为厄也。于是阳明子抚几而叹曰："嗟乎！此古之君子所以甘囚奴，忘拘幽，而不知其老之将至也夫！吾知所以终吾身矣。"

正德三年（1508年）春，阳明先生三十七岁，初抵龙场，居夷处困，忽一夜大悟圣人之道，存乎一念之间而已，后人称此为"龙场悟道"。阳明先生悟道、成就心学，跟其研读《易经》的经验有很大关系。阳明先生因玩易、读易、悟易，打通了内心与世界，把艰险视作坦途，领悟古代圣人在生死关头视死如归、杀身成仁、舍生取义、乐天知命的精神，从此勘破生死，顿悟"心即理"，提出"格物致知"新说，进而创立"知行合一"的划时代新见。感慨阳明心学通于易学之时，眼前似乎浮现阳明先生在绍兴的讲学场景。

弘治十五年（1502年）八月，阳明先生告病归越，筑室会稽山阳明洞天，自号"阳明子"，闭门读书，默坐深思，自此离却早年出佛入老、避世成仙的意识倾向，洞彻儒家人性本自天良之善，形成心学建构之基础。自嘉靖元年（1522年）至嘉靖六年（1527年），阳明先生在绍兴阳明书院与稽山书院等处系统讲授心学理论，期间修复稽山书院建尊经阁，阳明先生应南大吉之邀撰写《稽山书院尊经阁记》，文中有言"故《易》也者，志吾心之阴阳消息者也"，明确说明其心学有易学根基。在嘉靖六年（1527年）出征广西前夜，阳明先生在会稽山上天泉证道，四句教留给后人无尽遐思。

阳明先生在贵州修文读易悟道，但归葬绍兴，以此纪念他生命中重要的讲学时光和传播心学的重要基地。阳明心学发轫自易学，五百年来，在其墓前读《玩易窝记》者，估计不多。我曾多次带学生们去参访"玩易窝"，体悟阳明先生悟道时通于易道之心意，记得学生韩盟参悟之后，即改微信名为"心即是易"。《周易明意》开篇"易本心易"，亦承阳明先生之教。该书《庚子再序》以"阳明龙场读《易》"开篇：

阳明龙场读《易》，悟通"心即理"之道，而后造心学。他悟道之后，感叹易道淆乱，自古已然。《传习录上》提到孔子不得已删述"六经"，并举孔子赞《易》为例……孔子颂赞文王周公之说以成《易传》，而后天下读《易经》者才知宗旨和入道门径。自孔子《易传》出世，后世学习《易经》当从《易传》入门。

本书是当代研易者讲读卦爻辞的汇编，读者阅读本书可以体会当代易学家们对易学的不同观点，如果希望从中揣摩共识，或许当试图理解接下来的这段话：

在阳明时代，易道恐怕尚未有如今之乱象，当时读书人至少要先读《易传》再解《易经》，此不易之论无须特别强调，可如今情形完全不同。百年以来，《周易》早已从五经之首、大道之源的神坛上被拉下来，而"孔家店"也被打倒多次，若谓孔子其人其学以"丧家狗"的姿态在现代化潮流中被边缘化亦不为过。其影响所及，连不明阴阳和八卦本意者都敢对《易传》乃至卦爻辞评头论足，一种浮泛空疏的学易之风，泛滥久矣。

这本书的缘起，其实也是希望对治几十年来空泛的研易学风。从2016年开始，我担任国际易学联合会第四届秘书长兼学术部部长，正是在此期间，我组织易学同道通过微信群线上共论卦爻辞，并由学生们对讲课者的记录加以整理修订。

时过境迁，没想到当时经常聚会、高谈阔论的学术顾问朱高正先生，如今已天人永隔。公元2023年10月10日上午10时（癸卯年壬戌月辛丑日），我在洛阳朱高正先生墓前的部分祭文如下：

朱熹世孙，宝岛云林，台大法学，负笈波恩；周易康德，融烩一炉，造诣精深，世罕其匹。高中时代，易兴复华，留德期间，偶读卫著；德译周易，深感震撼，融通经传，开悟易道。卫译回汉，本期指点，斯人已逝，阴阳分途。礼贤绝学，朱生洞见，学缘难续，惶恐离道。

周易大家，屈指可数，太极思维，通达易道。大衍筮法，少阴少阳，新见迭出，影响深远。孔子易传，人文传统，象辞一体，主旨穿贯。汇通中西，融铸今古，为前民用，开物成务。学兼汉宋，务求本旨，析疑释滞，深入浅出。得其要领，继承圣学，伸张易道，从未怠惰。直解经文，严守经传，求通为要，精髓透悟。振兴易学，再造文脉，我辈学人，自当继承。

弘扬圣道，著述宏富，通解系列，阐发哲思。圣人之道，孔朱夫子，造次颠沛，允执厥中。国际易联，厥功至伟，作序明意，游学四方。周易经传，倒背如流，博闻强识，信手拈来。人文国学，箤筜书院，文化传播，不遗余力。复造传统，重建文脉，阐扬道统，传播全球。

夜幕箤筜，天光乍现，先生英灵，显化世间。音容笑貌，永不消逝，呜呼痛哉，哀思永致：

成性存存，易道圣统，绝代华章，两岸皆伤；

行天健健，玉帛干戈，醒世豪雄，山河同悲。

朱先生遽然离世，令人感伤，而那些年曾一同导读的林文钦先生，如今也已羽化。师友仙逝，加上人世沧桑，更加感慨易道之传弱如游丝，回首这些年传播易道的艰辛，感通历代圣道行世的苦痛，更觉千言万语，无以名状。谨以此小序，纪念人更三圣世历三古之下，历代先辈披肝沥胆、舍生忘死传播易道的努力。

感谢张发贤兄和周亿豪兄为此书再印付出辛劳。龙年春节前后，学生韩盟、秦凯丽、鲁龙胜、邹紫玲、徐萃、唐军、庞子文、刘科迪、胡继月、赵宇男、边玉姝、高小慧、刘熳淳、陈建军帮忙校对，修正了初版时的一些问题。感谢师友们多年的理解和支持，让这套书有幸成为新时代读易研易的记录。

中国人民大学哲学院教授
尼山世界儒学中心副主任
山东大学兼职特聘教授
山东省泰山学者、孔子研究院易学研究中心主任
2024年5月4日

戊戌自序

2015年9月，在我主持的"中国哲学与文化复兴"微信学术交流群中，多位学友问学并讨论关涉《周易》的相关问题，我一一作答后，很多学友强烈建议一起成立一个专门研习传播《周易》的微信学术交流群。2015年国庆假期期间，"周易明解——易学与哲学"学术研讨群（以下简称"周易明解"群）正式创立，邀请国内高校正在开设《周易》课程的学者们每天在群内举办一场易学讲座，从2015年10月12日开始正式与学友们一起互动研学。该群从建立伊始，就以共同学习《周易》经传、打通卦爻辞言象意之间千古难解之谜为研习目标，持续至今已成为中国当代研习易学颇有影响力的学术共同体。学术群内授课的学习进度是每日一爻，每周一卦，每晚十点至十一点（半年后改为九点半开始）由众多海内外易学家同台串讲卦爻精义，并为群内师友答疑解惑。群内聚集近五百位易学家及易学爱好者，在中国人民大学中国哲学专业诸位同学的精心筹备和热心易学人士的支持下，很快开设了"南方""北方"和"海外"等学术研习分群。

近两载春秋，先后在群内相与论学讲解卦爻辞的易学家有三十多位，参与六十四卦讲解的导读老师有：林文钦（台湾高雄师范大学）、章伟文（北京师范大学）、孙福万（国家开放大学）、李尚信（山东大学）、曾凡朝（齐鲁师范学院）、余治平（上海交通大学）、谢金良（复旦大学）、何善蒙（浙江大学）、冯国栋（浙江大学）、郑朝晖（广西大学）、史少博（西安电子科技大学）、梅珍生（湖北省社会科学院）、黄忠天（台湾高雄师范大学）、刘震（中国政法大学）、赵建功（华中科技大学）、张国明（沈阳大学）、辛亚民（中国人民大学）、于闽梅（中国社会科学院大学）、张文智（山东大学）、张克宾（山东大学）、张丰乾

（中山大学）、翟奎凤（山东大学）、刘增光（中国人民大学）、谷继明（同济大学）、宋锡同（华东师范大学）、刘正平（杭州师范大学）、孙铁骑（吉林师范大学）、孙钦香（江苏社会科学院）、吴宁（中山大学）、寇方墀、尚旭等（课表详见附录二）。可以说，学者们在授课中一起贡献了这个时代兼具学术性和原创性的易学见解。

经过466日不间断的努力，在2017年1月8日，64卦384爻导读讲解结束之际，"周易明解"群基本实现了最初研学目标：通过解读卦爻辞，推天道以明人事。该群也基本兑现了其宗旨：明白解读《周易》，立足经传互证，深化易学基础，找回易学正脉，领悟易道哲理，提升生命境界。同时也升华了本学术团体的求道追求：积金千两，不如明解《周易》；救人以易，胜造七级浮屠。2017年1月后，"周易明解"群继续讲解学习《易传》。本书是对2017年1月之前64卦384爻研习内容的整理和加工。

这次聚会前后，师友们都逐步意识到，自唐太宗敕令孔颖达编纂《五经正义》近1500年来，易学著作多单独成书，或编辑拼接，鲜有汇集当世易学家一同相与论学及攻坚克难研读易学的学术团体。当今之世，得益于信息传播技术，"周易明解"群汇集了中国乃至世界各地的顶级易学家一同研讨许多易学千古之谜，并取得了丰硕成果。当代易学界的学者们聚在一起，本着和而不同，求同存异的原则，不盲目遵从古往今来任何一家一派的说法，尽力取长补短，折中百家之说。不少师友认为，本书经过热心同学们不间断收集讲课记录并加以整理编辑，又经导读易学家们修订，具有易学研习传播的崭新历史价值。在易学专家和师友们的要求下，在我挂职任副总编辑的孔学堂书局（《孔学堂》杂志）领导和我任兼职教授的山东大学易学与中国古代哲学研究中心相关领导和老师们的支持下，在中国人民大学哲学院二三十位研究生同学们长期不懈的艰苦努力下，本群的研讨记录经过多轮整理修改，终于成书。下面特把此书的成型过程，也就是本群研讨记录的整理修改过程略述一二。

本群建立之初，由于师友们在导读和论辩当中常有新见，提出一些历代易学家们没有注意到或者没有深入讨论的问题，师友们很快意识到本群研学成果有无可替

代的珍贵价值，希望保存下来，以便其学术价值和历史价值为现世学人及后世学人
所了解。在同学们的努力下，从建群第一天开始的研讨记录都原原本本地保存下
来，并由当天研学的学生秘书（中国人民大学哲学院中国哲学专业的硕士研究生
和博士研究生）及时整理，经过我校对修改之后，在周易明解微信公众号上发表出
来，并在搜狐、头条等网站上推送，取得一定的学术影响和社会影响。第一遍的记
录稿有每次发言的时间（精确到秒），有师友们讨论的表情、很多语气词和较为随
意的内容，为了使本书简洁而凸显研学成果，这些有趣的内容在后来的修订过程
中都没有保留，这是学生们对聊天记录的第一遍整理，庞大的工作量可想而知。参
与这遍整理的研究生有：孙世柳、李芙馥、黄仕坤、周俊勇、陈志雄、李占科、黄
桢、王璇、秦凯丽、贡哲、张馨月、王雨萧、赵晨等。他们是本书稿件的最早记录
者和整理者。第一批整理研学内容的同学还兼任了课程秘书，在每天晚上开课之前
把当天的预习资料准备好发进群里，他们往往需要选择几部经典和当代的《周
易》注释，供大家参考。非常感谢以上同学的支持和配合，他们使得书稿能够完
整地保存下来。

我多年来在中国人民大学哲学院给研究生开设易学专题研究课程。2016年秋
季，在选课的多位研究生同学的热心帮助下，我们重新设计编排了讲稿的体例，把
原先每天一爻的内容合并成一卦的内容，修改讲稿为"明解文本""讲课内容"和
"讨论内容"三大部分，并加了小标题。学生们对讲稿做了三四次整理，到期末基
本成形。参与这一轮讲稿整理的研究生有：孙世柳、陈志雄、裴建智、秦凯丽、贡
哲、孙纯明、王鑫、刘杨、袁征、廖浩、赵敏、龚莲伊、董禹辛、张云飞、曹海洋
等，是大家的辛勤付出让书稿具备出版的可能性。

2017年春季，我把同学们修改之后的稿子分别发给每卦的两位导读老师，大部
分导读老师都进行了精心修改和整理，修改之后的稿子基本定型，可读性明显增
强。这段时期稿子收发和整理的工作主要是由孙世柳同学完成的。

书稿经过学者们修改后，学术味道彰显，但老师们整理之后的稿子还有不少问
题需要处理，尤其是诸多引文需要校对、文字和格式等细节需要统稿。2017年7月
和8月，我带领孙世柳、秦凯丽、赵晨、周俊勇、黄仕坤、李占科、韩盟等研究生

来到贵阳孔学堂，集中精力把一千多页的稿子又修改校对了五六遍。我们基本按照《周易研究》副主编李尚信教授提供的校稿范本，对全书进行整理修改，以震卦为例，校改包括：多处"《震》卦卦辞"改为"震卦卦辞"或"《震》卦辞"，震加书名号时应指书而言，是书就不是卦；"《震》卦初九"改为"《震》初九"，"《震》卦六二"改为"《震》六二"等；对讲授和讨论有误或不准确的地方，直接进行修改。本书384爻的小题目是对各爻哲理意义的概括，几乎每爻的题目都经过我和学生们交流讨论，也经老师们审定，尽量与导读和讨论主题相关，这也是本书的特色之一。

我和研究生们整理了大部分卦的体例并进一步修改文稿。导读老师们的讲法大多都有古代注本做依据，可是每天的研习记录内容实在太多，整理之后每卦有二三十页，为了减少书整体的厚度，只好删去大部分直接引用的古代注本内容，因为这些内容现在都很容易查到。直到8月底，经过五六轮反复修改后的稿子才算真正成型。书稿基本保留了"周易明解"群授课的特色，即当代学界正在教授《周易》课程的易学家们对每卦每爻的研读和心得体会。广大师友们研习时的积极参与和交流，碰撞出了很多易学史上前所未有的思想火花。

全书最大的特点当然是运用现代通信网络汇聚当代易学家一起交流讨论，发挥出微信群讲课的诸多特色：即时性，群内师友们可以随时把最新见解贡献出来与所有人研习讨论；全球性，全世界各地的学者和学生都可以不受时区和空间的限制一起交流讨论，很多导读老师在欧美研修和访学期间都坚持给大家导读，学友们的即时研学反馈也来自五洲四海；全面性，本群的研学讨论包容了各家视角，基本继承着古今各门各派的解读，加上不同地区不同背景的老师们轮流配合一起导读，常常新见迭出，令人振奋。群里学术讨论编辑成书之后，虽然算不上系统的理论建构和严格的学术论著，但对于解读恍若天书一般的卦爻辞来说，却显得既有学术性，又不失轻松活泼的气氛，对学习者深入了解易学知识，体悟玩索卦爻辞，有很好的参考价值。从最终的讲稿中，大家仍然能够欣赏到老师们深入浅出、娓娓道来的讲解，以及群友们生动活泼、有时甚至群情激昂的讨论。应该说，本书对于初学《周易》的学生和对《周易》感兴趣的各界人士，都不失为既通俗易懂，又生动有趣的入门读物。本书既有历代前贤的真知灼见，又有当代易学家们千锤百炼的智慧之思，更有各行各业群友们提出的千奇百怪的问题和师友们活泼动情的交流研讨，可以说本书因其独特性已经成为易学史上一片独特的风景。

易学自古门派众多，古有两派六宗之说，学易不可囿于一曲之见，要能够采众家之长。本着这种精神，"周易明解"群尽可能兼容并包，有容乃大，所以本书基本涵盖古今易学研究的各门各派：如义理派和象数派，包括术数派有道理的见解；学院派和实践派，包括生命实践派和实战运用实践派等。其他具体门派就不一一列举，师友们的见解都具体深入地体现在对卦爻辞解释的字里行间。此书可能还是两岸易学家历史上首次同时同台解释卦爻辞的记录。之前的两岸易学交流多为论文研讨形式，成果也以论文集为主，对于易学的文字、体例以及相关细节内容，还缺乏深入细致的同时性探讨。借助微信的形式，台湾地区的朱高正、杜保瑞等老师作为顾问时常对大家如何学易做指导，导读老师林文钦、黄忠天教授和台湾地区的其他师友一起贡献出非常精致细密的研究和心得体会，让此书成为这个时代两岸易学深入交流的见证。

解读各卦的学者们学养各异，授课风格不同，对易经的把握和理解也互不相同，所以本书可谓一部多角度研究卦爻辞的汇编。不仅每位学者解卦的角度有别，而且每位学者在跟其他学者一起配合授课的时候，又表现出风格上的变化，所以本书可以说是一部师友们在即时沟通基础上共同创造的著作。全书内容深入浅出，可读性强，本来就是讲课稿，内容还比较活泼灵动，互动性强，值得初学者和爱好者认真阅读和研习。

这本书是集体智慧的结晶，这个交流群在一个微信迅速普及的历史性机缘中诞生，聚集了这个时代热心的老师和学生们来解读这部中国历史上最神秘莫测的伟大著作，所有的解读者都本着继往开来的精神，力图解读出新意，这可以说是《周易》在21世纪微信时代的新意，也是《周易》三千多年解读史上不曾发生过的。师友们在世界各地，跨越时空限制，北京时间每晚定时借助微信聊天工具，开启对经典活生生的当下解读。其中虽有相当艰辛的阶段，但大家同舟共济，一起坚持下来了。因为坚持，我们站到了这个时代《周易》解读的前沿，既继承着传统经典注疏的解读，又消化并读出了很多史无前例的崭新意义，而这里记录下来的导读时师友们思想火花的碰撞，终将穿透《周易》解读史的时空，到达未来那些跟我们一样关注、解读、体悟《周易》的人们的心灵深处。

现在选取一些导读和讨论的片段，或能帮助大家一窥本群明解《周易》的特色。如2015年11月1日，在解读屯卦上六的时候，正好是"周易明解"群创建满月，大家心情激动，感到有幸来到这个学习乐园，天南海北，四海一家，着实难得。大家感谢导读老师们精彩而且辛苦的导读，有时老师们在喝过酒略有醉意的情况下都不忘参与导读，甚至因此解读出很多精彩的智慧火花，也感谢秘书们每天及时整理资料，感恩志愿者们维护群的日常运作，为群的宣传和推广付出努力，这样的感恩气氛一直维持着群讲课的始终。

自从曾凡朝老师2015年10月5日作了关于《周易》之"感"的专题讲座之后，一年多当中，师友们通过群构筑了一个感通的场域，彼此感通的能量越来越强，加上天时与形势的配合，很多外应事件对群内师友们来说，都有非同寻常的感应力和巧合意义，这也可以作为一个感通型"同人"集体的外应之象。本群讲解过程中，有一些时机点比较巧合，如学泰卦初九的那一天是冬至之时；2016年3月7日惊蛰过后，电闪雷鸣，风雨交加，卦象和气象正好配合；讲解复卦的那一周（2016年3月28日开始）正好是西方的复活节，等等。虽然这些可能只是偶然的巧合，但时机的选择，尤其是卦爻辞与时机的对应关系，有时候让师友们感觉到，学易就要去体会在世界和时间开始之前那种无法言传、深沉至极的感应关系。2016年4月4日正是清明节，师友们引用了叶采《暮春即事》等与读易有关的诗词，而清明节正好是物皆洁齐而清明之时，我们讲解无妄卦，体会心志干净洁诚感通的状态，确有神通之妙。4月18日导读颐卦的时候，正是雷出山中，春暖之际，谷雨时分，颐养万物之时。2016年12月31日讲解《既济》九五爻的时候，提到跨年之时，正好应该薄祭一下，爻辞提到"福"，而导读老师孙福万给大家带来万福。类似这样导读的内容和天时吻合的精妙时机，都一再让参与的师友们惊奇和感慨。

所有这些，都让大家从理智和实践上感知：易本天人之学，读易可见天心，学易就是参与天道的阐发过程。学习大壮卦的时候，师友们觉得，有《周易》桥梁在，鬼神人可相互感应沟通。似乎学易可以帮助大家开天眼，天眼自己开，天网自己看，心网自己能明结又能明解，收放自如。正如张文智老师所言，借助群的感应和交流，大家可以互相帮助开天眼。《周易》本推天道以明人事，师友们探讨出了其莫测之玄机。

这样似乎正好应了何善蒙老师对咸卦的讲解：天地万物之情，本来就是无心地感来感去，结果人非要给天地安一个心上去，是自己的心被感动了，加给天地。天地无心人有心，人用真心诚心正心去感，天地之心和我心同心同德。张载言："为天地立心"，实在是人太有心了。人心立时天地立，如果《周易》作者无心，这看起来没心的咸卦，怎么能够写到这个份上，读起来这么让人感动。当然，最后还是落在心如自在、通天通地的无心之境。

还有多处解读，虽带有戏说成分，但是幽默风趣。如解读屯卦和坎九二时都提到宫廷大戏，明夷六二时提到英雄救美，虽然有演义成分，但画面感很强。比如一对亡命天涯的男女在极度危险之中上演的情爱浪漫故事，女的比男的更危险，更没救，虽然自己都不行了，但临死前还舍命拉了男的一把，让男的终于有希望脱离险境，令人潸然泪下。解读大壮卦和贲卦时，也有类似的画面感。解读坎六三依"枕"待时之时，其实开出了履险如夷的新处险之道，相比之前的解读有新意。大家在群策群力，众志成城的状态下，对很多爻的解读有所突破，常有灵机乍现、别有洞天之感。

在师友们灵感迭出的解读当中，开发出来很有新意的解读内容，虽然未必合乎学术传统，但对于理解卦爻辞和爻象之意还是有帮助的。比如张国明、于闽梅一起解读贲九三"永贞吉"的时候，大家讨论道：坚贞不渝的爱情可以感天动地，超越时空，彼此精神之间的融合所带来的融汇天地的吉祥和幸福，最终甚至可以战胜世间一切沧海桑田的变迁。恋人之间心意相通的状态，好像彼此都是对方生命存在的前提一般。"永贞吉"的爱情，是人间爱的天堂、爱的绝唱，所以世间永流传。此爻阴阳相和，相濡以沫，表达出了感天动地之境界，好像《魂断蓝桥》那种动人心魄、坚贞不渝的爱情故事一般百转千回。

解读贲六四时，提到两段荡气回肠的爱情故事，最后以舍比从应，情投意合，皆大欢喜作为结局。九三爻下有六二，刚柔已经合为一体，不会成为人家婚姻道路上的羁绊，四爻看到三爻二爻如此恩爱，因自己身处坎险之中而对远方之应爻有所怀疑。最终疑心解除，四与初也是情投意合。一个"舍车而徒"志趣高洁，一个"白马翰如"贞洁自守，终成眷属。情感起伏如过山车，但结局圆满，皆大欢喜，如欢喜冤家，有莎士比亚戏剧的感觉。虽千年之后，也不禁为之喜也。古往今来讴歌不息的伟大的爱情故事不过如此。那天的解读解决了爻辞中的疑难，突破了王孔之论而有创新，又欣赏了两段伟大的爱情故事，参与者们都好有成就感，感受到历史性的大突破。

在解读贲卦上九的时候，突出了儒道合一的境界。一个表面看起来只是文饰和搞装修的卦，到顶之后，其实是经纶天地、与天地精神相往来、一种白茫茫与天地同体的弘逸境界。用儒家的进路解，是一路搞装修上来，境界越来越高，最后到了山顶，实现了极致的状态，才有点道家的气象出来。路上还闹出了两场令人魂牵梦绕的爱情史诗，这带有儒家入世的情怀。在山顶上搞顶层设计，达到儒道合一的境界，不但脚痛会忘，什么痛苦都可以放下，那种心通天地的自我实现境界，让人感到有点悟道的意味。整个过程合乎儒家从正心诚意到治国平天下的修身过程。

"周易明解"群的授课和讨论常有很多如此妙解，虽然有演绎的成分，学术的含量也不够，但可能因此在易学解读史上开创出新的意义。经典之权威性历经时空的磨砺而成，学者在老师的引领下打开思路，安心潜读，不断有新的体验和收获。总的来说，《易经》卦辞、象辞的取象基本没有超出《说卦》的范围，解爻不能顺通，是象上未通，如果象上不通，理上努力，以理述理，以字解字，反有离题之嫌。有很多时候，我们会感叹古人取象之玄妙，深感自己智慧灵感有限。解卦的路子很多，何者更有道理，是可以在尝试中探讨的。要从看卦象入手，上下卦观象，再解释各爻，中间乘承比应，互卦取象等都有帮助。随着自己的感悟加深，会触类旁通，加上点滴浸润，深思熟虑，逐渐就会茅塞顿开，别有洞天。

"周易明解"群帮助大家意识到：圣人作易取象，费尽周折，时间跨度应该超越千年。乘承比应之间，除了看得见的联系，还有很多看不见的联系，对应万物之间的联系都是客观存在的，不可陷入机械论中。易学的博大在于，好像没有关系的两爻，却又存在着千丝万缕的联系，如同现实的生活。圣人仁爱天授，心天合一，要认真琢磨易学智慧超越人的维度，仁只是儒家的思想基础，如仅以仁说易，易的气象就小了很多。

"周易明解"群希望通过当代易学家同台解读《周易》，继承前辈易学家的志向，延续传统易学的生机，希望传统易学的正宗路向能够为更多的学者们接受与传播，开启传统易学研究和推广的新阶段，进而开创以《周易》新释奠基的中国新哲学思想时代。在传统社会，四书五经是公共话语，好的经典解释足以改变时代，但今天互联网时代，经典诠释已很少进入公共话语系统，连边缘话语的位置都岌岌可危。本书不求进入当代话语的核心，但求继承传统易学正路，并将之发扬光大。

杜甫说"转益多师是汝师"，金庸小说里的那些武功超群者都是遍学天下奇功的人，"周易明解"群这个平台把五湖四海的学者和求学者都聚集起来，共同学习、参悟、交流，为这个时代培养了一批根底较为扎实的易学爱好者。到一周年的时候，在热心群友们的支持下，本群与国际易学联合会和中国人民大学孔子研究院合作，组织了一场线下聚会的庆典（见附录三）。后来在圣境尼山书院的支持下又搞了几次线下讲座和聚会活动，逐步把"周易明解"群落地，进一步推进线上的易学交流与研究工作。

本群除了需要感谢讲课老师和参与整理的同学们，还要感谢一些热心的群友和志愿者。感谢热心群友王力飞，因为他积极学易才有最初"周易明解"群的建立，感谢本群最初的组建者徐治道、尚旭等。感谢随后郑静坚持值守一年多，引导主持人和志愿者们积极参与，为本群聚集人气和活跃气氛付出了大量心血；感谢很多积极的群友自始至终热情高涨地参与学习讨论，如元融、张吉华、丰铭、姚利民、闫睿颖、瞿华英、刘久红、倪木兰、罗仕平、王昌乐、崔圣、叶秀娥、李伟东、靖芬、刘娜、陈鹏飞、汤兆宁、郑强、姜江等，他们发表了很多独具特色的见解，在一定程度上该群培育了一支当代认真研习《周易》的队伍。本群的日常维系和线下聚会与很多热心师友和志愿者的帮助分不开，如赵薇、黄胜得、萧金奇、程姝、侯川、林正焕、傅爱臣、陶安军、王眉涵、虞彬等。正是在热心群友的慷慨支持下，本群的线下聚会才得以成功举办，他们也通过自己的实际支持来表达对诸位学者公益讲学的诚挚谢意。

虽然稿子经历了五六次完整的修改和统稿，但毕竟是从微信群的聊天记录转化过来的，还有很多不尽如人意的地方，尤其是本书为了编辑成著作体例，不得已删除了一半以上的聊天记录，包括师友们引用的很多文献，一方面因为现在查文献较方便，另一方面因为很占篇幅。还有些师友虽然说了很有意思的评论，但因要以学术为本，不紧扣主题，即使非常精彩，也不得不忍痛割爱。所以编辑委员会全体成员要对那些积极参与并发言，但最后的书稿却不能充分体现其活跃度和参与度的师友们，谨致以非常诚挚的歉意。

不同老师讲课风格不同，形式各异，整理之后，虽经老师们亲自校对，仍然不可能把所有格式完全统一，所以适当保持不同老师的讲课风格和授课状态。如卦爻辞和象辞的断句，基本按照各个导读老师的倾向，以保留老师的讲述风格，体例也就不尽相同。考虑到讲稿基本都经过老师们仔细修改，一些具体的体例就不再强求整齐划一，比如既然讲课时老师们引述经典、转述观点之时的体例不同，最后也就不强求一致。

当然编辑们对聊天记录尽量编辑完善，比如加了很多书名号和引号，但总体来说，还是做了省略处理，只要不影响阅读理解，原稿状态就尽量保留。由于原稿是微信学习群的聊天记录，有大量口语化内容，虽然编辑们做了很多修改和辨正，但把两百多万字的原稿删到一百多万字，肯定还会有不少问题，请海内外同行和师友们包涵。本书各爻标题虽多次修改，但因概括能力与语言锤炼能力均有限，可能表达仍不够准确到位，有请读者提出意见，批评赐正。

本书能够成书，孙世柳（本书副主编）等研究生整理老师们的讲稿和连续两年不间断的编辑修改是基础。2018年年中，孔学堂书局的编辑们对书稿几乎每段每行都做了认真的修订，从六月到八月，孙世柳博士每天早晨五点从位于贵阳花溪区孔学堂教授宾舍出发，坐两个小时的车到位于贵阳乌当区的孔学堂书局编辑部与窦玥声编辑一起对着电脑校对修改，常常加班到晚上九点再坐两个小时车回到花溪，工作量可谓极其细密和繁重，他们都为书稿的编辑付出了巨大的辛劳。2018年秋季，校对好的书稿分别发给每位主讲老师进行最后的修订，老师们都予以非常及时的配合，从而使得书稿得以最终定型。

该书出版得到国际易学联合会会长孙晶教授、副会长朱高正先生等的热情支持；得到山东大学易学与中国古代哲学研究中心刘大钧教授、副主任李尚信教授（本书副主编）、刘震、张文智、张克宾等的热情支持，他们让本书成为"教育部人文社会科学重点研究基地山东大学易学与中国古代哲学研究中心资助成果"，刘大钧教授还专门为本书题写了书名；得到贵阳孔学堂书局负责人李筑先生和张忠兰女士、张发贤先生、窦玥声女士、陈真先生等的大力支持和帮助，他们让本书成为"孔学堂驻会学者"研究成果。本成果受到中国人民大学2019年度"中央高校建设世界一流大学（学科）和特色发展引导专项资金"支持，在此一并致谢。最后也要感谢我的家人的长期理解、支持和帮助，这使我得以付出大量的时间和精力完成这部书的组织和编辑工作。

中国人民大学哲学院教授

山东大学易学与中国古代哲学研究中心兼职教授

国际易学联合会秘书长、学术部部长

孔学堂书局、《孔学堂》杂志副总编辑

"周易明解——易学与哲学"微信读书会发起者兼主持人

2018年8月13日

目 录

时　间：2015年10月12日22：00 — 22：50
导读老师：张克宾（山东大学易学研究中心副教授）
　　　　　辛亚民（中国人民大学国学院讲师）
课程秘书：李芙馥（中国人民大学哲学院博士生）

乾天行健　自强不息
——乾卦卦辞明解

1 乾卦

乾下乾上

【明解文本】

乾：元、亨、利、贞。

《彖》曰：大哉乾元！万物资始，乃统天。云行雨施，品物流形，大明终始，六位时成，时乘六龙，以御天。乾道变化，各正性命。保合大和，乃利贞。首出庶物，万国咸宁。

《象》曰：天行健，君子以自强不息。

【讲课内容】

张克宾：六十四卦，乾卦卦爻辞最清晰简易，但其意义也最为丰富。汉儒解释《尚书》"粤若稽古"四个字，可多至十万言。乾卦"元亨利贞"四个字所能发挥出的意义，恐怕比"粤若稽古"要多得多。今天我带大家学习乾卦辞、《彖传》和《大象传》，只能就其表层意思稍作疏理，背后的深广意蕴还要靠大家自己钻研。

乾，马王堆帛书《周易》作"键"。键，是"健"的假借字。同样，坤，马王堆帛书《周易》作"川"。川，当读为"顺"。今传本《周易》的乾坤，马王堆帛书作"健顺"。

《说卦传》："乾，健也；坤，顺也。"

《大象传》和其他卦都是先说卦象和卦名，唯独乾卦说"天行健，君子以自强不息"。根据帛书本可知，《大象传》乃是以"健"作为卦名的。乾者健也，二者意思是一样的。

乾卦六爻纯阳，上下卦皆是乾，刚健至极，至大至刚者莫过于天，故乾有天之象，所以名之为"乾健"。天道刚健不息，人生天地间，应效法天道的精神而自强不息。从哲学上说，古圣仰观俯察而画八卦，用以描摹天、地、人等万物之象，但仍不足以表达各种事物之间的复杂关系，于是将八卦两两相重而成六十四卦，使之能更为细致地表征万物之象、万物之关系及其所处之境遇。

"乾，元、亨、利、贞"，是乾卦卦辞，也叫彖辞。彖者断也，彖辞表述的是一卦的总体情状。《易传》之《彖传》就是解释一卦之彖辞的，也总论一卦之大义。古人往往既称卦辞为"彖辞"，又称《彖传》之辞为"彖辞"，不作专门区分。因此，读古书时，如遇到说"彖辞"，我们需要辨识一下它具体指的是卦辞还是《彖传》之辞。我作为《周易研究》的编辑时，发现很多人不注意这个问题，多将"彖辞"直接理解为《彖传》之辞，这是不对的，容易导致理解上的偏差。

温海明：彖辞解释卦辞。卦辞有象的依据，彖辞兼象与理。

郭　鹏：张老师研究帛书，给大家详细讲了"键""乾""健"作为卦名的出处及可能的解释。我认为，九二中出现"田"字（而非"地"或"野"），不应忽视；帛书用"键"（而非"健"），亦应重视。这一卦似取譬稼穑，与农耕文化之源紧密相关。

张克宾：卦名的所以然问题，就《周易》经传的解释系统而言，意义是很清楚的，乾就是健，帛书作"键"是假借字，这没有问题。键的本义是指贯穿鼎耳以举鼎的横杠，与乾卦没有意义关联。帛书中多用假借字，如姤卦作狗卦，有学者据之以为先民养狗的最早记录，实在可笑。至于说跳出经传文本的解释，从古代文化文明的视野解读其含义，就比较复杂，多是猜想。就乾卦说，闻一多从天文学的角度提出乾卦讲龙说的是东方苍龙七宿，其潜见飞跃都是星相与时令的变化，其后多有学者发挥此义。事关天文，乾卦象天也是自然；事关时令历法，与农业生产也有关系。这种寻源探本的研究，是非常有价值的，但也并不妨碍我们就龙的潜见飞跃之象来讨论人生哲学的问题。一个是考证象的所来，是文化史的研究；一个是观象以明道，是哲学性的研究。

【讨论内容】

　　温海明：人都要感应天之刚健，感应不了，《易》就没法入门。人生是天行的延续。

　　张克宾：就取象来说，乾卦以阳刚之象为本，其为天、为圜、为父、为君、为马等都是取其阳刚之象。当然，《周易》取象有多种角度，《说卦传》所说乾为寒、为冰，其方位为西北等，就不是从阳刚的角度取象的，人本就在天道之内。

温海明：　天道因此也在人身之中，每时每刻发动，可是大部分人没有感应到。

张克宾：　对，天人是贯通的。

【"元亨利贞"】

张克宾：　"元亨利贞"四个字，含义很不好讲，其本义自古就有争议，现在争议更大。易学史上各家所解读的这四个字的义理更是丰富，就此作一篇二十万字的博士论文都不是问题。《子夏易传》说："元，始也；亨，通也；利，和也；贞，正也。"《文言传》（以下简称《文言》）说："元者，善之始也；亨者，嘉之会也；利者，义之和也；贞者，事之干也。"以此为据，古人多将"元亨利贞"视作乾之四德。按孔颖达的解释，乾卦有纯阳之性，自然能以阳气创生万物，继而能够使之畅通发育，能够使物性和谐、各有其利，最终使万物各得其正而得终。

温海明：　孔颖达总体来说解得不错，常常令人叹服不已。

张克宾：　是，孔颖达疏很不一般，值得深入研究，但目前的研究很不够。汉宋易学家多将乾卦"元亨利贞"视之为天德，把它们分别和春夏秋冬、仁义礼智相配，建构起一个周而复始、生生不息的天人宇宙图式。

叶　亮：　《文言》说："元者，善之长也；亨者，嘉之会也；利者，义之和也；贞者，事之干也。"我们可以作如下理解：善之长者，仁也，东方，春季。嘉之会也，礼也，南方，夏季。义之和也，义也，西方，秋季。事之干也，智也，北方，冬季。所以说乾卦贯穿东南西北与春夏秋冬。尚秉和也提过"元亨利贞"乃四时。

李伟东：　致中和，天地位焉，万物育焉。

尚　旭：　解释成天德还是很合理的。

张克宾：　这种意蕴的发挥，当然很好。但到了朱熹那里，他认为有"圣人之精"，有"圣人之蕴"，前者是其本义，后者是其中包含的意蕴。朱子认为："四德说"不是"元亨利贞"的本义，而是从天道的视野发挥其思想意蕴。

王力飞：　"元亨利贞"在乾、坤、屯、随、临、无妄、革卦里都有完整呈现。

张克宾：　古人多认为，"元亨利贞"在乾卦是天之四德，在其他卦不具有这种含义。

温海明：　乾阳之气创生万物，刚健之天道进入人的视野，而有"元亨利贞"之感应。

张克宾：　朱子认为《易》本卜筮之书，首先应当从卜筮的语境来认识其文本意义。他解元为大，亨为通，利为宜，贞为正而固，这与《子夏易传》看似差别不大，但他强调的是其卜筮语境。也就是说"乾，元、亨、利、贞"是指占筮时，遇到乾卦则大为亨通，但必须固守其正才能得其利。

温海明：　乾的四德跟其他卦的四德意蕴不同。

邓洪波：　也有解释"元亨利贞"，为四象之道。

张克宾：　结合文字学和甲骨卜辞，可知"元"解为大或始，都讲得通。《易传》里边这两个意思都有。《象传》解乾坤二卦，说"大哉乾元，万物资始""至哉坤元，万物资生"，显然是以元为始。其解临卦等卦辞中"元亨利贞"为"大亨以正"，则是以元为大。

温海明：　始乃元之本义。

郭顺红：　乾为天，"元亨利贞"为天之四德有道理。

张克宾：　"亨"作"通"讲，高亨先生解作"享"。像大有卦九三爻"公用亨于天子"、随卦上六爻与升卦六四爻"王用亨于岐山"中的"亨"明显是"祭享"的享。

王力飞：　"大"在《周易》里随处可见，在后面的爻辞里有"大吉"。

温海明：　但有些地方"亨"比较通，有些地方"享"比较通。

张克宾：　是，所以元吉和大吉意思是有区别的。但马王堆帛书《周易》中"亨"写作"亯"，"享"写作"芳"，二者有明显的区分，不能简单以相通论之。上海博物馆藏战国楚竹书《周易》对二者也有区分。据此，高先生解亨为享不可取。

温海明：　对，不可一概而论。

张克宾：　"乾，元、亨、利、贞"之亨还应作通讲。利，《子夏易传》作"和"讲，《周易本义》作"宜"讲，二者差别很大。首先二者词性就不同，前者是动词，后者是副词。《周易》中的"利涉大川""利建侯""利女贞""利用行师"等都是作副词，是"利于""利以"之意。所以，就其本义而言，利贞并不是并列的关系。

【"贞"】

张克宾：　"贞"，古人多解释为"正"，朱子认为贞不仅有正的意思还有固守的意思，解释为"正而固"更准确。但近代以来，开始有学者提出"利贞"的贞当作占问讲，民国时期李镜池、高亨等人主张此说，影响很大。

温海明：　正而固比较好，有时转好，有时转坏。

张克宾：　对，我赞同。

温海明：　有些地方还通，但大部分解为占卜则不通。

张克宾：　《说文解字》："贞，卜问也。"甲骨卜辞中，贞多作卜问讲。但卜辞的语句一般为某某人贞某某事，没有出现《周易》中"利贞""利永贞""安贞吉""贞吉""元永贞"的用法。综合《周易》整体语境，现代越来越多的研究者认为《周易》"利贞"之"贞"还是以"正"为基本义，朱熹解为"正而固"是准确的。

温海明：　是啊，表述很不同，不能生搬硬套。同意朱熹的意见。我们认为，将"贞"
　　　　　字一概解释为占问，是不可取的。除个别地方可以讨论之外。

张克宾：　夏含夷、廖名春等人对此已经有详细考论，可以参考。相关研究资料也很
　　　　　多，大家可以找来看看。要对《周易》之语境、语词和意蕴有整体了解后，
　　　　　再下结论，不要轻言是非。现在对《周易》的研究，一方面是不深入，轻下
　　　　　结论；一方面是相信简单的说法，认为古人不会如此复杂，其实未必。

王力飞：　"贞""占"和"固"的差别太大。"贞"，本为有盖子的鼎，指持守；
　　　　　"正"是后人加的。

辛亚民：　"贞"字的问题确实很复杂，现在还没有定论。

张克宾：　"贞"和"鼎"，在甲骨文中是一个字，但不能简单根据字义考论辞义。

李芙馥：　"贞凶"可以解为"固而凶"，一味固守则凶。

辛亚民：　"贞"在卜辞中确实是卜问的意思，《说文解字》也是这样解释的。"贞"
　　　　　解释为"贞固"应该源于《左传》穆姜解"元亨利贞"说"贞固足以干事"。
　　　　　"贞"与"鼎"甲骨文同，但周人的甲骨中"贞"字加了义符——"卜"，
　　　　　和"鼎"区别开来了。"贞"与"鼎"古音同。

温海明：　"贞固足以干事"后来进入《文言》，所以《易传》的一些内容在孔子之前。

张克宾：　"贞"从"贝"，确实是鼎字形的简化。

【《象传》】

张克宾：　乾卦的《象传》是一篇大文字，其意义非常重要。宋儒张载讲"为天地立
　　　　　心，为生民立命"，成为宋明理学的学术追求，也代表了整个儒学的学术精
　　　　　神。要立这个心和命，就必须以乾卦的《象传》为理论根据。乾卦《象传》
　　　　　之中，既包含了大易生生的思想，也包含了天人性命相贯通的理念，还体现
　　　　　了"各正性命，保合太和"的价值理想和宇宙图景。

温海明：　确实，乾阳之气把天道与人世都贯通下来。

【经传分合】

张克宾：　最后，再说一下经传分合的问题。六十四卦卦爻辞和《易传》在东汉以前都
　　　　　是分开的。到东汉末期，大经学家郑玄编注群经，他开始将《周易》经传合
　　　　　编在一起，也就是今传本乾卦中的样子。郑玄将《彖》《象》二传列在卦爻
　　　　　辞之后，王弼则更进一步，也就是今传本坤卦以下诸卦的样子。

温海明：　以传解经后来成为传统易学的主干。

张克宾：　以传解经是必须的，即使宣传经传分观的朱熹，也是在以传解经。

温海明：　我主张立足以传解经。

【"六龙"】

徐治道： "大明终始，六位时成，时乘六龙，以御天"这句话该如何具体理解？特别是"六"字指什么？

郭顺红： 乾卦六爻均为阳爻，故称六龙。

林 建： 请问六时是指"五运六气"中的六气吗？

徐治道： 六年、一年、一天中都有六时之分。

李伟东： 乾的六爻，都是一样的阳吗？能量级别有无不同？

郭顺红： 不一样。时位不同，表现也就不一样。

李伟东： 所以，阳极生阴，阴极生阳？既然阳爻的能量不一样，为何不标明能量级别呢？

郭顺红： 三才各有阴阳，故六爻。乾卦已经表明了。

李伟东： 象和数，不是构成能量场了吗？天地万物不就是个能量场吗？

王力飞： 那还要理和占干吗？《周易》原本是用来断卦的，古人说是本卜筮书，说得不精确。

叶 亮： 占是加入人的因素，周易是讲天地人三才的。至于占卦，则是我们确定使用哪一卦的卦爻辞对事物进行分析的手段。如果说内外卦代表时空的话，那占就代表人，而我们所占得的卦爻辞就对应着事物的变化与发展。

王力飞： 是用占法占出卦和爻，对照卦辞和爻辞看占卜结果的。爻辞断的就是吉凶悔吝等。

宏 中： 乾，初爻潜龙，是蛰伏而增加能量的过程。完成此爻有两个前提：一是蛰伏，二是保持乾卦不断增加能量的特性。初爻变一阴承乾，姤，阳在上，初爻如果不能懂得蛰伏，会死得很惨，朱元璋最初不称王，就是这个意思。初爻震爻动，动而承乾，初爻震爻动，到互乾，所以北方水。乾为天，为健动，天地日月，四时更替，周而复始，乾描述的就是这个状态。"元亨利贞"也是这个过程的表达。如果人走乾运，进入乾的状态也会体现这样的过程。

徐治道： 我对乾卦中"大明终始，六位时成，时乘六龙，以御天"这句话特别重视，想请教您该如何具体理解？特别是"六"字有更深刻的含义吗？

宏 中： "六位"就是六爻时位，初震、二离坤、三艮、四巽、五乾坎、六兑，这也是整个时空。刚才说的是时位，六爻就是六龙。

尚 旭： 也可以是六虚，六合。

（整理者：陈志雄 中国人民大学哲学院硕士生）

潜龙勿用 龙德沉潜

——乾卦初九明解

时　间：2015年10月13日22：00—23：35

【明解文本】

初九：潜龙，勿用。

《象》曰："潜龙勿用"，阳在下也。

【讲课内容】

张克宾： "初九：潜龙，勿用。"初九是对乾卦初爻的称呼，高亨先生名之为"爻题"，可以采用；也有人称之为"爻位"，不可取。

从《左传》的记载来看，春秋之时很可能是没有"爻题"的，因为《左传》是用"甲卦之乙卦"的方式表示甲卦的某爻，乙卦是甲卦某爻变后所成之卦。如《左传》昭公二十九年："在乾之姤曰'潜龙勿用'，其同人曰'见龙在田'，其大有曰'亢龙有悔'。"又说："坤之剥曰'龙战于野'。"

可见，表示乾卦初九爻为"乾之姤"，九二为"乾之同人"，九三为"乾之履"，九四为"乾之小畜"，九五为"乾之大有"，上九为"乾之夬"。其余诸卦以此类推。

据此，曾有学者认为九六式爻题是西汉人所加。但战国楚竹书《周易》的发现（上海博物馆藏），使此观点不攻自破。楚竹书《周易》有和今传本《周易》一样的爻题。楚竹书《周易》的抄写年代在战国中晚期，那《周易》九六式爻题最晚出现时间也不晚于这个时间。

【讨论内容】
【爻题】

　张克宾： 传本《周易》的爻题有什么含义？它是爻位和爻性的结合。"初、二、三、四、五、上"表示一卦的六个爻位；"九""六"表示爻的阴阳性质，这种爻题的表示蕴含一种时空一体的思想：初与终相对，是时间观念；上与下相对，是空间观念。"初"即是"下"，"上"即是"终"。从初到上，即是从始到终、由微而著的发展，又是从下到上、由低到高的空间架构，是时空一体的。这也是《周易》"时"与"位"思想的一个体现。

【九六阴阳之义】

温海明： 九为老阳之数，六为老阴之数。

张克宾： 为什么阳爻称九、阴爻称六呢？孔颖达总结了两种解释："一者乾体有三画，坤体有六画，阳得兼阴，故其数九，阴不得兼阳，故其数六。二者老阳数九，老阴数六，老阴老阳皆变，《周易》以变者为占，故称九、称六。"

温海明： 每个卦都是一个流转变动的时空系统。

张克宾： 第一种观点是说，八卦中乾三画，坤六画，乾阳可以统摄坤阴，所以用九表示阳，坤阴不可以统摄乾阳，所以仍用六表示阴。这体现了古人阳大阴小，阳可以包阴、阴不可以包阳的观念。

温海明： 突出占时老阴老阳为用。

张克宾： 第二种观点和《系辞传》记载的"大衍筮法"有关，以大衍筮法起卦，最后是以九、六、七、八之策数定爻之阴阳，奇数为阳，偶数为阴，九为老阳，七为少阳，六为老阴，八为少阴。老则极而生变，因此九、六为变爻，七、八为静爻。易道尚变，所以特用九、六来表示阴阳爻性。古人多用第二种观点来解释爻题之九、六。这是传世文献中对以九、六命爻的解释。

邓洪波： 阳称九还有一种说法，即小衍之数的阳数之和为九。这种说法来自河图。

张克宾： 小衍之说于经传无据，马王堆帛书《易传》出土以后，我们又看到关于《周易》"九""六"的新解释。马王堆帛书《衷》篇从阴阳爻画的形状上来解释阴阳爻性。"《易》之义诔阴与阳，六画而成章。曲句焉柔，正直焉刚。六刚无柔，是谓大阳，此天之义也。……六柔无刚，是胃（谓）大阴，此地之义也。"屈曲的爻画表示柔，正直的爻画表示刚，而不能相反，此正可作"发挥于刚柔而生爻"之一解。这就涉及到爻画的形状问题了。上博楚竹书《周易》、马王堆帛书《周易》、阜阳汉简《周易》中阴爻作"八"，包山楚简中的易卦、新蔡葛陵楚墓竹简易卦以及王家台秦简《归藏》中阴爻多作"∧"状。阳爻各本均为"▬"状。无论是作"八"还是作"∧"，均类似"屈曲"之状。就是说出土简帛文献中的易卦其阴爻不是"▬▬"这样的，而是弯的。

郭 鹏： 这样讲就没有九，只有六了是吗？

张克宾： 它是从爻画形象上说，阴爻是弯曲的，阳爻是直的。"曲句焉柔，正直焉刚。"

温海明： 阳连阴断。

张克宾： 阳连阴断不错，但帛书《易传》阴爻画是弯曲的，阳爻画是直的。直即为阳，曲即为阴。《衷》篇解释九，也是从字形入手。它说："九也者，六爻之大也。为九之状，浮首兆下，蛇身僵曲，其为龙类也。""九"字的形状，浮首兆下，如同蛇身之屈曲，与龙之特征相类。也就是说它认为"九"字为龙之象，所以用"九"来表示阳爻。这种思想是传世文献中所没有的。

《说文·九部》："九，阳之变也，象其屈曲究尽之形。"它是以"九"为阳之形，《衷》篇是以九为龙之形。

【"潜龙勿用"】

张克宾： 我们再来看爻辞。"潜龙勿用"讲到龙。乾卦爻辞加用九之辞，只有九三爻说"君子"，其他皆说龙。这似乎很奇怪，与乾卦其他爻皆说龙不协调，其实这可以视为"互文见义"的修辞法。乾卦爻辞中的龙也就是物象化的君子，九三爻中的君子也就是人格化的龙，二者名称虽不同，意象则相通。龙是善变之物，在《管子》《说文》以及帛书《易传》的《二三子问》都有记述。《二三子问》说，龙有神能之变，既能云变，又能蛇变，又能鱼变，飞鸟昆虫随意而变。

温海明： 潜龙勿用是潜伏的龙，象征君子身居下位，做事时机还不成熟。

张克宾： 《说文》："用，可施行也。"潜龙勿用，即是沉潜之龙不可以有所施为。《象传》说："潜龙勿用，阳在下也。"其义理内涵，《文言》已经说得非常高妙了，所以王弼没有解释，只说了"《文言》备矣"四个字。

　　《文言》说："龙德而隐者也。不易乎世，不成乎名，遁世无闷，不见是而无闷，乐则行之，忧则违之，确乎其不可拔，潜龙也。"龙德之君子或圣人不为世俗所移，不为名利所趋，能够保守其刚坚之志，即使不为世用，不为人知，也泰然自处而没有忧闷，自我价值是充足而完满的。

　　初爻象征君子有龙德，但时机不成熟，不得伸展。

温海明： 潜在水中，有水平也要隐忍待时。《文言》确实说得很到位。

张克宾： 古人多有以文王困于羑里、大舜处于山野等来解读此爻之意蕴。朱熹说《易》同一个镜相似，什么事物来都能照见其象，所谓"潜龙"也只是个潜龙之象，它可以表征帝王将相，也可以表征士农工商，随解读者之不同而不同。

温海明： 要静守待时，不可轻举妄动。君子能屈能伸，能隐能显，随时随地自得其乐。

张克宾： 推其极，也就是所谓的"无入而不自得"。

邓洪波： 蛰伏加蓄能也。

温海明： 即使沉潜隐忍之时，也要修炼到龙德的高妙境界，只有强大的内心和品德，才能等待机缘巧合，因缘际会，成就事业。

张克宾： "无入而不自得"就是进入任何处境都能自得其乐、自得其志。

邓洪波： 圣人取象于龙，初九之潜，如舜诸为时、圣人侧微。

温海明： 其实是强调人内心有强大的修为才能够驾驭外在的顺境逆境。

张克宾： 对，所以《文言》说是"龙德而隐者也"，龙德就是强调人内在的修为德能。龙的品德代表人内心修炼到非常强大的心灵状态，不受世俗的影响，不求功名利禄，每时每刻自得其乐。修心只能靠自己，不能靠别人，《易经》

强调人要努力控制自己的内心。

【君子无入而不自得】

崔　圣：　"君子能屈能伸，能隐能显，随时随地自得其乐"是否缺少"执着"与"任性"？

李伟东：　生命本身的内在力量，就是"执着"。

萧金奇：　心的方向就是前进的方向。

张克宾：　能屈能伸，不变的是操守，这才是真正的"执着"与"任性"。

袁邵华：　择善固守。

张克宾：　你可以读读孟子赞美孔子的话，就能明白"与时偕行"的意思。孟子也说："得志与民由之，不得志独行其道。"能屈能伸的问题，从另一个角度也就是得志与不得志的问题。崔圣，"志"就是你说的"执着"吧。

徐治道：　其实"人不知而不愠，不亦君子乎"也有类似的提点意义。

（整理者：张馨月　中国人民大学哲学院硕士生）

起心动念　君德之境
——乾卦九二明解

时　间：2015年10月14日22：00—23：23

【明解文本】

九二：见龙在田，利见大人。

《象》曰："见龙在田"，德施普也。

【讲课内容】

张克宾：　"见"读作"现"。龙出现于田野之上。按照三才爻位之说，就三画卦而言，初爻为地位，二爻为人位，上爻为天位；就六画卦而言，初爻、二爻为地位，三爻、四爻为人位，五爻、上爻为天位。《说卦传》说："兼三才而两之，故《易》六画而成卦也。"乾卦二爻为地之上，因此有"田"之象。

与初九爻之阳气潜藏不同，乾卦九二爻阳气积厚，开始显著地展发出来，就如龙出现在田野一般，迎来了大展身手的时机。初九爻是乾卦最下之爻，所以有"潜龙"之象；九二爻则居下卦之中位，光辉得以显露，所以有"见龙在田"之象。

《周易》非常重视中位，也就是二爻和五爻。中位之爻，称之为得中；非中位之爻则是失中。所谓"中"就是不偏不倚，无过无不及，恰到好处。在这一点上，《周易》和《中庸》的思想是相通的。九二爻为乾卦下卦之中爻，所以《文言》说"龙德而正中者也"。

"中"既是最高的行为原则，也是一种圆满的人生境界。《周易》的"中"不是固定不变的"中"，而是随时随势而变的最佳状态。也就是说，作为最高方法论原则的"中"不是抽象的中，而是具体情境下的中，是随"时"而变的中，因此，《易传》又称之为"时中"。

【讨论内容】
【"大人"与德位】

张克宾： "利见大人"中"大人"，按《易传》的解释就是龙德之君子。古人如郑玄等人认为这个"大人"是指九五爻。九五爻"飞龙在天"，刚健中正，是君王之象。孔颖达等人则认为这个"大人"就是九二爻，乾卦之九二爻和九五爻都是龙德而居中，都是"大人"，都为天下所"利见"。细读《易传》，它也是以"大人"为九二爻本身。程颐从君臣的角度出发，有调和这两种解释的意思。他说："出现于地上，其德已著。以圣人言之，舜之田渔时也，利见大德之君，以行其道；君以利见大德之臣，以共成其功；天下利见大德之人，以被其泽。"

温海明： 按照《文言》，九二九五都是有龙德的人，也就是修养都达到大人境界的人，只是时势地位有区别。

张克宾： 对，都是龙德、君德。九二有德无位，九五则得其位。《象》曰："见龙在田，德施普也。"这是说圣德显发，虽然尚不得其位，但其德行已经产生普遍的教化作用。所以《文言》说："见龙在田，天下文明。"

温海明： 德为本，位随缘。

张克宾： 乾卦六爻纯阳，所谓纯粹精也，只论其时位，而不存在正与不正的问题，都正。

刘京华： 有德无位，这个位指什么？时机还是能力？

张克宾： "位"即职位，宽泛而言就是没有施展的舞台。

徐治道： 《乾凿度》："圣明德备，曰'大人'"。在上位者为"大人"。孟喜说：

"周人五号：帝，天称，一也。王，美称，二也。天子，爵号，三也。大君者，兴盛行异，四也。大人者，圣人德备，五也。"

李伟东：　有德无位是因为能量不够大，德泽不够厚吗？

温海明：　是时势不允许，没有人可以超越自己所处的时势地位。九二有君德无君位，但是德行为世人所知。

徐治道：　也有人说才、德、时、位兼具者为大人。

【《文言》】

张克宾：　《文言》曰："九二曰，见龙在田，利见大人，何谓也？子曰：龙德而正中者也。庸言之信，庸行之谨，闲邪存其诚。善世而不伐，德博而化。《易》曰：见龙在田，利见大人，君德也。"这是进一步阐明在具备"君德"之"大人"的德行。"庸言之信，庸行之谨。"庸者，常也。日常之言务必信实，日常之行务必谨慎。"闲邪存其诚"，闲是防止，防止邪思邪行，而内存诚敬之心。言要信，行要谨，心要诚。"善世而不伐。"伐，矜夸也。世，多直接理解为人世之世。即使做了对时代有利的事，也不自夸其功。有的学者提出，"善世而不伐"与"德博而化"相对，世应当训为大，即使有大的善行也不矜夸。

温海明：　"闲邪存其诚"是心思真诚纯净而不偏邪，"德博而化"应该是对世界、对社会有贡献。

张克宾：　"德博而化"，一般理解为德行广博而化育天下。结合整个语句所说，言要信，行要谨，要闲邪，要存诚，要不伐善。我理解"德博而化"是一个使动句，是说要使德行不断地扩充而化育民众。整段话都是在讲如何修省德行。所以，《文言》下文又说："君子学以聚之，问以辨之，宽以居之，仁以行之。《易》曰'见龙在田，利见大人'，君德也。"这也是在说德能的修养问题。

温海明：　"德博而化"是德行不断广博深厚而教化世人，《文言》后面确实解释如何不断广博深厚的功夫。

刘京华：　今天学习让我体会到了为什么《易经》是儒家经典之首了。

温海明：　《文言》有明显的儒家倾向。

张克宾：　"学以聚之"，通过师友间的学习积累学问，积蓄德性。"问以辨之"，通过师友间的问答辨析事理，辨明是非。"宽以居之"，居者处也，有持守的意思。以宽裕从容的态度来持守所学所辨之理。"仁以行之"，以仁厚之心来践行所学之道。学聚、问辨、宽居、仁行，讲的是一个由知到行的过程。聚是聚其所学，辨是辨其所聚，居是居其所辨，行是行其所居，步步推展，层层落实，最终知行合一。

李伟东：　学问思辨行。

温海明：　逐渐知行合一以达到君德的高度。

张克宾： 九二爻和九五爻同样都是"利见大人"，九二爻之"大人"有君德而无君位，九五爻则有其德有其位。所以《文言》在解释九二爻时，说的是"大人"如何修身学习的问题；而解释九五爻时，则是说"大人"能够"与天地合其德，与日月合其明，与四时合其序，与鬼神合其吉凶"，是阐述"大人"所具有的崇高德行和境界，不再是如何学的问题了。

温海明： 通过学问思辨行的修行而知行合一，止于至善，实现起心动念皆达到君德的境界。九二在操练君德，九五在践行君德，时位不同，君德一也。

【"利见大人"】

宏　中： 离之乾，同人象，象上二爻动，大有，同人。

张克宾： 乾卦九二爻变则成同人卦，所以有利见大人之象。

徐治道： 张老师，我记得有下面这种说法：因为乾卦九二是阳爻，一变而为阴爻，便成为离卦，离卦是象征眼目的符号，所以便有利于见到大人的现象。您如何看？

张克宾： 这种解法是虞翻等人，字字求易象之根据的解法。

裴健智： 虞翻讲的是阳息至二，兑为见，故称见龙。

张克宾： 对。我是说那种字字求易象所在的路数和虞翻是一样的。

裴健智： 字字求易象的话，有的可能就用到好多象了。

【"中"】

尚　旭： "中"的状态是最难把握的。

刘京华： 我觉得"时中"和"中和"不是一个概念。

张克宾： 两者确实不太一样。

李　东： 从初九潜伏蓄能到二九而中，潜伏蓄能为何就不是中呢？

温海明： 中不中是客观的时势，不是主观觉得中就中，没有人能够超越客观的时势地位。

张克宾： 你说的事物的发展阶段是一个角度，但从另一个角度也存在所处得中不得中的问题。观象，其观法有很多种。

李伟东： 中也者，天下之大本也；和也者，天下之达道也。九二具君德，似是和、达。

王力飞： "中"，已经是被《十翼》提升以后的哲学、义理的高度。

张克宾： 仔细研读卦爻辞，你会发现它重视中道。《易传》不是随意发挥的。

欣　悦： 不理解象真的没法学《易》，时与位很重要。

温海明： 卦的二五之位中是指客观的时与位，与《中庸》"中和"之"中"有所不同。

（整理者：黄仕坤 中国人民大学哲学院硕士生）

自强健进 居安思危
——乾卦九三明解

时　间：2015年10月15日22：00 — 23：18

【明解文本】

九三：君子终日乾乾，夕惕若厉，无咎。

《象》曰："终日乾乾"，反复道也。

【讲课内容】

张克宾：《象》曰："终日乾乾，反复道也。"反复，我理解为返复、往来之义。"返复道也"，就是来来往往皆合于道。《周易正义》中孔颖达解为"反覆"，反是进反在上，覆是倒覆在下，无论进于上还是覆于下都合于道。君子终日刚健不已，所作所为都合乎正道。所以《文言》说："终日乾乾，行事也。"九二爻讲大人如何修省德行，九三爻则讲君子如何做事。

辛亚民：这一爻是乾卦唯一没有提及"龙"的一爻，也是最具思想性、人文价值的一爻，它已经超出了单纯的占卜，更多的则是体现了对人的劝诫，包含深刻的人道意义——一个人只有刚健不息，保持谨慎戒惧，才能逢凶化吉，遇难成祥。

【讨论内容】
【"乾乾"】

温海明：九三爻主要需理解"乾乾"的意思，"夕惕若厉"的断句问题。"乾"为刚健，"乾乾"是精进不止、奋进不息的意思。

张克宾：说的是。乾，健也。乾乾，则健之又健。君子终日都刚健不已，不敢丝毫懈怠。

温海明："九三学社"就是取努力学习、进取不止的意思。

张克宾：《象》曰："终日乾乾，反复道也。""反复"如何解？

温海明：反复修炼自己。

徐治道："乾乾"连用的精妙在哪里呢？

温海明：应该是强调刚健而又刚健，但刚健进取之时，不可忘了时刻都要戒慎恐惧，居安思危，刚健地向上生长，强调刚健进取不止的状态。

郭　鹏：　"乾"是"健"通假字，所以"乾卦"即为"健卦"，"乾乾"即为"健健"。大家似乎都持这种说法。请问"乾"字本义为何？

王　璇：　"乾，上出也。"（《说文》）段注："此乾字之本义也。自有文字以后，乃用为卦名，而孔子释之曰健也。健之义生于上出，上出为乾，下注则为湿，故乾与湿相对，俗别其音，古无是也。"

张克宾：　乾本义是物之上出，也就是向上生长。从语用学上讲，乾这个词和它作为字的本义未必有关系。

温海明：　不可望文生义，更不可就字解义。

冉景中：　另外一个问题，九三为何不提"龙"？

温海明：　互文见义。九三说君子，其他爻也可以说君子，其他爻说龙，九三也可以以龙为喻，义在言外，义在象外。

【"夕惕若厉"】

温海明：　夕惕若厉，断句有很多种，意思不太一样。

张克宾：　古来有两种断句法：一是"夕惕若厉，无咎"，一是"夕惕若，厉，无咎"。在《周易正义》中，王弼注主张前者，孔颖达疏则主张后者。"夕"就是夜。"惕"，戒惧也。"厉"，危也。如读为"夕惕若厉"，则"若"作如讲，即夜晚也保持警醒与忧患，如同身处危险之中。如读为"夕惕若，厉"，则"若"为语气词，惕若就是警醒与忧患的样子。两种读法的意义差别在于对"厉"的理解，前者"若厉"是如同有危险一样，但未必有危险，后者则是实有危险。"夕惕若厉"，表现先民的一种忧患意识。

温海明：　到底是"好像有危险"比较合理，还是"确实有危险"合理呢？

张克宾：　九三爻所处之位，还是有些危险的。

温海明：　《易传》说："三多凶。"

陈鹏飞：　如同有危险，好像比较合理。

徐治道：　夕惕若厉，如履薄冰。

张克宾：　对，如履薄冰，是处危险之地。

王立飞：　但我把"厉"单断开，用来统领白天和晚上的状况，虽厉无咎之意。统计表明，三确实是危险之地，个人认为把"厉"断开，合理一些。

【进德修业，修辞立诚】

张克宾：　身处九三爻的君子应当如何做事？《文言》揭示了两个方面：一是要刚健进取，保有警醒和忧患之心；一是要"与时偕行"。这些都是和九三所处的时机与地位密切相关的。九三爻身处下卦之上，上卦之下，"上不在天，下不在田"，就所处的时机来说，它处在上下变化交替之际，非常不稳定；就所处的地位来说，它"重刚而不中"，既是下卦之上，又是上卦之下，所处非中，比较"尴尬"。所以，王弼说它"纯修下道，则居上之德废；纯修上道，则处下之礼旷"。"终日乾乾，与时偕行"就是要把握好自身所处的变化之机和上下之位，"居上位而不骄，在下位而不忧，故乾乾因其时而惕"。"君子终日乾乾，夕惕若厉"地做事，是在做什么事呢？《文言》指明是在"进德修业"。《文言》曰："九三曰：君子终日乾乾，夕惕若厉，无咎。何谓也？子曰：君子进德修业。忠信，所以进德也；修辞立其诚，所以居业也。知至至之，可与言几也；知终终之，可与存义也。是故居上位而不骄，在下位而不忧，故乾乾因其时而惕，虽危，无咎矣。"进德修业，既增进自身之德行，又修治自身之事业，推其极也就是要做到"内圣外王"。《易传》非常重视德业双修，由进德修业，到崇德广业，再到盛德大业。进德修业是功夫，盛德大业是目标。"进"和"修"也体现君子在成德立业上要有主动性和自觉性。没有主动性和自觉性，也就谈不上成德立业的问题。

温海明：　进德修业，修辞立诚，都是做事的功夫和分寸，难乎其难。

张克宾：　"忠信，所以进德也。"尽心之谓忠。忠信就是诚心实意。诚心实意地体知为善为德之道，才能有立德之地。如果心地不着实，尽是虚伪，进德之事则无从谈起。朱熹打比方说，这就像播种一样，必须是实有种子下在泥中，才会逐渐生根发芽开花结果，如果把一个空壳种在里面，又怎么会生长呢！

温海明：　确实，诚心实意为德之始，无德则无业，外在的德行和功业一定是内在德性的彰显和延伸。

张克宾：　《文言》对乾卦的解说确实精妙！"修辞立其诚"，修辞的修不是修饰的意思，而是修省。辞，一般解释为言辞，《周易正义》孔颖达解释为"文教"，他说："外则修文教，内则立其诚实，内外相成，则有功业可居。"解释为文教，显然具有政治意味。程颐与朱熹都是直接以"辞"为言辞，"修辞立其诚"所说的还是个人的德业问题。

温海明：　一个人的言说和处事都当进则进、当止则止，言语和行事的分寸都应该把握得恰到好处。

张克宾：　言辞之诚与不诚在于与行为是否相符，所以"修辞立其诚"是说言行要一致，言必有物。《中庸》说："言顾行，行顾言，君子胡不慥慥尔。"就是这个意思。《文言》讲乾卦九二爻说"闲邪存其诚"，讲九三爻说"修辞立其诚"，一个是"存"，一个是"立"，存之于心，立之于行。

温海明：　九二防邪，九三立诚，确实如此。

张克宾：　"知至至之，可与几也；知终终之，可与存义也。""可与几也"，古本也作"可与言几也"。

温海明：　"知至至之"，该来的让它到来，"知终终之"，该止的顺而止之，其实很难做到啊！

张克宾：　"知至至之"，知道进取的目标，而努力达成它；"知终终之"，知道终止之时，而及时终之。"知至至之"，是始；"知终终之"，是终。进德修业，有始有终。

温海明：　"知至至之，可与几也；知终终之，可与存义也。"几微之妙，是《周易》最深刻、最重要的内涵之一。

张克宾：　《系辞传》说："几者，动之微，吉凶之先见者也。"

徐治道：　"君子见几而作，不俟终日。"

温海明：　"知至"之"至"除了理解为目标，也可以理解为每时每刻言说和处事的分寸，该来的让它来，不该来的，立刻使之终止。

张克宾：　在下位而不忧，就是"知至至之"；在上位而不骄，就是"知终终之"。

温海明：　几微运用之妙，存乎一心。

张克宾：　《文言》这段话确实让人费解。

辛亚民：　"几"就是事物的精微变化。

温海明：　每时每刻都敏感地感知到几微的分寸，进退都适可而止，难乎其难。

辛亚民：　通过对事物的精微变化的体察，就能预见吉凶。这就是上次张老师提到的《周易》"时"的观念啊！

张克宾：　当进则进，当止则止。刚健进取，也要知止。

温海明：　学《易经》就是学习超常的感知力，难就难在一方面要自强不息，一方面要随时随地知道进退的分寸，通晓几微的神妙。

【三之爻位】

徐治道：　有人将乾卦三爻简称为"惕龙"，确实比简称"乾龙"更有意味。

王力飞：　我还听说过一种从"天地人"三才剖析三爻的说法：三爻上不在天，下不在地，夹于天地之间，所以世间做人最难。人要想顶天立地，则需终日乾乾，夕惕若厉。终日乾乾，白加黑，所以，反复道也。

陈鹏飞：　这一爻的状态很像是公司的总经理，上有位高权重的董事长，下有已见龙在田的部门总监新锐，唯有进德修业，修辞立诚，方可无咎。

（整理者：李芙馥　中国人民大学哲学院博士生）

重回深渊 也可一跃
——乾卦九四明解

时　间：2015年10月16日22：00 — 23：15

【明解文本】

九四：或跃在渊，无咎。

《象》曰："或跃在渊"，进无咎也。

【讲课内容】

张克宾：或，疑而未定之辞。跃是跃起。渊是指初九。一卦中的初爻与四爻、二爻与五爻、三爻与上爻互相对应。处于对应关系的两个爻，如果是一阳一阴则为"得应"；如果两个都是阴或都是阳则为"失应"。"得应"意味着有与己相应和的人或物，彼此支持和辅助；如果"失应"则不但没有支持和辅助力量，反而有阻挠自身发展的力量存在。乾卦六爻纯阳，不存在得应失应的问题，但其九四爻也是对应初九爻而言。

九四爻"上不在天，下不在田，中不在人"，所以有跃起之象。或跃在渊，无咎，就是或跃于天，或返于渊，都没有咎害。王夫之解释说："志健而虑深，则其跃也，不以躁进为咎；其在渊也，不以怯退为咎。"

【讨论内容】

【"或跃在渊"】

张克宾：我按经文、象文、文言的顺序作文本解读。《象》曰："或跃在渊，进无咎也。"乾卦纯阳，刚健奋进，自初九而跃居于九四，继而自九四再进至九五，都是没有咎害的。我理解，《象传》之"进无咎"是特别指明九四处在不上不下的位置，虽然可能再返入于渊，但终将飞跃于天，其进是势之必然，只是等待时机而已，所以《文言》说"君子进德修业，欲及时也"。

《文言》曰："九四曰：或跃在渊，无咎。何谓也？子曰：上下无常，非为邪也；进退无恒，非离群也。君子进德修业，欲及时也，故无咎。"九四或跃于天，或入于渊，虽然或上或下没有一定之规，但并不是出于邪心；或进或退，虽然也没有一定之规，但并不是脱离群体一意孤行。君子进德修业，是要及时而为，所以无咎。

温海明：或，举棋不定之意。渊之象有不同见解，也有的以渊为龙之所安之处，是其飞跃之凭借。九四入上卦，可飞上天，飞不上落于渊也没事，故可以一试身手，"进无咎"当是九四可进可退，进取一试没有问题。

张克宾：对。或跃在渊，自试也。

温海明：要点在"及时"，要抓住时机，机会稍纵即逝，只属于有准备的人。

张克宾：一般而言，行事无常，往往会有咎，而乾卦九四却能无咎，其原因有三：一是"非为邪"，二是"非离群"，三是"欲及时"。这三个方面非常重要，缺一则德业不成。《论语》中孔子说："君子之于天下也，无适也，无莫也，义之与比。"

温海明：要抓住时机，进退合宜，没有邪念，不离群类，才能抓住机会建功立业。反之，离群索居、单打独斗则很难成就道德功业。

【《文言》】

张克宾：《文言》曰："或跃在渊，自试也。"自试之试，应当就是尝试之试。当此或进或退之际，不可盲目而动，应当尝试而为之，能跃则跃，不能则罢。九四之自试，也可以理解为在为升进到九五爻作准备。

孙世柳：可否理解为，君子于进，福祸相依，乾乾贞正，虽有未知之难，终吉，故言君子以自强不息，要潜藏而试。

温海明：人在进退有据的时候，可以一试身手。也可以理解为，不必先把自己弄得进退失据再去一试身手，因为进退失据之时，即使有才华也往往难以施展。

张克宾：《周易集解》引干宝的注解，用武王举兵于孟津观衅而退的事解说这个"自试"之义，我认为是恰当的。《文言》曰："或跃在渊，乾道乃革。"九四处下卦之上，上卦之下，由下卦之乾进入上卦之乾，正是变革之际。或进或退，或上或下，是将要发生重大转变的关头，所以说乾道乃革。《文言》曰："重刚而不中，上不在天，下不在田，中不在人，故或之。或之者，疑之也，故无咎。"九三爻是"重刚而不中，上不在天，下不在田"，九四爻则多了一个"中不在人"。"或之者，疑之也，故无咎。"这个疑不是简单疑惑，疑还有"度"的意思，所以这个"疑之也"是有疑虑并审度之，从而才能无咎。

孙世柳："中不在人"，怎讲？通常一、二爻是地，五、六爻是天，三、四爻是人，为何此处九四爻为"中不在人"？

温海明：四爻离开地面，也不在人的合适位置。

张克宾：据三才爻位说，三爻、四爻都是人位，为什么说九四爻"中不在人"呢？孔颖达解释说："人道之中，人下近于地，而上远于天。九三近二，是下近于地，正是人道……九四上近于天，下远于地，非人所处，故特云中不在人。"

温海明：虽然是人位，但有点离开地表，不接地气的味道。

张克宾："不接地气"，你一句话把孔颖达的意思给弄清了，点睛之笔！

温海明：看来大师如孔颖达者下笔也有所保留。

张克宾：由此可见，《周易》卦爻取象，虽然有一定的义例，但也不是一概如此。所谓"观象系辞"，有多种观法，这正是《周易》的魅力之所在。

【审时度势】

李伟东：九四可进可退，进退自如。

张克宾：似乎不能简单说是"进退自如"，因为还是有"疑惑"的。

温海明：没有到进退自如（如财务自由、时间自由）的地步，想进的时候会犹疑不决，是因为要进一步的机会成本或是要付出的代价可能很大。虽然进不了之后可以退，但一退就退回到深渊里，也就是"初九潜龙"的状态，应该说机会成本还是很高的。

崔　圣：客观看，周武王已具人气，但对手势力仍强大。此时仍需审时度势！这里也许需要兵家的"知己知彼，方能百战百胜"思路！

温海明：审慎揣度就是因为跃不上去的代价也是很高的，回到深渊里潜龙勿用重头来过，还不知道何时能够东山再起，也可能永远就起不来了，所以要非常审慎，三思而后跃啊！

孙世柳：九四之"跃"，是否可以理解为，君子在奋斗中，需要一定的冒险行为，即使无进，也仍然有东山再起之可能，大不了从头再来。

温海明：要想跃上九五之尊的五位，难度还是很高的，确实需要有豁得出去、准备随时从头来过的气魄才有可能。

崔　圣：可以参考周武王二次发兵之情势，审慎揣度就是因为跃不上去的代价也是很高的。

温海明：确实如此，国家命运关键时刻往往系于主事者的一念之间，如果风险太高，就不可轻举妄动，要尽量按兵不动。武王可以说是等到能够摧枯拉朽了才真正行动，该进则进，哪怕重回深渊，一切从头来过也要进，可以说是有点悲壮的，有不成功便成仁的气魄。但成就一切伟大的事业，都要有英雄般的气魄才有可能。历史记住很多伟大的灵魂，他们其实是失败的英雄，其人生可能就是一连串挫折甚至大溃败的记录，他们跃了，但没有跃上去，或者跃上去之后，还是入于渊，再也没有起来，但他们跃的气魄后人却永远铭记。

（整理者：孙世柳　中国人民大学哲学院硕士生）

德时配位 造化天下

——乾卦九五明解

时　间：2015年10月17日22：00 — 23：27

【明解文本】

九五：飞龙在天，利见大人。

《象》曰："飞龙在天"，大人造也。

【讲课内容】

张克宾： 乾卦九五爻处上卦之中，居中得正，"刚健中正，纯粹精也"，可以说是有其德，有其位，有其时。"飞龙在天"，龙者其德也，天者其位也，飞于天者其时也。就人事爻位而言，九五爻为君王之位。古代以帝王为九五之尊，就取义于此。

"利见大人"，古有两种解读：一是天下利见大德之人的出现，所以《文言》说"圣人作而万物睹"；二是利于出现大德之人，所以《象传》说"飞龙在天，大人造也"。"作""造"意思相同，都是兴起的意思。飞龙在天，是圣人兴起而大有作为之象。

【讨论内容】

【《文言》】

> **张克宾：** 《文言》曰："九五曰：飞龙在天，利见大人。何谓也？子曰：同声相应，同气相求。水流湿，火就燥，云从龙，风从虎。圣人作而万物睹，本乎天者亲上，本乎地者亲下，则各从其类也。"

> **温海明：** "同声相应，同气相求"，是说心灵相通才能共创伟业，人心感通可以转化阴阳，连天地的运行都会顺从人心的和通。

> **张克宾：** 《文言》由声、气、水、火以及云龙、风虎的自然感应，论及圣人与万物之感应。圣人是感天地之气、感民心而兴作。圣人之作，顺天时而得民心，所以有天下响应之势。

> **温海明：** 类似于通常说的聚集人气、造声势，但需要时势合宜，而且从心底里打动大家才可以达到天下响应的状态。

> **张克宾：** 是的，要感得同类相从才行。

温海明：　圣人心意发动，天地分化，万物各从其类，所以圣人心意一动，世间阴阳就
　　　　　会发生转化。

李伟东：　人心感通为何能转化阴阳？

张克宾：　圣人可以转化阴阳，似乎超出儒家的论域。

崔　圣：　首先是感和应，在于通，才可打动。

温海明：　圣人时时刻刻感天动地，心通于天地，也通于阴阳。

张克宾：　《文言》曰："大人者，与天地合其德，与日月合其明，与四时合其序，与
　　　　　鬼神合其吉凶。先天而天弗违，后天而奉天时。天且弗违，而况于人乎，况
　　　　　于鬼神乎？"圣人心通天地。这是《易传》关于圣人人格的经典表述。天无
　　　　　私覆，地无私载，化育万物，生生不息。圣人践行天地生生之德，以仁爱之
　　　　　心化育万民，故"与天地合其德"。日月光辉显耀，普照万物。圣人明察天
　　　　　下之事，明晓天下之理，故"与日月合其明"。四时运行，万物生息，春生
　　　　　夏长秋收冬藏，有其自然的节律。圣人为政，也是效法生长收藏的节律成就
　　　　　事物，故"与四时合其序"。鬼神福善祸淫，圣人赏善罚恶，故"与鬼神合
　　　　　其吉凶"。

温海明：　"大人"通于天地、日月、四时、鬼神，心动与自然节奏完全合拍，也就是
　　　　　"大人"的心行即天行的自然流动。龙遨游于天际，象征人间成就的最高境
　　　　　界和最佳状态。"大人"兴起是因为"大人"有大的造化，因缘际会，风起
　　　　　云涌，是天时地利人和协同的理想状态。

张克宾：　《中庸》说："君子之道，本诸身，征诸庶民，考诸三王而不缪，建诸天地
　　　　　而不悖，质诸鬼神而无疑，百世以俟圣人而不惑。"又说："仲尼祖述尧
　　　　　舜，宪章文武；上律天时，下袭水土。辟如天地之无不持载，无不覆帱，辟
　　　　　如四时之错行，如日月之代明。"可以和《文言》相对读。

温海明：　心意发动，本是天地阴阳运行的自然流行，所以对心意的有意控制，本身就
　　　　　是拨动阴阳。

张克宾：　这个说法我认同。

温海明：　《中庸》从人心之动，推广到身、民、三王、天地、鬼神，这就说明人心发
　　　　　动的最高境界就是合于宇宙运行的节拍。

崔　圣：　事态不和谐，如有圣人出现感而应之，使之和谐了，那对于事态而言，是否
　　　　　发生了阴阳转化？

李伟东：　我觉得圣人能使人心感通，就是聚集了某种能量，能转化阴阳。

尚　旭：　万物本来就是各从其类的，圣人只是法于阴阳、和于术数而已。

张克宾：　圣人之出现，可以转化阴阳，但应该强调天时的问题，效果未必立竿见影。

温海明：　"大人"能"造"，在顺应阴阳的基础上转化阴阳，也就能"化"。

李伟东：　圣人主导阴阳变化，以成其时之道。

温海明：　圣人心动，时势配合，能够主动转化阴阳，令天地间的阴阳之气的运行发生变化。

吴争先：　《文言》这段末尾所谓"弗违"于天，似乎还没有说到"转化"天地阴阳。

张克宾：　"与天地合其德"者，可以理解为仁也；"与日月合其明"者，可以理解为智也；"与四时合其序"者，可以理解为礼也；"与鬼神合其吉凶"者，可以理解为义也。

温海明：　圣人能让"云从龙，风从虎"，也就是圣人出现后，天地阴阳的结构就会随之发生改变，通俗讲就是所谓英雄造时势。圣人通于天地、日月、四时、鬼神，比仁、义、礼、智还是高一些吧？

李伟东：　圣人已达神明？

温海明：　圣人是靠心意感通于天地之动，不是靠身体或者其他部分来感通。

尚　旭：　弹其宫，它宫鸣而应之，是同气相求。

张克宾：　我这样是把仁义礼智推及到天道的层面，天人贯通。

尚　旭：　仁、义、礼、智，放在四象的位置上比较合理。

李伟东：　圣人心与道合，发而致用，感通人心，转化阴阳。

温海明：　九五圣人有德有位，心意发动就能改换群体的心意，进而燮理阴阳。

郭顺红：　《易经》的六十四卦中有一卦叫咸卦，"咸"就是感的意思，咸卦象辞中说："圣人感人心，而天下和平。"所谓"感化"就是要了解各阶层的所思所想，最大限度地满足不同层次的需求、愿景，使大家有所依托或寄托，从而消除隔阂、化解矛盾，建立和谐的相互关系。

温海明：　圣人心意感天动地，天地阴阳为之变化。

崔　圣：　圣人通过感而鸣，民通过应而鸣，改变了原来的状态。

【圣人心意】

张克宾：　我认为，说"圣人心意感天动地，天地阴阳为之变化"，这是一种终极状态，还需要加入"时"的因素。这种"感动"和"变化"，从道的层面是随感随应，一体无间的；但在气的层面，则有时势的问题，非一人一时可变。

尚　旭：　在气的层面，确有时势的问题，非一人一时可变。

温海明：　圣人起心动念都带着不同寻常的能量。圣人心意有巨大的气场，一旦时势造英雄，就能改天换地。而所谓英雄造时势，就是"大人"在语默动静之间就可以营造一个顺应其心意的气场。

张克宾：　"大人在语默动静之间就可以营造一个顺应其心意的气场。"能到这一步，修养就到家了。

温海明：　位居九五的至尊者当然可以吧，到了九五之尊的时位，当然每时每刻起心动念都在改天换地，所以必须要慎之又慎。

崔　圣：　"飞龙在天，利见大人"时，是否已具德、位、时？

张克宾：　当然，德、位、时完全具备。

温海明：　德从初爻就开始修得差不多了，到位于九五之尊时，是时势配合的状态，足以造出英雄，此时人心发动，能改变事情也就能改变世界，这当然要德、位、时配合，也就是时势允许。

郑智力：　"德、位、时"都是相对于我们人而言吗？那么利益相对立的两种人，就会有不同的"德、位、时"？

崔　圣：　周武王具备德、位、时，改变了天下大局，是否带动了阴阳转化？

温海明：　阴阳本身每时每刻都在转化，问题在于你的心意是否可能主动转化它们？从时势造英雄、英雄造时势来看，只要条件允许，心是随时随地能够改变阴阳的。

张克宾：　阴阳不是主观的，而是顺天应人。

（整理者：黄桢　中国人民大学哲学院硕士生）

亢龙有悔　群龙无首
——乾卦上九明解

时　间：2015年10月18日22：00—23：16

【明解文本】

上九：亢龙，有悔。

《象》曰："亢龙有悔"，盈不可久也。

用九：见群龙无首，吉。

《象》曰："用九"，天德不可为首也。

【讲课内容】

张克宾：上九：亢龙，有悔。亢，穷极之义。上九爻居乾卦之上，龙高飞至极，故为亢龙。《系辞传》说："悔吝者，忧虞之象也。"《周易正义》孔颖达疏云："悔者，其事已过，意有追悔之也。"日中则昃，月盈则亏，物极则反，故亢龙有悔。所以，《象传》说："亢龙有悔，盈不可久也。"《文言》说："亢龙有悔，穷之灾也。"

《史记·范雎蔡泽列传》："《易》曰：亢龙有悔。此言上而不能下，信而不能诎，往而不能自返者也。"这段话很好地解读了"亢龙"的含义。亢龙有悔，并不是简单地说龙飞至穷高之地则有悔，而是说其上而不能下，伸而不能屈，往而不能返，有悖于阴阳变易、刚柔往来之道，所以终将有所悔恨。

《文言》："上九曰：亢龙有悔。何谓也？子曰：贵而无位，高而无民，贤人在下位而无辅，是以动而有悔也。"上九阳爻而居上位，故贵。但阳爻居阴位，不得其正，故无位。"高而无民"是说上九所处过高，脱离民众。虽然有贤人在下，但却不愿意辅助它。"贤人"指九三，九三处下卦，故说"贤人在下位"，九三阳爻得正，上九阳爻失正，且九三、上九都是阳爻，两不相应，所以上九得不到九三的辅助。

【讨论内容】
【上而不能下】

温海明：　亢龙指龙飞得太高了，易教是"盈则亏，亢则悔"。一方面自然现象变化如此，一方面人事进退无不如此。

孙世柳：　上而不能下？不是很懂。持续上，不是很好吗？

温海明：　穷途末路，没有回旋余地，那就动辄有悔了。

孙世柳：　倘若"终日乾乾，夕惕若厉"呢？用我们的话讲，终生奋斗？"下"很多时候是外在因素，能屈能伸我倒很理解，上下之道我觉得可以讨论。

温海明：　上九是太高了，太满了，说明外在的高位和内心的自满都不可取，要戒除。

张克宾：　能上能下，就是能屈能伸。

【"与时偕极"】

张克宾：　乾卦六爻，初"潜"，四"跃"；二"见龙在田"，五"飞龙在天"；三"终日乾乾"是"与时偕行"，上"亢龙有悔"是"与时偕极"。可见乾卦六爻，既有从初到上的发展变化，也有上下间的彼此对应关系。这也是理解六十四卦的一个普遍原则，即一卦内部既有时位上的发展变化，又有上下间的彼此影响。

刘京华：　我对这爻的理解关键是：已经到头了。

温海明：　"到头"一般指外在的客观形势到了穷途末路，这样说没有什么问题。但若内心走入穷途末路，骄傲自满、不可一世，那也是要动辄有悔的，也就离覆灭不远了。

【"知进退存亡，而不失其正"】

张克宾：　《文言》曰："亢之为言也，知进而不知退，知存而不知亡，知得而不知丧。其唯圣人乎？知进退存亡，而不失其正者，其唯圣人乎！"亢龙之有悔，就在于知进不知退，知存不知亡，知得不知丧，这个道理为人所易知。而《文言》高明的地方，在于指明圣人的进退存亡不失其"正"。

温海明：　这时候就更多地从外在转入内心。

张克宾：　是的，外在事态的变化有其自然的法则，圣人所谓顺其变化而进退之，且不失其正。

温海明：　内心若不能把握好进退存亡的分寸，那就无法与外在的阴阳形势顺应协同，也就无法得其"正"。

辛亚民：　"先天"，指先于天时的变化而行事；"后天"，指在天时之后顺应天时行事。这是说，作为理想人格的圣人，掌握了《周易》的法则，其德行则与天地日月的变化相一致，既可以提前预知天时，又可以顺应天时而行动。

温海明：　但上九之时位，先于天则天不配合，后于天则追悔莫及。

刘京华：　似乎类似于有善始却不能善终。对吗？

温海明：　上九的时位，即使有善始，恐怕也难善终？

张　悦：　到了九五就是善终。

温海明：　过了九五的状态，求善终就难了。

张　悦：　所以我觉得到了九五就要坚守贞固。

张克宾：　既有内心对事态分寸的把握，也有对自我德行操守的坚持。处上九之时，虽然不能进，但却可以退。虽然未必能成大业，但却能不失其正道。

【"用九"】

张克宾：　乾坤两卦除卦爻辞外，多出用九、用六两条。我们再简单谈谈"用九，见群龙无首，吉"。"用九、用六"到底是什么意思，古今学界见解不一。朱熹以为是发明《周易》变占之例。也就是说《周易》在乾坤两卦专门讲用九、用六，意在指明占筮中所得七、八、九、六之数，是以九、六为变爻。

温海明：　九为老阳，六为老阴，单独说明，比较在理。

辛亚民：　"亢之为言也，知进而不知退，知存而不知亡，知得而不知丧。其唯圣人乎！知进退存亡，而不失其正者，其唯圣人乎！"这是说，亢龙之所以有悔，是因为只知进升，不知引退；满足于既得现状，不懂得有丧失的危险。作为最高境界的圣人却不如此，知道进退存亡相互转化这一普遍之理，行为处事能符合中道，进时知退，得时知丧，存时知亡。这种行为处世的原则方法，典型地体现了易学的辩证思维。

温海明：　《文言》曰："乾元用九，乃见天则。"以用九为天则，应该是用老阳之数九，体现天道变化的根本法则。

张克宾：王弼以为九代表乾元天德，"用九"即"能用天德"。马王堆帛书《周易》中"用九"写作"迥九"，"迥"通"通"，"用九"即"通九"，也就是六爻皆九。我们前面说过，春秋之时可能没有九六式爻题，《左传》表述乾卦初九曰"乾之姤"，表述"用九"则用"其坤曰"，可知《左传》是以乾卦六爻全变为"用九"。

温海明：六爻皆九，卦变为坤。

张　悦：阳爻用九、阴爻用六，可以理解为对于所有爻辞的解释吗？

张克宾：是的，就是指明《周易》重视变，阳爻之变数在九，阴爻之变数在六。

温海明：九为老阳变阴，六为老阴变阳，这是起卦时通用的。

【"见群龙无首，吉"】

张克宾：再结合用九爻辞言"群龙"，我认为"用九"就是说乾卦六爻纯阳，皆能变化。说"用九"是"用天德"，是对其义理的发挥。

温海明：每一阳爻都是龙，皆能变化，都能为首，故群龙无首。

张克宾："用九：见群龙无首，吉。"《象传》曰："用九，天德不可为首也。"《文言》曰："乾元用九，天下治也。""乾元用九，乃见天则。"从"天德不可为首"来看，乾卦纯阳，六爻皆九，则刚健变为柔顺，所以取群龙都可做首领之象。

马王堆帛书《衷》篇云："键之至德，刚而能让。"刚而能让，是乾卦的至德。朱熹《周易本义》说："君道刚而能柔，天下无之治。"帛书《衷》篇说："《易》曰：'见群龙无首。'子曰：'让善之谓也。君子群居，莫敢首，善而治，何诛亓和也？'"又说："群龙无首，文而圣也。""群龙"表征君子群居之义，"无首"表征群居之君子让善都不肯为首，呈现出一种"善而治"的和谐状态。

温海明：每爻皆可能为首，主动让他爻为首，有谦让之意。各自不凸显首领的地位才是合乎天道的。群龙都不为首，都不称雄，说明都刚健进取而不咄咄逼人，大家潜能都得到充分发挥，这是一个团队精诚团结的最佳状态。群龙无首通常被当作贬义来理解，而用九此处说吉，就令人颇费思量。张老师说得在理。此处的天人之道，就在于六爻一体，群龙都刚健进取，都奋发有为，但都不强为首，众志成城，精诚团结，不吉利都不可能。

【象与占】

张　悦：《周易本义》里面解卦时乾坤两卦六爻都变看用爻怎么理解呢？

张克宾：朱熹的意思是，占筮时，遇到乾卦六爻皆是九，则看用九之辞；遇到坤卦六爻皆是六，则看用六之辞。这是朱熹自我发明的一套变占法，其实有理而无用。因为《左传》《国语》也好，还是后世记载的占法也好，从来没人这么占。

温海明： 确实如此，不如说九为老阳变阴是天道自然的法则。

张克宾： 《周易》难读，难就难在其卦爻辞都是"象"，弄明白字面含义都很难，解读其背后意蕴更难，就其背后意蕴再谈天人之道是难上加难。

温海明： 确实，"象"为解读卦爻辞之根基，阴阳要交流转化才吉利。

郑智力： 就是相互间有足够的尊重，尊重每一个个体，才能达到那样的状态。同时每个个体负起自己应负的责任。

温海明： 辞让之心对于维系团体的力量很重要。

（整理者：贡哲 浙江大学人文学院哲学系本科生）

（本卦校对：陈志雄 中国人民大学哲学院硕士生）

时　　间：2015年10月19日22：00 — 23：16
导读老师：何善蒙（浙江大学人文学院教授）
　　　　　尚　旭（中华易医研究院秘书长）
课程秘书：孙世柳（中国人民大学哲学院硕士生）

阴从阳主 厚德载物

——坤卦卦辞明解

2 坤卦

坤下坤上

【明解文本】

坤：元亨。利牝马之贞。君子有攸往，先迷，后得主，利西南得朋，东北丧朋。安贞吉。

《彖》曰：至哉坤元，万物资生，乃顺承天。坤厚载物，德合无疆。含弘光大，品物咸亨。牝马地类，行地无疆，柔顺利贞。君子攸行，先迷失道，后顺得常。西南得朋，乃与类行。东北丧朋，乃终有庆。安贞之吉，应地无疆。

《象》曰：地势坤。君子以厚德载物。

【讲课内容】

何善蒙： 对于《周易》来说，重视的就是时和境，所以，一旦离开时和境，要么就是理性化，要么就是混乱无章。我觉得倒不是说《周易》一定讲天道或人事。我倾向于《周易》是讲天人之际，所谓天人之际，也就是天人相与之际。该说法的好处在于，天道和人事可以达到很好的贯通。

尚　旭： 坤者地也，是万物之生，气始于天，形生于地，天地合德，刚柔有体。我们既然要讲坤，就要把这个字分拆开来。坤字左侧为土，为坤之象；右侧为申，为后天八卦坤之位。一个字描述了坤的象和位。

"坤"古文字作"巛"，象坤画六断也。《周易》作"川"，水之体，顺之性，而下之位也。坤之为用，安静柔顺，卑以承乾也。讲坤得从一幅图讲起：

上图是十二消息卦，也叫十二辟卦，描述的是坤生的过程：坤卦自乾卦来，一变生姤卦，二变生遯卦，三变生否卦，四变生观卦，五变生剥卦，六变生坤卦。

所以从消息卦上看，初六应姤卦象，建午月，受夏至气。六二应遯卦象，建未月，受大暑气；六三应否卦象，建申月，受处暑气；六四应观卦象，建酉月，受秋分气；六五应剥卦象，建戌月，受霜降气；上六应坤卦象，建亥月，受小雪气。

十二消息卦描述了阴生于阳，坤是阴气的开始。所以坤卦会讲元亨，这个就是坤卦的元。这个时候，天地相交，气形初成，万物开始生成，所以有亨。就像道生一、一生二的过程。飞天者莫若龙，行地者莫若马，阳气生于下而极于上，阴气生于上而极于下，所以"利牝马之贞"。坤者地也，马者地精也，牝者阴类也，上下皆坤，是取牝马之象。乾坤两个卦都说君子，但是二者描述的君子又有所不同。

乾代表的是君子，坤代表的是能人。贤者用人，而能人是用于人，二者是有区别的。阴阳之道阳君阴臣，阳夫阴妻。阳唱阴合，如果阴走在了阳的前面就是先迷了。如果阴前阳后，就失去了君臣之道。

"坤：元亨，利牝马之贞。君子有攸往，先迷后得主，利西南得朋，东北丧朋，安贞吉。"坤为众，有朋党之象。在后天八卦里，坤统领三阴居于西南，同类相求，物以类聚，所以有西南得朋之说。

后天八卦，大家参考：

坤之为道，得失不离其正，静以承天，安以事君，故曰"安贞"。"在天为气，在地为形。"万物之生也，天出其气，地出其形，天地覆载，乾坤合德，生生不息，含育万物。

温海明：坤五行属土，代表大地之性，开始生长就亨通，利于像母马那样正固，也就是应该学习母马那种母性的品格。全阴为坤，建亥月，卦辞谓"西南得朋"，后天八卦坤在西南。西南方阴气生长，东北方阳气生长。

阴阳消长的十二消息卦是六十四卦的根基。六十四卦都可以认为是从十二消息卦变出来的。西南阴气长，得朋，西北阳气长，丧朋，但对坤阴来说，各有好处。可以理解为地气、阴气运行的亨通。阴类以马为喻，别有深意。古人以飞天之龙和行地之马代表君子品格的不同侧面。

"君子有攸往"，"君子以厚德载物"，坤性也可以说是君子品格的一个侧面。阴类品格的能人要挑头当领导容易迷失方向，这跟后天八卦有关系。

【讨论内容】
【阴类为马】

温海明：　母马标志着阴性的事物，就像以龙标志阳性事物一样。

尚　旭：　这里用的是牝马。牝马，有原则性的顺从。马本身就是受人教化的温顺之物，上下皆坤重叠，更是温顺，故而用牝马，牝马是母马，有坤的生化功能。

李伟东：　牝马，强调的是具有生殖能力的母马。

欣　悦：　马顺从而有自己的主见，不像牛羊之类，只能被牵着鼻子走。我认为顺从应讲原则而不是盲目地顺从，这也是用马而不用牛的关键。

刘京华： 为什么以马做阴性，就因为它是地之神吗？

李伟东： 母马都非常温顺而耐劳。

徐治道： 据载：龙与马交，则生龙马。

刘京华： 龙马精神与这两卦有关。

尚　旭： 龙马精神，乾坤之道。

【坤之德】

温海明： 母马贞定、韧劲的品格是厚德载物的基础。

尚　旭： 这里虽然讲的是坤道，但其实是每个人都必须要同时具备的。男人需要有点柔顺之气才不至于折。女人要有点自强之心才能生发万物，单行一面是不行的。

温海明： 很有道理，不修坤道不知如何厚德载物。人要心胸宽广，气魄宏大，才能包容承载万物。

王力飞： 第一，"巛"字逆转90度，应为过去的三个"六"字。第二，既然乾卦断句为"元、亨、利、贞"，个人认为坤卦应该这么断比较合理："元、亨、利、牝马之贞。君子有攸往，先迷后得主。利西南，得朋，东北，丧朋，安贞，吉。"坤卦的两个"贞"都有特指的持守内容，一为持守母马的柔顺，一为持守安（安分守己）的状态。第三，乾、坤是对卦，个人认为，乾卦讲的是"潜龙、田龙、乾龙、跃龙、天龙、亢龙"的"刚健"的发展过程，《坤卦》讲的是"难如履霜冰、摆正心态、章不外露、无咎无誉、初步吉祥、忍无可忍"的、像母马一样的"隐忍或柔顺"的发展过程。刚柔相济，体现的是一个"韧"。

【乾坤之道】

尚　旭： 既然谈到乾坤之道了，我想谈一下关于太极图里的夫妻之道。假设白色为男性，那么白色中的黑点代表什么？有人会说是阴，但是这个阴不是右侧的阴，而是阳刚之气中的阴气，就像一个男性也有温柔的一面。所谓比较娘的男人，只是其中的黑点比较大而已；所以无论男女都同时具有阴阳之气，只是体现的多少而已。单个的男女总是不全的，所以才有了婚姻的存在。其实，当你对你的爱人不满意的时候，就是对你自己不满意。

崔　圣： 任何一个单独的个体，都是一个阴阳平衡体，在宇宙大空间，总体上又是平衡的，可以这么说吗？

郑朝晖： 老子曰："万物负阴抱阳，冲气以为和。"以人论之，男为阳，非纯阳，因男子之阳气在外，阴气在内；女为阴，非纯阴，因女阴气在外，阳气在内，外柔内刚。阳中有阴，阴中有阳。坤至柔而动也刚，坤为女，女为柔顺，外柔内刚也，如能外柔内顺，则女之德纯也，后得主而有常，依妇之伦常而行，法坤厚载物之德，包容万事万物，心性自然光明，承天而时行，坤柔至顺承乾刚而时行，则能生生不息。

马　可：赞同"男非纯阳，女非纯阴"之说。坤卦指配合，配合乾卦。

郑朝晖：乾坤定位，素位而行。

马　可：前面讲到家庭，比方一个家庭，我们的观念是男主外女主内，但是现在很多家庭是女汉子在外打拼，而男的把家收拾得干干净净。其实这样也是一种和谐。也就是定位。位置找对了，做事也就方便了。

（整理者：王璇　中国人民大学哲学院硕士生）

履霜坚冰　防微杜渐
——坤卦初六明解

时　间：2015年10月20日22：00 — 23：30

【明解文本】

初六：履霜，坚冰至。

《象》曰："履霜，坚冰"，阴始凝也，驯致其道，至坚冰也。

【讲课内容】

何善蒙：我对于《周易》乾坤二卦的看法，是关于两仪定位的问题，即这是《周易》中最为重要的两卦。

当然，《周易》对于阴阳的看法很有特点，以前一直有人说，《周易》扬阳而抑阴，我最近越来越觉得，事实上易理可能更多强调的是阴阳的调和，"和"才是最佳状态。这个特点甚至在整个中国传统中都是很清楚的，中国思想传统就是找平衡的传统。

【讨论内容】

翟奎凤：《文言传》说："积善之家，必有余庆；积不善之家，必有余殃。臣弑其
君，子弑其父，非一朝一夕之故，其所由来者渐矣！由辨之不早辨也。
《易》曰：'履霜，坚冰至'，盖言顺也。"这就是"勿以善小而不为，勿
以恶小而为之"的意思，再微小的东西，反复积累，发展下去都不得了。
《系卦传》说"《复》小而辨于物"，应该说这与《文言传》所说"非一朝
一夕之故，其所由来者渐矣，由辨之不早辨也"在旨趣上很接近。

何善蒙：是的，这里对于坤进行了一个非常总体和直接的定位。文义应该很简单直
接，就是说坤的德性，坤就是柔、顺、静等诸如此类的特征，然后加上地的
这种属性，可以此为基础展开延伸。

翟奎凤：乾主时间，坤主空间。

何善蒙：我想这其实可能很难截然区分开来吧！

【"驯"】

何善蒙：初六：履霜，坚冰至。《象》曰："履霜坚冰"，阴始凝也。驯致其道，至
坚冰也。

翟奎凤："履霜，坚冰至。"踏在霜上，当知坚冰不远。《象》曰："'履霜坚
冰'，阴始凝也；驯致其道，至坚冰也。""履霜坚冰"，阴气刚开始凝
结；"驯致其道，至坚冰也"，顺着发展下去，就会出现坚冰。

何善蒙：这里我认为，首先需要关注"驯"字。

翟奎凤："驯"就是"顺"。

何善蒙：一般来说，"驯"字通常作"顺"来说，但朱熹说作"慎"讲。

温海明："驯"是顺，意为顺着初六阴气凝结的趋势发展下去。

何善蒙：我觉得朱子的解释也值得重视。从顺来说，就是从天道来说的；从慎来说，
那是从人效法天道来说的。《周易》的初爻，一般都有"慎始"之意，这个
是非常明显的，我们在后面的很多卦中都可以看到。因此，在《文言》对初
六的解释中，强调的是渐和顺。

翟奎凤：初六爻动，变震之复卦，其卦曰："复：亨。出入无疾，朋来无咎；反复其
道，七日来复。利有攸往。"表面上看，"履霜，坚冰至"与复卦辞似乎无
甚关联。实际上，若结合初六小象辞中的"驯致其道"，我们还是可以与复
卦辞"反复其道"作相似关联。

欣　悦：我觉得作"慎"解释好些。位置在初爻，慎始。观察事物细微的变化，来发
现变化的规律。

何善蒙：是的，对于人事的解释来说，慎更为重要的。但是，就天道的描述来说，
则顺更为直接。

温海明： 顺天道，慎人事。

何善蒙： 其实我一直对于坤卦的"顺"和道家的"顺"（因）有比较大的兴趣。我在想，道家的取反和取下，大概跟坤的这个特点有很大关系。可以说天地之道以乾坤来表达，那么，很多时候可能儒家更多效法的是乾健，道家更多主张的是坤顺。当然，总体上，都是以强调"和"为目标。这里还有一个比较需要关注的地方。就是在《周易正义》里解释"驯"的时候说是"狎顺"，不知道大家对"狎顺"是怎么看的。

翟奎凤： 狎，熟的意思。

何善蒙： 狎，犬可习也。

温海明： 坤卦的"顺"，是沿着事情发展趋势的"顺"，是运用天道于人事的趋势。而道家的"顺"，是顺天道自然之"顺"，重人事应当顺从天道本然状态的"顺"。

何善蒙： 有道理，但是，无论儒道都是顺天道之自然。

崔　圣： 顺人事与顺天道有本质的区别！

温海明： 儒家运用天道于人事，而道家主张人事当顺于天道。一用一顺。

何善蒙： 这个用天道于人事的说法，好像荀子讲的"制天命而用之"。

温海明： 《周易》是一部"推天道以明人事"的书，而推明的下一步就是用，但没有荀子"制天命而用之"那么强。

【乾始坤生】

裴健智： 乾卦讲"万物资始"，坤卦讲"万物资生"。这两句话从形而上理解应该是不一样的。可是究竟有什么不同？万物资生可以理解为万物开始生长，万物资始怎么理解，可以理解为像道一样先天地生的对万物的产生有绝对作用吗？

温海明： 乾卦万物之创始，坤卦万物之生成。万物都要乾阳的创造力才能开始，万物也要坤阴的质料才能成型。

何善蒙： 万物由天获得存在的根据，由地获得存在的现实展开，所以是始和成的意思。

李伟东： 乾在于生，坤在于养。

何善蒙： 儒道不讨论占卜，或者说忽视占卜，这是由他们的立场决定的，因为在儒道那里事实上对于道都实现了根本性的转化，天道在占卜那里所具有的那种神秘性的维度是不断被消解的，这就是通常意义上说的理性早熟。从神秘性的天道，到儒道对于道的诠释，实际上是一个重大的跨越。其实儒家讲的是圣人则之，也就是效法的意思。

温海明： 效法明白之后还是可以用。

何善蒙： 用肯定是的，其实道家也是用。先秦时期中国思想的一个极其重要的变化就是天道落实到人心，这是一个极为重要的变革。

崔　圣：　进入西周时，就开始由巫向史的过渡。

温海明：　善心、善行、善业是儒家之教的要点。防微杜渐不仅仅是说明一个道理，更
　　　　　重要的是强调要想成就善业，不能一刻中断善行，不可一念离却善心。反之
　　　　　亦然，恶业积累，最后恶贯满盈，万劫不复。

何善蒙：　所谓不可须臾离也。

于蔚森：　人应该如何行善？

温海明：　善心发动，善意升起，善行持续。

何善蒙：　莫以善小而不为，莫以恶小而为之。

王力飞：　人心所向为善，人心所背为恶。

李伟东：　众善奉行，诸恶莫作。

崔　圣：　弑君、弑兄非一日之寒而成冰！

【中庸】

郑　静：　说话若是阳胜，则动。阴过乏力。中庸为正。

何善蒙：　这个话对的，中庸为正。所以说，其实，中才是最终的目标。

王力飞：　中为中和，庸为金钝，阴阳之道都在里面吧？

李伟东：　致中和，天地位焉，万物育焉。

温海明：　这个境界太高。

赵逸之：　不得中行，必也狂狷。

何善蒙：　中国人对于概念永远都不是固定化的认识，这个很重要，在看中国文献的时
　　　　　候，千万不要固定化了，也就是僵化了。

（整理者：张馨月　中国人民大学哲学院硕士生）

坤阴顺正 敬义立德
——坤卦六二明解

时　间：2015年10月21日22：00—23：49

【明解文本】
六二：直、方、大，不习，无不利。
《象》曰：六二之动，直以方也。"不习无不利"，地道光也。

【讲课内容】
何善蒙： 今天讲六二。我们在看《周易》每个卦时，都应该注意每个爻的特点，以及这个爻在该卦中的特殊存在方式。我一直觉得，《周易》的这种方式非常特别。从爻的特点来说，六二首先是"当位"，即以阴处阴位，其次是"中"的位置。

一般来说，以"二"为臣位，如果把坤看作臣道的话，那么"六二"是最佳的表达，所以，"六二"是坤卦的卦主。

卦主就是一个卦的意义决定者，有主卦之主和成卦之主的差别。

"直方大，不习无不利"是爻辞，爻辞的表达也有基本格式，就是爻的特点+判断。

这个爻辞中的"直"是从中正之位而来的，"方"是地的特点，"大"是就地之利来说的，从这个角度来说，我觉得直、方、大作为三种特点来说比较恰当。

"不习无不利"，实际上是断辞，是对整个爻的状况的判断。"习"有两种解释，一种是修习、学习，一种是熟悉，个人觉得修习、学习的意思比较合适，这和习的本意比较接近，熟悉这个说法，比较曲折。还有重复义，重复是在本义之中，所谓鸟数飞也，指小鸟多次学飞。

"不习无不利"，是对于坤道的最佳陈述，也就是最为恰当的表达，所以，六二是卦主。《象》曰："六二之动，直以方也。'不习无不利'，地道光也。"这里讲"六二之动"，跟前面联系起来，应该是修习和学习，两者都是动，而作熟悉解，有意义的跳跃。当然，如果从爻位的特点来说，这个六二是静的、不动的，那么六二之动是什么意思？

如果理解为大地的特性，那就应该是正直、方正、多样而不重复，如果理解为人的修行就是动的。一般来说，动都是主动发出的，坤随顺处后，故静。所以，我对"六二之动"的理解，不是行动和动作的意思，而是行为表达的意思，或者说行为方式。正直和方正都是坤阴随顺乾道之动的特性。

"不习无不利"，就是对于地道的最佳表达，所以《象传》说"地道光也"，这个"光"的意思，也和前面动的意思有类似之处。

《文言》曰："'直'其正也，'方'其义也。君子敬以直内，义以方外，敬义立而德不孤。'直方大，不习无不利'，则不疑其所行也。"《文言》的这个说法，实际上强调的是"方"。所以我们应该去思考一下古人的那些惯常的说法，比如"天圆地方"，为什么是这样限定的？地之方，我想有两层很重要的意义，一是限定，二是安全。

"不习无不利"，是由其随顺之本性所决定的。在"直、方、大"的意义上，自然是"不习无不利"。所以，"直、方、大"是限定，"不习无不利"是结果，也就是说无往而不利。

【讨论内容】
【"直方大"】

王力飞：　坤卦说的是牝马的柔顺和隐忍，"直、方、大"指心态或者品德，心态好了，品德好了，懂得柔顺之道了，不修习也没有不利。

徐治道：　大地的特性，其实是在说环境的平顺。

何善蒙：　随顺而行。

徐治道：　"不习无不利"，在言说或启示什么？由此反观"直、方、大"何意？

温海明：　"方"是通晓大义，大气，代表格局宽广宏大的女子或者臣子之道。

何善蒙：　限定是知道事情的分寸，安全也是知道合宜的尺度，其实是在随顺乾道的过程中，对乾道加以完美的理解和限定，把乾道的事业发挥到极致。刚才看材料上有说法，解释"直、方"是直行和横行，这个解释太有想象力。我的理解是，一则"天圆"出于观察而来，二则圆是无限性的象征。第二个义项尤其重要，作为根源和神圣性的对象都是基于无限性而来的。

温海明：　"不习"可理解为不会重复、不会犹疑不决、不会徘徊不前，所以成就乾道的事业才不会横冲直撞，而是良好地控制事情发展的分寸和尺度，所以无所不利。

何善蒙：　但是，无限性是不能带来生存的安全感的，所以，在天圆之外，必须讲地方。地方就意味着为人的生活确定基础，尤其是安全感。当然，无论是限定和安全都是尺度，所以，规范和规则都是很重要的。当然，如果从阴阳的调和为最佳来说，自然是没有问题的，我觉得更准确地说，应该是成功的男人和成功的女人都是阴阳调和的结果。这个分寸和尺度对于六二来说，应该是天生的。

温海明：　六二强调乾道的创生需要坤道来护持前进的分寸和尺度。

何善蒙： 中国人的传统大体就是追求和谐。

尚　旭： 男女皆不恃才傲物方是坤道。

何善蒙： "道"是什么？"道"就是什么时候该干吗就干吗。

徐治道： 道与德是虚位，道乃生生之道，德乃生生之德。

（整理者：李芙馥 中国人民大学哲学院博士生）

含章坤道　无成有终
——坤卦六三明解

时　间：2015年10月22日22：00 — 23：25

【明解文本】

六三：含章可贞，或从王事，无成有终。

《象》曰："含章可贞"以时发也。"或从王事"，知光大也。

【讲课内容】

何善蒙：三爻的特点是多凶，因为居于下卦之上。一般来说，三爻戒进取。三多凶，多凶是从位置上来说的。

"含章可贞"，描述的就是阴中有阳的特点。对"章"和"贞"，我的理解都是来源于三的位置的阳的属性。"或从王事"，这里的"或"表示不确定，实际上就是选择，择时而动。为什么会有择时而动的特点？是因为它具有阳的性质。"无成有终"，是从阴爻的特点来说的，即不居功。

《象》辞认为，择时而动，是非常高的智慧，所以是"知光大"。六三爻位的特点是，以阴爻处在阳位上，又是三的特殊位置。

《象传》的解释，"含章可贞"和"或从王事"，其实都是从择时而动来说的。从卦象来看，三为下卦之上，具有向上之势，而阴爻具有退守之象，所以，就有了择时的说法。也就是时动则动、时静则静的意思。

翟奎凤： 六三（坤之谦）"含章可贞，或从王事，无成有终"。内含美质，可守持正固；如果辅助君王，则不居功而有好的结局。《象》曰："'含章可贞'，以时发也。'或从王事'，知光大也。""含章可贞"，等待时机发挥才智；"或从王事"，因为智慧广大。六三爻动，变艮之谦，其卦曰"亨，君子有终"。此爻辞与变卦辞一看就很有关联性，如都有"有终"二字。当然，谦卦就是讲谦虚，即"含章"的意思。

六三《文言》曰："阴虽有美，含之以从王事，弗敢成也。地道也，妻道也，臣道也。地道无成而代有终也。"黄道周说："谦之含章，君子之正也。正而文未著于天下，道未洽于四国，故可之，可者所以为牝也。谦而从王，君子之谊也。君子正谊而不为功，从事而不为利。舍功与利，则事可不从，功可不试也。故或之，或者所以为柄也。或而可之，故曰无成；亨而能贞，故曰有终。观于谦之有终，而两爻之义，大较著矣。"地山谦，艮山有终止义。再如，谦卦象辞说："谦，亨。天道下济而光明，地道卑而上行。天道亏盈而益谦，地道变盈而流谦，鬼神害盈而福谦，人道恶盈而好谦。谦，尊而光，卑而不可逾，君子之终也。"谦卦大象辞曰："君子卑以自牧。"应该说这些在旨趣上都有很强的一致性。

【讨论内容】
【"含章可贞"与"或从王事"】

徐治道： 从"或从王事"来看，"含章可贞"是否是"从王事"之外的另一取向？或仅仅只是"从王事"的一个因由？

何善蒙： 我倒是觉得"含章可贞"是一个最为基础特征的描述，"或从王事"只是"含章可贞"的一种表现形式吧。《文言》曰："阴虽有美，含之以从王事，弗敢成也。地道也，妻道也，臣道也。地道无成而代有终也。"《文言》的说法，实际上主要在解释两个事情："或从王事"和"无成"。

徐治道： "含章可贞"有人解释为：具备为王的条件，可以称王。

何善蒙： 我觉得"三"的位置如果是凶险，而"三"又多躁进，那就难说具备为王之条件。具体到这个"三"，"含章可贞"重要的是"含"，所以"可以称王"一说，应当不成立。"含"就是含蓄、内敛，"成"（原文为"称"）是外露、彰显。所以，"含章可贞"，恰恰传达类似于"生而不有"的观念。"含章可贞"其实是最难的，因为这与一般的思维方式不一致。一般人都喜欢表达和彰显自己，从这个意义上来说，内敛和含蓄更为重要。

陈鹏飞： 有光华而含之，有能力而辅之，有功而不敢成。

【 "地道无成而代有终也" 】

何善蒙： 《文言》中有个我觉得很有意思的说法——"弗敢成"，实际是降低了爻辞
的格调。

陈鹏飞： 为什么说降低了呢？

何善蒙： "弗敢成"和"无成"的说法，有着非常大的差异。"无成"是不居成的意
思，是发自于内的；而"弗敢成"是不敢，是来自于外的。所以，明显是降
低格调了。

陈鹏飞： 我体会"弗敢成"也有内在谦逊的意思在里面，是高尚的。

何善蒙： 当然，这个自然也是不错的，总比恣意妄为好。

徐治道： 对把"无成"解释为"不以成功自居"的说法该如何看？

何善蒙： "蔽而新成"与汉简、帛书"蔽不成"的区别，其实"无成"就是蔽不成的
意思。

叶　亮： "无成"可以理解为：虽有功，但归功于主上才符合坤卦之臣道，从而也可
以得到"有终"的好结果。

何善蒙： "无成"就是不成，就是不要把功劳归于自己。所以，这个解释我觉得是恰
当的。"代有终"的意思，我觉得也值得思考。按照《周易正义》的解释，
"地道卑柔，无敢先唱成物，必待阳始先唱，而后代阳有终也"。"代"一
般都解释为代替，也就是说，这个阴是替阳干活的，干活之后，功劳是归于
阳的。所以，如果我们去看周易，五爻一般是多功的。

徐治道： 五爻一般是向好的多些。

何善蒙： 如果将"地道无成而代有终也"连在一起看的话，那么"无成"和"代"是
在一起说的。那就是以"无成"来换"有终"的意思。

徐治道： "无成"与"有终"的确要连在一起来看。

何善蒙： 那就有"择"的味道了。而这样择，也恰恰是地道、妻道、臣道。变谦之
九三："劳谦，君子有终。"以其不自矜，故有功；以其不自大，故能成
其大。在任何时代，做事不出成绩都是不招待见的。所以坤卦的六三"无
成"，是有成绩，有功劳，但归功于主上。归功于主上，才可以"有终"。

　　每个卦都有其对应的道，做事符合其道，才能得到好的结果。坤卦讲的
是为臣之道，所以有功不能自居。这就是"无成有终"。

（整理者：黄仕坤　中国人民大学哲学院硕士生）

阴阳不通 闭塞慎言
——坤卦六四明解

时　间：2015年10月23日22：00—22：56

【明解内容】

六四：括囊，无咎无誉。

《象》曰："括囊无咎"，慎不害也。

【讲课内容】

何善蒙：卦的六爻里，二爻多誉，四爻多惧。四爻这个爻位为多惧之地。也许是因为四爻近于五爻君位，所以多惧。这一爻阴爻处阴位，无刚美之质。《文言》说此爻为"天地闭，贤人隐"之象，是天下无道之象。天下无道，人要闭上嘴，少说话。此爻为什么是"天地闭"之象呢？一般认为这是因为结合了观卦的卦象。王弼："处阴之卦，以阴居阴，履非中位，无直方之质，不造阳事，无含章之美，括结否闭，贤人乃隐，施慎则可，非泰之道。"

尚　旭：程颐《易传》："四居近五之位，而无相得之义，乃上下闭隔之时。其自处以正，危疑之地也。若晦藏其知，如括结囊口而不露，则可得无咎，不然则有害也，既晦藏则无誉矣。"朱熹《周易本义》："括囊，言结囊口而不出也。誉者，过实之名，谨密如是则无咎而亦无誉矣。六四重阴不中，故其象占如此。盖或事当谨密，或时当隐遁也。"

【讨论内容】

徐治道：六四由坤卦六三爻"含章可贞"递变而来。

温海明：是，要讲到观卦卦象上才可以讲得通。

王力飞：要联系雷地豫卦才讲得通吧？

翟奎凤：豫卦是结合变爻来说的。坤卦六四爻变，则变为上卦为震，全卦为豫，豫有戒备之义。

尚　旭：六四之时，宣酉月令，受观卦气，雷始收声，万物随入，犹天地否闭之时，贤人亦隐遁也。

徐治道：我认为此处解释还要结合互卦来谈。

温海明：观卦上卦为巽，巽为绳，互卦为艮，互艮为手。观卦下卦为坤，坤为布帛，为虚，为口袋。所以有手用绳子把口袋束扎起来的象。

徐治道： 是的，这样讲，手与绳都有了。

翟奎凤： 结合观卦是从卦气来说的，观为八月，于时为秋。秋为天地闭合之象。

温海明： 六四虽然当位，当有太阴的感觉，有天地气息不通之气象，阴气有点盛。因为多惧，所以谨言慎行。

孙世柳： 近君之位?

温海明： 是啊，伴君如伴虎!

王力飞： 接近成功更需小心谨慎，否则，功亏一篑。

【"括囊"】

王力飞： 王夫之把坤卦看作直囊，钻进去就不见天日了。

温海明： 坤为布，为虚，所以是空口袋。

徐治道： 爻辞"括囊，无咎无誉"说得非常形象。清代段玉裁在《说文解字注》中说："括絜也。絜者，麻一端也。引申为絜束之絜。凡物围度之曰絜。贾子度长絜大是也。束之亦曰絜。"其本义就是结、扎束，用绳或带子结扎、捆束。字典中说"《传》小曰橐，大曰囊"。括囊就是结扎袋口。《说文解字》中说"咎灾也。从人从各。各者，相违也"，表示相违背，违背人的心愿，本义为灾祸、灾殃。

温海明： 说话小心，没有灾祸，但也没有荣誉。

刘　娜： 不求有功但求无过。

徐治道： 要谨慎小心，所谓小心驶得万年船。

翟奎凤： 形势不对，求功不得。

温海明： 我认为朱熹讲得过了一点，谨慎就好。此爻没有逃遁的意思。

徐治道： 此爻寓意管住自己，小心谨慎。

温海明： 自己韬光养晦，当然也就不求外在的荣誉了。

徐治道： 沉默是金。

温海明： "沉默是金"比较到位，形势不对，多言无益。

翟奎凤： 王弼尽用否定表达，其实要把此爻肯定的意思传达出来才重要。

温海明： 沉默是金，本身意味着包容一切，笑骂由人!

翟奎凤： 苏轼感叹无咎无誉之难，看来深有体会，人间行事，即使沉默是金，笑骂由人，也诚如苏轼所言，或咎或誉，极难真正做到无咎无誉。

孙世柳： 做到平淡如水，不容易!

温海明： 天地之间变化主要由阳气和阴气的交流和感通产生。

郑智力： 顺应天地即顺应阴阳，顺的前提是"感"，而后才能应。

温海明： 后面天地闭，也是阴阳之气闭塞不通。

郑智力： 贤人隐遁。

温海明：　贤人谨言慎行而隐闭，还没到遁世的地步。

徐治道：　谨言慎行，顺势而动。

温海明：　到六四要谨慎没有害处，到六五的状态就比较理想了。

（整理者：孙世柳　中国人民大学哲学院硕士生）

内心修美　事业畅通

——坤卦六五明解

时　间：2015年10月21日22：00 — 22：48

【明解文本】

六五：黄裳，元吉。

《象》曰："黄裳元吉"，文在中也。

【讲课内容】

何善蒙： 王弼："黄，中之色也。裳，下之饰也。"裳，即裙、裤。周人认为"黄裳"是吉祥、尊贵的东西。

尚　旭：《广雅·释诂》："文，饰也。"衣与裳都是身上的装饰，这里用"文"比喻人的美德。

温海明： 裳是下衣，衣是上衣。乾为衣，坤为裳，上卦为坤为裳。

徐治道： "天玄地黄"，黄者，地之色也。

温海明： 五位为上卦坤之中位，为中央土，土色黄。颜色配五行：黄土、青木、白金、赤火、黑水。

徐治道： 黄土、青木、白金、赤火、黑水分别对应中、东、西、南、北。

温海明： 爻辞第一次出现"元吉"，"元吉"是最头等的吉利。《文言》说"美在其中而畅于四支"，内心有美德，也就是美好的德性，自然发用通畅于身体四肢，举手投足无所不美。所以说"发于事业，美之至也"，把这种内心的美德进一步扩展到人间的事业上，就是将美德发挥到极致。人间之美，莫过于此，内心美极，举手投足还无所不美。可以说，六五达到了真善美的极致境界。君子时时刻刻保持黄色的中正，通达事理，立身处世随时都可以摆正自己的位置。内外都正，不能更加中正了。这一爻从天理上讲是天道运行于中正的状态，贯通在人事方面是人处世能够行于中道而畅通无阻。

【讨论内容】

张　悦：　经历了六三、六四后出现"元吉"。"元"可以理解为开始吗？

徐治道：　"元吉"最好，大吉大利，比大吉还好。

张　悦：　"元吉"作何解释呢？

温海明：　吉利到极点，是好得不能再好。

张　蓉：　黄土性温和能升能发，即"元吉"。可以这样理解吗？

温海明：　《象传》说，"文在中"，是因为坤为"文"，是中正又具有文采之美。

张　蓉：　土为中，坤为文。

徐治道：　是内在修为，是中正而美的品德。

温海明：　这一爻是内心的品德之美无与伦比，美妙绝伦。

徐治道：　六五爻动变得《周易》第八卦——水地比。这个卦是异卦（下坤上坎）相叠，坤为地，坎为水。水附大地，地纳河海，相互依赖，亲密无间。

周　雷：　一种解释是裳为下为内，高贵的内藏而不外露，才能大吉。

温海明：　有道理，由内而外，如《文言》所言。

徐治道：　从《象传》来看，这样理解有道理。

温海明：　事有本末，业无止境。

徐治道：　《系辞》中说："举而措之天下之民，谓之事业。"此事业乃安定天下、永无止境之大事业。

温海明：　确实如此，六五有位，事业畅通无阻，成就无可限量。

刘　娜：　发于事业也意味着天道与人道合一的呈现和条件。

温海明：　天道中正美极，人道畅通无阻，天人合一，无有间隔。坤道之极致在六五充分体现出来。

徐治道：　知天时（初爻）、取地利（六二爻）、修己慎行（六三、六四爻），而至黄裳元吉（六五爻）。

温海明：　六五是畅达无碍，到达极致状态。

（整理者：黄桢　中国人民大学哲学院硕士生）

阴极战阳　绝境重生

——坤卦上六明解

时　间：2015年10月25日22：00 — 22：58

【明解文本】

上六：龙战于野，其血玄黄。

《象》曰："龙战于野"，其道穷也。

用六：利永贞。

《象》曰：利永贞，以大终也。

【讲课内容】

何善蒙：一个卦六个爻，一般来说，初难知，二多功，三多凶，四多疑，五多成，上易知。

　　《象》曰："'龙战于野'，其道穷也。"这里的解释，主要是从阴极盛来说的，《周易》抑或中国传统，均不主张盈、满等类似的观念。坤卦上六，是坤道极盛之象。上六："龙战于野，其血玄黄。""龙"和"战"都是阳的意象。"其血玄黄"则是阴阳调和之象。这种阴阳之调和，也就是天地生生之德。为什么我要强调"野"？上六爻位的特点就是阴居阴位，野又处于六的这个特殊位置。所以，阴极之象就是野。如果从生的角度来说，"野"字很重要，所谓天地之大德曰生，唯有"野"才能体现出这种生之德之大。

　　《文言》曰："阴疑于阳必战。为其嫌于无阳也，故称龙焉。犹未离其类也，故称血焉。夫玄黄者，天地之杂也，天玄而地黄。""阴疑于阳必战"比较有意思，战的前提在"疑"。

【讨论内容】

温海明：二多誉，四多惧，五多功。上六阴极阳生。上易知，上位到了阴阳转换之时。到头，穷途末路。

徐治道：上位，最高处容易跌落。

何善蒙：说明终尽极困之境，不变不行。

温海明：阴极之时提示阳气必须存在。阴气太盛，被阳气怀疑，导致争战。

尚　旭：　坤之六爻到了亥月，亥月阳气绝，阳火受气，至子月一阳动，又开始新的一轮，生生不息。

何善蒙：　所以，《易》其实就是在讲生。

温海明：　阴极之时，阳如何生？

尚　旭：　这个从十二消息卦看。坤之六爻为剥。

何善蒙：　从十二消息卦来说，这是比较直接的。阴极生阳，也合乎经验事实。

温海明：　生生之机如何从绝境逢生？

徐治道：　无中生有，绝境本就是转机。

温海明：　这是说天道自然如此。

郑　静：　阴阳之间到了极点就必须转化。

尚　旭：　坤之六爻，起死回生。

温海明：　阴性到了阴极之地，反而变得阳刚强悍啦，被逼到悬崖边上，拼死一搏。

【"野"】

尚　旭：　龙战于野，是天地化生万物之始。

冯国栋：　同人于野。

尚　旭：　在同人的六爻也有，"野"取象上六旷远之地。

何善蒙：　也有类似的意象。

温海明：　"野"是郊野、远地，也有野性与生机之意。

何善蒙：　旷远之象，与天地之大德相配。

冯国栋：　龙战也有说阴阳交合，生出万物，开出下面的"屯"。

徐治道：　野还只是场域，《易》主自生，龙战才是关键。

何善蒙：　我不太同意，我认为位置比较重要。

徐治道：　当然场域也很重要，孕生虽然实乃自生，但需要孕育的"父母"与机缘。

何善蒙：　上六爻辞的表达，非常清晰地表明了两个事情：转化、和合。而这两个之所以可以如是说，主要是因为上六的位置。

温海明：　那要确保阳气能够重生才敢来。

何善蒙：　唯有旷远，才能衬托生之德之大。

温海明：　老兄强调生机、诞生之阵痛。

何善蒙：　我一直觉得乾坤是作为定位的，也是最为基本的两种性质的描述。从这个角度来说，上六爻实际上是由基本的原则走向生活经验的开始。

温海明：　最基本的就是，"一阴一阳之谓道"，"穷则变，变则通"。

【用六】

温海明：　用老阴之数六，利于永守正固。象辞说，因为坤是大终。坤道法大地的特性永久正固而能够最终成就事业。

何善蒙： 用六有两层意思：一是从《周易》体例意义上来说，易所用的数是六和九，所以用六和用九；二是从意义上来说，老阴、老阳都是变化之象。

温海明： 用九是天则，用六是地则，数的变通达于天地。

王　璇： 如果"龙战于野"的"野"是以旷远衬托生之德之大，那同人的卦辞里有"同人于野"，这里的野有旷远这个含义吗？

何善蒙： 我觉得可以都理解为旷远。

温海明： 用九是每爻都可变，用六是变了就变了，就要看变爻下断。

倪木兰： 李零老师曾有个看法，六十四卦只有乾坤有用九用六之语，而二卦的特点是全阳爻或全阴爻，因此李老师解"用"为"通"之假。似可备一说。"通"表示"全部""通同"之意。

温海明： 《周易》有其内在的机理。其实用九用六解法五花八门，关键是看此解法是否跟《周易》经传体系融会贯通。

刘　丹： 用九用六在具体筮法里面要怎么对待？

温海明： 老阳变阴，老阴变阳。占筮体例如此。

刘　丹： 李零老师的意思可能是《易》对用九、用六这两种特殊情况的特殊安排：用九，通九，就不变作六；用六，通六，就不变为九。

徐治道： 用九、用六作为占筮体例，在易占中指只用老阳、老阴之数。

温海明： 乾用九坤用六，是说明《周易》的占筮体例，用老阳之数九，用老阴之数六。

（整理者：贡哲 浙江大学人文学院哲学院本科生）

（本卦校对：秦凯丽 中国人民大学哲学院硕士生）

时　间：2015年10月26日22：00 — 23：26
导读老师：冯国栋（浙江大学人文学院教授）
　　　　　章伟文（北京师范大学哲学与社会学院教授）
课程秘书：王　璇（中国人民大学哲学院硕士生）

危难生聚　谋动难长
——屯卦卦辞明解

3 屯卦

震下坎上

【明解文本】

屯：元亨，利贞。勿用有攸往。利建侯。

《彖》曰：屯，刚柔始交而难生。动乎险中，大亨贞。雷雨之动满盈，天造草昧。宜建侯而不宁。

《象》曰：云雷，屯。君子以经纶。

【讲课内容】

冯国栋：《序卦传》："有天地，然后万物生焉。盈天地之间唯万物，故受之以屯。屯者，盈也；屯者，万物之始生也。"在今本《周易》卦序中，万物资始的乾阳与万物资生的坤阴之后，就是刚柔始交而难生的屯卦。因为乾、坤具有发起、长养的功用，有父母卦的性质，所以从这一意义上，也可以说屯卦是今本《周易》的第一卦。

　　但这第一卦却是一个险难之卦。屯，象征的是事物初生的艰难。清代科举考试，《周易》中有些险卦被排除在外。顾炎武曾记载，《周易》之中，讼、否、剥、遯、明夷、睽、塞、困、旅等卦备考时可以不复习，因为这是著名的险卦。今本《周易》把屯卦这一险卦作为第一卦，其象征意义在于告诉我们：人生始于困境。如何处困与处顺，是《周易》古老的人生智慧。《周易》总是在人生困境中给人以指导与希望，在顺境中给人警戒与劝告，让人居安思危。读《易》寡过，大概也正在于此。《周易》最重视"时"的意义，处困与处顺无疑是最重要的"时"。

在六十四卦中，天地交通为泰，天地不交为否，而天地始交则是今天要讲的屯卦：▓

首先看"屯"这个字。下图是一个战国的钱，叫"屯留布"，钱币上有个"屯"字。

以上是甲骨、金文中的"屯"，象什么呢？是草木初生的形象。《说文》："屯，难也，象草木之初生，屯然而难。"因此说，屯就是事物初生。

接着来看卦辞与彖传："屯：元亨，利贞。勿用有攸往。利建侯。"屯是否有元、亨、利、贞四德，一直有争议。多数人认为，只有乾卦具有元、亨、利、贞四德，所以屯卦卦辞点作"元亨，利贞"，即大为亨通，利于保持贞固。

《彖》曰："屯，刚柔始交而难生。动乎险中，大亨贞。" 虞翻曰："坎二之初，刚柔交震，故元亨。之初得正，故利贞矣。"也就是说屯卦自坎卦而来，坎卦之初、二之转而得屯卦。坎卦之初六与九二位置互换，也就是《彖传》里所说"刚柔始交"，如下：

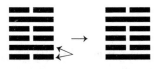

与汉人的解释不同，宋儒则多从下面的震卦入手，认为震卦乃阳一索而得，此即刚柔始交；而"难生"之"难"，则指上面的坎。动乎险中，则指下面的震卦，震卦之德为动，坎卦之德为陷，"动乎险中"是从卦德释卦名。"大亨贞"，也就是说屯虽险难，而前途光明。

《象》曰："云雷，屯，君子以经纶。"经是经线，纶是青丝绶。"经纶"实际是以治丝来比喻治国安民，和卦辞的"利建侯"相应。

【讨论内容】

【"屯"】

于闽梅： "屯"有两种读法。一为zhūn，两个含义：物之初生，刚柔初交；六二"屯
如邅如"之困难意也。二读tún，九五的"屯其膏"之屯积之意。为何把屯
训为zhūn的音和义排第一呢？因"物之初生，刚柔初交"之义合《说文》
意。同时《彖传》释为"刚柔始交而难生"，《序卦传》说"物之始生也"。

温海明： 任何事物的新生都充满艰难。

徐治道： 如十月怀胎，分娩艰难。

裴健智： 乾卦为万物资始，坤卦为万物资生，屯卦为万物之始生。这三个含义确实差别
很小。有四德的话，是否在六爻中都能体现？比如在乾卦、坤卦里有体现吗？

温海明： 如果从十二消息卦讲，应该是临卦六五跟九二换位得屯卦。应该如冯老师所
言，为了解释"刚柔始交"。

孙世柳： 坎卦和屯卦都是刚柔爻相交。

温海明： 刚柔始交应该是乾阳坤阴之气开始流通，虞翻之说有点刻意，离开十二消息
卦的体系。

尚　旭： 每个人的理解方法不同，也有人讲"震者，春也，帝出乎震，四时之初也。
坎者，水也，一六合水，五行之始也。故曰'屯者，物之始生也'"。

冯国栋： 尚旭说得对。"帝出乎震，劳乎坎"，后天八卦之方位。

温海明： 从子水开始。但这样讲感觉生得顺，不难。

【"勿用"】

裴健智： "勿用"和乾卦的"潜龙勿用"是否一样？

冯国栋： 差不多，不过这是"勿用有攸往"，后面有"有攸往"。"不宁"就是"不
宁处"，也就是在屯难之时，不可无为，也不可妄为，要建侯得民。

温海明： 在不宁的时机不宁地做事，不可不为也不可妄为，难乎其难，是最难的为。

【"刚柔始交而难生"】

王　璇： "刚柔始交而难生"的"难生"有两种解释，一是难以生成，一是困难随之
产生，不知道取哪个解释较好？

冯国栋： 后面一个较好，否则"大亨贞"不好理解。而且"难以生成"也不符合
"屯"是草木初生的意思。

王　璇： 《周易正义》取第一种解释，黄寿祺、刘大钧等人取后一种解释。《周易正
义》："'屯，刚柔始交而难生'者，此一句释屯卦之名，以刚柔二气始欲
相交，未相通感，情意未得，故'难生'也。"

冯国栋： 从《周易正义》原义看，似乎并没有"难以生成"的意思，还是困难生起之义。

王　璇：王弼解释说："始于险难，至于大亨，而后全正，故曰'屯，元亨利贞'。"

温海明：艰难地出生伴随着困难，在险难中艰难地运动，谋求生存和发展。

王　璇：两种解释是贯通的，这样才能体现屯卦之主旨。

冯国栋：温老师此卦主旨概括很好。艰难中谋求生存与发展，发展不已，终至通泰。

（整理者：孙世柳　中国人民大学哲学院硕士生）

徘徊行正　谦下成王
——屯卦初九明解

时　间：2015年10月27日22：00 — 23：10

【明解文本】

初九：磐桓，利居贞。利建侯。

《象》曰：虽"磐桓"，志行正也。以贵下贱，大得民也。

【讲课内容】

冯国栋：对于"磐桓"，有不同解释。一个是马融以来的解释，将"磐桓"看成一个连绵词，就是"盘旋不进"之义。这个解释和卦辞的"勿用有攸往"相应。但从张载以来，又有一种新的解释，"磐"是"大石"，"桓"是"大柱"，就是国之柱石，与"利建侯"相应。

来知德《周易集注》："磐，大石也，'鸿渐于磐'之'磐'，中爻艮石之象也。桓，大柱也。《檀弓》所谓'桓楹'也。震阳，木桓之象也。张横渠以'磐桓'犹言'柱石'是也。自马融以'磐旋'释'磐桓'，后来儒者皆如马融之释，其实非也。八卦正位，震在初，乃爻之极善者。国家屯难，得此刚正之才，乃倚之以为柱石者也，故曰'磐桓'，唐之郭子仪是也。"

杨万里《诚斋易传》有段话，对象辞解释得很好，他说："君子济屯患无才，有才患无位。初九以刚明之才而居下位，非二非四，虽欲有为，未可也，故磐桓不进以待时而已。然岂真不为哉？居正有待，而其志未尝不欲行其正也。居而不贞则无德，行而不正则无功。周公言居贞，而孔子言行正，然后济屯之功德备矣。然则何以行吾志，何以济夫屯？建侯以求助，自卑以得民，则志可行，屯可济矣。"认为初九有才无位，故只利居贞、建侯、得民。

【讨论内容】

【"磐桓"】

刘京华： "磐桓"是犹豫不决的意思吗？

温海明： 盘旋，观望，犹豫。刚开始很难，犹豫不决很正常。

章伟文： 高亨先生认为"桓"借为"垣"。

冯国栋： 对，章老师说得对。高亨认为"磐"是大石，"桓"是垣，围墙。

章伟文： 屯卦初九阳爻居阳位，当位得正，虽处震体，然前有坎险，故磐桓。

冯国栋： 总之，这两个解释都有一定道理。从互卦解读，除坎之外，还有一个艮，坎、艮阻止震的运动，故不利有所行动，利于居贞。

裴健智： 感觉还是第一个通一点。

邓洪波： "磐桓"的两解都有一定道理，一个与卦辞"勿用有攸往"相应，一个与"利建侯"相应。两解甚至多解符合易学比类取象的思维。

【谦下成王】

温海明： 初九在互坤之下，坤为民。阳爻居阴爻之下，以贵下贱。

裴健智： 更多的强调谦卑吧？还欲有为吗？

章伟文： 依《象传》之说，初九志行正，又以贵下贱，大得民心，其志实欲踏破前之坎险。

温海明： 高亨不用象辞，他的解法"以大石为墙"如果跟象辞"虽"连起来就显得不够连贯。"志行正也"可以解为：前进的心愿合乎正道。

裴健智： "以贵下贱"可否理解为后其身而身先？这样就能把谦卑、有为联系起来。

温海明： 谦卑下人，礼贤下士，有此意。

尚　旭： 生发之前需蓄势而为。冬至时节，雷发动于地下，初爻虽有能量但上面阻力太大。

裴健智： 马恒君对"云"有两种解释：一为满盈，一为聚集。

温海明： 是，震雷动，坎雨聚，雷雨发动，万物复苏，天地充满而丰盈。利于居正稳固，利于树立侯王。

（整理者：张馨月　中国人民大学哲学院硕士生）

转进阻艰 十年许嫁
——屯卦六二明解

时 间：2015年10月28日 22：00 — 23：52

【明解文本】

六二：屯如邅如，乘马班如。匪寇，婚媾。女子贞不字，十年乃字。

《象》曰：六二之难，乘刚也。"十年乃字"，反常也。

【讲课内容】

冯国栋： "屯"，有原地不动之意；"邅"，为原地转圈之意；"班"，有回转之意；"如"，无实义，乃语气之词。从卦象讲，初、二、三为震，二、三、四互为坤，震与坤皆有马象，故六二爻辞有"乘马"之说。又因马乃动物中善奔、善跑之物，六二之阴爻上应九五之阳爻，两爻阴阳相应，其速迅捷，故爻辞特别标出"乘马"，以明其阴阳相感之快。

六二虽有"乘马"之象，但爻辞却言"屯如邅如，乘马班如"，何故？我们来分析一下：九五阳刚中正，实乃六二心仪之对象，故六二急欲上应九五，与其"婚媾"，六二以九五为良伴，急欲与之相应，但九五却深陷上卦坎险之中，六二上应九五，乃自投险地！初九不忍其失，欲谏之而六二不纳，这主要是因为六二乘在初九阳刚之爻上，不会听取初九的正确意见。且六二往应九五，得越过六三、六四两阴爻，尤其六四上承九五，阻止九五与六二的相应。六二往应九五，自投险地，前有六三、六四挡道，后有初九劝阻，故其命运只能是"屯如邅如，乘马班如"。

六二阴爻居阴位，又处中位，居中处正，即爻辞中所谓的"女子"；且九五为其正应，故六二上应九五之心不会轻易改变，此即为"女子贞不字"的原因所在；又因六二往应九五，要越过六三、六四，六二、六三、六四互坤卦，坤五行属土，按五行生成之数，土之生数为五、成数为十，故有"十年乃字"之象。

【讨论内容】

章伟文： 比较一下坤卦六二与屯卦六二，怎么样？上述两卦之六二，皆居中得正，然其辞之吉凶颇不同。原因在于，与坤卦六二相比，屯卦六二乘初九之刚，又应上卦坎险之九五。

冯国栋：　"屯"，是困难；"邅"，是回旋。缘于六二乘刚。既乘刚又应险，故不利。但保持贞固，终有返常之日。

温海明：　行进非常艰难，骑马打转转。应九五在坎中，又在互艮中，受阻难进。阻于险中，难以前行。

【　"寇"　】

冯国栋：　"寇"是指什么人？

温海明：　上坎为"寇"。

章伟文：　三四五互艮，亦有九五屯其膏之象。

冯国栋：　马融、郑玄和孔颖达，都认为"寇"就是初九。

温海明：　初九为"寇"合适还是上坎为"寇"合适？

冯国栋：　王弼注："志在乎五，不从于初。寇，谓初也。"也就是说，二与五应，但近于初九，为初九所迫。

章伟文：　《周易集解》以上坎为"寇"，因《说卦》有坎为盗之说。

温海明：　《说卦》有据。另外上坎中爻九五与六二正应，所以有婚媾之象。

冯国栋：　王弼《周易注》的内容也一直被人质疑，初九是成卦之主，又是刚明之才，怎么会是寇呢？

章伟文：　程颐对此也不解，只能以《易》随时取义释之。

冯国栋：　所以后来尚秉和先生认为，并非迫于初九，而是受三、四二阴的阻隔。

温海明：　这样说有点超越《程氏易传》。

冯国栋：　对，《程氏易传》也曲为之解。

温海明：　二、三、四爻互坤为十。

章伟文：　有注认为二应五，二至五互坤为土，土成数为十。

温海明：　坤土数十，易数不虚。

冯国栋：　尚秉和先生认为，"匪寇，婚媾"指九五，说九五来并非寇盗，而是求婚。但却被三、四二阴所阻截，这也可备一说。互卦就是把二三四看成一个单卦，把三四五也看成一个单卦。互卦的解释力很强大。比如昨天提到，"以贵下贱，大得民"，互坤为民，一阳在互坤之下，为得民之象。

温海明：　九五应二，在互艮中被止住更通畅。艮为山为止，有阻碍之意。

冯国栋：　三四五为艮，二在艮下。

徐治道：　互卦解释力强大的关键在整体、部分、动态、过程的融合与择要。

尚　旭：　六二居坎宫也有滞留之意。

章伟文：　《左传》庄公二十二年，记周史以《周易》见陈侯，遇观之否，似就用到互卦。

温海明：　爻辞是观象系辞，是根据象写下来的。

【卦的生态性】

冯国栋： 章老师最初提出比较坤六二之"直方大、无习无不利"和屯之六二的艰难，说明得中得正是爻自身的性质，而它的好坏，还取决于周围的环境，也就是爻间关系。

孙世柳： 应该放在不同的卦中来解，也可以理解为外在环境。

冯国栋： 除自身条件外，顺利与否还取决于环境，这也是《周易》的智慧，时、位应同样重要。

孙世柳： 如泽山为咸，山泽为损，大环境不同。

温海明： 卦中有卦，所以要慢慢对卦与象越来越熟悉。

徐治道： 这充分体现了卦的生态性。

冯国栋： "生态性"这个词好。德、时、位、应、乘、承，这几个东西对解卦很重要。比如，乾卦每一爻都有龙德，但位不同，所以情况差异很大。初爻，虽有龙德，但却是隐者，"龙德而隐者也"。

【"女子贞不字"之"字"】

温海明： "女子贞不字，十年乃字。""字"有解释为生育，也有解释为嫁人。

孙世柳： 还有解释为"怀孕"的。

冯国栋： "字"，作"许嫁"可能更好一些。

温海明： "十年之后才同意出嫁"比较合理一些。

王　璇： 是不是这几种解释的根本差别不大？

温海明： 仔细琢磨意思还是不同吧。

孙世柳： 按孔颖达的讲法，讲成爱是比较通的。

郑　静： 十年后可以反悔吗？

冯国栋： 反常，既可解作"反于常道"，也可解作"返回常道"，所以也可反悔。

温海明： 象辞可以理解为违反常规，返回常道那是终于同意啦，迟来的爱。意思相通。

王　璇： "女子贞不字，十年乃字。"这是说应长期持守正固才能最终无咎吗？

孙世柳： 十年之后，屯难止，所以才反常（即屯难），最后终于和九五在一起了。

温海明： "字"而"爱"而"嫁"而"孕"，大戏拉开帷幕。

冯国栋： 初九要抢九五的爱人，三、四抢着当九五的爱人。

孙世柳： 六二、六四、上六可以说有这个意思，但其他三爻没有呀。

冯国栋： 应当说是三、四抢六二的爱人。

孙世柳： 孔颖达解，六三找九五，而九五却要六二，九五想要六四，而六四却要初九。

冯国栋： 问题就出在王注、孔疏把初九当寇了。

温海明： 冯老师把一爻解到这份上算是"明"了。

（整理者：黄仕坤 中国人民大学哲学院硕士生）

迷路失导 不妙则退
——屯卦六三明解

时　间：2015年10月29日 22：00 — 23：20

【明解文本】

六三：即鹿无虞，惟入于林中，君子几，不如舍，往吝。

《象》曰："即鹿无虞"，以从禽也。君子舍之，往吝穷也。

【讲课内容】

冯国栋： "即鹿"乃逐鹿之意；虞，是古代管理山林的小吏，在田猎时，亦充当向导。六三以阴居阳，"阴"表明其能力有限，"阳"表示其心气却颇高，合而言之，有"德不配位"之义。

章伟文： 六三下乘六二、上承六四，又与上六有应，其乘、承、比、应者皆为阴，自身又为阴爻，前面即是坎险，处险而无良师益友引领，为即鹿而"无虞"之象。六三、六四、九五互艮山，有"山林"之象，而六三即已来到山林之脚下，马上就要进入山林之中；六三阴居阳位，实有冒此险之可能，故爻辞言其有"惟入于林"之象。有见于此，《易》劝诫其见此"几"，不如舍，否则就会"往吝"！

冯国栋： 学而时习之，我们之前讲了爻的位、德、承、比、应，我们用这些来分析下这一爻。首先，这一爻不是中爻；其次，这一爻是阳位，但却是个阴爻，不当位。

章伟文： 六三乘六二，承六四，应上六。乘、承、比、应皆阴，无良师益友之象。

冯国栋： 它自身条件一般，既不中，又不当位；如章老师所说，周围环境又差，与上六不应。不中、不当位、不应，自然不会特别好。况且"三多凶"。分析后，我们发现这一爻有困难。

章伟文： 金景芳、吕绍刚说"悔属阳，吝属阴。六三为阴，故吝"，"吝"有行难之意。

【讨论内容】
【"鹿"】

　　章伟文： 爻辞"鹿"，亦有作"麓"说者，因三、四、五互艮，艮为山，三为艮足。

　　温海明： 虞翻："震为麋鹿。"震行，鹿善走，可通。互坤之中，在震里，田猎逐鹿之象。

　　张文智： 据尚秉和先生逸象说，震为鹿，互艮为山。

冯国栋： "即鹿"如温老师所说是逐鹿，"即"的本义是靠近。用互卦出山麓，也可通，山之脚为麓。

王力飞： 有向导，鹿也往林子里跑，本性使然。

倪木兰： 不知此鹿是否也有"禄爵"之喻否？

张文智： 是的，五爻为"禄"。

温海明： 追逐野鹿，已经挨近，却没有向导了。

冯国栋： 按象辞，"鹿"与"麓"不能相通，因为象辞中有"以从禽也"的话，说明应当是"鹿"。

【"虞"】

冯国栋： "虞"是管山林的官，也就是向导。

王力飞： "虞"应为预料，而非虞官吧？

温海明： 无应所以"无虞"。

章伟文： "虞"一般说为管理山林的小官，作向导解；亦有以虞为预备的意思。

温海明： 这年头"虞"相当于手机导航。

徐治道： 没有卫星导航，陌生或地形复杂的地方还是不去为妙。

孙世柳： 三爻在坤中，坤为迷，互艮为山在山下，坎在前，不去的好。

张文智： 三爻无应，难得向导，"屯难之时"，不可强求厚禄。

倪木兰： 古代虞人一职既是田猎导航，也是苑囿管理者，同时田猎活动也有礼制规矩约束，不仅仅是个探险活动。君子不越俎代庖也。如果屯卦在时间上可用来代表初春草木萌动之时，那么一般是要禁止杀伐的。即使可以有田猎活动，那也需要有掌握苑囿生长情况的虞人来指导可猎与否了。

【"几"】

冯国栋： 最后进入茫茫的深林，君子知几而返。《乾文言》说上九："知进而不知退，知存而不知亡，知得而不知丧。其唯圣人乎？知进退存亡而不失其正者，其唯圣人乎！"故君子知进退存亡，能进则进，不能进则退。

尚　旭： "几"有等待的意思。

王力飞： "几"和"月几望"的"几"都有"将"的意思，"将"有靠近之意。

章伟文： 高亨以"几"为求的意思，他把"几"与"舍"相对校。

温海明： "知几"不如舍弃，"几微"，事情的征兆不好，见机行事，不可贪婪。

冯国栋： 唐代有刘知几。刘知几，字子玄，意也是几微，事物的苗头。

倪木兰： "几"表示"几微"似乎更通达，几微之义也似和屯卦整体义更吻合。

温海明： 事情将动未动之几微，一看苗头不对，见好就收了。

尚　旭： "几"本身有"案几"的意思。

倪木兰： 表示"案几"不写这个"幾"，而是如今之简体。

冯国栋： 对，"几"和"幾"不同。

张文智： "几"有勉强之意，内卦过于寒凉，越向上阴与阳更容易相合，所以屯卦第四爻更吉。

徐治道： 君子"见几而作"，不以身试险。

温海明： 前往有灾难，还会被困在密林之中。

【"舍"】

温海明： 不要穷追不舍，该舍要舍，舍不得要出大乱子。

王力飞： 我把"几"理解为"将"，是和"舍"相对的。同理，把"虞"理解为"预料"，是和"鹿入林"对应的，我觉得这样比较通。

章伟文： 六三阴柔之材，处三之阳位，又处下卦震体之极，还处上下卦之间，故有往而逐鹿之意，然坎险在前，若不舍弃则吝。

【以传解经】

冯国栋： 朱子《周易本义》："阴柔居下，不中不正，上无正应，妄行取困。"

温海明： 朱熹大意得之。

冯国栋： 程、朱主要是分析爻位，不用互卦。

温海明： 但要看互坤才有田猎迷路不见野鹿之象。

王力飞： 经传合一解释了数千年，精妙的内容果然很多。

温海明： 很多时候经文取象选择很多，还是应该以传文作为首要的参照。舍传对经文的解释就容易飘忽不定。

冯国栋： 象辞很大程度上决定了后世的解释。

章伟文： 《象》之"从禽"，"从"有"随行"义，高亨以为可作"追逐"讲，而禽则为走兽之总名。

（整理者：李芙馥 中国人民大学哲学院博士生）

乘马打转 往利待时
——屯卦六四明解

时　间：2015年10月30日 22：00 — 23：20

【明解文本】

六四：乘马班如，求婚媾，往吉，无不利。

《象》曰：求而往，明也。

【讲课内容】

冯国栋： 六四上承九五，亦有向九五求婚媾之意；但九五既中且正，守其正应六二而拒六四之求，故六四亦为"乘马班如"，盖因坎亦有"马"象。

六四之正应为初九，若转而往应初九，即可得其正应；且因与初九正应相合，六四还能得以从"坎"险中解放出来。故六四下应初九，必定"求婚媾，往吉，无不利"。

【讨论内容】
【"乘马"】

温海明：　坎为美脊马，见于《说卦传》"坎于马也为美脊"。

冯国栋：　下震也为马。乾为马，乾一索而得震为作足马，二索而得坎为美脊马。

裴健智：　其实什么马不是关键，美脊马与震为马没什么区别吧？

徐治道：　《说卦传》："震于马也，为善鸣，为馵足，为作足，为的颡。"据《说卦传》，不同特征的马或关注马的不同部位与特征。

冯国栋：　八卦之中，乾、坤为父母。乾坤相交，坤下生起一阳，为震，为长男；坤中生成一阳为坎为中男；坤最上生起一阳为艮，为少男。坎中为一阳，所以为美脊。

倪木兰：　《易》中取马象很多，马的部位、颜色、类别等，古人区分得很细致，如同现代人对座驾的区分一样，选择不同也很能反映一些问题。对马了解得多一点、细致一点，也许对我们解《易》会帮助不少。莫非坎卦就为美脊马？

冯国栋：　震下为一阳，所以叫作足马。

徐治道：　下互坤为马，六四乘下互坤即为"乘马"，上互艮为止即"班如"，正是屯卦之象。

刘京华：　坎中间一横代表马脊。

冯国栋： 正确。

【"求婚媾"】

徐治道： 乘马打转不前，又如何去求婚？

冯国栋： 六四不前，主要是因为二、三的阻隔，与初九不能应。

徐治道： 时机在哪？

冯国栋： 主要是二的阻隔。另一个问题是：谁求婚媾，初九乎，九五乎，六四乎？

孙世柳： 孔颖达疏："六四求初九。"

徐治道： 六四阴爻与初九阳爻正应。

冯国栋： 对，所以《程氏易传》认为，四虽近五，但本身柔弱，不足以屯济时难，故需与初九相应，共济时难。所以吉，无不利。但汉儒却普遍认为，九五求六四。四近于五，五来求婚。男求女，往吉，无不利。

冯国栋： 孔颖达疏同于《程氏易传》。

欣　悦： 六四，接近九五，所以无不利，但是和初九对应。

冯国栋： 孔颖达疏的解说更合情。初九得民本与五不相得，四则是沟通初九与九五之媒介。四近五，应于初，合而济屯。

裴健智： 九四爻，互艮，为止，上面是坎卦，为险。怎么是"往吉，无不利"？从卦象怎么解释？

冯国栋： 乾卦的九四，仅得无咎而已。与屯卦六四不同。六四既在坎内，也在艮内，已无止、陷之象。

【"往吉，无不利"】

冯国栋： 六四虽后来"往吉，无不利"，然初时却乘马不前。

裴健智： 是不是九五求六四会受到互艮卦的影响。只能是六四和初九相婚。

温海明： 应该是这样。

冯国栋： "乘马班如"说明屯难尚未解除，"求婚媾"是六四向初九求，初九是"利建侯"，意味着打好内在根基，只有这样才能"往吉，无不利"。乘马已如上面所讨论。二多誉，五多功；三多凶，四多惧。为何此爻"往吉，无不利"？

邓洪波： 当位、有应、承上。但非中位。

欣　悦： 因为六四接近九五，可以得到利。

冯国栋： 近九五，一般说是功高震主之位，此爻不同，虽近九五，但吉。

孙世柳： 六四知初九与己应，往而求，故吉。

冯国栋： 这爻阴爻处阴位，当位。

（整理者：孙世柳　中国人民大学哲学院硕士生）

恩泽有私　宁小勿大
——屯卦九五明解

时　间：2015年10月31日 22：00 — 23：10

【明解文本】

九五：屯其膏，小，贞吉；大，贞凶。

《象》曰："屯其膏"，施未光也。

【讲课内容】

冯国栋： 九五既中又正，此乃其"膏"。但因身处坎险之中，身有才华，却不得施展（因六三、六四、九五互卦艮止），故有"屯其膏"之象。九五虽有膏，却为艮所止，恩泽无法下施，难得民心拥护；又处险境之中，故小事吉而大事凶。之所以如此，是因为小事不用众人相助，凭其一己之力即可解决，以九五既中且正之才，当无大碍。然一旦有大事，须众人协助之时，因其恩泽难下施而不得众，处孤立无援之境，则必有凶险。

【讨论内容】

【"小，贞吉；大，贞凶"】

温海明：　屯，聚。膏，恩泽。贞，占卜。屯，读zhūn，意为难；读tún，意为聚。此爻意为：屯聚膏泽，占问小事吉祥，大事凶。

王　璇：　"小贞吉，大贞凶"有这几种解释。1. 柔小者，守持正固可获吉祥；刚大者，守持正固以防凶险。这是把"贞"理解为"正"。2.（囤积的）少，占问则吉；大量囤积，占问则凶。3. 占问小事吉利，占问大事凶险。不知道怎么理解最合文意？第一种貌似对"小贞吉，大贞凶"的解释不一致。

尚　旭：　从四象来，元生、亨长、利收、贞藏。

邓洪波：　这里九五爻中的贞，应该就是占卜贞问的意思。

温海明：　《周易》里面"贞"大部分可不用占卜解，这里可以。

尚　旭：　在这里五爻据坎，不得施膏泽于下，自然贞藏，但藏多则凶。贞有守正、占卜、收藏之意，亦有政令无法出王宫、无得力干将之意。

邓洪波：　"屯其膏"是对九五爻的情景描述，"小贞吉，大贞凶"是对九五爻的价值判断。之所以有"小贞""大贞"两种情况，一是因为九五有私心而施未广也，二是因为客观条件不够而导致施未广也。

张　悦：我这样理解，如果怀孕期间大补，在生孩子时，胎儿会很难顺产，所以需要把握那个度。我认为在"利建侯"之初保持低调很重要。事物刚开始不易大贞。

郑智力："小贞吉，大贞凶。"六二中有"匪寇婚媾"，六二与九五正应。来婚媾的九五，如果太固执，非婚媾不可就凶了，固守而不过分则吉，还是要有追求的。

【财聚人散】

邓洪波：九五爻，中位、当位、有应。

温海明："有应"，九五有私心，恩泽只给六二，不分给大家。

章伟文：请比较一下乾卦九五爻与屯卦九五爻。

温海明：乾九五飞龙，屯九五屯膏。

邓洪波："小"可理解为小的屯聚膏泽，"大"可理解为大的屯聚膏泽。"小贞吉，大贞凶"，是因为屯难未解。屯难未解，最重要的是"利建侯"，加强自身根基和团队建设，"财聚人散、财散人聚"，所以"小贞吉，大贞凶"。"屯其膏"是为了"利建侯"，九五只顾恩泽六二，而未广"施"（恩泽六三、六四），则大贞凶。

尚　旭："屯聚膏泽"也是能量的蓄积过程。阳气初生，大局未定。有功不能赏，有劳而不能报。九五之君，陷坎险中，屯难之世，左右助手皆无免险之能力，不能福泽于下，故而《象》辞说"施未光也"。五爻在其位却不能施雨泽。上坎为水之性，就下不能应上，如雷动水中，不得响应。不过在实际预测中测到这个爻，经常遇到有关减肥的事情。屯之五爻独处君位，上下阴柔不得力。"贞"作"藏"讲。

（整理者：黄桢 中国人民大学哲学院硕士生）

屯聚膏泽　泣血无奈
——屯卦上六明解

时　间：2015年11月01日22：00—23：36

【明解文本】

上六：乘马班如，泣血涟如。

《象》曰："泣血涟如"，何可长也。

【讲课内容】

章伟文：乾卦九五居中得正，屯卦九五亦居中得正，然前者飞龙在天，后者却屯其膏，小贞吉，大贞凶。大概与屯九五下比六四、上比上六，合而成坎之险有关。乾九五下比九四、上为上九，组成乾卦，三爻志同道合，健健不息，故吉。

上六处坎险之极，又下乘九五之刚。虽欲与六三相应，但两爻皆阴，却是敌应。苦海无边，回头亦无岸，故只能"乘马班如，泣血涟如"！

【讨论内容】
【"乘马班如"】

冯国栋：　这一爻在最上，自身为阴爻，大家再看它与五爻的关系，以及它有没有相应。乘刚，无应，所以从爻间关系来看，不是很好。分析了爻，我们再看爻辞与象辞。乘马为何？为何又盘旋不进？

张　悦：　上六当位，但是不对应。

冯国栋：　当位，无应，乘刚。"班如"有盘旋义，有马相连义。虞翻认为，乘马就是乘刚，之所以会盘旋不进，正如章老师所概括，一方面是处坎险之极，一方面是虽然和九五相近，但这个九五，却是个小气的九五，"屯其膏"，不把它的好处给别人，所以上六就很艰难。"泣血涟如"，汉儒有个非常有意思的解释："体坎为血，伏离为目，互艮为手，掩目流血泣之象也。"这个有点难懂，我稍微解释下：屯卦上卦为坎，坎可以代表血，故体坎为血。什么是"伏离为目"？六三的卦辞说："君子几，不如舍。"君子改过，阴爻变阳，便成离中虚了，这个就是伏离。

温海明：　九五屯膏，难以下来，六位穷途，先流泪，再流血。

【"泣血涟如"】

邓洪波：　乾卦与屯卦所处卦时不同，是乾卦诸爻与屯卦诸爻不同的根本背景。

章伟文：　是，膏有膏泽之意，三、四、五互艮，九五虽居中处正，但有膏泽却不得
　　　　　施，有屯其膏之象。

邓洪波：　爻位之间关系的差异，是第二位的影响因素。

章伟文：　时之不同，是通过爻位之不同来表示的。王弼说"卦者，时也"，爻者适时
　　　　　之变者也。屯卦上六处坎险之极，易极则返，故上六亦"乘马班如"，然其
　　　　　乘九五之刚，九五又"屯其膏"，其凶可知。坎为血卦，又有水象，故"泣
　　　　　血涟如"。

裴健智：　离变为艮，伏离为目，互艮为手，手掩目泣，上面还有坎卦为血，血从手中
　　　　　流出。

【屯卦之运用】

于闽梅：　其实这卦不全算险卦。重耳卜归晋，得屯卦之豫卦。筮者认为闭而不通，卦
　　　　　爻不作为，但重耳的心腹司空季子认为非常好。

冯国栋：　确实，屯卦只是个难卦，但未来是极好的，而且重耳流归晋，正是利建侯之
　　　　　时，占得此卦，乃上上。所以易不仅要看卦，还要看事和时。

于闽梅：　屯卦好在：震为车队，坎为众，车如雷，众如水，文武全备，雷震水流，大
　　　　　事则用，小事勿用。

冯国栋：　非知之难，行之难也。屯者，雷震云起，刚柔始交之象也。以时而言，天造
　　　　　草昧之时也；以势而言，万物初生，诸方多难之势也。因其为始，故光明远
　　　　　大；也因其为始，故屯难而不宁。君子处此屯难之时，所谓动乎险中也，故
　　　　　不可无为，不可妄为。以贵下贱，大得民心；封侯建地，以类偕行。即鹿无
　　　　　虞，进无向导，则应知几而舍，妄作则凶。

刘正平：　《周易》不仅仅讲那些美德，还讲审时度势、趋利避害、静思寡过等智慧，
　　　　　这些智慧经过各种易解著作的阐释被发挥到淋漓尽致，对处世为人大有帮
　　　　　助，这是其他经典所没有的。

（整理者：孙世柳　中国人民大学哲学院硕士生）

（本卦校对：王鑫　中国人民大学哲学院硕士生）

时　　间：2015年11月02日22：00—23：30
导读老师：刘　震（中国政法大学哲学系副教授）
　　　　　刘增光（中国人民大学哲学院讲师）
课程秘书：黄　桢（中国人民大学哲学院硕士生）

——蒙卦卦辞明解

蒙童稚子　求学果行　育德以教

4 蒙卦

坎下艮上

【明解文本】

蒙：亨。匪我求童蒙，童蒙求我。初筮告，再三渎，渎则不告。利贞。

《彖》曰：蒙，山下有险，险而止，蒙。"蒙亨"，以亨行，时中也。"匪我求童蒙，童蒙求我。"志应也。"初筮告"，以刚中也。"再三渎，渎则不告"，渎蒙也。蒙以养正，圣功也。

《象》曰：山下出泉，蒙。君子以果行育德。

【讲课内容】

刘　震：我的解读先从《序卦传》开始。《序卦传》："物生必蒙，故受之以蒙。蒙者，蒙也，物之稚也。"第一个"蒙"是通假字，通"萌"，萌在此有幼稚的含义，与最后的"稚"是相呼应的，因此，在《序卦传》之中，蒙卦突出的是一个"幼稚"的含义。所以《周易》是讲"卖萌"的。

　　既然是幼稚，自然就要受教，所以"蒙"的主体是讲教育。蒙蔽算是从"蒙"引申的含义，需要教育引导使其成熟。

刘增光： 补充一点，《方言》说："蒙，萌也。"

刘　震： "匪我求童蒙，童蒙求我。"传统白话：并非我要求童蒙之人向我学习，而是童蒙之人自觉乐于向我学习。这里的"我"，古人多数解读为"教师"。

温海明： "蒙"有解蔽、启蒙之意。强调学生学习的主动性。

刘增光： "礼闻来学，不闻往教"，可证"非我求童蒙"之意。王弼和孔颖达都将"蒙"解释为"蒙昧"，但是这种讲法很可能是有问题的。"蒙"可解为蒙稚，之所以说"蒙"不是蒙昧，而是蒙稚，是因为每个人都内在地拥有去学习、去求师问道和认识天道的自觉，而不是"人之初，性本昧"。

刘　震： "初筮告，再三渎，渎则不告，利贞。"此处的"告"，帛书为"吉"，所以白话的传世文献与出土文献有所不同。今本的含义如下：初次占筮会得到较为准确的信息，反复就一件事情占问则是一种亵渎天象的行为，既然已经亵渎，就难以获得上天的认可，也就难有明确的结果。帛书的含义大致如下：初次占筮是吉祥的，就一个问题反复占筮是亵渎性的行为，亵渎神灵是不吉利的。帛书与今本二者的区别主要就在于对反复占问后的亵渎定罪不一，今本认为这样只是难以获得准确信息，而帛书则直接将这样的亵渎性行为与凶险联系到一起。

温海明： 占筮结果有其客观性。

刘增光： 请问刘震老师，帛书的卦辞与今本有不同吗？

刘　震： 就是"告"字与"吉"字的区别。

【讨论内容】

【"我"】

刘　震：　因为后面还有占筮的内容，因此，我们可以将"我"理解为"天道"。

刘增光：　同意啊，"我"多数都解为开蒙者、老师。

刘　震：　在这样的语境之下，这句话就可以解释为："天道"不会自觉地彰显以启发民智，而需要人们以多种形式去学习与认识"天道"之所在。

刘增光：　"天道"一说实乃高见。

刘　震：　在此，我认为"占筮"是古代学习的一种方式，并非我们当今社会理解的那般内容。

王力飞：　我感觉"我"是长者、家长，这是从爻辞内容判断的。

刘增光：　说"我"是长者，也未尝不可。开蒙者相较于蒙者来说就是老师，这个开蒙者可以是长者，可以是家长，还可以是其他年长的人。

刘　震：　"我"有多重理解，完全在于对教育的理解。教育中的施教者即为"我"。

【占筮】

刘　震：　在这里，我想申明：占筮也是古代的一种学习模式，在周代之前的占筮是完全意义上的求问天意，其中没有太多涉及人伦的；而在周代之后的占筮，也就是我们现代所言的《周易》之中，则加入了"以德配天"的因素。这就好比我们的"三好生"，总是被要求德智体全面发展，德性在此有了重要作用。

王力飞：　"利贞"和"筮"相遇了，不会再翻译成利于占卜或者利于遵守正道了吧？

刘　震：　"贞"本身确实有占筮的意思，但此处我理解为尊重占筮的形式。

张　悦：　"初筮告，再三渎，渎则不告"适用于所有占筮。

邓洪波：　所以对《周易》有一种评价：哲思之源头、巫术之残余。

刘增光：　补个与蒙卦此处相关的经典的证据。《诗经》："我龟既厌，不我告犹。"所以，我感觉，这里写作"告"的可能性大些。

张　悦：　我认为学《易》不能不学占筮，"一阴一阳之谓道"。分义理和象术两派就有问题。

刘　震：　占筮是人类早期的模型思维的体现，其通过模拟自然而推导事物，从本质上讲与现在的科学理念相当一致。只是当时的考虑因素较为粗糙而已。

邓洪波：　同意您的看法。

王力飞：　同意，古代的史官和卜官绝对是社会精英。

刘增光：　刘震老师所言甚是，刚看到饶宗颐的一篇文章就是关于重新认识巫术。

张　悦：　我曾经和一个澳大利亚人聊天，他认为《周易》比塔罗牌有意思，我第一次感到国学对外国人也是有魅力的。

温海明：　占卜的理论和实践是学《易》的重要一课。

徐治道：　关于《周易》的帛书《要》也非常值得重视。"赞而不达于数，则其为之巫；数而不达于德，则其为之史。史巫之筮，乡之未也，好之而非也。后世之疑丘者，或以易乎？吾求其德而已，吾与史巫同涂而殊归者也。君子德行焉求福，故祭祀而寡也；仁义焉求吉，故卜筮而希也。"

【"中"】

刘　震：　《象传》的内容是先象而后理，"山下有险"是指蒙卦卦象的上卦是艮，象征山，下卦是坎，象征险。"险而止"也是在讲卦象。《象传》认为如果想要实现所谓的"亨"，则必然需要时中，这里的"时"实际是时、空两重含义，"中"读为"zhòng"，指向时空之中合理的位置。《周易》认为只有我们的行为在时间上与空间中都是合理恰当的，才能实现所谓"亨"。"亨"注重的"有序"不是指事物有序，而是指我们的行为合乎自然之理序。因为自然的理序是客观的，我们虽然有主观的能动性，但是人力有限，面对自然理序只能顺从。

刘增光： 此处断句有两种，一种为"以亨行时中也"，一种为"以亨行，时中也。……志应也……圣功也。"诸位觉得哪个顺？

刘　震： "志应"，古人解读为多与老师教导学生相关，认为学生学习文化知识的前提是与老师志向应合。但是与此同时，我们也可以解释：成为"应"的是天道，因为如果只是人与人之间的相互应和，力量显然有限，范围也比较小。毕竟即使是关系密切的师生，也会有意见分歧；再伟大的导师，也必然不是十全十美的。如果我们求取相应的对象是"天道"则完全不同，"天道"是完美的，是全能的，更是我们终身学习与进步的对象。这与《周易》所提倡的"日新盛德"有着紧密的联系，也与下面《大象传》之中的"果行育德"相关联。

刘增光： 孔子说"十有五而志于学"，古人最重立志。师道就是天道在人间的体现，如孔子是万圣师表。

刘　震： 我认为蒙卦讲的是教育，但不是一般意义上的教育，其包含了自我成长。这大概是教育之中的最终目的。

刘增光： "我"是师，渎神而不告，其背后就是作为师的"我"通于神、同于天道。

刘　震： "刚中"是与"时中"相对应的，如果说"时中"是指明方向，那么"刚中"则强调了在这样的方向上面的坚持。这就是指不仅要有正确合适的行为，而且要坚持这一种行为，才可能实现真正的"中"，中国哲学所讲的"体悟"就在于坚持正道。

邓洪波： 乾元滋始，坤元滋生，屯蒙滋教。

刘　震： "中"不是仅仅指向二五，这是肯定的。

【"果行"】

刘　震： 所谓"果行"，传统解释为"果断行动"，但是，我认为此"果行"之"果"并非这样的一个含义。在清华简之中有一篇命名为"果"，《周礼》曰："以邦事作龟之八命，一曰征，二曰象，三曰与，四曰谋，五曰果，六曰至，七曰雨，八曰廖。"其中，"果"与"至"等几个皆出现在清华简之中，可见"果"与占筮相关。因此，我们可以在此将"果行"理解为"按照占筮而行动"，这与前面所讲的依据天道而行动一致。占筮实际是古代的一种学习手段与模式，今天将其视为迷信，实是对于传统占筮的一种误读。

王力飞： 传统占筮也无可厚非，毕竟当时就那种情况，与认知水平有关。

刘　震： 我们到今天也没有完全弄清楚为什么占筮能够灵验，这和我们认识世界的方式有关。

王力飞：　实际上，卜官缔造、传承了中华文化。卜官虽然推天意，也是依规律解人事。

刘　震：　你说的是周代之后，周代之前的解读方法基本以自然为主导，基本不涉及人，所以在《左传》之中，职业术士与王公贵族往往意见相左。

王力飞：　当《易传》从哲学的角度看问题后，占卜就慢慢没落了。

刘增光：　占卜的衰落与先秦整个文化的发展有关系，可能并非单纯因为《易传》。

刘　震：　实际《周易》给出了一个方向——简易。正是因为简，所以能够匹配万物。孔子整体的一个态势就是把人从天之下解放出来，《易传》的思维也有这样的倾向。

王力飞：　同意。孔子说"占卜七十当，三十不当"，所以才更为看重义理的。《左传》《国语》中也有很多事例说占卜的局限。孔子认为周文化之下的占筮与遵循天命是殊途同归的，执着于占筮这样的形式无意义。我们只要把握天命，就可以从心所欲不逾矩，何必需要占筮呢？孔子的观点和卜官殊途同归。《春秋》确实这样，更看重自我。而我看重和谐，看重人、事、文化不能超越历史客观条件而卓然存在。

刘　震：　但是孔子也担心自己的"异说"不被人接受，故而说："后世之士疑丘者，或以易乎？"在儒家视野之下，命是成败，义是是非，何去何从，请君择之。

刘增光：　刘震老师，您引用了清华简的内容，不知道您觉得"果行"的其他可能解释是什么？其他的解释如您所说基本都是以"果决"作解。

刘　震：　清华简之中的"果"是一个篇名，但是出现在"筮法篇"之中，因此我们理解"果"是与占筮相关的。

刘增光：　孔子说："大人者，言不必信，行不必果。"所以对"果行"的解释我总是有疑惑。从孔颖达的解释中也能明显看出他是有疑惑的。

刘　震：　你说的"果"，我倒是认为有果决之意。

（整理者：王璇　中国人民大学哲学院硕士生）

明刑立矩 正法发蒙 不落刑罚

——蒙卦初六明解

时　间：2015年11月03日22：00 — 23：18

【明解文本】

初六：发蒙，利用刑人，用说桎梏，以往吝。

《象》曰："利用刑人"，以正法也。

【讲课内容】

刘　震：初六："发蒙，利用刑人，用说桎梏，以往吝。"发蒙，一般解释为启发蒙稚之人。因此这一个爻位讲的是教育初始阶段。但比较有趣的是，发蒙使用的是律法，说明其与传统的儒家德治优先的思想有所不同。

关于律法的问题，我觉得程颐讲得比较好："当明刑禁以示之，使之知畏，然后从而教导之。自古圣王为治，设刑罚以齐其众，明教化以善其俗，刑罚立而后教化行。"因为强调纪律总比强调品德来得更为迅速。法治与德治相比的几处优势：第一是快速，第二是齐准。律法的解释是较为宽泛的，也不一定特指法律。

刘增光：有一点疑惑是，若是教育童蒙，就不好直接将"刑人"解释为刑法了。"童蒙"包括了孩童，对孩子不能太狠了吧。

刘　震：初爻的"蒙"并不一定是童蒙，而是指那些需要教化的人。

温海明：用规矩塑造人，"正法"即树立法律的权威。人幼时都要被教化，都要学守规矩。

刘增光：嗯，不一定是童蒙，温老师用"规矩、模式"来解释是可以的。

刘　震：我们之前提到了童蒙并非专指年龄上的童，而是思想上的童。

【讨论内容】

【"利用刑人"】

　　刘增光：　"利用刑人"好像有多种解释，不太好理解。

　　温海明：　要树立规矩和规范，律法和刑罚算引申义。

　　刘增光：　《孝经》说："示之以好恶而民知禁。""示"也有树立典型的意思，所以我觉得和刑法义是不冲突的。

温海明：不管人长大后能不能明德，小时候先要学会守规矩。

王力飞：对照"武人""大人"，"刑人"是否为受刑之人，以与爻辞搭配？

刘　震："刑人"，大概是以刑正人。这个与《象传》之中的正法相配合。

王力飞：这就是动词了。

刘增光：脱此桎梏的"桎梏"也可能是比喻"蒙蔽无知"。

温海明：用一定的模式培养和塑造人。

王力飞：刑是"型"的通假。

刘　震：利用刑人，指启发需要教育的人，可以利用律法的威严加以警示。

刘增光：按照温老师的说法，"刑人"就是按照某种模型、模式来塑造人，这就与刑法之说不同，是两种解释了。

【"用说桎梏"】

刘　震：事实上，我觉得"用说桎梏"更不好解释。"说"，一般解释为"脱"。

王力飞：摆脱束缚。以刑人使其摆脱束缚。

刘　震：那么谁去摆脱束缚。

温海明：政法大学就是正法大学，"使法正"的大学也是象辞的意思。

刘　震：前面讲了树立权威，后面就讲个性自由，这前后矛盾啊！所以，我的理解是律法只是规范，防止人们误入歧途。法律是用以限制恶行的，其导人向善的方式是从反面行动的，而非正面的。

温海明：是啊！让蒙童避免牢狱之灾是底线伦理的要求。

刘　震：一方面，这一爻的主旨是教育蒙者懂得学好，而不要触犯法律；另一方面，则是警示法律的副作用。

温海明：过了伦理底线就等着法律和桎梏，所以"刑人"是底线规范。

刘　震：朱高正先生解释的小惩大诫，有些味道。

【"以往吝"】

刘增光：用脱桎梏，如何与后面的"以往吝"联系呢？按照孔颖达的解释，这句话有"刑人"和"说（脱）人"，二者是并列的关系。

温海明：小人需要小的惩戒避免犯大的错误。

刘　震：所以，法律作为一种教育手段，只能是配合性的，而不可以占据主导地位。

刘增光：同意您的说法，德主刑辅。

刘　震：启发蒙昧，可以利用律法快速性与公开性的特点，使得人们迅速掌握规则所在，人们以此警示自身的行为，避免危险，走上正途；但如果过度依靠法律，则必然是危险的。

刘增光： 刘震老师是说，"以往"的意思就是"过度依靠法律"，这个解释好。

刘　震： 因此，吝的理解：一种指向的是人之吝，一种指向的是法之吝。我倾向于认为是法之吝。

刘增光： 律法是比较宽泛的。我觉得我们这里的争论就体现出了经典的魅力，经典解释有多种可能性，意义丰富。

温海明： 经典浴火重生，魅力无穷。

刘　震： 或者我们也可以解释为礼法。

温海明： 先刑后德、先兵后礼符合人类历史和社会的发展规律。

刘　震： 我们的学校确实比较强调法律，但也就显现出法治的一些弊端。

刘增光： 刚看到，王弼的解释正是"以往吝，刑不可长"。正合刘震老师的解释。

温海明： 古今一也，中外同也。

刘　震： 而且从象数上来说，九二与初六之间的关系是二者皆非正。因此，也就象征目前的教育是有问题的。《周易集解》中讲到："初二失位，吝之由也。"

【现代儿童教育】

刘　震： 孩子最终应该没有学坏。因为从象数上讲，初爻与二爻之间有着比和承，比是相邻两个爻位的关系，承是阴爻处于阳爻之下，初爻象征被二爻启发的人。因为二者的关系较为融洽，说明教育还是有效果的。

刘增光： 嗯，二爻是开蒙者。

刘　震： 只是这位老师有些严苛而已。

温海明： 根据经典文义生发的这些道理可以讲一辈子，而且古今中外通用。

刘增光： 听说现在很多的小学都在学习《弟子规》。

温海明： 《弟子规》的哲理意义不如蒙卦，但简单易行。

刘　震： 真正无药可医的是四爻。因为"吝"还是好坏之间的中间状态，只是偏向坏而已。实际上，在讨论规矩时就有一个问题，如果真的是孩子，那么我们是应该让其自由成长，还是"小树要砍，小孩要管"？蒙卦中的两个阳爻为开蒙者，四个阴爻为受启蒙者。

张文智： 我觉得目前的教育，包括所谓的"国学"，似乎总是在强调规矩论，总是在给孩子们提出各种限制，反而缺乏解放天性的勇气。

刘　震： 嗯，有的说这是中式教育和西式教育的差别。

刘增光： 《弟子规》的问题就在这里。

刘正平： 因此，我觉得易的精神，特别是变易，在宋明之后慢慢被僵化了。

刘　震： 生生之谓易，穷则变，变则通。宋明理学严厉批评的就是科举八股了。

刘增光： 穷则思变，符合易学的发展规律。

王力飞： 事实上，从我们目前的科学教育视野来看，儿童时期是人类学习能力最为突出的阶段，这主要源自我们在成长过程中所形成的一种本能。

刘　震：西方强调人本主义，彰显人的自然个性；我们的传统文化教育强调社会属性，有泯灭个性之嫌。

崔　圣：我记得，我上初中时，课本与参考资料已经很多了，一个人都快背不动了，但是现在的初中生的负担更重，一直吵着要"减负"，但是不知为何，却减不了。

刘增光：宋儒陆九渊说"减胆剥落"，对教育而言亦是如此。

温海明：中国经典形成很早，古人觉得经典就够用了，如果我们近代不被西方打败，我们会一直觉得够用的。

刘增光："易简而天下之理得"，我们似乎不会做减法了，往往总是从加法上看问题和想问题。

刘　震：我们现在不是在做加法，而是在做乘法。

温海明：现在还是消化赶超西方阶段，中西营养都要，减不了，从小到大负担都很重。

尚　旭：学以致用很重要。

【象理结合】

张国明：初六阴爻，为蒙稚者。如何能启发他人？如何懂得立法为先？个人愚见，释读爻辞应紧扣爻象。蒙稚者，有两个选项：一用刑人，二用脱桎梏。选一则"利"，选二则"吝"。即初六讲的是蒙稚者求学时的两种状态。初六选择在求学时用脱桎梏的手段，不要任何约束。结果自然是"往吝"。其实作为刚入学之蒙生，面对校规校纪，必然有两种状态：遵守校规则"利"，反之则"吝"。

温海明：是要结合象，目前的导读老师们都很注意看象，意义总是有讨论的空间，师友们可以发表高见。

张国明：是的，各位老师都已结合爻象，阐述详细而深刻。大家多从教育的开始阶段阐释教育之道。立论解说都已几近圆满。个人愚见，把初爻仅仅作为教育开始阶段是不够的。把初六看成受教育者、蒙稚等待启智者亦有合理之处。初六上承九二，为吉，故有时选择用刑人，结果自然有利；初六居位不正，为凶，故有时选择用脱桎梏，结果出现往吝之果。

宏　中：从观象看，艮为学生，震为老师，初六显然还不在教育体系中，所以作为蒙昧未受教化的人应该是有道理的。初爻动坎之兑，坎为错，兑为刑。对于在蒙昧状态未开化的人，说理是说不通的，惩罚可以达到结果。初爻动，坎之兑节象，之卦变损。都有约束和惩罚的意义。初爻处坎体失位，无应承阳。震为头，艮为枷锁。蒙昧状态犹如头戴枷锁，需要用比较直接的方法打开。震为学，艮为模式。按照规则模式做，错了要有相应的惩罚和约束。

张国明：　我认为六爻中两个阳爻为师，四个阴爻为生。不赞同艮为生，震为师。

刘　震：　我认为，初爻象征需要开蒙的人，九二爻象征施教之人。同时，我们理解卦
　　　　　爻辞，肯定要在象的指导之下，但是文辞本身还是有其独立性的。因为从清
　　　　　华简的角度可以看出：占筮的早期是没有文字的，而卦爻辞的出现实际是周
　　　　　代对于占筮本身的一种改造与解读。这样的解读是具有时代特质的。当然，
　　　　　这些文辞的原意无从考证，大家尽可以见仁见智，本身就没有对错之分。我
　　　　　觉得只要六个爻位的解释成一个体系，在宏观精神上与大易文化相一致，就
　　　　　不算是曲解。汉代象数易学最终被王弼所颠覆，就在于其过度拘泥于文字与
　　　　　象的完全比对。但是反过来，王弼也被人误解为扫象不谈。

（整理者：张馨月　中国人民大学哲学院硕士生）

包容众生　妻贤有福　儿子持家
——蒙卦九二明解

时　间：2015年11月04日22：00 — 23：10

【明解文本】

九二：包蒙，吉。纳妇，吉。子克家。

《象》曰："子克家"，刚柔接也。

【讲课内容】

刘增光： 九二"包蒙吉"是说九二作为开蒙者能广容蒙者，而不拒斥，对于来求发蒙的人统统都接纳教育之。

"纳妇吉"：九二为阳爻，阴爻来归附，这是纳妇婚娶之象。

"子克家"：九二居于下卦之中，九二为阳爻，刚中任事，故又为子克家、能任家事的表现。

温海明： 儿子能持家。

刘增光： "子克家"，克是能够，就是儿子能持家。胜是引申义。

温海明： 传承也要教育启蒙。

刘增光： 所以，不那么严格地说，"纳妇"就是群阴都来归附于九二，九二是发蒙或开蒙之主。所以，注释者一般都以九二爻为蒙卦之主。

【讨论内容】
【"包蒙"】

温海明： 九二在互震中，震为长子。

刘增光： 温老师所说互震，很恰当，汉晋之间的儒者多有这样的说法。嫡长子继承制，长子持家。这里，我觉得需要补充一点："包蒙"的"包"如何解释？

温海明： 包含，容纳，与"纳"互文。

刘增光： 开蒙者包容蒙者，这是一种解释。另一种解释是："包"为众星捧月的包围，即学生们把发蒙的老师围在中间。群阴包围阳。容纳、包纳的解释似更好些。

温海明： 前释包蒙，后释包蒙为何吉利，因为如众星捧月。

刘增光： 这样的话，二者也相通，再举一个廖名春先生的解释，他引用了郑玄的说法："包，当作彪，文也。"故"包蒙"就是文蒙，使蒙者有文化。

温海明： 一体两面，皆通。因为包容蒙童而有众星捧月之象而吉利。

刘增光： 我总觉得"文蒙"的说法太别扭。

倪木兰： 将"蒙"解释为开蒙者有点别扭。但温老师提出"包蒙""纳妇"有对偶的关系存在，倒让人想起"唯女子与小人难养也"之语来，当然我理解的女子小人难养是指从小人长养成君子很难，从女子长养成女君子尤难。

温海明： 是啊，而且跟纳妇不对应了。

刘增光： "包蒙"，与孔子"有教无类"的教育方式相通！

温海明： 如果前后对应，前面包容很多蒙童，后面就是娶一妻多妾啦。

孙世柳： "妇"可否是比喻？比喻不开化。因古人有言：非君子之行为，妇人也。

温海明： 包容蒙童犹如家里娶了好媳妇一样。这样的老师教学生的时候众星捧月，持家的时候也是众星捧月，教出来的儿子还是众星捧月。可是这都是旧时代的梦幻图景，好像泛黄的记忆一般，回不去的。

刘增光： 学习经典，真的是取其精华，去其糟粕啊！

　　《象》曰："'子克家'，刚柔接也。"这句话说，九二以阳爻居卦内，儿子主持家事，接待群阴，刚柔相接。"纳妇吉"和"子克家"从一定程度上说是并列的关系，但也是递进的关系，"纳妇"是夫妇关系，而"子克家"则是整个家庭，乃至涉及到家外之事，似有一个外推的关系。

王立飞： 克之，为胜之。

孙世柳： "子克家"，有作儿子成家。

温海明： 九二在群阴中间犹如中流砥柱，又如众星捧月。

刘增光： 所以，开蒙者之教育、开导蒙者，虽然是有教无类，包容蒙者，但是在具体的教育过程中也有着远近之别。包容和一视同仁还是有区别的。

温海明： 九二比上九好太多了。

【"节"与"接"】

刘增光： 《象传》中"刚柔接"，北大十三经注疏本《周易正义》写作"刚柔节"，不知哪个正确。好多本子基本都是写作"刚柔接"，而不是"刚柔节"。

温海明： 既"接"又"节"。

张国明： 九二这里取了三个象：开蒙之师，纳妇之夫，克家之子。

温海明： 刚柔相接，也是刚柔并济，相互节制。

王立飞： 象不统一，易乱。

温海明： 三象一家，融会贯通，分毫不乱。

张国明： 象多有意思。

刘增光： 九二以阳爻居阴位，以刚居柔，这本身就是刚而有节之象。可以讨论九二与六五的关系，这是最能反映教育者与受教者关系的两爻。

【师与生】

刘增光： 教育者和受教者之间的相互感应、志同道合很重要。根据历史上学者的注释，九二爻和六五爻不仅蕴含了父子关系，还蕴含了君臣关系。九二爻体现的教育精神就是启蒙者要以宽厚包容的心态去对待蒙者，而蒙者则要立足于主体的自觉去向启蒙者诚心求教、刚柔相接、师生相应。这样的师生关系现在好像还是比较难找到的。

张　悦： 有的，大学博士生和导师有些可以达到这样的状态。

温海明： 九二是好老师，六五是好学生，但六三不是好老师。师生是互相成就的。

张　悦： 老师的成就是体现在学生身上的。我觉得蒙卦之卦主是六五。

温海明： 有说九二为老师卦主，而六五就是学生卦主。蒙是怎么蒙重要？还是蒙出什么样的学生重要？

张　悦： 这个看法我支持。对于整个蒙卦来说，应该是学生主动，所以卦主是六五。

温海明： 是，卦明确说学生要学，才有启蒙，学生不学，老师蒙谁去啊？同理，群友想学才开群，群主其实应该是好学的学生们，老师们怎么蒙都是其次的。

张　悦： "匪我求童蒙，童蒙求我。"

（整理者：黄仕坤　中国人民大学哲学院硕士生）

拜金失身 乱伦失据 行事混乱
——蒙卦六三明解

时　间：2015年11月05日22：00—23：11

【明解文本】
六三：勿用取女，见金夫，不有躬。无攸利。

《象》曰："勿用取女"，行不顺也。

【讲课内容】
刘　震：六三："勿用取女，见金夫，不有躬，无攸利。"白话含义：不用迎娶这样的女子，见到有权势的男子，便失去了自身的方寸，最终没有理想的结局。在六三的表述之中，依然是以伦常之中的男女之礼作为教化的手段，所不同的在于九二指向的是美好的姻缘，而这里指向的则是错误的婚姻。在《周易》之中，恋爱之象是男下女上（如咸卦，少男在下，少女在上），家庭则是男上女下（如恒卦，长男在上，长女在下）。九二爻与六五爻交换位置是要阳爻向上，阴爻向下，名曰"各正其位"。六三与上九调整则变成了阴上阳下，这就与我们前面所讲的婚姻伦理正态相违背了，因此就不再是好的婚姻状态。

【讨论内容】
【"金夫"】
温海明：六三本应与上九正应，但看到九二众星捧月，也就随了九二，乱了分寸。

刘　震："金夫"，有的学者解释成"有钱的男子"。王弼注解为"刚夫"，主要是从象数的角度，以"刚夫"引喻上九爻，上爻为阳，故而称之为"刚"。

刘增光："金夫"指的是九二爻，对吧？

刘　震：我认为指的是上九。

刘增光：王弼认为"金夫"指的是上九。

刘　震：我在此乐于将其解释为"有权势者"。乾卦上九所谓"贵而无位，高而无民"，可见上九在外在形式上是有权势的。

刘增光：古人有以"金"比君子的。比如《诗经》："有匪君子，如金如锡。"《左传》："式如玉，式如金。"若如此，那么金夫很有可能是指九二。

刘　震：　至于"金"，则一者为阳，二者可能与上九爻辞相关，上九是个较严苛的人。

温海明：　也有将六三理解为见利忘义的老师，误人子弟，失去老师本分。

张　悦：　见到"金夫"就失去老师的尊严，有趋炎附势之象。古代老师地位很高。

刘增光：　不论如何，六三的自我修养不够。

刘　震：　我认为"金夫"不太可能是个好选择。若为君子，那结果不会太差，但从内容上看，六三的结果很不利。现实中，能吸引女子的男子，必有其所长，就像现今所提"颜值""才华"等，而审视上九爻位，可将其解释为"有权势者"。

刘增光：　余敦康先生就是将"金夫"上九解释为有权势的人。

温海明：　六三不当位，行为不顺常理，应上九为常理，随从九二就不顺常理，不合适。解法有别。

【"不有躬"】

刘　震：　"不有躬"在此我们将其解读为失去了方寸。"躬"字在中国古典之中有身体的含义，但是也有自己的含义。

刘增光：　"不有躬"，可以解释为失身了，不能保持女子的贞洁。"不有躬"，也指没有自主性。

刘　震：　"不有躬"解释成为"失身"相较原来的文字更为直接，但从整个蒙卦的论述来说，则解释为"迷失自我"更为贴切。

温海明：　这里是靠金，靠钱财。钱多得炫目，让人迷乱了双眼，失去了分寸。

刘　震：　二爻与三爻综合所言则是教导人们要懂得遵从相应礼仪，从而获得幸福婚姻。在《周易》的理念之中，夫妻是人伦之始，先有夫妻之情，方有父子之孝，由父子之孝再进一步拓展，就有了君臣之义。夫妻为人伦之开始，因此以婚姻来教化民众。

温海明：　夫妻一乱，就全乱套了。

刘　震：　六三就是混乱的例子。

【"行不顺"】

刘　震：　《象传》讲得就比较直接了，"行不顺"，象征行动难以成功，也就是我们所说的混乱的含义。

温海明：　"不顺"，也意味着这种取向是不合适的。

刘增光：　六三主动去追求上九，但却被上九的权势所迷惑，所以六三与上九的相应不是如九二与六五那样的志意相应。若就师生关系而言，就像有的学生去拜某个老师为师，并不是被这个老师的道德和学问所吸引，而是因为这个老师是某学校的校长或者院长。

刘　震：　增光老师解释得好。

刘增光： "不顺"，也可以理解为违背了礼仪。古代男女结婚有六礼，女子应当在家
等待男方以礼来聘，而不是自己直接去求。

刘　震： 实际师生与夫妻一样，都是容不得牵涉利益的。

温海明： 古时女子不能芳心乱动，没有太多自主权。

王　堃： 增光老师说得有理。孔疏："女之为礼，正行以待而嫁。今先求于夫，是
为女不能自保其躬，固守贞信，乃非礼而动，行既不顺……"

刘　震： 在《周易》文辞创生的年代，女子估计还是有点自主权的，所以还是有些敢
于追求的人，但可惜追求的并非真爱。

王　堃： 若欲娶之，无所利益，故云"不有躬，无攸利"也。

刘增光： 并非真爱。

刘　震： 卦中，实际就女性地位而言，无非是越来越低，从被控制到被折磨。

温海明： 那就是芳心还是可以动的，但不可以因为对方是"金夫"，有钱就动。

【顺性调情】

温海明： 女权主义者是否要维护见"金夫"而动心的权利呢？

王　堃： 相时不妄动，或许是对的。

刘　震： 我认为先秦《周易》是阴阳对等、乾坤并举的，但是汉代之后就不是了。

张　悦： "天尊地卑，乾坤定矣。卑高以陈，贵贱位矣。"

刘　震： 地道、臣道、妻道，但是臣子与妻子还是不同。离开厚德载物的自强不息
必然有所偏失，就像太极图一样。我认为万物皆有阴、阳，我们都是阴阳同
体者。

陈成义： 男女有别，动静不同。历史变换，各领风骚。

刘　震： 《周易》讲好生之德，离开女性何谈好生之德？我提倡男女平等，还是和我
们学校有关系，在政法大学，就是规则意识和权利意识比较强。

王　堃： 是的，法律界人权意识强，更现代一些。

吴争先： 今天读《桃夭》诗，首句"桃之夭夭，灼灼其华"对年少而色盛之少女的赞
美真是热情而饱满，贞正而无邪。深感儒家立教真是顺从人的性情之正。

温海明： 有道理，儒家要把情调好，但要调，不可以不着调地调情。

吴争先： 赞同，少男少女可多读诗经以敦厚温柔其质。

【爱的代价】

刘　震： 关于《象传》所谓"刚柔节也"，我认为指的是九二爻与六五爻交换位置。
因为九二上升，六五下降，各正其位，谓之节。

邓洪波： 蒙卦九二与六五之应是阖象（向心之应吉），六三与上九之应是辟象（离心
之应凶）。

刘　震：　说得好，同心则吉，离心则凶。

宏　中：　个人理解六三失位，近比九二，应上九，四五有滞。上九正应然贴身亲比九二，财和才都可以令六三动心。

刘　震：　我觉得六三从象数上而言是应该与九二相比，但九二有六五相应。正如九二名草有主，六三只能追求上九，只因为九二被六五占据，六三失了方寸。

温海明：　九二有才有财，结果把不该吸引的也吸来了，上九也在争六三，感觉争不过，受伤难过。

刘　震：　总体而言，六三比较可怜，可怜之人必有可恨之处。

温海明：　六三芳心异动，可惜名草有主。

宏　中：　六三是很可怜，主要还是源于她自己的心态。

刘　震：　而且，三与上皆不是好的位置，因此，难成佳偶。

王　堃：　但是九二和六五比六三和上九更重要。

温海明：　是，所以六三争不过，黯然神伤。

宏　中：　六五是九二的妻子，六三只能是情人或者妾了。

刘　震：　这就好比有些人，因为客观条件，成就了美满婚姻；也有些人，本身也是真情，但敌不过现实的残酷。

王　堃：　即使九二和六五相应，六三也不应不安分。温老师解释得好温情。

刘　震：　六三可以名花虽有主，我来松松土。

王　堃：　那可以，但不能跟上九私奔，那就不对了。

刘　震：　我们是以情解《易》。

宏　中：　不过六三距离九二明显比六五近。爱情还是比较甜蜜。

王　堃：　然而九二和六五都是中位。

温海明：　看起来是继屯卦之后，又一场宫廷情感剧。

王　堃：　草民情感剧没人看，主要是情感也需要客观的权位支撑。

温海明：　六三跟上九是正常感情，跟九二应该是私情。

王　堃：　我倒觉得您是从空间的位上解释，而我偏于时间的位权，即把从初到上的发现视为时间上接续的进程。

宏　中：　上九处地遥远，且不得中，极位刚爻，六三只怕是有点嫌弃他。

温海明：　九二跟六三私情甜蜜，但九二没超过正常感情，可是六三超过了正常感情，不对等，受伤的是六三女方。

宏　中：　确实很受伤，这就是爱的代价。

温海明：　六三付出了爱情，收获了爱的代价。

（整理者：李芙馥　中国人民大学哲学院博士生）

远离师长 不得指教 自暴自弃
——蒙卦六四明解

时　间：2015年11月06日22：00 — 23：17

【明解文本】

六四：困蒙，吝。

《象》曰："困蒙之吝"，独远实也。

【讲课内容】

刘　震：六四："困蒙，吝。"白话含义：停留在蒙昧的状态而不前进，必然会有不太有利的情况出现。先看《象传》，再说经文。《象传》之中的"实"，王弼解释为阳爻。至于"远实"，孔颖达解释为离开九二爻与上九爻，因为九二与上九都是阳爻。但我看来，主要还是在象数上阳爻与六四爻没有形成一种呼应的关系。第一是"应"，即四爻与初爻之间，对于四爻而言则是两个爻位皆是阴爻，故而谓之"敌应"。第二是"比"，即相邻两个爻位之间的关系，而六四爻相邻者是六三爻与六五爻，也都是属性相同者，谓之"失比"。

刘增光：但是这样，就体现不出"远"的意思了。

刘　震："远"就是失去联系的意思。在蒙卦之中，没有任何一个爻位像四爻这样，完全没有得到阳爻迎合者，故而谓之"独远实也"。

刘增光：嗯，您这个解释也挺好。我觉得，"独远实"包含了儒家的一个教育理念。黄寿祺的书中提到了荀子的一句话："学莫便乎近其人。"儒家是重视身教过于言传的。所以，后世有经师和人师之别。经师易遇，人师难求。

刘　震：蒙卦，四个阴爻，只有六四处于这样的尴尬局面。六个爻位分为三组，初与四、二与五、三与上。两者是相互联系的，如果是一阴一阳则为应。

刘增光：王弼的解释中说，四爻"不能比贤"。此处的"贤"大概就是指九二。

刘　震：在四个阴爻之中，只有六四是没有伙伴的。初爻比于二爻，三爻比于二爻，应于上爻。五爻应于二爻，比于上爻。四爻"独远实也"。"实"指的是阳爻。

温海明：六四孤立无援，又被蒙住，也就被困住了。

刘增光：对，"实"指的是阳。一阴一阳，一虚一实。

刘　震：王弼一般把处于中位的阳爻比作贤良。

【讨论内容】
【自困心灵】

王力飞：这种困，和鹿进林中类似。

温海明：屯卦六三"即鹿无虞，惟入于林中"，算是迷，是自己看不清；而这里是困，是被困住的无可奈何，难以解脱。

欣　悦：六四爻位置尴尬。

崔　圣：犹如孤鸟宿寒林。

刘　震："困蒙"，实际表明的是人在接受教育过程之中的一种错误叛逆形态。初爻象征在律法的警戒之下，蒙昧之人开始学习，从而走出蒙昧；六四则象征那些停留在蒙昧之中而不想进步的人。

刘增光：困住，是主观的原因居多，还是客观的原因居多，抑或兼而有之。

刘　震：以阳爻象征有知识的人，六四则是自以为是，不愿意通过向他人学习来提高自己。我认为还是主观原因居多。

刘增光：我也觉得是主观原因居多。

刘　震：因为乾卦四爻中说进德修业，欲及时也。进步还是自己可以处理的。

刘增光：就学习来说，学生还是要主动。

温海明：离开良师益友的指导，被困住，属于客观离得远，主观不努力。

刘增光：这是个态度问题。

刘　震：而且蒙卦之中有九二这样的好老师。

刘增光：所以，朱熹说得很好："能求刚明之德，而亲近之，则可免咎。"

刘　震：我们要学习周围人的长处，在取长补短中不断进步。若我们一意孤行，刚愎自用，必然也只能有一个"咎"字为之。因此，解"蒙"根源在于自己。

刘增光：我觉得六四不是刚愎自用，而是自暴自弃，它是以阴居阴，是破罐子破摔。

刘　震：对，刚愎自用用到阴爻上确实不太合适。

温海明：自己离得远，反正没有机会，也就不去寻求指点，不争取他人帮助。

王力飞：放任自流的意思。

刘　震：因此，是心灵困住了自己。

刘增光：解释得好！身体的困不是困，心灵的困才是真正的困。

【内外交困】

刘　震：君子之道鲜矣。这个可以和孟子善端之说相结合。

徐治道：六四爻动变得未济，不是无可救药，还有变化可能。

刘　震：但是麻烦在于不好变化。四爻自身得正，属于安于现状，不愿改变。

温海明： 六四属于无可救药的学生，自己蒙住了，不知要学什么，也不知要怎么学。

孙世柳： 有高师指导，也会慢慢开化吧！

崔　圣： 朱熹，经师也！

刘增光： 从这个角度看，或许也可以和初六里边"刑人"的"刑"有典范的意思相联系。说朱熹是经师，朱熹和他的弟子大概都不会同意。

刘　震： 同时，《象传》讲"志应"，这里的六四显然是不认可九二的教学。我理解正位代表安于现状，错位代表暗流涌动。如果是六五与九二并存，按照汉代人的观点，二者有交换位置的变化趋势。这个解读有些人伦理念在其中，一方面希望九二关照天下，一方面又希望六五谦谦君子。

倪木兰： "困"有外部和内部原因之分，或仅因外部原因而感，于是心有余而力不足，或仅因内部原因而成扶不起的阿斗。内外又会相互影响相互作用，或时不利而悲观，进而愈陷困苦；或性有偏执而神奇化朽腐。

温海明： 外因、内因，主观、客观，确实交错发生作用，反正是又困又难，突破不了，索性就沉沦下去吧！

徐治道： 六四主要是内因，阴爻居阴位，不主变化，动变为阳爻后，得变卦未济，火上水下，仍是大功未成，却留有可能。

倪木兰： 善者吾善之，不善者吾亦善之。知困蒙最终是为了解困蒙。善人者，不善人之师；不善人者，善人之资。可从批注看来，似乎不太能看出是外因还是内因偏多，因为远离蒙师。

刘　震： 我觉得蒙卦之中基本不坏，因为是面对被教育者，所以施教者是比较宽容的。

【问题学生】

刘增光： "白沙在涅，与之俱黑。"入芝兰之室，自会变香，故亲近贤者，太重要了！

刘　震： 最终六四还是没有大的过失，因为九二要上升到五爻的位置。所以是"吝"，而非凶。

王力飞： 八卦加阴阳加互卦加变卦，太复杂了。

刘增光： 九二那么包容了，六四却还不认可九二，不去亲近九二，这只能表明六四快属于"下愚不移"了。

温海明： 六四属于问题学生，自己蒙住了，自己丧失了专业兴趣，有退学倾向，就是名师再多也拿他没有办法，只有等待大局发生改变了。

刘增光： 《中庸》里明确说："困而不学，斯为下矣。"可为"困蒙，吝"之一证。

倪木兰： 六祖曰："迷时师度，悟时自度。"

徐治道： 是的，需要动变与刺激。

欣　悦： 我认为这种学生需要初六来刺激，刚好对应。

【象论】

刘　震：　汉代学者说过，实际文辞与符号体系是有关联的。比如我们今天所讲，为什么以此卦来象征学习中不好的状态，或者是不好好学习的学生。

王力飞：　易林的变卦和取象最全吧？

刘　震：　未必全是好的，关键要有理有据。我认为卦象之间一一对应，如非覆即变，是较为密切的关系。相反，如之卦、消息卦，则可能就没有那么密切。

王力飞：　之卦是没有爻称前的定爻法，和占筮法有关，也体现了占向理的过渡状态。从之卦开始，卦和卦之间产生了象之外的关联。互象是汉时的说法，个人认为是对八卦解易局限性的尝试、探索、突破和弥补。

刘　震：　实际卦与卦之间必然有所联系，只是这样的联系源于何实在难明。

（整理者：孙世柳 中国人民大学哲学院硕士生）

柔顺善学　了道入圣　学致天道
——蒙卦六五明解

时　间：2015年11月07日22：00 — 23：37

【明解文本】

六五：童蒙，吉。

《象》曰："童蒙"之"吉"，顺以巽也。

【讲课内容】

温海明： 这爻有点像好学生学习上道后，学出味道的感觉，且听刘老师分解。

刘　震： 六五："童蒙，吉。"白话解读：蒙昧之人像学童一样（谦虚好学），是十分吉祥的表征。在《周易》之中，六五爻与九二爻相互应和时，一般象征较为谦虚的形象。蒙卦之六五象征处于高位且谦虚好学的人。从象数上来讲，六五爻是要与九二爻相互交换位置的。

【讨论内容】

【蒙卦与观卦】

温海明：　观卦六二顺升到五位成蒙卦。

刘　震：　《象传》的文字就说明了这一交换。

温海明：　《象传》就是描述六二爻上升的状态。

刘　震：　"顺以巽也"就是指六五爻与九二爻相互交换位置，那么蒙卦的卦象就变成了风地观卦，观卦下卦坤卦为顺，上卦为巽卦，即为"顺而巽也"。《象传》在解释观卦的时候也讲到了"神道设教"，也是与教育相关的。

温海明：　观卦上巽下坤，变蒙卦上巽变互坤，都是"顺以巽也"之意。

刘增光：　蒙卦和观卦的联系紧密。观卦中说到了"童观"，蒙卦中说到了"童蒙"。

温海明：　"观""蒙"是亲上加亲。

刘增光：　王弼解释观卦的"窥观"时就说"不为全蒙，所见者狭"。

温海明：　王弼实在是不世出的天才，《周易》的密码被他破译大半。

刘　震：　观卦与蒙卦之间有着某种联系，这样的联系外在体现为卦象之中的关系，内在体现为理念上的一致，即所谓"神道设教"。

刘增光：　是"神道设教"的话，这两卦就不仅仅是教育卦，也是政治卦。

刘　震：　"童蒙"所蕴含的教育理念在于我们面对知识要始终保持一种较为谦虚的态度。政教不分，因学习的内容多与政治相关。童，有儿童的含义；儿童时期是人类学习能力最为突出的一个阶段。

刘增光：　王弼和程颐的解释都突出了这一爻的政治含义，尤其是君臣关系。

温海明：　观卦偏政，蒙卦偏教，政教相通，今天这个传统还保持着。

【绘事后素】

刘增光：　儿童是没有任何先见、成见，质地纯洁的人。

刘　震：　儿童不够成熟，因不成熟，故无成见，也就减少因成见而拒绝知识的可能。

刘增光：　"绘事后素"语出《论语·八佾》，意为先有白色底子，然后绘画；比喻有良好的质地，才能进行锦上添花的加工。程颐和朱熹解释"童蒙"时都用到了一个词——"未发纯一"，也就是形容童子毫无成见、质地纯洁的状态。

【无咎】

刘　震：　《周易》中有个很重要的理念："无咎"是人生常态。吉凶皆由"无咎"所生。

刘增光：　看来真是，没有不好的学生，学生都很好，就看老师怎么教。

刘　震：　如果是知错能改，或者善于学习，那么"无咎"可以转化为吉祥。如果因抱成见而执迷不悟，则"无咎"之后恐怕是步步惊心。"童蒙"之吉，恰巧是吉在了学童之无成见。

温海明： "无咎"之难，犹如中道之难。

【六五之师】

张国明： 六五向九二学习的同时，我觉得也应以上九为师。

刘增光： 宋明儒者说的理与势的关系中，势不能高于理。

刘　震： 六五与上九之间肯定也是融洽的，只是九二更为合适。

王力飞： 我认为"童蒙"的"童"为动用，指像善待孩子一样启蒙，还指教育方法。

刘　震： 你的说法可以，但是卦象上有些说不通。

王力飞： 两个阳爻，一为包容，一为击发，包容里也有刚的成分。

刘　震： 包容不是纵容，包容是有原则的。

【阳升阴降】

李振春： 刘震老师，从象数上讲六五爻要与九二爻相互交换位置，请问是什么原因？

刘　震： 阳爻要上升、阴爻要下降，这是阳升阴降的自然规律。童蒙更多指向六五自身。从筮法出发，经文是第一轮的人伦化，《易传》是第二轮。

王　璇： 《周易》中，六五爻与九二爻相应，一般象征较为谦虚的形象。这是根据什么道理？

刘　震： 所谓谦虚，是我们对于文字的一种相对理解：六五与九二相呼应。你可以看看一些卦象中六五与九二相对者，即可以明白。帛书《周易》，就是《论语》的周易版。我们也许根本不认识孔子，我们所见，无非是后世之述。

【象思维】

吴争先： 《彖传》与《象传》立意相反，本卦《彖传》说"山下有险"，主险而止之意；《象传》却说"山下出泉"，主盈科而后进之意。今天读夬卦发现《彖传》与《象传》的意思也是相反的，请问各位老师，原因是什么呢？

刘　震： 《彖传》以德为主导，《象传》则以象为主导。二者确实有细微的差别，但整体思想还是较为一致的。

吴争先： 夬卦《彖传》"主以刚决柔"，《象传》"主施泽于下"。

王力飞： 一外形，一内涵。属于联想范畴的象思维。

吴争先： 原来如此。我也觉得象数解易容易失于支离，所以《象传》是较好的指引吗？

王力飞： 有的时候，从《彖》直接入义理有些困难，结合《象》的象内涵入义理，就方便多了。

【兼容并包】

孙世柳： 如果突然哪天考古又有新发现，想必是件震撼的事。

刘　震：　出土文献是很有价值的，一些被古史辨派否定的，则重新被证实，例如钱穆就曾经否定孔子与《周易》有关系。

孙世柳：　通过古文献可以弄清楚很多疑问。最初的《易》，现在真是说不清楚了。

倪木兰：　出土材料对思想史的构建和对文字学理论的建设意义大一些，但是对那些关涉人自身的具有永恒性的问题的解答，并没有实质性的突破。

吴争先：　温老师开《周易》课，不主一家一派，兼容并包的态度很令我们受益。

孙世柳：　我们校对文本，注疏经典，的确是个人的东西越来越多，这是否也意味着离圣人越来越远了？

温海明：　我们开"周易明解"群，也是要海纳百川，兼容并包。每位老师背后都站着许多今世的易学大德，都承载着古圣先贤深厚的易学智慧，非常感恩大家共同的努力，让易道昌明于微信时代。

【天道之教】

温海明：　两位刘老师都讲到，蒙卦不仅仅是启蒙知识，更重要的是启蒙天道。天道是要用生命去打通的，文化之道是要用生命去承担的，任重而道远。

刘　震：　是啊，需要我们一起努力。圣人同此心。我们每个人无论掌握了多少知识，在伟大的自然天道面前都是渺小的，我们不妨学会放下自我，以虔诚的赤子之心面对天道，通过学习提升自我，日新盛德。这样必然会有一个较为理想的结局。我觉得蒙卦讲的是天道之教，后世理解为知识之道，还是浅薄了。

温海明：　两位刘老师都说到教天道之难，其实教《易经》之难，就难在教学生领悟天道。现在对天道还很认真学习领悟的学生不多了。

刘增光：　儒家的理想是德位合一，但绝不能让位高者凌驾于德之上，居于高位者在天道、大德面前也仍是学生。

刘　震：　天道实际不难理解，难的是落实。以《周易》而言，一般九五突出有为，六五突出有德。比如卦辞之中的"渎"，孔颖达解释为老师的错误。但帛书《易传》认为是学习态度的错误。

刘增光：　一般的解释都强调六五要谦虚，要虚心向九二学习。看来，作为老师的九二也是要谦虚的，教学生就像制作一件艺术品，所谓"修道之谓教"，如何能将天道的内容完全教给学生，这个太难了，老师责任重大。

刘　震：　所以学生也并非没有错误。错就错在知道而不行道，知行不合一。"童蒙"之吉，则在其谦虚，并且以高贵之位实践学习之道，这就是儒家心目中理想的学生，处于高位并且谦虚好学的少年贵族。

温海明：　"周易明解"群就是要继承周易经传阐明的天道，让大道复明于世间。

（整理者：黄桢　中国人民大学哲学院硕士生）

驾驭学生 师道分寸 难乎其难
——蒙卦上九明解

时　间：2015年11月08日22：00 — 23：29

【明解文本】

上九：击蒙，不利为寇，利御寇。

《象》曰："利"用"御寇"，上下顺也。

【讲课内容】

刘　震：上九，消灭蒙昧的状态，用较为严苛的态度对待学生，但是在这一过程之中要注意引导学生，而并非一味地严格要求学生。这是我的白话理解。上九爻从象数的角度而言是非正（阳爻据阴位），非中（不是二爻与五爻），但是得到了三、五两个爻位的应和。其据于六五爻位之上，象征了童蒙尊重他的知识，乐于向其学习。

上九爻，本身就有着"亢龙"之危险的爻位，《周易》在此提醒其不可为"寇"，就是不要过度严苛。"御"是驾驭，但驾驭的前提是自身的高明。老师除了严格要求学生，还要学会感恩学生。学生使自己取得进步。

温海明：确实如此，驾驭的分寸很难，要感恩学生们。在教化中成长的不只是学生，更是老师自己。

刘增光：我觉得就经文本身来说，解释"御"为驾驭是比较牵强的，因为经文说的是"寇"，对于"寇"，说驾驭不近情理，要驾驭寇贼是不可能的。所以历史上的注释家都将"御"解释为捍御，这是有道理的。

刘　震：远人不服，则修文德以来之。"寇"可以是盗贼，也可以是蒙昧之人。

刘增光：按照孔颖达的解释，他的寓意是说，上九能为蒙者防御外来的、后来的"蒙"。另外，孔颖达以捍御解释蒙卦此处，应该是根据《礼记·学记》中的"发然后禁，则捍格尔不胜"。这不是探寻经文本意，而是从字面上解释，那样就不通。捍格而不通，不是"尔"。

刘　震：所谓"上下顺也"，我们此前在解释五爻时提到五爻与二爻交换位置，下卦变成了坤卦。如果上爻与三爻交换位置，则上卦就变成了坤卦。坤卦在帛书《周易》为顺卦是上下皆可以变成坤卦的含义。

温海明： 经文中多处出现如何应付盗寇，从来没有让我们真的去打强盗，而是要通过驾驭自己的心灵来驾驭他人。

刘　震： 上九下于六三，则是提醒我们不可以因为高位而迷失。

刘增光： 在这一点上，朱熹的解释沿循了孔颖达的解释，"唯捍其外诱以全其真纯，则虽过于严密，乃为得宜。故戒占者如此"。外诱可以是对人心的诱惑。毕竟蒙者之蒙最终还是内心的蒙，但是人心不就是容易被外物所遮蔽吗？

温海明： 老师要慎用师长的权力，保持惩戒的分寸和尺度。刘大钧老师得之。

【讨论内容】

【"击蒙"】

　　王力飞：　"御"，从驾驭马车的"御"而来吗？

　　刘　震：　值得注意的是，"御"在帛书中是"所"。

　　刘增光：　利所寇？这个帛书怎么解释啊？我觉得第一句的"击蒙"挺难理解的。

　　李伟东：　"击蒙"，即棒喝。愚见。

　　刘　震：　有点类似于棒喝。击蒙的含义指用较为严苛的态度对待学生。理解成体罚亦可。

　　王力飞：　上爻多有过犹不及的意思。

　　李伟东：　戒尺击蒙。

　　刘增光：　注释者中，有的说上九是蒙者，有的说上九是开蒙者。刘老师的主张为开蒙者吧？

　　刘　震：　我理解上九是位不太成熟的老师。

　　张　悦：　遇到的学生六三不靠谱，所以击蒙。

　　温海明：　以前打手，目的是为学生好。

　　刘　震：　老师也是需要学生启蒙的，教学相长。

　　刘增光：　"过犹不及"，上九是有点过了的老师。

　　刘　震：　《周易》本身的视域之中，往往较为突出的是中道思想。在教育之中只是单纯地使用较为严厉的手段，而缺乏一种调和，特别是在针对较为幼小的受教者时，反而不会特别有效。我曾给小学生开课，确实对自身是一种考验。

【驾驭心灵的分寸】

　　温海明：　六三跟九二跑了，上六气急败坏用手打人了。

　　刘增光：　我理解"利为寇"和"利御寇"是"击蒙"的两种方式，前者是过度了，后者则犹如"防卫性的击打"，所以是"御"。

　　刘　震：　用"御寇"的态度，即自身更为谨慎小心。

　　刘增光：　所以上九若"为寇"则不利，若"御寇"（即刚而能止）则可以转不利为利。上九本来是以阳居阴，所以有亢动之象。

刘　震：　"为寇"就是只相信严苛。

王力飞：　我感觉您说的御之引导更好，比防范好。

刘增光：　对，严苛和谨慎。

刘　震：　"御寇"则是自己谨慎。

李伟东：　"御寇"是驾驭，还是抵御？

张　悦：　引导合适些。

刘　震：　"御寇"是修文德以来之。通过提高自身，让学生主动学习。作为教师，也应该感恩学生所带给我们的成长。古板庄重、等级森严固然可以让人肃然起敬，但是一个平易近人的老师可能会带给学生更为如沐春风的愉悦心情。

王力飞：　"御"兼有引导和强制意。注解多为防御，感觉不畅，刘老师一点，茅塞顿开。

孙世柳：　周振甫解释为："攻击蒙昧，作为侵略是不利的，作为抵抗侵略是有利的。"

刘　震：　因此，蒙卦最后一个爻位，是教育老师的。

温海明：　非常同意！是学生帮助老师不断调整到合适的分寸。

李伟东：　难缠的学生，使老师进步，特别是幼儿，出牌没有理路，老师若无易学智慧，应付不了。

吴争先：　张立文老师的帛书周易注释将"所"解释为处。我没太读懂"处寇"的意思。

孙世柳：　刘大钧老师解释为："惩治蒙昧（若方法）不适宜，则使其变为盗寇，（若）适宜，则可防御盗寇。"

刘增光：　我同意说"寇"是蒙昧之人，但是就经文来说，解为驾驭是不通的。

王力飞：　上谋攻心。

冉景中：　驾驭心中贼。

刘　震：　当然，理解为驾驭是我的个人见解。

刘增光：　但是确实如刘老师和各位所言，解释为抵御也是很难理解的。

李伟东：　棒喝，御心为上，御身为下。

温海明：　当一个学生需要老师去打击的时候，最能看出老师驾驭自己的功夫。

王力飞：　抵御或防范，属于敌对范畴，引导和驾驭则更进一层。

温海明：　驾驭心灵的分寸得之。

【棒喝助产】

刘　震：　三爻与四爻则是学习中的错误状态。

徐治道：　上九阳爻居阴位，动变得"师"卦（上坤下坎），有顺有险，虽然兵凶战危，但师出有名、顺势而为，就能化凶为吉。

倪木兰：　上九处六五之上，上九刚而不正，六五中而不刚。

刘　震：　整体《蒙卦》我们已经介绍完了，从内容上看，初爻与六爻是指向一种较为严格的状态。但是严格过头就会出问题。二爻与五爻则表现为较为理想的状态。

温海明：老师迷失自我去打学生，就会打出迷失自我的学生。

刘增光：把学生打蒙了。

孙世柳：老师面对蒙的学生，不能立即使其脱去蒙昧而领悟大道，过于急切则学生不适，就像寇害一般。若循循善诱，慢慢引导，学生因力而行，尽其所能逐渐领悟大道，这样老师就算掌握了击蒙之道，蒙之人则皆来主动化蒙以取大道。

刘　震：孙世柳理解得蛮到位。

李伟东：棒喝是以戒尺击地，不是击身。

于蔚森：对于蒙的学生，教师应采用苏格拉底"助产术"。

温海明：这是在教老师把握好击蒙之道了，有时需要棒喝，前提是学生有悟性，没悟性就打残了。

李伟东：教不严，师之惰。

温海明：是老师没有把尺子拿好，也没有掌握好打击的力度。古代没有敢抢尺子打老师的学生，今天可能就有了。

倪木兰：禅宗针对特定根器者才棒喝以助当下开悟。

刘　震：师可以严，但严在勤勉，而非师法尊严不可置疑。有时错误就在于我们强调师道尊严，反而淹没了学生的创造力。

刘增光：刘老师说得好，这是传统教育需要反思的地方。也许不用打，会造出更多的好学生。

孙世柳：把握化蒙的度的确是为师之艺术。

刘增光：古人还是比较喜欢"严师"的，所谓"师严道尊"。

刘　震：但我认为严师实际是对弟子的一种默然抵触。

【御弟子之心】

于蔚森：受教于老师们"以人为本"的学生观。

刘　震：我们的教育有一种误区，就是群体性思维，完全没有个性可言。《论语》之中孔子的弟子还是极有个性的。

刘增光：孔子因材施教，看《论语》中的记载，孔子对学生有时严厉斥责，有时和风细雨，有时还会莞尔一笑，但是确实没见过孔子打人。

王力飞：孔子是因材施教的宗师。

温海明：人格平等虽说是进步，但也导致一些学生以完全平等的态度看待老师，老师变得无法惩戒学生了。在美国其实也不是这样子的。

李伟东：现在很多学生不懂得尊师重道之奥妙所在，基本是蒙态。

刘　震：师道必然要得到尊重，但学生尊重的是学识，而非个人。

张　悦：　尊师很重要，父母是第一任老师，难道孝顺父母不是尊师吗？

刘　震：　老师也不能因为自身地位而盛气凌人。

温海明：　现代平等观导致学生我行我素，觉得没必要给老师尊严的情况越来越多。

孙世柳：　只要是老师，做学生的都要对其有敬爱之心，燃烧自己化育学生真的不是空话，师是社会一个绝对的角色，与知识直接相关。

李伟东：　老师不能御弟子之心，是时代的悲哀。

【尊师与孝道】

温海明：　现在的师道问题，对照蒙卦来说，师生两面都是蒙的，大有反思的空间。

刘　震：　师生们读读蒙卦也许还能明白一点。

张　悦：　老师和学生是互相配合的，老师或学生单独的努力是不够的。蒙卦说，学习应是学生去求学，而非老师要求学生去学。学生来请教老师，老师迎合学生，相互配合。

刘　震：　学习确实是以学生为主导，但是这个主导也需教师的正确介入，否则难有成效。孔颖达在解读卦辞时就提出了"师者之渎"，是指教师的错误行为。师道修复，势在必行。帛书强调"生者之渎"，是指学生不认真，不实践。

张　悦：　老师要懂得引导，就像孔子一样。对于不同学生问同样的问题，孔子的回答不一样，孔子了解每个学生的"时"与"位"。

倪木兰：　孟子说不教也是一种教。

刘　震：　因材施教，讲的是条条大路通罗马，现在的老师往往是"自古华山一条路"。

张　悦：　我觉得是老师和家长都认为只有"一条路"，家长也参与了，可以说比老师有过之而无不及。

刘　震：　学生于教师都没有好坏之分，只是合适与否的问题。家长实际也是蒙者。

温海明：　蒙卦讨论学生如何学，老师如何教，而不论断老师是好人还是坏人，也不论断学生是好是坏。

李伟东：　"蒙"，本义为缠绕覆盖草本植物的菟丝草，无叶，以刺入植物之茎、吸收营养成分而成长，故"蒙"为弟子，草本植物为师。

刘　震：　我们的解读是"蒙"通"萌"，幼稚的含义，因此蒙者就是需要教化的。

温海明：　是的，古今中外任何时候，都有不好的老师和学生，但这不是蒙卦讨论的重点，因为不好的老师和学生都应该是启蒙的对象。

刘　震：　我觉得，尊师与孝道有相同之处，是建立在感恩的基础上，感谢父母在生活上的照料，感谢师长在文化上的哺育。

（整理者：贡哲　浙江大学人文学院哲学系本科生）

（本卦校对：王鑫　中国人民大学哲学学院硕士生）

时　　间：2015年11月09日22：00 — 23：17
导读老师：曾凡朝（齐鲁师范学院教授）
　　　　　赵建功（华中科技大学哲学系副教授）
课程秘书：黄仕坤（中国人民大学哲学院硕士生）

修身待时　刚信行险
——需卦卦辞明解

5 需卦

乾下坎上

【明解文本】

需：有孚，光亨贞吉，利涉大川。

《彖》曰：需，须也，险在前也。刚健而不陷，其义不困穷矣。"需有孚，光亨贞吉"，位乎天位，以正中也。利涉大川，往有功也。

《象》曰：云上于天，需，君子以饮食宴乐。

【讲课内容】

曾凡朝：按照今本《周易》的卦序排列，需卦是六十四卦中的第五卦，紧排在乾卦、坤卦、屯卦、蒙卦四卦之后。按照《序卦传》的解读："蒙者蒙也，物之稚也。物稚不可不养，故受之以需。需者，饮食之道也。"屯卦象征物之始生，始生幼稚，幼蒙之时不可不养。"饮食"，人生之所养，生存之所需。所需者，生活所用是最基础的，如饮食穿衣居室之类，其中，至切者，饮食也。

需卦揭示的是饮食之道。人皆需养，而求取有道。孔颖达解易之时，颇取《序卦传》之旨。释需卦曰："物初蒙稚，待养而成。"

【讨论内容】

【"需"】

庞令强： 胡适先生认为"需"即"儒"，可从需卦入手来看儒家的起源。

曾凡朝： 是的。一起来看看"需"的意思，《说文·雨部》："需，䇓也。遇雨不进，止䇓也。从雨而声。《易》曰：云上于天，需。"是说"需"是"须"的意思。"需"字之义与卦象相符。

倪木兰： 《说文》误，需，从而，雨声。"需"字与"而"字不同韵部。"而"字形像胡须，表等待之义时通"须"，"须"本义胡须，又有等待之意。文字演变过程中，又在表示等待义的"须"字下再加"立"以分化。

曾凡朝： 需，须待也；需，迟也；需，滞也；须，要也。一语而兼数义。

赵建功： 《周易》常是一字多义的，要看语境。

曾凡朝： 对，一语而兼数义，"孚"也是。

李伟东： "需"的本义，是司礼沐浴斋戒，准备祭礼，沐浴斋戒，等天下雨，信心满满。

宏　中： 现在的汉字和古代的字相比变化很大，篆书的需就是雨头，下边一个天，字形和需卦卦象一样，后来不晓得需下面怎么变成而了。

李伟东： "天"字，是人顶着一个太阳；"需"字，是人顶着一片雨。

刘　丹： "天"字是人顶一个头，顶天立地。

倪木兰： 汉字从汉代开始就基本稳定了下来。"而""天"二字形近，受需卦影响讹误，属于有理据的讹变。

宏　中： 从卦象看，直读"乾为行，坎为雨"，下雨天等待天晴再出发。

李伟东： 需卦，恐是沐浴斋戒（修身），等待老天下雨，滋润万物？

倪木兰： 您所说的沐浴斋戒以待雨似应为"雩"字。

李伟东： 古字"需"通"儒"，就是主持祭礼的人，沐浴斋戒后才能开始祭礼。

倪木兰： 《论语》中曾子之父曾皙述志时曰"浴乎沂，风乎舞雩，咏而归"，孔子很欣赏。或以为孔子此时有归隐之意，恐非，"雩"是一个重大祭祀活动，儒家把祭祀视为重要教育内容，故吾以为孔子在此表现了他一如既往的化民成俗的理想追求。孔子之志一以贯之。

李伟东： "雩"，吹竽奏乐，执羽而舞，祭神祈雨。

【等待与修身】

赵建功： 需卦上坎下乾，坎为水，水上天为云，乾为天，属金，故说云上于天，饮食宴乐。云上于天，尚未下雨，万物需待，故需为等待。

曾凡朝： 赵老师说得好。许慎《说文》于释"需"字之后，又有"《易》曰：云上于天，需"之文。大概以为需卦名"需"的原因，乃在于其有"云上于天"之象，"云上于天"即有需义。《周易正义》说："不言天上有云，而言'云上于天'者，若是天上有云，无以见欲雨之义，故云'云上于天'。若言'云上于天'，是天之欲雨，待时而落，所以明'需'大惠将施而盛德又亨，故君子于此之时'以饮食宴乐'。"

温海明：云气积累在天上，等着下雨，所以等待。云要等，万物也要等。

赵建功：关键是如何等待。

曾凡朝：不能消极，也不能着急，要待机而动。

赵建功：从容自在地等。

温海明：密云不雨，不要等得焦心，要安心舒适地等。不要看着天上密布的云，内心就乱了分寸，所以等待的哲学实在是大了去了。

冉景中：这个等待就是按捺心中的焦急，要做好准备，等待时机。

曾凡朝：需要准备该准备的酒食，还需要准备自己的学养。修身等待时机。

赵建功：孟子说的"修身以俟之，所以立命也"正是此意，等待其实就是修身的过程。

温海明：乌云压城的时候，还能一口口吃饭喝酒，丝毫不惧，才是等待要的大气象。

赵建功：修身就在人伦日用中，就在饮食宴乐中。

曾凡朝：效天法地、砥砺自己、挺立自己。上为坎，险在于前，未可遂进，故需待而行也。下为乾，以乾之刚健，而能需待，虽然需待，仍然积极。乾刚至诚，其德光明，所以能亨通。

赵建功：因为险在前，故须等待，如此有刚健之德而能待，自然不会陷于困穷了。

【"需"与襦】

王力飞：等待，从云上于天而来，从险在前而来，享乐和险与天将雨有关，而需卦描绘的是一个外出寻找生活所需的过程。帛书《周易》里的"需"为"襦"，有衣服和细密的罗网之意，如何解？我感觉在泥里等待观望，于理不通。

曾凡朝：是的。

> 今本"需"字，帛本作"襦"，竹书作"𢊕"，汉人隶书作家偏旁二互通，如焦赣为谯赣，"意"作"億"，"直"作"值"等，此例极多，今本"需"字，帛本作"襦"亦同。又，虽今本"需"字竹书作"𢊕"，但今本既济卦六四爻辞"繻有衣袽"、上六爻辞"濡其首"，竹书却作"需又衣絮""需丌首"，由此知"需"亦古文也。[1]

张国明：需卦正是阐述外出渔猎之道的。

赵建功：可参考连劭名先生的《帛书周易疏证》。

王力飞：在郊野、沙地、泥地寻找所需，顺着血迹寻找所需，在酒食中寻找所需，在穴中有所争执，这样解比较顺利。我感觉是一个渐行渐远的过程。

---

[1] 刘大钧：《今、帛、竹书，〈周易〉综考》，上海：上海古籍出版社，2004年，第10页。

【 "饮食宴乐" 】

吴争先： 《象传》说："云上于天，需，君子以饮食宴乐。"前后的逻辑关系是怎样的呢？为何由等待之意得出君子要饮食宴乐？

张国明： 你听过"阴天乐"吗？对于农耕或渔猎民族来说，雨水宝贵，下雨就会带来饮食的保障。云上于天，甘霖将至，水润万物生，此时不乐更待何时？

温海明： 云上天啦，感觉形势不妙，但内心刚健，丝毫不惧，安心吃饭喝酒，这是要定力和境界的。

【 "有孚" 】

曾凡朝： 先看看卦辞吧。需："有孚，光亨贞吉，利涉大川。"像温老师说的，内心刚健，丝毫不惧，安心吃饭，有定力和境界，还要有诚信，有"孚"。孔颖达："物初蒙稚，待养而成，无信即不立，所待唯信也。故云'需有孚'，言《需》之为体，唯有信也。'光亨贞吉'者，若能有信，即需道光明，物得亨通，于正则吉，故云'光亨贞吉'也。"孔颖达抓住了本卦的核心价值观"有孚"，孔颖达说，所待唯信。

赵建功： 是的，等待就是修养的过程，修养的核心是诚信。需卦主爻是九五。

张　悦： "有孚"如何解释？

曾凡朝： 孚，信；有孚，有信。若能有信，即需道光明，物得亨通。

王力飞： 曾老师，还有一个疑惑：《未济》有"君子之光"，"有孚，光亨"为什么不断为"有孚光，亨"？

曾凡朝： "孚"，也有争议，也有说是"俘"，"光"也有不同的解释。"需：有孚，光亨"也可以翻译为："需：心怀诚信而广泛祭祀，占问结果吉利。"这里"光"通"广"。

赵建功： 但在此处释为俘虏，可以联系孟子说的"诚者天之道也，思诚者人之道也"，加深理解。

瞿华英： "云上于天"与"有孚"关系怎么建立的？

曾凡朝： 云上于天，有上就有下，一阴一阳之谓道，"孚"是道的呈现。云上于天，须时而降，天将雨，时至则降；时未至，须待其时，内在的重要意蕴就有孚信。

吴争先： 曾老师的意思是说诚者天之道吗？天欲下雨，必不欺人。

曾凡朝： 是的。

赵建功： 需卦前的蒙卦说蒙以养正，需卦接着强调诚信，很有意思。

宏　中： 险在前，乾刚健而不陷。有九五的刚明和乾的刚健孚信，坎难必去。

李伟东： "孚"，本义为抱子哺乳，待子而成，信心满满。

宏　中： 孵蛋，引申为"信"。

李伟东： 更为贴切！上坎下乾，就像孵蛋，虽有困难，但乾乾终日、信心满满，以待子成。

宏　中：您的解释从象上也说得通，乾为父，坎为子为归，离为看。这是父待子归来的景象。孵蛋的象这里似乎找不到。从人事解释，坎为食，兑为口，乾为人，饮食宴乐，是生命的需要。象辞偏重于对儒家思想的理解和表达。

（整理者：王璇　中国人民大学哲学院硕士生）

远险稳进　蓄势待时
——需卦初九明解

时　间：2015年11月10日22：00 — 23：27

【明解文本】

初九：需于郊，利用恒，无咎。

《象》曰："需于郊"，不犯难行也。"利用恒无咎"，未失常也。

【讲课内容】

曾凡朝：需卦的"需"，用在六爻中的五个爻，分别是："初九：需于郊，利用恒，无咎。""九二：需于沙，小有言，终吉。""九三：需于泥，致寇至。""六四：需于血，出自穴。""九五：需于酒食，贞吉。"实际上对需卦卦辞的"需"的解读直接影响对初九爻的解读。

先说个有趣的解释："需"解读为短的衣服。这是从帛书"需"作"襦"解的。常说的帛《易》作"襦"，其本义为古代求雨之祭。需，从雨从而，"而"为天之隶变，故需与雨、天有关。还有根据帛书把"需"解释成捕鱼的。只是想和大家分享各种不同的解释，有争议，大家也可以了解一下。通常，"需"还是解释为"等待"。帛书的爻辞是："初九，襦于郊，利用恒，无咎。"意思是：捕鱼于郊，利于长久捕捞。为此问著得没有灾害之占。"郊"者，本指城外之地，这里指离水稍远的水岸之上。《周易正义》谓："'郊'者是境上之地，亦去水远也。""利"者，宜也。"恒"，恒常之义也，一般解为"恒常之道"。

"无咎"，无咎过、无过错之义也。为什么呢？王弼说："居需之时，最远于难，能抑其进以远险待时，虽不应几，可以保常也。"王弼是用"卦时"解的。王弼在《明卦适变通爻》中云："夫时有否泰，故用有行藏。"还说："存其时，则动静应其用。"还说："吉凶有时，不可犯也；动静有适，不可过也。犯时之忌，罪不在大；失其所适，过不在深。"总之，"时"很重要，要与时俱进，还要与时不能俱进。当进则进，当不进则不进。

【讨论内容】
【"无咎"】

裴健智：城依山傍水，"无咎"，无咎过、无过错之义也。

曾凡朝：是啊，程颐也说："初爻，处于旷远，利在安守其常。"

裴健智：在这里"无咎"是吉的意思吗？依山傍水是好地方啊！

倪木兰：孟子曾评价孔子为"圣之时者也"。

赵建功："无咎"不是吉，只是没有灾咎。

倪木兰：无咎，不吉不凶吧。

赵建功：是的。

【安守其常】

林　凤："安守其常"是什么意思呢？"安"可以解释为"安心"吗？

曾凡朝：不能安常，则躁动犯难，躁动犯难，能无咎吗？

倪木兰：不做大的变革。

刁炫力：需要守己吧。

曾凡朝："安"，程颐说："君子之需时也，安静自守，志虽有须，而恬然若将终身焉。"

赵建功：守自己的本分。

黄仕坤：常，我认为当是常道之意。

倪木兰：待时而动，在条件不成熟时不妄作为，然也并非消极保守。

曾凡朝：安静自守，恬然平和。

吴争先："志虽有虚，而恬然若将终身。"

徐治道：初九距离上卦坎（水、沟、险难）最远，可以守常，一时半刻也危及不到。

曾凡朝：对。《象传》说："'需于郊'，不犯难行也。'利用恒无咎'，未失常也。"

赵建功：安之若素，从容中道，心广体胖。还是孟子说的，"修身以俟之，所以立命也"。

【等待与宴乐】

王力飞：等待和宴乐什么关系？等人来吗？

曾凡朝：　在时机尚未成熟之时，以饮食养身，以安乐养心，待时而动。

倪木兰：　最后等来的是不速之客，有意思。

林　凤：　在等待的过程中宴乐，养其身，宁其神，最后适时而动。

赵建功：　所以初九是需中之需，等中之等，可以安之若素，慢慢等，慢慢修啊！

王力飞：　我感觉从初到上，渐行渐远，和卦辞的利涉大川联系在一起，为外出找寻之意。

赵建功：　等待不是无所事事，而是按照自己的一贯立场，朝着自己的理想不断努力。

【 "不犯难行" 】

曾凡朝：　"不犯难行"，《周易正义》解释为"不犯难而行"，《程氏易传》解释
　　　　　为"不犯冒险难而行"。二者都在"难"与"行"之间加了个"而"字。

林　凤：　"而"字意思是说要行，但是不能冒险行是吗？

倪木兰：　坎为水，乾为刚健君子，君子做好充分准备才有安渡大江大河的可能，如武王
　　　　　在文王创下基业之后，渡河伐纣于牧野，在河边不期而来之诸侯有八百之多。

马震宇：　不行如何知冒险？行了是冒险又如何？

倪木兰：　不断集义与道。

曾凡朝：　初九阳居阳位，而应六四之阴，想行，但是有九二、九三阻隔。

瞿华英：　只好待时而行，利用恒。

马震宇：　时点是待来的还是行来的？

林　凤：　边待边行，加以判断分析。

赵建功：　是自然来的，该来就来了。

曾凡朝：　而和初九相应的六四险于坎陷之中，故初九当以保守其常、安守常道为上策。

马震宇：　蓄势而发，万一蓄溢了时还未发如何办呢？

倪木兰：　这里的待不是消极等待，而是积蓄力量之待。蓄本身就是主动创造合适的时。

马震宇：　边待边行，边行边待，多纠结的行呀！

曾凡朝：　君子藏器于身，待时而动。

赵建功：　有充分自信就会准确判断时机。

旭　东：　《庄子·外篇·缮性》有："古之所谓隐士者，非伏其身而弗见也，非闭其
　　　　　言而不出也，非藏其知而不发也，时命大谬也。当时命而大行乎天下，则反
　　　　　一无迹；不当时命而大穷乎天下，则深根宁极而待：此存身之道也。"

倪木兰：　待和行在语言逻辑上是从不同角度讨论的分别，在事情上可以不分，待本身
　　　　　是一种行，行本身也可以是待。

瞿华英：　初九，需之初，处内乾之境，心地恬然地待。

刘　娜：　心地恬然，安然等待。

林　凤：　恬然才能不急于一时，并在正确的时间做适当的事。恬然说明心里有数啊！

马震宇：　这样就纠结于"待""行"二字了。

赵建功：　心里有数就不会纠结啊。

马震宇： 心行而待，心行而行。

林　凤： 心安即可恬然处于每个阶段。

（整理者：张馨月 中国人民大学哲学院硕士生）

闲言碎语 静待化解
——需卦九二明解

时　间：2015年11月11日22：00 — 23：31

【明解文本】

九二：需于沙，小有言，终吉。

《象》曰："需于沙"，衍在中也。虽"小有言"，以终吉也。

【讲课内容】

曾凡朝：沙，《说文》："沙，水散石也。从水从少，水少沙见。"孔颖达说："沙是水傍之地。"九二离坎水更近，故说是沙。王弼说，为什么"需于沙"，因为"转近于难"。坎为难。

赵建功：在沙中等待，离危险更近。

曾凡朝："沙"也有解作"河岸"的。孔颖达说："沙是水傍之地。"水傍之地，可能是沙滩，也可能是泥地，也可能是山崖峭壁。

赵建功：因离坎水更近，故说沙。

曾凡朝：如何理解"小有言"？

赵建功：离坎险更近，故说"小有言"。

曾凡朝：先看"小有言"。九二与九五不应，五在上坎，坎为言。按：坎中满，上下缺，似舌在齿中。舌齿发言，是坎为言。闻一多先生把"言"解释为"愆"，并指出："易凡言'有言'，读为'有愆'。"

赵建功："小"字在帛书竹书作"少"，二字古通。

【讨论内容】

【"小有言"】

张　悦：　"小有言"是不是指二三四爻互兑？九二处在兑卦的最下面。

温海明：　是互兑为言。

赵建功：　是！容易受到批评责备。兑又为小。

崔　圣：　"小有言"，前后联系解，虽有环境之忧，只要静观、静思，纳良言、正行为，可化吉。

张　悦：　九二对应卦主九五，阳爻居阴位，为什么可以终吉呢？

【"终吉"】

曾凡朝：　"终吉"？先看什么是"吉"。王弼认为："吉，无咎者，本亦有咎，由吉故得免也。"

崔　圣：　看来处境不太好，需要静听并有所思。

曾凡朝：　那什么是"无咎"？王弼的解释是："凡言无咎者，本皆有咎者也，防得其道，故得无咎也"。所以王弼认为，"无咎""吉"，先免于"咎"，而后"吉"从之。王弼的注释："近不逼难，远不后时，履健居中，以待其会，虽'小有言'，以吉终也"。

赵建功：　九二以刚健之德而能居中守柔，故终吉。

曾凡朝：　"以待其会"，孔颖达解释为"以待要会"。"会"与"要会"有什么不同吗？

赵建功：　此处是否有一误啊？

曾凡朝：　为什么终吉利，程颐说："二以刚阳之才，而居柔守中，宽裕自处，需之善也。"（宋本《周易注疏》影印本）九二未进于险水之地。

曾凡朝：　孔颖达疏"要"字恐当作"其"？

赵建功：　不知道，看了两个校勘的，北京大学出版社和齐鲁书社的，都一样。

曾凡朝：　王弼的解释是："凡言无咎者，本皆有咎者也，防得其道，故得无咎也"。

裴建智：　所以王弼认为，"无咎""吉"，先免于"咎"，而后"吉"从之。

王立飞：　在沙滩上获取所需，虽有小言小语，但无灾咎。

曾凡朝：　同时，九二居柔守中，宽裕自处啊！

崔　圣：　刚健之德，居于沙，此时不得用刚，需居柔守中，否则陷入沙中。只要不陷入沙中，有吉。

曾凡朝：　而且，处得其时，吉不待功，不犯于咎，则获吉也。为甚终吉？荀爽曰："乾虽在下，终当升上，二当居五，故终吉也。"

（整理者：黄仕坤　中国人民大学哲学院硕士生）

近险招寇 敬慎免难

——需卦九三明解

时　间：2015年11月12日22：00—23：24

【明解文本】

九三：需于泥，致寇至。

《象》曰："需于泥"，灾在外也。自我致寇，敬慎不败也。

【讲课内容】

曾凡朝：这一卦得先从整体上看："需：有孚，光亨贞吉，利涉大川。""初九：需于郊，利用恒，无咎。""九二：需于沙，小有言，终吉。""九三：需于泥，致寇至。""六四：需于血，出自穴。""九五：需于酒食，贞吉。""上六：入于穴，有不速之客三人来，敬之终吉。"赵老师说过，多解并存，如何理解"需"很关键。还有人以天文学解的，认为"需"字本指太白星运行的一种特定的星象，《周易》借为卦名，当指金星。

【讨论内容】
【"致寇至"】

徐治道：　九三离上卦坎（水、沟、险难）很近了。

赵建功：　是啊，九三已临坎水，象近水之地，所以有泥了。

温海明：　泥里面水比较多，脚踩在烂泥里面，有点像摸泥鳅。

赵建功：　在泥里等待，容易招致危险，故说"致寇至"。

林　凤：　在泥溺之地，是有陷入危险之义吗？

赵建功：　是啊，坎为陷、为险、为盗。临近危险吧。

陈咏琳：　三多凶的典型。

赵建功：　是，因为上卦是坎，坎为寇。

温海明：　加上近坎，不危险不可能。

曾凡朝：　初、二、三，郊、沙、泥，一步步的。

温海明：　坎为险，也为寇，切近寇盗之险。

赵建功：　所以很容易陷入尴尬困局。但如能敬慎，则不至于败。

陈咏琳：　"致寇"感觉是有几分自己引来的意思。象曰"自我致寇"，原来是一步步让自己近险，而且以刚逼险。

曾凡朝：　是啊！首先，看境遇，"灾在外"，虽然"需"在泥，犹在坎外，泥犹居水之外，即灾在身外，可用"需"以免。其次，如能敬慎，则不至于败。九三逼近外卦坎。坎为灾。是自己逼近，是自找的，所以，"自我致寇"。

【危险与需待】

曾凡朝：　九三虽近坎险。但因以阳刚得正，以示恭敬谨慎而不败于寇。阳刚一步步前进、前进，再前进，到了九三，所以招寇而致敌。在这样的情景下，用王弼的话说，敬慎防备，可以不败。

裴健智：　可这跟需卦为等待的整体意思不符。

曾凡朝：　可以说，需待是积极的需待，而非不前进的需待。

赵建功：　九三以阳居于阳位，故当位，又与上六相应，所以可敬慎不败。

宏　中：　这爻戒止意思明显。乾健动，三爻处乾之极，应上六，动能更强，位不正又过刚，这是躁动了。三爻变阴，参见履卦，履卦六三："履虎尾，咥人，凶。"不躁动就不至于凶了。

曾凡朝：　整个《周易》，又是"变动不居，周流六虚"的啊，每一个也是如此。九三虽然躁动，但是其主体仍然是要需待。

赵建功：　《周易》中三多凶，所以三爻处境多危险。

曾凡朝：　是啊。用程颐的话说，九三"有进动之象，故致寇也"。也就是说，该需待，没有需待，导致"寇"了啊！

叶　亮：　需卦九三，阳刚好动居乾卦之极，动则遇险遇寇，以其能"夕惕若厉"故能"慎不败也"。

曾凡朝：　所以需卦的主题是需待，但不是不进，是须之后进、相时而动。所以程颐说："需之时，须而后进也。其义在相时而动，非戒其不得进也，直使敬慎毋失其宜耳。"

叶　亮：　况九三有上作应，不致有大碍。

曾凡朝：　所以，《杂卦传》云："需，不进也。"不可以"进"，是不可躁进，须积蓄力量，审时度势，顺时而进。补充："泥"，上博竹书《周易》作"坘"。

（整理者：王璇　中国人民大学哲学院硕士生）

血泊求生 顺势听命

——需卦六四明解

时　间：2015年11月13日22：00 — 23：16

【明解文本】

六四：需于血，出自穴。

《象》曰："需于血"，顺以听也。

【讲课内容】

曾凡朝：六四到了上卦坎了。《说卦传》云："坎，为血卦。"

先看"需于血"。王弼说："凡称血者，阴阳相伤者也。阴阳相近而不相得，阳欲进而阴塞之，则相害也。九三刚进，四不能距。"《说卦传》也说："坎，为血卦。"孔颖达说："阴阳相伤，故有血也。九三之阳而欲上进，此六四之阴而塞其路，两相妨害，故称'血'。"

温海明：坎险带血，是血泊之中，危险至极。

曾凡朝：程颐说："四以阴柔之质，处于险，而下当三阳之进，伤于险难者也，故云'需于血'。"

赵建功：《说卦传》传曰："坎为血卦。"王弼、孔颖达等都说阴阳相伤有血，故与血有关。

曾凡朝：程颐解释为："穴，物之所安。"将"穴"解作物能得以安处的所在。王弼说："穴者，阴之路也，处坎之始，居穴者也。"

赵建功：可朱熹不同意程颐所说。

曾凡朝：是的，朱熹认为："穴"乃坎陷之险处。后来慢慢地，居住的地方不用"穴"，而用"宫"来表示。

赵建功：可以多说并存，只要讲得有理。

曾凡朝："后世圣人易之以宫室"，脱离"穴居而野处"，居住于"上栋下宇"的宫室之中。《系辞》云："上古穴居而野处，后世圣人易之以宫室，上栋下宇，以待风雨。"所以，困卦说："入于其宫，不见其妻，凶。"

注意一下孔颖达的解释："'穴者阴之路也'者，凡孔穴穿道，皆是幽隐，故云'阴之路也'。'处坎之始，居穴'者，'坎'是坎险，若处坎之上，即是出穴者也，处坎之始，是居穴者也。但易含万象，此六四一爻，若以战斗言之，其出则为血也；若以居处言之，其处则为穴也。穴之与血，各随事义也。"

【讨论内容】

【"需于血"】

曾凡朝：　"需"可以解释为祭祀。六四已经进入上卦"坎"的险，可能造成伤亡。"需于血"，待守在城下的沟洫边，守卫城池。沟洫，指城下的壕沟。

林　凤：　六四为什么要挡着九三啊，六四又不需要和上六呼应。

李伟东：　血者，祭祀之牲血。

徐治道：　六四已在上卦坎中，又是阴爻居阴位，且与初九正应，并居九五之下，所以可以血泊逃生，大难不死，有惊无险。

曾凡朝：　六四一爻，若以战斗言之，其出则为血也；若以居处言之，其处则为穴也。尤其是，穴之与血，各随事义。

温海明：　居处的话，血不好讲。

赵建功：　血，可读为洫。

温海明：　坎为血，改字则离象，应该不是最好的选择。

曾凡朝：　孔颖达认为，六四居上体坎卦，为血为穴，至于何时取血之象，何时取穴之象，则随事义所需而定。所以，注意孔颖达解易的灵活性，穴之与血，各随事义。

李伟东：　坎为血卦，如何理解？

赵建功：　坎为水，于色身即为血。

曾凡朝：　这是孔颖达的"随义而取象"。

温海明：　孔颖达的解释常常令人拍案叫绝。

赵建功：　因为博采众长，所以令人望尘莫及。

【"出自穴"】

曾凡朝：　坎者，陷也。

温海明：　"穴"为洞穴，或深渊之穴，黑黝黝、深不可测的坎陷之地。

李伟东：　"穴"，本义为地下洞穴。

曾凡朝：　是的，"穴"本义为洞穴。

赵建功：　六四上承九五，下应初九，故可出自穴，化险为夷。

曾凡朝：　在这样的处境下，怎样化险为夷、逢凶化吉？

温海明：　洞里面都是血水，从危险至极的血泊之中逃命。

倪木兰：　上古穴居。

曾凡朝：　"上古穴居而野处，后世圣人易之以宫室，上栋下宇，以待风雨。"

温海明：　坎北玄武配黑色。

【"顺以听"】

温海明： 坎为耳，与初九应，顺势、听命，化险为夷，捡回一条命。

李伟东： 坎如何为耳？

赵建功： 坎为耳，六四阴爻居于阴位，又上承九五，下应初九，故说"顺以听"。

（整理者：孙世柳 中国人民大学哲学院硕士生）

履险如夷 宴饮待时
——需卦九五明解

时　间：2015年11月14日22：00—23：36

【明解文本】

九五：需于酒食，贞吉。

《象》曰："酒食贞吉"，以中正也。

【讲课内容】

曾凡朝： 前四爻都是"需于处所"，都是"需"于后面一个字。"九五：需于酒食"，不太一样。爻辞吉利，古人以此为喻，象征王道久化，泽及下民。九五之君，当天子中正之位，以泽乎民。上居九五天位，犹如圣人之履居帝位，大行其道，德泽天下，刚健中正，吉事有祥。用程颐的话："五以阳刚居中，得正位乎天位，克尽其道。"

赵建功： 身处危险，依然从容自若，乃长期耐心修炼之境界啊！

徐治道： 九五阳爻处于上卦正中尊位，其上、下爻又皆为阴爻，所以可以守正获吉。

尚　旭： 五爻需要休养生息之时，万物需雨泽，人需饮食，天下需涵养。

曾凡朝： 五爻阳刚，居于尊位，居中得正，克尽其道，这样就可以好吃好喝。即使到了九五之尊，也不是事事激进，还需不急于浅近之功，实行王道、久而成化、崇德广业、化成天下。要休养生息，让老百姓乐其乐而利其利。

赵建功： 九五为坎中爻，中实之象，实、食古通，故说食。

徐治道： 九五爻动变得泰卦，下乾上坤，故应时而变者泰（通）。

曾凡朝： 对，此爻变则为泰卦，天下太平之象。

赵建功： 又"需"有濡溉之义，故说酒食！

曾凡朝： 此爻是需卦的卦主，所以《象传》曰"需有孚，光亨贞吉"，位乎天位，以正中也。

赵建功： 坎为酒，为食，九五又居中守正，故需于酒食，贞吉。

曾凡朝： 坎，中实之象，外虚中实。

赵建功： 在自己享受酒食之时，还要想到天下百姓的温饱，尤其是九五之尊。

【讨论内容】

林　凤： 六四那么凶的一卦，虽然最后"顺以听"，可是为什么到了九五就无险了？九五不是还处在坎险之卦中吗？

赵建功： 九五虽在险中，但能居中守正，故吉。

温海明： 死里逃生到了九五要好好庆祝一下，有点及时行乐的意思。

赵建功： 是否更像是在人伦日用中耐心磨练？

曾凡朝： 是啊，总算好了，有点及时行乐，但是要合适合道。

林　凤： 可是在险中不是应该小心行事吗？还是要不断修炼，宴其食，宁其神？

温海明： 进退皆险难，好酒好菜不要错过。

崔　圣： 六四，战于穴，打得头破血流，但小有胜出，饿肚子了。九五时局变化，得中居正。放心吃喝，小酌，庆胜。

吴争先： 九五为阳爻，四六位皆阴，除了各得其位，还有什么因素象征利好的一面？

曾凡朝： 是啊，"贞吉""中正"，逸乐自耽，不知警戒，则坠其成业，失其中正也。

林　凤： 这里的酒食是不是不同于之前的处境之义？

曾凡朝： 《象传》曰"酒食贞吉，以中正也"，戒之深矣。

赵　薇： 从下往上都需于液体，未尝不可。

林　凤： 我觉得酒食是讲为我所用的。

王立飞： 象思维，酒中有险，谨防喝醉。

曾凡朝： 《周易》以少者为主。需卦二阴四阳，该以阴爻为一卦之主，大家可以思考一下九五为主的理由。

赵建功： 是否九五以刚健之德既中且正，故在《易经》中常为卦主？

曾凡朝： 是啊，董仲舒《春秋繁露》："《诗》无达诂，《易》无达占，《春秋》无达辞，从变从义。"具体情况具体分析。

（整理者：黄仕坤　中国人民大学哲学院硕士生）

不速之客 礼敬无失

——需卦上六明解

时　间：2015年11月15日22：00 — 23：20

【明解文本】

上六：入于穴，有不速之客三人来，敬之终吉。

《象》曰：不速之客来，"敬之终吉"，虽不当位，未大失也。

【讲课内容】

曾凡朝： 乾，坎。乾，不速之客三人来了。

赵建功： 尚秉和说："下互卦兑为穴，上六应九三，故说入于穴。"六四说"出自穴"，亦如此。

曾凡朝： 下互兑，从第二爻到第四爻又组成了兑卦。

温海明： 有说坎为穴。马恒君说大壮九四与六五换位，上六入坎象，为入于穴。

曾凡朝： 就上六而言，孔颖达说："上六阴爻，故亦称'穴'也。"

张国明： 坎卦本有低陷之意。坎为耳，穴象已明，坎卦两阴爻直读为穴即可。

赵建功： 皆可通。

温海明： 换位之后，上六被变入坎象，故入于穴。

赵建功： 为什么六四为"出"而上六说"入"呢？

曾凡朝： 上六与九三相应，九三来了，不是侵害，不为祸害，是来援助的，所以，上六可以无所畏忌，大胆地"入穴"而居。

赵建功： "敬之终吉"啊。似乎更像是在人伦日用中耐心磨练，修身以待，养精蓄锐。

林文钦： 上卦坎卦上爻阴变阳，为巽卦。巽为入。爻辞"入于穴"，上卦为坎，坎有"穴"的含义。上六于是有"入于穴"的形象了。

温海明： 有理，把应九三讲成入，总觉得差点。

曾凡朝： 汉代的荀爽从总体解了上六的入穴，认为："需道已终，云当下入穴也。云上升极，则降而为雨，故《诗》云'朝跻于西，崇朝其雨'，则还入地，故曰'入于穴'。云雨入地，则下三阳动而自至者也。"

【讨论内容】

【"不速之客"】

叶　亮：　下卦乾之三阳会来帮助它的。

温海明：　三阳必上升，成不速之客。

叶　亮：　三阳要获得九五的信任和任命，才可以到上六。

张国明：　六四为坎险之始，设险迎敌，御敌于国门之外，故出自穴。上六设险已成，
　　　　　需阻进入最后阶段，由在外阻敌转为在内敬敌。

徐治道：　上六爻动变得卦小畜，下乾上巽，乾为天，巽为风，卦名小畜（蓄）。力量
　　　　　有限，风调雨顺之时，蓄势发展，以待有为。

曾凡朝：　李道平解《周易集解》的时候说："坎口在上亦为'穴'，上变巽为'入'，
　　　　　故曰'入于穴'。"

叶　亮：　乾卦三阳并力使六四"出自穴"，他们的目的就是为了获得九五的重用。

陈佳红：　九五之"酒食"亦有招待下三阳的意思。

温海明：　卦变六四从五位出来，上卦成坎，从穴中出来。

叶　亮：　九五虽阳刚中正，但处坎险之中，需要三阳的帮助。

曾凡朝：　不速之客，不请自来。速者，召也。

邓洪波：　三阳必升，符合"有不速之客三人来"之象，用四象法分析，属阖象且与上
　　　　　六属阴阳得配，符合"敬之终吉"之象。

曾凡朝：　乾性本动欲升，不待召而自来，所以是"不速之客"。

林文钦：　"不速之客三人"指的便是下卦的三个阳爻，这三个阳爻以刚健之德跋涉大
　　　　　川，大川便是上面的坎卦，所以上六会遇到这三个不速之客。

赵建功：　三阳刚进，上六柔顺，二者相应，初九、九二随之也来，故说是不速之客。

曾凡朝：　是啊，三阳齐来，内卦同升于外。

【象数与义理】

温海明：　象数为理之本。

赵建功：　这是基本原则。

邓洪波：　爻辞分析，背后必有爻象基础。

张国明：　高岛先生曾占中日甲午战争得此卦，战后三国干涉还辽，正应此卦爻辞。

林文钦：　理象数可以兼容并解。

【画卦次序】

邓洪波：　六十四卦方圆图，卦画之初爻至上爻次序，均由内而外、由下而上。有些著
　　　　　作中卦画次序由上而下、由外而内，是有问题的，这点要请同修们注意。

温海明：　对，一定从下往上。

林文钦： 卦画次序由上而下、由外而内是错的。易，逆数也。
曾凡朝： 是啊，逆数，数往者顺，知来者逆，是故易逆数也。
邓洪波： 对。这是先天之学心学，含义甚深。

【"不当位"】

曾凡朝： 不当位，各位老师是怎么解的？
赵建功： 尚秉和先生说是九三升上，不当位也。
邓洪波： 当位与否，是指爻性与爻位之间的关系，而不是指不同爻之间的关系。显然，尚先生在这个问题上错了。
赵建功： 尚先生至少是一家之言，值得重视，因为上六原本是当位的啊。
张国明： 同意。尚先生如此解释不当位，难以服人。
林文钦： "敬之终吉"，此爻表示任何事务不仅要善始，也要善终，有始有终，不要功亏一篑，才算是成功。
邓洪波： 尚先生在这里，要么是笔误，要么犯的是低级错误。
温海明： 上六本来当位，象辞说不当位既指乘九五不顺，又指六位穷极。
赵建功： 尚先生引荀爽说为据啊！
邓洪波： 准确讲上六当位、失中、有应、乘阳、失比。
温海明： "不当位"是象辞说的，需要解释原因。
张国明： 不知其他卦的爻传中还有没有当位或不当位的说法？
温海明： 有，如困卦上六："《象》曰：'困于葛藟'，未当也。"
曾凡朝： 程颐是这样解释的："'不当位'，谓以阴而在上也。爻以六居阴为所安。阴宜在下，而居上，为不当位也。"

（整理者：贡哲 中国人民大学哲学院硕士生）

（本卦校对：贡哲 中国人民大学哲学院硕士生）

时　　间：2015年11月16日22：00 — 23：40
导读老师：林文钦（台湾高雄师范大学国文系教授）
　　　　　刘正平（杭州师范大学人文学院副研究员）
课程秘书：张馨月（中国人民大学哲学院硕士生）

官司凶险　避讼为上
——讼卦卦辞明解

6 讼卦

坎下乾上

【明解文本】

讼：有孚，窒惕，中吉，终凶。利见大人，不利涉大川。

《彖》曰：讼，上刚下险，险而健，讼。"讼有孚，窒惕中吉"，刚来而得中也。"终凶"，讼不可成也。"利见大人"，尚中正也。"不利涉大川"，入于渊也。

《象》曰：天与水违行，讼。君子以作事谋始。

【讲课内容】

林文钦： 讼卦在六十四卦卦序中与需卦是一对综卦，是继屯、蒙两卦而来。屯、蒙为文明初始的启蒙阶段，之后到需卦为饮食之道，人之所需者饮食，既有所需，争讼之所由起也，演变至讼卦则是因饮食而有了纠纷与争执。所以《序卦传》说："需者饮食之道也。饮食必有讼，故受之以讼。"

　　从讼卦卦象看，坎卦在下；坎，象征水流危险。乾卦在上，乾象征刚健不屈。仿佛天行在上，水流在下，天与水各行其是，彼此则有矛盾与争执产生，因此就会有讼事产生。

"讼"，卦象乾天在上，坎水在下，二者相背而行，是以兴讼。《杂卦传》："讼，不亲也。"《说文》："讼，争也。"《淮南子》淑真训："分徒而讼。"高诱注："讼，争是非也。"《经典释文》："讼，争也。郑云：'辩财曰讼。'"朱熹《周易本义》曰："讼，争辩也。"按"讼"有争辩之义。

"孚"，《说文》："卵孚也。从爪从子。一曰信也。"《释文》："孚，信也。"朱骏声《六十四卦经解》："孚，卵孚也。从爪从子。……鸟之孚卵，皆为期不失，故转训为信。"是以古人训"孚"为"信"。

"窒"，《说文》："塞也。从穴至声。"王弼《周易注》："窒，谓窒塞也。"《尔雅》释言："窒，塞也。"故"窒"有遇阻碍而不顺遂之义。窒，有另解。《集解》虞翻曰："窒，塞止也。"马融、郑玄并作"至"。（宋本）屈万里："从马、郑作'至惕'为长，谓讼至而惕惧也。"

"惕"，《周易正义》孔疏："被物止塞而能惕惧。"亦即遇阻碍而能戒慎恐惧，小心行事。

"中吉"，王弼《周易注》曰："能惕，然后可以获中吉。"

"终凶"，《诚斋易传》所言："上九，讼而终凶者也。"此谓争讼不可终极不止，否则反遭凶祸。

"利见大人"，利见九五中正之君以决讼。意指有利于见中正之大人以决讼，中正之大人必可审度实情，行中正合理公平之判决。

"不利涉大川"，不利于涉水过大川，引申作不可冒险行事，处境已危，若仍逞强渡河，将"入于渊"而不可自拔。卦辞有两种断句。"讼：有孚窒惕。中吉，终凶。利见大人，不利涉大川。""讼：有孚窒，惕中吉，终凶。利见大人，不利涉大川。"一般以前者为主。然后者亦有可取之处，"段"作"断"。

首先是"有孚窒"三个字。"有孚"的意思，就是"有信"的意思。上卦为乾，天行有常，就是信。但是，出现了一个"窒"字。"窒"是什么意思呢？《说文》解释："窒，塞也。"塞就是止的意思，即闭塞、阻隔的意思，好像什么东西被压制在胸中无法宣泄。这三个字，非常形象地描述了争讼者的心态。讼的发生，很简单，就是因为胸中有不平在压制，不和，不顺畅，那么争讼是不可避免的了。"信义"已经被阻塞了，胸中有不平事，便有了争讼，这是讼卦争讼所以形成的因素。

其次是"惕中吉"。"惕"是什么意思呢？《说文》解释是"敬"的意思，就是"悚惕"的意思，有忧惧的成分在里头。或可从另一角度来看：从"利见大人"的"大人"角度来看讼卦。此"大人"为官爱民，因此才有惕惕之态。"惕惕"，含有爱民之意。遇民有讼于官府，就要心怀敬惧之心，因为讼事关民生，为大人者不得不重视。为大人者能保持这样的心态对待争讼之事，就会获得吉利。易理给予君子启示：遇见讼卦，就要采取这样的态度，审理过程应持敬畏和忧惧于中，就能够获得施政的吉利效果。遇民争端，不可厌，不可避，畏民如天。为官若能如此，就一定是能知民善政的大人。

"终凶"这一卦占，与"惕中吉"意思相反。其实，这体现了一卦的征兆不是单一的，是可以存在两种截然相反的结局的，关键是人为态度的问题。这里其实强调了人事的作用，你对争讼之事采取敬民爱民的态度，一定会以谨慎忧惧的心态去听讼断狱，这样就是公平天下，解民争端，天下就会获得太平。这一卦，反映了为政的一个最基本的原则，天下争端因讼而起。所以孔子说必也使无讼乎，就是一种非常美好的愿望。如果天下太平了，那么就说明已经没有什么争端了。无讼就是平，平天下，不就是儒家的理想追求吗？所以这一卦，非常重要。

"上刚下险，险而健"，讼的上卦为乾，乾为刚；下卦为坎，坎为险，是谓"上刚下险"。《诚斋易传》云："下险者狡而工于争；健者，强而力于争。"乾卦刚健，坎卦奸险，二者相争相持不下，则争讼以起，是以卦名曰讼。《程氏易传》亦曰："若健而不险，不生讼也；险而不健，不能讼也；险而又健，是以讼也。"说明险、健会聚，讼事产生。

"刚来而得中"，《周易正义》："凡上下二象，在于下象者则称'来'。"又："且凡云'来'者，皆据异类而来。"是依此推知下象之异类为九二。刚来而得中，意指九二阳刚能得柔位，能刚能柔，不失中道。

"讼不可成也"，此句以上九"争讼"穷极难成。亦即《诚斋易传》所言："上九，讼而终凶者也。"屈万里："成亦终义。"《仪礼·燕礼》："笙入三成。"注："三成，犹三终也。"

"尚中正"，以九五中正决讼而被崇尚。入于渊：此句又举上下卦乾刚乘坎险之象，说明恃刚犯难，将有陷于深渊之危。高亨："因讼事无所谓成功，讼而败固有损失，讼而胜亦有损失。"讼卦之时，居上者刚，处下者险，彼此艰险而刚健，自然就发生争讼了。争讼的出现，信义阻塞，心怀忧惕，讼事或得吉，但是争讼的事情终究是不吉祥的。人们希望通过争讼达到自己的目的，而实际上却无法实现，因此争讼一旦发生，就意味着事情难了。事情的解决，必须通过投诉于大人之前，因为只有持中正的立场，才可能解决争讼。这个时候，不要有什么大的动作。天刚在上，水险在下，两种自然物象各行其是，背道而驰，反映到人事，就是两强相遇，彼此违行，自然争讼难和。

"天与水违行"，讼卦上乾为天，下坎为水之象。《周易正义》："天道西转，水流东注。"《诚斋易传》："天道上行，水性下注。"皆说明天、水相背而行，导致讼事。引申作人际的乖违不合为"争讼"的起因。

"作事谋始"，君子观"讼"之象，悟知"作事"之初，当慎"谋"其"始"，以防争讼之起。故《周易正义》疏曰："凡斗讼之起，只由初时契要之过。"但知审订律令，于起始源头防微杜渐，则争讼不起。《说文》："虑难曰谋。"谋始，谓慎其始也。屈万里：天水以腾上润下而违，人情以各走极端而讼，无不失之毫厘，差以千里。能慎始则免讼矣！

《象传》说，上卦为乾，乾为天；下卦为坎，坎为水。天水隔绝，流向相背，事理乖舛，这是讼卦的卦象。君子观此卦象，以杜绝争讼为意，从而在谋事之初必须慎之又慎。

综论：讼卦是祸中有福，福中有祸，福祸得失无常的一卦。往往先吉者后变为凶，反之则先凶则后吉。这是因为诉讼若开始有利，反因此与人结怨，更增强其危险的想法，并积下恶因，所以胜利的喜悦不会太久。反之，若开始就失利，则能让人早日看开而放弃心中坚持，不再与人有无谓的争吵，因而最后得吉。放下坚持，退一步海阔天空，绝对是卜到讼卦的最佳对策。理象介绍完接着谈数。《断易天机》解："讼卦乾上坎下，为离宫游魂卦。上乾为刚，下坎为险，一方刚强，一方阴险，必然产生争论，因此多有不吉。"北宋易学家邵雍解："天高水深，达远不亲；慎谋退守，敬畏无凶。得此卦者，身心不安，事多不顺，与他人多争诉之事，宜修身养性，谨慎处事。"

讼卦的占断：占到这卦的时候，第一，卦意显示出很容易引起争端，或者现在已经在纷争当中；第二，现在是气连表退的时候，凡事与志愿愿望相违；第三，容易遭人非议攻击；第四，凡事不宜前进，不可以积极行事。

【讨论内容】
【息事宁人】

林文钦： 因是面临讼的处境，我觉得"惕中吉"比"中吉"更能反映讼卦的易理精髓。临讼至中而能惕，在于能自觉。

刘正平： 根据《周易正义》的精神，要及时息讼，终止诉讼，才能获中吉，如一味逞强争讼，终凶。

林文钦： 知所进退，（知）智人也。

温海明： 打官司多数都是弱者告强者，因为强者不需要打官司，但弱者打赢官司的几率不高，所以即使有证据，官司也要尽量不打。

林文钦： 爻义就在论此中道理。弱如何敌强，要有智慧。

温海明： 所以要警惕，官司没完没了、越来越烦，此外未必有结果，自己能否承受也不知道。律师常会跟我们说："告吧，你会赢！"其实最后赢的一定是律师。

刘正平： 讼卦的精神就是息讼，多一事不如少一事，不与人争，要与人亲（同人），谦虚退让。

邓洪波： 中吉之"中"，是指时之过程，还是爻之中位？

林文钦： "中"既指时间，也指利见大人之九五。"中吉"即有此义。

张馨月：　既然"中吉"和"惕中吉"包含相反的可能，若占得此卦时取哪个到底怎
　　　　　么看？

林文钦：　其解一样，重在那一惕字。为上为下均应以惕为戒。中吉，并非专指下位
　　　　　兴讼者，被告及执法者均应知惕。

温海明：　讼卦的精神其实是大事化小，小事化了，最好能调解。

【"讼"与"利涉大川"】

徐治道：　这里有些问题需进一步思考：谁？为何而讼？讼谁？在哪讼？如何讼？结果
　　　　　会如何？

刘正平：　讼，除了有争讼意义，还有"自讼"的意思。

温海明：　打官司需要靠包青天才能赢，大人没有良心发现，底下人告不赢。

林文钦：　讼必须有公正之大人方能使人心安服。

徐治道：　"利见大人，不利涉大川"，与讼有何关系？寓意何在？

刘正平：　"大人"是裁决官司者，"不利涉大川"比喻"讼不可长"。

温海明：　打官司跟乘小木船过长江一样，随时有覆灭的危险，打得越久越危险，古人
　　　　　过大河那是在玩命，犹如打官司也是一种玩命，所以认为不可取。

徐治道：　那既然"利见大人"，为何"终凶"？

刘正平：　由此可见，过大河对古人而言真的是触目惊心，所以老说起这事。

温海明：　跟我们现在看小蚂蚁坐在树叶上过河差不多。

刘正平：　它的意思是见了大人的裁决还要继续上诉，那就是往水里泡，可能会淹死自
　　　　　己。"涉大川"，对古人来说真可能是一件大事，所以兵法里讲"背水一
　　　　　战""半渡而击之"，都是要人命的。《周易》里多次提到这个问题。

（整理者：李芙馥　中国人民大学哲学院博士生）

明了事理 及早消解
——讼卦初六明解

时　间：2015年11月17日22：00－23：24

【明解文本】

初六：不永所事，小有言，终吉。

《象》曰："不永所事"，讼不可长也。虽"小有言"，其辩明也。

【讲课内容】

林文钦：不永所事：初六以阴爻居阳位，不中不正，又柔弱无能，有退而不争之象，故不永于讼事。《周易集解》引虞翻曰："永，长也。"《周易正义》孔疏："不永所事者，永，长也。不可长久为斗讼之事。"《诚斋易传》："然六之才弱而位下，才弱者有暂忿而无遂心，故虽讼而不永。""不永所事"即不可长久于争讼之事。

"小有言，终吉"，这是说明初六与九四有应，四阳刚好讼，故以"言语"犯初，但初能退，则终能辨明是非而获"吉"。《周易正义》："初六应于九四，然九四阳刚，先来非理犯己，初六阴柔，见犯乃讼，虽不能不讼，是不获己而讼也，故小有言；以处讼卦之始，不为讼先，故终吉。"

初六以阴爻居下位，柔弱而难胜事，讼，这里称事不称讼，因为事方在初起，尚未成讼，如果能不永所事，虽已有一些问题造成一点小的争执，但最终还是吉的。

《象》曰："'不永所事'，讼不可长也。虽'小有言'，其辩明也。"《象传》说"不永所事"，意指争讼之事不可长久缠讼不止。虽小有言语之争，但真相终可辨明。

讼卦代表争端，初六可谓是开始阶段，阴爻居于柔位，顺从的性格表示其不会把这种争讼之事长久地进行下去，可能会小有一些口舌之争，但是最后会吉祥。

人与人之间发生矛盾是难免的。矛盾发生后，按此爻爻义所示，最好的办法是尽快消解矛盾，达到和解，使争讼结束于"有言"的状态，而不宜将斗争扩大和继续下去。

战国时，赵国蔺相如、廉颇之间将相不和，但二人不是斗气到底，而是中途和解。"将相和"使赵国得保平安这一故事，可解此爻爻义。

讼卦初六的占断：占到这爻，可比喻为吵架刚开始，要十分谨慎，以谋求和解之途径。

照着卦辞指示，小事恐怕将变成大事，其趋势会弄到打官司。因此忠告他趁着现在早些退下来。在事业方面，由于其所作所为与自己身份不相配，所以容易失败。现在已经着手在做这些容易失败的事，所以务须趁早停止下来。爻辞"不永所事"也可以推断将从原来的服务处所离开。交涉、谈判方面务必注意，不要扩大事体。很容易弄到打官司，所以纵然稍微吃一点亏，还是趁早结束为妙。外卦乾，内卦一变变成兑，可由此断其为肺部之疾病或因肺炎而呼吸困难、肋膜炎等。会有四肢发冷、骨节疼痛的症状。

刘正平： 一、关于王弼注和孔颖达疏，即《周易注疏》的说解，主要从义理的角度阐释。初六处在讼卦第一爻的位置，不为讼先，在争讼的过程中一直处于被动状态，是"不能不讼"，是"不获已而讼"，所以说是"小有言"，即小有争讼是也。处讼之始，始入讼境，争讼之事也比较轻微，所以说是"不永所事"。没有必要一直争讼下去，就是不能终讼。最终的结果是吉庆的。那么，是谁和初六争讼？根据王弼和孔颖达的说法，是九四爻。初六爻本来应该和九四爻相应，但这两爻都不当位，九四以阳爻据阴位，初六也以阴爻据阳位。虽然正应，但是九四爻阳刚之气充盈，会非理侵犯初六，初六阴柔，不得不被动应讼，通过辨析分明，这场争讼也就早早了结了。二、从卦象看，按照清代李道平结合虞翻等人的说法，初六失位，所以是"为讼始"；爻变为正，所以"不永所事"。初六与九四异位成为震卦，震声为"言"，但九二和六三相合震象半现，所以是"小有言"。如果初六变爻为正，也就是说初六爻为初九爻，那么讼卦就变成了履卦。履者，礼也，帛书《周易》此卦正作礼卦。《礼记·曲礼》说："分争辩讼，非礼不决。"所以说是"小有言，终吉"。

王弼和孔颖达认为不当位的九四和初六争讼，但李鼎祚《周易集解》引卢氏说认为，初六欲应于九四，但被九二阻隔，两阳发生了短暂的争讼，不过事不至永，它们之间只不过是一点小讼，肯定会辨明是非，所以"终吉"。

【讨论内容】
【"小有言"】

林文钦： 讼，争辩。可解为小有言语之争，亦可解为小有争执。讼卦最高境界就是不争。

刘正平： 这一爻里的一个问题是，初六到底跟谁发生了"争讼"？有两种说法，一是与它正应的九四爻，二是阻隔它与九四相应的九二爻。

温海明： 感觉这样讲争讼对象都有一点问题。

刘正平： 我倒觉得九四和九二相争的说法比较圆融。

温海明： 初六引发九四与九二之争，或许尚可通。

林文钦： 九四与九二为初六引起三角纠葛。

温海明： 否则初六似乎就是因为在讼卦之初而讼，三角纠葛符合"小有言"的状态。

林文钦： 一相应一近水楼台，初六忧柔，纷争之所由起。

温海明： 确实如此，此事不可长，要尽量化解。

林文钦： 凡事最好不要争，更不要争到底。

王　璇： 按王弼的讲法，九四和初六争讼是因为它们虽正应但都不当位，阳刚之气冲
　　　　　阴。但《周易》里还有大量的九四和初六正应但都不当位的卦，初六未必都
　　　　　不好，王弼的这种解释难以贯通。这个应该怎么理解？

刘正平： 您说的这个确实是一个现象，在《周易》里爻位相同但卦与卦的解说不同的
　　　　　情况很普遍，采取什么样的解读跟卦名直接相关，因为它是讼卦，所以它采
　　　　　取这种解说，如果换成其他卦，它根据卦名又采取另一种说法，都是随卦说
　　　　　解的。前不久我们读谦卦，六爻皆吉，就是因为它是谦卦。

林文钦： 生活中最纷扰的一个字——争。明争、暗争，大争、小争，昨天争、今天
　　　　　争，你争、我争，争到最后，原本宽阔的尘世，只能容得下一颗自私的心。
　　　　　生活中，可以有无数个不争的理由。心胸开阔一些，争不起来；得失看轻一
　　　　　些，争不起来；目标降低一些，争不起来；功利心稍淡一些，争不起来；为
　　　　　别人考虑略多一些，争不起来。

刘正平： 林老师说的正好是谦卦和同人卦的精神，可以对治讼卦中提出的问题。

【争讼之和】

崔　圣： 这一卦的境界看来在于"和"。

刘正平： 一个是谦让，一个是和同。

林文钦： 卦辞"中吉"即在"和"字，不争之争才是智慧。

温海明： 打官司不可好勇斗狠，不争之争才是智慧。

林文钦： 能"不战而屈人之兵"是兵家之上策。

温海明： 不要打官司才是上策，万一发生了也要尽量和解，同意此说。

崔　圣： 初六，有讼时，忍让比闹大了好。大家说清楚便是君子，和为贵！

林文钦： 这一卦，反映了为政的一个最基本的原则，天下争端因讼而起。所以孔子说
　　　　　必也使无讼乎，就是一种非常美好的愿望。如果天下太平了，那么就说明已
　　　　　经没有什么争端了。无讼就是平，平天下，不就是儒家的理想追求吗？

林　凤： 人们为了追求与自己利益相关的，难免有冲突的时候。

刘正平： 需要一些德高望重的长老来调解讼争。

郑智力： 在"讼"中，尽量不讼；在"非讼"中，时刻准备"讼"。

【"天与水违行"】

王力飞： 《大象》说："天与水违行。"《彖》为"健而险"。"健而险"为上下，
　　　　　"天与水违行"为平行相错。

刘正平： 关于"天与水违行"，我昨天看到朱骏声的说法很通透，他说"天自西转，水自东流，上下违行"。如果不这样说解，那么水本来就是自西向东流的，天自东向西转，难道说天地生来就相违？当然不是，所以必须说是"天自西转，水自东流"才能"违行"。

温海明： 一解乾天阳气上行，水自然坚决下流，天水相违。

刘正平： 这个应该跟《象传》的精神一致。

温海明： 尽量以传解经。

刘正平： 经传注疏一脉相承。

崔　圣： 二位老师，天自西转，应来源于"浑天"说的天右行。却不解水自东流。国人认为天右转，日月亦右转，感觉西行是速度不同所致。

林文钦： 古人仰观天象，俯察地理。见太阳自东向西转，而河流都自西向东流入海洋。这自然之象相互背道而驰，古人见此象而感悟引申为人事，才有不和而讼之说。

（整理者：张馨月 中国人民大学哲学院硕士生）

讼上几败 识时为杰
——讼卦九二明解

时　间：2015年11月18日22：00—23：10

【明解文本】

九二：不克讼，归而逋，其邑人三百户，无眚。

《象》曰："不克讼"，归逋窜也。自下讼上，患至掇也。

【讲课内容】

林文钦： "不克讼"：九二阳刚居柔位，又处于坎险之中，初六、六三两相为难，而不得通达；加以九二与九五不相应，同为阳刚而互相为敌，因此"不克讼"。再者，九二为臣位，九五为君位，"以下讼上，其讼不胜，宜也"。因此从爻中可观"不克讼"之象。《周易正义》孔疏："克，胜也。""不克讼"，谓讼不胜也。按九二势单力孤难以对抗上卦九五之比上下爻，成刚健之三阳。

"归而逋"，《周易集解》引荀爽曰："逋，逃也。"《说文》："逋，亡也。""亡，逃也。""归而逋"，谓归来就要逃避。《诚斋易传》："其讼不胜……幡然而改，退然归来。"按九二见势不妙，识时务者为俊杰，逃回"邑人三百户"的故里，而后无灾。一说"归而逋"是指归故里后怕连累三百户乡亲，又离乡而去。

"其邑人三百户"，《周礼·里宰》："掌比其邑之众寡。"郑注："邑，犹里也。"《周礼·小司徒》："四井为邑。"《广雅·释地》："五里为邑。"

"三百户"，《周易正义》孔疏："三百户者，郑注《礼记》云：'小国下大夫之制。'又郑注《周礼·小司徒》云：'方十里为成。'"

"眚"，《左传·庄公二十二年》孔颖达疏："眚，过也。"《释文》："眚，子夏传云：'妖祥。'眚，马云：'灾也。'郑云：'过也。'"按眚有灾祸、灾过之义。

九二爻辞通论：王弼《周易注》："以刚处讼，不能下物，自下讼上，宜其不克。若能以惧，归窜其邑，乃可以免灾。邑过三百，非为窜也，窜而据强，灾未免也。"

《程氏易传》："二五相应之地，而两刚不相与，相讼者也。九二自外来，以刚处险，为讼之主，乃与五为敌。五以中正处君位，其可敌乎？是为讼而义不克也。若能知其义之不可，退归而逋避，以寡约自处，则得无过眚也。必逋者，避为敌之地也。三百户，邑之至小者，若处强大，是犹竞也，能无眚乎？"

金景芳《周易全解》："九二以刚险地，为讼之主。九二与九五为二阳爻，两刚不相与而相讼。但九五以阳爻居阳位，居君位而中正，九二当然不是九五的敌手，它与九五之讼根本不能进行。最好的办法是隐退，逃到自己只有三百户人家的小邑里去藏起来。如此，尚可免灾无事。"

"窜"，陆德明曰："窜，逃也。"《说文》："窜，匿也。"

"自下讼上"，指九二与九五不相应而争讼。《程氏易传》："二、五相应之地，而两刚不相与，相讼者也。"《诚斋易传》："九五君也，九二臣也。"故"自下讼上"，谓九二以臣讼九五之君也。

"患至掇也"，《集解》引荀爽注，训"掇"为"拾"，曰："下与上争，即取患害如拾掇小物，言至易也。"是以"患至掇也"，意思是说：自下讼上，无异是自取祸患。

九二小象通论：孔颖达《周易正义》："《象》曰'归逋窜'者，释归而逋邑，以讼之不胜，故退归逋窜也。'患至掇'者，掇犹拾掇也。自下讼上，悖逆之道，故祸患来至，若手自拾掇其物，言患必来也。故王肃云：'若手拾掇物然。'"

　　黄寿祺《周易译注》："九二自知不能与九五争讼，乃逃窜以免祸。因为地位卑下的人与位尊势高的人争讼，祸患将如伸手取物那样立刻降临。"争讼，义在适可而止，因此卦辞强调"中吉""终凶"，九二之所以获"无眚"，正在于阳刚能守"中"道。

　　通说：《象传》说，讼事失败，逃窜回家，这是躲避反讼。小官与大官争讼，败讼而归，势在必然。幸好灾难没有进一步扩大。

　　从卦象上看，九二属于阳爻居于阴位，虽然失位，但是得中。在本卦之中，只有九二与九五为阳爻，九五以阳爻居阳位，是尊位、大人位，居君位而中正，九二却居于下卦的第二爻，身份地位明显低于九五。九二与九五是敌应关系，两方因某事发生了争讼。九二当然不是九五的敌手，但是其自恃己见，以为不管对方势力多大、官位多高，只要自己有理，就可以争讼一番。但要知道，下不能犯上，地不能逼天。九五为尊，九二与九五争讼，属于以下犯上，在当时的集权制的社会中，这是自取祸患，明显打不赢这场官司。

　　九二：不能达到争讼的目的，回到自己的城邑之后，就逃亡而去了。剩下的三百户邑人什么事都没有了。言外之意，借一个典故，事主争讼不胜，惧祸而逃，城邑三百户人居然没有什么事情。

　　《小象》"不克讼"，就是打不赢官司，惧祸而逃亡。下人诉讼上人，祸很快就到了。这就像俯首可拾的东西，是很容易的事。这是说九二为争讼之民，而无法和九五争讼，何况外卦皆阳，刚健之极，哪有能够打得胜的，这种情况就是民告官，十讼九输。

　　这爻以吉凶来说，很是不吉。满怀着兴讼的心理，要打到底。不过能够退回中止行动，也算幸运的了。已经决定的事，回过头来改变主意，虽然有失体面，但是比起真正挫败了，不知好多少倍。其实，遇此爻，任意行动，直到失败才会觉醒的情形较多。

　　易数解：北宋易学家邵雍解："平：得此爻者，平安无事。做官的会有食邑之荣。"

　　讼卦九二的占断：九二爻比起初九爻意思加重加深。到这爻，相争的意思更加强烈起来，想停下来也不能控制，直到失败，才觉悟起来——甚至现在已经遭到失败了。

　　以九二爻比喻人的性格：或是喜欢出风头又爱惹是生非，或是爱冒险犯难，或由于性情刚强以致受人责难。

刘正平：关于"归而逋"，清代李道平有个说法，我觉得非常精彩。他说："《遁》三之二成《讼》，二归于三，则仍成遁卦矣，故曰'归而逋'。"这样一来，二变与五正应，也化解了一四相应时二的阻隔，争讼自然消解，所以"不克讼"，也"无眚"。大家看看遁卦，九三和六二交替，就变成了讼卦。反之，讼卦的九二和六三交替，就变成了遁卦，此为"归而逋"。

【讨论内容】

【识时务者为俊杰】

张国明： "邑人三百户"，为何有这样的文辞呢？

林文钦： 前说九二见势不妙，识时务者为俊杰，逃回"邑人三百户"的故里，而后无灾。一说"归而逋"是指归故里后怕连累三百户乡亲，又离乡而去。其实还有一解。"其邑人三百户，无眚"，《论语》："十室之邑，必有忠信如丘者焉。"十室为小邑，则三百户大邑也。屈万里："谓其邑人如有三百户之众，则逃归可无灾眚也。"何也？打狗看主人。易理的确有一事多义性。从不同断句、不同释义，会得出不同的解说。由此丰富了易经的内容。

温海明： 这爻官司必输无疑，要逃回家才能保住自己的封地和家族。能免受灾患就阿弥陀佛了，如果不回家，自己保不住不说，有连累家人和族人的可能。

林文钦： 其实"归"字已指其邑，所以我才把其邑断在三百人处。强调古代讼事会影响九族亲人，尤其所面对的是九五之君。九二不能不考虑其族人之安危。

温海明： 九二跑得快还可以保住家族，跑不快就难说了。

【"不克讼"】

刘正平： 所以我一直觉得"讼"是"争讼"之意。

李伟东： 讼，古字为口口，两口相争。

崔　圣： "不克讼"的主要原因是九二为民，讼的对象是九五，即君。以下犯上的语境是刑不上大夫，礼不下庶人，故不克讼。这里主体双方的人格地位不对等，人格地位不对等是不可以争讼的。这就告诉人们，弱势对强势争讼，一定是要败诉的，不如趁好就收，以不被"株连九族"。

温海明： 九二敌应九五，官司败诉，家人受牵连的可能性存在，所以特别强调家人族人没有牵连受灾。

靖　芬： 以下犯上，株连九族，方孝儒之于明成祖正是如此，血淋淋的教训。

刘正平： 九二讼九五，好像没什么缘由，如果结合初六爻，还有卦辞里的"利见大人"，我觉得理解为九二与九四争讼合理一些。

温海明： 九二九五敌应争讼，此卦九四跟九五打官司也打败，人之常情，古今中外大抵如此。

叶秀娥： 二五相应，然系两刚，断难融洽，柔弱生之徒，老氏诚刚强。

刘正平： 温老师说得也对，否则九二不至于"逋逃"，它得罪大人物了。

温海明： 跟九四斗基本上到不了牵连家族的地步，跟九五斗就不一样了。

（整理者：黄桢　中国人民大学哲学院硕士生）

老本守正 顺上转安

——讼卦六三明解

时　间：2015年11月19日22：00 — 23：17

【明解文本】

六三：食旧德，贞厉，终吉。或从王事，无成。

《象》曰："食旧德"，从上吉也。

【讲课内容】

林文钦： "食旧德"：六三柔弱而顺上九，乃能保全固有德业，故可"食旧德"而不失。"食"，朱熹《周易本义》曰："犹食邑之食，言所享也。"《周义集解》纂疏引《乾凿度》曰："三为三公，食旧德，食父故禄也。"泛指享受故有的荫德也。食，饮食之意，引申为喜好、保持。旧德，指自己原有的功德，一种祖先留下的功德。"食旧德"是指保持旧有的功德，或者是指享用祖先的余荫，也就是"吃老本"之意。

"贞厉"：《诚斋易传》："三界乎二刚之间，能正固而不动，危惧而不争。"此谓六三界于九二及九四间，处境甚危，故须居正自守，以防危殆。《周易正义》孔疏："贞，正也。厉，危也。居争讼之时，处两刚之间，故须贞正自危厉。"

"或从王事，无成"：六三与上九相应，然以六三阴柔从上九阳刚，意指顺从上九行事。《诚斋易传》又言："从上而不居其成，故能保其禄位而终吉也。"此谓，从上而功成不居。"无成"：有两种解释，一种是做事不成，一种是做成了事，但是不以功自居。

"或从王事"：六三能支持九四，并与上九相应，上与乾（喻王事）相合，为或从王事之象。无成：毕竟有所争议，靠"吃老本"，仅得无咎，无法有成就。占得此爻者，应该安享旧日俸禄，不要起贪念。若是辅佐君王做事，包括从事公务员工作，即使取得了成就，也不要居功自傲。

"或从王事，无成"，在这方面，应该向东汉开国大将军"大树将军"冯异学习。他跟随汉光武帝南征北战，立下汗马功劳。最初的时候，刘秀实力很差，有时草粮都供应不上，冯异总是尽心尽力地帮助刘秀。冯异治军有方，爱护士卒，深得部属拥戴。每次大战之后，刘秀都要为将军们评功进赏。这时，各位将军都为争功得赏，大喝小叫，以致拔剑击树，吵得不可开交。冯异却从不争功争赏，每次都独自静坐在大树下，任凭汉光武帝评定。这样，大家就给他取了个雅号，叫"大树将军"，军中无人不知。冯异一直到去世，都尽忠王事，而且从来不自居其功。

九二爻辞通论：王弼《周易注》："体夫柔弱，以顺于上，不为九二，自下讼上。不见侵夺，保全其有，故得食其旧德而不失也。居争讼之时，处两刚之间，而皆近不相得，故曰贞厉。柔体不争，系应在上，众莫能倾，故曰终吉。上壮争胜，难可忤也。故或从王事，不敢成也。"

《程氏易传》："食旧德，贞，厉终吉，三虽居刚而应上，然质本阴柔处险，而介二刚之间，危惧非为讼者也。禄者称德而受食，旧德谓处其素分。贞谓坚固自守，厉终吉，谓虽处危地，能知危惧，则终必获吉也。守素分而无求则不讼矣。处危谓在险而承乘皆刚，与居讼之时也。"

"或从王事，无成"，柔，从刚者也；下，从上者也。三不为讼而从上九所为，故曰"或从王事，无成"，谓从上而成不在己也。讼者刚健之事，故初则不永，三则从上，皆非能讼者也。二爻皆以阴柔不终而得吉，四亦以不克而渝得吉，讼以能止为善也。

朱熹《周易本义》："食，犹食邑之食，言所享也。六三阴柔，非能讼者。故守旧居正，则虽危而终吉。然或出而从上之事，则亦必无成功。占者守常而不出，则善也。"

金景芳《周易全解》："六三阴柔，与初六一样，都是不能讼的。初六虽讼而不永，《易》作者有勉励人无争讼的思想，所以两阴爻都得终吉。旧德其实是旧禄，贞谓坚固自守，厉谓处危境。从王事无成，谓从上九，而不以成功自居。六三处九四与九二之间，乘刚又承刚，但处危境而知畏惧，安分自守，与人无争，所以得终吉。"

黄寿祺《周易译注》："食旧德，贞厉，终吉：旧德，指旧有俸禄；贞厉，犹言'守正防危'。"这三句说明六三以柔居讼卦下卦之上，不能争讼、唯"食旧德"之象；但三位不正，故又诫以守正防危，可获"终吉"。《周易本义》："食，犹食邑之食，言所享也。六三阴柔，非能讼者、故守旧居正，则虽危而终吉。"案，朱子谓"居正""虽危而吉"，亦含守正防危之意，但其句读作"贞，厉终吉"于义可通。黄寿祺《周易译注》："或从王事，无成，即《坤》六三，'或从王事，无成有终'之义。这里指'居讼'之时，六三当以从刚为本，不主'讼事'，事有成，也不以成功自居。"《周易折中》引胡瑗曰："无成者，不敢居其成，但从王事，守其本位、本禄而已。"

《象》曰："以六三阴柔顺从上九阳刚，则可保有旧时荫德，而获吉祥。"

六三《小象》通论：孔颖达《周易正义》："'食旧德'者，六三以阴柔顺从上九，不为上九侵夺，故保全己之所有，故食其旧日之德禄位。'贞厉'者，贞，正也；厉，危也。居争讼之时，处两刚之间，故须贞正自危厉，故曰'贞厉'。然六三柔体不争，系应在上，众莫能倾，故'终吉'也。'或从王事无成'者，三应于上，上则壮而又胜，故六三或从上九之王事，不敢触忤，无敢先成，故云无成。《象》曰'从上吉'者，释所以食旧德以顺从上九，故得其吉，食旧德也。"

《程氏易传》："守其素分，虽从上之所为，非由己也。故无成而终得其吉也。" 朱熹《周易本义》："从上吉，谓随人则吉；明自主事，则无成功也。"

高亨《周易大传今注》："《象》曰'食旧德'，从上'吉'也。传意：爻辞云'食旧德，贞，厉终吉'，言修其旧德，是为正道，正道在于服从君上，服从君上则虽危亦终吉也。"《象传》此释乃以六三及九四之爻象爻位为据。六三为阴爻，象臣下，九四为阳爻，象君上。六三在九四之下，象臣下服从君上。

旧德两说可并存，一般指祖荫。但在现实人生中，自己位置占久了，后人可能对你会有闲言闲语，认为你已享尽荣华了，该让位了。

"贞厉"，即使守正但要有危机感，因你是食旧德，旧德无论是祖先余荫还是自己早年建立功德，事过境迁应有警惕之心，功高震主的悲剧岂能不戒。文种、韩信的下场能不惕乎！

易数：北宋易学家邵雍解平："得此爻者，宜保持常态，则无灾难。做官的宜谨守常职，晋升无望。"

讼卦六三的占断：占到这爻时，是容易发生不满不平而牢骚满腹的时候。从另一面看来，现在很容易被引诱，要守住本身的分际，不作非分之想。如果不守住伦常，而动邪念，就会遭到抵制。现在所处的地位，工作很不安定，容易动摇。虽然会发生阻碍与事故，总是要坚忍，到最后方可以得到吉利。要从事旧的工作，或回到原来的岗位上，可断其会达成。但是素来爱发牢骚的人，进来了不久还是会离去的。就事业来说，若由原来的旧主领导，必可保其成功，单独行动则不吉。变卦为姤，可能感染流行性传染病，或因风流而得病。占得此爻者，还要注意不可长久地吃老本，这种老本可能是指祖辈留下的财产或功德，也可能是指你过去的人脉关系，应该认真地看一下当前的形势，严格地要求自己，在维持过去的财产和人脉关系的同时，还要去开创新的事业，建立新的人脉关系。

【讨论内容】
【占断】

温海明：　林老师对占断应该有非常系统的研究。

林文钦：　就是把义理结合象数，我有些注释都融入象数解法来阐释。今晚才教陈抟九爻易之占断法。我早期从义理入手，后来研读道家易学对易数才产生兴趣，还在摸索中。占卜派系林立，原则上下手还是找具学理根据者研习较不易走偏差。像梅花易数、京房易，都是可学的功夫。

李伟东： 紫微斗数跟易学有关系吗？

林文钦： 走入道家易学还是因研究宋明理学，追其学术源流才追到陈抟与禅宗思想。他跟星象学比较有关系，坊间占卜有一派比较接近星象系统，紫微斗数跟星象系统比较相关。

林文钦： 占卜前一定要静坐养心。易无思也，无为也，感而遂通。

崔　圣： 天人合一境界。

林文钦： 梅花易数跟邵雍有关，无极图与周濂溪太极图有关。一讲顺成人一讲逆成仙。其起卦口诀即《说卦传》："天地定位，山泽通气，雷风相薄，水火不相射，八卦相错，数往者顺，知来者逆，是故易逆数也。"六三爻与上九爻相应，上九为宗庙之位，所以有六三受益于宗庙的卦象。

温海明： 上乾比九四更适合取君象。

刘正平： 而且各家注部分认为上九取君象。

温海明： 乾为君，这是说卦明白说的，不需要另外取象更好。

林文钦： "无成"，的确是"自己要不敢居功"。我倒是比较喜欢用"自己的功德"来警惕自己，比较有教育性。

温海明： 坤文言六三"弗敢成也"，意近。

倪木兰： 食旧德之人或有恩主心态，时间长恐为人不喜。

（整理者：李芙馥 中国人民大学哲学院博士生）

克去讼念 转危为安

——讼卦九四明解

时　间：2015年11月20日22：00 — 23：27

【明解文本】

九四：不克讼，复即命、渝，安贞吉。

《象》曰："复即命渝"，安贞不失也。

【讲课内容】

林文钦： 从卦象上看，九四已经进入上卦，并且属于刚爻居阴位，失位且不中，过于刚健好胜，不得人心。九四明白自己的过错之后，改变与人好争的性格，从而获得吉祥。

"不克讼"，《诚斋易传》："九四之讼初六，以上讼下，挟贵而讼，以强讼弱，挟力而讼。初非四之敌也，然举二者之讼质之，九五刚明中正之君，何贵之私，何力之挠哉？故初六之辨遂明，而九四之讼不胜。"此言九四恃强凌弱，与初六争讼。而九五之尊依其中正刚明之质，公正地辨明初六的实情，做大公无私的判决，以伸初六之信实，故言："初六……小有言，终吉。"而争讼的另一方九四则"不克讼"。克，胜也。"不克讼"，谓讼不胜也。

"复即命、渝"，《周易正义》孔疏："复，反也；即，就也。"命，理也，犹言正理。《诚斋易传》："渝者，变而改也。"通句即谓：九四不克讼之后，能归就正理，自改其过。

朱熹《周易本义》："九四刚而不中，故有讼象。以其居柔，故又为不克，而复就正理，渝变其心，安处于正之象。占者如是，则吉也。"

另解，金景芳《周易全解》："九四以刚健居不中不正之地，按其本性说，是好讼的。但是它没有争讼的敌手。九五君位，不可与之讼。六三阴柔而居下，不至于生讼。初六与九四正应而顺从，不能与之讼。左右前后都没有可与之讼的对象，九四虽欲讼而无由讼，所以'不克讼'。在这种情况下，九四若能克服躁动欲讼之心，复就正理，变其不安贞为安贞，则必然得吉。"

《象传》说"复即命渝"，说明安顺守持正固必无损失。

　　孔颖达《周易正义》："'若能反从本理'者，释'复即'之义。复，反也；即，从也。本理谓原本不与初讼之理。当反从此原本不争之理，故云'反从本理'。'变前之命'者，解'命渝'也。渝，变也。但倒经渝字在命上，故云'变前之命'。'前命'者，谓往前共初相讼之命也，今乃变之也。'安贞不犯'者，谓四安居贞正，不复犯初，故云'安贞不犯'。"

　　通说：九四知道争讼失利，无法获胜，服从审判，回复到未争讼前的状态。安于现状，坚守正道，停止争辩，应该可以安然无事。

　　北宋邵雍解："吉，得此爻者，会转危为安。做官的会闲中复职。"

　　占得此爻者，在争执、官司上不能胜诉。当出现这种结果时，可能心里觉得不满意，甚至不服气，怒气冲冲，但是，要克制自己，接受这种结果。回归到正常的生活轨道上，不要再因为官司或争执而耽误了正常的生活和工作，也不要为了发泄不满做出伤害他人的举动，不要想着去报复对方，应接受判决，并认为这是命运的安排，回到家继续自己以前的生活，这样才能吉祥。

　　变卦为风水涣，可解为涣散其困恼。所以，必须切切实实去努力做好自己的工作。

【讨论内容】
【九四不争】

温海明：　九四认命不争。

张国明：　二多誉，四多惧。

叶　亮：　九四变为巽，又居柔位，又有正应，自有取吉之道！

靖　芬：　此爻一变成巽卦，整体成涣卦，浮在水上的巽木则为舟楫，能帮人渡河、济险，化解危险。

林文钦：　九四有智慧，能识时务而不争。

叶秀娥：　讼的智慧在于适可而止，从初爻到九四，都在讲这个道理。所以识时务者为俊杰好像是讼卦的卦义。不克讼，看到的解释多是不胜讼，因不胜讼，所以及时改变态度。

【诉讼对象】

叶秀娥：　金景芳解释为没有诉讼对象，要改变调整对讼的态度，此一解我不太明白。

林文钦：　金先生的意思是九四有争讼之心，然能认清情势，故放弃争讼之心，安于现状。一念不起，是非不生。

陈鹏飞：　我问一个小问题，在说九四没有诉讼对象时，只说初六和六三不是对手，为什么没有提九二，感觉九二倒有可能是对手。

张国明：　四爻与初爻为应，与三爻五爻为比。一般与二爻或上爻不发生关系。

倪木兰：　两位老师刚好对"克"字持不同解释：一种为战胜，不克讼为不胜讼；另一种解释刚好相反，不争胜，非不能胜。

林文钦：　金先生以应与比之关系解此爻爻义。二与四无应或比之关系。

靖　芬：　没错！二与四同功而异位，其善不同。

叶秀娥：　以不克讼之二解，解为不胜讼而改变守分安命，是为生存智慧。以为欲讼而无由讼，是一种生命态度。

【"吉"】

林文钦：　二已不克讼，归而逋了，所以四也就不与之争讼。四若趁二之危而斗之，则非智慧之人，难"吉"也。整个爻辞要注意"吉"这个字。

靖　芬：　讼卦中互为家人卦，若真如家人般和睦相处当然"吉"啰！但重点是讼当适可而止。

倪木兰：　这倒让我想起孔子说过"必也使无讼乎"一语。

林文钦：　由"吉"字去思考必能悟出其中道理。

叶秀娥：　九四展现出既智慧又慈悲，比前三爻都因阴柔而不讼更积极。所以老师最喜欢九四爻辞原来是这个道理。

陈鹏飞：　把九四与前三爻相提并论感觉稍有不妥，九四毕竟是居上位啊！

林文钦：　放下与上争讼之心，放下与下争讼之心，放下心中与人与物争讼之心，认清自己，认清环境。待时而动，则能吉也。

叶秀娥：　本卦就仅初六与六三为阴爻，此两爻皆有终"吉"，讼为争执，强者、尊者、有理者，按理而言，应是赢家，在此卦，弱者、卑者反得终"吉"。此处人生智慧，耐人寻味，对弱者言，忍一时风平浪静，对强者言，退一步海阔天空。

林文钦：　"和"则"吉"。

陈成义：　讼源于心中欲念和情绪冲动，知其根源，化解有方，趋"吉"。想想历史，其实也是由情绪决定的，很少是由理性、逻辑决定的。

林文钦：　其实成大业者看似由情绪决定，其实未必如此。你看刘项之争，谁更有情绪？谁更有理性？最后谁赢？

叶秀娥：　本以为讼卦的本意是不争为上，所以柔者，不能争，不敢争而得吉，阳刚者，在此卦中除九五外，都被冠以好讼，刚者于讼都是输家的，但九四卦经老师解为能讼而不讼，境界真高啊！

（整理者：黄桢　中国人民大学哲学院硕士生）

尊位决讼 秉公断案
——讼卦九五明解

时　间：2015年11月21日22：00 — 23：20

【明解文本】

九五：讼元吉。

《象》曰："讼元吉"，以中正也。

【讲课内容】

刘正平：九五爻的爻辞和《象传》并不难解。把爻辞和《象传》结合起来解比较合理。

九五处在尊位，所以是"讼之主"，也就是讼卦的卦主，当争讼兴起时，主听狱断讼。九五是阳爻故"得正"，又处在上卦之中故"得中"，自然就成了以中正断枉直的卦主。所以王弼说："中则不过，正则不邪，刚无所溺，公无所偏，故讼'元吉'。"这样《小象传》所说的"讼元吉，以中正也"，也就非常好理解。"以中正也"就是解释为什么九五"元吉"。关于"元吉"，朱骏声有个猜测，怀疑"元"当作"无"，故九五爻辞应该断句为"讼无，吉"。这样解释是为了契合孔子的观点："听讼，吾犹人也，必也使无讼乎。"（《论语·颜渊》）这样的阐释，于义理可通，却于易理渐远，而且没有文献依据，聊备一说。

林文钦：讼卦九五的占断：经过长时间遇到波折的事，现将逐渐可达成。尤其延宕久日未决的事，现将得到解决。变卦为离，因此要注意眼睛毛病。在现有的岗位上，运途即将开展。此爻表示你现在要用公正、公平、合理的态度去处理争讼，事情就能解决，会是吉祥的结果。

【讨论内容】

【九五卦主】

刘正平：九五之尊是想怎么判就怎么判。

温海明：因为他能够明断才吉利，如果不能明断，也就不吉利了。

刘正平：必须明断，才能服众，进而取吉。实际九五爻的意思比较明了，需要说明的重点在下面。总体而言，从字面意义来看，九五爻辞和《象传》比较容易理解，但孔颖达提出了一个重要问题：讼卦有两个卦主，九二和九五，它们之间是什么关系，这样的例子在《周易》中有多少？对此孔颖达作了详细说明，我们有必要了解掌握。我们不能就九五讲九五，因为讼卦《象传》王弼注云："必有善听之主焉，其在二乎？以刚而来正夫群小，断不失中，应斯任也。"如此则九二是"善听之主"，这就有两个卦主。孔颖达说这样的情况在《周易》里非常普遍，区别在于五是各卦的"尊位之主"，其他是"为义之主"。也就是说，在讼卦里，九五是"尊位之主"，九二是"为义之主"。例如，复卦，初九"为义之主"，六五是"尊位"之主。这里的讼卦正是这样的情况。如果"为义之主"和"尊位之主"均为五爻，就只有一个卦主，如比卦九五爻。再回到讼卦，孔颖达由两个卦主的问题，引出了另一个问题，即《象传》云"刚来而得中"，为什么一定是指九二爻，而不是指九五爻？因九五《小象传》有近似的说法"讼元吉，以中正"，按理说《象传》"刚来而得中"也应该指的是九五爻，为什么王弼却认为是指九二善听之主？这又涉及《周易》的卦例。孔颖达就此提出：上下二象，取象重在于下象者，则称"来"；且凡云"来"者，皆据异类而来，也就是阴爻从阳爻中来，阳爻从阴爻中来，或者几个阳爻共赴一阴，或者几个阴爻共赴一阳，均可称"来"，同性爻不得云"来"。例子是，贲卦云"柔来而文刚"之"柔来"即指六二爻；需卦上六"有不速之客三人来"，谓下卦三阳来。

张国明：王弼为什么说九二是善听之主呢？

温海明："刚来而得中"是遇九三下来到下卦中位。倒是九四比九二更听命随顺。九二是逃命，九四是听命顺命。

刘正平：这是王弼在解说《象传》时提出的一个假设。

林文钦：这是王弼的卦主说。

刘正平：对，是王弼和孔颖达的说法。因为王弼提出了两个卦主说，他对两个卦主是这样分工的："所以然者，五居尊位，犹若天子总统万机，与万物为主，故诸卦皆五居尊位。诸爻则偏主一事，犹若六卿春官主礼，秋官主刑之类偏主一事，则其余诸爻各主一事也。即六卿总归于天子，诸卦之爻，皆以九五为尊位也。"就是说九五是总理，九二是部长。

林文钦：从九二爻辞来看王弼的说法是不是值得商榷？

刘正平：是的，从爻辞看，王弼的说法不通，所以他在解释《象传》时提出了这个假设，解释九二爻辞时反倒无以言之。不过孔颖达据此大加发挥，举了很多例子。

【"元吉"】

靖　芬：讼卦九五必须持守中正之道，因为此爻一变即成未济，相较于未济，持中正之道就有"吉"了。

叶秀娥：刘思白《周易话解》说："因其不偏，正而无私，化斗争为仁让，人至无争，吉在天下，天下的吉事，无有再大于此的，元是大。"其意思是：公正之断，不仅平讼、无讼、息讼，最重要的是化争讼为仁让，有耕让畔、行让路的积极意义。

刘正平：所言甚是，要是个酷吏，断狱就麻烦了。

叶秀娥：元吉是大吉，至大之吉。把劝人无兴讼、忍让不讼、无胜算不讼的消极面转成更积极的仁让无需讼，所以元吉。

林文钦：《诚斋易传》："以中正之君，听天下之讼，中而不过，则上无渊鱼之察，正而无私，则下无梗阳之赂。直者申，枉者媿……此天下之大吉也。"讼，犹言"决讼"。此谓九五阳刚中正为"君子"听讼、明断曲直之象，故称"元吉"。《诚斋易传》："元，大也。"元吉，大吉也。

【无吉】

冯国栋："無"写作无，简本帛书里都有。无咎，无首，都用"无"，不用"無"。

王力飞：说明当时文字已经在简化的过程中。

刘正平：例如九五，这里说它是诀讼的，讲到九二爻时又说九二跟九五有讼。这就是既当法官又当当事人的典型事例，解释不通。

张国明：坤六五的"元吉"在帛书里写作什么？

冯国栋：应该是不同的写法，在这个语境中，意义没有差别。其实现在的简体字多来源于过去的俗体字。

刘正平：是的，例如敦煌文献、宝卷、帛书等手写材料。

张国明：帛书中有没有把"元吉"写作"无吉"的？

刘正平：没有发现。

张国明："无吉"不如"元吉"顺。

【决讼】

叶秀娥：这一爻更能彰显孔子的"必也使无讼乎"，因为孔子的"无讼"，是"仁"让社会的无讼，不是"忍"而不讼。

林文钦：九五这一爻阳居刚阳位，既中且正，这表示大人得位，以公正严明的态度处理讼事。所以，争讼会得到公正的审理。可见，争讼若能得到公正的审理，除了要有"理"，还要遇到公正的审判人员。

张国明：审判法官太重要了。

叶秀娥：既是讼的各种状态，九五决讼怎会突兀。

刘正平：所以我理解九二爻陷入争讼，是因它阻隔初六和九四相应，而非它跟九五有讼。

林文钦：初六与九四、九二是一时难解的三角习题。解初、二、四爻关系有理。应该从大宇宙思维出发，再看小宇宙，不宜执着于小宇宙的观点来解爻辞。

陈鹏飞：　仔细考虑了一下，九五除决讼的角色外，应也是被讼的当事人之一，只是比九四高一些，没有那么直接去应对九二的争讼，但他有最终的决策权，讼与不讼均吉，最好是保持中正，消除争讼。

（整理者：黄桢　中国人民大学哲学院硕士生）

不可败德　忍和走远
——讼卦上九明解

时　间：2015年11月22日22：00—23：28

【明解文本】

上九：或锡之鞶带，终朝三褫之。

《象》曰：以讼受服，亦不足敬也。

【讲课内容】

刘正平：此爻，根据王注孔疏之意，上九处刚之极，健讼，因讼而得胜，获赐爵禄。但这并不是获取功名荣华的正道，所以不可长久，不旋踵之间会被剥夺。

　　"或"是假设之词。"鞶带"是大带、"命服之饰"。朱骏声说："凡命服，先系革带，使可悬佩，然后加以拖绅之带，为悬鞸之大带。"荀爽说这是宗庙之服。那么上九爻的意思就是因争讼获胜得到显要职位，是难保长久的，所以《小象传》进一步说"不足敬也"。

　　据此，"讼"理解为"争讼"是最为贴切的。类似于唐代"牛李党争"、宋代"新旧党争"之类，通过争讼倾轧的方式互相攻讦，两败俱伤，不足取；通过"争讼"获取爵禄会"不足敬"。打官司胜了而获取爵禄有什么不可呢？

　　清代李道平用互卦理论解释此爻，他说："上与三应，三互巽帛为'鞶带'，互离日为'终朝'，自上至三历三爻，为'三褫'。上以阳刚居极，健胜于险，克讼者也。即或讼而得胜，'锡之鞶带'，然过刚失位，亦'终朝三褫之'矣。夫讼而获胜，辱且随之，况不胜者乎。初以'不永'获吉，是'谋始'者也。三、四在中，变而得正，是'中吉'者也。上出乎终，健讼为事，虽荣亦辱，是'终凶'者也。" 也就是解读上九爻离不开六三爻。三、五、六互为"巽"，二、三、四互为"离"。

当然，上九也有化险为夷之道，这一点孔颖达已经说得明白："若以谦让蒙锡，则可长保有。"这一点，在学习谦卦的时候，会有系统的说明和体会的。

这一卦至此可以做个总结。黄寿祺说，讼卦并非教人如何"争讼"，而是诫人止讼免争。卦辞一方面指出必须在"信实"被止塞的情状下才能"起讼"；另一方面深诫讼事应当持"中"，若讼极不止必凶。卦中九五喻"听讼"尊主，以中正、明决获"元吉"；余五爻皆身系讼事，其中初六不与人争而获"终吉"，九二败讼速退而获"无眚"，六三安分不讼亦获"终吉"，九四败讼悔悟而获"安贞吉"，唯上九穷争强讼，自取"夺赐"之辱。可见，全卦大旨是始终申言"讼"不宜穷争、应及早平息的道理。当然，若要杜绝争讼，务须治其本源。《大象传》称"君子作事谋始"，提出"作事"之初先防"讼"于未萌的观点，即是强调凡事先明确章约、判定职分，使讼无从生，争无由起。王弼《周易注》引孔子曰："听讼，吾犹人也，必也使无讼。"（语见《论语·颜渊》，又见《礼记·大学》）此语正合《大象传》的精蕴，既揭示出讼卦的象外之旨，又反映了古人追求息讼免争、人人平和的社会理想。做官的会有成有败，患得患失。读书人认真学习，必可获佳绩。

林文钦 从卦象上看，上九以阳爻居柔位，失位，而且并不居中。它之所以获赐，是通过非正当手段获得，一味地逞强好讼。争讼最后虽然获胜，并因此而得到许多好处，然而却因此而败德。这种好处是无法持久的，接下来会失去的恐怕会比目前所得到的还要多。

金景芳《周易全解》："讼卦初爻无讼字，此上爻亦无讼字。初爻无讼字，杜讼之始；上爻无讼字，恶讼之终，其中体现了作易者反对争讼的思想。上九以阳居上，处于有利的地位，它是逞刚强、一定要把争讼进行到底的人，这样的人一般来说没有好下场，总要惹祸丧身的。即使退一步想，它善讼能胜，甚至于受到服命之赏，结果也无法保住，必一朝而三次被褫夺。"

中华文化讲求的是"忍为贵，和为高"。占得此卦者，可能因为爱争讼，恃强争讼。结果得到了一定的好处，包括得到了升官的机会。但是，这种做法因为违背了传统的文化而受到舆论的谴责，通过这种方式得官在别人看来也是不光彩的。由于大家对你的评价不好，会影响上级对你的印象，你的官职可能保不住，甚至被多次免职，职位不稳，非常危险。

解释爻占，关键在定调，然后从初爻开始。每一爻的取类都不是唯一的，不过借事取意而已。讼卦的意思很明显，就是官司争讼之事。讼卦六爻取象，无非争讼之事也。以上六爻，都是说的争讼官司的事情。卦的意思很明朗，大义获得以后，爻所取类都是随机的，达其意就可以了。爻辞太简约，就需要我们充分发挥想象。有时《象传》也不一定完全领会，后之学者要有自己的独立思考。卦之所立，目的是象征某一种时势或事态。六十四卦只能是概括出来的、典型的，不可能事事都能进入到爻辞里面。所以，拘泥于爻辞的话，将难见真义。自古《易经》难解，也正因于此。

占到这爻，可断只重外表的虚荣，不顾人情与义理，喜自以为是，因此招来怨恨而失去信用。事情虽然成功，或诉讼、竞争纵然赢了，但花费不少的钱财。此人不顾信用，不为他人着想，结果与他人的情谊就不能维持下去。愿望实现有障碍，会遭受破坏不得成功。这爻一变变出"兑"，可推知为呼吸器系统的病所引起的咳嗽。

《杂卦传》："讼，不亲也。"讼毕竟停留在口舌之上，没有动手，在个人和群体中，动手就是斗殴行为了，对于国家而言，就是战争了。所以讼卦的下一卦就是师卦。

【讨论内容】

刘正平：　孔子说的"无讼"恐怕也不是我们所理解的"息讼"，而是通过德政、仁政化解纷争，构建一个理想的和谐社会。

靖　芬：　"讼"也并非坏事，适当的争执可化解追求真理过程中的矛盾，还原真理，这是人生之必要，不过通常我们只会看到自己的真理，而看不到自己的矛盾。

叶秀娥：　讼卦给我的启示是，能力不够的不能讼，地位不对等的不能讼，既得利益者不要讼。赢得一回讼，结下百年仇。

崔　圣：　从礼或理回到了仁。只注重理的争讼，缺少了仁，最终不得长久。

刘正平：　老子说："不自见，故明；不自是，故彰；不自伐，故有功；不自矜，故长。夫唯不争，故天下莫能与之争。"《论语》里孔子批评过子路："为国以礼，其言不让，是故哂之。"孔子主张治国理政应以谦敬礼让之心主之，如果能做到这一点，肯定不会有"争讼"的事情。

叶秀娥：　常说，大我小我，牺牲小我，完成大我。讼，常出于觉得自己委屈，故而欲争口气，但有时从全局考虑，个人的小立场可能不能周全或被顾及，就不要强讼争胜。此时即使讼赢也影响了公众。

刘正平：　后一卦师卦，"讼必有众起，故受之以《师》，师者众也"。所以下不讼上，上也不可侵夺下，否则讼得火热，就"师"起来了。

倪木兰：　根据老子的理论推演，有时反抗是必要的，只是"胜而不美"。战胜，以丧礼处之。若失去其他维护自身合法权益的渠道，最后只能行讼或兵的下策吧。

刘正平：　也只能如此，所以讼卦的精神，还得结合同人卦、谦卦等的精神，融会贯通。

（整理者：贡哲　中国人民大学哲学院硕士生）

（本卦校对：秦凯丽　中国人民大学哲学院硕士生）

时　　间：2015年11月23日22：00 — 23：10
导读老师：张国明（沈阳大学文化传媒学院副教授）
　　　　　余治平（上海社会科学院哲学研究所研究员）
课程秘书：李芙馥（中国人民大学哲学院博士生）

率众可王　容民则吉
——师卦卦辞明解

7 师卦

坎下坤上

【明解文本】

师：贞，丈人吉，无咎。

《彖》曰：师，众也。贞，正也。能以众正，可以王矣。刚中而应，行险而顺，以此毒天下而民从之，吉又何咎矣？

《象》曰：地中有水，师。君子以容民畜众。

【讲课内容】

张国明：师卦继讼卦之后，可见讼卦最终可能会引发兵争。古人以兵凶战危为戒，而讼卦辞亦云"终凶"，则讼之所以凶者，不止官刑囹圄之辱，身物损害之灾，势必将由小争而动众忿，由细故而启大兵。息讼是君子的理想，未必都能实现。讼者争之小，师者争之大；讼者凶之始，师者凶之成。古人戒于患先，慎于作始，知其将至，则预为制之，所以师之凶可免，兵之灾可避。师卦虽继讼卦，究反能挽讼之失，以争弭争，以杀止杀，故"武"字为"止戈"。其辞主贞吉也，以一率众，以长率群，有上下相应、万众一心之象。讼卦则为天水违行，上下背离，起而争讼之象，故而终凶。卦象组合为师，坤为众，坎为险，率众而行险，师旅之象也。坤为地，坎为水，平地之下暗流涌动，师旅之象。一阳爻居下卦中位，五阴爻应而顺之，一呼而百应，师旅之象也。 坤为安静，坎为不测，表面安静而内藏不测之机谋。坤为众人，坎为隐伏，率众人以设伏，以行暗，正是用兵之象。师者众也，师卦为什么取众象呢？师卦以水居地中。水为天一所生，地六所成，以其类聚，正所谓方以类聚，物以群分，同类相聚，聚则成众，师者众也。有其众而不乱，聚其类而不乖。为什么聚而不乱呢？五阴从一阳，阴阳二气相感以应。有其主者，有其从者，有其任使，有其服役，有统而率之者，有顺以化之者，是皆师之所为，而卦之所象也。以上是解释《序卦传》之文。

余治平：师卦位列《周易》六十四卦之第七卦，卦象为坎下、坤上。甲骨文里，师字或呈B（Э）状，或呈币（匝）状。师与"官"二字或可同源。到了金文之中，两者则合在一起为"师"字。

师之为字，其中的"B为弓形，代表军队；币为倒'之'形，表示止息，会军队驻扎之意"。至于后来作为教民的官员、能够做出表率的老师、具备一技之长的工艺人员，则都是师的衍生义。《易传·象》解"师"为"众"，已经涉及军队部属、兵源的数量，显然已进入特殊的军旅语境，而不能简单理解成作为一般形容词的"多"。

仅从卦象看，师卦，下卦为水，为坎，隐藏危险；上卦为坤，为阴，凡阴气皆浊而下沉。整个卦象寓意：部族、家国已经深陷战争危机，剑拔弩张，兵灾凶恶，军旅征伐实际上都是君王将相们不得已而为之的事情。

《象·师》曰："地中有水，师。君子以容民蓄众。"比之于"地在水上""上地下水"或"水上有地"，"地中有水"无疑更能够表达出君王应有的"容""蓄"品格。

异卦相迭，由坎而坤，地能包水，寓兵于农，水则浩瀚，既喻指全民皆兵，又暗示军民团结如一人；险后有地，终局顺利，论功行赏，重振朝纲。然而战争总要有流血、有牺牲，会打破原本宁静的生活。兵成一灾，凶险随至，今古一然。征战讨伐，哪次不关系到百姓生死和家国存亡！所以，对国君而言，用兵必须慎之又慎，每有战事，必须先赢得民众的支持。只有正义的战争，才能战无不胜。于是《易》所推崇的军队必然是正义之师、文明之师。

【讨论内容】
【"贞"】

温海明：　"师"是众的意思，好像一群危险的、不知道要干什么的人，原来是要来打群架的。打群架最怕组织严密，进退有度。

李伟东：　"师"的本义为军队驻扎，设伏以用兵。师，从弓，意为军队，从反"之"，止息于一处，即设伏。师卦，上坤下坎，设伏以用兵，正合此意，绝妙之极！

张国明： 设伏用兵说得好。卦辞第一字为"贞"，何意？

温海明： 贞正，率众而正，打群架要走正道，为了天下苍生，不是为了个人私利。

倪木兰： 战争中阵法很考究，击鼓作气，鸣金收兵，五人为伍，十人为什。两军混成一团乱打一气是电视剧。

张国明： 兵者，不可不慎，不可不正。贞，为慎为定，不轻动。动则为不得已，为天下正道，故贞在此，有"定"和"正"双重含义。

温海明： 《象传》明确说："贞，正也。"能以众正，可以王矣，是率领老百姓打群架但要走正道。以"定"解，是把老百姓打群架的道路定于正路之上。

张国明： "贞"释为"正"是一说。这里为什么是贞，而不是元、亨、利呢？有一种说法值得关注："元亨利贞分别对应春夏秋冬四季，贞对应生机收藏、万物凋零的冬季，对应的人事现象正是杀伐血腥，生灵涂炭，白骨露于野，千里无鸡鸣的战争场面。"兵者，不祥之器也。

余治平： 贞，《象传》解为"正"，应该是在道义、旗号、战略层面上必须遵守的原则，而不是战术方面的考量。战术上，兵家贵"奇"，而不是"正"。《象传》称"能以众正，可以王矣"，可见，能够有资格讲"正"的应该是军队中的将帅首领，而不是低级别的士官或小兵小卒。讲"正"的人，一定是身处军事领导地位、善于战略勾画的人。

王力飞： 六四有"贞凶"，硬解为贞守正道预防凶险，也通。师出有名，轻易不动。

温海明： 统帅后来成为王者，正常，不打仗成不了王。

张国明： 对。正所谓：兵征天下，王者治国。

【"丈人"】

张国明： 卦辞中有"丈人"一词，争议颇多。我认为"丈人"应不是"大人"误写。丈者，杖也。"丈人"即拄杖之人。拄杖必为老者，有老成持重之象；杖也为权杖，有德高威重之象。综合来看，"丈人"正是年高德重而又显威严的三军统帅之象。

王力飞： 拄拐之人可以参谋，统兵打仗有点难为老人家了。

倪木兰： 政军常不分。

温海明： 先军后政，自古如此，今之王者，概莫能外。

王力飞： 其一，《周易》经文里丈人只出现过1次，大人出现了12次。其二，九二的吉和爻辞的吉，可以呼应。其三，上六有小人勿用，小人和丈人不是一个对立范畴。其四，丈和大形近，有误写可能。六四还有一个"长子帅师"，长子可以当大人，所以，我认为丈人为误写。

林文钦： 丈人应指老成持重之人。从"长子帅师"可看出寓涵。

余治平： 丈人，《集解》当作"大人"，高亨说："《易经》中之大人皆贵族之称。"

张国明：　兵凶战危，必老成持重、威德兼具之人统率方能转凶为吉。

【战争】

张国明：　（秦）王问于将军李信曰："吾欲取荆，于将军度用几何人而足？"李信
曰："不过用二十万。"王以问王翦，王翦曰："非六十万人不可。"王
曰："王将军老矣，何怯也！"遂使李信、蒙恬将二十万人伐楚，王翦因谢
病归频阳。李信攻平舆，蒙恬攻寝，大破楚军。信又攻鄢、郢，破之，于是
引兵而西，与蒙恬会城父，楚人因随之，三日三夜不顿舍，大败李信，入两
壁，杀七都尉；李信奔还。王闻之，大怒，自至频阳谢王翦曰："寡人不用
将军谋，李信果辱秦军。将军虽病，独忍弃寡人乎！"王翦谢病不能将，王
曰："已矣，勿复言！"王翦曰："必不得已用臣，非六十万人不可！"王
曰："为听将军计耳。"于是王翦将六十万人伐楚。

温海明：　战争胜败取决于将领。

张国明：　若赵括之辈则凶上加凶。

温海明：　贵族不一定能当统帅，能打仗。丈人是能打仗的长者，是有威望、有尊严、
可信任的人。

余治平：　贞，通"正"，"能以众正，可以王矣"，说明不是一般的将领，小则郡国
王侯，大则有符命的天子。

温海明：　有战争谋略而不是靠人多的统帅，老成持重者得之。

余治平：　韩信靠谋胜，项羽靠勇胜。正好构成并代表军旅战事的两个不同面向。《周
易》六十四卦，专有一卦名为"师"，至少说明军旅、征战之事肯定是周代
社会生活的一个有机组成部分，不应该被忽略。

倪木兰：　国之大事，唯祀与戎。战争是甲骨的重要占卜内容。

温海明：　本群解卦通例：象数为义理之本。

（整理者：王璇　中国人民大学哲学院硕士生）

以律则吉 无纪则凶

——师卦初六明解

时　间：2015年11月24日22：00 — 23：30

【明解文本】

初六：师出以律，否臧凶。

《象》："师出以律"，失律凶也。

【讲课内容】

张国明：初六爻辞，白话文解释：初六，整军出战全凭纪律，不遵守纪律就会有凶险。《象传》说，整军出战全凭纪律，失去纪律的约束就会带来凶险。

师卦初爻，我认为讲了两种可能性和两种可行性带来的两种结果。"师出以律"则吉，"否臧"即不守纪律，则凶。师卦初爻与蒙卦初爻很类似。师除了军事之意，自然还有师长之意。这样师卦与蒙卦就很近似了，我觉得有很多共通之处。蒙卦初六爻辞："发蒙，利用刑人，用说桎梏，以往吝。"这里也讲了两种可能性和两种可行性带来的结果：用刑人（守规矩）则利，用说桎梏以往（不守规矩）则吝。

"臧"字，孔氏作"有功"解，其他学者多解释为善。我觉得不妥。"臧"字甲骨文，像用一利戈刺一跪地之人，表示已经臣服于大王之威力。金文承接甲骨文，字形夸张。"臧"字表示古代以武力征服周边之部落。而对被征服者而言，大王之武力保护乃生存之保障，故"臧"字后渐引申为善、和好之义。如此说来，臧字本义为臣服、服从。初六之"臧"字应为本义，即代表臣服、服从之义。律法为军队统帅所定，士兵严守军纪表示对军队统帅之绝对服从。"否臧"则是否定，不愿臣服于军纪，不愿臣服于统帅之指挥，结果当然为凶。即《象》之所谓"失律凶也"。

余治平：先总体说说师卦的爻象。师卦的六爻之中，只有"九二"是阳爻，位居下卦之中央，被上、下五个阴爻牢牢围护。"九二"是统帅，五个阴爻皆是士兵。"九二"呈阳刚之气，居下卦之中而呼应于六五至尊，实际掌握着作战部队的指挥权。"六五"则呈阴柔之气，但高高在上，象征王权独尊，必须慧眼识珠、知人善任，选择合适的前线统帅。

关于"律"字，古今说解不尽相同。《春秋左传·宣公十二年》，知庄子曰："有律以如己也，故曰律。"孔颖达、朱熹也都说："律，法也。"司马贞则解之为"六律"，即乐律。如称"军纪""军律"或"军法号令"，似乎渗透了后人的理解。这里的"律"，可能是乐队演奏的旋律。上古用兵之前，一般都有音乐仪式，以振奋士气，鼓舞军心。

初六是师卦的第一爻，表示军队即将出发。战斗还没有打响，但凝聚意志、统一军心、鼓舞士气最重要。当此之时，一是师出必须有名，主义不正，没人愿意跟你卖命；二是必要借助于一定的祈祷、祭拜仪式。

【讨论内容】
【纪律】

张国明：　初六阴爻象征士兵，也寓意用兵之始。

温海明：　行军打仗要军纪严明，没有按照军法行事非常危险。

余治平：　据说，周亚夫当年受汉景帝之命，镇压吴楚七国之乱。布阵前占得"师"卦，得知此行必胜。果然，不出三月，平乱凯旋。

温海明：　要什么来什么，事情八成靠谱。

张国明：　坎卦有学者解为法律。这个爻辞符合常理，我们上学之初、军人打仗之前都会着重强调纪律的。

温海明：　马恒君《周易正宗》说："师初六来自复六二，下来，故'出'。"

余治平：　司马贞谓"六律"可能比较符合上古历史风貌，凡有战事，出征之前必须举行问卜祭祀、器乐吹奏、歌舞表演等一系列仪式，预示着胜利、凯旋，以此提振人心士气。

张国明：　初六上承九二，临近统帅，又有追随统帅、遵守纪律的可能。具体为哪六律？

余治平：　六律，通指黄钟、太簇、姑洗、蕤宾、夷则、无射"六阳律"与大吕、夹钟、仲吕、林钟、南吕、应钟"六阴律"。

温海明：　坎为律，取坎水，水平为法，为律。

李伟东：　结合师卦辞"贞，丈人吉，无咎"，初六是否可理解为"祭祀卜问"之六律？

张国明：　余老师之说，我有异议。乐律之说几乎不可能。初六为阴爻为士兵，不中不正，怎能演奏乐律呢？再者，如为乐律，后面的文辞也不通。

余治平：　《象》解释说："师出以律，失律，凶也。"军队打仗，如果没有举行必要的出征仪式，军乐不高昂、不激烈，则士气不振，上下意志难统一，多半容易打败仗。

张国明：　岳家军常打胜仗，靠的是铁的纪律，怎能靠音乐呢？

余治平：　张老师，您再回头重新理解一下"师出以律"中的"出"和"以"字。

徐治道：　古时乐律或是一种军礼、军纪。

吴争先：　在先秦，军律是否包含了军乐律和军纪律两方面？

倪木兰：　纪律通过两方面来实现，一个是军乐，一个是军法，后者是赏罚。古人打仗
　　　　　是有阵法的，五人一组，十人一组，在临阵上如何配合、如何补充，军乐构
　　　　　成了重要的作战内容。音乐的灵魂在于节奏，节奏在于节，所以乐律与纪律
　　　　　又有密切关系。击鼓作气，鸣金收兵，不光在战前，在战中也是用音乐和旗
　　　　　帜代替口令和通信设备来指挥。

温海明：　打群架的时候，是纪律严明、进退有度重要，还是演奏音乐、鼓舞士气重
　　　　　要？虽都有理，但应该说，出征仪式不如军纪重要。

张国明：　军乐之象，推之当为震卦，鼓舞士气莫过震卦。可这里哪有震卦之象？

余治平：　大家不妨再回过头去从语源学上考察一下，"律"在上古的含义，究竟是纪
　　　　　律的用法多，还是音律的用法多？

【 "律"与军律、乐律 】

余治平：　胡朴安也把初六解成军乐。

张国明：　您只注意了初六为用兵之始，却忽略了初六不中不正的基本爻象。

徐治道：　基本爻象的确如张老师所说。

张国明：　离开爻象，解释爻辞就失去了意义。

温海明：　爻象为义理之根本。离开爻象，义理发挥就是无源之水、无本之木。

余治平：　爻象与"师出以律"有什么矛盾之处吗？

李伟东：　可爻象能看出有军乐吗？关键爻辞是如何来的？

温海明：　爻辞就是看卦爻象写下来的。爻辞是观象系辞。

张国明：　为什么必须强调纪律？因为师者众也，夫师以众成。众则易乱，乱则易败，
　　　　　故师出必先有纪律。群体活动如组织不好，很容易出现问题。师其出也，必
　　　　　先有一定之制。其众或来或返、或进或退、或行或止，莫不定于一律。有律
　　　　　则成正义之师，无律则为乌合之众。正义之师大得民心，师出必胜；乌合之
　　　　　众大失民心，师出必败。故吉凶之分，在有律与否。

倪木兰：　也许可以弥合两种说法，军队不中不正，所以需要纪律，纪律用军乐来作为
　　　　　训练手段，使师出有序，如此方可无咎。

余治平：　"纪律"词组，究竟是到了什么时候才出现的呢？

温海明：　《左传·宣公十二年》解释的时候就是："有律以如己也，故曰律。"此
　　　　　处，律当作军法、军纪解，乐律难通。

倪木兰：　军乐有多种，有专门鼓舞士气的，也有代替基本口令指挥的，用音乐的形式
　　　　　变化显示。因此不光在战前使用，在战中也使用。

余治平：　可能不是这样的。上古打仗，讲究章法。出征必有礼，对战有秩序。军事史
　　　　　早就说了的。

张国明：　上古时期哪次著名的战争在战前演奏军乐？

余治平：　到《说文》的时候，还在讲"律，均布也"呢！

张国明：　牧野之战？汤伐夏？

倪木兰：　曹刿观战论战。

张国明：　那是击鼓，非军乐演奏。

倪木兰：　是军乐之一种。

余治平：　鼓乐，能分开吗？

张国明：　战争之前，演奏军乐的请举例。

余治平：　《仪礼》《周礼》。

张国明：　哪个战役？

倪木兰：　汉乐府还以《鼓吹曲辞》命名军歌。

张国明：　汉代就别提了，余老师强调上古。

余治平：　律，先放一放，往下走！

李伟东：　律兼有乐律和律法之意，此处是否应多看卦爻之象来定？

温海明：　宣公十二年，说的是公元前597年的事，晋国知庄子引用此爻，加以解释。

崔　圣：　炎、黄、蚩尤时刚有铜，恐怕还没有乐器。炎黄统一后伶伦制乐。

倪木兰：　有节奏，有声音，就可以有乐。

马震宇：　貌似骨笛这种东西早就有了。衍生义是法令，本义大概与音乐有关。

崔　圣：　骨笛在河南博物馆藏，也许黄帝时就有了。

李伟东：　卦爻辞其他处的"律"何意？律法，是否会有其他词，如"法"？"律"的本义，是反复持篙以行船。乐律和律法，均为引申义。

崔　圣：　"彳""聿"分开呢？聿，行为；彳，准则。

李伟东：　"律"字在甲骨文中是手持竹篙，在河道中反复撑船的意象，反复而有规律的动作，引申为"律法""乐律"。

【乐律】

余治平：　关于"师出以律"中的"律"，不解作"军律"，而释为"乐律"，可求证于下列文献中。《史记·律书》载："武王伐纣，吹律听声。"《兵书》曰："夫战，太师吹律，合商则战胜，军事张强；角则军扰多变，失士心；宫则军和，主卒同心；征则将急数怒，军士劳；羽则兵弱少威焉。"《周礼·夏官·大司马》曰："若师有功，则左执律，右秉钺，以先，恺乐献于社。"郑玄注曰："律所以听军声。"这是我今天查阅的。《史记·律书》载："武王伐纣，吹律听声。"另外，"师出以律，否臧凶"之断句，也存在疑问，似乎还可这样："师出，以律否臧，凶"，也合爻义。

静　芬：　师卦："贞，丈人吉，无咎。"师就是众，众就是兵，古时无常设之兵，采兵农合一制，平时耕田，战时集结就是兵众。若细分，师有两个含意，一是兵众集结，二是采取军事行动。依《序卦传》所言，争讼结果必然造成兴师动众，进而引发战争，所以师卦列在讼卦之后。从六爻看，一阳爻在下面统领五阴爻，为此体卦之主爻，有将帅统兵之象。卦辞中的"丈人"，犹言具德性的贤明长者，所以卦辞中的"丈人"指的就是九二的阳爻。乾卦九二："见龙在田，利见大人。"《周易正义》："言龙见在田之时，犹似圣人久潜稍出，虽非君位而有君德，故天下众庶利见九二之大人。"九二之龙已出潜离，是该发挥有所作为的时候；同样的师卦九二："在师中，吉，无咎，王三锡命。"此卦之九二是受君上委任为统军之帅，就应该有所作为。爻辞中的"中"，乃九二刚中居正，故能上应于六二，得以成命，吉而无咎。师卦九二将乾卦之九二做了更进一步的诠释，但是师卦九二如果不坚守正道，也将受其他五阴爻的影响而有咎。

张国明： 赞同，九二就是那个"丈人"。"师出，以律否臧，凶"，如何翻译呢？

余治平： 军队出发之时，如若乐律不善（或不遵从军纪），则有凶险。

张国明： 初爻先这样，接着探讨九二爻如何？九二文辞有怀万邦一句，有说国王怀万邦，也有说是统帅怀万邦的。

余治平： "在师中"不当解为"在师之中"，而应指"在中军""在中师"。中军、中师一向为野战主帅所在之位。

张国明： 有理，九二是统帅，与中军正相应。另外，怀万邦三字是从哪里引发的呢？大家多探讨。

冉景中： 军队出发之时，如若乐律不善（或不遵从军纪），则又凶险。

温海明： 出兵打仗根本在军纪，不在军乐。《左传·宣公十二年》就有律己一说。

崔　圣： 但也不能忽视乐律的重要性。如战鼓可鼓舞士气，在弱势时鸣金收兵可减少损失。不同频率之五音可激励士兵士气。黄帝用夔鼓震慑了蚩尤。

温海明： 军纪第一，乐律其次。

【坎】

徐治道： 仅就初六此爻而言，阴爻居阳位，无应，坎里，以凶为主，妄动成难。

温海明： 初六变，得临，坎水变兑泽，为河水被阻之象，即军队指挥官心意被阻，军纪散乱之象。

张国明： 对，这是初六行为的一种可能，妄动则凶。

徐治道： 是的，张老师，初六上承九二，以律谨行，亦可得吉。

叶　亮： 师卦初六阴柔无力不中不正无应居险地，不以律正，必凶。

（整理者：张馨月 中国人民大学哲学院硕士生）

众星捧月 心怀万国
——师卦九二明解

时　间：2015年11月25日22：00—22：50

【明解文本】

九二：在师中，吉，无咎，王三锡命。

《象》曰："在师中，吉"，承天宠也，"王三锡命"，怀万邦也。

【讲课内容】

张国明：白话文解释：九二，主帅身在军中指挥，吉利，没有灾难。君王三次颁命嘉奖。《象传》说："主帅身在军中指挥，吉利，因为得到上天的宠爱。君王三次颁命嘉奖，心怀万邦。"二爻很好，吉无咎；与卦辞同。可能就是那个"丈人"了。二爻为坎卦阳爻，大家发现没？这个爻陷在两个阴爻之间，过得很舒服。

余治平："九二"爻象很好的。是师卦中唯一的阳爻，位居下卦，构成了诸多阴爻的基础，因而能够赢得诸多阴爻的信赖。九二爻又处下卦之中，同时具备刚毅、果敢的品格和持中不偏的德性，让这样的首领统率兵众，凡事都能够吉祥顺利，而不会招致过失、灾祸。"九二"又能够与至尊的"六五"遥相呼应，以阳滋阴，得到了君王的宠信，所以《象传》称九二爻能"承天宠"。

【讨论内容】
【"王三锡命"】

余治平：　"王三锡命"还要分析。这里的"王"是文王姬昌，您同意不？

王力飞：　我不同意！赐命，是颁布命令，从上到下都可以叫赐。

余治平：　清人李道平、今人黄帆皆如是说。

张国明：　文王姬昌？我没想过。按六五君位看应该是柔和的君王，文王带一个文字，有可能吧。

余治平：　可能是武王在征战过程中三次受命于文王。

王力飞：　文王一辈子都以侯伯自居，他过世后武王才伐纣的。文王是追封的，未必是伐纣啊，结果是开国。

崔　圣：　文王在世时，统一周围小国。

张国明：　"王三锡命"，似乎王是主动方，那么王为什么一而再再而三多次赐命呢？

余治平：　国明好问题！三命是周代诸侯国之卿的最高一级，《春秋左传·僖公三十三年》记："襄公以三命命先且居将中军，以再命命先茅之县赏胥臣。"杨伯峻注："春秋诸侯之卿，有一命、再命、三命之别，以命数多为贵。"赐命，发布命令、发令嘉奖的意思都有，但这里似应为发布命令。

张国明：　赐命，是发布命令还是发令嘉奖？也值得探讨。

王力飞：　在师中吉对应的则是出师凶，赐命后有出师的结果，所以有王下达命令。发布命令和奖赏关系不大。按常理来看，奖赏应当是有战功之后。

张国明：　这样，王三赐命就可理解为"王赐三命"，对吧？

王力飞：　当然，解释为先奖赏升官，再激励打仗也能理解。我认为三可能表示多的意思。

余治平：　你仔细读整个爻辞，可以发现，似乎从"在师中"到"三赐命"，它们不在同一个时间点上，而应该经历了一个从战斗到取胜的过程。

王力飞：　王三赐命，有王多次下达命令的味道在内。如此理解，后面的"师或舆尸"，就通畅一些了。

崔　圣：　武王多次平定、收复小国而得文王赐命？

张国明：　学者多数理解为嘉奖、赏赐、恩宠之类。

王力飞：　赐骸骨、赐死也是赏赐，视颁布命令为信任、赏赐也未尝不可。

温海明：　《象传》说"王三赐命，怀万邦也"，说明是赐命嘉奖，万国臣服。发布命令不能让万邦来朝。

张国明：　这么说这个王不是很懂军事，有越级指挥之嫌啊。

余治平：　其实，爻与爻之间，可能时间跨度很大的，经历了许多人物事件才被简要记录在案的。要知道那个时候在甲骨上刻字有多难！

温海明：　离开《象传》，发挥的空间很大，但根据有限，还是应该以《象传》为据，下达命令不如赐命嘉奖合适。

【九二之吉】

张国明：　九二爻按照比应的角度看，确实很吉利。只有三爻压制，余者皆吉。可能是至上天的机运。九二多好啊，只有一个阳爻，众阴相合，连高贵出身者都来归附，九二得到了上天的垂青。

温海明：　九二"承天宠"，承天子位六五之宠。

张国明：　北宋易学家邵雍解"吉"："得此爻者，会遇到贵人，谋事可成。"做官的会受到上级的赏识，有升迁机会。读书人会取得佳绩。台湾国学大儒傅佩荣解："时运：杰出人才，大受赏识。财运：谋略出众，领导获利。家宅：邻里所重，婚姻吉祥。身体：流动血气，病即舒解。"不管怎么说，这个爻是好爻，好得让人羡慕。五爻爻辞并非大吉，和这个是否有关联，值得研究。

余治平： "九二"可以与"六五"呼应。

张国明： 但如果是这样，就与象辞中的"承天宠"发生冲突了。这里的"天"能不能和"王"画等号？

余治平： "承天宠"一句令人费解。六五至尊在上。除非这里的"天"不指六五，而指天子——文王。

（整理者：黄仕坤 中国人民大学哲学院硕士生）

出师不利 形势不妙
——师卦六三明解

时　间：2015年11月26日22：00 — 22：50

【明解文本】

六三：师或舆尸，凶。

《象》曰："师或舆尸"，大无功也。

【讲课内容】

张国明： 白话文解释：六三，军队出征，有人载尸而归，这是凶险之兆。《象辞》说：军队出征，有人载尸而归，这是前方吃了败仗。这个三爻文辞非常不好，是我们学《易》以来遇到的最凶之辞。三爻，不中、不正、下乘刚、上无应、近无比，各种不顺啊！三多凶，上不在天、下不在地，艰难着呢。乘刚本凶，何况二爻是师卦主爻，全军统帅，其凶倍也，"或"字，三爻多见。

余治平： 六三爻，处于师卦下卦的最上位，阴柔失正，上无阳爻呼应，下又乘凌阳刚之九二，敌我力量对比悬殊，责任却非常沉重，因而很容易劳而无功，兵败失利。从爻象总体上看，六三很难堪，位不正，容易谋略失当；而力不殆，又容易好大喜功。六三爻象，进攻缺乏援助，退守又遭遇强敌。虞翻说过，坤为尸，坎为车。

【讨论内容】

【"尸"】

倪木兰： 我有个疑问：屍，一般是尸主之义；尸，才是尸祝之义。先秦似乎不混用二字。

余治平： 你的辨析是对的，清人李道平也有此解。

张国明： 毕竟三爻缺陷太多，不论尸字何解，凶辞已定。

余治平： 王弼注曰："以阴处阳，以柔乘刚，进则无应，退无所守，以此用师，或有'舆尸'之凶。"

温海明： 坎为棺椁，盛尸体之用，坎又为舆，所以是车拉尸体之象。

张国明： 三爻本在震中，震卦为车，三爻上承坤卦，坤卦全阴无阳为尸，故有此象，坎为车也对。

温海明： 坤为尸，震为车，在《说卦传》中无据。

张国明： 确非出自《说卦传》，是我自己理解的。

温海明： 坎为车有据。

张国明： 是的，坎为车更好些。

倪木兰： 我倒想起《史记·周本纪》的记载，武王在文王去世后开始计划伐纣，是载文王木主，自称太子发，其时八百诸侯赶来相会，但武王却认为天象显示时机天命未到，撤军。我想可以和这里对照来理解。

杨家刚： 《楚辞》说"载尸集战何所急"，"尸"也训"主"。

余治平： 这个六三爻，倒像同人卦了。

倪木兰： 祭祀时常以裔孙为尸主，这里文王木主是否也可算尸主呢？

杨家刚： 不过上古好像一般都用"屍"字，"尸"字稍晚后起，因而在这一爻里"尸"为尸体或尸主也有可商榷的余地。"尸"也可表木主是因为含义相同，既可表尸人，也可表木主，都是神主的意思。

李伟东： 此尸是尸体之尸，还是尸人之尸呢？

杨家刚： 这最好要看易学史的解释。

宏　中： 坎、震、乾都可以取车，这里坎取车，则坤取尸应该可以。坤坎同官，坎为尸坤也为尸。

张国明： 尸者，阳气全无之象，人将入土之象，都和坤卦相通。

余治平： 这爻还真应了"五多功，三多凶"的说法。

张国明： 震为车，梅花易数的万物类象中经常用到。

温海明： 离开《说卦传》取象，易学史上要确实有据才行。

余治平： 尸在上古丧葬之礼中是尸主，代死人接受生者吊唁的，一般都由儿子扮演。

张国明： 但如果理解为尸主，这个爻的文辞似乎就不凶了。如果理解为武王之故事，则有后续吉利的可能。请教一下，木主可以理解为尸主吗？

杨家刚： "尸"可以表示两个含义，既可表示木主，也可表示尸人的尸主。

张国明： 如果木主可称为尸，那武王伐纣之故事确实可以和这个三爻文辞联系起来。三爻文辞传统解读有被推翻的可能。

刘正平： 木主可以称为尸。学术问题有时集思广益，真是越论越昌明。

杨家刚： 在古代，他们一般把"尸"理解为尸人，而尸人是不会载在军中的，因而他们不会和载木主联系起来。

张国明： 但确有武王之故事，而且《易》就是文王、周公所作，他们理应想到啊。

杨家刚： "尸"可以表木主的问题应该是近代以来考证出来的，这会涉及时代问题和《易经》作者问题，如果是武王载文王之主，说明那时文王已死，那么卦爻辞就肯定不是文王所作了，而古人是相信文王演《易》的。上文只是提一下"尸"的解释，个人认为在这一卦似乎应该解释为尸体于义较长。

张国明： 个人倾向解释为"尸体"，这和战争的场面很相应，和三爻的爻象也很相应。

余治平： 对的，毕竟是在战争语境中嘛。"大无功也"，六三失位，乘刚无应，而六五也使不当，这样便功业大损。

【"尸"的文字考证】

刘正平： 各位老师，读到这一卦的时候，涉及"尸"的问题，我们也做过探讨，因为古代尸体的尸和尸主的尸是两个字。而且这也涉及简帛版《周易》尸字字形的问题。

王　璇： 这个字在楚竹书和马王堆帛书分别是：殔、㞷。

刘正平： 对，根据竹书，是您手写的第一个"尸"，这个尸毫无疑问是尸体。因为在竹书里，尸主的尸另有字形。但在帛书里的这个字，也就是您写的第二个尸字，则应该是尸主的尸。

余治平： 甲骨文里就有"尸"，跟今天的简体字几乎一样。甲骨文里，尸字还与"夷"通，表示方位。

刘正平： 所以关于"尸"到底怎么训解，还是一笔糊涂账。我本来想写篇文章，一看简帛差异如此，就下不了笔了。

王　璇： 除了跟"夷"通，甲骨文字典里最后还来了句"尸则借为尸"。

刘正平： 字典就喜欢"通"来通去，最后不知道通到哪里去了。

温海明： 不能通来通去，不能有一点不通就通成其他字。

杨家刚： 《淮南子·齐俗训》有："武王伐纣，载尸而行。"《楚辞·天问》："载尸集战何所急。"王逸注曰："尸，主也。"此"尸"皆训"主"。但"尸"在《仪礼》等中多表尸人。"尸"是本字，从"尸"从"示"之字以及"尸"等皆后起之字。而表神主时以王璇老师所写简帛之字为确，但后世典籍多直作"尸"，因而就难辨了。《说文解字》云："尸，陈也。"段玉裁《说文解字注》言："陈当作敶。攴部曰：敶、列也。小雅祈父传曰：'尸、陈也。'按凡祭祀之尸训主。《郊特牲》曰：'尸，陈也。注曰：此尸神象，当从主训之。言陈非也。'玉裁谓：祭祀之尸本象神而陈之，而祭者因主之。二义实相因而生也。故许但言陈，至于在床曰尸，其字从尸从死，别为一字。而经籍多借尸为之。"又，载主只会载木主，不会载尸人，祭祀时在宗庙里的是尸人。

王　璇：　尸的确后起，《诗经》中也都是尸。

余治平：　《仪礼》《曲礼》中，有很多关于尸的记载，尸是大活人，受尊重，能替君王作尸的人，文武百官路上遇见了都要下马行礼的啊。

王建宝：　《诗经》里一般说尸是代替受祭的神主的洁净之人，祭典结束后，尸还和大家一起喝酒吃肉的。

【 "舆尸" 】

余治平：　高亨说："筮遇此爻，军队出征，或载尸而归，是凶矣。"

张国明：　爻辞中的"舆尸"翻译为用车载木主，可通。

杨家刚：　对的，那么只能理解为商周军礼载主之礼，不一定坐实为武王载文王之主，否则爻辞作者问题就不好解释了。

张国明：　对，虚指而非实指，可能以前也有过类似事发生。如果木主有德望又与被讨伐者有大仇，那么此举无疑能激发士气，宣示战争的正义性，非常有必要啊。

倪木兰：　我有个疑问：是出征还是回还？如果是出征，就不太可能是载体。如载神主，不管是人主还是木主，说明主帅还不具有隆盛威望。连武王都不敢或不愿在父亲死后直接称王而自称太子出兵讨伐，即使在八百诸侯不期而会的"人和"情况下都因为忌讳"天时"而不动武。

温海明：　古代传下来的《说卦传》不是随意的，是孔子之前的解卦体例，今人还宜细细体味为宜。

宏　中：　坎为车，坤在坎上，互震为行，确实是车拉着尸体象。

张国明：　有理，余老师如何解释三爻文辞？

余治平：　此时出兵，就可能用车拉着阵亡将士的尸体回来，是有凶险的。

温海明：　有理，坎通大过取棺椁之象，《说卦传》《系辞传》有据，坤取尸象，确实形象，可惜证据不足。

余治平：　李镜池《周易通义》认为，军队出征后，轻则往回"运送伤员"，重则载尸而归。

张国明：　三爻位置正好对应军队行至半路之时。一爻申明军纪，二爻大军出发，三爻行至半途。

倪木兰：　我重视文王演卦作辞这一说法，和甲骨相对应。甲骨通例是，一般贞人和卜人贞问情况，很多时候都是商王亲自判断龟卜结果，有时还把应验与否补记在后。经学传统为通经致用，因为能用于天下大事并料事如神所以才能为人崇信。从这里我是赞赏余老师从史来解易。

宏　中：　这爻应该指在路上。"师或舆尸"中或字的意思，是可能会发生这样的情况。这是基于三爻时位而言的。

倪木兰：从武王的这个例子来看，确实是行至半路，都从西边行到孟津之岸了，却因为天时凶险而回，而非发生了凶险恶斗而回。

【"或"】

温海明："或"是可能会的意思？在"可能，很可能，可能会，很可能会"中，哪个比较近些？

张国明：通"惑"是一说，"可能"是一说，"有时"又是一说。我认为，很可能会更贴切点。北宋易学家邵雍解："凶：得此爻者，多有悲忧，或家中亲人病故。做官的会受职待缺。"

李伟东：此爻表明出师不利。

余治平：得此爻，事业阻力很大，应当谨慎，注意与他人合作，不能贪功已有。有大病，但非绝症，适宜到南方、北方求医。

（整理者：李芙馥　中国人民大学哲学院博士生）

进退适时　不失常道

——师卦六四明解

时　间：2015年11月27日22：00—23：21

【明解文本】

六四：师左次，无咎。

《象》曰："左次无咎"，未失常也。

【讲课内容】

张国明：六四之辞多"无咎"。上不在天，下不在地，处境难也。二多誉、四多惧。四多谨慎之辞。孔颖达："'师左次，行师之法，欲右背高'者，此兵法也，故《汉书》韩信云

'兵法欲右背山陵，前左水泽'。"这里把左次解释为驻军的方位。这个兵法倒是颇符合易理，符合传统的风水布阵之法，可以看成一说。程氏把"左次"解释为退舍。古有军中尚右之说，右进则左为退，也可看成一说。两说都通，都符合行军谨慎之意。

吉事尚左，凶事尚右。文左武右，古之定则。左青龙右白虎。

程颐曰："师之进，以强勇也。四以柔居阴，非能进而克捷者也。知不能进而退，故左次。左次，退舍也，量宜进退，乃所当也，故无咎。见可而进，知难而退，师之常也。唯取其退之得宜，不论其才之能否也。度不能胜而完师以退，愈于覆败远矣。可进而退，乃为咎也。易之发此，义以示后世，其仁深矣。"

余治平 周人尚右，次左则退。从爻象上看，六四爻居师卦上卦之始位，虽然没有阳爻呼应于下卦，险阻在前，但却有自知之明，能够柔顺得正，当偶则阴，遭遇不利形势则主动撤退，据守高地，不轻举妄动，等到时机成熟则发力进攻。

王弼说："行师之法，欲右背高，故左次之。"按照上古兵法，布阵的地形原则是，左前方要低，便于随时出击，还可产生加速度；右后方要高，背后有靠山，防御据点坚实，而不会腹背受敌。

【讨论内容】
【"左"】
邓洪波： 左在震位、春时，主生发；右在兑位、秋季，主肃杀。

温海明： 后天八卦震左，六四是互震里面。

尚　旭： 《老子》曰："君子居则贵左，用兵则贵右。"

邓洪波： 用兵贵右乃强调肃杀之气。

倪木兰： 《道德经》的原意似乎不是贵肃杀，而是贵胜而不美，是慈悲之怀。

温海明： 用兵贵右，左是退舍。

余治平： 荀爽说："左谓二也，阳称左。"

孙世柳： 用兵贵右，左是退舍，可否细讲？

温海明： 用兵右尊左卑。

【"次"】
尚　旭： 《左传·庄公三年》："凡师一宿为舍，再宿为信，过信为次。"

温海明： 孔颖达："次谓水旁也。"次是两天以上的驻扎，就是三十里以上了。下坎之上，坎为水。

尚　旭： 六四巽爻，阴柔居正，伺机而动，不失其时。

温海明： 对，两个都有，一个讲水旁，一个过信为次。震行入坤，不知深浅，不如退扎水旁，静候战机。

温海明：可水旁并不一定安全。不过进退上下皆凶，在水旁正好休整部队。

张国明：水旁也可能是安全的，后面是高山，前面是水泽，宝地也。

尚　旭：地水师之六四，水边，这个甚妙。

倪木兰：古时水运比陆行便捷，便于运输车、马、物资、军队，山陵利于埋伏。

张国明：风水家推重之风水宝地。

崔　圣：水可埋锅造饭，亦可背水一战！

温海明：暂时解脱，等待战机，埋锅造饭，随时准备背水一战！

崔　圣：“背水一战”隐含着被偷袭。

温海明：如此分析，有点破釜沉舟的味道，既然进退皆是载尸而归，此爻唯有背水一战。

崔　圣：背水一战可鼓舞士气。

余治平：如果再从军事作战学上看，六四爻在讲战术。《象》曰："左次无咎，未失常也。"凸显出打仗也是有道道（"常"）的，讲究兵法，你上战场得尊重它，不能胡来。兵法是无数代人战争经验的总结，只要统帅根据当下的敌我力量对比和地理条件，按常规布阵，基本上可以避免不必要的损失。

温海明：六四变解，恰好是暂时休整部队之象，进退有度，合乎用兵之法。

邓洪波：师卦诸爻都无法脱离"地下有水"之背景。

倪木兰：坎下为水，如果说前左水泽，似乎是需要读者顺时针旋转九十度看。

张国明：不尽然，应该是退居到相对安全的地方。六四阴爻，似与背水一战不合。董仲舒就说过："木居左，金居右。"

温海明：确实是相对安全之地，所以才能埋锅造饭，但战时状态，危机四伏。

张国明：互卦为震，震木为左。

温海明：六四在水旁，次也就是驻扎，是在水边埋锅造饭。

【"无咎"】

余治平：二与四同功，四承五，五又非阳，所以呼二舍于五，四才承之，于是也才能够无咎。

张国明：六四无应，前行又遇重阴为窒，故宜暂退。退则可正位以待二升五而承尊阳。四凌于阳，本有咎。现暂退而待，将来可承尊阳，善得补其过，故可"无咎"。识进识退之师，又有何咎矣？打仗之时，正确判断形势主动退兵可能比进兵更难。爻变为震，有长子之象。长子比弟子更有经验更加稳重。

余治平：六四居坤初，得位恰当，次舍于左，观变以为进退。这就说明武王还是比较冷静、理性的，堪当周人之主。师卦常被研究中国军事史的学者所重视，从中总结出来的作战经验是很宝贵的。六四爻强调军事首领必须具备审时度势的决断力，不可违背常规用兵。能攻能守，当进则进，当退则退。迂回战、诱敌战、欲擒故纵战、放弃部分土地和城池、建立敌后根据地、保存自我实力、不做无谓的牺牲，甚至进行必要的妥协、迫不得已的投降，都符合最基本的作战规律，未曾不是一种确保最终胜利的智慧与策略。

崔　圣：　兵家在孔子之后，此用兵思想法于何家？太公六韬？

余治平：　孔子还是懂武备、懂战伐的，还教过学生射、御课程，可惜这些都被后人读丢了。太公《六韬》晚出矣！诸葛亮当年六出岐山，接连打败仗，但总能在撤退时巧妙布局，避免大量人员伤亡。或可受到师卦六四的启发。以退为进，守势图存，会打仗的将帅常玩这一手。

（整理者：孙世柳　中国人民大学哲学院硕士生）

仗义执言 师出有名
——师卦六五明解

时　间：2015年11月28日22：00 — 23：18

【明解文本】

六五：田有禽，利执言，无咎。长子帅师，弟子舆尸，贞凶。

《象》曰："长子帅师"，以中行也。"弟子舆尸"，使不当也。

【讲课内容】

张国明： 六五，中位，尊位，下有应，这几方面为吉。决定了其用人有正确的一面。任用九二这个长子为统帅，吉。同时，六五不正、上下无比，为阴人所围，自身又为阴性犹豫不决，决定了用人有不当的一面。用六三为将，弟子舆尸，贞凶。则为错误。

余治平： 师卦六五爻辞看似在描述郊野狩猎，实际上在议论战事。上古时代，田猎就是军事演习，许多善战将士的武技都是在狩猎活动中练就的，先以飞禽走兽为靶子，再以敌方活人为靶子。

六五之爻象中，阴居阳位，失正不当，所以封帅、点将难免不能胜任，而给部族、家国的利益带来严重损害。六五乃"假设之辞"（朱子），正、反两方面设戒，警示王者必须明察臣僚，任人以正。"长子帅师，以中行也。弟子舆师，使不当也。"同一支队伍，交由不同人统率，结果则有天壤之别。长子因为能够"德长于人"，所以能够决战千里，凯旋而归。次子因为"德劣于物"，最终只能损兵折将，狼狈还师。

【讨论内容】

【"田有禽"】

张国明：　"田有禽"，有争议。一解为田猎有收获，另解为庄稼地里出现了掠食的禽鸟。

温海明：　"田中有禽兽"？还是"田猎当中遇到禽兽"？

余治平：　"田"之义，训为"狩猎"。

欣　悦：　我认为第二种解释合理些，祸害庄稼的。

孙世柳：　禽犯庄稼，犹如恶人犯己，理在自己，所以正直，无咎。

张国明：　两种说法，王孔程朱都持第二种说法。我认为，第二种说法更通。

余治平：　"有"当解为"取"。"禽"，《说文》谓"走兽总名"，这里可以指猎获物，引申为敌军俘虏。

温海明：　打猎时在田中遇到禽兽来祸害。

余治平：　我还是倾向于第一种解释。

温海明：　是抓捕祸害的禽兽，引申为敌人可以。

张国明：　师卦既言战事，与打猎应无关。

余治平：　那你怎么解释"田"字？

欣　悦：　取象打猎，师出正义，不去的话粮食叫禽吃完了。

张国明：　这边将士已经出征，已经大量流血，国王还在打猎？

孙世柳：　田中有禽而来犯苗，这是孔颖达的解释。

张国明：　"田"解释为"耕田"即可。

余治平：　爻与爻之间，是有时空跨度的，不是一次战役。

陈佳红：　用打猎比喻出师。

温海明：　打仗跟打猎差不多，只是看打的对象是禽兽还是敌人。敌人也常被比作禽兽。

张国明：　"田有禽"，也可以理解。坎卦为险，上坤下坎，田园（家园）遇险。

余治平：　"田园（家园）遇险"？是武王出征在外的啊！

张国明：　不一定是指武王。辞多虚指，这个"禽"字也很令人费解。"禽"字只能对应离卦或巽卦。六五动则变坎，坎错卦为离卦，勉强可以为一说，但我不满意这个解释。用变卦的错卦解释太复杂，违背了简易原则。这个问题，难！

瞿华英：　田谓二。阳称禽。震为言。五失位，变之正，艮为执。故"利执言，无咎"。虞翻吸取了荀爽升降之说，二之五，互艮为执。且解禽为禽兽是否有含混之嫌，飞禽为离，兽为非离，如坎为美脊马，艮为犬类。荀爽根据卦的平衡，遇上九二、六五一般都互换。

余治平：那么李道平案是不是说得更远了呢？他说："六五居尊失位，在师卦之时，盖由殷纣而被武王禽于鹿台之类是也。"以臣伐君，假言田猎。

温海明：史事都是推理比附，可以帮助理解，但不可以用来解释卦爻辞本身。

林文钦：我觉得解《易》对史事的比附不宜过度，我很赞同温老师的说法。

【"利执言"】

张国明：有外敌来犯，作为国王，首先得了解情况；其次得进行外交交涉，执言以对；最后派军征讨。三个步骤环环相扣，很符合实际情况。

余治平："执"指抓获、捕获，《说文》曰："执，捕罪人也。""言"有两解，一是同"讯"，意即审讯、拷问；二是句末语气助词，无实指。比卦之初六的爻辞曰："有孚，比之。"对待俘虏的政策应该是尽量安抚、努力亲近，既要吃好喝好，又要攻其心防，改造他们。

张国明：外禽来犯，寓意外敌入侵。

孙世柳：田地里有禽来破坏庄稼，犹如敌人侵犯自己的国家，自己一方是处于道德制高点的，此时可以大胆谈判，利于言论讨伐，则无咎。

温海明：大加讨伐，之后师出有名，当然正义在我。

余治平：国明解释成"外交交涉，执言以对"。

张国明："执言"，抓住这件事用言辞质问对方，宣示己方正义，是有利的。

温海明：有道理，正义在我，师出有名。

余治平：高亨解释成"执行其言"。

张国明：就是，动武之前先动口嘛！

余治平：执这个字必须好好理解一下！《春秋》及其《左传》《公羊传》中，"执"有特指的，一般都与俘获、抓捕有关。

温海明："己今得直，故可以执此言往问之而无咎也。"孔颖达到底又说对了。

孙世柳：抓到俘虏，可以审讯？似乎这样也通，与战争有关。

张国明：不过，言语取象令人费解，我久思难解。田字好理解，田就是坤嘛！

温海明：唐代一批大儒来自全国各地，像我们今天一样共同讨论，字斟句酌，最后写下来的内容经过皇家认可，确实高。

李伟东：执的本义，是抓获罪人（戴上手铐）。

温海明："言"的象好像确实不好找。

余治平：我勉强解释一下，言相对于行。虞翻说："田谓二，阳谓禽。震为言。"

张国明：行为刚、为阳、为动手；言为柔、为阴、为动口。

温海明：这算是以坤为言？

张国明： 比如南方柔，有争执时双方讲理，而在北方，则直接动手。

温海明： 六五不在互震中，虞翻之说似乎牵强。

张国明： 坤为西南，为阴柔之象，值此战争之际，执言以对，尽现柔和争执之风范。

余治平： "执"能解释成"尽现柔和争执之风范"？

温海明： "执言"当然比执兵戈柔和。"执言"能解释成"尽现柔和争执之风范"，因言是柔和的，六五所在坤象接近，比较合理。跟敌人跟禽兽争执。

余治平： 李道平说："六二对六五，在上谓之命，在下谓之言，明尊卑之义。"

王力飞： 王夫之《周易》稗疏："言为繁体之误写。"此说简便易懂，小白取之。利执之。繁体"之"字和"言"字形近。个人感觉，此话有理。

赵　薇： 震应该也可当言讲。

温海明： 互震在六五之下，下坎离六五还是有点距离啊！

邓洪波： 地水师，直接取下卦坎的反对之象。

张国明： 震为言，于理无据。不仅《说卦》没有依据，常用的万物类象中都没有。虞翻之说，大多不通。

温海明： 从《说卦》出发，没有根据。虞翻取的逸象太多。

余治平： "虞翻之说，大多不通"，为何后人还多征引、注解？

张国明： 这个好理解，研《易》人太多，总有人崇拜他。

【"长子帅师"】

余治平： "长子"，即丈人、长者，或指九二爻。"弟"同第，次也，故"弟子"即次子，无德小子之谓也，或指六三爻。

温海明： 一说震为长子，坎为次子，通于九二、六三的解释。

张国明： 六五，中位，尊位，下有应，这几方面为吉。决定了其用人有正确的一面。正确：任用九二这个长子为统帅，吉。同时，六五，不正、上下无比，为阴人所围，自身又为阴性犹豫不决，决定了用人有不当的一面。错误：用六三为将，弟子舆尸，贞凶。这个是我对后面爻辞的解释。

余治平： 贞、凶，分开说。

王力飞： 长子帅师，弟子舆尸，此局面不宜保持。子与丈人，差辈儿；所以，个人认为"丈"为"大"误写。

【实例】

张国明： "田有禽"，这个禽是来偷吃庄稼的，在这里相当于寇盗。能理解吧；而六五爻变则为坎，坎正为寇盗。你想象一下：现在看一片田野风平浪静，但你隔一会儿再来看，变了（变卦）变成什么了，田野变成寇盗了，大片的飞禽正在掠食禾苗呢！学《易》需要想象，当然是合理的想象，联想思维是易学思维的重要组成部分。

张洪亮：师卦六五"田有禽，利执言"的含义困扰了学人两千年，对于先儒释"利执言"为利于言辞，刘大钧先生提出疑问："既为禽兽，何以曰'利执言'？"我倾向把这句读成："田有禽，利执。（众）言，无咎……"有禽兽来犯田园，利于捕获。大家你一言我一语地讨论，也没有关系。

王力飞：飞禽在田，大声哄走即可，人进去或抓或赶会祸害庄稼。以有禽兽来犯田园解，跟后文联系更紧。

崔　圣："田有禽"的禽就是禽。禽，喊一下就可以飞走，不用跑进去动武，而兽光喊是不行的。

王力飞：仗义执言，以正之师喝退敌兵，确实好于打仗。孔子夹谷会盟喝退齐武士，是也。

【以象解易】

温海明：如果取二到六爻为大震，可通，只是震为言。虽然说得有理，但目前看来，似乎于象、于史皆无据。

余治平：爻象、卦辞、爻辞、史事、数理……都是维度和面向之一吧！

张国明：反对之象对深刻理解卦意非常有帮助，六十四卦两两相反组成三十二对卦非常符合一阴一阳之谓道的太极思维。但用它解释卦中的爻辞，我不赞同。比如乾卦六爻为龙这是阳爻性质决定的，是乾卦决定的，如果用坤卦解释就显得很滑稽。同理，本来是坤卦的爻，你非要用乾卦来解释，也很滑稽。卦定则象定。比如乾卦为天，你不能说乾卦又为地，正所谓天尊地卑乾坤定矣。坎为水，就不能同时说坎又有火象，水火不容。

温海明："天垂象，见吉凶"，取象本来都是天象。

（整理者：孙世柳　中国人民大学哲学院硕士生）

论功行赏 勿用小人
——师卦上六明解

时　间：2015年11月29日22：00 — 23：29

【明解文本】

上六：大君有命，开国承家，小人勿用。

《象》曰："大君有命"，以正功也。"小人勿用"，必乱邦也。

【讲课内容】

张国明： 这个爻是师卦最后一爻，自然对应战争之最后阶段——论功行赏。大功者自然裂土封侯，中功者也封赐土地为卿大夫，使其成家立业。至于在战争中暴露出小人行径的，即使有微功，也不要重用。总之，"大君"区分了三种人。从爻辞看，并无不吉之辞，应该是上六居于天位，阴爻得正之故。

余治平： 上六，战争结束、班师告捷，帝王开始论功行赏、分封建侯。"大君"者，国君也。

【讨论内容】
【"大君"】

    张国明： 这个爻辞有些特别，似乎不是在说自己。似是别人对此爻的告诫。

    崔　圣： 像是周公告诫。封熊绎子爵。

    张国明： 上位本是虚位对应宗庙等，大君之辞不太与此爻相应。

    余治平： 履卦六三，也有"大君"。

    温海明： 看来古代战争打完之后的最大教训就是区分君子、小人。家、国应该是取坤象。"大君"应该是宗庙先王的神启，讲成天子虽然通，但不合上位。

    张国明： 看来是这样，可能以前有一些小人乱邦之事。我也这样想过：莫非是战争结束后，国王去宗庙拜祭，类似家祭无望告乃翁之类。

    温海明： 天子有想法，假托先王的命令。

    张国明： 非常有可能。

    余治平： 干宝说："汤武之事。"

    张国明： "大君"这个词很少见，结合爻位，解释为先王似乎更恰当。

余治平： 大君，黄凡说得更远，"古公亶父"。履卦六三，也有"大君"。

张国明： 也可能先王对后王有过对群臣的评判，王在祭祀时，准备对群臣封赏时想起了先王的告诫。或者，先王留下纸条什么的。不知道周以前有没有过类似的史实？

温海明： 我们这样讲突破了易学史上的讲法，应该更合理。

崔　圣： 文武都在施行公刘、亶父之志，也许有金藤留言。

余治平： 孔颖达说："大君谓天子。"大君肯定是周天子，但具体是哪个有争议。国是诸侯国，不是全天下。

张国明： 西周初年管蔡之乱，是不是应该算因分封小人而引发大乱。如果爻辞是周公写的，他一定对此事记忆犹新。

余治平： 春秋时，楚灵、齐闵，穷兵之祸。昭公十二年，《左传》曰："楚子使荡侯潘子司马督。"楚子即楚灵王。《战国策》里，齐闵王也是。

崔　圣： 周公在平定三乱后作爻辞，周公为此散心去建东都作爻辞，也许心有感发。

张国明： 那样就很好理解了，西周初年由于分封小人而引发大乱。

崔　圣： 是蔡叔传的谣言，周公篡位。

【"小人"】

余治平： 张老师说"小人行径的，即使有微功，也不要重用。"怎么理解"小人"？

温海明： 小人是没有君子的修养、没有位置的人。

崔　圣： 这里理解为"远小人"是不够的，分封不当仍有远忧。

张国明： "小人"应该和"丈人""长子"相对。德威并重、经验丰富、老成持重的人为战争中的"君子"，反之为"小人"。

温海明： 也可理解为一起打仗的时候，表现不够好的、不够听话的人。外人就很容易成为"小人"，大君担心分给外人多了，会影响自己人分蛋糕啊。

余治平： 但李镜池《周易通义》却说："赏功只限于贵族，长子、弟子等；小人指当兵的，只有为贵族卖命，没他们的份，故说不利。"

温海明： "分蛋糕"比较形象。"分蛋糕"就要分人，好人、坏人，自己人还是外人。狡兔死，走狗烹，最惨了。

叶秀娥： 对师卦言，争功诿过的是"小人"。

温海明： 当然象辞的意思是"小人"没有治理国家的才能和德行，最后会把国家搞乱。这个国家是天子的家—国。

叶秀娥： 所以才说给赏但不重用。

王力飞： "小人"和年龄、能力、功绩有关吧？

张国明： 应该是，不应该指普通士兵。

余治平： 爻象上看，坤无阳，坤虚无君，故称"小人"。

温海明： 师卦是战争，战争打完了才能立国，"小人"可以有能力、有军功，但不能够使用它们来治理国家。

崔　圣： "小人"可以论功行赏，但不能被分封。

林文钦： "小人"可赏不可使之治。

余治平： "小人"如果在战场上的确已经杀敌立功，则"可以奖赏，但不可加官赐爵"。

【军事学意义】

余治平： 最后把师卦的军事学意义再说一下。在军事学的层面上，师卦是周代的一部兵法总纲。《彖》解"师"为"众"，将师卦理解为用兵打仗的规律，即带领兵众克敌制胜之道。卦辞首先强调了两大原则。一是用兵须正，出师有名，而且必须名正言顺，经得起现世人心与历史道义的双重检验，不打非人道之仗，不打不正义之仗。《彖》所说"能以众正"，意在强调师出有名，不能忘记战争的正义性质，唯有已经获得广泛社会基础的正义之师才打得了胜仗。二是点将、择帅一定要正。德高望重、武艺高强的丈人、长子才能获得吉祥顺利。弟子、次子原本为无德小子，才不足以率兵征战，哪有不败的道理。师卦六爻逐步揭示了用兵打仗的基本规律，初六渲染了战争的正义性原则，六律鼓动，提气壮胆。九二阐明了主帅的中流砥柱作用，王者应该予以及时嘉奖褒扬。六三陈述了在力量对比悬殊很大的情况下，贪功冒进，必然失败，教训惨痛。六四则指出迂回策略与占据有利地形之重要。六五则强调狩猎习武、战俘处理的基本做法以及王者知人善任与否的不同后果。上六则交代了封帅点将、论功行赏、土地分配、官爵授受的原则要旨。通观六爻，即可掌握上古部族战争的大致特点，然而，其内在要求与战法规律却可以一直延伸到现代战争中来。

（整理者：贡哲 浙江大学哲学系本科生）

（本卦校对：陈志雄 中国人民大学哲学院硕士生）

时　　间：2015年11月30日22：00 — 23：06
导读老师：何善蒙（浙江大学人文学院教授）
　　　　　刘增光（中国人民大学哲学院讲师）
课程秘书：王　璇（中国人民大学哲学院硕士生）

归附比合　及时亲辅

——比卦卦辞明解

8 比卦

坤下坎上

【明解文本】

比：吉，原筮，元永贞，无咎。不宁方来，后夫凶。

《彖》曰：比，吉也。比，辅也，下顺从也。"原筮，元永贞，无咎"，以刚中也。"不宁方来"，上下应也。"后夫凶"，其道穷也。

《象》曰：地上有水，比。先王以建万国，亲诸侯。

【讲课内容】

刘增光： 比："吉。原筮，元永贞，无咎。不宁方来，后夫凶。"这句话的意思是：亲比，则吉祥。在用筮决定是否亲比之前，先要推原穷究亲比者之情意。如果比者有善、永、贞三德，则可以亲比而无咎害，缓缓来迟者则有凶险。比卦的卦辞，我觉得比较复杂，难理解。我的理解有不到位、不当之处，还请各位指正。

"不宁方来"也有不同理解。一种是未获安宁者多方前来亲比，这就将"方"和"不宁"分开来看作两个词；还有一种是将不宁方连起来看，"不宁方"的"方"指方国、邦国，比如"鬼方"之类，不宁方就是不安顺的诸侯国。我认为后一种可以信从，有着文本上的考据和证据。

《彖传》说，亲"比"则吉祥。比，是说亲辅，在下位者要顺从在上位者。之所以无咎害，是因为九五以阳爻居上卦之中，有刚中之德，能推原比者之情实。不宁之方国来，上下相应。后来者凶，是因为亲比之道已经穷了，后来者失去亲比的时机了，或者说后来者违背了亲比之道。

"地上有水"，水和地亲密无间，这象征着先代圣王以亲比之道分封而建万国，而诸侯则以亲辅之道对待圣王。在上者亲比下，在下者亲辅上。先王此处就是指九五了。需要注意的一点是，比卦中的比是有两层含义的，一是在上者亲比在下者，二是在下者亲辅在上者，这两者缺一不可。所谓"独阴不生，独阳不长"，在这个卦上有很好的体现。阴阳相应相合，才可亲比吉祥。

何善蒙： "比"是一种亲密关系，但是这种亲密关系并不是一种没有原则的亲昵，是有选择的。我倒不那么认为"比"是一种利益交换，当然从行为方式上来说可以这么讲，但是，《彖传》上说"元永贞"，我觉得这个才是比较重要的。

自始至终坚持正确的相比之道，方得无咎。说明简单说"比"是不足的，而且这是在九五中正的意义上来说的。所以，"比"之亲密是需要把握时机和分寸的，否则就是违背"比"之道，成为单纯的利益交换。如果"比"是利益交换，那么"比"仅仅只是一种手段，无法成为道。

【讨论内容】
【"元永贞"】

何善蒙： "元永贞"是对于"比"之道的描述。

温海明： 开始就要永久持守正确的比合之道。

倪木兰： 那么"元永贞"，在这里是对上的要求还是同时对下的要求呢？

何善蒙： 如果按照指九五来说，自是对上的要求。"元"是开始，"永"是一直，所以，自始至终。

温海明： "元永贞"看来是核心，是比卦的中心思想。"比"的根本是贞，换言之，贞比，正比，守比合之正道。

【五阴比一阳】

倪木兰： 我有点迷惑，如果从五阴比一阳来看，初六和六三相对离得较远，而上六离九五反而很接近，当然六二与九五，一阴一阳，也正可视为相比。大家如何看呢？

刘增光： 这里的后夫，一般都认为是上六。九五是"上下应"的"上"。如果说上六是后夫的话，那我想其中的一个根据是上六是以阴居亢。

张　悦：　上六当位不应。

王力飞：　不宁方为乘阳之六五，失应，但得位。在看《周易》的时候，经常遇到几种注解法冲突的情况，这时候，就看如何选择了。叶老师此说源于"开国承家"吧？

叶　亮：　开国承家是战胜方内部集团的利益分配。

温海明：　打完仗了，出现新的盟主，分完蛋糕（师卦上六），这里就是重新结盟，从战胜者内部延伸到邦国全体。

叶　亮：　而比卦讲的是战败方亲附战胜方，而战胜方接纳战败方。唯上六顽固不化，乘于九五至尊，居险之极而下无应，待不宁方来，欲比而无人纳之，自得后夫之祸。

倪木兰：　师卦是敌我矛盾，在消灭了敌人之后，内部矛盾会上升激化，如此处后夫之凶。

陈鹏飞：　九五肯定是本卦的核心了，一阳独秀，君临天下，其他阴爻的选择只能是永贞才能吉祥，而感觉各自位置的心态也是迥异，冷暖自知。初六本身弱小，踏踏实实，六二得九五赏识、忠心耿耿，六三位置较尴尬，唯有谨慎再谨慎，六四比六三稍强，但也必须收敛光华；总之是"元永吉"，上六怎么做都不太对了。

【"地上有水"】

刘增光：　下坤上坎，水在地上。此处以地和水作为比之象，这不是偶然的。"水善利万物而不争""江海之所以为百谷王"之类的说法，表明"水"和"地"是有共性的，此共性就是包容、宽厚。

徐治道：　是的，比，密也，地上附水，亲密无间。

倪木兰：　君子胸怀宽广，能包容万事万物万众，但这种容纳是有原则的。小人也会交朋结党，却或乡愿或诏溺，不能刚中。关系伦理必须在双方相待中成立。

刘增光：　说得好。所以儒家不是讲绝对的服从的，而是一种双向的关系。《象传》"下顺从"的顺从解释为"在下位者顺从在上位者"，其背后实则包含了在下位者顺从道，在上位者也是顺从道的，否则就不是"圣王"。

何善蒙：　儒家伦理就是一种对等伦理。

【"比"之本义】

刘增光：　"君子周而不比，小人比而不周。"这里的"比"不能和比卦的"比"当作同一个意思来看。解释一个词的意思，要看整体的语境。

倪木兰：　赞同两"比"有异。

刘增光：　就像说"和"与"同"，说"和而不同"时，同是贬意，但是我们说"大同"时，这样的同就是褒义，同心同德才是真正的同。比卦的比，注家说，要读四声。比较之义，当是晚出的引申义了。比的本意是什么，可以去看比的甲骨文、金文都写作什么，大概就明白了。

张　悦：　&&、&&、比。

徐治道：　"《大象》：一阳统五阴，比邻相亲相辅，和乐之象。"

刘增光：　一阳统五阴，似乎有着后世以一统众的含义。

【"后夫凶"】

刘增光：　举一个"后夫凶"的例子。昔夏禹会于涂山，执玉帛者万国，独防风氏特强而后至，为夏禹之所戮，这就是"后夫凶"的一个例子。孔子说："远人不服则修文德以来之。既来之，则安之。"我觉得，从比卦来看，即使圣王修文德，也不会所有的国家都来亲附，还是会有钉子户不来。这时就要惩罚了。这也是孔子为何说"修文事者，必以武备之"。

叶秀娥：　"后夫凶"，天下归汉，田横不来，可否当例子。

刘增光：　天下归汉，田横不来。如果汉室皇帝是圣王，那么就可以作为一个例子。但如果不是圣王就不能作例子了。

倪木兰：　我倒觉得田横的例子也很好，如遇明主也凶，那么遇不明主就凶不可测了。

刘增光：　解释得好，体现了比卦内容的普遍意义。

叶　亮：　田横是虽遇明主而不比，错在田横不在明主。人之相亲固欲有道，然相比之志不可缓也。当比之时，当比不比，不宁方来，后夫之祸。按照您这个解释，田横的例子用在比卦正是佳例。

倪木兰：　"后夫凶"，有一种解释为：夫，发语辞。但是发语辞一般都位于完整句意之首，而非句读之中。所以这种说法似不可取。

【坎险坤顺】

王力飞：　上为坎险，下为坤顺，以"顺"比附"险"，合乎《象传》"下顺从也"，这不大合理。《象传》在这里，显然是把九五当君王，把其余的当臣子了，说的是整个卦画，而非两个八卦组合。个人觉得，避开八卦的卦性去谈比卦是有问题的。

温海明：　水地是两个卦，"比"是水亲附于地。

徐治道：　《彖传》主要说上对下，《象传》主要说下对上。

温海明：　说明双向都可亲比，时机很重要。

倪木兰：　"后夫凶"有险之义，"不宁方来"有顺之义。

徐治道：　所以，《断易天机》解："比卦坎上坤下，为坤宫归魂卦。""比"为相亲相依附之意，长期如此，就会无咎，所以吉祥。邵雍解："水行地上，亲比欢乐；人情亲顺，百事无忧。得此卦者，可获朋友之助，众人之力，谋事有成，荣显之极。"

叶　亮： 第七卦是师卦，讲的是战争，战胜的一方改朝换代。第八卦比讲的就是战败者对战胜者的亲近和归附。

温海明： 败了就要亲比，否则凶。

倪木兰： 还有战胜者对支持者的封赏以巩固前盟。

温海明： "比"就是结盟，形成利益集团。

倪木兰： 如果遇到的是南京大屠杀的情况，亲附亦凶，因为处上风者不义。

叶　亮： 欲早归附，利益愈大，所以初六为比之始，占尽便宜。但亲比有道，贵在诚信！

（整理者：王璇　中国人民大学哲学院硕士生）

王道气象　远邦亲比
——比卦初六明解

时　间：2015年12月01日22：00 — 23：10

【明解文本】

初六：有孚比之，无咎。有孚盈缶，终来有它吉。

《象》曰：比之初六，有它吉也。

【讲课内容】

刘增光： 初六爻辞的意思是说，初六爻有诚信，能与九五相比，所以不会有咎害。九五之诚信充盈流溢，终于使远者来亲附，吉祥。

《象传》说："比之初六，有它吉也。"比卦的初六爻，九五有它吉。这是我的解释，参考了黄寿祺先生的说法。我觉得，值得注意的是，初六爻辞中前半部分说"有孚"，后半部分说"有孚盈缶"，这二者说的是同一个对象还是两个对象呢？对这个问题的理解不一样，对这一爻的理解就差别很大。

黄寿祺说，初六爻是地位低微、遥居荒外者。所以它能亲比九五是要经过重重困难的，所以是"终来"。按照黄先生的看法，"终来"的"终"正显示出初六爻的一心一意，诚心向慕。初六的诚信和九五的诚信不同，这是肯定的。人的德行是有大小差异的，按照儒家的说法，"大德"和"小德"，"大德必得其位"，九五就是那个"必得其位"的先王。

【讨论内容】
【"有孚盈缶"】

王力飞：　缶是一种瓦制容器，十六斗为一缶，盈缶说明诚信很丰盈充溢。

刘增光：　王力飞先生对缶做了很好的解释。

温海明：　有人说初六的诚信跟九五的诚信不同。

刘增光：　我也认同这一观点。2008年奥运会开幕式上有一个环节是"击缶"。

王力飞：　前后的孚，量不同。有孚比之，何为不宁？

叶　亮：　坎卦中实，有孚象，又坤为缶，质朴之象。不宁不单对初六，不宁对所有的爻。

王力飞：　这两个"孚"，是不同的对象。

刘增光：　是的，王先生，我开始就说了，初六是"有孚"，而九五是"有孚盈缶"。"盈缶"就是诚信可以亲比天下。

王力飞：　由它呼应前面的孚，彰显君王之孚。

倪木兰：　初六"有孚"，九五"有孚盈缶"。这个解释好，既说明了比辅之双方，又不是简单的重复。吾从之。

何善蒙：　初六应该不是不宁方来的那位吧，因为初六虽不当为，但是爻辞明显说是"有孚"，既然"有孚"，而且是初的位置，肯定是宁的。

王力飞：　有孚比之，无咎，若从戒语的角度理解，也可为"不宁方"。

刘增光：　不宁方来，不宜指所有的爻，否则在义理上说不通。原因在于，如果所有除却九五以外的其他爻都属于不宁，那么九五这个圣王也太窝囊了，这显得九五并不是革命成功了，不是亲比天下了，而是失去人心了。

王力飞：　君王诚信盈缶，可使其安心比附。

何善蒙：　这个逻辑关系不成立啊。

【不宁方】

倪木兰：　"不宁方"是否指初六，因其不当位？

刘增光：　有人说初六距离九五最远，为何"不宁方来"不是初六，却是上六？从卦爻辞来看，初六和上六的区别在于，初六是以阴居潜，所以是谦恭之象。上六是以阴居亢，且以阴乘阳，在九五之上，这是在上而骄、不顺从之象。"不宁"并不一定指的是距离最远的蛮夷之邦，应当分别看待。《周礼·考工记》："惟若宁侯，毋或若女不宁侯。"吴澄言："不宁，盖诸侯之不朝贡者。"孙诒让说："不宁侯，谓不安顺之诸侯也。《易》比卦辞云'不宁方来'，义与此同。"

倪木兰：　"不宁"有没有不当位之意呢？

刘增光：　"不宁"还是强调不安顺、不向慕道德和圣人，而不是就距离说的。我觉得
　　　　　这点需要分辨。上六以阴居阴，应该是当位的吧。是象数高手的可以解
　　　　　释下。

温海明：　一解是乱的方国，四方不宁都来。另一解是从不安宁的状态当中刚刚过来。
　　　　　这两种解法都没有确指哪一爻。

倪木兰：　《象传》里面说"不宁方来，上下应也"说明是吉好之事，因此"不宁方"
　　　　　说的不会是上六，而"后夫凶"是说上六之事。

温海明：　"后夫凶"可以解为姗姗来迟，是指上六摇摆不定。

倪木兰：　我推测从初六到六四都是不宁方，因为与九五相亲比顺应才得安宁吉祥。

叶　亮：　"不宁方来"也可以解释为原本对九五不理不睬，等到时局对他不利，他感
　　　　　到不安宁了再来归附，此时已经成"后夫"了。所以不宁应该是指上九。但
　　　　　还有一种解法如下：经过师卦的战争后，虽然战争结束了，但人心惶惶（此
　　　　　为不宁），需要迅速归附战胜方（九五），这样也说得通。

王力飞：　上六乘阳，功高自傲，故凶。

倪木兰：　我意思是如果按照《象传》的说法，"不宁方来"有上下相应的结果，那么
　　　　　上六就不可能是这种后果为无咎吉祥的不宁方。

刘增光：　从初六爻辞来看，初六和九五相比的内在实际是诚信相通。"诚者，天之
　　　　　道。思诚者，人之道。"二爻的相比是符合比道的，而比道也就是天道。

叶　亮：　"有孚盈缶"，先要诚信，而诚信的表现方式是质朴而非浮华！交友之道，
　　　　　首重实质！

温海明：　有理，《象传》明确说了上六穷，那么前面应该指其他爻合理一些。"不宁
　　　　　方来"，前面讨论的不仅仅是初六，也包括初至四爻皆向九五亲比。马恒君
　　　　　解："刚从师卦的战争状态过来，刚刚安定，需要亲比。"

刘增光：　另外，从爻辞上来看，也不适宜将九五之外的其他爻都视为会不宁者。

何善蒙：　增光说得对，这个九五是有孚盈缶，所以，"不宁"只有上六。

叶　亮：　角度不同，九五之不宁是因为他急于招降纳士。

刘增光：　九五大中至正也会不宁吗？按马恒君的解释，有可能将其他爻也视为不宁。

温海明：　是的，不然《象传》"不宁方来，上下应也"就不好讲了。

刘增光：　但是，如果按照我自己所认同的解释。我刚才把那个孙诒让和《周礼》的说
　　　　　法都写上了。不宁方，就是不安顺的邦国。按照我的这个理解，"不宁方"
　　　　　就不是刚从不安定的状态过来。马恒君正是把"方"解释为刚刚。我是认同
　　　　　把方解释为邦的。不宁方，是未获安宁的邦国。有人的地方就有不安宁。包
　　　　　括马恒君等几位先生在内，都觉得这个卦是与武王伐纣有关系的。

崔　圣：这个"不宁方"不是说方国不宁，而是说方国对于主国有所不宁。战争使一些方国直接归附（投降），还有没有参与战争的方国在察颜观色，踌躇不前。例如东方淮夷、徐夷等。

刘增光：这里当然说的是方国对于主国有所不宁，否则就没有说不宁的必要了。

何善蒙："终来"是因为初六远离九五而言，从这个角度说，最终是有应的，因为九五之孚盈缶。

王力飞：坤本有顺从义，无须再找缶象了。

何善蒙：顺从得有顺从的对象。

王力飞：归附九五至尊。

何善蒙：对，因为他是九五至尊。

刘增光："不宁方"应只针对上六、九五之外的其他爻说。

【"孚"】

徐治道：有种解释："有孚比之，无咎"意为捕获俘虏，安抚他们，没有灾难。不知各位师友认为妥否？这是浮图塔易学白话文的解释，作者不详。

倪木兰：优待俘虏是后来特别是现代战争中的国际通则。商周时候俘虏一般用于祭祀或直接坑杀。

崔　圣：周不坑杀俘虏，而用作奴隶。

倪木兰：金文常记载"馘"，还有其他文献有献祭的记载。至东周后开始多坑杀之事。

崔　圣：东周奴隶制结束，不用奴隶献祭。

【归附】

温海明：初六说明这是王道传播到很远的强盛邦国的状态，我们在被西方人打败之前一直都是这样的东方大国。连初六那么远的都来亲比，说明此国有非同一般的吉祥。

张国明：这个初六可能就是边地小国，本在察言观色，看到大局已定，才决心真心归附。爻辞与九五无关。初爻本在坤卦，又在最下，自然柔顺至极。柔顺至极体现了，自然是归附，诚心归附，有孚盈缶的亲比。在边地原本观望，最终决定归附，所以说"终来有它吉"，根据大象辞先王封万国之说，应该被封为诸侯，继续统领本部族，自然为吉。

叶　亮：初六是指越早亲比九五，越有意料之外的好处。九五正等着别人来归附。法无定法，初六肯归附，是国泰民安之兆。对初六本身，也有"终来有它吉"的好处。初六的作用最大，他一带头，其他几爻都来亲比九五。

崔　圣：也有不归顺的，那就只有征伐，如"齐取东莱；鲁取薄姑，有咎"。

温海明：爻辞的主语一般前后一致，后面是进一步强调，尤其是按照象辞的意思，是初六终于离开观望而加入亲比的行列了，王道气象最终成型。

张国明： 正是如此。这样解释符合爻位和爻象。正是进一步强调，反映出初六的柔顺至极。既然拿出诚信就要拿出更大更多的诚信。初六爻辞自与九五无关。初六的诚心归附，可能不但保住了原来的邦国，更获得了新政权的赏赐，说不定还会与新政权联姻，娶个汉族贵族之女，那真是有它吉了。

宏　中： 心诚则灵，诚实像装满容器一样，获得的吉祥是意想不到的。

刘增光： 再做一点发挥。黄寿祺说，初六爻是地位低微、遥居荒外者。所以它能亲比九五是要经过重重困难的，所以是"终来"。依此，从华夷之辨上说，初六是"夷狄进于中国则中国之"，初六距离九五最远；而上六虽然距离九五最近，但却是后夫，那恰恰是"诸侯进于夷狄则夷狄之"。

叶　亮： 易学思维方式是很独特且多角度多层次的，初六看似距离九五最远，也有后夫之嫌，但他是比之初始，是最先投靠亲比九五的，况且又能"有孚盈缶"，势虽微但最合九五心意并能对其他几爻起到带头作用。九五必对初六信任有加并予以厚赏，此为"终来有它吉"！

（整理者：张馨月 中国人民大学哲学院硕士生）

真诚亲比 正道吉祥
——比卦六二明解

时　间：2015年12月02日22：00—23：33

【明解文本】

六二：比之自内，贞吉。

《象》曰："比之自内"，不自失也。

【讲课内容】

何善蒙： 孔颖达："'比之自内，贞吉'者，居中得位，系应在五，不能使它悉来，唯亲比之道，自在其内，独与五应，但'贞吉'而已，不如初六'有它吉'也。"如果从爻位和正应上来说，明显六二比初六好很多，然，初六吉，而六二，贞吉。就是孔颖达说的"不如初六有它吉"。我想有两种解释吧。

第一，初六之比，有怀柔远人之相，这个从效果来说，明显是"比"所具有的强烈的表达意义，从这个角度上来说，"比"更多是外向的一种行为。这就是孔颖达说的"不如初六"的意思。第二，我觉得孔颖达的说法，也有问题。不能因为六二说贞吉，就说"不如初六有它吉"。

如果联系《象传》说的"元永贞"，那么很明显，"贞"是本卦所强调的重要一点。而这一个"贞"在六二身上得到最佳呈现，所以从这个角度来说，六二之吉是最为恰当的比。所谓"比之于内"，泛泛地说就是非常虔诚地发自内心地比。

【讨论内容】

李伟东： 看不出六二不如初六。

倪木兰： 是呀，看不出有可比性，因为处于不同情势之中。

刘增光： 之所以说六二不如初六，肯定是有原因的。比如《象传》为何说"比之自内，不自失也"？

何善蒙： 孔颖达看出来了。

刘增光： "不自失"就是一句要自觉和警醒的话。但是，对初六就没有这样的告诫。

何善蒙： 其实，伊川也看出来了："守己中正之道，以待上之求，乃不自失也。《易》之为戒严密。二虽中正，质柔体顺，故有贞吉。自失之戒，戒之自守，以待上之求，无乃涉后凶乎？曰：士之修己，乃求上之道，降志辱身，非自重之道也。故伊尹、武侯救天下之心非不切，必待礼至然后出也。"

刘增光： 程颐说的是。

何善蒙： 所以"不自失"就很重要，就是"贞"，就是守正。

刘增光： 从卦象上来说，六二与九五正应，这种正应，既是六二的优势，同时也是可能的缺陷。缺陷就在于，九五主动地亲比六二。在这个时候，六二就要小心了，不能因为在上者主动亲比就失去了准则。

李伟东： 那为何不如初六？

何善蒙： 其实，王弼的说法也是有点意思的。王弼说："处比之时，居中得位，而系应在五，不能来它，故得其自内贞吉而已。"

【"比之自内"】

徐治道： "比之自内"，这里"之"字该如何理解？

刘增光： "之"没有实意，这是我的看法。

何善蒙： 按照王弼的说法来说，就是"不能来它"。

温海明： 等于"自内之比"，或"自内比之"，后者"之"相当于九五。

李伟东： 六二守正以和九五，有何不对呢？

何善蒙： 九五是六二唯一比的对象。"六二守正以和九五"没有不对，这个问题前面
增光说了，也可以用伊川最后的例子来说明。

刘增光： 说"不自失"，此处还是强调亲比者之内在的修养德行的重要（所谓"比之
自内"），要以道相亲。孟子说："穷不失义，故士得己焉。达不离道，故
民不失望焉。"可以相参看。所谓"比之自内"，是说不是因为九五之亲比
六二，六二就去亲辅九五，而是因为自己内在的道德而去亲比九五。

何善蒙： 所以"元永贞"很重要。

刘增光： 何老师，有没有注家把"比之"的"之"说成是代词的啊？

何善蒙： 好像没有注意到这种用法，如有，也是很少见的情况。

刘增光： 好像大部分都以为"之"是代词。

何善蒙： 都是从理上说。

刘增光： 对，我也没有看到有明确地说的。

温海明： 黄寿祺说是比辅于君主。

何善蒙： 反过来说一下，其实伊川的注是有问题的。伊川立足点在于六二可能自失，
故认为这是在戒之以正道。

倪木兰： 小人者熟练地持守正道是很不容易的，如孔子之明之勤，也要到七十岁才从
心所欲不逾矩。儒家特别强调在人伦里下功夫，人伦关系中和为贵，"比"
是必然要求，而忠恕中正之比却至难达臻。

何善蒙： 六二不能说是小人啊。

倪木兰： 不宁方来，上下"应"也。

李伟东： 认同六二不是小人，是内敛。

何善蒙： 既中又正，又是阴居阴位，有非常强的守正的本性，这种本性是自内的，所
以《象传》明确说这是"不自失"。黄寿祺《周易译注》："《象传》说：
从内部亲密比辅于君主，说明六二不曾自失正道。"马恒君《周易正宗》：
"从内部亲比，是行正道自己没有失误。"

温海明： 六二爻辞、象辞都是正面肯定六二具有内心中正不失的品性。

倪木兰： 如果按照伊川先生的说法，仍然要戒惕不已。

温海明： 善蒙兄对伊川注的纠偏非常到位。

何善蒙： 可能需要重视的是王弼和孔颖达的说法。王弼："处比之时，居中得位，而
系应在五，不能来它，故得其自内贞吉而已。"孔颖达："'比之自内，贞
吉'者，居中得位，系应在五，不能使它悉来，唯亲比之道，自在其内，独
与五应，但'贞吉'而已，不如初六'有它吉'也。"

温海明： 昨天讲解说明初六来比，会有格外特殊的吉祥，而相比之下，六二就是从内
心深处出发而亲比，而来相应的吉祥，初六是观望的外方，六二是心腹嫡

系，本来就不会有失误，也确实没有失误。

崔　圣：　"之"为代词，代九五；"贞"，正也，无正不吉，这是他的弱处。必须守
　　　　　正，才有吉。此爻比武庚。

张国明：　为什么用武庚来比附六二呢？

崔　圣：　初六是讲胜利者需要处理好的事情，六二是讲失败者发自内心比之主体，如
　　　　　不诚心正身，不吉！武庚更不同于其他方国，如贞守有吉，如果三心二意必
　　　　　有远忧。有告诫之意。

（整理者：黄仕坤　中国人民大学哲学院硕士生）

比之非人　内外皆伤
——比卦六三明解

时　间：2015年12月03日22：00 — 23：28

【明解文本】

六三：比之匪人。

《象》曰："比之匪人"，不亦伤乎？

【讲课内容】

何善蒙： 今天讲六三。从爻位来说，三的位置本来就是多凶的。六三阴居阳位，不当位，又
无应，所以自然是不好的。

　　王弼："四自外比，二为五贞，近不相得，远则无应，所与比者，皆非己亲，故曰'比
之匪人'。《象》曰：'比之匪人'，不亦伤乎！"按照王弼的意思，这个"比之匪人"就很清
楚了。

　　再说伊川的解释："人之相比，求安吉也，乃比于匪人，必将反得悔吝，其亦可伤矣！
深戒失所比也。" 这个爻，其他好理解，无论是《爻辞》还是《象传》。但伊川的说法，我

觉得也是有问题的。首先"人之相比,求安吉也",按照伊川的说法,是为了安吉的目的去比。由此,"比"就是出于一种非常直接的目的性的行为。当然从事实上来说,可以这么解释,但如果纯粹是为了利益的选择,那比之道也就无从而来了。也就是说,这是对比之道的降格。

刘增光: 我有一个看法:匪就是非。六三上有六四相隔,不能比于九五。与其相比者是六二与六四,皆是阴,没有阴阳相合之象,所以是比之非人。六三又是以阴居阳,属于不中不正,所以有躁进之象。不中不正,这就是自己没有德行。因此,九五也不会与他相亲比。因为九五有刚中之德,能够审明来比者是否有德。

【讨论内容】
【"比之匪人"】

倪木兰: 《周易译注》曰:"《周易集解》引虞翻曰:'匪,非也,失位无应,三又多凶,体《剥》,伤象,弑父弑君,故曰匪人'。"

叶 亮: "匪人"指上六。

温海明: 传统说二四多吧。

何善蒙: 为什么一定要上六呢?还有人解释为坎险呢。

叶 亮: 上六为九五所忌,六三反而去亲近他,怎会不招九五恨。

何善蒙: 我觉得,六三就是一个匪人,不当位、无应。本无应,为何一定要去比呢?

刘增光: 匪人,不止是上六。是不是自己应该亲比的人,这都是相对的说,对六三来说,六四、六二都是匪人。

叶 亮: 二、四各有各的好,比之不会有祸。二爻自修,四爻外比之,谁有空理六三?也就是上六和六三惺惺相惜,最后两人谁都没好处。

刘增光: 从爻与爻的关系来看,六三在六四和六二之间,二者都是阴。如果它们相比,那就是"同",而不是"和而不同";只有与九五相比,才是真正的亲比,是"和而不同"。所以,要注意《周易》所说的"一阴一阳之谓道",阴和阳相比才是比道。如果是阴和阴相比,这不符合天道。

温海明: 就是说六三的本性不好,加上六三所处的时势不好。目前看来都不好,内伤加外伤,伤不起啊!多好的伤字!

何善蒙: 是啊,好伤啊!一般解释为二和四,因这是一种相邻相比的关系,很好理解。

叶 亮: 上六比之无首,六三也会有"无首"之咎。爻不言凶,其实很凶,伤得厉害。

徐治道: 赞同何老师"六三就是一个匪人,不当位、无应"的观点。邵雍解:"凶:得此爻者,交友不慎,或有争诉,破财刑伤。做官的要谨防同僚不睦而造成不顺。女子则所嫁并非良人,破家丧身之象,不然则会争诉破财。"

温海明: 所以不能说六三有什么选择上的错误,这样的人,这样的时势,实在是选不对啊，令己令人伤悲！

何善蒙：六三不选择的，既是阴爻，又是坤卦，她就暗自神伤。

温海明：这九五也够可以的，本来以为恩泽广布，结果隔一爻就有人神伤，看不见也听不到。

何善蒙：因为抢的人太多，顾不过来。

温海明：要九五关心照顾的太多了。

何善蒙：六三只能望洋兴叹了。

寇方墀：《周易本义》："阴柔不中正，承、乘、应皆阴，所比皆非其人之象，其占大凶，不言可知。"赵氏彦肃曰："初比于五，先也。二应也，四承也。六三无是三者之义，将不能比五矣。"

温海明：六三跟其他阴爻竞争九五失败，暗自落泪。

寇方墀：初与五也不合比的规则，但初六"有孚"，所以可以破格亲比于九五。

温海明：连初六都可以破格，六三还近些却不管了，不是嫡系，不是自己人，一边待着伤心去吧。

寇方墀：《朱子语类》："初应四，为比得其人。二应五，亦为比得其人。惟三乃应上，上为比之无首者，故为'比之非人也'。"有些事情，是外因和内因造成的，时运不济，又不能自强，只好伤心，很受伤。

温海明：这个不能自强有意思，六三到底想不想自强？自强也不顶事。

寇方墀：阴爻居三时，想自强，则为内阴外刚，有躁进之象。阳爻居三时，想自强，则为阳刚太过之象。总之，三多凶。

温海明：只要想自强就凶，实在是伤透了。

寇方墀：从劝勉的角度讲，三爻也总得有个出路，吉卦多凶辞，凶卦多吉辞，也当对爻有此善意，六三，好自为之。

温海明：也确实只能说好自为之了，其实是没有办法的托辞。

【"不亦伤乎"】

温海明：六三比不到合适的，伤心痛苦。

刘增光：我觉得"不亦伤乎"的理解可能需进一步探究。伤或许不能按照今天的说法理解为伤心。"伤"的另一个意思是思、忧思，比如《诗经》中的"维以不永伤"。如此，"不亦伤乎"就是所比非人，所以还是思念能有所亲比的。

王　堃：自己不中不正，又有什么好伤心呢？

温海明：咎由自取，可悲啊！

王　堃：良心对自己位置的反思，心伤而思善？

刘增光：也有人说"伤"是可悲、悲哀。

温海明：六三的时势表示他没有选择，现在说他选择失误而可悲，是不是批评过了？

何善蒙： 其次，六三的问题最主要在于自身"不中不正"，然后才是"比之匪人"。

温海明： 六三是没得比，比不到合适的人，感时伤怀，境遇也确实可悲可叹。

王　堃： 是自己不中正先，还是比之匪人先？

何善蒙： 我觉得应该说，六三就是站错地方了而已嘛！

王　堃： 如果由于无人可比而致自己失去中正，也的确可伤。

温海明： 六三的内心其实还是很想慎重选择亲比的对象，可是没有什么办法。

王　堃： 那说明他的内心还是有所中正的。

刘增光： 感时伤怀的说法挺好，亲比是要看时机的。

何善蒙： 所以，这个"比之匪人"，我觉得不一定要解释成六三和匪人相比，为什么六三本身不可以是匪人呢？

刘增光： 可怜之人，必有可恨之处，它不中不正啊！

（整理者：李芙馥 中国人民大学哲学院博士生）

追随明主 辅佐大业
——比卦六四明解

时　间：2015年12月04日22：00 — 23：11

【明解文本】

六四：外比之，贞吉。

《象》曰："外比"于贤，以从上也。

【讲课内容】

刘增光： 六四不与初六相比，初六在内卦，而九五在外卦，所以六四与九五相比是"外比"。六四是以阴居阴，虽当位，但是阴柔不中，故需守正则吉。《象传》："外比于贤，以从上也。"一般说，贤指贤君九五。指六四亲辅于九五，听从九五。

【讨论内容】

温海明：六四顺承九五，都得位，都正，六四向外亲比，"从上"。

刘增光：但也有其他解释或深意。比如，《象传》为何说"外比于贤，以从上也"，而不直接说"外比于上"？

温海明：就近拥护九五之尊。九五既贤明又在上，是贤君。

刘增光：六四基本上就处宰相之位了吧！《象传》还是强调德行的重要。爻辞中"贞吉"的"贞"也是这样。爻辞和《象传》是互补的。爻辞说，六四啊，你要守正不曲从；而《象传》说，六四啊，你要听从贤君的领导。

王力飞：周人也不反对商朝的贤君，反对的是失德的纣王。

温海明：九五为王，这没有问题，这里是强调王之贤能，能够比合天下。互相强调不同内容是很有道理的。

刘增光：孔颖达对《象传》的"以从上"作了解释："五在四上，四往比之，是以从上也。"自内之外，这是往。王弼说："六四是比不失贤，处不失位。"概括得极好。宋代项安世说："正己而不求于人，与割所爱而从贤，斯二者非有贞固之德，皆不足以守之。"值得大家一起看下。

王力飞：爻变为萃九四，大吉，无咎。六四与初六失应，与六三得敌，故外比于九五。

郑　涌：比卦四爻变为萃，终于走出了困境，赢得了朋友。如果说师卦讲霸道，则比卦重王道；行王道，不光担道义，还得有实力，一个政权就得有经济、军事的实力，以保障王道的推行。

叶　亮：六四虽得正位但阴柔无力，下无正应处险地，必须寻求强者庇护。初六显然不是最佳人选，所以舍初六从九五（以从上也），比符合比卦之道，又契合爻象爻位和时机，又因为四与五为亲比之爻，固有相亲之道。

（整理者：孙世柳 中国人民大学哲学院硕士生）

舍逆取顺 天下归心
——比卦九五明解

时　间：2015年12月05日22：00—23：39

【明解文本】

九五：显比，王用三驱，失前禽。邑人不诫，吉。

《象》曰："显比"之吉，位正中也。舍逆取顺，"失前禽"也。"邑人不诫"，上使中也。

【讲课内容】

何善蒙：九五特点是，当位，中正有应，是整个卦的卦主。好得不得了。整个卦就是因为九五的存在而具有意义。九五："显比，王用三驱，失前禽。邑人不诫，吉。"我想《爻辞》的意思应该非常清楚了，"显比"按照孔颖达的说法就是显明比道。后面的话，就是解释为什么是显明比道。

　黄寿祺先生的解释很明了。九五，光明无私而广获亲比；君王田猎时三方驱围、网张一面，听任前方的禽兽走失，属下邑人也不相警备，吉祥。

　《象》曰："'显比'之吉，位正中也。舍逆取顺，'失前禽'也。'邑人不诫'，上使中也。"这里突出了一个非常重要的词，即"舍逆取顺"。这就是比之道的真正意义所在，并不是强求一致，而是自愿来比。

【讨论内容】
【"舍逆取顺"】

　温海明：九五光明、无私、显耀，大家追随、拥护。

　何善蒙：九五中正之位，"王用三驱"之类，大体有天下来比，而且是衷心比顺的意思。

　崔　圣：给不顺从者以机会？

　温海明：不愿意来的就赶紧跑，愿意的留下。不赶尽杀绝，很仁慈了。

　何善蒙：九五就像太阳，光芒无所不照。但是，也不强求所有的都来归降。

　温海明：九五连六三都照顾不过来，不愿意来的就走吧。

　寇方墀："顺"和"逆"具体指向有点问题，在田猎中，围三面，王从门入，将兽驱入围中，逆向奔来就让它逃走，顺向进入围中就会捕获。《周易本义》：
"天子不合围，开一面之网，来者不拒，去者不追。"来为逆，往为顺，既
说来者不拒，又说舍逆取顺，所以容易犯迷糊。

温海明：九五的光芒照耀到六三，但六三比之匪人。

何善蒙：从这个角度来说，比之道，应当不是利益为先的，而是道优先。所有五爻都
受到九五的光芒，但是六三属于逆。六三不当位无应，可以说是逆，当然，
这是六三自己的事情，跟九五无关。

【"三驱"】

裴健智：“三驱"用《象》解释是哪三爻？"邑人"应该是下面的四柔爻，邑为坤。

温海明：马恒君认为，九五从师卦二爻升到五爻，三进到位。

何善蒙：六三逆不逆，看从什么角度来说了。从六三自己的角度来说，想比，应该说
不是逆，但是，先天的缺陷，没有办法。从九五来说，自身中正，三来不来
是三自己的问题。

温海明：三不是没来跟九五亲比，是够不着，三想攀比，可是连门都没有摸着。

何善蒙：九五的阳光雨露洒不到三那里，因为九五关心的是天下。

裴健智：马恒君认为是从剥卦变出来的。

温海明：比与师卦是覆卦，我看也是不得已而为之。

裴健智：我认为"逆"应该是上六。

何善蒙：从道理上来说，三也能被九五的阳光雨露洒到，只是洒到又能怎样？因为中
间间隔太多。逆是不是上六不重要，当然上六乘刚肯定是逆。六三和上六有
很大的相同点。另外，这里的六，也可以从理上来说，那就是泛指。

裴健智：我发现咱们上课的时候也有一些"三"很不好解。

温海明：能量递减，阳光雨露都不够，九五光耀天下，确实是顾不过来。

裴健智：如果这样的话，初六和六二也洒不到了。

何善蒙：六二正应，怎么可能洒不到呢？初六态度好，怀柔远人也是正常。

裴健智：那初六离得就更远了，不过老师的讲法也有道理。

温海明：初六忠心耿耿，六三自己对九五不够诚心诚意，跟着边上的人就凑合，六三
自己的问题多一些。

裴健智：关键还是六三有没有到逆的程度。

何善蒙：三多凶，从位置上来说，判为逆也没有大的问题。

温海明：是啊，心意不中不正。

寇方墀：《周易尚氏学》："九五伏离，当阳得位，向明而治，故曰显比。王谓五，
三驱猎礼也。《汉书·五行志》：'田狩有三驱之制。'……艮数三，故曰
三驱。前禽谓下四阴，上为后，故知前为下。失逸古通，逸前禽者，喻人皆

来比，无所诛杀，任其逸也。坤为邑，不诚谓王师宽大。"

温海明： 判为逆就大凶。

何善蒙： 其实它的位置特点，也是大凶之象。

【"失前禽"】

温海明： 顺逆如何理解，动物逆我而来舍之不杀，顺我而去则射杀。

寇方墀： 《朱子语类》："问：伊川解'显比五用三驱失前禽'，所谓'来者抚之，去者不追'，与'失前禽'而杀不去者，所譬颇为不类，如何？曰：'田猎之礼，置旃以为门，刈草以为长围。田猎者，自门驱而入，禽兽向我而出者皆免，惟被驱而入者皆获，故以前禽比去者不追。获者譬来是取之。'"

温海明： 九五的光芒万丈照耀到了六三，但六三自己不好，没有办法。

何善蒙： 所以三驱，归者自愿，不勉强。好像没有其他好说的了。

寇方墀： 胡炳文有一段话说得很好："诸爻皆言比之，阴比阳也。五言显比，阳为阴所比也。师、比之五，皆取田象。师之"田有禽"，害物之禽也。比之"失前禽"，背己之禽也。在师则执之，王者之义也。在比能失之，王者之仁也。师卦和比卦第五爻都取田猎之象，一种是有害动物，一种是逃跑动物。对有害的，就抓住它，对逃跑的，就放了它，所谓王者之义、之仁。"

温海明： 六三，比之匪人，还是想比的，说属于逆重了点。所以老百姓都不怕，觉得君王有道。

寇方墀： 对于"邑人不诚吉"，朱熹说此句似可疑，"恐《易》之文义不如此耳"。

【爻】

裴健智： 如果作个比较的话，是上六凶还是六三凶呢？

何善蒙： 上六比六三好，在于当位；比六三不好，在于乘刚，总体没有太大差别了。

寇方墀： 按尚老先生的看法，似在说失的前禽是下面四个阴爻，归顺了，而那个后来的就是上六，应该是凶的，比之无首，凶。

温海明： "失前禽"意思很清楚，象上很难讲的。

何善蒙： 三也有好的时候，而且也不在少数，所以，要看整体的情形。

寇方墀： 这里就又牵涉到逆和顺的问题。前禽是逆，是顺？迎面来的是前禽，还是跑得远的是前禽。

裴健智： 坤为田、为禽。六三为逆，捉不到，所以失前禽。只能抓住初六、六二。可不可以这样理解？

温海明： 马恒君是讲上六与九五换位为失前禽，上为前。

裴健智： 两种讲法感觉都可以讲通。

温海明： 那六四不好讲啊。

裴健智：　对的，而且六三讲为逆确实不太好，不像上卦有阳爻，所以"失前禽"，没有上卦顺，讲下卦比较勉强。

【艮数三】

温海明：　尚氏讲艮为三的根据何在？

寇方墀：　按比卦卦时来看，比时以团结更多人为主，五下四个阴爻皆为前禽，为九五所拉拢，唯上六以阴乘阳，比之无首，是被剿灭的对象。尚老先生只这样写了，并未作详细解释，以九五而言，与六四、六三可成艮象，但这也只是我的猜测和附会罢了。

温海明：　三顺六逆，那是舍六取三？九五倒不是不要六三，是六三自己拎不清。

路振召：　乘，以下犯上违背礼法为大凶，所以上六可能最凶。六二应九五，六三不中失位有阻隔，确实有些拎不清，但毕竟不是以下犯上。

温海明：　这样说就是上六比六三凶。

寇方墀：　有一段资料，载于《孔子家语·执辔》《大戴礼记·易本命》等处："子夏问于孔子曰（《易本命》作'子曰'）：'商闻易宣人生及万物、鸟兽、昆虫（《易本命》作"夫易之生人、鸟兽、万物、昆虫"），各有奇耦，气分不同，而凡人莫知其情，唯达德（《易本命》作"道德"）者，能原其本焉。天一、地二、人三，三三如九。九九八十一，一主日（《墬形训》有"日主人"），日数十，故人十月而生。八九七十二（《墬形训》有"二主偶"），偶以从奇，奇主辰，辰为月，月主马，故马十二月而生。……三主斗，斗主狗，故狗三月而生。'"细观这段资料，可知它要解答的是八种动物（包括人）怀胎月数的根本原因的问题。作者认为，这八种动物从怀胎到出生之所以有各自特定的月数，是由主这八种动物的日、月、斗、时、音、律、星、风的特定之数决定的。如狗之所以三个月而生，是因狗被斗所主，而斗数为三。用作者的话说，因"三主斗"和"斗主狗"，"故狗三月而生"。这就是"艮数三"的来由。狗之所以三个月而生，是因为狗被斗所主，而斗数为三。

（整理者：黄桢　中国人民大学哲学院硕士生）

心无尊长 无处亲比

——比卦上六明解

时　间：2015年12月06日22：00 — 23：48

【明解文本】

上六：比之无首，凶。

《象》曰："比之无首"，无所终也。

【讲课内容】

刘增光： 上六是以阴居亢，所以是以阴乘阳，就是我们刚开始说的"后夫凶"的那个后夫。所以上六爻辞的"无首"正是与"后夫"所说一样。所谓无首，有一种解释就是没有早点实行比道，故为"后夫"。

对于无首，有两种解释，一是没有在开始的时候就去亲比，二是没有领先。

比卦六爻中，只有上六一爻中直接说凶，其他都没有出现凶字。此可证卦辞中说的后夫凶的后夫就是指上六。

【讨论内容】

温海明： 黄寿祺取没有早点亲比的意思，马恒君说没有地方去亲比。

刘增光： 黄寿祺说："上六亲密比辅于人却不领先居首，有凶险。"

温海明： 按照《象传》是比得太晚了。

刘增光： 黄寿祺解释的一个问题是，上六是以阴居亢，绝对不是与九五亲密比辅。

温海明： 按照昨天的讨论，上六其实是最凶的，比六三还凶。

刘增光： 这也是和爻辞本身构成了互补。爻辞说"无首"，《象传》则说"无终"。所以说，要亲比还是要趁早。而且最终得到不好的结果，得从自身出发去找原因。是不是自己太高傲了。上六绝对是最凶的，真惨。

【"无首"】

刘增光： 我有一个疑惑，就是"无首"如何解释？那两种解释我觉得都不太通顺。

温海明： 所以黄寿祺解强调亲比，不够到位；马恒君解为亲比不得，无地可去，好些。

刘增光：马恒君解为亲比不得，这一点肯定是对的。但是无地可去和"无首"如何发生联系呢？

倪木兰：乾卦也说群龙无首。

刘增光：乾卦是说群龙无首，这个也挺有意思。《周易》说到无首的大概就这两处吧。

温海明：黄认为是不领先，马从卦变上说。

刘增光：比卦的"无首"只能说是没有头领。因为上六没有去比辅，所以上六是没有主的，其他都是以九五为主为首的。而上六则是没有主的，是被孤立了。

刘增光：这样的话，没有主，也和马说的无地可去是相通的。

温海明：剥卦的首上九下到五位，首就丢了，六五上来，再下去比，还是比不到首，应在六位才合理。

叶　亮：阴以阳为首，上六处坎险之极当不宁之时欲比九五而九五不纳，所以说比之无首。

温海明：首下去了，比不到了。

刘增光：从卦变角度来解释还是挺牛，叶亮老师的说法不错。因为九五是一卦之主，所以上六不与九五相比，那就是无主。

李伟东：无首，即是无主。

何善蒙：这个"无首"，我看伊川说的可以。"无首"就是无始，无始亦得无终。

温海明：无始的根据在哪？首就是开始？

刘增光：无始无终的说法，我看了，但此说也有一个问题。"靡不有初，鲜克有终。"有始也不一定有终。

温海明：是有点转义了。

刘增光：金景芳先生就是和伊川的解释一致。

裴健智："无首"不一定是无始。

温海明：不居首或者比不到首领都好些。

何善蒙：六居上，比之终也，首谓始也。几比之道，其始善则其终善矣。有其始而无其终者，或有矣，未有无其始而有其终者也。故比之无首，至终则凶也。此据比终而言，然上六阴柔不中，处险之极，固非克终者也。始比不以道隙于终者，天下多矣。

刘增光：金景芳应该就是参考了这个说法。

温海明：这样说上六就没有比过，没有尝试过。

刘增光：比较明显的是，程颐的解释非常绕。

裴健智：整个卦是比卦，上六却不比。

温海明：在比卦里，尝试了但没有领先，或者尝试了但比不到，都更加合乎比的整体意思。

刘增光： 不过，程颐此说的一个长处是义理的发挥，即突出了上六是自己的德行不
够，没有去比辅。所以上六得反省自己，这是他的苦心，也算创造性诠释
了。看来做好事要趁早，晚了就不行了，我们都以后夫为戒。

王力飞： 后夫，把首领扔身后了。

刘增光： 做什么事情都应该趁早。时间不等人，机不可失，时不再来。上六就是错失
了亲比的时机。比之时义大矣哉。

温海明： 上六也是时势不允许，比也没用。

刘增光： 原来最遗憾的是生不逢时，而不是错失良机。

【上六之"比"】

刘增光： 比卦上六的无首是阴爻，而乾卦的无首是阳爻。这是最大的差别。

崔　圣： 周时政权国就是主国，其他为诸侯国、附属国和附庸国，以上先后均比附。
无首且居亢者，不在以上范围。周文化没有惠及之域，故无首。此时有凶，
但主国施仁道，就看自己态度了。

温海明： 一说不能配合领导的带领，有点目中无首，也合乎时势。

王力飞： 上六没把九五放眼里。

温海明： 是有点这样的意思。

刘增光： 主要是没放心里。

王力飞： 这和乘刚是吻合的。

温海明： 这样说的话，上六的比，就明显虚情假意。

王力飞： 以柔弱之身，凌驾于九五之上。像后宫里的太后。

温海明： "无所终也"，最终无所归附，或者到了完结的时候，没有好结果。

裴健智： 剥卦的六五还真以皇后比喻。

温海明： 剥卦的六五之宫人上到最上位，在皇帝之上，那就玩完了。宫女目无皇上，
得有多凶啊。

裴健智： 是不是上升到六位成为太后，却不听皇上的话？

温海明： 反正是凌驾于皇帝之上，比不了，很凶。

（整理者：贡哲 浙江大学哲学系本科生）

（本卦校对：陈志雄 中国人民大学哲学院硕士生）

时　　间：2015年12月07日22：00—23：20
导读老师：郑朝晖（广西大学哲学系中国哲学教授）
　　　　　张克宾（山东大学周易研究中心副研究员）
课程秘书：孙世柳（中国人民大学哲学院硕士生）

小积未光　畜待时发
——小畜卦卦辞明解

9 小畜卦

乾下巽上

【明解文本】

小畜：亨。密云不雨，自我西郊。

《彖》曰：小畜，柔得位而上下应之，曰小畜。健而巽，刚中而志行，乃亨。"密云不雨"，尚往也。"自我西郊"，施未行也。

《象》曰：风行天上，小畜。君子以懿文德。

【讲课内容】

郑朝晖：白话翻译：小畜卦，亨通。在西郊一带浓云密布，但雨没有下来。《彖传》说：小畜卦，六四爻得位，上下阳爻都与其应和，所以叫小畜，下卦乾为健，上卦为巽，二、五爻为阳爻居中，与六四爻相应而行，因此亨通。卦辞之所以说密云不雨，是因为乾在下，阳气升而不止。卦辞之所以说"自我西郊"，是因为乾为西北，天未下雨。《象传》说：上卦为巽，巽为风；下卦为乾，乾为天。和风拂地，草木低昂，勃勃滋生，这是小畜的卦象。君子观此卦象，取法催发万物的和风，自励风范，推行德教。

　　整个小畜卦，我认为讲的是田猎遇雨回家的情景。卦辞在我看来，是讲整卦的场景，即西郊田猎遇雨，但其实雨最终没有下来。爻辞是讲回家的过程，第一爻讲趁雨还没有下来之前，独自回家不会有危险，因此吉利；第二爻讲大家跟着一起回家，人多力量大，便于拿东西，也不怕抢劫，因此吉利；第三爻讲车上装的东西多了，半途车子压坏了，夫妻因此吵架，可能是因为妻子责怪丈夫帮别人拉东西；第四爻讲毕竟田猎的收获物还在，并且因为人多还打退了劫掠者，最终夫妻和好了；第五爻讲田猎的收获物被安全运到家，大家同心协力，共同回家了；第六爻讲雨终究没有下来，车子还能装载，有些猎物还没有拿回家，但天色已晚，再出门肯定有危险。这种讲法，主要是提供一个思路，供大家思考。

除了文字解读，还须注意其间的逻辑关系。如将亨通理解成"密云不雨，自我西郊"的原因，则小畜卦因为亨通而至"密云不雨，自我西郊"。如将亨通之象理解成与"密云不雨，自我西郊"之象等同，则小畜卦之所以亨通，是因为"密云不雨，自我西郊"。第一个是实象，第二个是喻象。小畜卦含有两义，"以小畜大，以阴畜阳"是一义，畜之结果小是另一义。小者，有的学者认为指六四爻，有的学者认为指巽卦。小畜卦经常与大畜卦相比较。"畜"多释为畜止、积蓄之意，与大畜卦的"养畜"有别。因此，"大畜"多理解为畜而德之，"小畜"多释为畜而制之。"密云不雨，自我西郊"，一般多解为六四畜止九三，仅有密云而雨不下。但解为风自东起，云聚西郊，风吹云散，因而不雨，可能更好。

补充一下，对《大象传》的象与君子行为方式的理解，须遵循类比的原则。类比之物之间无逻辑必然性，但存在相似点。以"风行天上，小畜，君子以懿文德"为例。这里类比的双方，一是风行天上小畜之象，一是君子以懿文德的行为方式。类比点在畜积方式的相似性。

按小畜卦卦象，乾健不能止，仅九三因巽三爻合力而止，故有密云而不雨。此象意味着以外力止之，仅能"小畜"。风行天上这种自然之象，之所以能够通于小畜卦象，亦是从外力的角度而言。风若解成号令，号令为外力自不必说，号令为强制力，亦只能制之，而不能化之，仅能小畜。风吹云散，不是云自消解，天气仍上升，风以外力压制上升之天气，形成云而不雨，小畜之象。因此，小畜关键是外力之畜。

从君子的行为方式看，"懿文德"亦是外力之畜。"懿文德"多被解释成修美文德，此中文德之意多未细解，因此造成误解，将"文德"看作道德或内在德行。依先儒训释，"文德"被看作比道义低一个层次的东西，如项安世等后儒多将"文德"理解成威仪文辞之类与礼相关的德目，因而"懿文德"其意即是修礼以文之，这也是借助外在的规范力量。从兹而言，文德与巽作为外力以畜，是类似的。

另外，"风行天上，小畜。君子以懿文德"，严格说是一个省略句。《大象》劝告君子效天而行，故完整句式当是"风行天上，小畜。君子居小畜之时，当懿文德"。

补充之二，卦辞的两种语言逻辑。第一种，因为小畜有亨通之意，所以"密云不雨，自我西郊"。这是因果关系，取的是西郊不雨的实象。若依此思路，则六爻可解释成从西郊返回国都的实际历程。第二种，小畜内含亨通之意，如同"密云不雨，自我西郊"之象。这是类比关系，取的是西郊不雨的喻象。若依此思路，则六爻可解释成任何符合小畜中阴阳相和状况的物象人事。这种解释思路的差异，在对第一爻道的理解之上就有体现。先儒多释道为具有抽象性质的阴阳之道，然王引之则释为实际存在的道路。

补充之三，先儒有释为气象谚语的。即出现这种现象，必然有密云而不雨。然无论将之视为实象还是喻象，都有进一步讨论的必要。

若视为实象，则此辞成为讨论六爻的背景或线索。即因西郊有雨之象，六爻描述的情景可理解为观此象而返回国都的过程。返回的必要性，按苏轼的解释："既已密云，终将有雨，时虽未施，终将有施"，上九既雨印证了这个说法。

若视为喻象，则更须讨论风、天、云、雨、西郊，这些要素之间通过什么样的组合关系才能够与卦象、爻辞发生关联，从而可以通过"密云不雨、自我西郊"的喻象，领会整卦的意蕴。也就是说，有没有密云，密云雨不雨，是由西郊、风、天的组合形态决定的。

"密云不雨，自我西郊"有两解。一解，杨万里之说："不雨之密云自西郊而来，遇风而散则不雨。"这里密云取象乾气上升而成，乾为西北，故密云自西郊而来。巽为东南，风自东来，吹散西郊之云，则不雨。但密云只是不雨，未曾全消，云气不断东来，至畜道极而成雨。若作此解，乾三爻为密云之源，巽三爻为风吹之象，乾因其自强不息战胜风敌，或者说风从云，则终有雨。此解，以顺巽相和之德为畜之对象。二解，孔颖达之说："密云之所以不雨，因巽不能畜止初、二爻，只能畜止九三爻，故成不雨密云，且密云不雨的第二个原因是密云聚在我的西郊，不能润泽国人。"此解不雨的核心在于施未行，而非不雨的原因，因此就润泽言，即便下雨了，也可视为未雨，因为阵雨、微雨都起不到润泽的作用。若作此解，乾三爻为不雨之源，巽三爻为密云之源，同样巽则雨生，但巽非指顺巽，而指巽三爻合力制九三而形成阴阳和的局面。此解以畜止之力为畜之对象，此解对后世的影响大于上一解。

可知，对"密云不雨，自我西郊"之象的不同解读，会极大影响我们对小畜卦的解读。

【讨论内容】

孙世柳：　风自东起，从何而来？

郑朝晖：　巽的方位。

孙世柳：　后天八卦方位，巽在东南。

王力飞：　云往东，一场空，密云不雨乃自然现象。

郑朝晖：　《象传》里"以懿文德"，有多种讲法。文德有认为是威仪文辞的，也就是说，小畜是畜制之义，即畜礼，礼为外律的行为，大畜则是畜养，是自律的行为，因此《序卦》讲"物畜而后有礼"。

　　　　　"自我西郊"，按孔颖达的说法，因其在郊，未至国都，故无荫无雨。

将畜卦与履卦、大畜卦与颐卦对看，朱震有一套说明。《序卦传》是连续的，但我觉得，孔氏所说的"非履即变"的说法更好。

裴健智： 风往天上吹当然无雨。

尚　旭： 君子观小畜之象，美化自己的文德。风之为物，有气象而无形质，能畜天之健，不能久制其刚，未见厚积而远施，唯流布四方，故曰"懿文德"。懿，美化，取象离乘乾，明照天下也。文德，礼乐教化之谓也。小畜者，懿文德，教化四方。

裴健智：《象》曰："风行天上，小畜。"君子如何得到"君子以懿文德"的启示？我发现《象传》和后面的君子似乎没有多大关系。

郑朝晖： 裴君，《象》与君子取法须类推理解。风行天上，雨不下行，有畜止之义。懿文德，含有由礼进德的意思，即蓄积之义。因而其间有可类推的基础。

孙世柳："凡大象，君子所取之义，有二：或取二卦之象而法之者，或直取卦名，因其卦义所有，君子法之，需合卦义而行事者。"

王力飞：《大象》和《小象》要分开，许多人对小象的评价不高。

张克宾： 畜者蓄也，有蓄而止、蓄而聚之的意思。小畜卦五阳一阴，有一阴而蓄聚五阳之义。我的理解，众阳都想与此一阴相亲和，得其正道则吉，失其正道则凶，所以各爻之意义不同。卦辞是从总体上论阴蓄阳，一阴居四，上下五阳，"柔得位而上下应之"，所以"亨"。但是以一阴而蓄众阳，阴微阳盛，不能和而成雨，所以说"密云不雨，自我西郊"。

裴健智：《象》曰"风行天上，小畜"，怎么推出"君子以懿文德"？感觉还是不通。

孙世柳："密云不雨，自我西郊"，没有雨水润泽，大道不通，君子效法，所以修养文德，等待阴阳相通啊！我倾向孔颖达的解法，我觉得解释清楚了。

张克宾： 小畜卦《象传》主要是就卦名而发挥其德义，与"风行天上"之象没有直接关系。大畜卦《象传》也是说"畜其德"。

孙世柳："凡大象，君子所取之义，有二：或取二卦之象而法之者，或直取卦名，因其卦义所有，君子法之，需合卦义而行事者。"此处，取的是后者。"君子懿文德"的依据是从卦义来的。以上为孔颖达解。如"地中有水，师，君子以容民畜众"，取卦象包容之意。

裴健智： 小畜卦讲"密云不雨"，按理讲天风姤卦应讲雨，可是没讲，为什么？

张克宾： 将"风行天上"与"君子懿文德"联系起来也可。"君子之德风，小人之德草。"风有德行风化的意思，风在天上尚未及于下，也就是君子德化尚未能施及于下之象，《象传》说"施未行也"，此时君子应"修美文德，待时而发"。

（整理者：王璇　中国人民大学哲学院硕士生）

返归正道　自然吉祥
——小畜卦初九明解

时　间：2015年12月08日22：00—23：20

【明解文本】

初九：复自道，何其咎？吉。

《象》曰："复自道"，其义吉也。

【讲课内容】

郑朝晖：白话翻译：初九爻，由原路返回，会有什么灾祸？吉利。《象传》说：由原路返回，从道理上说，是吉利的。

我前面讲过，第一爻讲趁雨还没有下来之前，独自回家不会有危险，因此吉利。

小畜卦初爻："复自道，何其咎？吉"。其中，"复自道"有两种常见的解读。

一种是理解成"自主之道"，胡煦说："阳则可自主矣，爻独应四，嫌于徇阴，故以复之一字离应而著循环之旨，又以为自其之道，明阳得自主耳。""自主之道"的解读，实是取初爻不希望被六四畜制的意思。

"自主之道"还有一种解读，耿南仲言："引其君当于道者，臣之职。然而彰其引之之迹，则有掠美之嫌，不如勿彰之为义也。今曰吉，引君之迹不彰故也。夫君唱而臣和，君行而臣随，君臣之义也。今引其君则复，则君臣之义不为无伤，惟不见所以引之迹，是以于君臣之义无伤而吉也。"这种解读，是使臣不能畜君之义，以君为主的意思。

另一种解读，"复自道"是指复其本来之道，这里的"道"先儒大多释为乾道，也有学者释为颐道、复道的。释为乾道的，如朱熹所言："下卦乾体，本皆在上之物，志欲上进，而为阴所畜。"朱熹之意，乾本在上，因此初爻复上是复其本来之道。释为履道的，则认为小畜卦是履卦之反，小畜卦初爻本是履卦的上爻，因此小畜卦初爻有回到上爻的欲望。释为复卦的，如虞翻曰："谓从豫四之初成复卦，故复自道，出入无疾，朋来无咎，何其咎，吉。"这种解卦思路，多将六四与初九的关系视为相互配合，与第一种思路有差异。这两种思路会影响我们对六爻关系的认知。即第一种思路，初九与六四相互之间有争斗，第二种思路，初九与六四之间是相互配合。

对"何其咎"，依此两种思路也有不同的理解。第一种，何其咎，因离六四之畜制而行正道，而无过咎。第二种，因初九与六四配合，初九无伤，六四血去惕出。

《象》曰："复自道，其义吉也。"亦可作两种解读。义字，先儒多无细释，一般多释为义理。按孔颖达的解释，当《易经》中单独出现"义"的时候，大多是指其蕴含的义理显而易见，无须另外特别作出解释。第一种思路的义理之吉，是因为行正道。第二种思路的义理之吉，则主要在于阴阳相应。而这两种思路，实际上与密云不雨的两种不同理解正好相关，也影响到我们对小畜卦畜积方式的理解。

【讨论内容】
【"复自道"】

张克宾：　小畜卦总体上着眼于阴蓄阳来立意。就初九而言，初九与六四为正应，但初九阳爻能守持其正不为四阴所蓄，能在阴蓄阳之大势下，自返于正道，所以无咎，吉。

孙世柳：　对"复自道"还是比较迷惑。

张克宾：　初九之复自道是返归其本位，程朱解为复进于上就牵强了。"复"为复本、复初，解为复进有填字解经之嫌。

郑朝晖：　"复自道"，我觉得可与《论语》中讲的"克己复礼"相比较以作发挥性的理解，小畜卦的六爻过程我觉得亦可参看"礼之贵，和为贵"。

裴健智：　自返于正道，意思是之前不在正道？

张克宾：　不是说以前不正，恰恰是本来居于正，因为处于阴蓄阳之时势下，能不为阴所蓄，自觉返归本位。

裴健智：　能够在污浊的世界中坚持自己。

张　新：　不为时势所动，持守正道。

【爻与卦的关系】

孙世柳：　在解爻当中，把爻位上行，看成一个上升的过程，是否可以作为解《易》的一个思路，是否可取？

张克宾：　爻辞是动态的情景，当此阴蓄阳之时，初九也不能不受六四之影响，受其蓄止之力，但却能明于正道之所在，复返本位，不为其所蓄。爻位就是爻位，无所谓上行不上行，卦中从初到上往往有一个事态之发展、时势之变化。

孙世柳：　也就是必须以动态发展来看？在这过程中，如果把卦叠起来，是否有助于解释《周易》。比如乾卦放下面，坤叠其上，以此类推，不知可否行得通。

张克宾：　每一卦都象征一个大的情势，各爻是此大情势下的小情势，是动态的。你说的乾坤叠放是什么意思？

裴健智： 还是要了解整个卦象啊。

张克宾： 嗯，卦爻是一个整体，由诸爻而理解整体，由整体而理解诸爻。

孙世柳： 如果整个六十四卦有发展的内涵逻辑，那从乾到坤，到屯等，爻是否可超越
卦的本身去理解。

张克宾： 你说的是卦与卦之间的关系问题，这个更复杂了。不可以，就像解读北京的
雾霾，不可以超越北京、超越中国而论，某爻就是某卦之爻。

（整理者：张馨月 中国人民大学哲学院硕士生）

受到牵连 返正无失
——小畜卦九二明解

时　间：2015年12月09日22：00 — 23：13

【明解文本】

九二：牵复，吉。

《象》曰："牵复"在中，亦不自失也。

【讲课内容】

郑朝晖　白话翻译：九二爻，牵引着返回，吉利。《象传》说：牵引着返回，吉利，因为九二之爻处于下卦中位，像人操行中正，自然不会有错失。先儒多认为九二爻之"复"与第一爻之"复"不同，要理解这一点，须对牵的意义有所理解。

"牵"的理解，先儒多解成牵连、牵引、牵挽等。表面上，他们解的意义是一致的，但细究起来，还是有差别，可分成两种理解。一是指九二是被动的，有被牵引的含义在里面，杨万里即说："牵者，勉强之谓。"二是指九二主动去寻求牵连，孔颖达说："牵谓牵连，复谓反复，二欲往五，五非止畜之极，不闭固于己，可自牵连反复于上而得吉也。"当然，不管被动、主动，都有外力相助的含义，郑刚中说："牵云者，以二受畜渐深，故其助之力也。"

在先儒的理解中，与谁相牵也是一个问题，一般有两种不同理解。一种认为是与九五牵连，另一种认为是与初九牵连。认为与九五牵连的看法较为常见，王弼说："处乾之中，以升巽五，五非畜极，非固己者也。虽不能若阴之不违，可牵以获复，是以吉也。"认为与初九牵连，如朱熹说："以其刚中，故能与初九牵连而复。"就我的看法，我倾向于与初九相连，但这其实牵涉到我前面说的理解思路的问题，比较复杂，所以赞同与九五牵连的较多。

更为重要的问题是：为何能够牵连。因为依照易例，阳与阳难以亲比，虽可用变例的方法解释。针对九二之牵的阳与阳牵的问题，先儒主要是用"同志"的说法来解释。无论是对牵初还是牵五的解说，先儒都是用"同志"的说法。如牵初，朱熹说："三阳志同，而九二渐进于阴，以其刚中，故能与初九牵连而复，亦吉道也。"牵五，程颐说："夫同患相忧，二、五同志，故相牵连而复。"

不过，关于何以"同志"的理由，其解说是有不同的。有以二、五同为六四所畜释之的，郑刚中说："二之复，五本不应也。然以履卦考之，五固尝在下，为阴所乘，今虽在上，又为阴所畜，其与二盖同志也，故牵而复之。"有以二、五本为同位而释之的，朱震说："小畜以一阴畜五阳，五本二之位，五动则二应，同志者也。"其意是说，履卦五与小畜卦二是同一爻。当然，讲牵于初的，主要是从同体的角度讲。

牵复之复与自复的差异，亦需稍疏理，有不失正与不过刚两种说法。《象》之言："牵复在中，亦不自失也。""在中"主要指中位。不自失的正道，有的指尧舜文王者为正道，有的指刚中之道。

【讨论内容】
【"牵复"】

张克宾：　下卦三阳爻，时位不同，境遇有别，呈现状态也不同，可视为一人，也可视为多人。我赞同朱子的理解。如与五相牵，则复于上；如与初相牵，复于下。郑刚中的解释有待商榷。小畜卦下卦与上卦表现的意义是有差别的。我赞同朱子的解释，初爻远于阴能自复，二爻渐近于阴则牵复，三爻迫近于阴，则被阴所蓄止。进入上卦，意义就变了，开始讲阴阳之合和。从"阴阳之和"的角度，解释"中"也常用到。不同的解释，有时可互相补充，有时可使我们明白自身的解释思路。我理解，下卦三爻由于距阴爻远近不同，所表现出的自复、牵复和被蓄止很明显。初爻讲复，二爻讲牵复；四爻讲有孚，五爻讲有孚挛如。"牵"和"挛"意义相近，可以对照理解。二爻是牵连于初，五爻是与四挛如。

温海明：　九二应该是受初九牵动来复。

罗仕平： 九二虽中正，到底乘刚，且与五不应，但还能吉利，我想到一种较绕的解释：初九在乾，九二在互兑之中，若依梅花易数，乾兑五行同金，同相比和，故吉。

温海明： 一说从姤卦变来。

张克宾： 从姤卦来，古有此说。

罗仕平： 马恒君还认为互兑，有羊可牵。

温海明： 通夬卦九四"牵羊"。解释"牵"，找互兑为羊。不过卦变的解释，是初九从四位下来，类似阳气来复，九二受到阳气上升的牵动。

张克宾： 需不需要从卦变来解释，这个问题很复杂，一两句说不清。

温海明： 朱熹二爻渐近于阴则牵复，有点牵强，不如卦变说。

张克宾： 我赞同朱子的看法，由初到二到三，距四越近被阴所蓄之力越大，结果是初能自复，二则牵复，三则被蓄住了。

罗仕平： 但是三阳是否本来就想为阴所蓄呢？

张克宾： 在小畜下卦而言，是以阳不为阴蓄为正道的，看爻辞和传文应该是这个意思。阳畜于阴，也不符合《周易》的阴阳观念。

（整理者：黄仕坤 中国人民大学哲学院硕士生）

车厢脱停 夫妻反目
——小畜卦九三明解

时　间：2015年12月10日22：00—23：32

【明解文本】

九三：舆说辐。夫妻反目。

《象》曰："夫妻反目"，不能正室也。

【讲课内容】

郑朝晖： 白话翻译：九三，车子坏了一个轮子。夫妻互相口角。《象传》说：夫妻口角，说明不能治理家庭。

"九三，舆说辐，夫妻反目。"此中首先需辨明的是"辐"字。"辐"与"輹"，先儒中有认为这两个字可以互相代替，但也有认为两者含义并不相同的，如郑刚中说："輹则车下横木，故先儒谓之车下缚。故败辐则毂无所凭，车不可行；败輹则缚之，可以复进。""辐"指车轮的辐条，"輹"指车下缚木。

因此，此爻中到底当是何字，就产生了争论。如朱震认为，"辐"当作"輹"，他说："上九、九三本相应，若动而成震，坤其舆也。阳画舆下横木也，为輹。"但胡煦则主张为"辐"，语义更完整，他说："辐，轮也。乾为圆，又健行，圆而健行在下，辐象。"说"輹"被认为车子未损坏；说"辐"则被认为车子已损坏。因此，学者多认为此爻当为"辐"字。

第二个需分析的是"夫妻"何指，先儒说法较多，有三种较典型。一者，九三与上九，如王弼说："己为阳极，上为阴长，畜于阴长，不能自复，方之'夫妻反目'之义也。"二者，九三与六四，如杨万里说："九三，夫道也；六四，妻道也。"三者，下卦乾与上卦巽，如胡瑗说："乾为阳，故称夫；巽为长女，故称妻。"不同的选择，会有不同的解读。

第三个，我觉得需要考究的问题是"舆说辐"与"夫妻反目"之间的关系。先儒有认为两者之间是因果关系的，如郑刚中说："九三动而应上，则自二至四有震体，震为车，故有取于舆，三今不动，则是震毁而舆说辐矣。三说四不动，为四所畜而不得前，反与其室相视而乖戾，故曰夫妻反目。"而认为两者之间是并列关系的则较常见，它们是两个意义相同的事象，如孔颖达说："九三欲复而进，上九固而止之，不可以行，故车舆说其辐。'夫妻反目'者，上九体巽为长女之阴，今九三之阳，被长女闭固，不能自复，夫妻乖戾，故反目相视。"

第四个当需说明的是，"说辐"的原因是什么？一般的解读有两种，一种认为是上九或者六四的畜止作用，这个不用举例即可知。特殊一点是用卦变的说法，比如郑刚中上面的说法，"震毁而舆说辐"，其意是指九三爻变为阴爻，则二、三、四爻为震卦，震有车象，今九三爻不变，则是震毁，因此是舆说辐，车坏之意。

接下来，我稍介绍关于"反目"的不同说法，有两种典型的理：一是程颐的说法，"反目，谓怒目相视"；一是荀爽的说法，"妻乘夫不正，互睽反目，不相视也"。关于反目的原因，有多个解释，如苏轼："乾终不能自革其健，而与巽久处而无尤也，故终于反目"；孔颖达的说法："今九三之阳，被长女闭固，不能自复，夫妻乖戾，故反目相视。"

最后，简单介绍一下《象传》中"不能正室"的常见理解。所谓不能正室，一般是由夫的原因而致，因此朱震说："九三失道，比于四而悦之也，阳无失道，阴岂能畜之？圣人详言此者，为阳畜于阴之戒。《易传》曰：未有夫不失道而妻能制之也。"程颐也是此意："夫妻反目，盖由不能正其家也。三自处以不道，故四得制之不使进，犹夫不能正其家室，故致反目也。"

【讨论内容】
【"舆说辐"】

张克宾：　輹大概是固定车轴和车轮的，易脱；辐条则不易脱。我觉得还是作"輹"恰当些。

郑朝晖：　先儒的思路是，輹易脱易修，故不合三的止象，而辐坏则车不行，故取辐的较多。

温海明：　有道理，车厢脱下来是经常发生的。是车厢还是辐条脱落夫妻容易吵架？

张克宾：　如果坚持小畜卦是阴畜阳这个基本义的话，六四阴爻意图蓄止下卦三阳爻，初能自复，二则牵复，三则被蓄止，不能发动，所以取舆脱輹，表示受蓄不能动之象。

温海明：　辐条脱落感觉没有办法，吵也没用，车厢脱落，好像吵起来的可能性大一些。

王力飞：　舆脱辐是夫妻反目的导火索。

李伟东：　辐脱车必翻，寓意夫妻倒置，阴阳颠倒，尊卑倒置。

【"夫妻反目"】

温海明：　妻上，夫妻关系颠倒，不是反的吗？自然反目。应该是妻失道在先？

郑朝晖：　我解《易》的思路其实是按训诂学的，即将《周易》每一卦看作一个原型事件，这些传统解释，我都是折衷取之，不定一家。

张克宾：　三四五三爻为离，离为目，上卦巽，为多白眼，有反目之象。我赞同这个取象。

王力飞：　反目，个人理解为互相瞪视，夫妻床头吵架床尾合，不吵不闹生隔阂。九三一吵，男人有孚，问题解决了。

郑朝晖：　不过，就夫妻之象而言，我更倾向于三与上九。因三言夫妻反目，上言妇厉君凶。

【夫妇不正】

郑朝晖：　不过，九三也是阳。有的学者认为，九三不变，上九也不变，才导致九三不行。

张克宾：　九三受蓄于六四是什么状态呢？那就如夫妻一样，"男正位乎外，女正位乎内"，阳唱而阴和，而九三与六四则与此相反，所以违背阴阳夫妇之道，因此有夫妻反目之象。

郑朝晖：　还有学者认为，上卦之阳，为阳质阴志。

李伟东： 车脱轴心，象征家里没有主心骨，女人当家，只有小畜。

温海明： 九三与六四，不如上巽下乾？

王力飞： 畜是以孚驯服意，密云不雨是积怨象。

温海明： 逻辑上还可以商量。

张克宾： 我认为解夫妻是指三爻与四爻。

温海明： 应该这样理解。

张克宾： 六四畜下三阳，这样可以把下三爻的处境一同解释。

温海明： 您把下三阳的处境仔细说说？跟你的演绎一致么？

张克宾： 我认为解释一卦，首先要抓住此卦的基本义，对爻以及爻之间意义的理解都需要围绕此基本义，然后意义贯穿。

张国明： 赞同整体连贯。

郑朝晖： 夫妻反目如果看成是一个整体的象，妇厉君凶亦如斯的话，可能理解会不一样。

【一阴统蓄五阳】

张克宾： 就是昨天我说的，六四蓄众阳，下卦三阳皆不应为止所蓄，初爻远于阴，又得正位，所以能自复，二爻渐近于阴，居中位，所以能牵复，三爻迫近于阴，又过刚不中，被六四所蓄止，如舆脱輹而不能动，阴阳关系有悖于常道，所以有夫妻反目之相。

张国明： 此卦关键在一阴得正而诸爻应之。诸爻吉凶皆依此而定。

张克宾： 对，诸爻之吉凶，都在于与阴的关系如何。

温海明： 此卦阴爻当家做主，这应该是前提，没有问题。

阎筱璇： 阳不正己，则不正室。九三以阳处阳，重刚而不中。

张国明： 下卦乾阳皆欲上进，阳气本就是上升，不以人的意志为转移。大凡下卦阳、上卦阴者多亨通。三爻上而四爻欲下，阴阳得交万物得通，巫山云雨，人间快事，夫妻之道也。

张克宾： 我理解，小畜卦六四与下卦三阳的关系和它与上卦二阳的关系是不一样的，这个可以明天讨论。

温海明： 那应该开心，而不应该反目。

李伟东： 阴爻统领阳爻。

张国明： 众阳应一阴，吉凶就取决于阳爻本身与六四的位置关系。初爻与六四正应，吉乃自然。二爻守中道进而应阴，没问题。

温海明： 那四爻乘三爻，反目正常，卦气升降似乎有问题。

张国明： 问题在三爻，三爻离六四最近，阴阳得交，舆脱輹有人脱衣之象。近水楼台先得月。先做夫妻，后吵架。

王力飞： 女在男上，很强了，还一阴统五阳。

张国明：　先做夫妻后吵架的事很多。

罗仕平：　天风姤"勿用取女"，此女已升至六四，可否为悍妇之据？

张克宾：　非要将小畜蕴示的阴阳关系落实为人事的话，我认为与其说是在讲夫妻关
　　　　　系，不如说是讲上下政治问题。六四之阴，对于下卦三阳而言是当道之小
　　　　　人。但到说四爻本身又是在告诉它如何做臣子，五爻则是说君与此臣子当如
　　　　　何处，上爻不好理解，还在思索中。

张国明：　为什么吵架，大家都分析了，是由三、四位置决定的。

阎筱璇：　君子修身齐家治国，而九三却不能制其妻，反为妻制。

温海明：　都有理，阴升强悍。

张国明：　夫妻关系只是比喻，暗指主国与附国的可能性大。

温海明：　看来阴爻要取后象，不然不够强悍。

张国明：　不过我们占卦占到此卦直接断"夫妻反目"。

罗仕平：　初、二百闻不如一见，故欲见女，九三相见不如不见，故反目之。无明确依
　　　　　据，取生活经验。

张国明：　不过四爻正位，又比邻君主，受君王护佑绝非小人，四爻就是喂牛的嫩草。
　　　　　就是安抚四方的柔性手段。柔远人，不算小人之举。

温海明：　这是越来越生活化啦。

阎筱璇：　人力资源过胜，项目过弱导致裁员。不会大有，小富。

张国明：　四爻犹如仪态万千的贵妇，无丝毫强悍之态。小畜卦讲畜众，大畜卦讲畜
　　　　　德。如何畜众呢？容民畜众嘛。不讲柔性手段，如何得畜战场厮杀之猛士？

温海明：　一阴统蓄五阳，得位承阳才能做到，所以不算过分强悍，但毕竟当家做主，
　　　　　比较有能力，也会阴柔手段。这是一个长袖善舞、洞彻男性心理的贵妇。

罗仕平：　我始终感觉六四像周公，九五为幼年成王，臣阴君阳。蛮夷自比卦归顺而
　　　　　来，周公代成王则辅以文德之教，文德初成，则可制礼作乐，是为天泽履。

张国明：　你理解得非常到位。得位行正，上承五阳，柔姿尽显。

温海明：　因其柔也，方得小蓄。

张国明：　就是，全卦主旨就是以阴畜阳。这个说法也很好。周公代成王辅以文德之
　　　　　教。文德之教，文明柔性，贵妇之类也。我看天下最美、最柔、最富吸引
　　　　　力，得天下男人之情者，莫过此卦六四。高贵、柔美、身正，又独一无二。

温海明：　完全同意，风情万种，柔弱胜刚强。好像埃及艳后克利奥帕特拉。

张国明：　是啊，读卦至此，心生艳羡啊。

温海明：　此谓明解明卦明爻。

（整理者：李芙馥　中国人民大学哲学院博士生）

与上合志 信诚脱难
——小畜卦六四明解

时　间：2015年12月11日22：00 — 23：19

【明解文本】

六四：有孚，血去惕出，无咎。

《象》曰："有孚惕出"，上合志也。

【讲课内容】

郑朝晖：白话翻译：六四，捕获了俘虏，战争危险暂时消除了，但仍须保持警惕，才能没有灾难。《象传》说：捕获了俘虏，保持着警惕，说明尚能统一意志。

首先当说明的就是，六四在小畜卦中的特殊意义。

一般而言，先儒都将六四看作一爻之主，如胡煦说："此爻独为卦主，承五应初，又乘、承皆阳，协助者多。"诸儒或认为六四爻"以一爻而系众阳"，或认为"止五阳之进"。也有的学者认为六四爻"独当下三阳之进"。六四爻本为阴柔之爻，现在力止诸阳，杨万里认为本当是"以一柔而止五刚之进，以小臣而止大君之欲，祸之道也"。

不过，因六四爻在小畜卦中的特殊地位，爻辞许其"有孚"，只是其意何在，尚需辨析。对"有孚"的说法大致有三种解释：一是"四居正得位，上承于五，五孚信之"，是五信任四。二是"以阴居阴，其体不躁，故曰有孚"，是自身内在有诚信之心。三是"六四、九五皆有孚"，是相互信任。因其"有孚"，祸之道得以转化，所以朱熹说："二阳助之，是有孚而血去惕出之象也。"或者得五之助，"无伤、无惕、无咎"。

血去惕出无咎，三者之间的关系，有两种理解。一种认为血去惕出与无咎之间是因果关系，也就是说，因有孚，所以血去惕出，因血去惕出，所以无咎，如孔颖达说："三不害己，己故得其血去除，其惕出散。信能血去惧除，乃得无咎。"另一种认为，血去、惕出、无咎，均是"有孚"的结果，如杨万里即说："六四以柔止刚，以臣止君，而能使其伤之去而不至、惕之免而不遭、咎之除而不作。"血为伤、惕为惧，为九三之伤、六四之惧，其去其除均因六四有孚。

"上合志"的"志"，一般释为同志，"以至诚爱君之志，合乎九五至诚纳谏之志，上下同志故也"。至于与谁同志，为何同志，有不同的说法，如王弼说："上亦恶三而能制焉，志与上合，共同斯诚，三虽逼己，而不能犯，故得血去惧除，保无咎也。"此与上九同志，因同恶而同力。而程颐则说："四既有孚，则五信任之，与之合志，所以得惕出而无咎也。"这是与五同志。而胡煦的说法："与五阳合体为巽，异性顺入以容之，阴阳相悦，若可伤而终不至伤，若可惧而终必无惧，故有此象。"此是同成巽容之志。

【讨论内容】

【"血去惕出"】

温海明：　一阴周旋于众阳之间，得位承阳，能够借力，所以能够离开险地。最终就将祸之道转化为程颐所说的"以柔畜刚之道"。

郑朝晖：　血去惕出，需要说明。

温海明：　姤初六上来，是离开阴阳交战的险地，被五阳庇护。

郑朝晖：　血，按王弼的说法，是"阳犯阴也"。大多认为是九三犯六四。

尚　旭：　六四柔顺贞正，虚心卑逊。

温海明：　从夬上六来，也是离开悲伤境地。

张克宾：　古人说《易》中多为戒之辞，还是很有道理的。我的理解是，小畜卦对六四爻的定位在上下卦是有变化的。下卦三阳爻，着眼于阴畜阳的角度，主张阳不宜为阴所畜，而应守其正道，所以下卦三爻是为阴畜阳之时的诸阳爻戒。到了上卦六四，不再说阴蓄阳之时阳如何，而是说当阴蓄阳之时，居于要位的阴应当如何。六四应当如何呢？应当柔顺贞静，以诚信处之。郑老师解释得很清楚了。在这里，我赞同孔颖达的看法，因有孚而无恤无惕，而无咎。血，当为"恤"的假借，与惕相应，都有忧愁、恐惧的意思。

温海明：　"有孚"是自己的，还是九五的？

郑朝晖：　惕，也有解成忧的。

张克宾：　六四持守柔顺，以诚信应对诸阳，则能消除忧虑恐惧，而无咎，当然是六四自己的。这就是在戒六四之阴，要以孚应诸阳。六四有孚，九五也有孚，所以是牵如。

温海明：　我觉得上下信从更好，"孚"作为信任关系，一般都是关系状态，而少是自身状态。

罗仕平：　如果不用通假字能否解"血"？

温海明：　离开流血之灾。

张克宾：　诚信首先是自己的，然后才能论彼此关系如何。

王力飞：　九五，诚信已到极致，再下去就过犹不及了。

张克宾：　六四与九五是彼此都以诚相待的。

温海明：　受到九五的真诚相助，大于自身诚信应对九五所得。

罗仕平： 那血自何来，小蓄及姤，均不见血坎。

温海明： 姤初六，或夬上六，皆险地，取其可能流血之义。

张克宾： 九五自然真诚对六四，六四也是真诚对九五。

郑朝晖： 九五不应九二，故比六四。

温海明： 六四能够离开忧惧之地，九五对它有很大帮助。

郑朝晖： 但六四应初九，何以比九五呢？

罗仕平： 近六四，已见反目，若无九五之孚，或有血光之灾？

张克宾： 九五之所以帮六四就在于六四柔顺而诚，这是前提。初九复自道，不为六四
所蓄，自然六四与九五相比的关系凸显。

郑朝晖： 或许还要用两体说，巽与乾的关系。

温海明： 巽乾夫妻反目。

罗仕平： 仅居险地，是不是有忧惕即可？明确说血，看到虞翻的解释是豫卦血去，不
知是不是有点绕？

温海明： 坎就去豫卦找，没办法了。

郑朝晖： 感觉两体关系在解卦中也挺重要的。

温海明： 同意。

罗仕平： 虞翻一直以为这种交错的旁通卦就是广义的"消息卦"，他认为既是"消
息"，就可以互变互通。

（整理者：孙世柳 中国人民大学哲学院硕士生）

自家致富 与众同富
——小畜卦九五明解

时　间：2015年12月12日22：00 — 23：32

【明解文本】

九五：有孚挛如，富以其邻。

《象》曰："有孚挛如"，不独富也。

【讲课内容】

郑朝晖：白话翻译：九五，捕获俘虏，串连搁缚，这些财物与邻邑同享。《象传》说：捕获俘虏，串连捆缚，财物与邻邑同享，并非一人独享。

小畜九五爻，地位较特殊。此爻也涉及"有孚"的解读，其意义似比六四爻要丰富。

此之"有孚"的"孚"约有四义：第一义，程颐所言"五以中正居尊位，而有孚信"，诚信之义；第二义为守信，朱震言"五近四相得，无应以分其志，有孚也"；第三义为信任，王弼说"处得尊位，不疑于二，来而不距"；第四义为信用，杨万里有言，"九五以刚明中正之君而行巽顺柔克之政，故至诚一孚于上，群阳皆听于下"。

所谓"有孚"，此爻与六四一样，先儒的理解有别。有的认为是九五与六四之孚，"四、五阴阳皆不失位，故孚"。有的认为是与九五与二爻有孚，如"孚五，谓二也"。有的认为是与下三爻，即乾三爻相孚。

"挛如"之意，约可分为两大类，主要是基于九五、六四之孚和九五、众爻之孚，而相分别。基于九五、六四之孚的，将"挛如"理解成固结或合体之意。如固结之意："四为小畜之主，而力常患不足，五虽居尊，而志亦系于阴，圣人于是忘吾富有之资，锡予同心之助，使诚信固结，然后协力以御，天下之众善，类皆由是进而为用矣。"合体之意，朱震说："言挛如者，同体合也；四、五同巽体，君臣合志，挛如也。"基于九五与众爻的，则理解成相从或攀连之意。如相从，程颐说："其类皆应之矣，故曰挛如，为牵连相从也。"如攀连，孔颖达说："二既牵挽而来，己又攀挛而迎接，志意合同，不有专固相逼，是有信而相牵挛也。"

"富以其邻"中的"富"有两种较典型的理解：一是九五之富，一是六四之富。九五之富有两种理解：一是富厚之力，阳实为富，阴虚为贫；另一种理解则非常特别，支持的人不多，即杨万里所说的"富，善也"。六四之富，讲象数的多有此意，胡煦说："富谓四，阴有形可积也。五与四比，挟阴而有之，五之富也。"

"邻"，则因为理解的不同，所指繁多，有谓为四爻、二爻的，还有说是上爻、三爻、众爻的，这里就不一一列举了，其中以四爻、二爻为邻的多见。"富以其邻"的"以"有"及"的含义。因九五之富与六四之富的区别，而有不同的解读。以富为六四的，如朱震说："阳实为富，阴虚为贫，四虚五实而五与之共位食禄，四得尽其心，能以富用其邻也。"

关于不独富，似乎没有争议，其实还是有的。所谓"不独富"，有共同富有的意思。如九家易曰："五以四阴为财，与下三阳共之，不独富也。"又如孔氏云："不独富也者，释'挛如'之义。所以攀挛于二者，以其不独自专固于富，欲分与二也。"

但是，程颐却有另外一解："有孚挛如，盖其邻类皆牵挛而从之，与众同欲，不独有其富也。君子之处艰厄，唯其至诚，故得众力之助而能济其众也。"程颐理解的关键在于有的学者将"富以其邻"看作一种比喻，即助力的比喻。

【讨论内容】
【"富以其邻"】

尚　旭：　挛，牵系，取象巽之绳。

郑朝晖：　我喜欢成巽的说法。

张克宾：　《周易折中》李光地说："四曰有孚，是积诚以格其君。五亦曰有孚，是推诚以待其下，上下相孚而后畜道成矣。故四曰上合志者，指五也。五曰以其邻者，指四也。四与五相近，故曰邻。"

温海明：　您取的是哪一爻？

郑朝晖：　我取四爻，以富为善，则觉得其意是"靡然为善而憣然不为不善"。

温海明：　四爻像他自己家人，邻居是指其他爻吧？

郑朝晖：　以富为力的，则认为是"用其富以与其邻"，或"富者推其财力与邻共之也"。

温海明：　九五富有，而且乐善好施，大家共同富裕。四阴虽然像自己财产，但九五愿意拿出来跟大家共享。九五财力富裕，算不得处困厄之境。怎么理解"不独富"？

郑朝晖：　九五自有其富，以之助六四，合而成巽。这是我的理解。因九五与九二不应，故比六四。六四止力不足，故以九五为后盾。有的学者说，臣以得君为富，诚比富更重要。

张克宾：　郑老师的疏解详细清晰，非常好，这是我们深入理解经文的必由之路。单独来说，每个说法都有可取之处，也是和其各自的注解系统相契合的。我们理解时，则要考虑小畜整体的意义和各爻间的意义关系，要前后上下贯通起来。

温海明： 我觉得六四是九五的财，是内人或者财富，九五很有把握的。

张克宾： 我的意见和李光地一样。

林文钦： 读《易》理当如此。

【共同富裕】

温海明： 这样的不独自富裕才到六四，太小家子气了，虽然是小畜，但九五也应该和六四之外的其他邻居分享，大家都小有积蓄比较好些。九五看到其他阳爻也牵系六四，既然自己对六四很有把握，就索性大度一点。

陈鹏飞： 六四也有可能是九五的女儿。

温海明： 女儿是看巽。

郑朝晖： 若阳是富的，则此中只有六四是阴，因而是贫的。

温海明： 相比之下，九五有六四，显得特别富，引起其他阳爻妒忌，九五也比较大度，带动大家一起有点积蓄。

郑朝晖： 我觉得同富的理念不如富上有诚好，就像《论语》说的"富而后教之"。九五的特别在于且富且诚。

陈鹏飞： 我最近走访了一个河北民营家族企业，创业者父亲年近六旬是董事长，年轻有为的女儿是总经理。企业就建在原来的村子里，三十年了，企业持续发展。董事长一家乐善好施，与从前的乡亲相处和睦。感觉像极了小畜卦的状态。

温海明： 这个例子得小畜之意，九五跟六四一家，自己富了还带动左邻右舍共同富裕。

张克宾： 九五之富自然是泽被越广越好，但也要看小畜卦及其九五爻所遇到的问题何在，然后再谈富以其邻的意义就明确了。

陈鹏飞： 感觉女儿（总经理）是六四无疑了。这位女儿给人的感觉是修养很高、德才兼备，兼具女性柔美的同时又有刚强的一面，因为后面有父亲董事长的支持。

温海明： 跟象辞柔得位而上下应之吻合。

郑朝晖： 这是讲六四畜众，九五助力六四而间接得到广泽的效果，即九五是影子选手。

张克宾： 小畜四阴之有孚是戒阴爻，戒其要存诚信，与上合志。到九五爻当此阴畜阳之时，九五之君所关注的焦点也在六四爻上，九五之有孚牵如就是与六四牵如，富以其邻的邻也当指六四。

温海明： 但是这样《象传》的解释就有问题。

郑朝晖： 最后再讲一句，有学者断句"柔得位而上，下应之"，上指六四，下指初九。

温海明： 此断句可以讨论，"柔得位"当指六四，如果这样断，"应之"的"之"就不好讲了。

张克宾： 邻指六四也是不独富吧。

（整理者：黄桢 中国人民大学哲学院硕士生）

妇正不安 夫进凶险
——小畜卦上九明解

时　间：2015年12月13日22：00—23：19

【明解文本】

上九：既雨既处，尚德载。妇贞厉。月几望，君子征凶。

《象》曰："既雨既处"，德积载也。"君子征凶"，有所疑也。

【讲课内容】

郑朝晖　今天是小畜卦的最后一爻。上九：久雨新停，还赶得上栽种作物。妇女占得此爻则凶险。夏历某月十四日君子离家出行也有危险。《象传》说：久雨新停，未误农时，当能丰登满载。君子离家出行有凶险，因为对充满危险的旅途缺乏了解。

　　"既雨既处"的"雨"，一般理解成阴阳相和而成雨，先儒差别不大。

　　对"处"的理解则有差异，大致可分为，上九之处与九三之处。上九之处，有的儒者解为雨下即为安，如郑刚中说："上九固止九三，所以见畜之成，既成则阴阳和而无所争矣，此安处之时也。"有的儒者解为雨后而相处，如苏轼说："九三之于上九，其势不得不雨者，以密云之不可反，而舍上九则无与雨也。既已与之雨，则为其人矣，可不为之处乎。"有的儒者则解为即雨即止，如胡煦说："畜极变坎，故雨。处，止也，巽性既进而退，巽风吹散其雨，'既雨既止'之象。"此解较为流行。

　　"既雨既处"，与"尚德载"之词，先儒多认为有因果关系，如孔颖达说："言所以得'既雨既处'者，以上九道德积聚，可以运载，使人慕尚。"

　　此处的"德"，有两种理解须注意，一种较常见，如杨万里说："巽顺有孚之谓德。"二则不常见，如苏轼说："尚德者，非真有德之谓也，九五、上九知乾之难畜，故积德而共载之。"

　　对于德之主体，先儒有上九之德、六四之德的不同看法。上九之德如孔颖达之言。六四之德，如程颐所说："尚德载，四用柔巽之德，积满而至于成也。"

　　"妇贞厉"之"妇"，有两解，以上九为妇，也有以六四为妇的。以六四为妇较少见，如朱震说："巽为妇，当以柔巽从夫为德。阴而畜阳，柔而畜刚，非德之正。以是为正，守而不变，危厉之道。譬之月也，望则阴道盛，满即复亏而成巽，巽畜乾，岂妇德哉？坎为月，离日在兑西，月望之时也。六四未中，几望也。君子，上九也。"这里解六四为妇时，是与巽相连而释，与月几望相连而释。以上九为妇的较常见，如胡瑗说："'妇贞厉'者，言此上九虽以阳处之，然而体本柔顺，下应九三，是妇道也。以妇而制畜其夫，于正道言之，盖亦亢厉也。"

"月几望"，若以六四为妇，则与"妇贞厉"连言。若以上九为妇，则与"君子征凶"连言。君子征，先儒亦有两释，一是上九之征，一是九三之征。上九之征，常见，如王弼说："阴之盈盛莫盛于此，故曰'月几望'也。满而又进，必失其道，阴疑于阳，必见战伐，虽复君子，以征必凶，故曰'君子征凶'。"

九三之征，不常见，如孔颖达说："上九畜之'积极'，故能说此九三征行之辐。案：九三但有'说辐'，无'征'之文。而王氏言上九'说征之辐'者，舆之有辐，可以征行。九三爻有'征'义，今舆辐既说，则是说征之辐，因上九'征凶'之文，征则行也。"

【讨论内容】

【上九之德】

温海明：　雨起风吹正常，但雨被风吹散有点牵强。大家都过得很滋润，小康啦，就开始崇尚道德，比如学习国学了。

郑朝晖：　云散则雨无。

温海明：　风吹云，跟吹雨有点差别。

尚　旭：　德，取象乾之行，行道而有得于心谓之德。

温海明：　上位有德，合于位。下雨如施德，可是乾象在下。孔颖达之说应该更加合理。

郑朝晖：　载为积习之意，阴柔之畜刚，非一朝一夕能成，由积累而至，可不戒乎。这个争论不大。但也有学者认为，是积三阳而载之。

温海明：　乾载似可通。

【"妇贞厉"】

王力飞：　"妇贞厉"如何解？

温海明：　巽为长女，为妇。

尚　旭：　单纯一个德字是乾象，德字在上九云行雨施，阴将盛极，阳止不进，积德成也。

郑朝晖：　六四之正，至上而厉。体本柔顺，还是巽体。

温海明：　上九之征合理。兑为上弦月，即将满月，这时不可盲进。

【"君子征凶"】

郑朝晖：　"月几望"有多解，常见的是月将满，将敌日。不常见的是戒辞，勿令月满。

温海明： 应该是月将满。

郑朝晖： 我觉得从乾夫的角度，九三征凶，合乎说辐之象。上九成巽，合乎尚德载之象。"有所疑"，苏轼有一个有趣的解释："与之雨矣而去之，则彼疑我矣。"

温海明： "有所疑"不好讲，被什么所疑，疑什么，众说纷纭。

郑朝晖： 是不是说，提议七年自动解除婚约的人，会被妇疑呀！

张克宾： 这一爻，我一直迷惑，所迷者不是各自取象为何，而在于到底要表达什么意思。如力飞兄所问"如何翻译"。我还无法将这几句话贯穿起来，并和其他爻辞意义贯通。

温海明： 取象郑老师都讲到了，现在大家要把意思讲出来。

郑朝晖： 现在有人提议，婚姻法应当规定，结婚七年应当自动离婚。

尚　旭： 我来帮那个提议七年一换的人，附会一下这个七，二、七为火，上善若水，一阳来复，到了火的位置，是阳阴交错之时，所以要建议离婚。

郑朝晖： 七日来复吗？

尚　旭： 是呀。这个话要是让那个人听到了，就从《易经》里找到证据了。

杨家刚： "七年之痒"就这么来的吗？

尚　旭： 纯粹是附会，不要当真。

【征进有度】

温海明： 巽在乾上，妇人正固不动危险，月亮将满，君子征进凶险。都是到了七年的状态吗？

尚　旭： 好像是，过去的就可以放心了。

郑朝晖： 我觉得小畜是个中间状态，不像大畜，何天之衢。因而小畜还在讲载。

温海明： 正固不动，又好像要动，如七年要动，不如持正防危，要特别小心。丈夫这时盲进，可能会有危险。

尚　旭： 其实，许多东西在《易经》里都能找到根源的。

温海明： 小畜到了上九，已经过上了小康生活，还继续拼命赚钱，大家就都开始怀疑此人有毛病啦。

杨家刚： 以前见到有人结合道教丹法谈"七日来复"的，说"七"是很关键的一个周期。

温海明： 这个凶跟疑应该是有关系的。一周七天，不是随便人为规定的。

杨家刚： 对，而且还是五星加日月。

郑朝晖： 有关系，有学者说，雨后不处，妇畜不已，则阴可疑，君子不以阴之疑为疑，犹进则凶。

温海明： 这里按照纳甲，兑为上弦月，是小畜将满之象。

郑朝晖： 初、二、三、四、五、六。初，贞下起元之说。

温海明： 上九是全卦的总纲，是对小畜卦的整体理解和把握。

罗仕平：　马恒君老师认为这是泽天夬变来，但一般认为是天风姤变来，两者均可吗？

温海明：　马老师其实也有两说，所以此卦的卦变还是悬案。此爻爻辞大多跟卦变有关系，偏偏上九似乎不太需要通过卦变来解释。

罗仕平：　若自夬而来，上弦月成下弦月，勉强可解"月几望"，若自姤而来，更不易解。少女变妇心有不悦，故贞厉？

温海明：　从姤来，直接取互兑。

罗仕平：　但上九未变？

温海明：　从姤来就是夫下之妇骑到夫上去啦，那不动就危险了。

罗仕平：　若自姤来，是不是解六四更适合？

郑朝晖：　夫妻为敌，君妇为偶。

罗仕平：　这上九真不易解。

温海明：　夬来是上六来四位，姤来是初六到四位。两个解六四都有道理，因为姤初六，夬上六很危险，夬上六更加危险一些。这理解为对小畜的总结比较清楚明白一些。

郑朝晖：　小畜是外力的作用，因此畜止之力恰到好处则雨而安，若畜止之力过分，双方无论哪一方过分，都会危厉。我觉得是符合小畜的特点的。

温海明：　从夬来，上九从四位上来，比较适合"君子征凶"。这样说，从夬来，似乎解释六四和上九都更加合理一些。卦变比较难，古代注家讲得也不多。

罗仕平：　是的，主要是这里还有个月近望，若依姤来，近望无据？乾已望月，何须用几？

郑朝晖：　乾为云气，巽为风，东风与西云，两者相遇，力量均衡，则下雨。风大则云散，风退（取巽顺之意）则云飞，皆无雨，故危凶。

罗仕平：　风泽中孚六四称"月既望"，因其自天山遯而来。

温海明：　从姤来，取六四互兑为上弦月。所以我说上九是全卦总纲，是指代全卦的小畜状态。但您这样说不符合"既雨"的说法。

张国明：　这个爻确实难解。

温海明：　从夬来，兑变巽，上弦月变下弦月。可以理解为征进过度，凶险。贞与征对，如贞吉则征凶，反之亦然，比爻却贞厉征凶，动静皆错，有意思。

郑朝晖：　至上九，则均衡而雨。

温海明：　妇静错，夫动错。

【"尚德载妇"】

张国明：　我觉得力飞兄那个断句有价值，"载妇"连，九五挛如，上九载妇，也通。

温海明：　"尚德载妇"，可以理解，"征凶"如何解？

张国明：　上九阳爻，中不正，必然失乎中道，失乎中道则过犹不及。事非宜，勿轻诺，苟轻诺，进退错。比喻而已。但此爻处理与六四关系必有失中之处。六爻皆与四阴应之，并以此为吉凶之依。

温海明：上九位置不好，但也对六四倾心，可不动不太好。

张国明：上爻与四爻同为巽卦，阳爻居上有尚德之象，与四同体有载妇之象。

温海明：但载着不动，反而不好？

张国明：是啊，上九也与四应。

罗仕平：上九既雨，对照密云不雨，久旱逢甘，恩泽天下，故各处其位，赞上九之乾德？然此君子终处巽阴之地，且已至上，故不宜征进？

张国明：但上爻地位与九五比显然不利，六四、九五亲密。

温海明：上九想调到有利位置，但奈何动了就会有危险。按照小畜卦的意思就是说，你的日子已经过得不错啦，还想得陇望蜀？

张国明：一旦载妇，则失中矣。留着不动不好，有所行动更不好。爻位定吉凶。

温海明：这样就基本通了。载妇就是小畜，日子已经不错啦，可是动辄得咎，这小康日子其实并不好过。

张国明：上爻是无位之贤者，有德之人。这样就基本通了。

温海明：继续修德就好，要改善生活反而动辄得咎，引起大家嫉妒。

张国明：同时又在众阳应一阴之时，地位也尊崇，确有载妇的愿望和机会。

温海明：小富即安可以，小富不安就凶险，也非常符合人情之常。

张国明：既有德又载妇，只能说可以理解。上爻已极，失中正，不继续修德，可惜。

温海明：所以不应该继续改善生活，一味努力改善，反而不好。

罗仕平：贪多反失，活着不只为吃饭，逸居而无教（之以礼），则近于禽兽。

（整理者：贡哲 浙江大学哲学系本科生）

（本卦校对：董禹辛 中国人民大学哲学院硕士生）

时　　间：2015年12月14日22：00 — 23：20
导读老师：冯国栋（浙江大学人文学院教授）
　　　　　吴　宁（中山大学博雅学院讲师）
课程秘书：黄　桢（中国人民大学哲学院硕士生）

明辨上下　守礼而吉
——履卦卦辞明解

10 履卦

兑下乾上

【明解文本】

履：履虎尾，不咥人，亨。

《彖》曰：履，柔履刚也。说而应乎乾，是以"履虎尾，不咥人"。"亨"，刚中正，履帝位而不疚，光明也。

《象》曰：上天下泽，履。君子以辨上下，定民志。

【讲课内容】

冯国栋：履卦在小畜卦之后，皆为一阴五阳之卦。《序卦传》曰："物畜然后有礼，故受之以《履》。"《程氏易传》说："夫物之聚，则有大小之别，高下之等，美恶之分，是物畜然后有礼，《履》所以继《畜》也。履，礼也；礼，人之所履也。"杨万里《诚斋易传》："《乾》《坤》，开辟之世乎；《屯》《蒙》，鸿荒之世乎；《需》《养》，结绳之世乎；《讼》《师》，阪泉、涿鹿之世乎。《畜》《履》，书契大法之世乎？"也就是说，由小畜卦和履卦进入文明之世，文明之世的特点便是礼乐，故"履者，礼也"。而礼也是理解履卦的重要入口。《说文》："礼，履也，所以事神致福也。""礼，人之所履也。"行为为"履"，行为之原则为"礼"。马王堆帛书本这一卦就叫《礼》："礼虎尾，不咥人。"直接用了"礼"字。另外，履卦和讼卦有内在的联系，即礼可以止讼。《讼·象》曰："天与水违行，讼，君子以作事谋始。"也就是做事前定规则，制定礼仪。讼初爻爻变，就成履卦。

卦辞："履虎尾，不咥人，亨。"对于"履虎尾"，王弼注："履虎尾者，言其危也，三为履主，以柔履刚，履危者也。"《周易正义》："履卦之义，以六三为主，六三以阴柔履践九二之刚，履危者也，犹如履虎尾，为危之甚。"两者皆认为：三以阴柔履初九、九二之刚，故曰"履虎尾"。

再看《象传》，清人刁包《易酌》说："《大象》是孔子之《易》，是孔子特地教人用《易》之方。"《大象》是否为孔子之《易》，可暂时不论，然《大象》确为用《易》之方。此卦《大象传》也是将"履"和"礼"结合起来，认为礼之大用在于定分正名。

胡瑗《周易口义》："此卦上乾为天，为刚，是为君、为父、为夫之道也。下兑为泽，为顺，是为臣、为子、为妇之道也。乾刚在上，是能以尊严临于下也。兑说在下，是能以说顺奉于上也。上下相承，故得君臣父子夫妇皆有其节制，则上下之分定，而尊卑之理别，天下之礼行矣。"《周易正义》也说："但此《履》卦名含二义：若以爻言之，则在上履践于下，六三履九二也。若以二卦上下之象言之，则履，礼也。在下以礼承事于上。"

我用金景芳先生一段话作总结："《小畜》与《履》都是一阴五阳之卦，其意义都是主于用事的。《小畜》阴居第四爻，在上卦，以柔畜刚即以柔制刚，是制人的。《履》卦一阴居第三爻，在下卦，以柔履刚即以柔行刚，是行己的。"金景芳先生认为履卦是行己之说，颇有意思。每一爻都与行己有关。初、二低调，故无咎。三志刚而才柔，凶。四境遇虽差，小心终吉。五，位置虽好，不贞则厉；六，回顾反思，总结经验。

【讨论内容】
【"履虎尾"】

温海明：　鞋子、踩踏、行走、礼节，贯通下来。

冯国栋：　温老师说得对，由形象而抽象，由事物而原则。

温海明：　"礼虎尾"，意思变了没？

冯国栋：　《说文》："礼，履也。"所以这两个字应该没有差别。

吴　宁：　若"履虎尾"就是"礼虎尾"，那"履"和"礼"在这是否可能同源或同义？

冯国栋：　不过"礼"与"履"只是声训，原义差别较大。履，《说文》说是"足所依"，也就是温老师说的鞋子。礼，最初意义是祭祀。不过汉代应该意义没有差别了，所以我觉得马王堆帛书中的"礼"已同于"履"了。不过，具体还是再查查古文字专家的解说。

王力飞：　"敬畏"是其共同的基础吗？

冯国栋：　履卦旁通于谦卦，故礼之原则为谦下与敬畏。履卦谦卦，如王弼注的解初爻与二爻说："礼贵谦，礼不尚华"，都是从这个意义上说有。所以履卦与谦卦的旁通，可以生发出一些意义。

温海明：　"履"为柔顺有礼，近"谦"。

吴　宁：　虞翻解释卦辞时就紧扣反卦谦卦来说。

【成卦之主】

冯国栋：　王弼注："履虎尾者，言其危也，三为履主，以柔履刚，履危者也。"《周易正义》："履卦之义，以六三为主，六三以阴柔履践九二之刚，履危者也，犹如履虎尾，为危之甚。"但这里的问题是，卦辞说"履虎尾，不咥人，亨"，九三爻则曰："履虎尾，咥人，凶。"如果三为卦主，则卦辞与爻辞正好相反，不知大家怎么看？我一直没有搞明白这个矛盾。再看宋人的解说，都不再说六三为成卦之主这件事，可能也是看到其中的矛盾之处。

吴　宁：　《程氏易传》和《周易本义》似乎主要是从上下卦来解释"履"，可能与王弼注、《周易正义》有些差异。

温海明：　兑为虎，为口，为老虎咬人，但兑又为悦，又可以理解为不咬人，都可通，但确有矛盾。

冯国栋：　所以我觉得宋人是故意避开这个"成卦之主"的说法。

王力飞：　六三有具体语境，卦辞里的"亨"不代表亨通。亨否，反映在具体的爻里。

吴　宁：　朱子似乎不全避开成卦之主的说法，这一说法在《周易本义》中出现了两次。

张　悦：　踩到老虎尾巴，没有被咬，亨通。

冯国栋：　程朱虽为同一学统，然程、朱在易学观念上颇有不同，我曾经对比过，朱子之说多本王注，而程子之说多从胡瑗。

吴　宁：　嗯，《程氏易传》中似乎并无"成卦之主"之说。

冯国栋：　所以朱子《周易本义》中出现成卦之主的说法。

裴健智：　确实是一个问题。卦辞的"亨"是否根据夬卦而来，在夬卦，柔爻凶。

【小畜卦与履卦】

吴　宁：　容我略作补充。小畜卦之后为何为履卦？其他儒家经典也可与之印证，例如《论语·子路》："子适卫，冉有仆。子曰：'庶矣哉！'冉有曰：'既庶矣，又何加焉？'曰：'富之。'曰：'既富矣，又何加焉？'曰：'教之。'"《孟子·滕文公上》："人之有道也，饱食暖衣，逸居而无教，则近于禽兽。圣人有忧之，使契为司徒，教以人伦：父子有亲，君臣有义，夫妇有别，长幼有序，朋友有信。"孔子说要教之，孟子也说要教之，并提出了五伦。

冯国栋：　"仓廪实而知礼节"，小畜卦后为履卦。

罗仕平：　《管子》也讲："仓廪实而知礼节，衣食足而知荣辱。"

吴　宁：是的，履和礼直接相关。《荀子·大略》："礼者，人之所履也，失所履，必颠蹶陷溺。"《礼记·曲礼》："夫礼者，所以定亲疏，决嫌疑，别同异，明是非也。"《礼记·祭义》："仁者，仁此者也；礼者，履此者也。"

温海明：小康之后学习礼节，有点像今天大家学习国学。

吴　宁：在先秦两汉儒者那里，履、礼关系极其密切，是一个很有意思的话题。

裴健智：《周易正义》也说："但此《履》卦名含二义：若以爻言之，则在上履践于下，六三履九二也。若以二卦上下之象言之，则履，礼也。在下以礼承事于上。"这两种讲法关键是一个是从君的角度，一个从是臣的角度吗？

冯国栋：一从爻，一从卦。

温海明：关于卦辞与六三爻辞的不同，《象传》与六三《小象》都有道理，喜悦顺应就不咬人，位置不当就咬人了，也是一个看卦，一个看爻。

（整理者：王璇　中国人民大学哲学院硕士生）

居易安素　践履独行
——履卦初九明解

时　间：2015年12月15日22：00—23：13

【明解文本】

初九：素履，往，无咎。

《象》曰："素履"之往，独行愿也。

【讲课内容】

冯国栋：王弼"处履之初，为履之始，履道恶华，故素乃无咎"说得比较清楚。

　　这句可以有两种断句：一种为"初九：素履往，无咎"，另一种为"初九：素履，往，无咎"。我倾向于后一种，其实似乎也更符合王弼的意思。

《周易集解》引虞翻曰："应在巽为白，故素履；四失位变，往得正，故往无咎。初已得正，使四独变，在外称往，象曰独行愿也。"可以参考。

【讨论内容】
【"素履"】

冯国栋：巽为上互卦。

吴　宁：象数之解。《说文》："素，白致缯也。"

冯国栋：虞翻之解，颇为迂曲。

吴　宁：素像冰凌一般无色透明，未染色的原丝叠放在一起，显现为白色。虞翻之解是否也有可观之处呢？

罗仕平：解三、四或可，解初有些牵强？

吴　宁：说卦内容就以巽为白，所以还是有点儿通。

温海明：结合《象传》就是独行为主了。

吴　宁：我也同意虞翻之解有时有些牵强。

罗仕平：但初不在巽中，得绕到四才勉强相关？

冯国栋：虞翻的互卦是可从的。但虞氏言此卦由讼而来，与一般不同。

吴　宁：取决于这里的"履"作何解。

冯国栋：是的。高亨直接把"素履"解为白色的鞋子。

温海明：此卦从夬卦来，初九、九二不动，平素如常。

冯国栋：一阴之卦应是从夬卦来的。

温海明：或者从姤卦来。

叶　亮：履者，初爻脚也。下卦兑金白色，所以说素履。

温海明：离开《象传》，对"素"的解释五花八门都各有道理。

吴　宁：卦变之说不同，可能难以达成一致。

叶　亮：素又象征朴实。

吴　宁：素亦为质。《说文》："质，以物相赘，如春秋交质子是也。"引申其义为朴也，地也。如有质有文。今天所说素质，即白色质地。

冯国栋：其实对"素履"的解释，自王注开始，多重视"素"字。王注从礼的角度，认为礼不尚华，故素履，无咎。

吴　宁：没错，与素或质相对的是文。《说文》："文，错画也，象交文。"文，即交错的笔画，文的本义即交叉的纹案。

冯国栋：也有从平素所履这个角度讲的，主要从初爻这个位置上来说。

罗仕平：质胜文则野，文胜质则史。绘事后素。

吴　宁：王弼解释贲卦时说："刚柔交错而成文焉。"刚柔即阳爻和阴爻。所以，阳爻和阴爻相互交错为文。但履卦初九爻尚未交于物，为素象。所以《本义》认为"以阳在下，居履之初，未为物迁，率其素履者也"。何谓素？素即无文。礼以质为本，这就是履卦初爻言"素"的原因。素是没有文饰，与之相反，贲是文饰。贲之极就是文之极，文之极则须返回质。所以贲卦上九说"白贲无咎"，这与"素履往无咎"大概是同一个意思。

冯国栋：这个解有意思。

罗仕平：质素互通，近于真诚，为礼之本？

叶　亮：初九乾阳，必进之物，然当履虎之时，有咥人之险，初九不具中德，以刚处刚，必躁进以求其用，则必至危险。所以圣人告知"素履"，安然处于朴素，又心无邪曲，如此而往则可无咎。

温海明：平素所履即日常的做法和行动。

叶　亮：素履者，素礼也，质胜文是也。以质朴无华为重！

温海明：质朴无华的行动。

冯国栋：对于"素履"的解说，除了"素礼"之外，历代解说：一侧重于"素"，从礼不尚华的角度说，如王注、孔疏；一侧重于从初爻这个位置来说，是布衣之位，素履为布衣之象征。

吴　宁：结合初爻，对"素履之往，独行愿也"也可分开看。"素履之往"，即《中庸》所谓素其位而行；"独行愿"，即中庸所谓不愿乎其外者也，既独且专。

罗仕平：偏离质朴无华，就接近阳明所讲礼之戏子。

张　悦：素，朴素、简单。

吴　宁：冯老师辨析得很清楚。

冯国栋：杨万里解："君子之在天下，非出则处，幼而学，壮而行。初九，履之初也，必有平生雅素之学，然后可以有行，故往而无咎何也？非利其身也，行其志也。无其素而欲行，欺也；不于其志而于其身，污也。故古者学而后行，后世行而后学。"

吴　宁：诚斋增"雅素"之义，后面的讲法则可视作对伊川之说的发挥。

冯国栋：《诚斋易传》与《程氏易传》有高度一致性。同时，杨万里认为，如果用史实证这一爻，便是颜子之陋巷，孔明之草庐。诚斋解"素"为平素、雅素，素履为平日之践履。有平日之践履，方可涉危而无险。越是危难，越能见平日之践履。故诚斋言："古之学者学而后行，今之学者行而后学，甚或行而不学。所谓困而不学，斯为下矣。"

【"独行愿也"】

吴　宁：接着说"素履之往，独行愿也"，《周易集解》引荀爽谓："初九者潜位，隐而未见、行而未成。素履者，谓布衣之士，未得居位，独行礼义，不失其正，故无咎也。"虽然这是从象数的角度来说的，但意思跟《周易正义》和《程氏易传》也比较接近。

张国明：礼即文明，礼仪就是交错，礼等同于文，与朴素、原始相对。

冯国栋：独有两义：一为孤独而行，一为专心而行。

吴　宁：是的，文即交错，也即文饰。

冯国栋：独行所愿，偏于专心而行。

温海明：专心去实现。

冯国栋：结合初爻位置，乃布衣之位，故当专心修德。

张国明：独行愿，慎独而行其本愿。素履，朴素无华之行为，正是君子所行。慎独是君子特质，行其本愿同样是君子之德。

李伟东：素履即为善行德行，积德行善，正是君子修身之要。

王力飞：初九虎尚远，素履往，不惊它；九二虎不远，幽人贞吉，别发出声音；六三紧随虎后强行，凶（老虎屁股摸不得，也靠不得，拍不得）；九四小心谨慎，终吉；九五保持犹豫不决的履态，危厉；上九考虑再三，回返，不跟老虎走，故吉。九五依然是小心翼翼履的最高点。厉，非指虎对人厉，指一直保持高度紧张，高度犹豫，自身即厉。卦辞里的"亨"，不能随便连起来翻译。卦讲"亨""有亨""不亨"多种情形，具体亨否，看处于卦的哪一阶段，即具体的爻。

（整理者：张馨月　中国人民大学哲学院硕士生）

大道平坦 心安则吉

——履卦九二明解

时　间：2015年12月16日22：00 — 23：16

【明解文本】

九二：履道坦坦，幽人贞吉。

《象》曰："幽人贞吉"，中不自乱也。

【讲课内容】

吴　宁：爻辞大意：行进在平坦的大道上，中心安静之人持正则得吉。九二以阳爻处阴位，不当位，所以如此。履卦和归妹卦的爻辞颇为相应。归妹卦之初九曰："归妹以娣，跛能履，征吉。"《象》曰："'归妹以娣'，以恒也。'跛能履吉'，相承也。"

　　"幽人"一语也出现在归妹卦中，其九二曰："眇能视，利幽人之贞。"《象》曰："'利幽人之贞'，未变常也。""跛""履""眇""视""幽人"，在履卦和归妹卦中都有出现，这两卦应该相关。关于"履道坦坦"，《说卦传》云："震，……为大途。"虞翻据此提出："二失位，变成震，为道、为大途，故'履道坦坦'。"根据虞翻的说法，由于这一卦是从讼卦变来的，当讼之时，"二在坎狱中，故称'幽人'"。虞说立足象数，聊备一解。虞翻认为"幽人"是被幽禁在狱的人。

　　王弼没有明确解释"幽人"之义，王弼之解重在"幽"。他说："居内履中，隐显同也。"《周易正义》对此作了进一步的说明："'在幽而贞，宜其吉'者，以其在内卦之中，故云'在幽'也。"

　　"幽"即处于内卦之中。《程氏易传》则主要结合了此爻的《象传》将"幽人"解释为中心安静之人。另外，"履道"为何"尚谦"？《周易正义》根据"王注"明确提出两个理由，我觉得可以参考：1."履践之道，贵尚谦退，然后乃能践物"，是说只有做到了谦退，才能践物，这是从条件和效果的角度而言；2."履"为礼，所以"尚谦"，是说履之为礼，本来就有敬畏和自谦的要求，所以需要这样去做，这是从规范的角度而言的。

　　《象》曰："'幽人贞吉'，中不自乱也。""幽人"之所以能贞吉，是由于内心恬静，谦退而不乱。

【讨论内容】

【"幽人"】

温海明： "中"首先是守中，也是中心。

吴　宁： 能守中故恬静，故"幽人"不乱。"幽人"在古代其实也多作隐士讲。

裴健智： 阳爻居阴位也可以守中吗？

吴　宁： 虽阳爻而居于阴位，然幽而不显，自可守中。

温海明： "隐士""囚犯""幽静之人"，其实有相通之处。

吴　宁： 是的，再结合初、二两爻爻辞来看，初九之"素履，往无咎"，乃在于"独行愿"；九二之"履道坦坦"，乃在于"中不自乱"。可见，初、二之履是由于中心坚定而采取的行动。

温海明： 强调心不乱。

王力飞： 是因为离"虎"较初九近，较六三远，故持守幽静之人，吉祥。重在履的动静。"幽"较"素"要安静。

裴健智： 感觉马恒君从象上讲成盲人也挺合适。

温海明： 互离目，兑毁折，眼睛受伤。

【"以传解经"】

温海明： 履卦也有说从夬卦来。

王力飞： 他们为什么要找来源？

温海明： 为了解释卦《爻辞》和《象传》的一些说法。

吴　宁： 愚以为，可以《十翼》解经文，倘若某个原则一时难以贯穿全局，则不必拘泥于此，择其善者而从之即可。此即"履道坦坦"。

温海明： 基本同意，我主张以传解经。有些人不愿意以传解经，也都有自己的一套讲法，可谓见仁见智。

吴　宁： 经传分观也有其道理，例如高亨等，不过个人偏好合而观之。

温海明： 合而观之更清楚些，浑然一体。离传解经主要研究文字、考古、史事等，听起来头头是道，新论迭出。可见分而观之通常排斥象数，容易自立新说，成一家之言，却不易自圆其说。

（整理者：黄仕坤 中国人民大学哲学院硕士生）

伤败不轻 心志刚猛
——履卦六三明解

时　间：2015年12月17日22：00 — 23：31

【明解文本】

六三：眇能视，跛能履。履虎尾，咥人，凶。武人为于大君。

《象》曰："眇能视"，不足以有明也。"跛能履"，不足以与行也。"咥人"之凶，位不当也。"武人为于大君"，志刚也。

【讲课内容】

冯国栋：我们来看六三，六三是此卦中唯一的阴爻，王弼认为它是一卦之主。但此爻的位置较差，不中不正，又处于下卦之上，上不在天，下不在田，中不在人，这是《乾文言》说乾卦第三爻的话，放在这里也是合适的，所以断辞是凶。我有两个问题：一阴之卦中的阴爻，吉多还是凶多；一阳之卦中的阳爻，吉多还是凶多。我印象中一阳之卦的阳爻，多是好的，比如师卦的九二、比卦的九五。

王弼注主要还是从"礼主谦"的角度来解这一爻，王弼注："居履之时，以阳处阳，犹曰不谦，而况以阴居阳，以柔乘刚者乎？故以此为明，眇目者也；以此为行，跛足者也；以此履危，见咥者也。志在刚健，不修所履，欲以陵武于人，为于大君行，未能免于凶。而志存于五，顽之甚也。"王注解"武人"为"陵武于人"，即以威武吓人，也有解"武人"为"军武之人"，也就是六三以武人之身份欲行九五君上之事。

【讨论内容】
【"志刚"】

叶　亮：　中正>中>正>不中不正。大体如此，偶有例外，比如屯卦九五阳刚中正，尚有"大贞凶"，那是因为卦的精神全在初九。

王力飞：　那是指"屯其膏"的，和初九没有关系。

温海明：　《象传》说"志刚"，是心志非常刚强，后解近之。

罗仕平：　是否因一阴卦多自姤卦来，以阴消阳故凶多，一阳卦多自复卦来，以阳息阴故少凶？

冯国栋：　《小象》解释六三之凶，曰"位不当"，和叶亮老师所说相符。我也同意温老师的说法，"志刚"，孔疏认为是因为以阴处阳。

【"武人为于大君"】

王力飞：　整卦都在说随险而行的道理。跟在猛人身后，如眇强视，如跛强行，必受其害。

吴　宁：　不仅是跟在猛人（乾）之后，而且六三自身也有问题，六三以阴居阳位，恐怕本来就是眇的、跛的。

冯国栋：　王弼对六三的态度是"顽之甚也"，认为六三不自量力。而诚斋对六三，倒是多有同情："圣人之于六三，怜其志而恨其才。曷怜乎其志也？以阴居阳，其志非不刚也。曷恨乎其才也？阴柔而不足与有为也。"

　　　　　　"武人为于大君"，王弼解作"以武陵人而欲为大君"，还有解作"军武之人而欲为大君"的，但这两个解都将"为于"解作"为"，"为于"与"为"能否互训，是个问题。从《象传》的解释来看："武人为于大君，志刚也。"倒真有点同情的味道。有没有这种可能，如力飞兄所说，六三才不足而要为大君解决问题。

温海明：　六三眼睛不好，腿脚不好，而且形势危险，可是内心还想称王。

冯国栋：　但"为于"这个词很不常见，"为"如果当"做"讲，后面一般不会接个"于"字，"武人为大君"即可，为何要"武人为于大君"？

吴　宁：　也有将"武人为于大君"解释成武人成就大君之事的。

罗仕平：　一个兑为毁折太狠了，眼盲脚跛却硬想称王。

冯国栋：　这个解，我觉得有一定的道理。如诚斋所说，怜其志而恨其才。

吴　宁：　如果这种解释成立，"武人为于大君"就是一个转折，此卦六三不中不正，可谓体暗而用明、才弱而至刚，不自量力前行，故而蹈危致祸。但如果非要勇往直前，只有武人以其强悍坚强，乃可成就大君之事。

冯国栋：　这个"于"字确实怪。

王力飞：　"死于是"，死在这里，"于"就是个介词；"擅于蒙"，"于"也是介词。"为于大君"，"于"的对象是大君，动作是"为"。

吴　宁：　按照王弼的解释，卦主应该是一卦之主或成卦之主。

罗仕平：　有没有可能是一位眼盲腿跛的老将想忠心护主，却危难重重？主爻多数时候还是很有参考性的。

吴　宁：　这个解释很可爱。

温海明：　取义虽通，武人虽然各方面都不好，但仍旧想效力于君王，成就君王的功业，但六三阴爻柔弱，居位不当，没有多少能力，加上很危险，即使想帮也心有余而力不足，逻辑上还是有点问题的。《周易》重阳抑阴，如果如此肯定阴爻的心志，不是很通畅。

王力飞：有其他的"动词+于"，一样可以理解。

冯国栋：卦主的说法，多见于一阴一阳之卦。

罗仕平：烈士暮年，壮心不已，感人呀！

温海明：有些爻在卦里面比较重要是显而易见的。

冯国栋：今天对于"为于"这个疑问的讨论还是有收获的，虽不能解决，但总找到个问题。

罗仕平：结合九五夬履来看，六三自姤初而来成履卦之主，并有令履成夬之势，似乎取九五之王以代之的确更合理？

温海明：此解有理。

罗仕平：取象之卦。

冯国栋：帛书是"武人迵于大君"，不作"为于大君"，"迵"的意思好像是通达。

吴　宁：这个字很有趣。段玉裁："迵，此复举字之未删者。迭也。迭当作达。玉篇云。迵，通达也。是也。水部。洞，疾流也。马部。駧，驰马迵去也。义皆相同。仓公传曰。臣意诊其脉曰迵风。裴曰。迵音洞。言洞彻入四肢。从辵。同声。徒弄切。九部。"

罗仕平：同也无妨，是同心辅佐还是同位取代？依卦象看，还是后者更合理？

吴　宁：可能不是"同"，上面说"迵"是"迭"的异体字，而"迭"应该是"达"。《说文》："达，行不相遇也。"如果这种解释能成立，那么"武人为于大君"，就该解作"武人达于大君"，即武人行而不遇大君。聊备一说而已。

（整理者：李芙馥　中国人民大学哲学院博士生）

战栗谦顺　虎口脱险
——履卦九四明解

时　间：2015年12月18日22：00 — 23：31

【明解文本】

九四：履虎尾，愬愬，终吉。

《象》曰："愬愬终吉"，志行也。

【讲课内容】

冯国栋：　这一爻与第三爻一样，也是"履虎尾"，但最终的结果却是吉。对于为什么是吉，王弼注的解释是："以阳居阴，以谦为本，虽处危惧，终获其志，故终吉也。"这是王注一贯的路向，即礼尚谦下，故以阳居阴，不敢自专，故得吉。《子夏易传》的解释与王注微有不同，但路向一致。曰："守卑以承于上，为上所任。为九五所任重，故吉。"可见，九四得吉，一者以谦下，一者以谨慎。

对于九四所履之虎尾是什么，古来说法有别。孔颖达疏："逼近五之尊位，是履虎尾，近其危也。"显然，孔氏是把九五作为虎的，履于九五之后，故称"履虎尾"。胡瑗《周易口义》："履六三之上，而六三以阴居阳，其志尚刚武，今九四乘之，是履虎尾也。"胡瑗是把六三刚武作为虎。也就是说孔颖达与胡瑗的差别在于：一个以履虎尾为承，也就是履上爻之尾；一个以履虎尾为乘，也就是乘下爻之尾。其实这也涉及整个卦中，履究竟是乘，还是承的问题。

我认为胡瑗的解说颇为迂曲，还是以九五为虎、以上爻为虎较为稳妥。朱子认为，九四以不中不正，履九五之刚，以九五为虎。《程氏易传》也认为，九四履九五之尾。程颐之学来自胡瑗，在这点上，他却与胡瑗《周易口义》不同，说明程子也认为胡瑗的说法不妥。这一爻不中不正，无应，但却能终吉，体现的是易道的变化。第五爻，中且正，也仅得个贞厉。主要因为在这一卦，如王弼所说，礼尚谦下。以阳居阴，非常谦；以阳居阳，不太谦；以阴居阳，太不谦。

【讨论内容】

【"履虎尾"】

　　王力飞：　可能和"履"的阶段有关。到五，小心到头了。

罗仕平： 六三已吃过苦头，九四乘之，有前车之鉴，当然终吉？

冯国栋： 以阳居阳者，九五；以阴居阳者，六三；以阳居阴者，九四。以阳居阴的二、四、六皆得吉。以阳居阳的一、五得无咎、贞厉。以阴居阳的三得凶。

罗仕平： 如果取四乘三，因前车之鉴而终吉，那是不是应为同一虎？

裴健智： 革卦九五也是虎？兑为虎？马恒君老师取兑为虎，三居虎口被咬，四隔开了，故终吉，只是兑虎《说卦》没有明确依据。真是很难解。

冯国栋： 兑上缺，象口，是个简单的取象。

罗仕平： 取二五为虎，整卦不易贯通？

冯国栋： 取五为虎较通。三、四皆近于五。

罗仕平： 三为承怎也被咬了？

冯国栋： 以阴居阳，不谦。

罗仕平： 这样似不如取二为兑虎直观？

冯国栋： 二、五为虎，虎有多只。

罗仕平： 虎狼环视。

（整理者：孙世柳　中国人民大学哲学院硕士生）

刚愎自用　守正防危
——履卦九五明解

时间：2015年12月19日22：00 — 23：19

【明解文本】

九五：夬履，贞厉。

《象》曰："夬履贞厉"，位正当也。

【讲课内容】

冯国栋： 这一爻其实有两个问题：第一，九五得中得正，何以得个"贞厉"的结果？第二，

《象传》说"位正当",是何义？如果"位正当"是褒义的话，怎么和爻辞中的"贞厉"相符合？

九五得中得正而贞厉。从王弼以来的解说认为九五以阳处阳，过于刚强，违反了礼以谦为本的道理。王注："得位处尊，以刚决正，故曰夬履，贞厉也。履道恶盈，而五处实，是以危。"孔疏进一步发挥："位处尊以贞厉者，厉危也，履道恶盈。而五以阳居尊，故危厉也。"原因就在于以阳而处尊。朱震《汉上易传》又将九五与人君联系起来："人君擅生杀之柄，不患乎无威，患乎刚过不能以柔济，则臣下恐惧而不进，人君守此不变，危厉之道。"朱震的意思是：人君这个位置太脱离群众了，要密切联系群众，否则不好。

龟山杨时也从礼以和为贵的角度，解读这一爻为何不好，他认为这一爻失于中和。"履，礼也。礼之用，和为贵，故曰履和而至。九二、九四皆体刚而志柔，履而和者也，故吉。六三，体柔而志刚，以和为体也，而又失位不中，和而不以礼节者也，故亦不可行。九五刚当位而履，履而不用和者也，故曰'夬履贞厉'。"第一个问题从义理上解说大概如此。从象数的角度，虞翻有不同解说。虞翻曰："谓三上已变，体夬象，故夬履。四变，五在坎中也，为上所乘，故贞厉。"泽天为夬，天泽为履，二卦为综卦。"三上已变"，是说履卦三爻的阴爻上升三位，变成上爻，便成夬卦了。"四变，五在坎中"，是说九四由阳变阴，夬卦上卦的兑变成坎，五爻正在坎中，两水之间，故危厉。这个讲法，虽较难以理解，但理解后觉得比从义理上说妥贴。

第二个问题，爻辞说"贞厉"，象辞说"位正当"，如何理解这个位正当？位正当，何以变成厉？

孔疏认为"位正当"，是"正好在这个位置上"的意义，不是"位正"的意思，正是"恰好"的意思，不是"正中"的意思。处在九五之位，不得不决断其理，不得不有其贞厉，以位居此地故也。也就是说九五正好处在这个位置上。

【讨论内容】
【"位正当"】

罗仕平：李光地把"贞厉"解释为常存危厉之心，幸亏中正，方不忘此危厉之心。

冯国栋：罗老师所说为第二种解说，贞厉者，以贞防厉。我没有去查《周易》中"位正当"这个词出现过几次，所以不知道在其他地方这种解说能否说得通。

吴　宁："位正当"出现了四次。

温海明：不过这里感觉孔颖达他们觉得不讲成正当、恰当实在说不过去。

吴　宁：否，九五，休否，大人吉；其亡其亡，系于苞桑。《象》曰：大人之吉，位正当也。兑，九五，孚于剥，有厉。《象》曰："孚于剥"，位正当也。中孚,九五,有孚挛如,无咎。《象》曰:"有孚挛如",位正当也。以上是另外三次。

冯国栋: "位正当"看来都是九五。

温海明: 可能兑卦九五有点接近。

冯国栋: 否卦也接近。"其亡其亡,系于苞桑。"正是心存防危之心则能不危,与此卦的"贞厉"意思也近。《周易折中》:"案凡象传中所赞美,则其爻辞无凶厉者,何独此爻不然?盖履道贵柔,九五以刚居刚,是决于履也。然以其有中正之德,故能常存危厉之心,则虽决于履,而动可无过举矣。《书》云:心之忧危,若蹈虎尾。此其所以履帝位而不疚也与?凡《易》中贞厉、有厉,有以常存危惧之心为义者,如《噬嗑》之贞厉无咎,《夬》之其危乃光是也。"我觉得这个解释还说得过去。这个比吴老师的统计少,但意思差不多,心存防危之心而能不危。

罗仕平: 上面夬和履是否应为旁通,其综卦为小畜?只是虞翻这种解释似不易懂?

吴　宁: 《周易折中》此处应该是综合了前人的解释。

温海明: 否卦九五跟这里的意思确实近。

冯国栋: 虞翻的解说,是履的三爻上升三位得夬卦。

王力飞: 乾、兑、坎、巽在上,共有三十二个九五。大象只用四个?单八卦中为阳爻,在上则为九五。

冯国栋: 你的意思是九五有三十二个,只有四个用了"位正当"这个词。

温海明: 那就是因为在九五之位,容易因刚决而有问题,所以要防止危险。

罗仕平: 可否理解为九五防主爻六三升至上六成夬,升的过程有取代自己的危险,幸亏位正当,才不忘守正防危。

【伊川:天下之议】

吴　宁: 伊川:"夬,刚决也。五以阳刚乾体居至尊之位,任其刚决而行者也。如此则虽得正,犹危厉也。古之圣人,居天下之尊,明足以照,刚足以决,势足以专,然而未尝不尽天下之议,虽刍荛之微必取,乃其所以为圣也,履帝位而光明者也。若自任刚明,决行不顾,虽使得正,亦危道也。可固守乎?有刚明之才,苟专自任,犹为危道,况刚明不足者乎?"伊川认为,履卦的九五就其爻为阳为刚而言,可谓刚毅果决。从卦象上看,九五爻既中且正,但恰恰也由于这一点,那些像履卦九五那样刚毅果决有着很强执行力的君主,往往因其刚毅果决而更容易陷于危险乃至祸患之境。

冯国栋: 对,这就是《易》的妙处。有时过一点就成反的了。

吴　宁: 伊川就此作了大量发挥。伊川以古代圣王为例,说明虽古代圣王不乏刚毅果决等优秀品格,但向来都懂得尊重"天下之议"。"议"即舆论,其中批评常与政治有关。对"天下之议"的尊重，就意味着无论是何等刚毅果决的君主，也不可刚愎自用、乾纲独断。不仅如此，对于哪怕是卑微如割草打柴的匹夫的看法，只要正确也必须接受。进而，伊川不仅认为需要尊重"天下之议"，而且强调君主须"尽"其"议"，凸显出伊川要求君主对天下人尤其士人言论自由的尊重。从"尽天下之议"一说中可引申对任何形式的专制哪怕是开明专制的反对。因此，尽管刚毅果断如履卦九五爻一样强势的君主似乎是无比正确，但若一意孤行，所行乃危亡之道，也绝不会长久，故而贞厉。

温海明： 讲得比较有道理，后面这部分是老兄的解说？

吴　宁： 是的，我基于伊川之说附会了不少。

温海明： 那是取贞必厉解？反对任何专制，是否可以商榷？

吴　宁： 欢迎商榷。不过我觉得既然已经尊重了刍荛者的看法，那就说不上专制了。贞未必厉，但此处夬履则贞厉，取伊川之解。从履卦可以读出伊川反对开明专制，别的我暂时还没琢磨清楚。

王力飞： 我对照门户卦乾坤二卦的五，取王夫之的"夬夬"解，翻译为：保持欲行不决之状况，危厉。个人感觉，这和履卦是合的。

罗仕平： 是不是含沙射影说熙宁变法？

吴　宁： 大概是的，伊川的解读有很强的政治感和历史感。

罗仕平： 这里九五似乎真有些宋神宗的味道？

吴　宁： 伊川解蒙卦可对照伊川跟哲宗的关系看。

罗仕平： 这样解读倒也别有一番趣味，不过似也看出他们心中的无奈。

（整理者：黄桢 中国人民大学哲学院硕士生）

动心忍性　正应凯旋

——履卦上九明解

时　间：2015年12月20日22：00—23：37

【明解文本】

上九：视履考祥，其旋元吉。

《象》曰："元吉"在上，大有庆也。

【讲课内容】

冯国栋： 先看"视履考祥"，也有写作"视履考详"的。《周易口义》："视，瞻视也；考，稽考也；祥，祸福之兆也。"也就是说到了最上位，要考察过去所作所为。故王弼注曰："祸福之祥，生乎所履，处履之极，履道成矣，故可视履而考祥也。""视履考祥"就是根据前面所作所为考察吉凶。所谓"积善之家，必有余庆；积不善之家，必有余殃"之义。一般来说，"视履"都解作检视前言往行。但《周易函书》却解作："视履，就是看脚下，不看脚下走路，必有灾祸。"也可备一说。

再来看"其旋元吉"，古来解说歧解不少，关键在"旋"这个字上。第一解，是与下卦相当为旋，如王弼注："居极应说，高而不危，是其旋也。""居极应说"，就是说与下卦兑相应，故称"旋"。第二解，周旋完备，如《程氏易传》："旋，谓周旋完备，无不至也。人之所履，考视其终，若终始周完无疚，善之至也，是以元吉。"就是经过周旋完备的考察，发现始终没有问题，就是善了。

【讨论内容】

【"其旋元吉"】

冯国栋： 返旋上位，大吉大利。

温海明： 应都跟六三有关。若从夬卦来，就是六三跟上九换位。那样有点凯旋的意思？

冯国栋： 对，上与三应，也是旋。

温海明： 胜利班师回朝，所以上九应该有个来路。上九比九五好多了，是有六三正应。

冯国栋： 所以我觉得从《周易口义》到《程氏易传》，把"旋"解作周旋，不合适。

温海明： 九五位置好，没有阴阳正应，就太刚了。

冯国栋：　"旋"最简洁的解说，就是六与三应。

徐治道：　从卦象看，上九阳爻居阴位，又与阴爻居阳位的六三相应。

冯国栋：　对，在履卦中，阳爻居阴位的，都较好。

温海明：　九二、九四、上九都吉。

冯国栋：　也就是说，经过初的素履，二的履道坦坦，三的履虎尾凶，四的愬愬终吉，
　　　　　五的夬履，到了第六爻要总结前面所履，反思经验，故得吉祥。

吴　宁：　将"旋"解作周旋确实有问题，后世易家如《周易折中》中的不少人也如此。

冯国栋：　是的，从胡瑗开始，解作"周旋"者极多。

【笑傲江湖】

温海明：　九五位正当，反而不好。

冯国栋：　这也符合最初提出的礼尚中和、礼尚谦下的原则。胡炳文："大抵人之涉
　　　　　世，多是危机，不为所伤，乃见其履。"一个人不为所伤，就可以看出其践履。
　　　　　这句话是很值得玩味的。其所行所做正直、真实，操持纯粹，终得吉祥。

温海明：　这个"元吉"是修养，也是客观的状态，一般主要理解为内在修养。上九这
　　　　　么好，应该主要是一路走来不容易，好像随时都快踩到老虎尾巴一样。

冯国栋：　总的说来，履者，礼也。履卦的反对卦是谦，也说明礼尚谦下，以和为贵。
　　　　　故初爻质素而获吉祥；二爻以阳居阴，卑以自牧，也得贞吉；三爻以阴处
　　　　　阳，志刚才柔，履虎尾而被咥；四爻以阳居阴，虽所居之位不吉，然小心谦
　　　　　下，终获吉祥；九五得中得正，然过于刚强决断，故戒之以守正防厉；上爻
　　　　　虽所处甚危之地，然而以阳处阴，旋返于下，故得吉祥。

温海明：　在随时可能踩老虎尾巴这么危险的情境之中，能活着走到上位，就是莫大的成
　　　　　功，值得大加庆贺。上位这么不好，反而成为最佳状态，上来实在太难。

冯国栋：　所以能在这样艰难困苦的环境中上位，确是非常之人。

温海明：　您说得对，上九讲的应该是上位之难，难于上青天。

冯国栋：　故天将降大任于斯人也，必先苦其心志，劳其筋骨，饿其体肤，空乏其身，
　　　　　行拂乱其所为，所以动心忍性，增益其所不能。

徐治道：　所以九五爻象辞说"元吉在上，大有庆也"。

温海明：　象辞反证"旋"或应该理解为凯旋。

冯国栋：　"大抵人之涉世，多是危机，不为所伤，乃见其履。"

温海明：　一路动心忍性。"不为所伤"不是不受伤，而是指活着笑到最后，笑傲江湖。

冯国栋：　而且是极端险恶的江湖啊！履卦自上九而得凯旋大吉，故下卦即进入泰卦。

温海明：　真是易道昌明不虚，笑傲江湖就到三阳开泰！

（整理者：贡哲 浙江大学哲学系本科生）

（本卦校对：董禹辛 中国人民大学哲学院硕士生）

时　　间：2015年12月21日22：00 — 23：30
导读老师：刘　震（中国政法大学哲学系副教授）
　　　　　于闽梅（中国青年政治学院中文系副教授）
课程秘书：黄　桢（中国人民大学哲学院硕士生）

天地交通 阴阳平衡 上下和谐

——泰卦卦辞明解

11　泰卦

乾下坤上

【明解文本】

泰：小往大来，吉亨。

《彖》曰："泰"，"小往大来，吉亨"，则是天地交而万物通也，上下交而其志同也。内阳而外阴，内健而外顺，内君子而外小人，君子道长，小人道消也。

《象》曰：天地交，泰。后以财成天地之道，辅相天地之宜，以左右民。

【讲课内容】

于闽梅：《序卦传》："履而泰然后安，故受之以《泰》。泰者，通也。"这一卦三阳开泰，故宫的乾清宫与坤宁宫之间，就是交泰殿，取象"天地相通，上下和谐"于此。泰是"大"或"太"的另一种写法。秦系的文字，常以泰为太、大、奈。马融训"大"，郑玄训"通"。王弼折中释为"大通"。"小往大来"，《易传》以阴为小人，阳为君子。

刘　震：泰卦卦辞是"小往大来"，这里的小指向的是阴，大指向的是阳，小往大来指的是阴气消退、阳气增进的场景。我想这个主要还是与象数之中的消息之说有关联，泰卦在消息之说中象征春日正月，也是冬季结束之后万物开始复苏的时间，阳气这个时候已经前进到人的位置（三爻），象征阳气开始普遍地作用于社会之上。

泰卦的判断是先吉而后亨，意味着不仅有着相当美好的当下判断，对于其未来的发展也是相当看好。

《彖传》解读：天地交而万物通是从卦象上进行判断。天地交指的是乾卦在下，坤卦在上，乾卦象征天，天的正位在上，坤象征地，坤的正位在下，双方各自要回到自身所在位置之上，因此，在天上升而地下降的过程之中，就有了阴阳二气的交感，在这样的交感之下，万物得以孕育。

其一是万物的孕育离不开阴阳两者的共同作用，也就是我们所说的独阴不生、独阳不长的理念。其二在于天地各正其位的理念，变动实际都是机遇，只要我们正确地认识自然规律，则完全有可能顺应规律，并且在正位的过程之中得以发展。"上下"指的是不同阶层的人，只要同心同德，志向一致，就能够取得事情的成功，所以在生活中我们把志向相同的人称之为"同志"。

《彖传》说："内阳而外阴，内健而外顺，内君子而外小人，君子道长，小人道消也。"此处的"阳"既可以指向阳爻，也可以指向阳气之象。从前面生发万物的角度来说，解释为阳气可能更为贴切。

君子在《周易》中大部分指向位置，但也有道德含义。君子之道在于追求社会规范的确立，即在社会治理过程之中强调所谓的"义"，小人之道在于实现社会利益的诉求，即在社会发展之中突出所谓的"利"，二者在道德上没有高下之分。就像不同的治理体系，侧重有所不同，但是我们后世对于利的理解出现了问题与偏差。

所谓的利指的是普通人的诉求，在社会上，泛道德化的要求并不能整体提升社会素质，反而会造成很多伪君子。泰卦的卦象之中，则是认为其象征了社会对于道德追求更为强烈，对于利益的诉求似乎在逐渐减退。泰卦的卦象象征的是社会从大的混乱之中复苏，在这样的情况之下，人们反省造成社会混乱的根源在于"义"之不立，所以在这样的情况下更为重视所谓的"君子之道"，而对于社会利益的诉求就放在了较为次要的位置，小人之道消也。

就社会问题而言，我认为我们需要道德诉求，但是如何实现这一诉求，却是极大的智慧，反正单纯地唱高调显然不现实。而且，客观讲，"君子之德风，小人之德草"，关键还在于上层社会的价值取向。

《象传》的表述同样是从卦象入手的，天地交的含义应当说与《彖传》相类似。后世注家多数把"财"理解为"裁"，从后的表述来看，其更多指向辅佐性的工作。因此，其工作本质在于将顺应自然规律，并以此来帮助百姓的行为。

从步骤上来说，首先是认识天地之道，其次是落实天道之宜，最后则是据此来规范百姓的具体行为。这里的"后"也不能够简单理解为所谓的"王后"，我认为"后"突出的信息有两个：第一，地位突出；第二，从属力量。这里的"后"实际代表了人类在天地化生万物过程之中的一种表述。

第一，人为万物之灵，在万物化生的过程之中有着特殊性的地位，这是人的特殊性的表述；第二，则表现为人是从属地位的，也就是"参赞天地化育"的位置，既然是"参赞"，那么就意味着人类在这样的过程之中并非主导性的力量，而是从属地位的。

【讨论内容】
【"天地交"】

裴健智：　泰卦算是天地开始交了吗？

刘　震：　实际其指向的是因为天地交而产生的问题与现象，并非特指这是一个天地相交的时间。我认为六十四卦实际表示的是不同场景，问题是变化，这个在爻辞之中多有表现，我们可以后面结合爻辞讲，但是泰卦象征了变化，象征了因为变化产生的机遇。

罗仕平：　《系辞》还有"天地氤氲，万物化生"。

【"小往大来"】

裴健智：　"小往大来"也是从十二消息卦来的吧？

温海明：　顺道而行，小往大来。

刘　震：　"小往大来"不是消息卦，天地与上下对应理解与《系辞》有关，《系辞》开篇就讲到了"天尊地卑"，因此，我们可以从天象之中的天地联想落实到现实之中的人伦位置上的差别。

裴健智：　乾为阳，坤为阴。

刘　震：　阳气在古代的含义很多，在此我认为其象征促进生命发展的一种因素，就像男女之中的男，在哺育生命的角度上，就是构成生命的因素之一。

于闽梅：　正是，都是构成生命的要素。

刘　震：　《论语》之中的一句话："君子喻于义，小人喻于利。"义指的是社会公义，即规范社会整体行为的价值所在。利则是指向利益，但是这个利益似乎又不是个人利益那么简单，应该是有着社会利益的因素。

于闽梅：　《论语》的褒贬义强了些。为何我不太同意以《论语》的"小人喻于利"来理解此处呢？如果这样，坤德的"厚德载物"就说不通了。只有不从褒贬角度来理解，乾的"自强不息"与坤的"厚德载物"才是两种相应态势。

刘　震：　健和顺则是乾卦与坤卦，在帛书之中，乾卦写作健卦，坤卦写作川（顺）卦。

于闽梅：　《周易》的尊卑、君子小人都不应从褒贬义来理解，天尊地卑指的是天高地低，乾健坤顺、君子健小人顺都不能从褒贬义来理解，而是一种区别。

刘　震：　特别是将坤卦对应为小人。因此，这里的小人显然不是品德意义上的小人，而是指社会地位卑微的在下之人。君子道长与小人道消则指向了一个价值观的问题。

【否极泰来、泰极否来】

刘　震：　否极泰来是一般百姓的美好愿想而已，就像我们喜欢幸福，厌恶悲伤。但是悲伤并不会因此而减少消失，所以我们要不以物喜，不以己悲。

陶安军：　泰卦倒过来就是否卦。纯从卦象上看，为什么阳在下就泰，而阴在下就否呢？阳在下是说明内在，阴在上说明表象，所以就泰吗？否卦为什么缺乏变化呢？这二卦合起来讲，最方便理解？否卦是各正其位，缺乏变化而不吉祥。否卦天地不交，象征上下不沟通，通俗地说，一切都完全僵化、规范、机械，如何有变化，如何有发展？我们在社会上强调上升空间，强调社会阶层的流动变化，社会才能稳定。泰卦的含义是很深奥的，涉及天人两个领域，就像刚才所说，大家可以结合乾卦坤卦、泰卦否卦、坎卦离卦、既济卦未济卦，就能在很大程度上理解《周易》的精神。

【冬　至】

裴健智：　坤卦应该是最阴的。为什么坤卦不是最阴的时候，反而是复卦？而且十一月为最阴应该是农历。

温海明：　快一阳来复了。

刘　震：　是啊，明天是阳气达到极低，也就意味着过后就要开始阳气初升。卦气里面是中孚卦，或者是坎卦，体系有所不同。

裴健智：　十二消息卦是复卦吗？

刘　震：　是的，但是一般我们理解十二消息卦，是一个卦对应一个月。复卦对应子月，即从大雪开始，冬至在子月中间。十一月并非阴气最盛，冬至之后阳气开始回升，所以这个月是阴阳各主，因此不可以对应坤卦。十一月是农历，但并非我们一般意义上的阴历，这个大家有所区别。

裴健智：　可是坤卦为什么对应到了十月？冬至在十月里吗？

刘　震：　冬至在第十一个月。第十个月，没有阳气的辅佐，在时间上进入冬季，因此对应坤卦。这里的阴阳气并非体现在气象上，而是天象的内在。

罗仕平：　冬至以前阴气最盛，以后阳气回升，前半子时阴气最盛，后半阳气回升。

（整理者：王璇　中国人民大学哲学院硕士生）

牵发动身 见几知大 与朋并进

——泰卦初九明解

时　间：2015年12月22日22：00—22：37

【明解文本】

初九：拔茅茹，以其汇，征吉。

《象》曰："拔茅"，"征吉"，志在外也。

【讲课内容】

刘　震：白话翻译：拔掉丛生的茅草，牵连周围的部分。象征出征可获得胜利。王弼在解释初爻的时候，认为初爻象征内卦三爻的核心。三个阳爻在初爻的引导下发生变化。其地位就像草丛之中主干的部分，其有所变化，连带着周围就会发生一系列的变化。二爻与三爻则是初爻发动的响应者。"三阳同志，俱志在外也。"同志，用的是《象传》的含义。

于闽梅：郑玄之注见于《汉书·刘向传》中颜师古注引。有意思的是，此爻和下一卦否卦的初六爻辞基本是重复的。否卦："初六，拔茅茹以其汇，贞吉，亨。"否卦的初六严格说来，只多了个"亨"。阳征阴贞，这是爻辞对泰和否卦首爻的区别。

【讨论内容】

【"初爻为核心"】

裴健智：如何看出初爻是内卦的核心？三爻都为阳爻，可以说同志。

刘　震：初爻为核心，这是王弼的理解。我认为"拔茅茹"指向的是外在表象性的变化，"以其汇"指向的是内在性的变化。我认为初爻为核心的理解与其文辞相关。王弼将"汇"理解为核心的含义。

罗仕平：王弼以道解易，重老子之观复，故以复卦初九为返本，而此泰卦经复卦两变而来，泰之初仍为复之初，故亦为三阳之核心？

裴健智：初爻理解为核心，可能和复卦有关系。

刘　震：我的理解则是与变化相关，即初爻象征变化的始点。变化自身是有着不同属性的。

裴健智：始点就可以解释，核心就有点过了。

罗仕平：　也是，刚开始变化。

刘　震：　有的是表象的、昙花一现的，有些则是内在的、由表及里的变化，最终产生
　　　　　颠覆性的效果。这里强调的是重视变化始点的含义。《周易》讲预测，实际
　　　　　就是要重视变化始点，即所谓的"几"。

裴健智：　就是事物发生的细微的变化。

刘　震：　正视变化，特别是分别哪些变化是本质的，哪些只是一时的。对于本质性的
　　　　　变化，我们要从其基础的变化之中探索与发现变化的方向。

罗仕平：　研几之道。

刘　震：　从而掌握整体变化的发展。就像我们抓住暴露在外面的草茎部分，就可以通
　　　　　过力量将整个草木连根拔起。既然是变化，就要讲始点。

徐治道：　"极深而研几"。

刘　震：　《周易》的"几"实际就是量变始点。

温海明：　初九是泰之为泰的根本原发点。

刘　震：　我们往往可以清楚认识质变，却未必能够认识量变，或是不懂得认识量变。
　　　　　从而未必能够在第一时间把握变化。

温海明：　今天正好冬至，一阳来复，泰初九有明显的一阳来复的几微之动。

瞿华英：　动静有常，是有规律的，知微见著。

温海明：　抓住冬至，就牵一发而动全身，抓住一个新年。

刘　震：　我们拔草也是有规则的，我们也要观察，掌握了规律，就可以拔出草木，相
　　　　　反，如果不懂得规律，则难以成功。

瞿华英：　按规律办事。

刘　震：　就像我们认识变化，也要从其规律入手。而认识变化，从量变开始，即"知
　　　　　至至之，可与言几"。这第一个至，实际就有至日的含义，这个和我们今天
　　　　　的时间正好吻合，我们的至日，恰好是变化的一种最好诠释。

【阳征阴贞】

刘　震：　《象》曰"'拔茅'，'征吉'，志在外也"则是强调了初爻与四爻的相互
　　　　　应和。因下卦的三个爻位与上卦都是相应的关系。有趣的是初爻的指向是用
　　　　　"征"作为表述。

罗仕平：　马恒君老师认为泰否初爻都有茅草，一起取象，乾一索为巽，阳爻为木，阴
　　　　　爻为草。也因为本身以阳息阴，马上至外吧？

瞿华英：　虞翻："否泰反其类。"为什么？征，阳性，前进？

刘　震：　大概有一个含义是阳的属性。

裴健智：　马恒君断句是："拔茅，茹以其汇。"志在坤卦，尤其是六四。

于闽梅：　志在坤卦，初九与六四应，两种说法并不矛盾。

刘　震：　还有就是可能与变化有关系，毕竟战争的胜利常常是出奇制胜。个人认为虞

　　　　翻的解释，特别是互体的运用有些牵强。"震"象征"征"不太合理。

温海明：是阳的属性，自然生长，既吸引又征进。

裴健智：而且虞翻的解释不在初爻，有点牵强。

瞿华英：同感，还是以本卦为主来解释好。

于闽梅：征，释为出奇制胜，很好。

刘　震：初九是正位，又有六四相应和，本身有着良好的解释不足为奇。

瞿华英：是，初爻阳，处内卦乾。

裴健智：否卦初六为"贞吉"，泰卦为"征吉"。

温海明：阳征阴贞。

刘　震：震用的是互体，就是泰卦三四五组成震卦。

裴健智：阳爻可能是既吸引又征进（动），阴爻静。三、四、五爻和初爻离得有点远。

刘　震：所以说他牵强。

于闽梅：《程氏易传》的解释还可以："君子之进，必与其朋类相牵援，如茅之根然，拔其一则牵连而起矣。"因为九二就要讲到率领众人一起渡河了。

刘　震：泰卦的下卦三个爻位可以一起理解。可能相互佐证更加准确。

于闽梅：总结就是：阳征阴贞，泰卦这里出奇制胜；否卦那头守"贞而不谄"，不冒进。

（整理者：张馨月 中国人民大学哲学院硕士生）

率众而行 有容乃大 天佑上行
——泰卦九二明解

时　间：2015年12月23日22：00—22：59

【明解文本】

九二：包荒，用冯河，不遐遗，朋亡。得尚于中行。

《象》曰："包荒"，"得尚于中行"，以光大也。

【讲课内容】

刘　震： 行取大川，足涉长河，不因偏远而有遗忘，道中而行受到赏赐。王弼曰："体健居中而用乎'泰'。"所以，二爻最为核心的思想是一个"中"，整体的论述也是围绕"中"而展开的。"中行"是这句文辞的核心，前面的一系列解读，实际都是围绕中行而展开的。

于闽梅： 于"中行"，王引之认为，两卦之爻中，九二与六五应，故说"中行"。"得尚于中行、行有尚，往有尚。"《周易》别处的"中行"：复卦之六四、夬卦之九五见"中行"之辞；益卦六三、六四的"中行"，有可能是人名，又不同。

【讨论内容】

裴健智： 九二为下卦中爻。如何体现不因偏远而有遗忘？是与六五正应吗？

孙世柳： 上爻之中，相应？孔颖达之解是有应。

刘　震： 肯定是与六五相应。

裴健智： 这个"包"字怎么解释？蒙卦之类都是"包"柔爻，好解释。初九是阳爻，感觉不大好解释。

刘　震： "包"有容纳的含义，因为初爻、二爻是地之位，所以有包纳的含义。

于闽梅： 是的。本爻中重要的象为三个，第一就是"包荒"，意为有容乃大，为治道之本。第二个象是"冯河"，即率众渡河。第三个象是"不遐遗"，这个的解释一般与《诗经》关联，《诗经·周南·汝坟》："既见君子，不我遐弃（遗）。"其实还有第四个象——"朋亡"。王注认为是"不结党营私"。又以"中行"为五，即六五。

孙世柳： 有作徒步过河的。

【"朋"】

裴健智： "朋"主要还是指下卦的三爻吧？

刘　震： 因为二爻与三爻相接，到了地之上，因此与人伦品德相像。

罗仕平： 程颐以为"二"为主爻。

于闽梅： 朱熹的解释是："不遗遐远，不泥朋比。"（《周易本义》）

裴健智： 马恒君解释为：坤为朋。感觉还是下面三爻比较合适。

罗仕平： "朋亡"近于东北丧朋，坤卦三变为泰，坤丧故称"朋亡"。

裴健智： 坤取上面三爻？离得有点远吧？

罗仕平： 下面坤变成了乾。

裴健智： 可是问题是，泰卦为复卦变过来的。这样解释有点牵强吧？

刘　震： 朋党则亡。就是二爻行中正，但如果在率众的过程中有所朋党，则必然出现危机。

罗仕平： 程颐估计也担忧党争，认为正是朋党之争丧失。不牵强吧，十二消息是一个循环。泰自身也是其一。

裴健智： "朋党"是指初九和九三？

刘　震： 可以这样理解。但是也不要太拘泥于象。"同志"就容易"朋党"。因为志向相同，所以价值观太过一致，反而容易视野狭窄。

孙世柳： 无私无偏。

于闽梅： "朋亡"，有两种完全相反的解释：一是不结党；二是同伴掉队，但有贵人相助（得尚于中行）。

刘　震： 《周易》说"出门同人"，就是要打破小的利益团体。

孙世柳： 大人容天下，核心在"中行"。

裴健智： 不朋党才能行中道。

温海明： 王注孔疏都是不要有朋党利益。

孙世柳： 是一种理想状态，实际上几乎很难做到。

裴健智： 马恒君认为，不因远而遗失、失去朋友。

于闽梅： 《诗经》也是这个意思。"遐弃"就是远弃。

孙世柳： 有应，有志同，《周易》里很多时候是好的。

罗仕平： 朋党本身是把双刃剑，不会玩儿可能就是玩完。

【尚、佑】

于闽梅： 王弼认为"尚"为配，但其实"尚"的更古的意义是"佑助"。《尔雅·释诂》释尚为右，《诗·大雅·抑》中"皇天弗尚"也是"皇天不佑"之义。若按"佑助"之意，"朋亡"就指：同行人掉队，路上也有人相助。跟王弼义正好相反。所以王引之才在《经义述闻·周易上》中说："得尚于中行、行有尚，往有尚。"这里"尚"都是"佑助"之义。但王引之也同意此爻与六五应。

刘　震： 如果解释为"佑"，中道就理解为天道，天道中行，合乎天道而佑之。

裴健智： 这里是掉队的朋友受到保佑，还是其他？

于闽梅： 所以这一爻的真正问题在于"朋"，究竟理解为"朋党"，还是"同行之伙伴"。我觉得解卦时参照具体的问题按不同情况选择。

于闽梅： 是，按"朋"的其中一个意思，率众涉险渡河，一个也不能少，掉队的也有贵人相助。

裴健智： 确实有两种方向理解。

李芙馥： 看到一种解释是"尚"通"上"，言九二往应六五。

罗仕平： 九二也"中"。"尚"有价值判断，上略中性？

裴健智： 古代"尚"应该通"上"吧？

于闻梅：　我觉得还是或按王弼释为"配"，或按更古的意释为"佑"（右）。不怎么见到这样的通假，没有王弼之前的古文来佑证。

李芙馥：　"尚，上也。"（《广雅》）

于闻梅：　孔颖达、宋儒等都是按王弼的说法，到了清代，文字和考据发达，才考出古意"佑"。《广雅》是《尔雅》的续编，所以"佑"意早于"上"，且《尚书》作《上古之书》意来解时，"上古"之意并不合此爻辞。得上古于中行，意思完全不对。所以清代学者依据更古之意，以"佑"补充王弼的"配"。

李芙馥：　把"尚"解为"上"，不是上古，表示九二上行与六五相应。

于闻梅：　那就是王弼的"配"的意义。它与六五配。哪家解释为"上行"？

李芙馥：　主流的还是"配"与"佑"，最近看到连邵名老师这种解法也挺新奇的（见连邵名《帛书周易疏证》）。

于闻梅：　总结一下今天此爻：《一个也不能少》（电影名）率众渡河，贵人相佑，或按另一意义，朱熹的解释就很好："不遗遐远，不泥朋比。"

（整理者：黄仕坤　中国人民大学哲学院硕士生）

艰难时势　力求衡稳　安饱即福
——泰卦九三明解

时　间：2015年12月24日22：00 — 23：18

【明解文本】

九三：无平不陂，无往不复。艰贞无咎。勿恤其孚，于食有福。

《象》曰："无往不复"，天地际也。

【讲课内容】

刘　震：平安算是普世追求吧。我们今天讲的是泰卦的九三，从卦象而言，这一爻位可不太平安。九三："无平不陂，无往不复。艰贞无咎。勿恤其孚，于食有福。"从上来说，前面两句是一组，中间两句是一组，最后是个总结。

三爻是多凶的位置，在泰卦之中，三爻是两个卦象相互变化的位置，因此也是泰否相互颠倒的位置。从象数而言，三爻之后就进入坤卦的状态，阴阳相接。同时，三爻与六爻相应，二者皆是卦体之极，因此，也是蕴含着危险。泰卦在十二消息之中象征孟春之月，正是天地和同、草木萌动的时间，所以小象有曰"天地际也"。

"艰贞"：艰是安贫乐道，是安于贫贱之素；贞是在艰苦困难之下，能够潜龙勿用，不易乎世，不成乎名，能够安于正道。在此寻正道而为之，执信不二。真正的君子面对困苦，能够安于其苦，而不会不择手段地摆脱困难，自处是快乐的，坚守其道也是快乐的。

【讨论内容】
【"无平不陂，无往不复"】

裴健智： "无平不陂，无往不复"像是人生哲理。

刘　震： 但是我认为这两句是自然之象。第一是空间，第二是时间。空间的山川丘陵，时间的春夏秋冬。

裴健智： 是的，没有引申含义吗？

尚　旭： 这个见解太新颖。

于闽梅： 时空之险的引申意大致是处变革之世，险象环生，艰贞免于咎。

温海明： 九三处于阴阳刚好平衡的关键点，稍过就倾斜不平了。互变换位的根据在哪？

裴健智： 三爻多凶。

孙世柳： 天地之交。

刘　震： 我们要"艰贞"，艰是安贫乐道，是安于贫贱之素；贞是在艰苦困难之下，能够潜龙勿用，不易乎世，不成乎名，能够安于正道。

尚　旭： 九三居乾卦之极，应坤卦之穷，穷则生变。

裴健智： 前两句是自然之象，后面是人生哲理吗？也可以看卦象在天乾、地坤的交界处。

李芙馥： "无平不陂，无往不复"是不是已经暗示了"否"？

刘　震： 可以这样理解，但是更强调了泰与否的共同性，《周易》的表述往往是不同因素合一的，泰与否不可分开理解。或者说，可以分开理解，但是运用却是一体的。

【"艰贞"】

温海明： 九三维持平衡还是蛮艰难的，可是又别无选择。

裴健智： 只有安贫乐道了。

温海明： 艰难不一定贫吧？富人在此位要维持平衡也是难得很。

裴健智：　那就只有乐道了。

孙世柳：　等待再起。

温海明：　这里的苦是时势使然，不是物质条件的艰苦。

刘　震：　艰不是简单的艰苦，更不是贫穷的含义。艰不是沉沦于艰苦之中自暴自弃，而是在困难面前不低头，不退缩，不变色。逐渐去除错误，迎来光明。"勿恤其孚"就是确乎其不可拔，就是进德修业欲及时也。

温海明：　贞正不易。

刘　震：　人因为内心的坦荡无私，就可以泰然处之，无私与九二的朋亡相呼应就可以快足宽平，这也是自强不息，是面对困境的核心理念，所以追寻快乐与平安，首要在于守住自身的德性。

【"孚"】

刘　震：　"孚"，我理解为信仰，或者是价值取向。

温海明：　内心泰然。

孙世柳：　内性体贴了大道，不因外部环境而动其君子之风。

温海明：　诚信，信实。

刘　震：　不易乎世，不成乎名。

温海明：　龙德而中正，内心泰然是说如平安夜大家都有信仰而后可以泰然处之吗？

蒋　凡：　坦荡无私很重要，一旦有私，就有牵绊，就会偏执甚至狭隘。至于如何做到坦荡无私，可能需要另开话题。我觉得内心的平安是外在平安的源头，心动而风动。

温海明：　内心平和安宁，不怕鬼敲门。还有"于食有福"？

裴健智：　"于食有福"是否和需卦有关系？

刘　震：　"于食有福"就是对于"艰贞"的一种回报，所食的是艰贞之后的善果。多食善果，自然有福。

陈佳红：　积善之家，必有余庆。

温海明：　在艰难困苦的境遇之中，首先要把饭吃饱吃好，吃好饭就是有福气。

于闽梅：　结尾有"德福配称"的意味。

温海明：　"孚"解为信仰和理想的文献出处？

刘　震：　没有，"孚"理解为"信"，据此延伸，信有个人之信、社会之信。《文言》曰："庸言之信"，"修辞立其诚"，讲的就是个人之信提升为社会之信，也就是信仰的含义。

温海明：　如沐春风，春风就是泰卦。

刘　震：　是啊，泰卦是草木萌动，再有一个多月就是了，立春之日开始为泰。

于闽梅：　因为九三有大变，所以才说"不要担心诚信问题"，不要困于小信，最后是会德福配称的。王弼也是这个意思，于此大变之际，不困于小信，但最后"诚信自明"。

顾琦玮：九三学社，也是这么来的吗？

温海明：乾九三，在危机四伏中努力精进。诚信自明于天下。如此，"孚"此处有《中庸》之至诚之意，刘老师解为通于社会，其实是心意真诚到了通于天的地步。

于闽梅：通于天，总结得好。

【天地阴阳相交】

裴健智：九三处于天地之际应该是天地交，为何还不太好？

刘　震：不是，九三处于两卦交接，也是变化最激烈的。

叶　亮：是的，否泰交际之处。

徐治道：阳气上升、阴气下沉乃自然之势，为什么会有艰难之说？

于闽梅：当然此交比否的交好些，泰是复于正位，但天地大变革之处，总是震动很大，所以要艰贞免于咎。

刘　震：到了三爻，就是开始了，在阴阳交感的过程之中，阳的力量在被阴逐渐中和，因此，就会出现所谓的艰。

裴健智：在这一爻中，爻辞有讲，通过乐道就可以达到好的结果。那么其他凶爻（没有讲通过乐道就可以达到好的结果）手持中道可以吉吗？还是终凶？

刘　震：中道是获得吉祥的手段，但并非中道一定就可以避免所有危险，《周易》讲变化，但也讲不变。

孙世柳：贞正的时候，不变还是有其他？

刘　震：不变的理想是普世性的理想。

温海明：这里是要尽量维持平衡，应该是艰难地维持不变吧，但最后一定要变，也就是无力回天，天道无人可以抗衡。

孙世柳：变与不变，把握了就得道了。

刘　震：理想可大可小，就可以和刚刚所说的生活相结合，所以我说人可以没有信仰，但不能没有理想。我们有时非要用信仰取代理想，就是强人所难了。

温海明：虽然你明知会输给天道最后的变化，但还是勉力维持，在大变化之前还能每天平安地吃饱饭就是很大福报。

（整理者：李芙馥　中国人民大学哲学院博士生）

心甘情愿 翩翩亲下 只得上退
——泰卦六四明解

时　间：2015年12月25日22：00—22：47

【明解文本】

六四：翩翩，不富以其邻。不戒以孚。

《象》曰："翩翩不富"，皆失实也。"不戒以孚"，中心愿也。

【讲课内容】

于闽梅：《诗经·小雅·巷伯》"缉缉翩翩"，六四向下飞以求应于阳。翩翩，是本爻中重要的象。《说文》："疾飞也。"《释文》："篇篇，如字。"《子夏传》作翩翩，云："轻举貌。古文作偏偏。"不富以其邻：《周易》以阴虚无阳为不富，六四与其相邻之六五、上六皆阴爻，故不富。四应初九"拔茅茹"，三阳一同上进，六四连同上体柔爻一同下应而翩翩起舞。接着讲九三，三至五互震，震，振也，故六四"翩翩"疾飞。

【讨论内容】

【"翩翩"】

裴健智：　阳爻为富？上面坤卦是下应吗？马恒君解释为向外退。

孙世柳：　那九三也邻呀？

于闽梅：　是下应。

裴健智：　从十二消息卦来说应该是阳爻上升，阴爻向上退的。

温海明：　要向上还是向下，这是一个问题。

裴健智：　"翩翩"一般是向上吧？

于闽梅：　是的，向上飞还是向下飞，的确是一个问题。

孙世柳：　要从不同方面解读了吧。

温海明：　所以邻居是阴爻还是阳爻，也是一个问题？

孙世柳：　阳长阴退。阳气长阴气沉，交。

徐治道：　我也支持向下。

于闽梅：　王弼："乾乐上复，坤乐下复。"

裴健智： 泰卦天地还未交，不应是向下。

温海明： 从《象传》看，邻居是阴爻。

裴健智： 如果向下的话就会遇到九三，就是富，而卦是不富。

于闽梅： 不富才向下，不是向下才不富。

裴健智： 富应该指的是阳爻。

于闽梅： 六四进入上卦坤，四为互体震卦之中，震为动，四为阴柔，故曰翩翩。

温海明： 这里关键是对"不戒以孚"的理解。

于闽梅： 六四，应初九"拔茅茹"，三阳一同上进，六四连同上体柔爻一同下应而翩翩起舞。

温海明： 这样说，都是阴爻，都不富，都下降。

裴健智： 感觉如果解释为向下，不富以其邻不好解释，那么九三不算他的邻吗？

于闽梅： 现在讲一下向上的，因为嫦娥是向上飞的。不过文本不是《周易》，而可能是《归藏》。张衡《灵宪》引《归藏·归妹》："羿请不死之药于西王母，姮娥窃之以奔月，将往，枚筮之于有黄，有黄占之曰：'吉。翩翩归妹，独将西行，逢天晦芒，毋惊毋恐，后且大昌。'"这是向上飞的，由于把"翩翩"与"归妹"相连，正好是六四、六五并说，所以可信度也很大。这就是为何六五才算邻，九三不算邻，因为在《归藏》中，这两个词是一起说的。

温海明： 按《象传》，邻居是上面的阴爻。旁证不是内证。

于闽梅： 向上向下都算对，不能"固守"，一定要飞，只是王弼是主张向下的，"见命则退"。

温海明： 要理性辨析。本群解经至今，未曾崇拜何家为正学，一概取长补短，折中百家。

于闽梅： 所以，标准的说法是，九三与六四为"比"，六四与六五才为"邻"，但现在说比邻，就是混同说了，所以你老觉得两个都是邻。

温海明： 问题在于，是从消息卦的角度，理解阴气要向上退去合理，还是从阴阳交流的角度，取阴气下降说合理？大家讨论下。

于闽梅： 六四与九三亲比，故曰"不戒以孚，中心愿也"。

裴健智： 这点看来也没有多少争议。

温海明： 邻确实应该是六四。关键是向上还是向下。

孙世柳： 以传证经，《象传》是内证。

裴健智： 从《象》的取义来说，是阳上阴下，阴阳交。从发展的角度讲，是阳长，阴退。按《象传》怎么理解？

于闽梅： 泰卦内刚健而外柔顺，内君子而外小人。刚健日盛而柔顺道消。老子《道德经》"万物负阴而抱阳，冲气以为和"其实是解释泰卦的，负阴抱阳，说明是阴阳交的。又一个有力的旁证。

温海明： 心存孚信，感觉是亲近九三，《象传》"中心愿也"，感觉也是亲近之意。

这都是旁证，关键在于对《象传》的理解如何才算精准到位。

裴健智：泰卦天地交了没有？

罗仕平：不要忘了前面上下交而志同，君子道长小人道消。

于闽梅：明确反对把"富"解释为诚。

刘　娜：大象，天地交。

罗仕平：初、四一起看，相应，连根拔起，连带整个下乾，这里其邻当然指上坤了？

王力飞：以孚富其邻，不是富为诚信。

温海明：那是两个方向都讲到了，取哪个？

罗仕平：其邻取上六四、六五。

王力飞：不富以其邻和不戒以孚是紧密关联的。

罗仕平：上坤本来就配合整个卦以阳息阴，六四离九三最近，本身以柔居阴故翩翩轻柔，且与初相应故孚。

孙世柳："翩翩"是飞起来，所以不是向下？

裴健智："翩翩"还有向下的意思吗？

于闽梅："翩翩"的本义是飞得快，但没有讲方向。从王弼到《程传》到当代黄寿祺，都认为是向下。

罗仕平：不富以其邻，因为四五六皆阴柔，虚怀以待故不实？且都与乾各爻同其志？

于闽梅：不是，"翩翩"本义中没有方向，只是迅速飞。

温海明：马恒君认为向上，取消息卦方向，也有道理。

罗仕平：向上更合以阳息阴？

于闽梅：但就没有"下应"与"天地交，万物和而生"的含义了。

王力飞：对比小畜的"有孚挛如，富以其邻"，泰卦六四的理解应为：不以自己的诚信影响邻里，不以诚信劝诚邻里，体现的是和而不同的道理，故"翩翩"。

温海明：下降的心甘情愿，上飞的心甘情愿，都讲得通。

王力飞：翩翩飞舞，和不着痕迹、不予强求有关。

于闽梅："不戒以孚，中心愿也"，意思是说三阴同心（中心）下交，所以不需互相告诚，皆以诚信（自孚）。而愿下复，不是下应为孚，而是有孚下应。内心有诚信，不用互相告诚，自愿下应。

王力飞：和九三的"勿恤其孚"，讲的是相近的道理。

于闽梅：这一点说得对。

王力飞：对左邻右舍，不必强求。其实，九三的"勿恤"和九二的"包荒"，讲的都是宽容。

于闽梅：是的，阳在下，在进取，有容乃大。

王力飞：对人的包容，不因瑕疵而遗弃，这才是小往大来的泰之道。来，体现的是对人才的凝聚力。

罗仕平： 要无相应自身有孚只是义理发挥？

于闽梅： 我对这一爻的总结是"翩然飞来，以信归复正位"。这样就跟到底向上向下
没有什么关系。

温海明： 虽然必退无疑，但退得心甘情愿，也有道理。

（整理者：孙世柳 中国人民大学哲学院硕士生）

嫁妹与女 夫妇中道 大吉大利
——泰卦六五明解

时 间：2015年12月26日22：00—23：28

【明解文本】

六五：帝乙归妹，以祉元吉。

《象》曰："以祉元吉"，中以行愿也。

【讲课内容】

刘 震： "帝乙归妹"指的是殷周之间的一场政治婚姻，但是目前让我们不太明确的是帝乙
究竟是商朝的哪一位国君。一般来说，多数人认为帝乙是商纣王的父亲，也有的认为帝乙是
商汤。帝乙，既是一个名字，也是尊称，称为帝乙的商代君王有五位。

《易纬》中曰："汤之归妹，能顺天地之道，立教戒之义也。""无以天子之尊而乘诸
侯，无以天子之富而骄诸侯，阴之从阳，女之顺夫本天地之义也。往事尔夫，必以礼义。"
帝乙归妹在古代被认为是礼制的一个标志。在此之前，虽然也有公主下嫁诸侯的事情，但是
并没有成为一种规制；而"帝乙归妹"之后，做出了一系列的规范，约束相应的行为，特别
是保证了公主不因自身地位尊崇而轻视夫君。从"帝乙归妹"而言，则是强调了阴阳各归其
位，各自遵循相应的行为准则，因此，这里的男女只是分工各有不同，却没有完全意义上的
尊卑之序。

　　回到六五的表述，六五在此有下降与九二交换位置的诉求。对于六五的理解，一般来说表述为一位具有贤良品德的女子，其安于礼制，懂得进退，用中道行礼，与九二相互配合，十分融洽。在这里，显然是通过"帝乙归妹"强调礼制的重要性，特别是阴顺从于阳。

　　但是，这样的顺从是为了中道，这里的阴阳关系并非阴完全被阳所压制管辖，而是阴阳和谐，就像现实生活之中夫唱妇随、举案齐眉一般。所以，这里的礼制突出的含义是夫妇之道重于君臣之礼。六五作为公主，九二作为臣子，本是君臣之礼，但二者结合，循的却是夫妻之道。这个也和周易的一贯理念相配，三纲的顺序：夫妇—父子—君臣。

　　因此，这里的礼制是为了更好地处理夫妻关系，而并非分别尊卑贵贱。我们谈到礼制、夫妇之道，往往强调男尊女卑，在历史上也慢慢形成了对于妇女的一种歧视与约束，这个是我们今天复兴儒学所要摒弃的。

【讨论内容】

【"帝乙归妹"】

温海明：　按纳甲，坤纳乙，所以称"帝乙"。嫁妹妹还是嫁女儿？

刘　震：　这个问题还是颇有争议的。

裴健智：　马恒君认为是嫁妹妹。

刘　震：　有的考证是先嫁了妹妹，后嫁了女儿。

罗仕平：　嫁同一人？

刘　震：　是的，这个事情众说纷纭，可能谁都不清楚。大家都比较认可的是帝乙之妹与帝乙的女儿先后嫁给了西侯，女儿嫁给后来的文王，我觉得这比较靠谱。

温海明：　那这里就是一语双关，太到位了。

刘　震：　两代嫁给一个人，太不可思议。

温海明：　比春秋笔法还厉害。

刘　震：　当然，这里的重点不是谁嫁了，王弼认为泰卦强调的是阴阳交感，那么婚姻显然是比拟天象相感的最好诠释，以六五象征地位尊贵的女子。六五爻有两个特质：其一是中，居外卦之中，所以有中的品德；其二是顺，因为外卦是坤卦，所以有顺的品德。

温海明：　应该是妹妹嫁给文王的父王季，女儿嫁给文王。

刘　震：　我也比较认可这样的说法。主要目的是拉拢文王，既是帝乙的外甥，又是帝乙的女婿。

【男女中道】

温海明：　今天如何恢复夫妇一伦是很难的课题。

刘　震：　事实上，我们早期的男女关系是比较平等的。

张丽丽： 而且我会觉得甚至有点女人地位更高的味道，比如咸卦和泰卦。

刘　震： 我认为我们既要承认男女有别，又要男女平等，有别不是歧视的理由。

罗仕平： 为什么是长男取少女呢？咸是少男少女。互震长男，互泽少女，雷泽归妹。刚好归妹六五爻次与此相同。

刘　震： 互体的设想比较新颖，我对互体的理解是：有时其与卦爻辞有着紧密联系，但不意味处处皆有联系。从汉代连互的角度而言，泰卦可以变成三个卦象。

张丽丽： 要不要考虑《周易》作者的不同呢？所以有些地方没有办法连续。

刘　震： 长男少女也有的指向是文王与帝乙（纣王父亲）的幼女。所以我觉得对这个父位的理解有两层含义，第一是帝乙究竟是谁？第二是中道究竟为何？中道在时间上可以理解为仲春之时，郑玄认为仲春万物生发，正是嫁娶之贵；从行为上可以理解为男女正位，各履其职。

温海明： 愿望就是下嫁九二？

刘　震： 下嫁九二之君子，得偿所愿。

张丽丽： 何为男女中道？

刘　震： 就是男女之间的平等和谐。

张丽丽： 其实我很好奇男女和谐，或者说不断变化的就是中道？

刘　震： 阴阳合而为中，中不是男尊女卑。

张丽丽： 男女平等和谐是夫妇之道，这个《周易》也有强调。但是，这样是否把《周易》预设为儒家作品？

刘　震： 为什么讲夫妇之道就是儒家作品？这个好像讲不通。

张丽丽： 因为现在很多人在强调，道家更关注女性，会觉得女性地位更高。而我好奇的是夫妻中道。中，是不是儒家思想的结晶？不知道是否有误解，求点拨。

刘　震： 我认为所谓道家之说，无非也就是从阴阳平衡之说延伸而展开的，但是，阴阳平衡之说在道家之前的《周易》早已有之，《周易》把阴阳转变成了男女。同时，《周易》突出的是男女阴阳之别，这个"别"是差别，是不同，后来才逐渐变成了差等。道家突出的是阴阳相合，强调的是我们回归到一种混沌的状态，不强调男女阴阳的差别，自然也就谈不上差等。《周易》讲的男女之别，是我们认识世界的一个必要步骤。

裴健智： 道家吸收的是《归藏》？今本是《周易》？《归藏》是坤为首，强调阴。

刘　震： 我觉得《周易》与《归藏》从道理上有差别。

罗仕平： 即便有《归藏》，吸收是否合适？道先天地生，《归藏》已为言地？

刘　震： 但是差别不在于《归藏》就强调阴。因为八卦与六十四卦，从卦象本质上讲都是阴阳平衡的。

（整理者：黄桢 中国人民大学哲学院硕士生）

泰否之变 进则取败 天命已乱
——泰卦上六明解

时　间：2015年12月27日22：00 — 23：10

【明解文本】

上六：城复于隍，勿用师。自邑告命，贞吝。

《象》曰："城复于隍"，其命乱也。

【讲课内容】

于闽梅： 六爻为宗庙，古代帝王誓师大会、颁赐爵命一般都在宗庙举行。所以这里提到师和命。坤为众为顺为邑，此爻居泰之极，已有否象。帛书《昭力》篇："又问曰：《泰》之'自邑告命'，何谓也？子曰：昔之贤君也，明以察乎人之欲恶，《诗》《书》以成其虑，外内亲贤以为纪纲，其人弗告则弗识，弗将不达，弗遂不成。易曰《泰》之'自邑告命，吉'，自君告人之谓也。"今本《周易》泰卦上六爻辞为"自邑告命，贞吝"，阜阳汉简《周易》同，帛书《周易》作"自邑告命，贞闬"，闬是吝的通假字。帛书《昭力》篇引用的泰卦爻辞"自邑告命，吉"与这三种版本都有所不同。

帛书《昭力》篇引用的爻辞和解读思路与其他版本都不相同，为早期义理派易学的一种。由于上下背离，此时居高位者，切不可兴师妄动。

刘　震： 一个是自君告人，一个是人告之于君。《小象》所谓的乱，指的是接近于否卦的状态。泰卦讲的是同心同志。而这里是上下背离，因此即使坚持，也不会有好的结果。泰卦的精神有开泰、保泰、失泰三个不同境界。

【讨论内容】
【"贞吝"】

于闽梅： 贞吝，守正以防灾吝。顾炎武《日知录·自邑告命》认为，邑指内政。由于上下背离，号令不出于国门，这种情况宜内部调整，不宜兴师。顾炎武举了两个反证：一是桓王不等待守正，而妄自用兵，结果被祝聃射中肩膀；唐昭宗也如此，导致邠岐之兵直犯京城。

裴健智： 柔爻离下面刚爻太远。象上怎么理解？

于闽梅： 就是刘老师讲的"失泰"之时，不可妄动。

刘　震： 阴爻居于上位，本来是正位，但是因为处于泰极之时而有否象，故而不吉。

于闽梅： 最重要的象就是城墙倒塌在壕沟里，隍为无水城壕，《说文》："隍，城池也。有水曰池，无水曰隍。"城为阳，隍为阴。所以我给此爻的总结是："阳倒于阴，内修都难，进取则败。"

孙世柳： 泰卦往下发展就是否？感觉本卦爻的相关意义没有其他卦明显。

刘　震： 再发展必然有所问题。

温海明： 天翻地覆，物极必反。

于闽梅： 九五"邑人不诫"，此爻则是"自邑告命"，是紧接着讲的。九五讲于内"治修而远人服之意"（顾炎武）。

孙世柳： 解每一卦的上爻，都要联系下一个卦吗？因序卦讲卦的发展有内在规律。

于闽梅： 同时看吧，既看象又看比、邻之爻。

温海明： 贞是正固、顽固？

刘　震： 我认为所谓贞，在此有顽固之含义。所谓联系，我认为还是看卦象。一个组别之中还是有着较为密切联系的。

温海明： 应该是，内政已经乱了，继续顽固下去就是否了。

【兴　师】

裴健智： 为什么否卦卦变是从遯卦变过来的？是不同的系统吗？

温海明： 不要出兵去征伐还是用兵去抵抗？

刘　震： 遯卦变成否卦是消息卦。不要征伐。

孙世柳： 贞，在这里是否是坚持用师？

于闽梅： 不是用兵，指的是守持贞正，另一种释为卜筮、占卜，贞问。

刘　震： 也有一种解释将师解释为众人。

裴健智： 城墙都倒了。

温海明： 其实已经抵抗不了了，更不要说出兵讨伐别人了。

孙世柳： 联系师卦？

刘　震： 以泰否之变理解为天地自然的大变化，在此情境下，人多不解决问题。

裴健智： 对的，城墙已经被攻破了。

刘　震： 联系师卦似乎没有太合理的理由。

裴健智： 有点牵强。

温海明： 人多不多也无所谓了，兵都没啥用了。

刘　震： 城墙坍塌于护城河之中，说明防御的城备出现了问题，这样不利于战争之中取得好的结果。

裴健智： 第一，城墙倒了；第二，上下不一心。没有用了，等死吧！

刘　震： 上下离心，虽然人数众多但也是乌合之众。

温海明： 大势已去，天命不在我这边了，再顽固也没啥用了。

刘　震： 人心倒了，扶不扶就是个大问题了。

裴健智： 上六已经是怎么样都无回天之力了。

于闽梅： 顾炎武在释这一爻的时候才举唐昭宗的例子，守都困难，还敢去打别人，相当于找死。

孙世柳： 泰之末，也象征任何所谓的顶峰都有倒下的一刻，人生有时，适当的时候守住一片土地已经很好了，不能乱来，要懂天命。

刘　震： 周王的例子也是这个含义。知进退存亡不失其正。其为圣人乎？

裴健智： 上六还有退路吗？

孙世柳： 变则有。

温海明： 一个是自君告人，一个是人告之与君。是自邑传来告急的命令吧？直接传到君王那里。

刘　震： 今本的含义是外面发生了巨大的混乱，但是直至最后一刻才将消息告诉君王。

裴健智： 最后一刻是攻击到皇宫了？

刘　震： 你可以自由想象。

温海明： 最后一刻，是有直接根据还是间接推论？

裴健智： 爻辞看不大出来。爻辞只是说到乡邑告急。

孙世柳： 城墙破了！

裴健智： 城墙也是乡邑的。还没有打到皇宫。

罗仕平： 这一爻义理似不难，但取象有何依据呢？

于闽梅： 可以这样想象：君王带着部队整装待发，但是都城派使者来告急，城墙已倒，速归速归。

裴健智： 取象确实很难。

于闽梅： 是一个倒装句，译的顺序为：命告自邑，城复于隍；勿用师。

裴健智： 坤为城邑，互兑为泽（水）变为否卦就消失。

温海明： 乡邑的城墙倒了，国被攻破了，君王的部队无家可归，等着缴械投降。

裴健智： 乡邑的城墙破了，可能只是丢了一两个城池。

罗仕平： 城邑当然是坤，互兑远了些？

裴健智： 本来有水，变为否卦就无兑，所以为隍，不然无法取象。其实也不远，关键是离得城，水就在城旁边。

温海明： 跟马恒君取的一样，城墙在池子上，那就是倒下池子里面去了。

于闽梅： 我为了说明卦象和辞本身好坏并不是最重要，还是要看贞问之事。说泰也未必是好卦，看卜的是什么事，若是婚事，当然好，但若卜病，就很危险。如

《北齐书·赵辅和传》："一人卜父疾，得泰，筮者为吉，辅和对筮者说：乾下坤上，然则父入地矣。果以凶闻。"赵辅和精于易，解卦比专业的"筮者"还准。

裴健智： 隍是没有注水的。

罗仕平： 是呀，所以倒到水池子与爻辞不合？

裴健智： 象是倒着就是没注水。井卦初六"井泥不食"取的就是覆兑。是不食，而不是倒口。

罗仕平： 我还是按虞翻，泰变否都无水。他还取了个艮为城，虽为逸象，不过艮真有些像。

（整理者：贡哲 浙江大学哲学系本科生）

（本卦校对：裴健智 中国人民大学哲学院硕士生）

时　　间：2015年12月28日22：00 — 23：29

导读老师：章伟文（北京师范大学哲学与社会学院教授）

　　　　　曾凡朝（齐鲁师范大学教授）

课程秘书：黄仕坤（中国人民大学哲学院硕士生）

天地不交　俭损避祸
——否卦卦辞明解

12 否卦

坤下乾上

【明解文本】

否：否之匪人，不利君子贞，大往小来。

《彖》曰："否之匪人，不利君子贞，大往小来。"则是天地不交，而万物不通也；上下不交，而天下无邦也。内阴而外阳，内柔而外刚，内小人而外君子，小人道长，君子道消也。

《象》曰：天地不交，否。君子以俭德辟难，不可荣以禄。

【讲课内容】

曾凡朝：否卦是《易经》中的第十二卦，否卦很特殊，之所以特殊，一是它与泰卦的关系。《序卦传》说："物不可终通，故受之以否。"两卦互相为错卦、综卦。泰卦的所有的爻变后，或者整个泰卦转过来，都是否卦。所以《杂卦传》说："《否》《泰》，反其类也。"泰、否两卦的卦象在上述三种意义上都呈对立形态，这在六十四卦中是少见的。

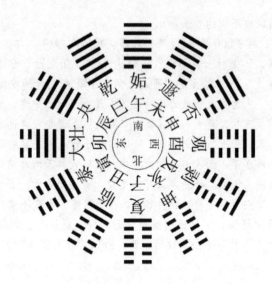

否来源于乾，乾为天，天风姤，天山遯，天地否。泰来源于坤，坤为地，地雷复，地泽临，地天泰。

否卦和泰卦都是十二消息卦。汉代易家取六十四卦中的十二个特殊卦形，配合一年十二月的月候，指示自然界万物"阴阳消息"，谓之"十二辟卦"，又称"月卦""候卦""消息卦"。

自复卦至乾卦六卦为息卦，即复卦一阳生，属子，十一月卦；临卦二阳生，属丑，十二月卦；泰卦，三阳生，属寅，正月卦；大壮卦，四阳生，属卯，二月卦；夬卦，五阳生，属辰，三月卦；至乾卦则六阳生，属巳，四月卦。自姤至坤卦六卦为消卦，即：姤卦一阴消，属午，五月卦；遯卦，二阴消，属未，六月卦；否卦，三阴消，属申，七月卦；观卦，四阴消，属酉，八月卦；剥卦，五阴消，属戌，九月卦；至坤卦，则六阴消，属亥，十月卦。

乾、坤两卦，又为消息之母。"圣人因阴阳，起消息，立乾坤，以统天地。"刚才说了泰卦来源于坤卦，否卦来源于乾卦，泰卦和否卦的重要性就明显了。否卦卦辞也特殊："否之匪人。"卦名与卦辞连成一气，有人说，是不是少了一个"否"啊，应该是"否，否之匪人"。两说各有专家支持。实际上，六十四卦中，卦名与卦辞相连的还有履卦"履虎尾"、同人卦"同人于野"、艮卦"艮其背"，这三卦也是如此。

【讨论内容】
【"否之匪人"】

曾凡朝：有人说，是不是少了一个"否"，应该是"否，否之匪人"。

温海明：这有意思，不知道是不是故意的？

曾凡朝：　是啊，所以有不同的看法。

裴健智：　"天行健，君子以自强不息。"欧阳修认为少个"乾"。其实，意思差别不大。

曾凡朝：　"否之匪人"是什么意思呢？孔颖达："否闭之世，非是人道交通之时，故云'匪人'。"怎么就"匪人"呢？程颐说："天地交而万物生于中，然后三才备，人为最灵，故为万物之首。凡生天地之中者，皆人道也。天地不交，则不生万物，是无人道，故曰'匪人'，谓非人道也。"

裴健智：　天、地、人，天道、地道不交，所以人道不行。人是要效法天道、地道的。

曾凡朝：　天居上，地居下，而人与万物处其中，是以人具天地之德而万物各备一体。天地交泰则人道立。于是学人可以希贤、希圣而希天。否卦，天本在上，地本在下。动则上浮下凝，相去日远，上下阻塞，人道不立。形势大不利，否卦上乾三阳厚实，下坤三阴虚弱匮乏，有人就认为上面的高层聚敛财富以致民不聊生、社会不公、政治不明，所以"否之匪人"。

【"不利君子贞"】

曾凡朝：　"不利君子贞"，有的不断句，有的断句为"不利，君子贞"。《周易正义》释为："不利君子为正。"杨万里《诚斋易传》："不曰'利'而必曰'不利'，曷为'不利'也？用匪其人，小人之利，天下之不利也。曰'贞'而必曰'君子贞'，曷为君子独贞也？君子之贞天下之不贞也。"又曰："《否》之君子，以天下之正正一身，非不欲正天下也，时不可也，故曰'君子贞'，言贞固自守而已。"

温海明：　此时不可不知变通。

曾凡朝：　先看对"不利君子贞"怎么断句。

温海明：　从象辞的口气讲，是不利于君子贞固、进取追求。

曾凡朝：　不同的断句有不同的看法，旧注多合为一句读。

温海明：　断开就认为君子应正固，但与应变通的大势不合。六十四卦的《大象传》强调修德，不论处于任何困顿处境，都积极奋发，所以否卦就有点低沉。

曾凡朝：　有人认为，"否"字为"不口"，说话抗议都无效，干脆保持沉默，人际缺乏沟通，封闭窒碍到极点。这种昏暗的环境不利于君子固守正道行事，愈正可能愈遭迫害。

温海明：　否闭之时过着非人的生活，不但不可追求荣华富贵，还得小心躲避昏暗时势的明枪暗箭啊！

裴健智：　关键是不利属于君子还是小人？《象传》说道："小人道长，君子道消。"感觉还是"不利君子为正"合适一点。大的形势是小人道长，君子持守正道很难。"小人不利"感觉不符合整个小人道长的趋势。

曾凡朝：　《周易集解》中，崔憬曰："于不通之时，小人道长，故云'匪人'。君子道消，故'不利君子贞'也。"六十四卦的《大象传》都向上，感觉否卦就收得厉害：俭德辟难，不可荣以禄。

裴健智：　"小人不利"略不通，如是"小人利"会更通顺一些。小人利，君子不利。

温海明：　否卦利小人。

曾凡朝：　既然否卦小人当道，卦辞又明言"不利君子贞"，处此之世，君子韬光养晦、低调行事似乎是唯一选择。

温海明：　君子否塞，坏人当道，为所欲为，好人只能隐藏锋芒，或远走高飞。

曾凡朝：　无常而不变之理，否终则倾，何可长也。到了上九，"上九，倾否，先否后喜"。韬光养晦、低调行事，终成正果。

裴健智：　守正道也要偷偷地守，不敢外显。

【"俭德"】

曾凡朝：　俭德，一说以节俭为德。李鼎祚《周易集解》引孔颖达："言君子于此否时，以节俭为德，辟其危难，不可荣华其身以居禄位。此若据诸侯公卿言之，辟其群小之难，不可重受官爵；若据王者言之，谓节俭为德，辟阴阳厄运之难，不可自重荣贵而骄逸也。"一说收敛其德。朱熹《周易本义》："收敛其德，不形于外，以辟小人之难。人不得以禄位荣之。"

裴健智：　"俭德"的两种解释，哪个合理？从后面的"不可荣以禄"来讲，"以节俭为德"合适；从卦象来看，"收敛其德"合适。否是小人道长、君子道消的卦，所以君子要收敛自己的德性。

曾凡朝：　都有理，孔颖达和朱熹都是大家。我们可以多思考，结果不重要，智慧更重要。

（整理者：王璇　中国人民大学哲学院硕士生）

小人抱团　念系君子
——否卦初六明解

时　间：2015年12月29日22：00 — 23：25

【明解文本】

初六：拔茅茹，以其汇，贞，吉亨。

《象》曰："拔茅贞吉"，志在君也。

【讲课内容】

曾凡朝： 否之初六爻辞，与泰卦初九爻辞近乎雷同，都是"拔茅茹，以其汇"，泰卦初九"征吉"，否卦初六"贞吉"，加一个"亨"字。《小象传》泰卦初爻为"志在外"，否卦初爻则为"志在君"。泰卦为通泰，否卦为闭塞。整个泰卦形势一片大好，所以可以立志赶快往外发展。故而需积极进取、不断扩展，如此则吉。否卦之时，大势很不好，不要轻举妄动，赶快收敛守正，也能自保、获吉。

【讨论内容】
【"志在君"】

曾凡朝： 万变不离其宗，我们说过泰卦和否卦互相为综卦。这是取象相同、爻辞相同的原因。把握泰卦和否卦的核心，就能理解泰卦和否卦的初爻都有"应"，但是否卦初六和九四应不起来，因为整体闭塞。否卦初六和九四本来相应，但是正当否卦上下不交之时，不能得到九四的应助。怎么办呢？只好寄希望九五"休否"之君来救，故为"志在君"。上下不交之时就能得到九五的应助吗？

裴健智： 只能是心里想着，实质上是指望不上的。

罗仕平： 九四尚不能应，九五又有互艮相阻，为何就能应了呢？

曾凡朝： 不是应，否卦初爻见形势不妙，知机应变啊。

王　璇： 因为九五是休否之君，所以初六才会寄希望吧！但实际未必能如愿。

曾凡朝： 心想事成，随机应变。

裴健智： 感觉有点牵强，一般是与九四正应。"君"理解为君子更合适一点。

温海明： 初六不乱动，是心里装着九五。

曾凡朝： 初六是君子，还是小人呢？

裴健智： 初六虽然隐藏自己的君子志向，但心中还是有志做君子的。

罗仕平： 初六才刚开始，即便是小人，但忆念着有道之君子。

曾凡朝： 群阴同在下，也可以抱团取暖，所以"拔茅茹，以其汇"。

温海明： 是小人而有君子之心，可以添乱但按捺住自己不添乱，小人也可以做好人，这符合儒家人性本善的理解。

曾凡朝： 朱熹这样认为，但是，程颐认为初六是君子。

罗仕平： 一念发动不善，便将其克倒。

王　璇： 初六心里装着九五，是因为九五"休否"吗？

曾凡朝： 是因为九五"休否"。程颐认为，在否之时能在下者，君子也。

罗仕平： 但卦辞有小人道长，君子道消，解初六为君子，是否有违消息之意？

裴健智： 是的。应该理解为，虽然是小人（毕竟整个卦是小人之道长），但是还未动（未做坏事），还是存做君子的志向的。

曾凡朝： 朱熹认为，这些小人在最下层，险恶尚没有形成，所以告诫其守正就可以吉祥而亨通。如果能这样，就会变为君子。程颐认为："《易》随时取义，变动无常。否之时在下者，君子也。否之三阴上皆有应，在否隔之时，隔绝不相通，故无应义，初六能与其类贞固其节，则处否之吉而其道之亨也。当否而能进者，小人也。"《周易》是按照时宜来择取卦爻的含义，变化无常。在闭塞的时代而处于下位的，就是君子。

罗仕平： 阳明讲到"人心之得其正者即道心"，亦近此意。

【"贞吉"】

曾凡朝： 初六爻，能够甘居下位，固守节操，程颐认为就是君子。如果是小人，结局是"吉亨"啊！所以《周易折中》说："圣人虽许小人改过，恐无系以吉亨之辞之理，《程氏易传》及诸家作君子守道者近是。"

罗仕平： 否自乾来，下乾已消为坤，初六已"变节"了？

曾凡朝： 也可以这样想，在不好的时候，大家都有责任，都要想方设法救"否"，初六阴柔居阳位，又抱团取暖，只要"贞"，就能"亨吉"。

罗仕平： 单解此初六，似可通？

曾凡朝： 要在整体中单解。

裴健智： 上面阳爻是小人？可是根据卦变是阴爻上涨。

曾凡朝： 程颐说，随时取义。否卦初六爻变，成无妄卦。

罗仕平： 依据为随时取义，以求义理贯通？

曾凡朝： 不只求义理贯通，初六知大局、知自己所处的位置、知不能乱进、知守待君。

（整理者：张馨月 中国人民大学哲学院硕士生）

包容顺承 小人可以
——否卦六二明解

时　间：2015年12月30日22：00 — 23：09

【明解文本】

六二：包承，小人吉，大人否，亨。

《象》曰："大人否，亨"，不乱群也。

【讲课内容】

曾凡朝：今天到了否卦六二爻，六二："包承，小人吉，大人否，亨。"《象》曰："'大人否亨'，不乱群也。"为什么说"包承"，荀爽认为："二与四同，四承五……二为四所包，故曰'包承'。"荀爽的说法有点复杂。一般地说，包，即包容，指否卦六二被九五所包容；承，即顺承，指六二顺承于九五。小人，指六二。阴本来指小人。六二，位虽得正，居否之时，也象小人也。小人为什么吉呢？六二居否卦下卦之中，居正位，当"否闭"之时，上应九五，犹如以柔顺之道包容于九五，得系于阳为正应，而奉承之，故有"小人"获"吉"之象。

所以，王弼说："居'否'之世，而得其位，用其至顺，包承于上，小人路通。内柔外刚，大人'否'之，其道乃'亨'。"

"大人"，指九五。五位于天子位，又属阳爻，所以为"大人"。大人否亨，有两种说法：一说"大人否亨"，否，即不，意为大人不顺利；一说"大人否，亨"，五为卦主，所以，"大人否也"，而二五得中，又为阴阳正应，虽"否"能通。能通，所以虽否亦亨也。

在大形势不好的时候，每个人都有扭转不好形势的责任，九五更是如此。有的说，作为九五的"大人"，应否定"小人"之道，不与六二相"包承"，方可致亨，故曰"大人否，亨"。王弼《周易注》："六二，居'否'之世，而得其位，用其至顺，包承于上。小人路通，内柔外刚；大人否之，其道乃亨。""大人否之，其道乃亨。"相包承的话，君子就入了小人之群；"大人否之"，所以"不乱群"。

王引之《经义述闻》也说："六二包承于五，小人之道也；九五之大人若与二相包承，则以君子而入小人之群，是'乱群'也。故必不与相包承，而其道乃亨。"程颐认为："大人当否，则以道自处。"

孙福万： 从卦本身来讲，自然六二是小人，九五是大人。但王弼注又提到"居'否'之世"，是不是又换了一个看问题的角度？王弼讲的大人是指九五呢？还是处于此世的正人君子？

曾凡朝： 有意思的是，六二爻辞兼取了"小人"和"大人"之象，兼取此象的说法恐不恰当，是看问题的角度变了。

【讨论内容】

【卦变】

罗仕平： 否卦自乾卦来，乾卦自下而上一变为姤卦，二变为遯卦，三变则为否卦，此否卦之大人，可以为乾卦之九二？

瞿华英： 从"变"的角度分析在《周易》是常态。

罗仕平： 正好二变为遯卦，大人暂时消隐。

曾凡朝： 可以从不同的角度理解。但是，爻辞中有了小人、大人，兼取也是一说，正如仕平所说否自乾来，乾卦一变为姤卦，二变为遯卦，三变则为否卦。

【包容承受】

孙福万： 是不是可以这样说：六二是小人是从静态的角度看的，而如何对待他，就是另外一种角度了。大人否，或许就是大人要"以否处否，以独处独"，如此方亨。"以否处否，以独处独"是诚斋的话。

罗仕平： 慧能大师隐遁猎人之中，却不为其所乱，亦不乱之。

曾凡朝： 六二中正，上与九五相应，本来也不错。但是大形势不好，处于上下不交的否卦闭塞之时，就不太好。泰、否二卦，强调大形势非常重要。有的时候，爻随卦转。

瞿华英： 所以有"大人当否，则以道自处"。

罗仕平： 虽然否塞不通，但下坤为地之广，且六二阴居柔位，终承得九五之宠。

瞿华英： 六二小人守否道，吉。六二当位得中，且与九五应。

裴健智： 感觉六二有两个解释：一为小人，一为处于困境中的君子。而且九五爻辞为大人吉。将大人理解为九五，恐怕不合适。

曾凡朝： 有这样解的，把六二解为君子，在大形势特别不好的时候，六二君子只好默默地忍耐承受，"包承"。还要注意程颐的说法："大人于否之时，守其正节，不杂乱于小人之群类，身虽否而道之亨也，故曰'否亨'。不以道而身亨，乃道之否也。不云君子而云大人，能如是则其道大矣。"程颐认为，"大人"是有深意的。

瞿华英： 处否卦六二之时，如果以大人之态行事，可不乱群。

罗仕平： 有道之大人。

孙福万： 裴健智说"感觉六二有两个解释：一为小人，一为处于困境中的君子"，我不同意。我认为，六二从卦本身来说应是小人。但从占卜的角度看，如遇此爻，小人或得一时之吉，而大人则反是，虽暂时否而终亨，这样理解是不是更恰当些？

罗仕平： 暂时否而终亨。

孙福万： 刚翻到日本学者新井白蛾的解释，从占者之德位来界定大人、小人，很受启发！

裴健智： 可是"不乱群也"怎么理解？确实这样更合理，君子还是要独处，隐蔽自己的德性。

孙福万： 诚斋对《小象》"不乱群"的解释如上，此即作为大人的占者所应有的德行。

裴健智： 群是小人之群，其实这样就可以解释清楚了。

罗仕平： 也可兼取志行高洁，不同流合污。

孙福万： 下三爻即"群小"也。

罗仕平： 正好群小道长。

裴健智： 这样也能避免把九五解释为君子（他为什么是独，毕竟上面三爻也是相邻的）。

【讼】

曾凡朝： 此时，不宜轻举妄动，一动，本爻变，有讼卦之象。

罗仕平： 否卦天地否塞不交呀。

曾凡朝： 六二"包承"，仍有讼象，大家激烈争议，挺好。

瞿华英： 具体卦象具体分析。

罗仕平： 稍不留意就成天水讼卦。

（整理者：黄仕坤　中国人民大学哲学院硕士生）

包容为非 招致羞辱

——否卦六三明解

时　间：2015年12月31日22：00 — 23：28

【明解文本】

六三：包羞。

《象》曰："包羞"，位不当也。

【讲课内容】

曾凡朝： 包羞，是最短的爻辞了，所以，有的说省略了"小人吉，大人否，亨"。否卦为否、闭、塞等，成于六三爻，卦性本有否隔之义，而否实成于三也。包羞：一说，六三被包容为非而导致羞辱；一说，六三包畜邪滥，甚为可耻。孔颖达《周易正义》认为，六三被包容为非而导致羞辱。《周易正义》："'包羞'者，言群阴俱用小人之道包承于上，以失位不当，所包承之事，唯羞辱己。"

【讨论内容】

【"包羞"】

　　曾凡朝： 关键是包上还是包下，大家认为哪个合理？孔颖达说包容群阴而承上。荀爽认为被九四所包，《周易集解》引荀爽："卦性为否，其义否隔。今以不正，与阳相承，为四所包。违义失正，而可羞者，以'位不当'故也。"苏轼说"包承于众阳"，《东坡易传》："三本阳位，故包承群阳而知羞之矣。"

　　孙福万： 对"羞"的解释，我看到的有三种：一是羞耻，二是"进献也"（引自《说文》），三是珍羞（朱升之说）。《周易》的解读，学说众多，有理有据，自圆其说，就可以了。

　　　　《周易折中》引杨简说："舍正从邪，有愧于中，故曰包羞。是谓君子中之小人，自古此类甚多。"亦可玩味。关于"包"字，大部分人解释为"包容"，独尚秉和先生认为"包"同"苞"，为"丛生"之义。

　　　　杨万里从历史上找了一些例子，初六小人之媒，许、史是也（"许"，指许伯，汉宣帝皇后的父亲。"史"，宣帝的外祖家。这两家外戚于汉宣帝时，多贵官宠臣，十分显赫）。六二小人之魁，石显是也。六三小人之朋，郑朋、五鹿是也。

关于"包羞"，有诗云："胜败兵家事不期，包羞忍耻是男儿。江东子弟多才俊，卷土重来未可知。"这是杜牧在乌江亭的题诗。"乌江"，今称乌江浦，在安徽和县东北。乌江亭就在江边。前面二句，诗人指出胜败是兵家常事，谁也不能预见，男子汉大丈夫应该能够包容羞愧、忍受耻辱。对项羽在乌江自杀，不继续和刘邦争天下，深表遗憾。刘邦为了以屈求伸，就曾口口声声称臣，在鸿门宴上委屈求全；在灵璧东面睢水边上，被项羽杀得一败涂地；在荥阳之围中，狼狈逃命，差一点被活捉。但他能"包羞忍耻"，结果转弱为强，成为胜利者。项羽则恰恰相反，他率领江东子弟八千人渡江反秦，秦亡后又与刘邦逐鹿中原，所向披靡，后来在垓下被围，已突围到乌江边上，却宁可自刎，也不肯渡江，最后成为失败者。后面二句，诗人提出一个大胆的设想：如果项羽能"包羞忍耻"，听乌江亭长劝说，渡江到江东，将会是另一种结局。江东子弟人才俊杰甚多，重整旗鼓，集结兵力，有朝一日卷土重来，鹿死谁手就很难说。有意思的是，"包羞"之后，爻辞并未明言是吉是凶，令人玩味。

"包"，程颐认为是"包畜邪滥"。程颐《易传》："三以阴柔不中不正而居否，又切近于上，非能守道安命，穷斯滥矣，极小人之情状者也。其所包畜谋虑，邪滥无所不至，可羞耻也。"也有的人认为，白领俸禄、白吃饭而无所事事，也是"包羞"。郭雍《家传易说》："尸禄素餐，所谓包羞者也。"这里的"包"与"含"意思相近。坤卦六三"含章可贞"，同样是六三，包含的不一样啊，一个是羞，一个是章，为什么呢？二者所处的时不一样。

（整理者：李芙馥　中国人民大学哲学院博士生）

受命而行 同类有福
——否卦九四明解

时　间：2016年01月01日22：00 — 23：14

【明解文本】

九四：有命无咎，畴离祉。

《象》曰："有命无咎"，志行也。

【讲课内容】

章伟文：否卦九四言"有命"，"命"一般释为天命。四近五，得五之命而倾否。《周易集解》以二、三、四互巽，巽以申命。朱子认为九四虽阳刚，却以阴居之，是以无咎。于否之时，九四得命而倾否，初六贞吉以应四，三承四，二与四同功，若依此说，坤之三阴皆受四之福，而四得五之命。也算一说。

温海明：也有授命、授权说。

章伟文：是的，《程氏易传》即持此说。

赵建功：也有说是君命？

罗仕平：九四也在互巽中，巽为命令。

裴健智：命都是君命吗？

章伟文：天命的说法更多。

罗仕平：或者九五为天子，天子的命令本身就是天命？

孙世柳：有不同说法，一说为九五命，一说为九四命。

章伟文：我认为天命的说法更恰当些。

孙世柳：应该有根据吧？

章伟文：宋儒常以天命解之。四与五常被认为是君与臣位。

裴健智：我也这样认为。我还以为第一种理解能解释出下面三爻的任命来。民众任命九四就有点现代民主的味道了。

【讨论内容】
【"畴"】

章伟文：　"畴"，类的意思。

裴健智：　"畴"是小人还是君子？

章伟文：　四应初，据三，与二同类，此为一说。

赵建功：　又说"畴"是初？

孙世柳：　孔颖达解为初六。

章伟文：　是的！也有以否上卦三阳为畴类。

裴健智：　是上面的乾跟着受福还是下面的坤？有两种理解，不知道哪种更合适？

章伟文：　两说皆有。我倾向于上卦乾之三阳。

赵建功：　是否可以并存？

温海明：　上三阳有保家卫国、同仇敌忾的架势。

章伟文：　易不可为典要，唯变所适。高亨以"畴"借为"寿"。

罗仕平：　对应初六茅茹连三阴，这里九四同三阳似更可取。

孙世柳：　章老师怎么解以"畴"借为"寿"？

章伟文：　寿附于福。

温海明：　有家族荣辱的寄托，有力挽狂澜的悲壮，天命所在，在所不辞。

罗仕平：　"寿附于福"与整卦什么关系呢？

章伟文：　已有天命安排，无灾咎，高年之寿附于富贵之福。这涉及如何看待卦爻象与卦爻辞的关系。通常大家认为卦爻象与卦爻辞存在密切对应关系，也有人认为二者不必有直接的关联。

裴健智：　从消息卦来看，九四是要变成阴爻的，九四应该不能太好吧！感觉受福应该是柔爻。而且马恒君理解为，"附"一般都是阴爻。

温海明：　福祉福祉，寿也是福，此处主要是福气福禄共存共亡。

【"离"】

孙福万：　新井白蛾说，是"离绝于邪类而服从于正侍"。邪类指三阴爻，正侍指九五阳爻。

罗仕平：　九四以阳居阴，虽有救否之心，但若非受九五君王之命，则名不正言不顺。

温海明：　受命于危难之际，如受天命。

孙福万：　新井白蛾的断句是"畴离，祉"，离绝邪类而得福祉。

裴健智：　这个有道理。离开怎么解？

孙福万：　这个"离"字也有不同说法。附丽是一说，离开也是一说。

温海明：　为了家族的福祉，共进共退。

【《参同契》】

温海明： 章老师还是研究《周易参同契》的大家，中华书局刚出了他的译注。

林文钦： 研究《周易参同契》最好有实修经验，才能体悟其中奥妙处。最好也要有道家内丹学的认知。

温海明： 林老师对《周易参同契》也有精深的研究。

孙福万： 对！本人打坐多年，有少许体会。光看文字，这些东西绝对难以理解。

林文钦： 藉外丹修内丹要融会贯通。

王眉涵： 外丹指金石丹和草木丹。

林文钦： 外丹简单说是食补，内丹是气补。

温海明： 要求四耳到位。

王眉涵： 只能四耳，没办法。要不会挨打！尤其内丹这部分。

林文钦： 以实修来论证各家说法。

温海明： 折中百家。

王眉涵： 丹学，解放后陈师爷在公开领域改为仙学。分内/外丹。没有传承和实修实证，实难登堂入室。

林文钦： 各家隐语是尽信书的危机与陷阱，陈撄宁的著作可读。

孙福万： 我的体会，每个人的体质不同，一般的老师也未必管用，只能自己悟、自己修。

林文钦： 顺成人、逆成仙。原则是有，但要因人而异所以也要因材施教。

王眉涵： 给大家讲个笑话 一位在南方传授丹道辟谷的专业顶级人士，旗下多名大师。其中一位女仙师，简介上名头繁多，师承诸多大家。我仔细一看老师们全是男性，还有任大道长、胡大师兄（胡孚琛）在内。还有一位吴青云的男弟子道长，忘记名字了。我就战战兢兢地发问："您真的是跟这几位学的？"女仙人非常骄傲地说："是的，亲传。"我又很小心地问到是女丹？可他们都没有长这些零部件呀。那谈到火候时，怎教您的？可见，丹学的基本常识都不具备。筑基功法大多相同，但是一登堂入室，如同天壤之别。

林文钦： 练气容易，练神难。

王眉涵： 在丹学，过了百日筑基，在第二阶段中，如同两种不同"物种"。非反，是不同而已，均要单独传授实证部分，理论课可以听。在清修一派，女丹只能传女，男丹只能传男。与居家修行的养生派不同，需要夫妻双方均要相互了知，能力相当。

尚　旭： 修行这事谁修谁知道，各人的机缘不同，感受也不同。

罗仕平： 忏悔，门外汉还是不要妄加评论。

尚　旭： 非单纯的功夫，还得有明心见性的过程。所谓后天返先天，每个人理解也不同。

王眉涵： 佛家的和这些又不同，汉传自六祖慧能始，算是真正参同契了。

尚　旭： 佛道相通，只是技法不同。有人会说是在练大、小周天时用，其实是明心见性的时候。

林文钦： 乾坤坎离四卦可参。后天返先天。

（整理者：孙世柳 中国人民大学哲学院硕士生）

居安思危 尊位得固
——否卦九五明解

时　间：2016年01月02日22：00—23：18

【明解文本】

九五：休否，大人吉。其亡其亡，系于苞桑。

《象》曰："大人之吉"，位正当也。

【讲课内容】

章伟文：九五"休否"，"休"有多解，一曰止，二曰休美，三曰怵，四曰静俟等。九五居中处正，有美材、处正位，可以休止否时。其亡之"其"，有解为"几"者。"系于苞桑"，三、四、五互巽，有绳之象，故言系。

温海明：九五心里感激九四，不过还是后怕不已，看来阴爻上冲的力量实在太恐怖啦！

孙福万："苞桑"，解释差异也很大，哪种较合理呢？

张　悦：子曰："危者，安其位者也；亡者，保其存者也；乱者，有其治者也。是故君子安而不忘危，存而不忘亡，治而不忘乱，是以身安而国家可保也。《易》曰：'其亡其亡，系于苞桑。'"

温海明：还有一线生机。

章伟文：或谓"系"借作"磬"，有坚固之意。"苞"一解作包，包通胞，有本之意；也有解苞作茂，丛生之意。《周易集解》提出苞亦作包，荀注认为乃乾坤相包的意思。

温海明："包桑"应一起理解吧？

章伟文：一般解苞桑为丛桑，然此丛桑有解为坚固的，有解为柔弱的。

温海明：不坚固如何救命。

章伟文：尚秉和先生认为"苞桑"为弱，意在警醒！将亡、将亡，如系之于弱桑。反过来说，因为将亡，才要系之坚固，如茂桑一般。

裴健智：其实意思都一致，只不过因断句、词的理解有不同，否卦整个卦也不算太坏。

温海明：大人吉，就是命被救了，弱桑跟前面的一致性不够。

章伟文：初二三为坤地，二三四互艮为山，三四五互巽木，历史上有桑田之说，故有桑象。

裴健智：解释为柔弱只能从义理上推断才要系之坚固，如茂桑一般。

章伟文：有道理！诸儒皆解"苞桑"为坚固之象。

裴健智：艮为山，不如艮为止这个象好吧！艮为山，理解为山上的桑树，还是田里的？解释为柔弱也可取，不过没有那个意思清楚。

章伟文：历史上有这么解释的。

裴健智：艮为止，就是止（非常牢固）在了树上。

章伟文：您的解释挺有创意的，《象传》言位正当，取爻象、爻位之说。

裴健智：马恒君解释为艮为止，为休，大人休。休否是因远离柔爻吗？还是因为当位？

孙福万：苞桑解为柔弱，形势依然危险；解为坚固，形势还危险，赶快去找个坚固的依靠吧。尚秉和说："系在大木，方能巩固。" 我认为，苞桑解为柔弱、丛生的桑条好些。虽九五所处中正可以止否，但此时形势依然很危险。所以才说："有可能完蛋啊！就像一个人系在柔软的桑条上一样啊。"这样解释，也符合《系辞》所说"惧以终始，其要无咎"的精神。

【讨论内容】
【"亡"】

王力飞："其亡"，"亡"的是什么？

罗仕平：《象传》说是无邦，九四说是（福）祉。

叶　亮：九五大人恃其安强之势，易不虞小人之险。当出否之势，居九五之尊，利在于急不在于缓，不可给小人以可乘之机。不要忘了否卦是阴消阳。百姓常于几成而败之，慎终如始，则无败事。

（整理者：黄桢　中国人民大学哲学院硕士生）

物极必反 先否后泰
—— 否卦上九明解

时　间：2016年01月03日22：00 — 23：10

【明解文本】

上九：倾否，先否后喜。

《象》曰：否终则倾，何可长也?

【讲课内容】

章伟文：上九"倾否"，一般解倾为倾覆。谓倾覆否运，先否而后喜！也有观点认为，倾借为顷，只有顷刻否运，先否后喜。王弼解"倾否"为"以倾为否"，与众不同。先否后喜，有以先天下之忧而忧解先否，后天下之乐而乐解后喜者。屯上六处坎险之极，阴柔不中正，故不能济屯；否上九以阳刚处否之终极，材美能倾否。

　　有解释者特别强调"倾否"、休否之人为，认为经不云否倾、否休，盖强调君子以天下为己任的担待意识。孔疏以六十四卦"两两相耦、非覆即变"，有释者认为，倾即是覆，穷上则返下。

【讨论内容】

裴健智：　是人为的力量大？还是整个物极必反的势强？道家强调因循，要因循天道。儒家似乎更关注应该如何。儒家更多强调君子本身的义应该如何做。儒家也有因循的成分。物极之后才变得喜，没变之前还是否。感觉还让这个势态继续发展，以便物极必反。君子一方面持守正道，一方面继续隐藏自己的君子之心。让否道继续发展？老师，有没有这个意思？我这个理解有点道家的味道。

章伟文：　《左传》载周史以《周易》见陈侯，遇观之否，其解否为："有山之材，照之以天光，于是乎居土上，是谓观国之光。"正如您刚才所说，儒家君子重行义，义之所在，则可以杀身成仁、舍生取义，虽知其不可，亦要行义。然历史、社会有其大势，因势利导亦不失其赤子之心。

裴健智：　这是四爻变吧？

章伟文： 是的！观六四为变爻。

裴健智： 老子说："和其光，同其尘。"这跟上九爻怎么联系？

章伟文： 否卦构成一幅美丽的风景：初二三为坤，代表宽广的大地；二三四为艮，代表绵延的群山；三四五互巽，代表茂密的森林；四五上为乾，照之以天光。所谓家大、业大，方可以观国之光，利用宾于王。于其中，周史断田成子建侯于齐，于否中亦有所示。

裴健智： 最后照之以天光，就是后喜。"喜"可否理解为上九爻变为柔爻，为泽兑所以后喜？只有变爻才能是喜。

温海明： 大地、群山、森林、天光，好像海德格尔《存在与时间》写的黑森林，美不胜收。

裴健智： 刚才的否卦变观卦也可以解释上九，因为根据十二消息卦下面就是观卦，也可以理解为否卦变泰卦？

曾凡朝： 又有卦爻象基础。

温海明： 从泰到否，很容易，从否到泰，要走一整圈，好远，所以不要欢喜得太早。

裴健智： 从每一爻来说，否卦也不算坏，把整个卦定义为否卦，很值得琢磨。

崔　圣： "卦序"说"泰者通也，物不可终通，故受之以否"，物极必反，通畅之后，接着就是闭塞。

（整理者：贡哲 浙江大学哲学系本科生）

（本卦校对：裴健智 中国人民大学哲学院硕士生）

时　　间：2016年01月04日22：00 — 22：28
导读老师：张文智（山东大学周易研究中心副教授）
　　　　　余治平（上海社会科学院哲学所研究员）
课程秘书：李芙馥（中国人民大学哲学院博士生）

与人和同　人通于天
——同人卦卦辞明解

13 同人卦

离下乾上

【明解文本】

同人：同人于野，亨。利涉大川，利君子贞。

《彖》曰：同人，柔得位、得中而应乎乾，曰同人。同人曰："同人于野，亨，利涉大川。"乾行也。文明以健，中正而应，君子正也。唯君子为能通天下之志。

《象》曰：天与火，同人。君子以类族辨物。

【讲课内容】

张文智：同人即同仁。"同人"者，本于泰否之变而明人事者也。天地泰否，而人居天地之中顺泰逆否，以孚天地之数，则人事尚矣。故"同人"以人名卦，见人与天地为三才，皆世运之主宰，人又能济天地之穷，应泰否之变，而为万物之领袖也。在泰与否，天地反复，运数虽及于人，人未与于运数之主，故泰否属天地正变之象。唯同人则人也，人以处其正，顺其变，齐其不齐，而安危治乱，以奠人物，及于天地。天地无终尽，人亦无已时。此三才皆世运之主，人又其中枢也。同人卦象，上乾下离。乾为老阳，离为中女；天火合明，同人乃光。以火之炎上，与天同明，而成天日之象。离为日，为后天之阳主，代乾而居正位，是为父子合德，先后孚道。以先天言，犹重乾也；以后天言，乾退居西北，与南方离火相映。天空而气清，日升而光明。后天日居天中，为万有之主，是以子代父，以后继先，光大中正之象也。离本出于坤，坤为重阴；离则阳中阴。阳内吸阴，为生成大用。故日出而大地光明，日升而万物蕴育，日照而云雨润泽，日下而万类昧息。此离之代乾有其道，而出坤有其德也。故天火之合，比于人道之用。人事之功，岂易言哉！含坤发乾，内阴外阳而以阳化阴，以刚翕柔，二德乃孚，二气乃应，是为天下大用，而以同人象之，则同人者，天地合德，刚柔孚化，以成以育者也。神哉同人！至哉同人之用！非同人不克救否之危，不克启大有之富。是同人继否，亦天时人事当然者也。

同人卦辞，以同为用，人为主。而同字有和同之义，有类别之义，盖阴阳并存，同必有异，以异而同得名。若无异，亦无同。既曰同矣，其异已可知也。故在彼为异，在我为同。同是人也，或为君子，或为小人，或为贵富，或为贱贫，因而同之，是曰同人。君子有类，小人有列。贵富自高，贫贱自劣。因而同之，是曰类别。夫同而别焉，何以名同？薰莸异臭，水陆异居，寒暖异时，高下异图。方以类集，物以群趋。各同所同，始同于太初。故同者，同于不同而终同，非强之归于一也。以一合众，众自若也；以同集异，异亦获也。同人者，由己以同人，而人来同也。故同为动词，亦为名词，因果也。天，气也；火，物也，而合焉，则物之原亦气也。乾，阳也；离，阴也，而同焉，则离之用亦阳也。离以二阳中夹一阴，正得以阴成其阳也。乾得离以成同人之用也。乾刚健，君子之自况也；离光明，君子之示人也。以君子为主而非君子皆化矣。故同人自君子始，自君子利贞始。贞其守也，利其行也。有守有则，自强不息；有行有则，行地无疆，忠信之道也。

否卦之时，小人进而君子退。"物不可以终否，故受之以同人。"（《序卦》）当否之时，君子去位已久，而救时止乱，必起在野之君子，故首言"同人于野"。而后文爻辞有"于门""于宗""于郊"云云，乃次第推行之地，终不出一"野"字。

以上是《易经证释》对同人卦象、卦义的解释。

余治平： 核心几条："同人卦象，上乾下离。乾为老阳，离为中女；天火合明，同人乃光。以火之炎上，与天同明，而成天日之象。""离本出于坤，坤为重阴；离则阳中阴。阳内吸阴，为生成大用。""就卦爻言，五阳一阴，阴在第二爻，当内卦中位，为得正位。阳多阴寡，以阴贵，从阳从阴化。以阴得正位，为全卦主爻，则从之不失于正，是为以正示天下之下象。""天，气也；火，物也，而合焉，则物之原亦气也。乾，阳也；离，阴也，而同焉，则离之用亦阳也。离以二阳中夹一阴，正得以阴成其阳也。乾得离以成同人之用也。乾刚健，君子之自况也；离光明，君子之示人也。"

张文智： 《易经证释》是民国期间通过扶乩而得，是以孔子的名义讲的，作者号称为列位圣人。虽然这套书的形式、来源有些离奇，但讲解却一以贯之，多发先儒所未发。只是太长，共八本，每一卦都讲解得很细，我看后收获很大。

余治平：第十三卦同人卦，卦名之义，即为聚集众多之人。综合前解，"同"指会合、聚集；"人"即民，不止一个，当然，多数可能都是部族成员及种田的农民和打猎的牧民。"同人"之义，王弼注曰"和同于人"。

【讨论内容】

余治平：《诗经·国风·豳风·七月》有云："二之日其同，载缵武功。"上古时代，田猎一般就是军事演习。每当冬季农闲，人们便聚集在一起，围猎捕获，藉以演兵习武，切磋技法。同字的本义当为聚合众人之力。"同之言会合也"，所以"其同"谓之"冬田大合众也"。

张文智：基本卦象为乾健离明。

罗仕平：是不是还可以取同人卦自夬卦来，夬卦之九二君子上行至六，成同人卦，而上行之前兑泽为野？

温海明：一说自姤卦来。

罗仕平：是呀，到底是姤卦还是夬卦，有没有定论？

余治平：同人卦之结构，离下乾上。离为火，寓意在下者文德光明，教化灿然；乾为天，代表居上者强健、阳刚。整个卦象兼具文明与刚毅之德。按照《易传·象》的解释，"天与火"，上天下火，天比于君王圣明，火比于人之明察。

温海明：有解"同人"为与人平等，与人和睦相处，与人亲近。

张文智：我认为不必这么机械地理解卦象，此"野"与同人卦后序否卦而来亦有关系。不仅是这些意思，平时占卦也可以这样解，因为《易》主要讲圣人之治。君王及时了解基层情况，以百姓之是非为是非，想百姓之所想，急百姓之所急，而百姓内心的镜子也能够折射出君王的圣明与否。同人卦六二、九五两

余治平：爻，均得正、当位，而且还能够同心呼应，协力共进，因而成就出光明、卓著的君子之道。《彖传》称之为"文明以健，中正而应"。九五爻该刚则刚，

张文智：六二爻该柔则柔，在上者不软弱无力，在下者没有非分之想，官民有别，生活有序。这岂不正是作为社会管理者的君子的最高理想！

《易》含万象，象、数、理、占缺一不可，而同人卦主要是讲在野之君子与人和同而救世，所以在强调"同人于野"。因为古代寓教于筮，现在我们也应该继承这一传统，而不能仅仅为占筮而占筮。

【"野"】

张文智："同人于野"四字，为全卦要旨。盖当否之季，君子去位久矣，而救时止乱，必起在野之君子，故首言"同人于野"，与需卦卦辞一义，言所始必有自

也。而后文爻辞，有"于门""于宗""于效"云云，乃次第推行之地，终不出一"野"字。

温海明： "野"取乾象。

张文智： 按《周易集解》的说法，乾为郊，据郑玄之说，此为风行无所不遍为野。

余治平： 野是郊外宽广之地，李镜池说："邑外为郊，郊外为野。"孔颖达疏曰："野是广远之处，借其野名，喻其广远。"一种可能是，周王经常在郊外宽广之地，聚集族人与臣民，挑选士兵，准备征战。《周礼·地官·大司徒》记："大军旅，大田役，以旗致万民，而治其徒庶之政令。若国有大故，则致万民于王门，令无节者不行于天下。""大故"即大事，而大事则指戎事，即军旅征伐之事。周王可能早已通晓寓兵于民、打人民战争的道理，平时化整为零，务耕务农，备粮备草；战时则召之即来，奔赴前线，英勇杀敌。同人卦跟打仗有关。

温海明： 不是当朝跟在野的人同心同德？

张文智： 因为否卦之时君子已被迫流入民间，此时主要与民间志同道合之人和同。每卦有每一卦的气数之义，同人主要是为救否而复泰。同人之至为大同。"大者，泰也，由否反泰也。故同人之用，在反乱成治，复否为泰。"同人以君子起于野而反否为亨，不独君子也，天下同亨矣。以时当亨，而人能应之，其亨必矣。亨则所如能达，所至能利。道之阻者，莫如大川。今亨矣，则进可无阻。虽大川之险，涉之无碍。又以乾之刚健，离之光明，以健行险，以明照暗，则大川犹坦途矣，故曰"利涉大川"。

同人卦与师卦旁通，故爻辞多有行师之义，这是可以理解的，但表象还是与人和同之意。相识即是同仁，所以同人卦九五爻辞有"大师克相遇"之说。

余治平： 张老师的意思跟孔颖达的注释相通。

罗仕平： 这里取夬卦来，正好接着还有"利涉大川"，且九二升至上九，与四、五比合同心同德。

温海明： 主要交朋友，不打仗了。这里三、四、五有关，说明闯荡江湖真是不打不相识，打的分寸还真不容易把握好。

张文智： 这也说明与人和同过程之不易。

温海明： 打过了才知道一起闯荡江湖真不容易。

余治平： 人多好打仗，心齐才能胜。

温海明： 心齐最难，只有心地光明如天才行，否则各自打自己的算盘，就不能同心同德。

余治平： 王者占筮，如遇同人卦，则可以纠集武装力量，做好战前一切准备。因为乾道朗朗，君王决策英明，又能够赢得臣民的赞同和支持，所以征战讨伐、渡河越水，理应旗开得胜，一无险阻，故《彖传》谓之"乾行"。

【旁通】

罗仕平： 若用旁通，好多卦都可轻易解，但虞翻的"旁通"是否依赖条件太多，稍显牵强？

张文智： 《易》有许多体例，旁通只是一种，虽然据"旁通"说确实能讲通许多卦，但并不能讲通每一卦。

罗仕平： 旁通其实也是广义的"消息"卦，或者是同一事物的另一面？

张文智： 可以这么理解。卦辞又讲"利君子贞"，也很重要。"贞"为自修之道。对人来讲，先"贞"才会有"利"，有义之"利"，才会亨通，亨通才能回到天元。（对"元亨利贞"之深义及其与卦象之间的内在联系，请参见敝作《寻言观象，寻象观意——从易辞、易象看〈周易〉中的以人合天之道》。）这说明作《易》者当时写卦爻辞时确实考虑过这一因素，它表现的是阴阳之间的互通互融、与涵与摄及物极必反的道理。

温海明： 君子心地光明透亮，正道而行，阴阳通融。

罗仕平： 只是有时候略显"绕路说易"？变易而非简易？

张文智： 所以不能全用这种体例来解卦。

罗仕平： 旁通卦都可以从"消息"卦来。

张文智： 但文王六十四卦是一个气数消息及推进的程序，旁通卦与十二消息卦及先天八卦图有内在的联系。

余治平： 陈抟说："离宫三世卦，属于正月，纳甲是己卯、己丑、己亥、壬午、壬申、壬戌，借用甲午、甲戌。生于正月及纳甲者，功名富贵之人也。"

张文智： 文王六十四卦主要讲的是后天变易。但后天之中有先天，先天又需要后天来展现。

【卦序】

罗仕平： 自泰变否，混沌已斫七窍，难以复泰。

张文智： 《周易》卦序是螺旋式的上升，当然不是简单的由否返泰。接在否卦之后的大有卦已有泰之意，且比泰卦之意更进一步，所以大有卦上九爻辞才有"自天佑之，吉无不利"之占。

余治平： 卦序的问题，李尚信教授专门写过一本《卦序与解卦理路》，可以读读。

张文智： 文王六十四卦卦序最为复杂，所以其辞、象、意之间的关系才如此难讲。文王卦序虽重变易，但变易之中有不易。

罗仕平： 还夹杂综错，还没看完就成了天书。

温海明： 您觉得是故意排的吧？是天衣无缝吗？

张文智： 从卦序来讲，其规律性还是很强的。

余治平： 而且是多重规律，按照爻划，按照卦象，按照卦气等。

张文智： 但卦爻辞背后的卦象，及卦象之后的"圣人之意"却是难以把握的。

温海明： 这也成就了这部天书恒古常新的魅力。

张文智： 所以我觉得要把每一卦都看活，卦与卦之间的连接亦应了然于心，卦气的排列也是很有规律，是较固定的模式。

余治平： 久否终能济，当于笑后招。大川无不利，进步上青宵。

（整理者：王璇 中国人民大学哲学院硕士生）

德性公心 出门即同
——同人卦初九明解

时　间：2016年01月05日22：00 — 23：43

【明解文本】

初九：同人于门，无咎。

《象》曰：出"门""同人"，又谁咎也。

【讲课内容】

余治平： 同人卦的正对体是师卦，所以打仗是必然的。门，为国君的宫门，或称王门。在王门之前聚集成千上万的人，必有大事发生。《周礼·地官·大司徒》已经说过："若国有大故，则致万民于王门。"周王征战之前，一般都会在王门前召集许多将帅兵卒，发布训诰，宣誓祈祷，明确本次出征的性质、意义、目的与任务，以统一军心、鼓舞士气，进而能够有效地扬我威风、灭敌气焰。当然，门也有别的解释。

张文智： 同人应该主要是与人和同，初爻之门主要应该指家门。

温海明： 与人和同而不打仗，那就应该是家门。

张文智： 门又是出入的门户。先与家里人和同了，再出门与外人和同。六二同人于宗也正寓示了这一意思。

余治平： 解为王门经典根据。

温海明： 根据都有，看我们取哪个更合理。

余治平： 当然起卦时也可以理解成家门、学门、门馆等。

温海明：宗族大于家庭。

张文智：是一个由内及外、由小及大的过程。

温海明：初九、六二还是不用打仗解释好一些。

余治平：但六二里的"宗"也可以理解成宗庙。

张文智：如果一家之内都不能和同，到外和同也就较难，即使能同，也可能有诈。六二理解成宗庙也没问题。因为宗庙是同宗之人聚集的地方。

温海明：理解为宗庙的话，就是宗族的宗庙，而不是国家的宗庙，否则吝道不好解释。

张文智：先与较近的能理解自己的人和同是比较容易的。六二主要指宗族的宗庙，到九五或上九才是国家的宗庙。

温海明：是啊，只跟自己宗族的人交朋友，格局实在小。

【讨论内容】
【"门"】

温海明：　门可以是一般的门，家门等。

裴健智：　《周易证释》就是讲的家门。马恒君也是。

温海明：　如果要打仗的话，当然是官门，但看象辞，不像要打仗的样子。出门交朋友，挺好的。

王　璇：　余老师倾向于与师卦联系起来讲，就讲成誓师的官门。

裴健智：　初爻的门指王门是否不太好。初九与六二非同宗，所以出门就要摒弃门户之见（家族之见）。从卦上看，从初九到六二，确实是从家族的人出门到不同宗族的人交友了。

王　璇：　前面用师卦来解同人卦，除了因为它们是旁通卦，也是由于这两卦本来就有内在联系吧？毕竟不是所有卦都适合用旁通来解的。

余治平：　是的。

【公心】

张文智：　既曰同人，且自门出，纯由义合，自无所得吝也。所谓吝者，指在野言。今为君子，虽在野，而以德胜众，故能免吝，其义易明也。与人和同首先要有公心。

余治平：　九四还讲克攻呢？

温海明：　乌心合于乌合之众。

张文智：　九三、九四之所以伏戎及攻克，皆由于暗中小人难以和同。

【卦变】

余治平：　六十四卦中，一阴一阳之卦，各六，凡十二，或来自复卦，或来自姤卦。

裴健智： 虞翻的观点？

余治平： 卦变的基本观点。

罗仕平： 一阴一阳还有说来自剥、夬的，不知道最终依据是什么？

余治平： 五阴五阳之卦，才来自剥、夬，一般都这么说的。同人卦，互体之后，上互乾，下互巽，可得姤卦。

罗仕平： 互体跟消息是什么关系呀？

余治平： 能变则变。

叶　亮： 互体为姤。一阴复生，阴消阳是也。

罗仕平： 五阴五阳之卦，不也是一阳一阴吗？互体为姤和消息卦有关系？

叶　亮： 姤卦就是十二消息卦之一。

余治平： 只在数目上是一样的。

罗仕平： 从"同人于野，利涉大川"看，自夬来更合适，从"家族的人出门到不同宗族的人交友"看，似乎自姤来更合适。

张文智： 以上一阴五阳之卦皆有内在联系，其间的不同在于阴爻所处位置的不同。

温海明： 因讲出门，姤合适些。

余治平： 同人卦初九以阳居初，阳爻居阳位，又处于同人之始，不应于上，有出门便广泛与人和同之象，所以才"无咎"。

张文智： 随卦初爻有"出门交有功"之说。所以对"门"不能机械地理解。且不是只有姤卦有"遇"的意思。"随，无故也""丰，多故也"都有"遇"意。

【门之象】

罗仕平： 随也，初阳二阴，难道这两爻像门？

张文智： 随以震为大涂为门。

温海明： 随有互艮为门，这里应该主要取二位为家宅位。

裴健智： 离像门。姤卦，巽为木为门？变为离卦，出门？

张文智： 艮最像门。作同人卦初爻爻辞者恐怕不是如此简单地理解"门"的。这里的"门"应该主要还是初始之意。

余治平： 乾为门。

张文智： 乾为门是虞翻的说法。恐怕采用的是"乾为天门，巽为地户"之说。

裴健智： 其实看卦象，离很像左右两扇门。中间是过道。

张文智： 只是这一过道太高了。

孙福万： 尚秉和认为坤为门，初于二阴独近，故曰同人于门。

裴健智： 可能中爻为柔爻，就取坤象吧。

余治平： 对的，这个门肯定与六二有关系。

裴健智： 艮为门的话，正好初九在门外，正好是出门，也有道理。

张文智： 如果我们这样找"门"的话，就真像王弼所说的"案文责卦"了。

观卦取重门之象，仍据艮为门之象。基本卦象还是《说卦传》最靠谱。

温海明： 一扇门都搞不定，有这么难吗？

裴健智： 今天门都找不到是哪个了？家都找不到了。

温海明： 可不是嘛，古往今来，这么多大家，门都找不清楚。

罗仕平： 摸不着门。

温海明： 起了同人卦，首先要摸到门才行。

余治平： 《象》曰"出门同人"，所同者六二也。六二为偶象同人，六二很重要，要有配偶，单身是找不到门的。

孙福万： 门肯定和阴爻有关系，而此卦只有二为阴。

裴健智： 《象》曰"出门同人"，究竟出门了没有？

温海明： 应该是在门口，出门了，《象传》说过"出门"。

孙福万： 对初来说，二就是他的门；若他出门，阴阳相吸，二就被他同化了，就成了他的自己人？

裴健智： 可是这样的话就不需要取象坤为门了。

孙福万： 玩易，重在玩。对初来说，若他待着不动，二也仅是他的门而已，他只能在自家门内和小兄弟玩了；若他跨进二的门，阴阳相吸，二就成他的人了，因为他进了人家的闺房了嘛。前者是"同人于门"的情况，后者是"出门同人"的情况。

（整理者：张馨月 中国人民大学哲学院硕士生）

同人于宗 结党营私
——同人卦六二明解

时　间：2016年01月06日22：00—23：21

【明解文本】

六二：同人于宗，吝。

《象》曰："同人于宗"，吝道也。

【讲课内容】

张文智： 昨天讲"出门同人"，今天讲"同人于宗"。初九既然己与其门内家人和同，且即将从家门出发，下一步则将与其同姓族人和同，由内而及外也。只是二爻是阴爻，致其宗族多有私心，到此一般就比较难以再进一步与外人和同了，所以才"吝"。如果在实占中得到这一爻，就要劝勉占筮者要放大格局，不要将同人只限于一家一族，而要将之向外推广。

余治平： 关于六二的爻辞，一种解释为："宗"，指宗庙。《说文·宀部》曰："宗，尊祖庙也，从宀，从示。"宗字本义为祭祀祖先的庙宇。《春秋左传·庄公八年》记："八年春，治兵于庙，礼也。"可见，祖庙之前，集会兵众，祷告祈福，符合周制。"吝"，意为遗憾，《说文·口部》曰："吝，恨惜也。"同人卦全卦只有一个阴爻，众阳皆欲呼应于阴二，可是六二唯独亲近于九五，身边之三爻、四爻则无一不嫉，因此六二得罪邻人，朋友不予帮助，当然陡增了事情的难度。

张文智： 宗者，祭先之地、亲族之所，尊亲并重者也。言尊则宜敬，言亲则宜爱。敬以致其诚，爱以广其德，是同人之本也，而曰吝者，宗主族言，以同姓为本。人类众矣，以姓集群，必有难广者也；以族行事，必有不胜者也。故曰"吝"，有所不足乃吝也。

六二以得内卦之正，处阴柔之位，当独贵之时。五阳一阴，以阴统阳。若非得九五之应，则不免贻害家国，扰乱纲纪。今有乾五在上，而傍以群阳，使阴治于众，而不失其正，故能远害而保其邦家。

【讨论内容】
【"吝"】

余治平： 同人卦于卦体虽不乏大同指向，但于六二爻义则略显偏狭，所以，爻辞提醒人们，应尽量避免党伐、裙带之嫌疑。

张文智： 余老师所说也是程颐之观念。吝者，惜也，惜其位而勖之以自惜也。《易》之称"吝"者，皆此义也。明其位与时，未畅所欲为；事与力，有不足于用。必自谨约以善处之，否则咎至也，悔来也。史上之所以有很多不能最终与人和同之例，多因思想偏狭，结党营私所致。然而与亲族和同这一步也很重要，亲亲之未能，不足以言平章百姓；家之未齐，不能及于治平。宗者一姓之尊，或一系之主，非大群也，而由小以至大者必先焉。所以厚基，蓄其势也。故初九曰门，六二曰宗，皆循序渐进之义，虽吝无伤也。

张丽丽： 但是，我有个疑问在于，这种同宗庙（祖先）是否可以理解为一种同权威，即对君主的同？若这种假设可行，那么在这种同的时候，是否涉及对不正的事情要纠正？（因为我们之前一直预设同的是正的好的事情）

张文智： 中国有祭祀祖先的传统，这里的"宗"的延伸义是同姓同族之人。《周易》

亦讲神道设教，祖庙、宗庙祭祀当然可以起到很大的教化作用。但这种教化并不能简单地理解为对君主的同。同人紧接否卦之后，主要是君子以公心从民间与人和同，以达到救时达治的目的，此时的君主因受小人的蒙蔽已经昏庸。六二以阴得位，在象有回旋中止之势，亦否也。因阳升阴降，初九升至此忽一顿也。然家族之安，不后于乡党，家为国本，同人于宗，正为将大同也。

张　悦：　同人和大有卦与《礼记》中的大同社会有什么关联吗？

张文智：　有关系。后来的大同之说，就来自这两卦。以前我们对儒家"亲亲""尊贤"之说多有误解，此皆因儒家心法自孟子以后失传之故。关于这一点，《大学证释》与《中庸证释》讲得很好，建议大家有时间看一下。《大学》《中庸》是儒家的心法，《易经》是儒家的密理。了解了《大学》《中庸》，再看《易经》自会事半功倍。《大学证释》《中庸证释》与传世本的讲解有很大差异，这两本书也是民国期间通过扶乩的形式而得，虽然形式有些怪异，但说理确非孔子之后之学者所能比。这两部书是托孔子之名所讲，比朱熹的《大学章句》《中庸章句》讲的要好得多，且不是一字一句的讲解，而是直接以大道一以贯之。

【"宗"】

余治平：　今人黄凡写过一本《周易——商周之交史事录》，观点不太一样。按照黄凡的解释，"同人于宗"一语中的"宗"字解以"宗族"，则与"同人于野"中作为地名的"野"字很不一致。《左传·文公十二年》记："夏，子孔执舒子平，及宗子，遂围巢。"杜预注："宗、巢，二国，群舒之属。"《左传·僖公十五年》"败于宗丘"，《左传·哀公十一年》还有宗楼、宗子阳之名，可能都属宗邑。又，宗同崇，指周武王时崇虎侯所在的崇国。

　　《诗经·大雅·文王有声》曰："既伐于崇，作邑于丰。"这样，《周易》记录了周文王先后两次讨伐崇虎侯的史实。第一次的失败被记载于师卦中，第二次则取得了胜利，同人卦记述了行军、征战的艰难过程，大有卦则描述了辉煌的战果。

　　黄凡的观点，明显把师卦、同人卦、大有卦三卦做了人为的连贯，统一性的主观前见太强。

张文智：　《周易》卦爻辞并非只是史实的纪录。

余治平：　不尽可信，但可备一说。义理派之外，又多了史事派。

孙福万：　谢宝笙也是以周克殷的历史来解释《周易》，认为作者是南宫括。类似的书也有不少，似非主流。

余治平：　侯果把"宗"解释为五，二为同人之主，和同者之所仰也。有应在五，唯同于五。

孙福万：　尚秉和认为，乾为主为宗，二与五正应，故"同人于宗"。不知各位以为如何？

余治平：　对的。九五肯定是主。

张文智：　我觉得尚先生这样的讲法太拘泥于卦象。

余治平：　六二，如果不吝的话，该是什么结果呢？

张文智：　如果六二不吝才会有与多数人和同的可能。

（整理者：黄桢　中国人民大学哲学院硕士生）

观形察势　安待不动
——同人卦九三明解

时　间：2016年01月07日22：00 — 23：16

【明解文本】

九三：伏戎于莽，升其高陵，三岁不兴。

《象》曰："伏戎于莽"，敌刚也。"三岁不兴"，安行也。

【讲课内容】

张文智：　关于这一爻所涉卦象，《周易集解》说得比较明白："巽为伏，震为草莽。"只是虞翻说"离为戎"，不如说"伏师为戎"更为恰当，因为同人卦的旁通卦为师。

虞翻以巽下所伏之震为"高陵"，他是以震卦六二爻辞"跻于九陵"之"九陵"作为震之逸象来理解的，旁通主要表达的是阴阳互通、互摄、互相转化之意。每个卦的对立面即是其旁通卦，只是有些卦的旁通之意更为明显，更易于解经，有些则不很明显。

如据《易经证释》，噬嗑卦的旁通卦为井卦。井卦的上六爻辞"井收勿幕"即据旁通之意而作的爻辞，因为噬嗑为"日中为市"，市中皆有井。其实巽卦本身就有高陵之象，但我们解卦没必要完全拘泥于这种卦象。九三爻辞主要想表达的意思是因为六二爻为阴爻，且有"同人于宗"之"吝"，想以公心与人和同之人必然会受结党营私之集团忌恨，并暗藏杀机，而同人卦的主旨则是以公心与人和同，以挽救时弊。但同人的过程不要操之过急，所以九三爻辞劝勉占得此爻者要渐渐行事。

【讨论内容】

【"敌刚"】

温海明： 九三乘六二，六二顺承，为何九三有了杀机？

张文智： 由于六二得正位，又有"宗人"与其和同。

温海明： 按照象辞是敌刚，九三是跟上九不和。

张文智： 他会只恃其力，并影响进一步以大公之心与人和同之人。

温海明： 有说跟六二争九五，比较牵强，因为根本比不过。

张文智： "敌刚"有两层意思："所谓'敌刚'者，以敌犹刚强也，故有伏戎之象，实本于六二在其下也。六二为阴，其下如陷，又以九三重刚，九四亦然，上刚下险，两不相容，故曰'敌刚'。"温老师说的这种解法是因为大家太重视相应说了，同人全卦，皆以光明乾惕为用，敌刚不宜与争，故升其高陵，以孚卦义，而三岁不兴，为行进安稳计也。同人主进，主渐进，故象辞曰安行。

温海明： 这样敌的刚是九四？

张文智： 对。

温海明： 敌上九更合理一些吧？

张文智： 因为乾卦《文言传》有九三、九四重刚不中之说。

温海明： 确实如此，但三、四为敌，好像不是通例。

张文智： 尚秉和先生也主张相邻的两个阴爻或阳爻为相敌之爻，这对解一些卦还是比较合适的，他主要是以此说来解中孚卦六三爻中的"得敌"。

温海明： 虽然三、四争九五，争六二，皆可通，但远近殊异，常常高下立判。

张文智： 对九三、九四重刚之爻，《周易》确多有劝勉之词。"夫伏戎者必有所恃于力也，若与之争，胜负未可知也。唯离其伏地，上于高陵，以示无与争强，则天下当共谅也。"

【"三岁"】

温海明： "三岁"如何解释呢？

张文智： 《易经证释》："三岁不兴，久也，非必三岁也，盖示人以久，而勿撄其忌也。我既为久陷之谋，众尤切早起之望，则处之安稳，而行之泰然，始之缓图，而成之必速，是君子之进也，同人之渐也，辞旨深矣。"我们解卦应想象如果人们实际占得此卦此爻应如何为占者解卦。因为同人的志向是与志同道合的君子和同，如果大家都与六二和同就不可能救否闭之时了。

温海明： 不是争九五就是争六二。

张文智： 所以同人从初爻到上爻是一个渐进的过程，到九五爻才实现真正的同人。九三、九四都有告诫不要躁进之辞。

裴健智： 这样确实能把卦的顺序连接起来，可是感觉刚才的理解过于复杂。

张文智： 九三由于重刚不中而导致不好的结果的，有如下几卦：大壮卦的九三爻，大过卦的九三爻，夬卦与姤卦的九三爻，渐卦的九三爻等。这些都脱离了《中庸》所说的"喜怒哀乐之未发谓之中，发而皆中节谓之和"的状态。

温海明： 还有一种说法是九三跟九五相敌，想把六二得到的好处分一部分来，但看到九五太凶，只好按兵不动，等待时机，结果一等好几年。《象传》说"安行也"，说明是按耐住了，很不简单。

张文智： 温老师的说法也不是没有道理，所以才告诫九三不要鲁莽行事。

温海明： 这是由九三想从六二那里分一杯羹，却不得不看九五的脸色而演绎出来的。先把它解释清楚，如果觉得好玩，这就是清楚的一种表现。

张文智： 由乱反治本来就是一个艰难的过程，三年的时间并不长。

裴健智： "伏戎于刚"是九三本来要做的？后面的"升其高陵""三岁不兴"是劝诫？

张文智： 因为有小集团思想的人或既得利益者总是想伺机而动。

温海明： 九三确实私心比较重，有偷鸡摸狗的习惯，不惜动了杀机，不过很会看形势，实在不允许，就宁可一直等下去，也算高手啦。

张文智： 对于九三来说，由于下有伏戎，有暗昧之人，且他们又有一定实力，九三暂时不要与他们争强，而应该站到高处，一是可以让更多的人理解他的想法，二是让暗昧之集团感觉到他们暂时不会受到威胁。

【"伏戎"】

裴健智： 伏戎于莽，究竟是九三去伏别人，还是别人去伏他啊？

张文智： 是多人伏他，主要是抱小团的六二伏于他下面。

裴健智： 按照温老师的意思好像是九三伏别人。

温海明： 您这样说是六二要对九三不利？

裴健智： 六二为戎？六二只是柔爻，其他都是阳爻，阳爻一心。柔爻为外族。

张文智： 是的，因为六二"同人于宗"，格局太小，且有一定势力。

罗仕平： "亲亲"本只是自然的敬爱之情，但以此为出发点，最终的结党营私常常难以避免？原则上可以推己及人周而不比。

温海明： 总觉得还是九三想整事，六二跟自己同宗的人好了就可以啦。

张文智： 只跟自己的同宗好不是作《易》者写同人卦的最终目的，大同才是最终目的。

裴健智： 联系前面的爻感觉是要归化六二的，所以要把它同为一族，所以是同人吧。

前面几爻应该都是要归化六二的，就算六二逐渐有小人之心也要归化，这是一个不断归化六二的过程。

温海明：我还是觉得是九三想动武，可时机一直不成熟，不过能够按兵不动，也不容易。

张文智：九三所处时地还完不成这一任务，九三确实有焦躁之心，所以爻辞才劝勉他，最终要归化六二。

温海明：九三也说明出门交朋友的水很深，不打不相识。

张文智：九五已同化完毕，上九又是"同人于野"，一直在做与人和同的工作，为下一步的"大有"储备人才。

裴健智：这样整个卦象就通了，这个卦主要还是用来同化异族的。

温海明：前后贯通，人才都有了！

张文智：序卦还是很有意义的，另外杂卦也不可忽视。《杂卦传》说"同人，亲也"，即点明了这一卦的卦德。了解了《杂卦传》，有好多难解之卦就容易解了。

（整理者：李芙馥 中国人民大学哲学院博士生）

自弃攻打 从义同众
——同人卦九四明解

时　间：2016年01月08日22：00—23：33

【明解文本】

九四：乘其墉，弗克攻，吉。

《象》曰："乘其墉"，义弗克也。其"吉"，则困而反则也。

【讲课内容】

张文智：就卦象来讲，虞翻认为，巽为"墉"，四在巽上，故"乘其墉"。这种说法比较有道理。九三"升其高陵，三岁不兴"。至九四已跨过九三之阶段，已与更多君子和同，得到更多正义之士支持。

温海明： 那是主动放弃攻打，还是被动？觉得不应该打吗？

张文智： 已带领很多志同道合之人登上城墙。不是放弃攻打，而是等待更好之时机。所以《象传》才说"义弗克也"。

温海明： 那是暂时不打，最后还是要打的？

张文智： 现在敌人固守城池，城池坚固，宜守难攻。强攻则会伤及城内无辜百姓。起于野而得众，故能"乘墉"。因于民而虑殃及无辜，故"弗克攻"。

张文智： 在卦九四本重刚，与九三同。城墉为守，刚之象也，而以资敌，则亦刚敌也，九四之刚即为敌之象，敌刚则宜柔取，避多所损害，以全其始终为民来之义。民无罪也，故胜而不攻，且以攻未必即克也。所以爻辞才劝告得此爻者，要"弗克攻"。

温海明： 虽然登上了城墙，但是要放弃攻打？

张文智： 在城上造势，是为了攻心。

温海明： 还是跟大家交朋友要紧啊。

张文智： 然弗攻非中止也，徐图他道也。坚城易守，远师难攻。若以力较，未见有功。弗克攻者，势也，亦义也。

温海明： 爬上城墙一看，打不过，就改成攻心啦。

张文智： 既弗以力服人，则人必为德化。是"弗克攻"，正所以攻也。虽"义弗克"，而事则克也。故曰吉。吉指大众言，无不吉也。同人之吉也，以善于用刚，故吉，亦犹乾九四在渊之意，自反以顺众，自抑以伸义，此全卦本于"君子贞"三字，而获吉亨也。

【讨论内容】
【"弗克攻"】

王力飞：　不克攻，不是打不过吧？

温海明：　是不打了。

张文智：　《象传》讲"困而反则"。"则"同"侧"，反侧者，不安也。居民被困，不安其处，势将自变以投我，一也；敌虽困守，不安其位，势将迫其臣下携贰，以归顺大众，二也。

温海明：　开始蛮想打的，被人推上了城墙，结果自己上来，又觉得不想打了。

张文智：　动于民者则城无与守，动于下者则主无与助，皆将自溃以迎我，宁待攻也？这是《易经证释》说的。不是不想打，而是不想伤及百姓。不想以力服人，而是以德服人。令城中之将领或百姓反叛。

王力飞： 告诉敌人有实力拿下，只是不往死里打罢了。

张文智： 这样就会不攻自破。九五爻之"大师克相遇"之"大师"，有一部分就可能是反叛之师。同人的主题是与人和同，攻城不是主要目的。城中将领及百姓还是否卦时的遗民。就如武王最后攻打朝歌时一样，他们很容易反叛。九四重刚而不中，所以爻辞劝勉得此占者先要"或跃在渊"。

温海明： 城中将领及百姓还是否卦时的遗民？

张文智： 因为同人卦在否卦之后。同人的主要目的就是要救时难，此难即由否时小人当道所致，但老百姓是无辜的。

王力飞： 敌人在哪？

张文智： 我觉得不能完全拘泥于我们以往所理解的象的根据。在实占中，脑海中需要一种流行的象。这有时需要有灵感才能得到。当然，我们可以把敌人看作与同人旁通的师卦所隐含的敌人。

温海明： 您这是把实占的灵感带出来啦，实占时，灵感第一，但卦爻辞不能太依赖灵感。

罗仕平： 应了没敌人，还是因为唯独九四跟六二没太大关系，所以不甘心想动武，但爬上城墙，想想还是算了？

温海明： 对，应该是这样说。

王力飞： 四不和初应吗？

温海明： 九四跟初九敌。本来想打，后来不打了。

张文智： 因为天火同人，火焰上而与天同，这一卦好多地方不宜用相应说。所以我们也不能完全受卦爻辞的约束，有些卦爻辞甚至成为我们理解圣人之意的文字障。

温海明： 我们当然还是要解出圣人之意来。

罗仕平： 放下也是一种美。

张文智： 不是后来不打，而是不用真枪实弹打了，敌人后来投诚了，所以不用打了。

温海明： 四上去变得柔顺了，放弃了。主动熔断，化干戈为玉帛。

张文智： 再熔断就怕大家"反侧"了。

温海明： 把那些推上去要他打仗的老百姓给忽悠啦。

张文智： 还未"同人"又要回"否"了。

温海明： 及时熔断就为了跟百姓们同人。

【以人合天】

罗仕平： 解这么久，还真没看到几爻真正有多好的。

温海明： 人生不如意事十之八九。

张文智： 文王六十四卦展示的是一套气数递嬗的系统。人为三才之一，好不好多在人为。如果世间有更多的君子，世间就会美好得多。这正是圣人教化的意义。

罗仕平： 自天佑之。

张文智： 人能自修，以人合天，才能获天之佑。所以同人才说"利君子贞"。若不如
　　　　此，就难以达到"泰"所描述的状态。如何创建一个"长泰"的机制，是我们
　　　　这代学人应该思考的问题。

温海明： 人能自修，以人合天，才能获天之佑。

张文智： 对社会来讲，"泰"是最佳之态，但后面接的又是"否"。正因为不圆满，所
　　　　以《周易》才有深沉的忧患意识。如果过去每朝每代都一直有"忧患意识"，
　　　　则每个朝代都会长治久安了。同人的主要目标是以公心与人和同，九四爻与人
　　　　和同已完成了多半。一个人就是一个世界，改变自己就是改变了一个世界。

（整理者：孙世柳 中国人民大学哲学院硕士生）

伤心欲绝 破涕为笑
——同人卦九五明解

时　间：2016年01月09日22：00—23：27

【明解文本】

九五：同人，先号咷，而后笑，大师克相遇。

《象》曰："同人"之"先"，以中直也。"大师相遇"，言相克也。

【讲课内容】

张文智： 在经历了九三之"伏戎"、九四之"反则"之后，至九五终于能大同了。因为
　　　　至九五之时，在君子救时之信念的感召下，不同方面的人皆来与之和同了。之所以"先号
　　　　咷"，是因为一开始还相互猜忌。而在君子的以诚相感之下，大家才感到都是为了一个共同
　　　　的目标，所以才有"后笑"。

　　　　这里的"大师"既包括九三之"伏戎"，也包括九四"反则"之师，还包括未曾言及的
　　　　闻风而来的其他方面的部队。

由于同人与师旁通，所以同人之辞多与师相涉。"克"是相得之意。"克者，能也。人之不相得曰不相能，相能即相得也，即克也。以至诚相与，各克其私也，即克己也，非相胜之克也。""大师言其众也，相遇言其顺也，克言其成也。此所以先号咷而后笑也。""在君子本无争胜之心，固不欲与人之师战，而今以德所感，师亦来归，此相遇不号咷而相笑也。"

【讨论内容】

【"号咷"】

裴健智：　都来归顺还哭？感动得哭？

温海明：　为什么要哭叫？受到挫折？打败仗？

张文智：　最初不知是来归者，所以先哭叫。后一看是来和同者，故又笑。因九三之"伏戎"及九四已显示出互相猜忌之情。九五爻辞亦说明与人大同之不易。

温海明：　聚集群众很不容易。

张文智：　就如我们与生人相见时，一开始也会有些许的猜忌之情。聚集群众和与人和同不一样。《周易》谈聚者主要有萃卦、观卦等。随卦也有相聚之意，只是随卦劝勉人要追随正义。

【"大师"】

裴健智：　"师"主要是下面的四个爻吗？

张文智：　"师"主要是与同人旁通之师卦，当然九二之"宗"、九三之"戎"、九四之城中之部队也有师象。

温海明：　关键在于为什么一定要先哭后笑，先苦后甜？

张文智：　"至九五君子之德大明，同人之功已著，遂有全师来从者。而君子初犹未允焉，待其既近，隔阂已除，则前未同者至是亦同人矣。"

温海明：　有点像亲人久别重逢？先哭得稀里哗啦的，最后大笑不止，庆幸劫后重生？

张文智：　说有点像亲人久别重逢也可以。因为人人皆有至诚之性，只是分别心的蒙蔽而有你我亲疏之分。如果每个人都有成己成人之心，有己欲立而立人，己欲达而达人之心，就很容易和同了。同人的根本在于以"诚"相待，这样即使"大师"亦会来同。

【大同】

张文智：　同人说起来容易，做起来确实不易。所以同人、大有呈现大同思想在历史上才很难实现。即便如此，我们仍要谈古人的这一理想。

裴健智：　用老子的话说，就是"圣人不仁，以百姓为刍狗"。对任何人都是一样的态度，大同。

温海明： 因为是难以实现的理想，所以可以一直指引我们前行。

张文智： 在孔子看来，尧、舜、禹时代已实现这种理想。

孙福万： 五与四、三虽是兄弟，但也有矛盾，所以为其悖乱而号咷，后兄弟一笑泯恩仇。李光地说的"同极必异，人情之常"也是这个意思吧？

张文智： 同人《大象传》"君子以类族辨物"即有此意。"然君子主之，众人从之，以诚相交，则忧疑皆释，以信相与，则呼唤亦忘，故破涕为笑，化愁为喜，恩仇皆泯，远迩同欢，而同人至此诚大同矣。"

温海明： 为了世界大同，先伤心欲绝，后破涕为笑。有大同之心的人，确实容易如此悲天悯人，而军队和武力，应该只是正义战胜邪恶的必要力量罢了。

张文智： 是的，孔子亦主张有文教必有武备，但在同人，君子一开始并不想以武力取胜。所以我们要正本清源，让人们明白什么是真正的"大同"思想。

（整理者：黄仕坤 中国人民大学哲学院硕士生）

守正修德 君子无悔
——同人卦上九明解

时　间：2016年01月10日22：00 — 23：31

【明解文本】

上九：同人于郊，无悔。

《象》曰："同人于郊"，志未得也。

【讲课内容】

张文智： 同人九五已实现大同，而上九处阳极之处，故又回到"同人于郊"的境地。由于君子与人和同不以得失为怀，虽不得位，但终无尤悔。按照卦例，外卦曰悔，内卦曰贞。内贞则外无悔。此处"无悔"正好与卦辞"君子贞"相呼应。因为君子守正，以至诚之心与人和同，虽不得位，亦不会有后悔之感。此爻与乾卦上九"亢龙有悔"亦有相应之处。乾以高而无位，故曰"亢"；此以下而无位，故曰"郊"。乾以居高无位，其下无辅，故曰"有悔"；此以在外无位，同人至众，故曰"无悔"。

【讨论内容】
【"志未得"】

裴健智： 回到"同人于郊"的境地，还是不同于之前的吧？

孙世柳： 孔颖达言，上九远于内之争讼，故无悔吝也。

张文智： 不只是远于内之争讼。因上九处阳极之地，若占到这一爻，占者就应该明白自己的时地所在。与人不同志。因为同人主要是讲与人和同，在上九这种情况下，如果是小人可能耿耿于怀，还想得位。而君子本来就不以得位为怀，而志在以诚信之心感化更多的人成为君子。

孙世柳： 君子不求位，还是失位而不耿耿于怀？感觉君子应当求位。

张文智： 在上九这种情况下不适合求位。对君子来讲，"在位则言政，在野则言教"，即在其位则以"内圣外王"之道治理国家，不在其位则以"内圣外王"之道教化众人。对君子来讲"无可无不可"。

裴健智： 可不可以说九五是在其位，上九是不在其位。

张文智： 是的。若占得九五之爻，就要以得位之要求来要求自己。

裴健智： 九五得到众人之同，更多的是从内圣到外王。而在上九，更多的是谈论德性的问题。

张文智： 但在实占中占者未必有九五所应具有之德。

裴健智： 那怎么办呢？修德，还是应该继续求位？

张文智： 爻辞是说人应该有此德行，才是真正的以人合天。

裴健智： 应该是德位合一。

张文智： "在位则言政，在野则言教"并不意味着"言教"的意义不重大。就像孔子一样，虽不在位，其祖述、宪章之功自不在尧舜汤武周公之下。今天同人很多。君子志不在位，虽事若未达，而心已安，志若未伸，而誉已积，则留以待时，正君子之行也，又何悔耶？故"志未得"三字，明时势也。处否乱之余，依在野之身，无可凭藉，无能骤进，则志之不得，非人之咎也。君子于此，自无悔尤，若以小人，则必假外势以遂其欲，因时乱以动其众，则必干亢之害，而贻后来之羞，故无悔，指君子也。全卦始终，皆以君子为主，虽不得大用，君子固自贞矣。故志未得非凶也。观其变为大有，则可见其培植之厚也。

【变卦】

裴健智： 变为大有卦是重新得位？

张文智： 上文已言，君子志不在得位。有了同人之后，自有大有之丰厚。

裴健智： 那怎么变为大有卦？还是得从整个卦上面看，只从这个上九看就太局限了。

张文智： 一是同人之后紧跟大有，二是同人之覆卦即为大有。合而论之，同人之复大有，乃因果也，与他卦为正反者不同。他卦皆反，唯二卦相成，岂非由同人之积德，而后占大有之收获欤？同人、大有合而为一则为大同，既是《礼记·礼运》所描述的大同世界，也是君子的理想世界。有了同人之"利贞"，才会有大有之"元亨"。"利贞"是自修之道，主要是讲人道。"元亨"是已成之道，主要指天道。乾卦有"元亨利贞"四德。而对人来讲，首先做到"贞"，才会有"利"（利者，义之和也），有"利"才能亨通，亨通才能回归乾元。

孙福万： 认为《礼记·礼运》所描述的大同世界从同人、大有卦来，除了内涵接近，还有其他论证吗？另外，两者有无区别？

张文智： 这是《易经证释》的说法，还有后世之"礼"据履卦而来之说。因为《礼记》晚于《周易》，受《周易》卦象与卦爻辞的启发。履卦《易经证释》讲得也很好。

孙福万： "合而论之，同人之复大有，乃因果也，与他卦为正反者不同。他卦皆反，唯二卦相成，岂非由同人之积德，而后占大有之收获与？"说得好！

张文智： 上九爻辞很少有吉辞者，而履卦、大有卦上九皆为吉辞，正有劝勉人们"以人合天"之意。

裴健智： 这证明上九之德性真的非常高了，已经通达天道了。

张文智： 特别是大有上九讲"自天佑之，吉无不利"正与由"利贞"而致"元亨"相印证。

孙福万： "自天佑之，吉无不利"，夫子盛赞赏之。

张文智： 履卦上九讲"视履考祥"，据《周易证释》，"考"指"无量寿"，"祥"指"无量福"，这与佛教的修行又很相近。

孙福万： 也有道理，考、老两字互训。《说文解字》说："考，老也。"

张文智： 所以孔子才对颜回讲"克己复礼曰仁"，这些都与履、贞有关系。

【言象意】

张文智： 由于我们以前对《周易》的义理未能贯通起来，对儒门心法又不甚了了，所以才造成了后世的这么多争论。

裴健智： 尤其是整个卦与爻联系不起来，而且卦与卦之间也很难联系起来，这样解确实清晰很多。

张文智： 特别是"古史辨派"只想从《周易》的卦爻辞寻找历史故事，而割裂了《周易》言、象、意之间的内在联系。这样就更不得要领。看以前的许多《周易》注疏，都很难将卦与卦之间、爻与爻之间有机地联系起来，所以以前我一直不敢讲《周易》的卦爻辞，因为我自己都不能说服自己。

温海明：　"明解"就是要帮助大家将卦与卦之间、爻与爻之间有机地联系起来。

张文智：　自从看了《周易证释》之后，才觉得讲得更有道理，并一以贯之地将《周易》言、象、意有机地结合起来。

孙福万：　同意。但其中也有历史故事，也不能否定吧？

张文智：　历史故事是借来做比喻的。

温海明：　同意，用于举例证，解释道理。"明解"致力于打通言、象、意。张老师帮助我们揭示了本群的使命。

【履卦之"虎"】

裴健智：　之前履卦关于虎的问题老师怎么看？爻辞和卦辞好像不一致。

张文智：　履卦卦辞"履虎尾，不咥人，亨"，正是讲"礼"的效用甚至能伏虎。

孙福万：　这个道理，倒是不新鲜。

裴健智：　六三爻却是"履虎尾，咥人凶"。

张文智：　三爻爻辞之所以是"履虎尾，咥人凶"，是因为整个履卦只有三爻为阴爻。众阳与阴相应，是为了度化他，而他却以为别人不如己，而有骄恣之态，所以才"武人为于大君"。

裴健智：　履卦整个卦是为了给六三以"礼"？教化他？

张文智：　是的，他本身有缺陷，不守礼，是履卦中最难度化的一位。三爻柔而有用刚之心，不自量力，所以才"凶"。

裴健智：　跟同人卦有点像，都是度化柔爻。

孙世柳：　所以要动之以刑。

裴健智：　柔爻动武还是有点怪怪的。

张文智：　同人的不同之处在于柔爻在二爻而得中，所以只是局面小，"同人于宗"。但还没有如履六三以柔行武，以柔动武乃是外强中干之象。

（整理者：贡哲 浙江大学哲学系本科生）

（本卦校对：龚莲伊 中国人民大学国学院硕士生）

时　　间：2016年01月11日22：00 — 22：53
导读老师：何善蒙（浙江大学哲学系教授）
　　　　　寇方墀（独立学者，师从余敦康先生学易多年）
课程秘书：黄　桢（中国人民大学哲学院硕士生）

顺天应人　盛大丰有　大有作为

——大有卦卦辞明解

14 大有卦

乾下离上

【明解文本】

大有：元亨。

《彖》曰：大有，柔得尊位大中，而上下应之，曰大有。其德刚健而文明，应乎天而时行，是以"元亨"。

《象》曰：火在天上，大有；君子以遏恶扬善，顺天休命。

【讲课内容】

寇方墀： 今天我们开始解读大有卦，我认为读卦应该有个次第，大致可分为几步走。

读卦第一步："先立乎其大"。解读某一个卦，要先把这个卦放在《周易》六十四卦大系统中去认识，从哪里来，到哪里去，就可以给该卦有个大体的定位。

比如，今天要读的大有卦，从乾、坤，至泰、否，然后同人，以至于大有。

《诚斋易传》有论曰："乾、坤，天地之太初；屯、蒙，人物之太初。有物此有养，故需以养之。养者，生之原，亦争之端。争一生焉，小者讼，大者战。师以除其恶，比以附其善，畜以生聚，履以辨治，而后至于泰，岂一手一足之力哉！故曰：古之无圣人，人之类灭久矣。乾、坤开辟之世乎，屯、蒙鸿荒之世乎，需、养结绳之世乎，讼、师阪泉涿鹿之世乎，畜、履书契大法之世乎，泰通尧舜雍熙之世乎。过是而后泰而否，否而泰，一治一乱、治少乱多，泰岂可复哉！"

这是杨诚斋讲《周易》从乾到泰的过程，就是人类经历的太初、需养、争讼、战争、蓄积、治理等过程，在终于实现了"泰"之后，历史就不断出现一治一乱、治少乱多的态势。

从历史的角度来看，确有此规律。"否"为乱世，大乱之后趋向于"同人"，就如之前的"师"后趋向于"比"，都是天道人心所形成的趋势。

"比"之后为"小畜"，而"同人"之后为"大有"。在"大有"之世，草创、争讼、战争、脱贫、重组等已不是这个"大有"时代的主题。读卦时有了这个意识，就会避免在解卦的过程中被乱象所迷，解出不符合规律的意思来。

各种可能性都存在，但那些只是隐在和次要的，其作用和影响微乎其微，应抓大放小。

"大有"继"同人"而来。《序卦传》说："与人同者，物必归焉，故受之以大有。"与人和同，外物就会纷纷前来归附。"物"指各方面的资源，由于上下同心，时局稳定，人力、物力、财力都从四面聚集归附而来，因此"大有所获"，有"盛大丰有"之象。

有"同人"，然后有"大有"，而大有卦之后是谦卦，是在提醒"大有"之世容易出现的问题："盛大丰有"易使人产生骄侈之心，当时刻自省，以履"谦"为益。

以上是针对大有卦的定位和较为宏观的把握。

读卦第二步："次立乎其中"，即观卦，了解卦时。大体次序是：观象、玩辞、知义。观象可分为卦象、卦德、爻象三个层次来观。

比如大有卦，就卦象而言，乾为天，离为火。下乾上离，火在天上。离在天为日，以卦象来看，火在天上，如同太阳高挂天空，光明照于四方，万物得以成长丰盛，一派光明富有的景象，是"大有"之象。

就卦德而言，大有卦上下两体，下卦乾体，卦德刚健；上卦离体，卦德文明。内怀刚健之德，外施文明之行，必然会"大有"。同时，也在说明在大有之时，应以"内刚健，外文明"立身行事。

就爻象而言，大有卦由五阳爻和一阴爻组成，六五居上卦离体之中，有文明之德，且以柔体居于尊位，柔中而文明，刚柔并济，乃一卦之主，得到五阳爻的拥护和支持，可谓顺天应人，万众归心，是"大有"之象。

观象之后，玩辞。大有卦卦辞简练，两个字——"元亨"。我们的参考书目对于"元亨"基本上解为"大为亨通""至为亨通"之义。

《周易》六十四卦，卦辞有"元亨"二字且连在一起读的有八个卦：屯、大有、随、蛊、临、无妄、升、革。（乾、坤两卦中的"元、亨"分开读）这八个卦中，唯大有卦直言"元亨"，没有其他后缀条件。可见，"大有"之世是可以充分地发挥才干、大有作为的时代，正所谓"时来天地皆同力"。到了困卦时，就是"运去英雄不自由了"，当然，那是后话。这就是"时"的重要。

看过卦辞之后看《彖传》。《彖》曰："大有，柔得尊位大中，而上下应之，曰大有。其德刚健而文明，应乎天而时行，是以'元亨'。"这里边重要的是"柔得尊位大中，而上下应之"一句。这里特指"六五"，"大有"之意是指"所有者大"，凡有大者，本身必不自以为大，如果本身自高自大，就很难真正大有。

六五一阴居尊，五阳相应，却仍能以柔中居之，不自以为大，表现为"其德刚健而文明，应乎天而时行"，是一位明君，因此实得"大有"之义，是以元亨。

程颐在解释《彖传》时又特别指出了"元"应释为"善"义，就是说即便是大有之世，亦必为善而能亨。其实，离卦文明已含"善"义，否则，就不是离卦的卦象了。

不过，伊川先生的担心也不是没有理由，盛大丰有之时，物阜民丰，物质极大丰富，各阶层是否能够树立正确的财富观，既要有所作为，又能洁身自处，杜绝腐化堕落。这确实应该有所警醒，后面的爻辞中会论及这个现实问题。

观卦玩辞之后，已知卦义。接下来看《象传》。六十四卦《象传》从卦象中推衍出各卦切近人事的象征意义，即"推天道以明人事"。《象传》说：火在天的上面燃烧（阳光普照），是盛大丰有之象；君子看到这样的卦象，于是在所获众多时要遏绝众恶、弘扬善行，顺应上天的意旨、美善万物的性命。

君子看到大有卦的卦象所展现的是光天化日、朗朗乾坤，光明美善得以彰显，阴暗丑恶被光明所驱逐。由此卦象，君子明白在大有之世，修身为政之道就在于惩恶扬善，顺应天意，休美万物的性命。

读卦第三步："次立乎其微"。卦为时，爻为用。前两步是分析卦时、卦义，把握整体大局，而真正要落实到具体的用，还是要看卦中每一爻性质、时位、变化以及各方面关系等综合情况，易之"变化周流""微权妙用"当于每一爻中分析体会。这将于后面分析各爻时体现。

读卦第四步：触类旁通。讨论卦爻象义之中各种变化的可能性和丰富性，以及卦、爻辞所涉及的历史典故、经典筮例，反复把玩，体会读易之乐趣。

读卦第五步：视履考祥。对全卦大旨进行回顾和总结。

这五步走也可称之为"五观"：宏观、中观、微观、博观、综观。

【讨论内容】

裴健智： 从同人卦有四德，到这一卦才两德，是退化吗？

寇方墀： 屯：元亨，利贞，勿用有攸往，利建侯。

　　　　大有：元亨。

　　　　随：元亨，利贞，无咎。

　　　　蛊：元亨，利涉大川。先甲三日，后甲三日。

　　　　临：元亨，利贞。至于八月有凶。

　　　　无妄：元亨，利贞。其匪正有眚，不利有攸往。

　　　　升：元亨，用见大人，勿恤，南征吉。

　　　　革：己日乃孚，元亨，利贞，悔亡。

以上是卦辞中有"元亨"的八个卦，另有乾、坤两卦的"元、亨"，一般解读为两字不连读，还有一个鼎卦是"元吉，亨"，类似于大有卦的"元亨"，其余卦辞在"元亨"后面还有其他内容。"利贞"，宜于守正，是对前面"元亨"进行补充的限制性条件。

何善蒙： 关于这个卦德，我想不能着于文字看。虽然大有卦辞只言"元亨"，但这不代表这个卦只有元亨二德，比方说，大有肯定是"利"的，如果说程颐以"元"解释"善"，强调以善来守，那也是正的意思。

孙世柳： 四德也是相通的。

裴健智： 卦辞四德和二德没有区别？还是可以互推？还是元亨为主，可以推出利贞？

何善蒙： 我以为是"元亨"自然可以包含"利贞"。

孙世柳： 但是少两德，应该还是有微妙的不同吧？

寇方墀： 如果翻译过来的话，"元亨，利贞"是说"大亨，宜于守持正固"，也就是说，卦辞提醒在大亨的情况下，不能失正。仅有"元亨"二字比后面有"利贞"更为畅达。

裴健智： 昨天讲利贞是自修之道，主要是讲人道。元亨是已成之道，主要指天道。这样感觉有道理。经过同人的修炼之后到达了大有。大有就是同人之后的结果。

寇方墀： 大有卦的上卦是离卦，是光明之体，因此，含有"正"和光明之义。其他易学家就没说什么，程颐有所担心，就把"元"释为了"善"。其实，这样解释就等于加了个"利贞"。

何善蒙： 其实解释成"善"也是可以理解的，因为乾文言说"元者，善之长也"。

张文智： 同人只是有德之后而有人。有德此有人，有人此有土，有土此有财，有财此有用。同人之后接大有。

裴健智： "有"是成德之后的？

张文智： 成德之后人财皆得，但不可据为私有。

（整理者：张馨月　中国人民大学哲学院硕士生）

动辄得咎 勿交无害 艰则无咎
——大有卦初九明解

时 间：2016年01月12日22：00 — 23：23

【明解文本】

初九：无交害，匪咎，艰则无咎。

《象》曰：大有初九，"无交害"也。

【讲课内容】

何善蒙： 初九："无交害，匪咎，艰则无咎。"从位置来说，这是大有卦初的位置，九是阳的属性，应该说是当位。从爻位的相互关系来说，与二无比，与四无应。这个是位置的特点，无比无应，所以，是无交之相。另外，初的位置，一般强调慎始，所以，这是由位置状况决定的"无交"。因无交，故无害。另外，从作为初爻的时来说，初爻不宜有强烈的外向行为，故"勿交"，这是从劝诫的意思上说的。刚才是从位与时来说"无交"。此外，从大有这个卦本身来说，大有之时，恰是人应当谨慎之时，所以，王弼说："以夫刚健为大有之始，不能履中，满而不溢，术斯以往，后害必至。其欲匪咎，'艰则无咎也'。"也就是说，大有之相不宜彰显。所以，个人认为，无论是位、时还是大有初爻之境，都说明"无交"。当然，此外还可以进一层来说，就是像程颐说的，"九居大有之初，未至于盛，处甲无应与，未有骄盈之失，故无交害，末涉于害也"。

寇方墀： 我补充一点内容：初九阳爻，处于大有的开始，还没有达到盛大富有的地位，处于卑微的底层，没有骄傲盈满的习气。初九笃实处下，与卦中所有的爻无应无比，不涉及利害，没有与利害交往的危害，也就不会有过错。大凡人在富有之后，很少有不受其害的，这并不是财富的过错，而是人因为富有而胡作非为、咎由自取。所以无论是贫穷还是富有，要懂得"艰则无咎"的道理。初九处于富有的大有之时，即便处于初位，也须敬慎处事，不可有骄傲怠慢之心，如能时时提醒自己处世的艰难，就能避免过错了。

【讨论内容】
【"无交害"】

温海明： 交往有毒，不交往就无害。

何善蒙： 如果按照程子的解释，那么，这种交在初九本来就没有，所谓"处甲无应与"。这个甲字原义就是种子破壳的样子，那样就很好理解，仅仅为初生的状态，无交往之事实。程子的解释还是很清楚，因为爻辞用的是"匪咎"。交往有毒，还是不交往好。我想其实这个说法很有意思，交往有毒，很多烦恼和纷争都是在交往中产生的。爻辞中"匪咎"是对于初九的事实状态的评价。后面半句，艰则无咎，"无咎"是对于初九行为的要求或者规范。"无咎"跟"匪咎"，在我看来其实差别很大。《周易》里面说咎的时候，其实需要特别注意，因为咎，说明事实状况中存在让人不满意的地方。而无咎，则是经过某种行为的规范之后产生的结果。匪咎，则是对于事实状态的评价。

【"艰"】

何善蒙： 在这里，其实是用"艰"来对初九可能产生的行为进行规范，其结果是避免咎害。错与对，有的时候可能不太重要，因为每个人的立场会有不同，判断就有不同，如此纷争，甚是繁乱，随顺本心就好。

温海明： 随顺本心还会有艰难之感吗？

何善蒙： 肯定有艰难，但是可以藐视之。

罗仕平： 动则得咎。

何善蒙： 动则得咎这个词用在这里比较恰当。程子说，大凡富有鲜不有害，这个说得比较有意思。

温海明： 没有艰难感就很可能动则得咎。富有的时候不可以没有艰难感，否则马上就有害。

何善蒙： 《论语》里，子贡曾经问孔子："贫而无谄，富而无骄，何如？"看来富而骄人，也是一种自然本性吧。所以程子说："富有本匪有咎也，人因富有自为咎耳。"这个话也印证了我说"匪"是事实状态描述的说法。

温海明： 在这里可以说是富而惟艰方免害。

何善蒙： 所以，程子说处富有而不能思艰兢畏，则骄侈之心生矣，人心变了，危害就来了。

温海明： 人心什么时候不变？要在变中保持不变。

【"大有"之初】

何善蒙： 《象》曰："大有初九，无交害也。"我一直说，《象传》这个"无交害"一定要读成两层：首先是"无交"害，这是对于本来状态的描述，初九本来就是无交无害；其次是"勿交"害，这是对于初九行为的劝诫，勿交方得无害。如果按照前面说的，从位、时和境来考察初九的话，位表明初九是无交无害，因为是本来状态，自是当位，所以匪咎；从时和境来说，则是劝诫为主，"勿交无害"，这是对于行为上的具体要求。

温海明： 没交，也不要交，在大有初始，担忧跟人交往。同人卦刚跟大伙儿搞关系还不错，马上就不跟人来往了。

何善蒙： 因为"大有"了，容易产生问题，所以要诫勉一下。这个初九是和九四无应，如果以内外卦来分，肯定是外人。

温海明： 大有了，交往就要谨慎选择，有道理。

裴健智： 不像同人卦的时候跟什么人都交往。

何善蒙： 所以我们没有问题，不会"大有"。

裴健智： 我们还应该是"同人"。

温海明： 初九比较远，想结交富人都结交不上。初九想结交富人而没有交往的机会，只好自我安慰，不交往也不会有害处。

寇方墀： 正如《尚书·蔡仲之命》言："慎厥初，惟厥终，终以不困。"

（整理者：张馨月 中国人民大学哲学院硕士生）

载重在中 安稳前行 不会毁败
——大有卦九二明解

时　间：2016年01月13日22：00—23：33

【明解文本】

九二：大车以载，有攸往，无咎。

《象》曰："大车以载"，积中不败也。

【讲课内容】

寇方墀： 今天读大有卦第二爻。直译过来：九二，用大车装载重物，有所前往，没有咎害。

《小象传》说：用大车装载重物，厚积于居中不偏的位置上才不致堕毁失败。

"大车"是古代用牛牵引承载重物的交通工具。九二阳刚而履中，与六五之君相应，是六五所倚重的大臣。九二刚爻处乾体之中，承担着"大有"之世向前奋进的重大责任，其处境与初九"无交害"不同。

二为大臣之位，在"大有"之时，居此位者，须奋发有为，精进向前，担此重任者，既要有才干又需有厚德，因为大有之世，厚积而成的财富和权力将由他来承载和使用。只有持守中道、不偏私妄行的人才能担纲，不会因为承载太重而致大车倾覆。

爻辞中有"无咎"二字，何解？可以横向比较其他几个卦来看。在前面我们学过的几个卦中，九二与六五相配合的有三个卦：蒙卦、师卦、泰卦。

蒙卦讨论教育问题，九二为师，居臣位，是施教者、付出者。六五为徒，居君位，是受教者、得益者。九二包蒙，六五童蒙，老师愿意教，学生主动学，师生彼此尊重，九二"包蒙，吉"，六五"童蒙，吉"，双方共同成就了启蒙之道。

师卦讨论战争问题，九二为将帅，是五个阴爻依赖的对象，包括六五。九二居臣位，阳刚有能力，手中握有兵权，对于居于君位的六五来说，九二既是依靠，也是威胁。有威胁就会导致不信任，六五的不信任反过来对九二义形成威胁，就会有委任"长子"还是"弟子"的选择。六五一念而已，其结果就会有"长子帅师，弟子舆尸"的不同，因此六五和九二的配合又呈现了这种矛盾的张力。

泰卦讨论如何持盈保泰的问题，九二是大臣，与相邻两个阳爻共同形成下卦阳刚强盛的势头和力量。六五居君位，相邻都是阴爻，力量明显弱于下卦，形成既依赖又被众阳所迫的形势，这样就又形成了君弱臣强的矛盾。解决这个矛盾，需要双方的让步。泰卦九二"朋亡，得尚于中行"，不结党营私，阳刚而能履中，六五"帝乙归妹"，以联姻换和平。

而大有卦讨论如何在盛大丰有的时代里共成大业的问题。九二就如同能够承载重物前行不辍的大车，举足轻重，是六五倚重的大臣。九二居乾体，是阳刚有为之臣，六五居离体，是阴柔明达之君，这样的配合，既是阴阳相应的良好搭配，又暗含着臣强君弱的不稳定因素，使九二有"得咎"的可能。九二"大车以载，积中不败"，六五"厥孚交如，威如"，九二质刚而守中，六五质柔而有信、有威，共同撑起了"大有"的局面。九二因此"无咎"。

上面所列出的四个卦的九二，最终都有不错的结果："包蒙吉""在师中吉，无咎""得尚于中行""有攸往，无咎"。这就是"中"的作用。

《诚斋易传》评价九二说："盖轸轮辐之器不厚不良者非大车，文武常变之用不运不博者非大才。惟大车为能轻天下之至重，迩天下之至遐，夷天下之至险，大才亦然。不然安有重积于中而不败于外哉？九二以中正之德、刚健之才为大臣、任大事、当大安危、大治乱，而能无往而或咎者，有大才如大车也。"

《象传》中的"积中"，我们的参考资料中有两解：一谓德中，一谓位中。

《周易正义》："物既积聚，身有中和，堪受所积之物聚在身上，上不至于败也。"强调"德中"。

《程氏易传》："重积载于其中而不损。"《周易译注》："要装积在正中不偏之处才不致危败。"强调"位中"。

《周易正宗》认为"德中、位中"说的是一个道理。

【讨论内容】

【"大车"】

温海明：　大车是载重车，相当于今天的大货车？

寇方墀：　牛车。《周易尚氏学》说："伏坤为大车、为载。按《考工记·车人》：'大车，牛车也。两辕，牛在辕内。'凡载物皆用大车，与马车迥异。马车皆小车，一辕，两服在左右，专备人乘，若载物必大车也。"

何善蒙：　载重莫如牛。

裴健智：　按现在讲应该是货车。

寇方墀：　"服"，是指服马，中间的马，两边的是骖。牛车，是牛在辕内，可以载重物。要快，就乘马车；要载重，就用牛车。这里用牛车，是指九二任重。尚老先生所说的"伏"，即八经卦阴阳爻全变，虞翻谓之"旁通"、孔颖达《周易正义》称作"变"、来知德谓之"错"。大有卦下卦为乾，伏为坤，《说卦传》"坤为大舆、为牛"，牛车从这里来。

温海明：　都是一个意思，找出坤牛来。

寇方墀：　马车有"服"有"骖"。

裴健智：　从卦象说了牛说了车，可是货物是什么？是乾为金吗？《周易诠释》解释为"集中而富有"。"积"通"集"。

寇方墀：　在讲大有卦卦辞、卦义时，就说过大有是盛大丰有。人力、物力、财力，都汇集而来，是大有之世。因此，承载之重，不应以某物为解。九二在大有之世，受六五委任，要载重前行。

裴健智：　大有包括了所有的人财物力。

寇方墀：　对，固于某象就刻舟求剑了。牛车，也只是象征义。应得意而忘象。

何善蒙：　所以王弼说，可以触类为象。

【"积中不败"】

温海明：　如何理解"积中不败"。

寇方墀：　关键在对"中"字的解释。上述"德中"与"位中"。积于中而不败，一为

　　　　　　"位中"，一为"德中"。我取黄寿祺先生的解释："九二，用大车装载重物，有所前往，没有咎害。"《象传》说：用大车装载重物，厚积于居中不偏的位置上才不致堕毁失败。

何善蒙： 我的理解是：所积在中，故而不败。"二"是中位，以中积重，故成大有。

寇方墀： 居中不偏的位置。这个位置，既可以是现实中的，也可以是德行中的。

何善蒙： "积中不败"，《易》虽然对"中"和"正"都是强调的，但是，"中"的重要性在正之上。

寇方墀： "中"胜于"正"。

温海明： "中"才能载重。

尚　旭： 大车，取象乾体，坤为空车，乾为重车。

温海明： 《说卦传》，坤为车。

裴健智： "乾"为重车？

温海明： 装满了的车。

尚　旭： 是的。

温海明： 不装在中间是不能上路的，要出车祸。

裴健智： 整个货物作为一个整体要放在车的中间。

尚　旭： 二爻火天大有之离卦，是纯离牝牛。

温海明： 老臣重臣出山一般不会出车祸。

尚　旭： 整个大有卦象就是一个牛拉车的象。

　　　　　　　　　　　　　　　　（整理者：黄仕坤　中国人民大学哲学院硕士生）

公侯朝献 天子宴享 小人反害
——大有卦九三明解

时　间：2016年01月14日22：00 — 23：26

【明解文本】

九三：公用亨于天子，小人弗克。

《象》曰："公用亨于天子"，小人害也。

【讲课内容】

寇方墀： 先看卦象爻位，九三居于下卦乾体的上位，阳刚得正，但不居中。大家应该对之前学过的每一卦的第三爻印象深刻，它们往往处境艰难，很少获吉。多数九三的身上带着来自乾卦九三的基因和特色："君子终日乾乾，夕惕若，厉无咎。"九三要不断地努力工作并且谨慎戒惧，保持"累并警醒着"的状态，才能坐得住这个位置，进而以求平稳渡过这个阶段。

有时也会有例外，比如大有卦后一卦的谦卦，是一位得吉的九三，"劳谦，君子有终，吉"，第二十二卦贲卦九三"贲如，濡如，永贞吉"等。但获吉需要条件，劳而能谦，贲而永贞，或可得之。即便如此，能得此吉兆的三爻可谓凤毛麟角。原因就在于：三爻处于上下卦的边界，居于下卦之极，却尚未进入上卦，在上下未定之际，变数很大。且三爻无论质阴还是质阳，均不能得中，也是难以获吉的主要原因。

回过来，我们看大有卦的九三，处于盛大丰有之世，上有明君虚中任贤，自身又有阳刚进取之才，位置比初九、九二向上更进了一步，雄踞于三公之位，正是有权有势、盛大丰有的时候，那大有九三当如何立身行事呢？爻辞有所评判："九三，公用亨于天子，小人弗克。"《象》曰："'公用亨于天子'，小人害也。"译为：九三，公侯以丰厚之礼朝献于天子，小人做不到这一点。《小象传》说：公侯以丰厚之礼朝献于天子，如果是无德的小人拥有这些就会为非作恶。

我们来解释一下爻辞和《象传》的意思：九三当位得正，处下体乾卦之上，是大有时期的公侯，握有权势和丰富的资源，如果是执守正道的公侯，就不会居功自傲、贪天功以为己有，而是会以丰厚之礼朝献于天子，将一切财富、荣誉归功于六五明达之君的信任，归功于所有同道志士的共同努力，追求天下为公的政治理想。至于无德的小人则难以做到这一点，非但不能进献于天子，为天下民众服务，还可能会利令智昏，徇私专权，为害作恶，危及大有之世的大好局面。财富和权力本来是盛大丰有之世用来成就天下大业的资源，小人却擅权据财而为害社会，反成祸端。

为什么这样解读？我们分析一下其中的几个关键字词：这里边讲到的"公"指九三，"天子"指六五。汉代易学家京房创"八宫卦说"，在"世应说"中发挥《周易·系辞》之"列贵贱者存乎位"的说法，认为一卦之中六爻均有其相应的地位。分配如下：初爻为元士，二爻为大夫，三爻为三公，四爻为诸侯，五爻为天子，六爻为宗庙。后世解易者多将二爻视为大臣之位，四爻为近臣之位（北宋胡瑗认为四是储君之位），其余不变。因而将大有九三爻解为"公侯"。

说"大有"的九三有权势，王弼另有解法："处'大有'之时，居下体之极，乘刚健之上，而履得其位，与五同功，威权之盛，莫此过焉。"孔颖达解释说，"与五同功"是取自《系辞传》中"三与五同功"这句话，五为王位，三与之同功，所以九三是有权有位的。其实，《系辞传》中这句话是这么说的："三与五，同功而异位，三多凶，五多功，贵贱之等也。"他们只说了"同功"，没有说"异位"。后面的"三多凶，五多功"王弼没说，孔颖达也就没提。

再说"亨"字，我们的参考书目中有三种解法：1. 亨通。2.（王公的）朝献。3.（天子的）宴享。我取第二义，这里读作"享"。朱熹《周易本义》："亨，《春秋传》作享，谓朝献也。古者亨通之亨，享献之享，烹饪之烹，皆作亨字。"此处，"公用亨于天子"解作"享"，指朝献，即"公用享于天子"。关于"小人弗克"，孔颖达："'小人弗克'者，小人德劣，不能胜其位。"黄寿祺："小人不能担当大任。"马恒君："公侯受到天子的宴享，小人不能。"杨诚斋："迹远而情迩，身疏而心亲，此通于天子也。不然源源而贡于外，趑趄而萌于内，可谓忠乎？此所谓'小人弗克'也。"可见，"克"的意思是胜、担当、能、做到。弗克，就是不能胜任、不能担当、不能、做不到。关于"小人害也"，程伊川："是小人大有则为害，又大有为小人之害也。"王船山："小人处此则尾大不掉，天子诸侯交受其害矣。"程伊川的解释挺有意思，是说小人一旦大有就会为害社会，害了大有之世，小人也随之衰败覆灭，这就相当于大有害了小人。就如现在常说，人性不能考验。尚秉和："三为三公，兑为亨，天子谓五，小人谓四，四不中不正，失位无应，故曰小人。三兑体，可受享于五。然而弗能得，四亦阳害之也。"尚老先生的解释与众不同。

"害"的指向：小人害社会，财富害小人（九三中的不克者是小人），小人害天子诸侯，小人害九三（九四是小人）。

【讨论内容】

【"卜筮"】

寇方墀： 喜读《易》的人一定会有过这样的体会，当一卦一爻地进行研读的时候，忽然发现有一个卦在古代被卜筮出来过，有筮例，并被记载在文献里。这个发现一定会让人开心得很，于是独自在那里乐不可支。所以这里还有一个筮例要和大家分享。

《左传》记载，此卦曾被晋文公占筮出来，并因此做出重大决定。这次卜筮发生在春秋鲁僖公二十五年。这一年是晋文公重耳流浪十九年后回到晋国成为国君的第一年，周王室发生史称"子带之乱"的事件。周襄王的弟弟姬子带引西戎兵攻占了都城，襄王被迫逃到郑国避难，并向诸侯求救。晋文公在晋国立足未稳，不知该不该去勤王，于是请卜偃灼龟观兆。（从这里可以一窥"两派六宗"里提到的太卜之遗法。）卜偃观察完龟甲上灼出来的纹象后，说龟卜显现出的是黄帝战于阪泉之兆，适宜出兵。春秋时期常采用占、筮并用的方法进行测断，晋文公还是下不了决心，又请卜偃揲著布卦，遇"大有"第三爻变，之卦为睽，以本卦动爻爻辞占，是"公用享于天子"，就是我们学的这一爻。卜偃解释说，公就是指晋文公，天子就是指周襄王，卦象显示战争胜利以后，公与天子共享胜利成果。看卦象，上离为日，为晋公；下乾为天，动变为泽。其象为陷入泽困中的天子，委身在日之下。预示着天子要降身迎接晋公的到来，应前去勤王。晋文公终下决心前去勤王，并在温地抓了子带，将他杀死在隰城。动乱平息后，周襄王在王宫设宴款待晋文公，共桌而饮；晋文公向周襄王"请隧"（要求在死后也享受天子规格的葬礼），没有得到应允，但却得到了周天子赏赐的阳樊、温、原和攒茅四个邑。晋国因此开启了称霸的序幕。

这里面解卦象，大有上卦为离、为日，下卦乾为天，由于第三爻变，因而下卦为泽，天子陷入泽中，委身于日之下。

孙世柳： 现在筮，可以登报纸，具有时效性，可以验证。以前，不太好论证，史书里面传承修改太多，难免附会。

罗仕平： 疑古。

寇方墀： 神道设教，史书就是这样记载，我们就这样读，以帮助我们记卦、记爻，正所谓"君子居则观其象而玩其辞，动则观其变而玩其占"，古代的筮例，是我们了解《周易》和历史的一个途径。

【"小人弗克"】

孙世柳： "小人弗克"，说法真是多，有点乱。

寇方墀： 其实，就是小人做不到。无论是不能胜任，还是不舍得进献，总之，小人贪财，无大志。这样就不乱了。

孙世柳： 其实如果说，每一爻讲吉的时候，小人都是做不到的，那为何只有此处是小人弗克？

寇方墀：　大有之世，九三居于公位，阳刚而不中。如果能无私而为公，则堪当其公位；如果做不到这一点，在大有之时存私心、谋己利，就是小人。

何善蒙：　这里为什么要强调小人弗克？因为九三是阳居阳位，一般而言三的位置多凶险，所以，小人在这个位置上必然是不行的。

孙世柳：　小人在哪个位置不都是凶险吗？

何善蒙：　也有小人得志！

寇方墀：　那只是暂时的。

叶　亮：　三爻为王公之象，三爻变为兑，兑主食，有亨之象。用于天子，三爻受亨于五。九四失位为小人。

寇方墀：　尚秉和："三为三公，兑为亨，天子谓五，小人谓四，四不中不正，失位无应，故曰小人。三兑体，可受亨于五。然而弗能得，四亦阳害之也。"

【"亨"】

孙世柳：　此处为何公与天子同亨大有？

寇方墀：　"亨"为"亯"，解为"朝献"。

孙世柳：　九三讲，与六五同功，感觉大有之时，所有阳爻都可以与六五同功？

寇方墀：　是的，五阳围绕一阴，因而六五是所有者大，与六五同功是王弼说的，用来解释"公"。

温海明：　您不取宴享而取朝献的理由是什么？

寇方墀：　在解九三爻的时候，要提醒九三该怎么做，为九三提供启示，因此，九三应朝献而不是相反。宴享，是获得赏赐，对于九三来说，没有劝诫作用，所以，我选了朝献，而不选宴享。

罗仕平：　这里解"亨"为"亯"的确不错，只是《说卦》没有直接取"兑为亯"的说法。难道是因为兑为口，吃得到所以亯，或者兑为泽，有福泽所以亯？还以为老师取的享。

寇方墀：　是取的享，但此享解为"朝献"。

罗仕平：　其实取宴享也可，王请客也未必只是好事，饭吃了酒喝了，兵权不交能出去么。

寇方墀：　宴享由王发出，《左传》中"战克而王飨"；朝献由臣发出，九三为公侯，为臣，解作"朝献"较符合爻辞。虞翻说："'天子'谓五。三，公位也。'小人'谓四。二变得位，体鼎象，故'公用亨于天子'。鼎折足，'覆公餗'，故'小人不克'也。"虞翻认为"天子"指六五爻，"公"指九三爻，"小人"指不得正位的九四，九二爻变而得正，这样，由九二向上就形成了鼎卦之体，取鼎象。可备一说。

（整理者：李芙馥　中国人民大学哲学院博士生）

非己能盛 忠心事上 斟酌明辨

——大有卦九四明解

时　间：2016年01月15日22：00 — 23：18

【明解文本】

九四：匪其彭，无咎。

《象》曰："匪其彭，无咎"，明辩晢也。

【讲课内容】

寇方墀：译文：九四，虽盛大富有但知道这些不是自己的，明白这个道理就没有咎害了。《小象传》说：虽盛大富有但知道这些不是自己的，没有咎害，说明九四能够明辨事理、权衡利害。

解读：九四处大有之时，居近君之位，大有丰盛已经过中，过盛就会带来灾祸，如果九四自处有道，不以"大有"自居，能够明智清晰地辨别利害关系，抑制和减损自身的财货权势，减少周围的猜忌和嫉妒，尚可无咎。如果一味地骄纵，自我膨胀，最终将导致灭亡。

下面分析一下其中的关键字词。

1. 匪：读fěi。"匪""非""微"三字为同源字，都可用作否定副词。

2. 彭：此处读bāng，盛多貌。（"彭"字有四个读音：péng、bāng、páng、pēng）

彭是会意字，本义为鼓声。后用来表达壮盛的样子。《诗经·齐风·载驱》："行人彭彭。"《诗经·小雅·出车》："出车彭彭。"《诗经·大雅·丞民》："四牡彭彭。"

匪其彭，直译就是"不是自己的盛大丰有"。结合语境译："虽居盛大富有之位但知道这些都不是自己的。"

无咎：明白这个道理就没有咎害了。

这是一个权力观、财富观的问题，九四可谓位极人臣，居高位，掌握权势和财富，如果他认为这些都是自己的，就会变得奢侈、擅权，最终走向膨胀毁灭。

在我们的参考书目中，除王弼释"彭"作"旁"外，其他各家都释作"盛多貌"。王弼的意思是九四要小心旁边的九三，因为九三是分权之臣，应远离九三而接近六五。

程颐认为："四近君之高位，苟处太盛则致凶咎。"这样的解释更符合卦时，在大有之世，如何正确处理个人与财富权力的关系是主要矛盾，应将着重点用在自身的修为上。"匪其彭"有自我谦损的意思。

《象》曰："匪其彭，无咎，明辩晢也"。

1. 辩：通"辨"，明辨事理。

2. 晢：读zhé。《说文》："晢，昭明也。"这里指明智。

九四进入离卦，说明他具有昭明之德，是个明白人。九四清楚地知道自己虽身处高位，财富权势一时集聚于此，但世上的财势如同流动的水，只不过是经过自己，让自己以此来尽职责而已，一切来源于天下，理当用于天下，切不可认为是自己的而以"大有"自居。有了这样的自省意识，行为处事就会谦损戒惧，明智尽责，如此可保无咎。

《周易尚氏学》的解释有所不同："《考工记》：'且其匪色。'注：匪，采貌也。《少仪》：'车马之美，匪匪翼翼。'注：行而有文也。匪其彭者，言文采之盛大显著也。'明辨晢'，即《释文》盛之义。盖离为嘉会，为礼。有礼则有文，上下秩然，明辨以晢，故无咎也。"大意是说：文采盛大显著，有礼有文，秩序井然，所以无咎。可备一说。

再看卦象爻位，九四的位置比前三个阳爻向上更进了一步，而且是关键的一步。

一卦六爻，如果按上下两体来分，三爻和四爻之间是上下卦的分界，三爻居下卦之极，在"大有"之时，是地方大员，属于外臣，而四爻跨过界线，进入了上卦，位列上层，属于近臣。相对于三爻来说，四爻无论是阴质还是阳质，都比三爻平稳得多。

如果是阳爻居四，阳居阴位，那就是质刚而用柔，有才干而做事柔和，不容易犯错；如果是阴爻居四，阴居阴位，那就是既柔顺而又能守正，往往能协调上下，处事顺和。

如此说来，大有卦九四的处境似乎很不错，但《周易》告诉我们，越是看似安稳的时候，越要提高警惕。四爻很容易犯的错误就是自以为安稳而忘乎所以，最终导致祸患。

《系辞传》说："二与四，同功而异位，其善不同，二多誉，四多惧，近也。"四的位置是"多惧"。惧从何来？近也。与居于尊位的五爻太近了，所谓"伴君如伴虎"，况且大有卦九四与六五成逆比，有以阳迫阴之势，能无惧乎？而使九四"多惧"的不仅是六五之君，还有下卦的三爻。举一个例子说明。

孙叔敖是春秋时期楚庄王的令尹（宰相），以贤能闻名于世。《韩诗外传》中有这样一段记载："孙叔敖遇狐丘丈人。狐丘丈人曰：'仆闻之：有三利必有三患，子知之乎？'孙叔敖蹴然易容曰：'小子不敏，何足以知之？敢问何谓三利，何谓三患？'狐丘丈人曰：'夫爵高者，人妒之；官大者，主恶之；禄厚者，怨归之。此之谓也。'孙叔敖曰：'不然，吾爵益高，吾志益下；吾官益大，吾心益小；吾禄益厚，吾施益博；可以免于患乎？'狐丘丈人曰：'善哉言乎！尧、舜其尤病诸。'"

大有卦九四所居之位，即"爵高、官大、禄厚"，这些会招致"人妒、主恶、众怨"。如果九四自居"大有"，不知谦损，其凶咎可知。只有"匪其彭"（爵益高，志益下；官益大，心益小；禄益厚，施益博），才可以免祸而无咎。

【讨论内容】
【自律与他律】

何善蒙：　孙叔敖就是九四。

崔　圣：　我认为，是周公在说自己，而且很有自身体会。

何善蒙：　匪其彭，寇老师的解释很好。我延伸几句。我一直把"匪"解释成自身的状态，和寇老师说的略有差别。如果说"匪其彭"是"不是自己的盛大丰有"的话，那么主要是侧重于外在的情形来说。我理解"匪"是自身的本来状态，九四是阳居阴位，所以自身具有内敛、克制的特点。因此，"匪其彭"或许理解成盛大丰有而不彰显比较好。当然，整个外在的环境也是很重要的。

寇方墀：　内敛，不外显，出于自律，而非他律。

温海明：　如果是自己明白自己的处境，不是自己使之盛大的，有点他律的味道。

何善蒙：　《周易正义》说："九四才性辩而哲知。"那明显是发自于内的。《周易折中》引沈该说："九四以刚处柔，谦以自居。"

温海明：　九四内在的自律还是主要来自外在的形势使然，所以有主动接受他律的意思。

寇方墀：　王弼解"彭"为旁，指九三。匪其旁，是说要远离九三。所以，孔颖达的"明辩哲也"是说九四所以能去其旁之九三者，由九四才性辩而哲知，能斟酌事宜，故云"明辩哲"也。此"彭"非彼"彭"了。

何善蒙：　九四的行为当然是形势所成的，然若九四无谦损之德，形势亦是徒劳。所以，知几，虽然知的是几，但重要的是知。

温海明：　是的，内因第一，他律要通过自律起作用。

寇方墀：　赞成，"大有"之时，处理好个人和财富、权利的关系，自身的修为是最重要的。

（整理者：孙世柳　中国人民大学哲学院硕士生）

诚信威如 天下应之 平易无备
——大有卦六五明解

时　间：2016年01月16日22：00 — 23：43

【明解文本】

六五：厥孚交如，威如，吉。

《象》曰："厥孚交如"，信以发志也。"威如吉之"，易而无备也。

【讲课内容】

寇方墀：今天解读大有卦六五爻，大有卦一阴五阳，六五居于君位，其地位之尊贵与重要自不待言。

在分析六五爻之前，我们先看看其他的一阴五阳卦，一卦中只有一个阴爻的卦有六个，按其所居位置自下而上分别是姤、同人、履、小畜、大有、夬。除姤和夬外，我们读过了同人、履、小畜，还有今天正在读的"大有"。

姤卦☰☴，阴爻居于初位，一阴初长，爻辞警戒要赶紧找个牢靠处系住，否则前行就会出现凶险。在《周易》中，阴和阳的关系是阴求阳，阳求阴，阴阳对立统一。姤卦初六一阴遇五阳，无主无位，就会造成混乱，因而此爻被认为是不安定因素。

同人卦☰☲，阴爻居于二位，阴柔而居中得正，本来是一门心思只与九五同人，心无旁骛，但却在广泛和同的"同人"之世，行了'同人于宗'之实，不够大器，属于吝道，会有憾惜。

履卦☰☱，阴爻居于三位，一阴履于下卦阳极之位，满怀喜悦，心有壮志。爻辞说它"眇能视，跛能履"，会被老虎吃掉，《象传》说它是其志可嘉但能力有限的"武人"。爻辞直言其凶。

小畜卦☴☰，阴爻居于四位，一阴顺承上志，持正有孚，背后有九五作后盾，以柔顺蓄众阳，谨慎戒惧，兢兢业业，最终也仅得"血去惕出，无咎"而已。

夬卦☱☰，阴爻居于上位，一阴居五阳之上，可谓明目张胆，命运岌岌可危，是众阳要决去的对象，结局是"无号，终有凶"，哭也没用。

纵观一阴五阳之卦，各卦中的那一个阴爻或失时，或失位，运命都不太好。唯有一阴居于五位的大有卦（☲）六五爻最为吉祥："厥孚交如，威如，吉。"可谓"风景这边独好"。

为什么唯独大有卦六五爻如此幸运？

首先，六五得其时。"大有"之世，光明富有，有盛大丰富的资源可供使用，具备做大事、成大业的条件。

其次，六五有其德。居于上体离卦之中，有光明的德行，既有明察之智而又有柔中处事的能力，居于阳位则能以刚济柔，因其明察，又具备了威严之势。凡火在上体之卦有八例，多有威严明断之象。

再次，六五得其位。居于君位，可以充分发挥才智，施展抱负。

最后，六五得其人。上下五阳爻，众星捧月，六五稳坐君位，有一个刚健进取、能力很强的团队。六五真是"盛大丰有"啊。

当然，"大有"之所以成为"大有"，也是因"六五"而成。六五既是成卦之主，也是主卦之主。

为了让我们更好地了解六五，我们来分析一下六五的爻辞，《象传》译文：六五，以诚信与上下交接，又有君主的威严，吉祥。《小象传》说：以诚信与上下交接，用信任的力量激发众人的志向。威严而能得到吉祥，是因为六五平易近人从不对下属猜疑戒备。

解读：六五是大有卦的主爻，"柔得尊位大中而上下应之"，六五爻能以虚中怀柔之德使众阳悦服，能坦荡真诚地与各阳爻相为呼应，上下关系彼此信赖，众人都愿听从跟随它。作为一个主持大局的核心人物，六五居于阳位，以威严临天下，以诚信聚天下，将众阳爻凝聚在周围，构建了一个和谐共进的群体，开创了政通人和的局面，彼此心无戒备，局面盛大丰有，均获吉祥。

下面来解一下其中的关键字词：1. 厥：其。2. 孚：诚信、信用。3. 交：交接。4. 如：语气助词。

我们的参考书目中各家对此爻的解释，对于六五柔而能刚，中道处世，以信、威治天下，因而获吉，均无异议，只是在"易而无备"这一点上说法不同。

王弼认为：六五只要有诚信，众人也会以诚信相待，因此六五不需要对别人有防备。

孔颖达认为：自己没有私有的东西，至简至易，就算不防备，别人也自然会敬畏。

程颐认为：有威严之所以可以得到吉祥，是因为如果没有威严，下面的人就容易变得松懈怠慢，失去了恭敬畏上的心，就不能够尽职尽责地工作以备上面的考察。

黄寿祺认为：说明六五行为简易、无所防备（而人自敬畏）。

马恒君认为：有威信的吉祥，是平易而无人戒备。

以上看法分三类:

1. 六五以诚信待下,对下属不应或不必戒备。

2. 六五以威严待下,要使下属常有戒备。

3. 六五平易近人,下属对他不戒备。

另附《周易尚氏学》的解释:"孚,信也。五阳全孚于五,故曰交如。离南面昫明而治,故曰威如。五孚于诸阳,得行其志,孚即信。故曰信以发志。伏坎为信为志也,居尊位,人皆敬之,左右咸宜。故不必有所戒备。"

【讨论内容】
【"无备"】

寇方墀: 诸位认为,六五对于部下,是该有备,还是无备?

何善蒙: 我想应该是备而无备的意思。

寇方墀: 愿闻其详。

何善蒙: 备是九五本身的德行,无备是备德之外无须更多防备。备德是简易,故易而无备。

寇方墀: 六五是阴爻,而统御五阳,因而有弱不胜强的担忧,所以会有备的说法。但备又可能会使阳爻感到不信任。所以,备好还是不备好,各家说法不一样。

何善蒙: 阴爻居尊位,是备德。一阴居五位统五阳,是为信,故无备。

寇方墀: 我也倾向于这个解法。以诚信向明而治,是六五成大有之主的主要原因。

何善蒙: 如果在"厥孚交如"的情况下,还是有备,似难通。

寇方墀: 程颐站在六五的立场上,说备是使下属不懈怠,常备上之问责。挺有意思。确实,信就该无备。

何善蒙: 程子的说法不可靠,我觉得,此卦五阳一心向阴,唯恐不及。

寇方墀: 是,这是一个光明而丰有的卦时。

何善蒙: 唯恐不及,所以是信交如,交如是双方的意思。

寇方墀: 上下五阳爻,争与六五以诚信相交,多好的时代。

(整理者:孙世柳 中国人民大学哲学院硕士生)

大有丰盛 如若天助 吉无不利

——大有卦上九明解

时　间：2016年01月17日22：00—23：18

【明解文本】

上九：自天佑之，吉无不利。

《象》曰：大有上吉，自天佑也。

【讲课内容】

寇方墀： 今天我们解读大有卦上九爻。

译文：上九，自上天降下佑助，吉祥而无所不利。《象传》说：大有上九吉祥，是因为有上天的佑助。

解读：上九爻处上卦离体之上，德行光明，卦中其他爻都是履刚，唯上九履柔，而所履之柔又是虚中而信的六五，上九与六五成阴阳正比，顺达无碍，可谓履信思顺。同时，上九以阳刚之德居于整个大有卦最上爻，卦之初爻、上爻皆居"无位"之地，不受俗世的名利所累，初爻是尚未进入位序，上爻是超脱于位序之外。在大有之世，上九超然安处于"无位"之地，修"天爵"，不慕"人爵"，不以物累其心，志向高洁，崇尚贤德，这种光明自新、富有自足的德行会得到来自上天的福佑，吉祥而无所不利。

《系辞传》中有两处引用了这句爻辞，《系辞上传·第十二章》："《易》曰：'自天佑之，吉无不利。'子曰：'佑者，助也。天之所助者，顺也；人之所助者，信也。履信思乎顺，又以尚贤也。是以自天佑之，吉无不利也。'"

翻译过来就是，《周易》说："自上天降下佑助，吉祥而无所不利。"孔子解释说："佑，就是帮助的意思。上天所佑助的人，是顺天道的人，众人所帮助的人，是诚实守信的人。能够践行诚信，做事又顺应天道，还能够崇尚贤能，所以能够得到上天的佑助，吉祥而无所不利了。"

《系辞上传·第二章》："君子所居而安者，《易》之序也。所乐而玩者，爻之辞也。是故君子居则观其象而玩其辞，动则观其变而玩其占。是以自天佑之，吉无不利。"

意思是说：君子居处安泰守位，符合《周易》所确定的位分；君子所喜好并探索玩味的，是卦爻所系的文辞。因此，君子安居闲适时观看《周易》的卦象并探索玩味卦爻辞，行动实践时观察卦爻辞的变化而玩味其占筮预测的趋势，这样就能获得"来自上天的保佑，吉祥而无所不利"了。

这是《系辞传》中对于这一爻辞的解释。其实，每卦的最上爻，已到达卦的极点，到了要变的时候，所以上爻吉者不多。大家在读乾卦的时候，上九爻辞是"亢龙有悔"。但大有卦整体光明刚健，盛大丰有，即便是到了上九爻位，仍能获吉。

除了上述"履信、思顺、尚贤"之德，还因为大有卦的后一卦是谦卦，说明大有卦上九居于大有卦之极仍能谦顺安处，不追求物质的浮华盈满，而崇尚光明自足的德行，因此得到上天的福佑。这里可以看到，大有卦上九是一位崇尚德行的贤士。

《周易》六十四卦中，将上九喻为德行高尚之贤者的卦有以下几例。

大有卦："自天佑之，吉无不利。" 自上天降下佑助，吉祥而无所不利。

蛊卦："上九：不事王侯，高尚其事。" 不侍奉王侯，崇尚超然物外的人生志趣。

大畜卦："上九，何天之衢，亨。" 背负青天，在高天自由自在地翱翔，亨通。

遁卦："上九，肥遁，无不利。" 远走高飞，无所不利。

渐卦："鸿渐于陆，其羽可用为仪，吉。" 鸿雁逐渐飞上了云天，它的羽毛高洁华美足以成为人们的仪饰表率，吉祥。

这几个卦的上九爻，均体现了君子、高士对于超越世俗之上的精神世界的追求，体现的是豁达洒脱、光明高洁的志趣。

我们再来看看大有卦所展现的光明美好的盛世图景。上体离卦是光明、智慧、纹理斑斓的象征，六五居离体之中，充满智慧、文采斐然、柔和中道、以诚信治国，且不以"大有"为己有，也并非因为贪恋财富权位坐上王位，而只是为了构建最好的城邦尽责而已，堪称"哲学王"的典范。而上九却更像是一位追求沉思的哲学生活的哲学家。

在"大有"之世，君主（六五）的德行光明，有智慧；护卫者（九二、九三、九四）品质阳刚勇敢，懂节制；底层民众（初九）安守本分，无交害。各阶层各司其职，和谐有序，充分体现了城邦正义。"智慧、勇敢、节制、正义"四主德俱备，"大有"之世是正义而美好的"理想国"。因此，我们可以说："大有"是《周易》为我们建构的"理想国"。

下面对大有卦进行一下回顾总结：大有卦盛大丰有的社会局面由同人卦团结合作而来。此卦一阴爻居于尊位，卦中五个阳爻都归其所有，整个卦象是刚健文明、元通大亨的大有之象。在大有的环境中，不同的阶层自有其行为处事的原则：

处在大有之初，应明白大有的局面得之艰难，时刻警醒，不以利交而害己，可以无咎；

九二有大车之材，当在大有之世担纲重任，进取前行，有所建树；

九三是中层富有阶级，公而无私，不贪不吝，不可做贪鄙小人；

九四处近君之位，要明辨事理，抑损财货，自谦低调，就不会有过错；

六五信威并举，刚柔共济，所以能够保有天下而获吉；

上九虽处大有的极点，但懂得履信思顺，文明循理，获得了"自天佑之，吉无不利"的福佑。

杨诚斋对上九爻和大有卦有一段精彩的总结：

上九以刚阳之德，居一卦之外，而能安然退处于无位之地，澹然不撄于势利之场，此伊尹告归，子房弃事之徒与。保其名节而终其福禄，"自天佑之"，吉孰大焉！嗟乎，八卦乾为尊，六十四卦泰为盛。然乾之上九悔于亢，泰之上六吝而乱，盛治备福，孰若大有者，六爻亨，一吉二无咎三明，主在上，群贤毕集，无一败治之小人，无一害治之匪。德生斯时，虽如初九无交而难进，缊袍华于佩玉，饮水甘于列鼎，而况九二之大臣，九三之诸侯，九四之迩臣，上九功成身退之耆旧乎！

可见，杨诚斋感叹六十四卦，于斯为盛！

读罢大有卦，感慨颇多，填词一首，与大家分享：

望海潮·读易自乾坤至大有

乾坤开辟，屯难雷雨，开蒙文明新芽。需养艰辛，纷争又起，萧萧金戈铁马。战火尽硝烟，相依兴家国，天木开花。履礼以行，盛世泰和，畅天涯。奈何好景似烟霞。看城覆于隍，转眼否卦。先否后喜，治乱更迭，千年风卷云沙。天下同一家，昭明成大有，几世堪夸？祈祝吉无不利，愿天佑中华！

【讨论内容】

【"天道"】

裴健智：上九爻更多地强调"天佑之"的天道，还是人道呢？

云竣琪：周代的信仰是天，天道的重点应该是天吧！

寇方犨：《易》曰："自天佑之，吉无不利。"子曰："佑者，助也。天之所助者，顺也；人之所助者，信也。履信思乎顺，又以尚贤也。是以自天佑之，吉无不利也。"

静　笃：在天为道，在人为德。

张　悦：尽人事知天命。

萧金奇：天之道利而不害，人之道为而不争。

云竣琪：道为天地万物的根本和本根。

陈迎秋：天道，可以理解为规律，不以人的意志为转移。

云竣琪： 天之道的重点在道，天道的重点是天。

张　悦： 天道顺应自然，人道效法自然。

林正焕： 天之道曰阴与阳，人之道曰仁与义。阴与阳是顺自然，仁与义是讲人性，人性即德性。周敦颐《太极图说》有"立天之道曰阴与阳，立地之道曰柔与刚，立人之道曰仁与义"，此三道之说为宋明理学所推崇。

李崇愚： 一阴一阳之谓道，但不能说道就是阴阳。

赵志生： 天下万物都有阴阳。

林正焕： 也有不分阴阳的，《老子·第一章》对有无就说："此两者，同出而异名，同谓之玄，玄之又玄，众妙之门。"这"玄之又玄"，就是没法分阴阳，迎之不见首，随之不见尾，怎分阴阳。

（整理者：贡哲 浙江大学哲学本科生）

（本卦校对：龚莲伊 中国人民大学国学院硕士生）

时　　间：2016年01月18日22：00 — 23：23
导读老师：余治平（上海社会科学院哲学研究所研究员）
　　　　　刘增光（中国人民大学哲学院讲师）
课程秘书：王　璇（中国人民大学哲学院硕士生）

君子谦谦　终有吉庆
——谦卦卦辞明解

15 谦卦

艮下坤上

【明解文本】

谦：亨。君子有终。

《彖》曰：谦亨，天道下济而光明，地道卑而上行。天道亏盈而益谦，地道变盈而流谦，鬼神害盈而福谦，人道恶盈而好谦。谦，尊而光，卑而不可踰，君子之终也。

《象》曰：地中有山，谦，君子以裒多益寡，称物平施。

【讲课内容】

余治平：《周易》的六十四卦之中，唯有作为第十五卦的谦卦，六爻皆吉，无一不利。谦卦之吉，无以复加，究竟是一种巧合，还是一种必然呢？值得我们进一步思考。谦卦很好。同人卦、大有卦过后，就到谦卦了。承接得及时，卦气也很好。我们这里有一个"世界中国学论坛"，两年举办一次，规格蛮高的。其标志设计，我一开始就主张用谦卦，最后领导选择了同人卦，取其同舟共济的意思。

　　本卦象辞的蕴含相当丰富，《周易正义》曰："谦卦之象，'谦'为诸行之善，是善之最极。"这就把谦卦推上了极端，唯恐颂之不及。谦卦的卦象为下艮、上坤，是很有灵气的。谦卦的卦辞曰："谦：亨。君子有终。"就是说，一个人如果始终保持谦虚、卑微的态度而待人、接物，那么，最终必然摘取美好的人生果实。或者，一个人的言行举止，如果能够做到谦逊有加，则做任何事情都会顺利、成功。

本卦《彖传》说："谦，尊而光。"即保持谦逊的人，德性日益增大，品格更加光辉。朱熹解释说："以尊而行谦，则其道光；以卑而行谦，则其德不可逾。"无论居处尊位，还是出身寒门，能够力行谦逊都将有益于自身德性的光大与坚固。身为人君国主，如果坚守谦道，以卑微、礼让的态度对待臣子百官与黎民百姓，那么，既能够保住至高无上的王权帝位，又能够向天下彰显自己的德性。相反，即使力大无穷、威慑天下，也不能赢得人民群众的称许和赞誉。

所以，谦卦在特殊的结构体系（如卦体、卦位、爻位）中，以特殊的叙事方式和解读路径（如卦象、卦辞、爻辞、传解），系统而全面地向人们展现出谦之为德的发生过程及其必要性与重要性。第一次，同时也是最深刻、最重要的一次，把谦德纳入一个既显得近乎神秘又显得非常严格的知识架构中予以阐发，并且，精推细演，逐步论证，而使谦之为德获得了可靠的理性根据和坚实的信念力量。然后，再经由《易传》的诠释、理解与演绎，又被注入了更为丰富的人文价值和伦理蕴涵，进而使得谦之为德逐步发展成为中华民族精神的一项有机构成，是古今中国人公、私道德的一项重要内容。所以，在整个儒家乃至整个古代中国的道德文明发展里程中，谦卦的写就以及《易传》注解系统的完成无疑是一次重大的历史事件。

【讨论内容】
【"下济""上行"】

裴健智：从象上看，上坤，下艮；从常识看，应是坤地在下，艮在上。这样取卦象是表示谦卑，和泰卦天在下、地在上有类似之处，总体是要强者在下，弱者在上。

余治平：天道向下运行，所以能够化生万物，一如日光下射而温暖万物，雷电下作而震动万物，风雨下施而吹润万物。地的位置虽然卑下，但其气却能够向上运行。地气上升，而与天气相交接，于是才成就出天地之间的万事万物。

刘增光：孔颖达的解释真好，诸行之善，善之最极。

裴健智：天地相交才是好的。在这里，天道指的是艮？地道指的是坤？还是没有特指？

余治平：易道变化的韵味就出来了。天道运行也呈现或降或升、或盈或亏的状态，太阳运行至正午便开始下降，月亮走到圆满时便渐转为亏缺，升、降相继，盈、亏相推，周而复始，无穷无尽。地上的水与沙石往往流淌到洼处，这样才使得洼处获得增益。沟虚则水至，不谦则不得，行谦则必然有益，甚至连鬼神也以盈满为祸害，以谦虚为福气。朱熹也有类似的解释："天道是就寒暑往来上说，地道是就地形高下上说，鬼神是就祸福上说，各自主一事而言耳。"又："'尊'字是对'卑'字说。言能谦，则位处尊而德愈光，位处卑而莫能逾。如古之贤圣之君，以谦下人，则位尊而愈光；若骄奢、自大，则虽尊而不光。"

裴健智： 谦卦本于剥卦，属于一阳而五阴之例，乾上来居坤三，以乾照坤，所以才"天道下济而光明"。坤三升至乾上，就天尊地卑了。可以理解成下照与上行，两个路向，要结合后面的爻位、爻辞来理解。

余治平： 坤三升至乾上？不是上九到六三吗？从剥卦变来。

裴健智： 对的。人道之中，骄傲则使人讨厌，谦虚则使人可爱，可爱则必收获、得益。这样就是天道下济，地道上行。

【"鬼"】

余治平： "三谓神，四谓鬼。"虞翻的说法。概而言之，无论是天道、地道，还是人道、鬼道，一旦盈满则必然导致亏折、倾覆、祸害。相反，如果虚心、谦逊、恭敬则必然能够获得增益、流注与福佑。

裴健智： 坎为鬼？睽卦讲"载鬼一车"，就是取的坎象。无论何道都得谦。

余治平： 若能做到自谦，身处尊位的人则更加荣耀，而身处卑位的人也不会遭受欺凌和侮辱。所以孔颖达才说："谦者，屈躬下物，先人后己，以此待物，则所在皆通。"

裴健智： 感觉天道、地道中间多了个鬼神。人道、鬼神有点怪哦，一般只讲三才。

余治平： 好问题。虞翻还有"坤为鬼害，乾为神福"之解释，可供参考。

裴健智： 谦卦可能感动了鬼神。

王　璇： 《中庸》里说："子曰：'鬼神之为德，其盛矣乎！视之而弗见，听之而弗闻，体物而不可遗。'使天下之人，齐明盛服，以承祭祀。洋洋乎！如在其上，如在其左右。"孔子也是很重视鬼神的。

余治平： 透过谦卦象的原始含义与思想内容，可以看到谦卑的品格在道德生活中的积极价值与启发意义。这是儒家者流的一贯做法。"鬼神害盈而福谦"，鬼神一起出现呢！

罗仕平： 阳神阴鬼，且三四位于天地之交，非纯阳纯阴，故为鬼神？张横渠讲"鬼神者，二气之良能也"，莫非与此相关？

【"谦"】

裴健智： 谦卦在传统中非常重要。

余治平： 再从卦象上分析，《象》曰"地中有山"很形象，给予人们很多的理解空间。王弼注曰："多者用谦以为衰，少者用谦以为益，随物而与，施不失平也。"谦卦外卦为坤，内卦为艮。坤为地，艮为山。所谓"地中有山"则意味着"地卑而山高""内高而外卑"，地势卑微进而突显出山势的雄伟与高大，内中富满、充实而外表却低凹、平坦。

温海明： 谦虚要有实力，有资格。

余治平： 那当然，上下卦的位置、秩序，跟我们平常想象的不一样。而比之于人品，就像高亨先生说的那样："谦者，才高而不自许，德高而不自矜，功高而不自居，名高而不自誉，位高而不自傲，皆是内高而外卑。"

裴健智： 正是这样才叫谦虚，我们平常做的都不叫谦虚。在这里，刚爻要谦卑，柔爻也要谦卑。总体来说刚爻的谦卑程度更高。

余治平： 有的时候谦逊是一种生存策略和人生智慧。拥有很好的才华却不自我称颂，具备很好的德性却不自我膨胀，功劳卓著却并不觉得自己了不起，名声很响亮却不自我陶醉，权力、势力很大却从不骄傲自满，这些通常都是那些内在素养极好、外在形象平凡的君子所具有的风尚和品格。这种德性后来被儒家发挥和利用。

裴健智： 感觉《老子》吸收了很多《易经》的东西：一方面讲，水"处众人之所恶，故几于道"（柔的）；另一方面讲，大国者（刚的）下流。但是总体都要谦卑，不过刚的要谦卑得更厉害。

余治平： 黄老道家与《周易》在魏晋就走到一起了。厉害的是，《周易》能用一套独立的符号系统、话语系统来论证谦逊的必要性和重要性，这是其他任何学派做不到的，想都不敢想。

裴健智： 谦卦真是影响深远。

罗仕平： 有棱有角的山还得埋到地底下才能吉祥，但山覆于地，有没有可能是地震。

裴健智： 感觉这只是一种比喻，就像泰卦，天怎么能到地下，只是说明一种谦虚的态度。推天道以明人事，表明要有谦虚的态度。

（整理者：王璇 中国人民大学哲学院硕士生）

谦上加谦 天人共助
——谦初六明解

时　间：2015年01月19日22：00 — 23：26

【明解文本】

初六：谦谦君子，用涉大川，吉。

《象》曰："谦谦君子"，卑以自牧也。

【讲课内容】

余治平：《系辞上传》假托孔子之口说："劳而不伐，有功而不德，厚之至也。语以其功下人者也。德言盛，礼言恭。谦也者，致恭以存其位者也。"付出辛苦而不炫耀自夸，建立功勋却不居功自傲，的确是忠厚到了极点。有功劳的人都能够自觉卑下，而尊奉别人为上。这样的人看似善于伪装，其实，没有深厚的德性功力是不能为之的，因而唯有他们才是真君子、大君子。而这样的君子，其施德非常盛厚，行礼也恭敬谨慎。初六的爻辞说："谦谦君子，用涉大川，吉。"即面对巨川大河水深流急的危险，君子从一开始就应该保持一种特别谨慎、尤为小心的态度，这样才能够顺利而安全地渡过去。

【讨论内容】

【"谦谦君子"】

刘增光：　内外如一。这和乡愿是不同的。

温海明：　《系辞》的说法跟九三更接近。

刘增光：　乡愿是伪君子，真小人。所以说君子有终，而不是小人。

余治平：　读完这卦，一般人会觉得做君子太累了，就干脆放弃，而不做君子了。 其实，真正的君子一点都不会觉得累，因为他是发自内心的，从来都不是装出来的。

裴健智：　君子一般为刚爻，为何在初六言君子？

余治平：　谦之后，才讲君子的。

刘增光：　阳爻、阴爻并没有固定的所指。有固定的所指，那就不是《周易》了。易道广大，变动不居，周流六虚，不可为典要。

余治平： 谦谦，初在最下为谦，二阴承阳，也为谦。二阴一阳相与成体，所以才称
"君子"。荀爽有过这样的论说。初六言君子，还是要跟九三有瓜葛的。

裴健智： 马恒君说谦谦君子是比君子还谦之又谦，因为君子是九三，初六比九三就是
谦之又谦。

余治平： 比之于人品，《象》曰："谦谦君子，卑以自牧也。"自牧，指自守，即自
己看护自己，自己把持自己，自己支配自己。"自牧"一词，用得忒棒。谦
逊，还是骄傲，都在乎一己德性功夫。"君子用涉大川"，爻象上又与九三
相关了。九三体坎。

刘增光： 自牧，为己之学。

温海明： 自己谦虚，再谦虚地管理，不容易。

【向死而谦】

王　璇： 《周易》卦爻辞只有这一处是"用涉大川"。

余治平： "用涉大川"与"利涉大川"，存在着程度的不同。"用涉大川"，从能
力、素质上讲，指可以、能够，未必有利可图；"利涉大川"，则从结果、
目的上讲，指一定有助益、有利可图。

刘增光： "用涉大川"，就是先过了河再说其他的。"利涉"更进一步。

余治平： 用，也与上坤有点关系。能够做到谦虚而又更谦虚的人，往往是那些十分谨
慎、退让有加而自守非常严格的人。韩婴说过："夫易有一道焉，大足以治
天下，中足以安国家，近足以守其身者，其唯谦德乎！"

温海明： "谦"应该静静地等待而不是去涉大川，这个问题看看历代是怎么解决的。
把自己放平放空，谦虚又谦恭，管理好自己的本心和发动流行的每一念。

罗仕平： 正因为谦虚才可以涉大川，否则暴虎冯河？

温海明： 因为谦虚才有资格去过河？

罗仕平： 有此意，不然子路也不会挨批了。

裴健智： 《周易正义》曰："'谦谦君子'者，能体谦谦，唯君子者能之。以此涉
难，其吉宜也。'用涉大川'，假象言也。"

余治平： 录古人谦卦上六诗一首："风云际会出云端，一望天高宇宙春。万里风帆
应不远，幽人从此出尘埃。"王弼注释："处谦之下，谦之又谦者也。能体
'谦谦'，其唯君子。用涉大难，物无害也。"谦之又谦，不断推让，并非
虚伪、懦弱，实是君子一德。

　　　另录初六诗一首："常吉真君子，谦谦自处卑。大川虽至险，利涉亦
无危。"

裴健智： 初六一般是比较安静的爻，却可以用涉大川，确实是谦卦的巨大威力！

余治平： 这就是谦谦君子的魅力。

温海明： 参透生死的人，向死而生的人，在死亡面前，所有人都必须谦虚再谦虚，没有谁有资格讨价还价。易是生生不息，也是谦虚而且谦恭地向死而生。

（整理者：张馨月 中国人民大学哲学院硕士生）

鸣和有名 择中坦荡
——谦卦六二明解

时　间：2015年01月20日22：00 — 23：23

【明解文本】

六二：鸣谦，贞吉。

《象》曰："鸣谦，贞吉"，中心得也。

【讲课内容】

余治平： 六二的爻辞说："鸣谦，贞吉。"所谓"鸣谦"，引申之义为负有盛名，美誉在外，却从不夸耀自大。孔颖达《周易正义》曰："中心得者，鸣声中吉，以中和为心，而得其所，鸣谦得中吉也。"高亨先生则把"鸣"解释为"名"。"鸣谦"就是"有名而谦"。

【讨论内容】

裴健智： 为什么这个爻会有"鸣"呢？而且上六也有。马恒君取"震"为"善鸣"。

余治平： 对的。但二、六位殊，蕴意不同。这样的人所占问的事情，其结果肯定顺利如意。比之于人品，一如《象》所说："'鸣谦，贞吉'，中心得也。"享有声名，却仍然一贯保持谦逊的心态，这样的人内中踏实，平和可靠，值得人们信赖。

温海明： 因谦虚而有共鸣，得到鸣和而有名。

余治平： 单从爻象上分析，六二，"鸣谦"，得正处中，应该贞吉。高亨之说未必对。

温海明： 声名来自心的鸣和。

裴健智： 这个取"震"为"鸣"，是不是有点牵强？毕竟震在三爻到五爻。

温海明： 有点。得到中道，持守中道，心中自得，还是应该放下，不执着于中道？《易经》是择中固执的。

余治平： 不牵强，根据在"八卦广象"。还是应该从卦象、爻象上分析。六二爻居于下卦之中位，象征着人已获得了正中之道。虽声名闻达，但依然能够处正得中、恰如其分，无过，无不及，实属为人之难得的中道品格。

裴健智： 持守中道。

余治平： 《说卦传》曰："震为善鸣。"

裴健智： 爻辞是二爻，六爻。关键是六二爻和上六爻为"鸣"，而卦象取的是九三到六五。

余治平： 六二亲承震卦，所以才可以"鸣"。

裴健智： 这样的话离六二和上六有点远。

余治平： "震"就在六二之上。

温海明： 那就必须讲六二闻风而应，承震而应，被震动了才鸣。

裴健智： 这样说的话九三到六五更应该鸣得厉害了。应该是强调九三到六五爻，而非六二。

余治平： 六二是亲震，上六是乘震，故都可以"鸣"。来知德注曰："本卦与小过同有'飞鸟遗音'之象，故曰'鸣'。豫卦亦有小过之象，亦曰'鸣'。又中爻震为'善鸣'。"这就交代了六二"鸣"的两层原因，即"飞鸟遗音"之象、中爻之震。

裴健智： 其实这个解释也是可以接受的。

【有鸣（名）而不名（鸣）】

温海明： 有趣的是震得上下都鸣，自己不鸣。

余治平： 《象》曰："'鸣谦，贞吉'，中心得也。"这个"中心"也是有所指的。

裴健智： 指的是"处中"？

余治平： 谦之变卦，怎能变出小过卦？中正为二。六二，坎为心，所以"中心"能得。按照来知德的说法，"鸣"者，阳唱而阴和也。《荀九家》以"阴阳相应故鸣"，得之矣。故中孚错小过，九二曰"鸣鹤在阴"，又曰"翰音登于天"，皆有鸣之意。而"鹤鸣"，《小象》曰"中心愿也"，此曰"中心得也"，言二与三中心相得，所以相唱和而鸣也。他显然是借助于阴阳之道、鹤鸣之象而进行诠释的。

裴健智： 《说卦传》里面好多次提到"坎"为"心"。

温海明： 是忠心耿耿，不是心中自鸣得意？

裴健智： 六二为贞吉。（初六用涉大川可不可以理解为"征吉"）这两个还是不同的？

余治平： 因为二体中正，其心可以与谦相得，便说"中心"有据，否则不通。

温海明： "贞"可用"征"。

裴健智： 心中自鸣得意？

余治平： 肯定没有这个感觉。

裴健智： 确实卦里面有好多征和贞。

余治平： 此处非也。六二柔顺中正，是相比于九三而言，九三盖"劳谦君子"也。九三谦而六二和之，又能与之相从，故有"鸣谦"之象，正而且吉者也。所以其占如此也。这是来知德的解释。

温海明： 守正而可以征服。鸣了，就要放下，谦之又谦。《易》讲鸣和，不讲放下。所以得中心之鸣，可也，无伤。

余治平： 震卦之下，据正位而叩击敲打，发自中心而鸣响。但又不张扬跋扈，仍然低调行事。

温海明： 鸣为空，名更空，得处便要放空，如若无得，是为得之。所以此处有放下因"鸣"而生之名的意味。

裴健智： 虽然有鸣（名），却不以名（鸣）自傲。

（整理者：黄仕坤 中国人民大学哲学院硕士生）

有功不伐　天下归心
——谦卦九三明解

时　间：2016年01月21日22：00—23：14

【明解文本】

九三：劳谦，君子有终，吉。

《象》曰："劳谦君子"，万民服也。

【讲课内容】

余治平： 九三，劳碌命，能吉，不容易啊。来知德说："九三当谦之时，以一阳而居五阴之中，阳刚得正，盖能劳乎民而谦者也。然虽不伐其劳，而终不能掩其劳，万民归服，岂不'有终'？故占者吉。"有功劳的！九三，是整个谦卦结构中唯一的阳爻。九三的爻辞说："劳谦，君子有终，吉。"所谓"劳谦"，指获得了功劳，却从不傲慢自大。但李镜池《周易通义》却以为："劳谦：以勤劳刻苦为前提的谦让。""如果不劳而谦，事事让人，自己不做，是懒汉。君子勤劳刻苦，谨慎谦虚，是会有好结果的。"

刘增光： 感觉这个谦卦是最能结合儒道两家的。子曰："孟之反不伐，奔而殿，将入门，策其马，曰：非敢后也，马不进也。"《论语·雍也》里边的这段话很有意思。

　　谦是德，是内在的，并不以任何的外在的功劳成就为前提，李镜池的说法不当。还有一种解释说，劳谦就是乾卦的君子终日乾乾。

余治平： 孟之反之德，很像九三爻，仗打得很辛苦，不敌，自己最后撤退，临到家门口，还不忘谦虚一下。从卦象上看，九三爻是谦卦中唯一的阳爻，又位于下卦之极、上卦之下，承前启后，枢纽中转。它又统领、控制所有的阴爻，虽辛劳疲惫，压力巨大，但其作用却不同凡响，地位也非常尊贵，最终也必然功勋卓著。卦变并不直接来自乾卦。

【讨论内容】

【"劳谦"】

　张　悦：　"劳谦，君子有终，吉。"子曰："劳而不伐，有功而不德，厚之至也。语以其功下人者也。德言盛，礼言恭；谦也者，致恭以存其位者也。"他把勤劳刻苦当作谦让的前提，似不敢苟同。

刘增光：　功成而不居。

裴健智：　君无为，臣有为？九三是从上六下来的，应该是地位高的人。

余治平：　相比之下，王弼注释得倒蛮好，他说："处下体之极，履得其位，上下无阳以分其民，众阴所宗，尊莫先焉。居谦之世，何可安尊？上承下接，劳谦匪解，是以吉也。"

裴健智：　九三是从上六变过来的，所以可能是上六谦卑地到了九三。

余治平：　毋宁坎体为劳，为下卦二阴之终，所以才称"君子有终"。

刘增光：　不能说控制所有的阴爻，是阴爻都以他为宗，控制二字不妥。

余治平：　可以换成呼应。阳位阴主，阳不归阴。

刘增光：　就像前边说的，九三是承上启下。他相当于师的位置，即使是君也要尊敬他。

余治平：　阳为阴主。

裴健智：　我的意思是阴爻归顺阳爻。我想到了师卦。

余治平：　增光说的不是师卦。

裴健智：　其实就是像师卦的阳爻的地位，是这个意思。

刘增光：　呼应挺好，天地之间，一感一应而已。

余治平：　《象》说："劳谦君子，万民服也。"能够做到有功劳却不傲慢的人，一定会赢得天下人的敬仰与佩服。来知德说："阴为民，五阴故曰'万民'。众阴归之，故曰'服'。"这个解释是有道理的。

温海明：　坎为劳，艮为终，九三统帅五柔。

刘增光：　不是师卦，而是天生民，立君立师的师。

余治平：　人在做，天在看。九三劳碌，天下人都佩服。

温海明：　《象传》说，君子通过功劳谦和征服天下万民，这不简单。

裴健智：　九三为三爻怎么统帅五柔，是不是和卦变有关，来自上九？

余治平：　跟那些不劳而获、轻易成功、投机取巧的人比起来，九三默默耕耘，不求收获，其品格更值得我们钦佩。

温海明：　从剥卦来看，主要是"天道下济"。

余治平：　日常生活中，成功的人不多，更多的则是九三这样的人。否定九三，漠视九三，其实就是贬低我们每一个平常人。

温海明：　本群讲课老师都是劳谦君子，不求名利。

刘增光：　每个声明显赫的伟人背后都有一个默默耕耘的周公。"周公吐哺，天下归心"说的就是这个九三。

余治平：　荀爽说过："阳当居五，自卑下众，降居下体，君有下国之意也。众阴皆欲抑阳，上居五位，群阴顺阳，故'万民服也'。"乾阳为君，坤众为国，所以才说"君有下国之意也"。三虽不在君之位，但可以与五同功，众阴也可以联合举阳，使之上居五位。众阴的力量不可小觑。

刘增光：　孔子一辈子，想劳谦都没机会，周游而不遇。

余治平：　九三刚健，承下接上，继往开来，虽孜孜矻矻，仍然谦逊有加，这样的君子是不愁前程的，肯定能获得大吉大利。谦卦每一爻都蕴含着咱们做人的大道理，每每读之，受益匪浅，于心共鸣。

裴健智：　面对柔爻还是谦卑。

【谦忍不伐】

余治平：　陈抟说，如果一个人的岁运逢九三爻，在仕必高迁，在士必得际遇，在庶俗必营谋获利。九三吉利是用自己劳心劳肺、风餐露宿换来的。这是该爻唯一的"缺陷"。谦和忍都是自觉把自己放在一个比较低的位置上，而与别人相处相交的，所以有时九三也不免气馁、埋怨。

　　　　　处于强势的人不能骄傲自满，同样，处于劣势的弱者更没有理由自大狂妄。《管子·白心》说："强而骄者，损其强；弱而骄者，亟死亡。强而卑义[者]，信其强；弱而卑义[者]，免于罪。是故骄之余卑，卑之余骄。"强大而骄傲自满的人，往往会蒙受损害；弱小却傲慢的人，将很快走向死亡。力量强大而谦恭的人，肯定能获得进一步巩固和提高。弱小却能够做到谦恭的人，则能养精蓄锐、远离祸患。骄横、傲慢的对立面是谦恭，其结果大相径庭，就看人如何选择了！在中国，许多时候的谦虚，常被他人看作无能。

裴健智：　确实这个谦虚用好也很复杂。

余治平：　《礼记·曲礼上》说："夫礼者，自卑而尊人。虽负贩者，必有尊也，而况富贵乎？富贵而知好礼，则不骄、不淫。贫贱而知好礼，则志不慑。"

刘增光：　用不好谦，那就不是君子。因为用好了才能说"君子有终"。

余治平：　人一旦傲慢自大则容易好为人师、随心指点、任意批评，到处教育别人、训斥别人，而似乎只有自己最好、最正确，哪儿都不错。《礼记·中庸》说："君子之道，辟如行远必自迩，辟如登高必自卑。"仁心越深厚的人，越能够行谦、卑让，其自我感觉也就越渺小，而越认为自己微不足道。相反，越是微不足道的人，却越是自我感觉良好，发狂麻木，自作聪明，总认为自己高人一等，自己身上什么错都没有，很了不起，从来不知道"谦卑"为何物。《孟子·离娄上》曾指出："人之患，在好为人师。"人的毛病在于缺乏自知之明、骄傲自大、狂举妄为，喜欢充当别人的老师，只会指责别人的错误，教导别人如何做人而自己却没有好好做人。"人之所患，患于不知己未有可师而好为人师者，乃惑也。"行有谦卑，仅把自己放在低处、再低处还嫌不够，在王阳明看来，最根本的办法还是"忘我"，人一旦消解了自我本己，也就不可能傲慢、狂妄了。王阳明说："人生大病，只是一傲字。为子而傲必不孝，为臣而傲必不忠，为父而傲必不慈，为友而傲必不信。"

裴健智：用谦卦进行普及教育，民间儒学应把谦卦也加进去，而不只是学《三字经》之类。

余治平：古人赋九三爻云："有劳而不伐，君子保成功。以此行谦道，何人不听从。"

（整理者：李芙馥 中国人民大学哲学院博士生）

同谦于下 没有不利
——谦卦六四明解

时 间：2016年01月22日22：00—23：08

【明解文本】

六四：无不利，撝谦。

《象》曰："无不利，撝谦"，不违则也。

【讲课内容】

余治平：谦卦的上卦之中，六四的爻辞说："无不利，撝谦。"这又是一个大吉之爻。值得庆祝！王弼注："处三之上，而用谦焉，则是自上下下之义也。承五而用谦顺，则是上行之道也。尽乎奉上下下之道，故'无不利'。"从爻象上分析，六四爻列下卦之上，虽处尊位，却能够主动俯身与下卦相沟通和联络，说明已经具备了敬让、恭和的君子之德。按照经意，所谓"撝谦"，指能够施予恩惠、德泽于别人，却从不彰显。行撝谦者，则万事顺当、有利。这里的"撝"，比较复杂，值得慢慢解。撝有不同解释，是六四爻里最难解释的一个字。《经解释文》则将"撝"解为"宣"。所谓"宣"，则指明、智。于是，"撝谦"的意思则是既明智，又谦逊。但其他诸家则不同："撝"为发挥，就手旁像而已；连斗山、俞琰、刘大钧等前辈学者则持另解，"撝"即挥手，有如在别人称道六四爻具有谦德的时候，而六四爻自己却连连摆手，表示对这一美誉"不敢当"。刘大钧在《周易概论·疑难卦爻辞辨析（上经）》专门指出过。

【讨论内容】

余治平：　荀爽则把"撝"解释成"举"。为什么六四无不利呢？

裴健智：　乘刚一般不好。而且比较谦卑。

余治平：　因为六四是阴爻处阴位，四得位处正，以六居四，与爻位、谦卦两个"家性"都一致，所以才能够大吉大利。它在上卦就没事。六四本想举三而上居五位，所以称"撝"。对待九三，六四没有压制，反倒挺举，所以不能称为"乘刚"。所以，六四虽居上卦，但行事还是比较谦逊的。

张馨月：　所以是不是乘刚，还不能单看阴在阳上。看来我们平时只学了一半，以为阴在阳上就叫乘刚了。

裴健智：　《周易证释》认为，九三以顺上而交阴，六四以倒承而应阳。反而相应。有点像泰卦中乾坤的关系。那怎么就算是乘刚？那怎么判定这个就不算乘刚？有没有具体的判定方法。

余治平：　按照《推卦易知录》的解释：承，指任意一卦中的任意两爻位于上边的那一爻；乘，指任意一卦中的任意两爻位于下边的那一爻。

温海明：　下承上，上乘下。《周易证释》的讲法托圣人之意，不这样可能这爻就不能讲通，写爻辞的时候，可能本意就是这样的吧！

余治平：　《周易》中，每一卦、每一爻都各有刚柔之性，各有自己的品格，所以称"家性"，或称卦性、爻性。此为治易者所必须谨记的。

裴健智：　当位或者不当位。

【"撝"】

余治平：　谦卦之中，众阴爻都想阳爻九三上居五位而统领四方，六四乘下卦艮为手，所以叫作"撝"。撝字从手，意为以手托举。但来知德却不同意这种解释，他另辟路径指出："撝者，裂也，两开之意。六四当上下之际，开裂之象也。撝谦者，以撝为谦也。凡一阳五阴之卦，其阳不论位之当否，皆尊其阳而卑其阴。如复之'元吉'，师之'锡命'，豫之'大有得'，比之'显比'，剥之'得舆'，皆尊其阳不论其位也。六四才位皆阴，九三劳谦之贤，正万民归服之时，故开裂退避而去。"他这个解释尽管很新奇，但后人赞同的并不多。

罗仕平：　有说"撝谦"是警戒不违其（中道之）则之意。初为谦谦，二为鸣谦，三为劳谦，四已为大臣，如果还过度谦虚，有虚伪之嫌，易招小人诽谤。再者过度谦虚，让小人真以为不行，也可能遭诽谤，且五六又要去征伐了，六四大臣该有些威严了。

余治平：你刚才这段话，跟市面上很多书都把"撝"当作"女为"的说法很像，不足信。上卦位置优先。《象》所说："无不利，撝谦，不违则也。"明智而能谦逊，没有骄傲自满，不违反社会交往的法则规范，这样的人处理任何事情都能够顺当如意并且有利可获。这里的"则"，也是有来头的。

裴健智：为什么在上卦乘刚就没事？

罗仕平：其实六四居三五之间，功不及三（万民服也），德不及五（君主柔德），故更应发挥谦卦法则。

张馨月：能否讲讲上卦优先？

余治平：爻位还得根据坎、艮卦分析，慢慢来。

张馨月：时间上是下卦，您说的是重要性吗？

余治平：内外卦关系。则，法则、规范，来自坎卦。

罗仕平：水平之貌。

余治平：坎卦，三在坎中，坎水平，所以堪称法则、规范和标准。《九家易》也说"阴撝上阳，不违法则"，与《象》言一致。六四在坎卦之上，有能力把一碗水端平。所以高亨才说："人有明智而能谦，不自骄满，不敢违反法则，自无不利。"

温海明：六四是互坎水之表面。

余治平：建筑工人用的水准仪，尺上有水。平不平，一放就知道了。天资愚钝的人谦虚，是因为他自己内部实在没有什么值得炫耀的东西；而天资聪明的人谦虚，如果排除了阴谋、狡猾、奸诈的可能，恰恰是一种自觉自为的德行，不容易！"撝谦无不济，手足得良朋，雷在山下发，扁舟顺水行。"

林　建：有水平的人，往往自我标准较高，别人以他的水平为优，但在他看来是应该的、自然而然的，甚至按照他自己的标准，还不够优秀，所以，其谦虚是自然的。

（整理者：孙世柳　中国人民大学哲学院硕士生）

邻不服谦 可以征伐
——谦卦六五明解

时　间：2016年01月23日22：00—23：21

【明解文本】

六五：不富以其邻，利用侵伐，无不利。

《象》曰："利用侵伐"，征不服也。

【讲课内容】

余治平： 今晚的六五爻，比较复杂。历史上的解释多而又乱，初学者无法确定谁对谁错。六五的爻辞按照字面的理解是说，一个国家，无论是富还是穷，都应该谦逊对待自己的邻国友邦。如果自己的国家不够富裕，强暴的统治者往往会悍然发动侵略战争，掠夺邻邦友国的财物，这肯定是劳民伤财，最终又导致邻邦的贫困。大家如果能对这种不义之举进行镇压、讨伐，则一定能够取得圆满的成功。

【讨论内容】

王　璇： 那这句该怎么断句呢？比之于人，则如《象传》所说："利用侵伐，征不服也。"对于那些不服从诸侯国交往通行规则的人与事，就应该实行抵抗与征战。惟其如此，才能够切实维持道德、正义的尊严与权威性。断句似无争议，但看到黄寿祺断句为：不富，以其邻利用侵伐，无不利。这样意思就不一样了。

余治平： 可是，历代注家没有他这样断句的。从孔颖达、来知德到李道平，都没有这样断的。

裴健智： 我记得好像有一卦也是"不富以其邻"，具体哪卦忘了。这个"以其邻"是指六四？

温海明： 泰卦六四爻，小畜九五爻，也是"不富以其邻"。

余治平： 下面分析爻变时，会讲到的。对于六五爻，王弼注曰："居于尊位，用谦与顺，故能不富而用其邻也。以谦顺而侵伐，所伐皆骄逆也。"孔颖达《周易正义》说："六五居于尊位，用谦与顺，邻自归之，故不待丰富能用其邻也。""若有骄逆不服，则须伐之，以谦得众。"谦卦六爻之中有五爻都明确讲到谦，唯有六五不讲谦，还要打仗。

温海明：上面一个小师卦，但确实就六五说打仗，还说打好，不谦虚。

余治平：打仗还另有原因。六五有点当仁不让了。

温海明：六五就算有权有势，怎么就可以不谦虚呢？或者征伐不服气的人，其实是另一种谦虚？

裴健智：征伐自天子（六五）出是可以的，而且打的是坏蛋。

余治平：对于爻辞，高亨是这样解释的，本国不富有，就是因为土地、财物都被邻国侵扰、掠夺走了。罪在邻国，所以邻国该打。大致是这个意思。泰卦、小畜，都提到过"不富以其邻"。这里的邻，指六四和上六。至于六五为什么"不富"？原因之一就在于"失实"，虽身在大位，居中有体，但因乘阳而不当。

裴健智：乘刚？

余治平：六四以上，皆乘九三之阳。

裴健智：意思是邻应该很富？

余治平：坎中有水，水主财，还能藏。泰卦之六四也曰："翩翩，不富，皆失实也。"

【"富"】

余治平：坤卦，也是富有之象。

温海明：有说坤为不富。

余治平：坤为外卦，就不同了。更何况，《孟氏逸象》中，坤为富、为财。

罗仕平：不富（处坤而不以君位自富），（故）以其邻（君臣同心，德不孤必有邻）？

余治平：还有一种说法，六五居坤中，虽说富有，但却不以富有而炫耀于四邻，比较得人心，不是为富不仁那种，所以还能行谦德。而来知德则有另解："阳称'富'，小畜五阳，故《小象》曰'不独富'也。阴皆'不富'，故泰六四亦曰'不富'。"他以阴、阳之性解富与不富，或备一说。但许多前辈都是这么解释的。泰卦六四，也是坤卦。

裴健智：如果坤为富的话，可以说是六五富，也可以说是邻人富。

温海明：朱震说阴虚，不富。

裴健智：他怎么解释富的？

温海明：阳实，富也。

余治平：所以，这里就存在两种路径的解释，富与不富。也有解释成自己富，邻人也富。两种路径的解释，不必统一起来，见仁见智。

【"侵伐"】

罗仕平：　虽曰征伐，但实则警之不可因过谦而失威严，所谓望之俨然，即之也温，如此则无往而不利也，并非真正要去灭了人家。

温海明：　《象》说还是要征伐的。

裴健智：　这里面的征伐是要征伐谁？哪一爻不安分。

余治平：　"利用侵伐，无不利"也有由头，并非空穴来风。要联系上六才能看清楚。

裴健智：　从剥卦的上六到谦卦的九三，是要去征伐。剥卦里面初六、六二都是凶爻，还有六四。

余治平：　肯定要打，爻变规律，不可避免。来知德《周易集注》也说："坤为'众'，中爻震，此爻变离为'戈兵'，众动戈兵，侵伐之象。"

裴健智：　上六：鸣谦，利用行师，征邑国。在上六里面邑为坤，应该是征伐六四？

余治平：　从六二到上六，都与师卦互体，哪有不"侵伐"的道理？

裴健智：　九三征伐（安抚）初六、六二？

孙福万：　郑刚中说："谦者人君之盛德，然过则下慢而威不立，卦五爻言谦，唯六五不言者，君道不专尚谦柔，圣人虑其过也。"或有道理。

余治平：　上六也讲"行师"。

裴健智：　与师卦密切相关。

余治平：　爻位之论也。六五虚而无君，九三侵伐邻国之坤，众阴爻同舟共济，承阳而上，所以一定可以取胜。

孙福万：　《朱子语类》卷七十曾云："问：'谦是不与人争，如何五、上二爻皆言"利用侵伐""利用行师"？《象》曰："利用侵伐，征不服也。"若以其不服而征，则非所以为谦矣。'曰：'老子言："大国以下小国，则取小国；小国以下大国，则取大国。"又言："抗兵相加，哀者胜矣。"孙子曰："始如处女，敌人开户；后如脱兔，敌不及拒！"大抵谦自是用兵之道，只退处一步耳，所以"利用侵伐"也。盖自初六积到六五、上六，谦亦极矣，自宜人人服之。尚更不服，则非人矣，故"利用侵伐"也。如"必也临事而惧"，皆是此意。'"比《周易本义》说得更详细些。

裴健智：　《周易证释》认为，阳爻为富，周济群阴，故不富。九三以不富示天下，而责后人独私，虽用侵伐，无害于谦，故无不利。

余治平：　五居卦主之位，以柔居尊，方可独不言谦。

罗仕平：　荀爽亦取此意。

裴健智：　虽侵伐，不害于谦。

温海明：　已经谦虚到极点，再不服，就要征伐了。

余治平：　朱子的解释虽然详尽，但仍有不通处。

裴健智：　做好了谦的表率，别人不听，只能打了。

温海明： 因为谦虚，才一直不富，还不服，那就打服你，顺便让自己富。

裴健智： 确实有阳爻谦下的意味。可能《老子》就是从此处受到启发。

罗仕平： 本想不战而屈人之兵，结果打了。

余治平： 谦卦互体，震、艮之中，也有侵伐之象，鸣了鼓，又不鸣，九三打仗的节奏。

温海明： 谦如变成有实力者的表面谦虚，跟一般理解的谦德有距离。

裴健智： 确实朱熹的理解有点阴谋论的味道。

温海明： 但不这样理解，谦虚还打仗，于情于理有难度。

裴健智： 确实是的，有点矛盾。

余治平： 六五原本离爻中画，而"离为戈兵"，所以这仗是打定了，出师有因。正义战争总得有人出兵嘛。

孙福万： 冯椅说，从六五看，这九三据乎山阻而止，统众阴而不进，是"强梗不服"之象，有自擅诸侯如春秋伯之象，虽自本爻言之为劳谦君子，但这也是一说。

余治平： 《左传·庄公二十九年》所记似乎就是六五爻的最好注脚。

罗仕平： 荀爽认为是九三趁六五虚而无君想动武。

裴健智： 九三是正义还是六五是正义？

罗仕平： 吓得四五六抱团。

温海明： 六五要征服九三，把九三打趴下，可跟九三的爻辞不合。

余治平： 九三，劳谦啊！

裴健智： 九三为主爻，应该九三才是正义者。

孙福万： 从九三自身看当然是劳谦君子，别人未必这样看啊，也正常。

裴健智： 九三为主爻，上下皆归顺九三。

余治平： 大家不必在《周易》每卦的六爻之间强求一种统一性，六爻记录之事很可能跨越了很长的历史时期。

裴健智： 就是因为有些不服，所以要征伐。

温海明： 九三万民服也没用，到头来还可能被君王斩草除根。

余治平： 所以，强求六爻意义连贯，反倒容易引起曲解、误解。

温海明： 这样理解倒是很明显地说明九三功高震主，再谦虚也是白搭。

余治平： 纵观六五，君王致谦，不仅授惠一国之民，而且还能够使邻邦得益。谦之德，推广于政治实践领域则一定能够获得良好的影响。"五以柔居尊，在上而能谦者也。上能谦，则从之者众矣，故有'不富以邻'而自'利用侵伐'之象。然'用侵伐'者，因其不服而已，若他事亦无不利也。占者有此谦德，斯应是占矣。"

裴健智： 可否不要执着于六五是君主？

余治平： 陈抟诗云："以谦二接下，心服众皆归，或恐谦柔过，尤当济以威。"

孙福万： 劳谦君子，肯定命不好，君上肯定会防他一手。或者，正因为君上握有重兵，他才能不得不当劳谦君子。

温海明： 比较有理，再谦虚，从君王的角度来看，就是不服，而且你万民服，我怎么富嘛，所以要开打。

孙福万： 没说必须开打，只是说俺有打的能力，足矣！

温海明： 这样解九三好悲剧，有功劳又谦虚还没有好结果。

（整理者：孙世柳 中国人民大学哲学院硕士生）

谦德尊光 先礼后兵
——谦卦上六明解

时 间：2016年01月24日22：00 — 23：46

【明解文本】

上六：鸣谦，利用行师，征邑国。

《象》曰："鸣谦"，志未得也。可用"行师"，"征邑国"也。

【讲课内容】

余治平：上六的爻辞字面含义就是，鸣谦，有名，声响于外，但千万不可因为表面上的光鲜，就飘飘然起来。王弼注释曰："最处于外，不与内政，故有名而已，志功未得也。处外而履谦顺，可以邑一国而已。"也就是说，内府谋划，还无法插足，说话、办事哪能不谦逊一点呢！

孔颖达《周易正义》说："'鸣谦'者，上六最处于外，不与内政，不能于实事而谦，但有虚名声闻之谦，故云'鸣谦'。志欲立功，未能遂事，其志未得。既在外而行谦顺，唯利用行师征伐外旁国邑而已，不能立功在内也。"

　　李镜池《周易通义》则将之别解为："谦让虽是美德，但要明辨是非。""在敌人侵犯的时候，要反击。出征战胜敌国是吉利的。"此说怪怪的。按照孔颖达疏，即使能够在外征伐建立战功，但因为一时不知道上方动向，无法与之呼应，所以仍必须保持谦逊、平和、谨慎的态度。

　　然而，谦卦之精神本不主张与人争执，更不愿意主动挑起战事，但六五、上六为什么都涉及"利用征伐"呢？朱熹指出："大抵《谦》自是用兵之道，只退处一步耳，所以'利用征伐'也。盖自初六积到六五、上六，谦亦极矣，自宜人人服之。尚更不服，则非人矣！故'利用征伐'也。"兵乃凶器，关涉人命苍生，所以轻易不举，即便不得不征伐，也应当谨慎考虑各方利益，谦逊讨教各方意见，千万不可贸然行事！五、六两爻，其实也可解作谦德于战争中的运用。

【讨论内容】

魏厚宾：　不与内政，则是外事，外事是出兵打仗等征伐之事。

余治平：　《象传》是说，即便拥有美好的声誉，但因为还没有达到自己的目标要求，邑国尚未完全诚服，于是便可以出兵征伐，以求志意圆满、大功告成。

魏厚宾：　九三下卦之外，上六上卦之外，所以应外事。

余治平：　高亨先生把"鸣"解释成"名"，以为"有名而谦"，也没有交代爻位原因。

【谦极而征】

裴健智：　谦之又谦还不行，就只能使用暴力了。

温海明：　是啊，谦虚到了忍无可忍的地步了。

魏厚宾：　看来让人服气是先礼后兵。但是谦到忍无可忍那是真的谦虚吗？

温海明：　这个问题跟谦卦为何讲打仗连在一起。

裴健智：　确实是一个值得思考的问题，为何谦卦还要打仗。

张　悦：　谦虚是不是和谨慎联系在一起？

余治平：　上六以阴居亢位，亢则不逊，虽不在大位，但却有一颗打抱不平的心，想以己力而替天行道。

魏厚宾：　的确值得体悟的谦卦三昧。

余治平：　上六有难处的，有其志而不在其位。

温海明：　所以下艮是火山，不是一般的山。

裴健智：　又涉及到征伐谁的问题了。

魏厚宾：　或许人们皆知忍让为谦虚之美德，实则谦虚不止是忍让一方面而已。

余治平：　古代侠客、义士、梁山好汉，多像此爻。

裴健智： 谦虚不是一味地退让，不是人云亦云地顺从别人。

温海明： 内心侠肝义胆，该出手时就出手。

魏厚宾： 地下之火，那是岩浆。

余治平： 上六之鸣，与六二之鸣，都跟震有爻位关联。

温海明： 得之。

余治平： 六二、上六，有应在震。不得不鸣！

裴健智： 《周易证释》讲"谦之极，反柔为刚"，所以要征伐。

【"征邑国"】

余治平： 上卦，坤，其象为"邑国"。按照来知德的解释，凡《易》中言"邑国"
者，皆"坤土"也。升卦坤在外，故曰"升虚邑"。晋卦坤在内，故曰"维
用伐邑"，泰之上六曰"自邑告命"。譬如，师上六"开国承家"，复之上
六"以其国君凶"，讼六二变坤曰"邑人三百户"，益之中爻坤曰"为依迁
国"，夬下体错坤曰"告自邑"，涣九五变坤曰"涣王居"。这里的"征邑
国"，皆因"坤土"也。读来知德的这段话应有所启发吧！

裴健智： 是的，可是征伐的象怎么取？

余治平： 六五开征，意欲打伐，至上六则不得不伐。其背景此前分析过，六五离爻，
离为戈兵。

裴健智： 是的，不过离上六有点远。

余治平： 侵伐之象。

裴健智： 离卦为九三到六五（变为刚爻）。向下侵伐也可以。

余治平： 关键是在下面不具备打伐的条件和时机。

裴健智： 是打六四？

余治平： 是伐邑国——周边不服的国家。六五是准备开打，上六是就要去打。时机
不同。

张　悦： 大家都说谦卦是相对最好的卦。

裴健智： 其实取象，主要一个是离卦，一个是二爻到上六有师卦之象，所以会使用
征伐。

温海明： 应该是以师象为主。

余治平： 打的对象有点乱。按照六五，是剑指九三，但按照上六则已经转换为周边之
国。这一变化的爻位根据就在于，坤为土、为众，所以才称"邑国"。

温海明： 那是上六征上坤？

余治平： 爻象如此，否则卦辞就有问题了。那肯定不是，接下来的《象》就说明问
题。《象》曰"可用行师，征邑国"，可与爻辞互证。按照《九家易》之
说，阴阳相应，才叫鸣谦，那么，上六虽然有应，但却不承，远着呢，所
以就"未得志"。所以来知德说："'志未得'者，上六与九三心志不相

得也。六二与上六皆'鸣谦'，然六二'中心得'，上六'志未得'，所以
六二'贞吉'，而上六止'利用行师'也。"利用行师，就是开打。《象》
曰"征"，就是战争开始了。

裴健智： 这又涉及到正应的问题了。

余治平： 三应上，上呼三。

裴健智： 相应也可以说得志吧？

温海明： 志在征邑国，可是上坤哪里妨碍上六了？

余治平： 非也，上六不在大位。

裴健智： 坤为顺，应该是比较柔顺的。

温海明： 上六不在大位不是坤的错。

余治平： 不是说谁错，而是现在就已经是这个样子了。

裴健智： 而且上六其实是当位的（上六本应该是柔爻）。

余治平： 这得回到六五。六二到上六，体上都是师，怎能不打仗；六五离爻，兵戈之象。

【谦极征众】

魏厚宾： 打仗与谦的关系梳理一下。

余治平： 爻变可知，坤为"众"，中爻震，这一爻变离，为"戈兵"之象，众人操起
战戈，如果还不是侵伐，那又是什么呢？

《象传》也是对卦辞、爻辞的必要补充嘛。卦辞、爻辞如果解释不通
的，就要借助于杂卦、系辞、象辞等十传之论。上六，虽在坤中，但它在八
卦宫里属于兑宫。所以，许多前辈学者都强调，上六兑爻，兑为口舌，才能
鸣谦。谦也在兑宫。

需要从这个方面去理解，而不能仅仅看到坤卦自身。爻变的道理经常是
很深奥的。学易，仅仅局限于义、理、史的维度，而不懂爻变，往往只能得
事之一二。

温海明： 兑宫五世卦。

余治平： 对的。谦德的背后，隐藏着一种莫大的智慧。《系辞上》假托孔子之口说：
"劳而不伐，有功而不德，厚之至也。语以其功下人者也。德言盛，礼言
恭。谦也者，致恭以存其位者也。"付出辛苦而不炫耀自夸，建立功勋却不
居功自傲，确是忠厚到极点。有功劳的人都能够自觉谦恭，尊奉别人为上。
这样的人看似扭曲本性、善于伪装，其实无深厚的德性功力不能为之，因而
唯有如此才是真君子、大君子。而这样的君子，其施德非常盛厚，其行礼也
恭敬谨慎。八宫卦记牢，算命起卦时就不会忘记很多事情了。君子行谦的真
实意旨应是，致力于恭敬谨慎，以存自身的实力与地位，不以表现自我为乐
趣和终极目的，条件不具备时，不便表现自己，时机成熟时也没有表现自己
的必要。然而，谦逊不是无能，不是畏缩，而是一种主观自觉的品格。谦逊

也有别于虚伪，是一种德性。生活中，都难免经历风雨坎坷，在日月沧桑的清洗与捶打中，越是谦逊平和的人，越能够相对完整地保存自己的生命存在，消耗与损失也便越小。每每读谦卦，感触都很深。谦逊是保持美德的关键，行有谦逊，才能够把持德性，骄傲自大则必失道德。而且，一切德性的推扩，都须以谦、谦谦、再谦谦为基本态度。谦是德中之德，不可不重视。没有谦心打底，浮躁、傲慢，你所开展的一切活动都称不上有德。

裴健智： 坤山为谦，谦为兼，《周易证释》认为，这卦吉就是因为综合了连山易（艮为首）、归藏易（坤为首），兼二易，同时可以兼二教（儒道）。

余治平： 谦德的积极修为与自觉塑建，刘向在《说苑·敬慎》中曾经概括六种路径："德行广大而守以恭者，荣；土地博裕而守以俭者，安；禄位尊盛而守以卑者，贵；人众兵强而守以畏者，胜；聪明睿智而守以愚者，益；博闻多记而守以浅者，广。此六守者，皆谦德者。"

（整理者：贡哲 浙江大学哲学系本科生）

（本卦校对：刘杨 中国人民大学哲学院硕士生）

时　　间：2016年1月25日22：00 — 23：35
导读老师：林文钦（台湾高雄师范大学国文系教授）
　　　　　章伟文（北京师范大学哲学与社会学院教授）
课程秘书：黄　桢（中国人民大学哲学院硕士生）

柔顺以动 逸豫和乐
——豫卦卦辞明解

16 豫卦

坤下震上

【明解文本】

豫：利建侯行师。

《彖》曰：豫，刚应而志行，顺以动，豫。豫顺以动，故天地如之，而况"建侯行师"乎！天地顺以动，故日月不过而四时不忒。圣人顺以动，则刑罚清而民服。豫之时义大矣哉！

《象》曰：雷出地奋，豫。先王以作乐崇德，殷荐之上帝，以配祖考。

【讲课内容】

林文钦：

　　[前言]豫卦是《易经》六十四卦之第十六卦，易数是四十八，下卦是坤卦，卦象地，上卦为震卦，卦象雷。雷地豫（豫卦）顺时依势。豫卦是异卦（下坤上震）相叠，坤为地，为顺；震为雷，为动。雷依时出，预示大地回春。因顺而动，和乐之源。豫卦有三个层面的意义：一是预备、预防，有备无患；二是有余、宽裕；三是豫乐、逸乐。

　　"豫"通"预"，预备、预防的意思。《系辞传》："重门击柝，以待暴客，盖取诸豫。"即取预备、有备无患之义。有所预备者就能够宽裕，事情有余裕，这也是豫的第二层意思。豫，从予从象，本义是大象中的大象。象已够大，大象中的大象旨在表现形体很大，又引申为裕，宽裕的意思，又有娱乐或愉快的意思。帛书作"余"，即取其宽裕而有余之义。宽裕者则得以安逸、豫乐，即《象传》所说的："豫，先王以作乐崇德。"马融曰："豫乐也。"

《归藏》卦名为"分"，秦简及清华简皆作"介"，这两个字形体不但相近，而且意思也可相通。分为分别，介则是分界，划清界线之义。介，即豫，传本《归藏》作"分"，王明钦、廖名春二先生已指出"分"是"介"之形误。廖先生还认为，因"介"与"豫"古皆训"大"，义同而通用。介，本义为甲胄或武士，与豫备之义是互通的，都有戒备、防备之义。介又可解释为大，如晋卦六二"受兹介福，于其王母"，王弼注："受兹大福于其王母也。"虞翻注："介，大也。"这又与豫的本义互通，豫本是象中之大者，用形体之庞大引申为宽裕、有余、豫乐的意思。至于"介"与"分"解释为界限与分别，可与谦卦古卦名"兼"（兼并之义）相对。兼并为合，与兼并相反的当然就是分别、分介（界）了。

综观豫卦，其核心意义当为豫乐、安逸，但背后亦有预备、预防的意思，这是因为"生于忧患，死于安乐"，豫之逸乐当以有备无患而能宽裕作为依靠，而耽溺、流于怠惰则凶。

卦象为内坤顺，外雷震，雷出地上，柔顺以动。这是一种顺水推舟、顺其自然式的行动。反观大壮卦为刚健于内，雷动于外，为刚以动，是一种强力式的行动，因此容易产生冲撞与冲突。雷震为春，雷在地上即春临大地之象，所以《象》曰："雷出地奋，豫。先王以作乐崇德，殷荐之上帝，以配祖考。"豫卦为雷动振奋的时候，大地鼓舞，万物繁茂。因此古人以此开始作乐以崇扬道德，祭祀上帝与祖先。

正所谓"乐者为同，礼者为异"，豫道重在和同，因此其吉道为感情的交流，用心倾听。忌则在于不知节制，流于淫逸、耽溺、怠惰。《杂卦传》"豫怠也"就是以豫之流弊而言的。

就卦序来看，豫卦与谦卦是相综的一对对卦，继同人卦、大有卦而来，分别代表礼乐之道，礼与乐是儒家治国理想的两项主要措施，礼道可从履卦与谦卦之中得见，履卦与谦卦彼此旁通，为礼的一体两面，一实践于外，一虚心于内，谦卦亦可谓礼之内化。而豫卦讲的则是乐，也就是以娱乐、音乐来教化并陶冶心性。因此就儒家来说，谦卦、豫卦皆关乎民心之治理。

就六爻来看，九四为豫卦之主，一爻居于互体坎之中，上震卦之初爻，为志行之象（坎为志，震为行）。九四下为坤卦三爻所承，为众应之象（坤为众，阴承阳为比应），因此《象传》说"刚应而志行"。

"豫，利建侯行师。"黄寿祺《周易译注》译文："豫卦象征欢乐，利于建立诸侯、出师征战。"金景芳《周易全解》："豫卦卦名的这个豫字，含义比较复杂，据古人的解释，它至少有三个不同但却相近的意象。逸豫，安逸休闲；和豫，和悦顺畅；备豫，事有预备，见微而知著。逸豫与和豫，意义相近相通，都有乐（与忧相对）的意思。备豫，看来与乐似乎不相关涉，其实也是有联系的，因为备豫可以这样理解：凡事有预备，极易获得好的结果；好的结果到手，自然可以安逸和乐了。由备豫而导致安逸和乐还可以有另外的解释：彼一代人创造条件，打下基础，此一代人只管承受就是了，不必劳苦，也会得到安逸和乐，即所谓前人种树，后人乘凉。"

黄寿祺《周易译注》译文："《彖传》说：欢乐，譬如阳刚者与阴柔相应而心志畅行。又能顺沿物性而动，就能导致欢乐。欢乐，既然是顺沿物性而动，那么连天地的运行都像这样，何况建立诸侯、出师征战这些事呢？天地顺沿物性而动，所以日月周转不致过失，四季更替不出差错；圣人顺沿民情而动，于是运用刑罚清明、百姓纷纷服从，欢乐之时包含的意义多么弘大啊！"

豫卦最重要在"时义"，《易经》的精神也在"时义"。

时义

孔颖达《周易正义》认为"时义大矣哉"，是《彖传》作者对本卦含义深广的叹美之辞，他说："凡言不尽意者，不可烦文其说，且叹之以示情，使后生思其余蕴，得意而忘言也。"

高怀民于《先秦易学史》中认为言"时"十二卦，是因"深感于'时'之极端重要"，才会有"大矣哉"之叹，他说，《彖传》之言时，尤其是其中十二卦之言"时用大矣哉""时义大矣哉"可知孔子又非深感于"时"之极端重要，何能发此深长之叹？豫卦、遁卦、姤卦、旅卦，四卦所以言"时义"，项安世在《周易玩辞》认为，豫卦、遁卦、姤卦、旅卦，皆若浅事而有深意，故曰"时义大矣哉"，欲人思之也。

"时义"的意义，在说明每一卦都代表着特定时间条件下的具体事物，卦时决定卦义。《系辞下传》说"六爻相杂，唯其时物也""皆若浅事而有深意"，是说卦义的事理虽浅但意义深远，所以《彖传》特用"大矣哉"来赞叹，其目的在引起人们的深思和重视。

程颐在《程氏易传》中说："豫、遁、姤、旅言时义，坎、睽、蹇言时用，颐、大过、解、革言时，各以其大者也。"

刘百闵在《周易事理学序论》中，对"大"加以解释："'大'便是指重要性而言。"在《周易事理通义》中，更进一步说明："六十四卦皆有其时，有时则有义，有义则有用；单言时，则义与用在其中矣；言义未尝无用，言用未尝无义，各就所切而言。豫、随、遁、姤、旅言时义，坎、睽、蹇言时用，颐、大过、解、革言时，而皆曰'大'。法象莫大乎天地，今天地顺动矣；悬象着明莫大乎日月，今日月不过矣；变通莫大乎四时，今四时不忒矣；备物以致用莫大乎圣人，今圣人以顺动，刑罚清而民服矣；故云义大。"

张善文在《周易辞典》中对"时义"加以解释，谓《易》卦所展示的特定的"时"及其时所蕴含的深刻意义；后亦引申为适应时代而产生的价值意义，犹言"时宜"。

在豫卦、遯卦、姤卦、旅卦，四卦《彖传》中所言的"时义"，正显示特定的卦"时"及其在"时"位中所蕴含的深刻意义，也就是说为适应时代特定背景而产生的"时宜"的价值意义。豫卦、遯卦、姤卦、旅卦，四卦虽"皆若浅事"然"而有深意"，这重要的价值意义在于虽遭逢"浅事"，但仍能不掉以轻心，凡事"以顺动"。其深意在于要人深思"顺以动"及"时行"的时机，机不可失，失则生悔吝，审时合义就是"时义大矣哉"。

豫卦、遯卦、姤卦、旅卦，四卦的"浅事"有何"深意"？

豫卦的"时义"在顺理而动。"豫"的本义为"象之大者"，《说文》："豫，象之大者。贾侍中说：'不害于物。'从象，予声。"《尔雅·释诂》解释"豫"为"安也""乐也"。引申凡大皆称为豫，大必然较宽裕，宽裕则较能安顺喜乐。豫卦继谦卦而起，《序卦传》云："有大而能谦必豫，故受之以豫。"生活宽裕富有，内心才德充实又能谦顺自处的人，必然为人所喜，而有安逸和乐的效果。

豫卦，外卦震，"震，动也"；内卦坤，"坤，顺也"。《周易集解》引郑玄云："坤，顺也；震，动也。顺其性而动者，莫不得其所，故谓之豫。豫，喜豫、说乐之貌也。"此卦下坤上震，所以有顺性以动的意义。同时，"震为雷""坤为地"，雷奋动于地上，万事欣欣向荣，有喜乐的意义。

然而《杂卦传》云："豫，怠也。"以怠为豫义，此别有深意在。盖逸乐虽为小事，但不能轻忽，因为逸豫容易心怠，心怠而纵容于逸乐，最足以败志丧德，小则影响个人身家，大至影响国家社会国计民生。所以《彖传》才有"豫之时义大矣哉"的赞叹："豫，刚应而志行，顺以动，豫。豫，顺以动，故天地如之，而况建侯行师乎！天地以顺动，故日月不过而四时不忒；圣人以顺动，则刑罚清而民服；豫之时义大矣哉！"

豫卦主体精神在谈安逸和乐，如何才能安逸和乐？首先需"刚应而志行"，九四刚为众阴所应，刚既得众应，则刚的行动必为柔所乐从，所以《周易浅述》云："一阳统众阴，有行师动众之象。"然而，必须上下和乐，才能万众一心，众志成城，收效卓著。主动而众顺，所以豫乐。

豫卦《彖传》在说明卦体为"刚应而志行"后，反复强调卦德是"顺以动"，揭示"顺动"才是致豫的道理。"顺以动"，是以"顺"字为重，强调的是"顺"而不是"动"。卦名为豫，关键在于"顺"，假使上动而下不顺，或者动而不以顺，也就谈不上豫了。

所谓"顺以动"，即顺应自然的规律，遵循社会制度以行事。所以说："天地以顺动，故日月不过而四时不忒。圣人以顺动，则刑罚清而民服。豫之时义大矣哉！"宇宙为一大秩序，日月所以不过，四时所以不忒，均赖"顺以动"以维系主宰。所以日则昼见，月则夜出，日月的运行无过错；春生夏长，秋收冬藏，四时的循环无差错。天道如此，人事亦然。则圣人治天下，化万民，亦当以顺动。

高亨在《周易大传今注》中说："然所谓以顺动者，乃应其时而动也。动应其时则为顺，动不应其时则为逆。"

豫卦《象传》非常重视"顺以动"，"顺以动"乃是天地人三才都应遵循的基本法则，所以圣人行事顺以动，则政法清明，万民顺服。天道人道都不失"顺以动"的法则，正如王船山在《周易内传》所说："天地顺其度，圣人顺于理也。"

"顺以动"乃一切行事成败吉凶祸福的关键，所以安和逸乐的追求应以顺时义为依归。明审其时，详度其义，如此，则在于心而不怠不逆，在于人而无拂无悖，随行而无不顺，此所以说："豫之时义大矣哉！"（参见林文钦《周易时义研究》）

黄寿祺《周易译注》译文："《象传》说：雷声发出、大地振奋，象征'欢乐'，先代君王因此制作音乐，用来赞美功德，通过隆盛的典礼奉献给天帝，并让祖先的神灵配合共享。"

金景芳《周易全解》："古人认为雷从地中出。地中阳气潜闭既久，一旦奋迅而出，阴阳相薄而成雷。雷有鼓动和气，发扬生机，通畅和乐的效用，所以坤下震上这一卦名之曰豫。'先王以作乐崇德，殷荐之上帝，以配祖考'，前一个'以'字作用字讲，后一个'以'字作而字讲。'殷'是盛的意思；'配'是妃、对的意思。先王用"雷出地奋豫"的现象作为样式，象其和之声，取其和之义，制作声乐，发扬光大自己的功德。在祭祀时将这声乐盛大地奏给上帝听，而又将自己的德与祖考相匹对。对上帝用'荐'字，对祖考用'配'字，其实是互文见义。荐之上帝，也包括荐之祖考。祭祝上帝奏乐，祭祀祖考也奏乐，规模都是盛大的，以德配祖考，也包括以德配上帝。总起来说，是讲豫卦的意义很深远，既荐之上帝，又配祖考，这样重要的'作乐崇德'就是受'雷出地奋豫'的启示而作出来的。"

[心得] 最好的享乐莫过于内心的和谐与平衡，物质的享乐终不会长久且易生祸端，明智的人总是节制物欲，寻求一种心灵的满足。豫者，乐也，悦也，即玩乐、享乐之意。《诗经·小雅·白驹》有云"逸豫无期"，逸豫，即享乐。逸豫无期，是享乐无度之意。人都渴望享乐，享乐是渴望的实现与内心满足的必然。享乐是一个人终于实现了自我的标志。会享乐的人是真正懂得生活的人。

但享乐绝不可以"逸豫无期"，享乐要有节制，享乐无度是不好的。恰如豫卦爻辞所云："鸣豫，凶。"鸣，"有所宣泄曰鸣（引自《中华小字典》）"。宣鸣，即宣泄也。韩愈《送孟郊·序》中说"大凡物不平则鸣"。鸣者，宣泄也。鸣豫，字面意思是宣泄享乐之意，也就是享乐无节制之意。享乐无节制是不好的，是"凶"。因此，人绝不可以逸豫无期，享乐过分了，必然乐极生悲。那么如何节制自己的享乐呢？豫卦六二爻云："介于石，不终日，贞吉。"介者，界也。介于石，即以石为界。此石指心正之意。该句大意是说，人对于享乐都是心驰神往的，甚至有的人耽恋于享乐而不能自拔。明智的人以心正如石，享乐不过此界，中正自守，如此才不至沉溺于享乐而不能自拔。

享乐的要旨在于保持内心的和谐与平衡。有的人终日花天酒地却心情抑郁、恐慌不安，有的人虽生活清苦但内心安宁、悠然自得，这后一种才称得上是真正懂得享乐。享乐是一种内心的满足，外表的浮华不过是一种肤浅的暂时快乐，是一种宣泄，绝不是享乐。

豫卦的豫字，义为畅遂逸乐，就是气化通畅生机蓬勃的两种境界。豫卦的构成，是坤地在下而震雷在上，孔子在大象里面说"雷出地奋豫"，本来雷是蕴藏在地内的一股热能，到了升出地面之上而成为雷，这就表示里里外外上上下下的气化都已经通畅了，一切生机便随之鼓舞而振奋。万物在秋冬两季，因为天地之气闭塞，多半是凋残衰落或萎缩蛰伏，可是一经春雷勃发，草木萌动，昆介化生，整个宇宙，无一而不生机活泼、欣欣向荣。就人的身体来说，如果气化郁结，上下内外之气不通，肚子里面老是叽叽咕咕的，这就要影响到全部的健康，诸如饮食锐减、头目昏沉、四肢无力、精神萎顿，甚至于造成严重的疾病。疾病的主要原因就是气化不通，气化要是通畅了，胃口就开了，头目也就清醒了，四肢也就感觉到有力了，而精神便会为之一振。根据这些现象，我们可以知道，由宇宙到我们的本身，能不能振奋起来，就在乎气化能不能够通畅。

至于社会国家，当然也离不开这种法则，我们常常听说，什么"祥和之气"是象征兴隆，什么"乖戾之气"是象征破败。其实，这"祥和之气"就是指的气化通畅，这"乖戾之气"就是指的气化不通畅。任何的社会或者国家，在纵的方面，假如是上下不相谋，则政府做政府的，人民做人民的；在横的方面，假如是彼此不相顾，则你打你的主意，我打我的主意，完全被乖戾之气所笼罩。这就如同一个病态的人，头脑想得到的而手不能动，手能动的而脚不能行，脚能行的而身体又支持不住，所有五官百骸都因为气化不通而脱了节。在这样情形之下，如何能够振奋得起来？那么我们遇到这样情形又该怎么办呢？那就另外要想出种种的疏通上下的气化办法。

上下内外的气化都疏通了，便显出同声相应、同气相求，自然是一举成功。所以豫卦的卦辞是"豫，利建侯行师"，此理也是养生的经典。

《大象传》中"雷出地奋豫"这句话，还有个时间上的机宜，就是"雷出地"才可以"奋豫"，并不是任何时间都可以振奋而起，畅豫而行。中国擅长武术的拳师们，用拳头去打人，是要等到拳头接近对方的身体，才使尽全部气力灌注在拳头上，然后这一拳才比较有力，可以打伤对方。假使握起了拳头，到拳头接近对方的身体时，气力已经不够了，那这一拳就是所谓的绣花拳，没有什么作用。因为人的气力是有极限的，尤其是阳刚之气，属于气力之前的一种主宰，更是有极限的，不能够随便发动。随便发动，到后来就无法发动，所以对于社会国家，激发民气，应该看准机宜，不可以太轻率，否则，民气便要遭受损伤而成为松了劲的弹簧，再也挺不起来！我们要知道，"一鼓作气，再而衰，三而竭"。

[占断] 占到这卦时，像雷奋出于地上之象一般，人与诸万物都到了奋进而出动的时候。从前屈居低下的人开始为社会所认识，一向不合流行而不得销售的商品也将遇到机会与时流相投合而销售出去，如此等等。渐渐见其喜悦的时候。

不过，雷之为物，有声而无形影。所以从另一面看来，只是虚有其名而没有实效实利可言。同时，豫悦与豫逸又是相通，往往会导致懈怠而失败，以致不仅得不到幸运却反而造成灾祸。这点在占断时必须配合事实去运用才好。

占问气运时，当然要看看事实的情形，配合推断其由何而来、由何而去。例如，多年辛苦努力受到了赏识，又被提升。本来阻塞不通的局面已经打通，到了悦乐的阶段。可是地位虽然晋升，这里面却隐藏着空虚与过失的征兆，所以不得不特别警惕。

凡事只求适可而止，就能维持平顺。现在重新开始的事，对我方有利，可以着手去做。但是不必主人亲自出面，还是委任干部（利建侯行师）代理洽商为宜。

【讨论内容】

靖　芬：　《大象传》"雷出地奋豫"的断句，"雷出地奋，豫"和"雷出地，奋豫"都有，但解释就有些差异，但老师的说明两者都有，是要看时机来判断吗？

林文钦：　《易》，具一事多义性。

叶秀娥：　"顺以动"乃是天地人三才都应遵循的基本法则，所以，顺天而行，是万事万物和乐之基础，违天逆时，自然不能悦乐，因为不顺。以人而言，生理时钟，是一种人身的天地之道，不顺此时钟，夜而不眠，昼而不行，如何身心和乐，身影响心。豫卦各家多以豫乐而解，各爻戒逸乐之辞多，六二之乐也在于戒慎恐惧之中，防乐极生悲，老师以娱乐、教化解之，为民心之治，此说真是独到。

林文钦：　人之不快乐在于郁，要解郁就要豫，豫在于上下、内外气化通畅。

孙福万：　闻一多先生曾考证豫与象通，原义为象乐，即周武王时之象舞，亦汉时大予之舞、晋时大豫之舞也很有趣。

裴健智：　谦卦主静，豫卦主动，虽然动，但也要顺应天时。

温海明：　也要顺性而动，气息才能通畅。请林老师多讲讲道家和道教易。

叶秀娥： "雷出地奋豫"这句说到时间上的机宜，雷出地是时机，但没有预备好，累积实力，如何乘势奋力一搏。原来，豫卦的预备是隐藏在时机的意义下。

靖　芬： 蓄积能量，待机而发。人与人之间也是这样。

（整理者：王璇　中国人民大学哲学院硕士生）

得意忘形 乐极生悲
——豫卦初六明解

时　间：2016年1月26日22：00 — 23：35

【明解文本】

初六：鸣豫，凶。

《象》曰：初六"鸣豫"，志穷凶也。

【讲课内容】

林文钦：

[注释] 鸣，鸣叫，犹言津津乐道、喋喋不休。豫，借为娱，享乐。穷，谓满极。

[译文] 初六，自鸣得意，高兴过了头，结果乐极生悲，必遭凶险。《象传》说：豫卦的第一位（初六），自鸣得意，高兴过了头，说明它没有雄心壮志，志向容易满足。一满足，就得意忘形，结果必遭凶险。

疏解："初六"阴爻阳位不正，是小人。但"初六"与"九四"阴阳相应，在上层有强大的援助，能够随心所欲，得意洋洋，不知不觉地高声唱了起来，这种自鸣得意的态度，当然结果凶恶。《象传》说：这是得意忘形，所以凶恶。

傅隶朴《周易理解》："初是阳刚之位，六是阴柔之爻，阳刚是有才有德的，阴柔是无才无德的，以无才无德之人而居有才有德之位，其位绝不可能由正大光明的途径获得，必是用便辟，用善柔，用便佞等手段，以赢取在上者的欢心而获得，这类小人既以不正获宠，亦必以不正固宠。不正岂能久安？其终久必凶，故曰鸣豫凶。所谓鸣豫者即取宠的意思。《汉书·佞幸传》赞曰：'柔曼之倾意，非独女德，盖亦有男色焉，观籍闳邓韩之徒非一，而董贤之宠尤盛；父子并为公卿，可谓贵重，人臣无二矣。然进不由道，位过其任，莫能有终，所谓爱之适足以害之者也。'本爻所指，正是此辈。"

对于《象传》，傅隶朴《周易理解》又说："小人既以邪行得宠，不知所以持其宠，势必穷奢极欲，自鸣得意，因豫而凶。志穷即穷奢极欲之意。"

豫卦"时义"为安乐，"爻者，适时之变"，初六以柔居阳，不得位，又是豫的开始，其自身并不具备安乐的条件。但初六与主爻九四相应，相应则相和，和则鸣，故言"鸣豫"。是说初六自身无豫，因应九四有豫就非常自得，以致嘻笑而有声，此非处豫之正道。因其自满于他人之乐而乐，岂能不凶。

鸣是心中有感而发出声音，是感情的自然表达，然而感情的性质有所不同。谦卦上六"鸣谦"是鸣，豫卦初六的"鸣豫"也是鸣，但是两个鸣的情状、意义是不一样的。谦之上六因感于九三而"鸣谦"，有不乐居上之意，是鸣而求谦，所以吉。豫之初六因感于九四而"鸣豫"，有耽于逸豫之意，是豫而自鸣，所以凶。

逸豫是好事，处理不好便是坏事。荒于逸豫是坏事，开始便荒于逸豫而又不知戒，尤其坏。初六鸣豫，在豫之初即鸣，可知器量已尽，志气已穷，怎能不凶。

黄寿祺《周易译注》："'鸣豫，凶'，指初六阴居阳位，以失正之体上应九四，有欢乐过甚、自鸣得意之象，故'凶'。王弼注：'处豫之初，而特得志于上，乐过则淫，志穷则凶，豫何可鸣。'"

[心得] "初六"阴爻居阳位，不正。但"初六"与"九四"阴阳相应，在上层有强大的援助，能够随心所欲，得意洋洋，不知不觉地耀武扬威起来，这种自鸣得意的态度，轻浅如是，结果当然是凶恶。

鸣豫：与谦卦的"鸣谦"相对应，指大张旗鼓地宣扬预备、预防、预谋等，含有泄密之义。

"初六"爻辞的"鸣豫，凶"，这是和谦卦"鸣谦，贞吉"对应的一爻，"谦"可以"鸣"，"鸣"则吉祥，它可以利用他的声名去德服一些邑国；而"豫"则不可"鸣"，"鸣"则泄密，泄密则有覆军亡国之祸，故曰"鸣豫，凶"。

[占断] 占到这爻时，凡是自己所预料的事，大概都会落了空。因为这个时候，很容易指望一些不可靠或会落空的事。所以还是自己培养实力，以求自存之道要紧。

运气衰颓，凡事不得如意。在失意中固然会订立计划以期能够循行。然而没有可靠的人愿意支持，也就不能脱离困境了。隐忍自重、不指望他人为当前切要之任务。这一爻一变变为重震，显示会有惊恐之事。日常多注意身边的安全为宜。有人在外引诱，为此而动了心。然而，现在还不是时候，不宜动。

【讨论内容】

林文钦： 鸣谦则吉，鸣豫则凶，何也？谦可鸣也，豫不可鸣也。鸣谦，有名而能谦，哪有不吉？

叶秀娥： 呼应老师的说法，志穷是气量小，说远一点，就是人无远虑，必有近忧。现在欢乐，是因为智慧不够，看不到旁人感受以及未来的阻碍，得意忘形，不知已招忌而影响未来进路的凶。

林文钦： 其实此爻点出现实社会人事纠葛的现象。攀龙附凤自以为是者，此爻意也。古今此现象皆有之，所以要其介如石。

裴健智： 初爻过分沾沾自喜，就在于受到了主爻（九四）的正应。并且自己过分地享乐了。刚才提到"初六，地之初，九四，雷之初，二者交应，雷声初出地也，故为鸣豫"，初爻可以这么讲吗？不应是六三和九四才能说是雷出地，鸣吗？初爻还在地下。

叶秀娥： 豫之初，若想成好的开始，诸事皆顺，上有应援，岂不完美，但此时更应戒慎恐惧，而非到处鸣，凶所指大概是这种不知福祸相倚的人。

裴健智： 从象上讲呢？谦卦讲鸣，豫卦也讲鸣，从象上讲，应该是小过卦（有飞鸟之象，才能鸣）。

温海明： "鸣"的取象可以讨论。

林文钦： 古人认为天寒时雷入地中，天暖雷出地上。震为春，时为春季，正是阳气出于地上之时，所以万物欢乐。鸣的取象，非单指鸣叫。

裴健智： 马恒君说，震为鸣。谦卦也是取的震象。

林文钦： 谦卦鸣谦的"鸣"可借为名。

罗仕平： 豫之初原为复至四，下来让复至初九升成九四，雷在上面响，初六也因让位沾光，且自鸣得意？

林文钦： 震为雷，所以雷鸣。马恒君之说应是如此。

裴健智： 复卦从初爻到九四，也说得通。初爻一般主静，不宜动。这个初六是不是过分得意洋洋，过分动了，没有遵从这一爻本身的动静。

林文钦： 有背景，然九四也失位，初六与之应必凶。

陈鹏飞： 处在初六的位置上很难不沾沾自喜、自鸣得意，上有九四的支持和爱护，一切看起来都是那么顺遂愉悦，很容易得意忘形。这一爻提醒我们随时随地都要注意约束自己的言行，否则很容易给他人带来不快，自然也就不会吉祥。

裴健智： 看来，自己不好，应的爻也不好，当然就是凶了，自取其咎。

林文钦： 依附权臣，下场必然凶险。安贫乐道好。

罗仕平： 九四虽不当位，爻辞貌似还过得去？

林文钦： 六二爻有玄机。

裴健智： 期待天机。

林文钦： 九四有条件。

罗仕平： 一阳聚众阴，表面也有得意的资本了。

叶秀娥： 但九四不得位，也惴惴不安。

林文钦： 九四承六五要善终需智慧。

叶秀娥： 伴君如伴虎。

林文钦： 自古至今，九四者流能善终者有几人？

叶秀娥： 急流勇退者可善终。

罗仕平： 如范蠡。

叶秀娥： 但舍不得退的更多。

林文钦： 功成名遂身退，天之道也。

罗仕平： 如严子陵。

林文钦： 又如张良。

叶秀娥： 杯酒释兵权，算是赵匡胤给众功臣最好的退路。

林文钦： 没有一个卦是好卦，也没有一个卦是坏卦。爻也是。

裴健智： 关键还是要根据每一卦每一爻本身的状态去行事，而非跟随自己的主观愿望，也就是要顺应天道。

林文钦： 如坤卦"西南得朋，东北丧朋"。一般都称西南吉，东北凶。其实不然，西南坐轿，东北坐直升机。后天八卦西南坤位所以同类为朋，东北艮位为阳卦为尊，代表长官，朋友帮忙曰抬轿，长官提携曰坐直升机，何者为快为稳？

叶秀娥： 西南坐轿，一堆能力差不多的人抬来抬去，无害却无法高升。

林文钦： 坊间解说多有误。

裴健智： 前后文联系就应该是朋为狐朋狗友（迷），丧朋为吉。

林文钦： 解《易》宜理象数兼融。

罗仕平： 其实都不错，听着丧朋就给吓着了。

林文钦： 东北丧朋正合乾坤之义。

（整理者：张馨月 中国人民大学哲学院硕士生）

坚毅如石 介然不动
——豫卦六二明解

时 间：2016年1月27日22：00 — 23：10

【明解文本】

六二：介于石，不终日，贞吉。

《象》曰："不终日贞吉"，以中正也。

【讲课内容】

林文钦：

[**注释**]六二：阴爻阴位，得正，居中位，性格柔顺中正。介于石：介，坚固、坚毅；于，如。

黄寿祺《周易译注》："'介于石，不终日，贞吉'。介，耿介正直之状。于，介词，'犹如'。这两句比喻六二柔顺中正、耿介如石，当'豫'之时，能不苟且求豫。'不终日'即'知几'，速悟'豫'理，如此守正必吉，故称'贞吉'。王弼注：'处豫之时，得位履中，安夫贞正，不求苟豫者也，顺不苟从，豫不违中，是以上交不谄，下交不渎。明祸福之所生，故不苟说；辩必然之理，故不改其操：介如石焉，不终日明矣。'"

[**译文**]六二，坚毅如石，不可终日欢乐，坚持中正必然获得吉祥。

《象传》说，六二所以能够介然不动，静守中道不移。关键在于能悟知欢乐必须适中的道理，守持正固可吉祥是因为阴居阴位居中持正。

[**说明**]是说六二有操守，如同疆界之石标那样坚定不移，六二得位得中，上而无应则能不为外物所牵引，处豫卦之时，上下各爻多沉溺于安乐，而六二坚贞自守确然不动于心，处豫而不豫，能见机而作，识断果决，不待一日之终竟，立即以逸豫为戒，去偏邪而守正道，则能常保其吉。

《系辞下》："子曰：知几，其神乎。君子上交不谄，下交不渎，其知几乎。几者，动之微，吉凶之先见者也。君子见几而作，不俟终日。易曰：'介于石，不终日，贞吉。'介如石焉，宁用终日，断可识矣。君子知微知彰，知柔知刚，万夫之望。"

此谓君子坚而速变为柔，乃见几而作。初六上交以谄而鸣，故凶。六二其介如石，居中履正，既无鸣豫，也无盱豫，故吉。

传统解释以介为耿介，言人品格耿介坚定如石。依《系辞传》，"介于石"即介如石，言对于事理之分辨清楚而坚定如石。"不终日"言判断决策之快速，不等一天过去就可以见机而行事，贞正则吉。

人绝不可以逸豫无期，享乐过分了，必然乐极生悲。那么如何节制自己的享乐呢？豫卦六二爻云："介于石，不终日，贞吉。"介者，界也。介于石，即以石为界。此石指心正之意。该句大意是说，人对于享乐都是心驰神往的，甚至有的人耽恋于享乐而不能自拔。明智的人心正如石，享乐不过此界，中正自守，如此才不至沉溺于享乐而不能自拔。

六二为什么能够这样？因为六二居中得正，又无系应，有坚确自守之象。但这只是说六二在客观上有居中得正的条件，若要将可能性变为现实，真正获吉，必须在主观上努力做到贞，即守正不移。六二之所以能够介然不动以静守，断然不疑以行动，全部问题的关键在于它以阴居阴，居中得正。

《系辞下》："子曰：知几其神乎！君子上交不谄，下交不渎。其知几乎！几者动之微，吉之先见者也。君子见几而作，不俟终日。易曰：'介于石，不终日，贞吉。'"

此言豫乐有所节制，豫道以节制为吉。不终日言有所节制，不至终日即停止。六二居互体艮之下，知所止之象。

[疏解] 为了防止"鸣豫"现象的发生，还必须具备如同石头一样坚强的意志和刚毅的品德，以及高度的自我克制能力。人的天性总是喜爱欢乐、享受，过轻松自如的日子。可是，这样很危险，会使人们沉溺于享乐而徘徊不前，造成危机。因此，欢乐必须有节制，适可而止。千万不可终日追求享乐、玩乐，耽于温柔富贵乡，以致不可自拔。适当地欢乐、调剂精神、恢复疲劳是必要的，但决不可过度，一定要做到"不终日"。这样，对于个人的身心和事业都会有好处。欢乐的真正目的也正在于此。但要做到这一点，必须坚持'中正'原则，不偏不倚，不走极端，恰到好处。《周易》的这种中正思想，为儒家学者所继承，发展为重要的"中庸之道"，成为影响中国社会数千年之久的道德规范。

《周易》认为，中正原则在豫卦氛围中应该体现在人际关系方面，具体的表现就是"上交不谄，下交不渎"。对待地位比自己高的人，尤其是顶头上司，决不可奉承、谄媚，不可摧眉折腰，务必保持自身的尊严和荣誉。对待比自己地位低的人，尤其是下属，决不可轻慢他们。这两点是至高无上的人生价值的体现，决不可亵渎。诸葛亮教育自己的儿子交朋友一定要做到"温不增华，寒不改叶"（诸葛亮《论交》）。朋友得意时，不必特意套近乎，朋友失意时，也不要冷淡他，还同平时一样。友谊要四季常青，不受外界的干扰。"上交不谄，下交不渎"是做人的基本准则，不可不深刻体察。真正实践了这项基本准则，更大的好处还在于可以使人的智慧升华到"知几"的程度。知几就是有先见之明，既可以洞察秋毫之末，也可以对天下大事了如指掌，深刻理解刚柔的道理，懂得进退的原则。以这种智慧去处理人生，处理世事，必然是大吉大利。

"介"也是狷介、孤高的意思；"于"当作"如"解释；"豫"是欢乐，但欢乐却容易使人沉溺，反而陷于忧患。在豫卦中，只有"六二"居中位，阴爻阴位得正，象征上下各爻都沉溺于欢乐中，唯独他保持清醒，坚守中正，像石头般坚定不移，随时都慎思明辨，看破吉凶，由于纯正，因而吉祥。这一爻，强调在安乐中不可沉溺，应保持警觉。

[**占断**] 目前宜特别注意，绝对不做分外的干涉，也不去伸展，始终固守之。另一种解释是很灵敏地处事得宜。这里指出迅速发现其破败的征兆，便开始防御其大败。

处事勿轻举妄动，谋求进出。现在计划中的事，也该等待机会之来临。

不可以进取。一旦进取，怕只会带来别离。最好适可而止，不要深入。

过分的愿望企求，不得通达。故示谄媚以讨好在上的人，或以怀柔政策拉拢在下的人，终归徒劳而无功。

【讨论内容】

裴健智： 为何九四爻本身还算不错，跟他有关的爻却都不好。是因为不能同享乐，只能同甘苦吗？

林文钦： 这个问题在《系辞传》中就有解答——在于你的态度。豫卦氛围应该体现在人际关系方面，具体的表现就是"上交不谄，下交不渎"。

裴健智： 这个象是取六二变阳爻为离卦？

林文钦： 二爻至四爻互艮，也暗示到四爻为止，五爻不可登也。

叶秀娥： 六二对于豫乐的处置，就是能乐而以为戒，能知万事皆在变，比起初六，显然内敛沉稳，满招损，谦受益，六二表现了对待豫乐的态度之智慧。又说豫有预备的含意，凡事有预见、洞见于先之明，就能事先预防，不至于乐极生悲，长保豫和之乐。六二与主卦无应，也表示由自己而生，而不是应人而出的豫乐，才是真豫。否则一天到晚牵系于他人的因素，如何能自在无虑地豫。故其介如石的豫，实在有不同层次的意涵。修心，由自心观照而得豫，才是真吉之豫。各卦之爻之间，多以有应有援为佳，唯独豫卦二爻，以无应最为清新自在，说明豫乐要自我自心的内在产出，而不是受外界操控的情绪之乐。

【性命双修】

陈鹏飞： 道教讲性命双修，好像佛家比较强调明心见性，对身体的修为好像说得不太多。是这样的吗?

林文钦: 有些先修性而后修命,有些先修命而后修性。

尚　旭: 需要往复提升。

林文钦: 冲脉很重要。

崔　圣: 北方道教讲性命双修。

林文钦: 虽讲性命双修,但似乎难免因人而有所偏好,再就是对性功的体认境界高低。上清派所以没落即在此。

(整理者:黄仕坤　中国人民大学哲学院硕士生)

佞媚处豫　进退失据
——豫卦六三明解

时　间:2016年1月28日22:00—23:43

【明解文本】

六三:盱豫悔,迟有悔。

《象》曰:"盱豫有悔",位不当也。

【讲课内容】

林文钦:

[注释] 六三:阴爻阳位,不中不正,性格阴柔且失正,一副小人的形象。盱,睁开眼睛向上看。

[说明] "盱"原义为张大眼睛,或是睁眼往上看的样子,这里有讨好别人或奉承谄媚之义。盱也可作夸大之义,盱豫,即夸大之享乐。豫宜节制,夸大之豫乐宜及早停止,因此说悔迟有悔。姚信作"盱豫",同"旭豫",旭为日出的意思,盱豫,谓一早就享乐。这三种文义中,以第一说较普遍。第一个悔字是劝诫之辞,告诫悔改。后一悔字为吉凶之判断,

即后悔、悔恨。《系辞传》："悔吝者，言乎其小疵也。""悔"介于吉凶之间，行为虽有小瑕疵，还不至于凶。若能够及时改过，则可转为吉，否则变为凶。

[译文] 六三：谄媚取悦上司图谋享乐，导致悔恨，悔悟得晚了要悔上加悔。六三，用谄媚奉承、暗送秋波的手段取悦上司，以求得自己的欢乐，这势必导致悔恨。如若执迷不悟，悔恨不及时，就会招致更大的悔恨。《象传》说：用谄媚奉承、暗送秋波的手段取悦上司，以求得自己欢乐，这势必导致悔恨，这是六三爻所处位置不正的缘故。

[说明] 传统解释"盱豫"为奉承谄媚的逸乐，悔改为宜。言小人因为接近权势而奉承谄媚以求豫乐，若陷溺其中而迟迟不知回头，将会后悔。傅隶朴《周易理解》："六三以阴柔而居阳位，又在下体之上，是不中不正之象，九四为豫卦之主，六三上乘九四，是小人之伺察在上之动静以为喜悦者。由于小人居心既不正，处位又不当，徒张目仰视在上之喜悦以献其殷勤，有时猜错了在上的意思，反遭斥责，故曰盱豫悔。……因为第一次盱豫生了悔，在后来察见上之喜乐，便迟疑不敢逢迎其乐，于是又受到在上的谴责，故曰迟有悔。迟即是未能适时承奉欢意。这就是一种立身不正的小人，徒以窥看为精神者，所遭遇到的进退失据的悲哀。"黄寿祺《周易译注》："六二知几疾速，以'贞'获吉；六三若悔悟太迟，将悔上加悔。两爻之义适可对照，《折中》引胡炳文曰：'"盱豫"与"介石"相反，"迟"与"不终日"相反，"中正"与"不中正"故也。六三虽柔，其位则阳，犹有能悔之意，然悔之速可也，悔之迟则又必有悔矣。'"

[疏解] 六三像是不中不正的小人，依附在九四身旁，仰人鼻息，察颜观色，毫无节操，没有半点独立的人格。为了贪图个人的安逸、享乐，不择手段地谄媚、讨好上司，以求得残茶剩饭。更有甚者，狐假虎威，作威作福，鱼肉百姓，中饱私囊。这种完全将自己的人格和命运作为赌注，押到权势者身上，依靠趋炎附势、攀龙附凤而生存的小人，绝不可能善终，到头来非后悔不可。权势者往往连自身的命运都保不住，哪里还会顾及到身边的走狗呢？况且每当出现不利的形势时，推出依附身旁的小人"替死"，弃卒保帅，转移焦点，以缓和事态，这是自古至今权势者的惯用伎俩，历史血迹斑斑，俯拾皆是。因此，依附权贵身旁的小人早点悔悟要比晚点悔悟有利。六三"位不当"，《象》说明自身的见识修养太差，不懂得做人做事的基本道理，更不具备六二那种犹如磐石般的立场（介于石）和刚毅的品德（中正）。豫（安乐、享受）能否溺人，完全取决于个人。出淤泥而不染，居闹市而不堕者大有人在。条件优越了，地位变了，绝不是腐败的理由。豫非溺人，是人自溺。

[占断] 占到这爻时，几乎可以和初六爻一样，总是希望分外的事，企求超越自己实力的事，以致于失败。没有脚踏实地只是望着天空行走的人，必将掉进路旁的水沟里，自己陷于困境也给旁人带来麻烦，这是对这爻的比喻。占问运气时，这爻显示，羡慕别人的成就，

抱着很大的志愿，筹划进行。可是自己实力太薄弱，总是无法实现其志愿与计划，到头来辛苦而得不到酬报。这里在教示我们，凡事不可以不自量力，眼高手低。理想固然很不错，却与实力不相配合。所托非其人，不会以诚心良心替你处理，难怪老是不能达成目的。

【讨论内容】

裴健智： 行动迟，是因为前面有艮（止），还有坎（险）。虽然仰视着九四，可是有种种困难，所以犹豫不决。卦里面应该没有险象，毕竟只是悔。而且两个悔的程度一样？

叶秀娥： 金景芳说，六三虽是阴柔却毕竟居于阳位，所以犹有能悔之意，似乎居阳位对六三是个助力，可是居阳位造成不正。我们如何看待阴居阳位的爻呢？

陈鹏飞： 刚才提到这一爻主要是因为不中不正，阴爻居阳位，所以是这种状态，完全理解。只是还想问一下，按说六三也应有坤卦六三含章可贞的德行，为什么在这里不能展现出来呢？

林文钦： 阴居阳位要看爻位。六五与六三就不一样。同时要先看大环境，即卦义。

陈鹏飞： 嗯，明白了，可能是与九四靠得太近的缘故。

裴健智： 因为阴居阳位，所以有归顺九四的意味。

林文钦： （卦义）大环境要先了解。毕竟坤卦与豫卦不同，所以爻象与爻义也就指涉不同。

裴健智： 而且这一爻，上行不行（艮为止，坎为险），六三位也不当，只是悔，是因为有坤为顺？

林文钦： 六三承九四。

裴健智： 我想成谦卦的九三和六四了。

叶秀娥： 归顺和奉承意义不一样。

靖　芬： 陷在互体水山蹇中，就算靠近九四，也很难有所作为，进退失据。

叶秀娥： 总之，这是揣摩上意的悲哀。

林文钦： 活在别人的阴影下。

叶秀娥： 豫卦六三，做事揣摩上意，而不是揣摩民意，真是累。

林文钦： 此爻现象，是自古至今俯拾皆是的现象。

崔　圣： 小人的人格所使！古往今来皆是！

叶秀娥： 如果上意违反民意，上意一改，六三就是替死鬼。这与上面老师所说的"出现不利的形势时，推出依附身旁的小人'替死'，弃卒保帅，转移焦点"正合。

裴健智： 六三还是应该和下面的百姓打成一片，多为人民服务。

叶秀娥： 苏秦、张仪，作为豫卦六三代表，适当吗？

裴健智：　看来六三本爻不好，上行也不好，得下行爱民。没有的时候还感觉可以，真
　　　　　正处在那个环境，恐怕真的做不到。

叶秀娥：　有时是没有足够的定力，计利当计天下利，这样就无悔，是否天下利，自己
　　　　　最清楚。

林文钦：　纵浪大化中，不喜亦不惧。

裴健智：　"动亦定，静亦定。"

林文钦：　过眼荣枯电与风，久长那得似花红。上人宴坐观空阁，观色观空色即空。

陈鹏飞：　只有易是不变的。

崔　圣：　小人的"天机"在君子那里，就像鲲鹏俯瞰燕雀！

【取坎填离】

林文钦：　左离右坎。

裴健智：　控制阴阳二气主要是通过呼吸？

林文钦：　那是有为法，天下万物生于有，有生于无。

崔　圣：　方向与磁场的关系重要吗？

林文钦：　有关系，但不执着。

崔　圣：　明白，入静与饮食关系重要吗？

林文钦：　清素较宜。

崔　圣：　如果气机自己寻道，是否要意领？

林文钦：　上乘顺其自然。

崔　圣：　有时自己乾坤倒转，感觉强烈。

林文钦：　颠倒颠，心火下降肾水上升。

（整理者：李芙馥　中国人民大学哲学院博士生）

众星捧月 大有所得
——豫卦九四明解

时　间：2016年1月29日22：00 — 23：43

【明解文本】

九四：由豫，大有得。勿疑，朋盍簪。

《象》曰："由豫，大有得"，志大行也。

【讲课内容】

章伟文： 九四说"由豫"，高亨先生认为"由"作"田"，大家怎么看？金景芳先生《周易全解》认为"由豫"有犹豫的意思，因为后面讲勿疑。豫，有乐之意，何乐之有？程朱认为由九四而得，故曰由豫。一阳五阴，阳得以大行其志，故大有得。

林文钦： 九四的地位很特殊。一方面，他是唯一的阳爻，很自然成为上下各阴爻的中心，他以自身的阳刚使各阴爻受益颇大，获得极大的欢愉和享受。因此，九四大得民心，拥有崇高的威望。另一方面，六五之君阴爻、柔弱，只好委托重任给九四大臣。在这种下得民心，上承恩宠，被授以重任的情况下，九四如何才能避免"功高震主"？保全自身安全却又不消极地"功成身退"，既不招主疑又不招众嫉妒，这没有极高的智慧和丰富的人生阅历是绝对办不到的。可是，九四办到了。他靠的是什么？只有一个"诚"字。严格地说是"至诚"，诚到了极点。这个哲学概念是儒家学派的重要内容。它认为"诚"是天道，追求"诚"是人道，是一个人终生追求、奋斗和实践的目标，不可有须臾的放松，而且应该成为人们的自觉行动。通过"诚"来成全自身，还要进一步成全天下的事物，投身国家的治理。真正做到了"至诚"，便可以实现功盖天下而主不疑、位极人臣而众不忌的理想境界了。

【讨论内容】

孙世柳： 此爻，"由豫"是难点。孔颖达："'由豫'者，处豫之时，居动之始，独体阳爻，为众阴之所从，莫不由之以得其豫，故云'由豫'也。"

章伟文： 高亨先生疑其形误，认为田与由形相近。五阴皆九四之朋，可否这么理解？

裴健智： 而且似乎没有田的象。"朋"是异性朋友？

章伟文：　是的，但似乎与常理不符。不过林老师讲丹道，上药三品，神与气精，确是
　　　　　阴阳为朋友。

孙世柳：　爻辞后边讲到"勿疑"，理解为田豫，感觉不通。

章伟文：　例如乾坤者易之门户，坎离匡廓等，似乎都有这个意思。

裴健智：　豫卦从复卦来，复卦上坤下震，正是狩猎之象。

章伟文：　高亨先生大概是说田猎得了不少战利品，不要怀疑友人会进恶言毁己。阳爻
　　　　　称大，大有得，是否指九四大得群阴之志？为什么勿疑呢？

靖　芬：　田猎大有得，有时也得靠团队合作围猎，信任队友，不能稍有犹豫，否则猎
　　　　　物也会趁隙脱逃。

孙世柳：　虽有群阴相随，但处豫之时，仍需有所贞守。勿疑。

林文钦：　"勿疑"在一个"诚"字。

章伟文：　九四近五，五为君位，四则为臣位，四大得其志，然抑或有周公之谗，难免
　　　　　会心有迟疑。

裴健智：　可能毕竟是阴爻和阳爻不同的属性，如果同时是阳爻的话，不用勿疑了？

章伟文：　也有说九四阳居阴位，失位而疑。

靖　芬：　乾卦九四："或跃在渊，无咎。"或，表不确定之义。《乾·文言》："或
　　　　　之者，疑之者。"四爻虽然不像三爻处在多凶之位，但阴居于上卦之初，易
　　　　　受打压。而九四阳爻居阴位，居位不正，且阳主进，阴主退，所以必须审时
　　　　　度势，待机奋发，而非犹疑不决。豫卦之九四也必须审时度势，当进则进，
　　　　　不能犹疑不决，因为它是全卦唯一的阳爻，相较之下，豫卦九四的"进"比
　　　　　乾卦九四更需坚持，才能成其功。

章伟文：　然九四刚而得众，敬以直内，义以方外，故不必疑，自然会有朋友来相聚，
　　　　　所谓德不孤、必有邻。

温海明：　九四虽然众星捧月，但位置不够好，心中疑虑。不过既然已经大有所得，所
　　　　　以可以放下疑虑。

章伟文：　阳之性可进，故不疑！阴之位则似乎有些不安，故疑之。

温海明：　在豫卦的境遇里，已经不可能有比九四更好的状态，所以不必疑虑。

孙世柳：　孔颖达在此卦的象辞正义中，讲时运，讲用，应该与此有关。

（整理者：孙世柳　中国人民大学哲学院硕士生）

不溺于乐 疾返于正

——豫卦六五明解

时　间：2016年1月30日22：00 — 23：16

【明解文本】

六五：贞疾，恒不死。

《象》曰：六五"贞疾"，乘刚也。"恒不死"，中未亡也。

【讲课内容】

章伟文：先儒一般训贞为正，六五居中，中可兼正，故言其正；然正而有疾，乘九四之刚，因五居中不失，故可得恒不死。以本义言，贞有卜问之意，经意大概为卜问疾病，得寿久之结论。豫顺以动，六五处豫乐之时，若能不溺于乐，受九四之谏，疾返于正，则可保长久！《程传》以史证经，举汉魏末世之君以应之，亦可备一说。豫顺以动，故天地如之，况建侯、行师乎！顺以动与道家的道法自然之意颇有相似的地方。玄牝之门，是谓天地之根！

林文钦：六五象征柔弱的"君王"（领导者），其下有可以信赖的重臣辅佐。本可以放心地去"豫"（享乐），可是六五之君正确地认识到"生于忧患，死于安乐"的道理，坚持中正之道，心底宽容，对九四不猜疑，放手重用，并且主动向坏处着想，虑"疾"、惧"危"。因此，反而能够不死（"恒不死"），得以安全、长期地维持下去。六五的思想或为老子"守柔"的立身处世哲学的渊源。老子说："惟不争，故天下莫能与之争。"（《老子》二十二章）"天下之至柔，驰骋（穿透）天下之至坚。"（《老子》四十三章）《周易》在这里阐述的道理很深刻。六五以自身的"柔"克九四的"刚"，实施无为而治的策略，不仅使自身地位巩固，而且能够造成一种上下和谐的生动局面，实在不简单。为政的领导者不必个个都是出类拔萃的人物，手下的人完全可以超过他，只要能够效法六五的办法，对事业、对自身都有好处。

【讨论内容】

温海明：　六五位正，也有取正在之义。

裴健智：　贞为卜问，结果却是得寿久。

温海明：　按象辞说，疾病是由于乘刚。

章伟文：　一说六五虽阴柔，却居得君位，贞也；受制于九四，疾也；居中位，得位而
　　　　　恒不死。

裴健智：　虽然乘刚，却位居中位、君位，总体还是好的。象上怎么看？

温海明：　坎为疾病。

裴健智：　道教"逆成仙"从这找到源头？

章伟文：　豫卦上震下坤，坤取象腹，有静之意；人若能清静，久之则一阳来复，以震
　　　　　象之。

林文钦：　玄牝之门。

靖　芬：　一阳来复，阳神出也。

章伟文：　一阳来复，与出阳神，在钟吕内丹学中属于不同层次的功夫。不过，我理解
　　　　　您的意思！

靖　芬：　我觉得豫卦卦象很像蓄积足够能量时出阳神的那一刻，所以此时就是"雷出
　　　　　地，奋豫"，但并非如此就大功告成，更高层次的考验开始，更应重门击柝
　　　　　以待暴客，静待修圆之日。

裴健智：　怎么理解道法自然？

章伟文：　道以自然为其法则。顺以动大概也有此意思。自然，当然不是仅指自然界。

裴健智：　顺以动，还要顺着事物本身的法则、本身的理路。恒不死可否理解为顺着身
　　　　　体本身的条件，达到恒不死？是养生理论吗？

林文钦：　顺以动。

裴健智：　为什么顺以动，却讲逆成仙，分明是顺成仙？

靖　芬：　请问豫卦唯有六二、六五不言豫，除处中位、不偏不倚的因素外，还有其他
　　　　　原因吗？

林文钦：　反者道之动。

叶秀娥：　对，处豫、能豫而不豫，故不言豫。

吴文新：　顺成仙，逆亦成仙。顺乎自然、道法自然，必为神仙，似乎无疑。逆为仙，
　　　　　是从养生学上讲的，如果能炼精化气、炼气化神、炼神还虚、炼虚合道，岂
　　　　　不也是神仙？难就难在真正做到顺逆自然，特别是其中的"自然"。

林文钦：　顺成人。

裴健智：　顺只能延长寿命，不能达到仙。

吴文新：　一种说法是：人的精气旺盛，性欲强烈，此时如果交合泄精，则成人；如果
　　　　　用好，活子时出现，加紧修炼，便"逆成仙"。

崔　圣：　炼精化气与斩赤龙。

吴文新：　应该是的。神气精向下走，则成人；精气神向上走，即"高尚"，则成仙。

林文钦：　顺成人是人类本能，我认为不宜称下流。逆成仙是人的自觉，也没什么好高

尚的，自以为高尚则有可能已堕入魔道。

吴文新：　顺成人是本能，逆成仙是自觉。

崔　圣：　道法自然，即顺其自然。可以这么把握吗？

林文钦：　《易》为百学之源，因此可从不同角度去探讨，甚至得到启发。李鼎祚《周易集解》："虞翻曰：'恒，常也。坎为疾。应在坤，坤为死。震为反生。位在震中，与坤体绝。故贞疾恒不死也。'"

（整理者：孙世柳　中国人民大学哲学院硕士生）

居安思危 方可长久

——豫卦上六明解

时　间：2016年1月31日22：00 — 23：26

【明解文本】

上六：冥豫成，有渝无咎。

《象》曰："冥豫"在上，何可长也？

【讲课内容】

章伟文：上六句读有不同说法，或点为"冥豫成，有渝，无咎"，或点为"冥豫，成有渝。无咎"。大家怎么看？冥有暗昧不明之意，"冥豫"即耽于豫乐、昏而不知返的意思。上六比五应三，三、五皆阴，处理豫乐之时，昏而溺于乐。一种是王弼的观点，他将"渝"理解为变，冥豫已成，变则无咎。也有解释认为，若冥豫，功之成者也将隳败，然上六阴爻处阴位，当位；目前无咎，久则祸至，故《象》曰"何可长也"，言不足恃。尚秉和与高亨先生皆是这么解。不过高亨认为"无咎"二字疑为衍文。《周易集解》："以上六应在三，三体坤，以月体纳甲，坤乙三十日，东北丧其朋（或作明）。"以此解释上六为何有冥之象。

【讨论内容】

王力飞： 冥豫的格局初成，有改变，所以无咎。

温海明： 成是初成，还是终成，意思有别。

靖　芬： 高亨《周易大传今注》："在上谓人居于上位也。《易传》爻辞云'冥豫，成有渝'，言其人处于末日晦暗之时，而以享乐为事，以此居上位，何能长久哉。《象传》'在上'之说乃以上六之爻位为据。上六居一卦最上之位，象人居于上位。《象传》以'何可长也'释爻辞之'成有渝'，未释爻辞之'无咎'，且何可长也'与'无咎'意相矛盾，足证《象传》作者所据《易经》本无'无咎'二字。"

章伟文： 若我们换一种思路，豫上震下坤，可以用《周易参同契》"长子继父体，因母立兆基"来明其义。

靖　芬： 个人认为"冥豫，成有渝"，不见得一定是无咎的结果，因为此爻一变，将成火地晋。

章伟文： 震为长子，继乾父之体，纳甲法中，只有震卦与乾卦纳支相同。林老师昨天晚上向我们展示的修行图中，即有此意。内丹学中有火符之说，进火、退符，各有其时。上六应在六三，六三坤体，月体纳甲，坤纳乙，为月末，月体无光，丧其明，故可以有冥之象。

温海明： 道教易学里纳甲很重要。

靖　芬： 躁动一整天，中夜该静默守藏，子时转化以待一阳来复之生机，蛮合理的。

叶秀娥： 豫卦整个卦好像都在告诫大家不要豫乐，总之乐极生悲，是警戒逸乐。与讼卦一样，都是在讲不要起讼。

林文钦： 上六象征身居高位，却不懂得"居安思危"的起码常识，毫无忧患意识，沉溺于纵欲享乐，醉生梦死，以致不可自拔。《象》曰："冥豫在上，何可长也？"乐极生悲，垮台只是指日可待而已。不过，《周易》的作者是宽容的。他知道"浪子回头"不仅是可能，更是难能可贵的。因此，在这一爻里指出"渝"则可"无咎"。即使已经沉沦，陷得很深，并且习以为常，纵欲享乐到了极点，但只要迷途知返，能够做到悬崖勒马，当机立断，幡然悔悟，痛改前非，肯定还是会有前途的。综上所述，我们可以知道，《周易》并不反对一般的享受和欢乐，它反对的只是不恰当的"豫"，即纵欲。因此，《周易》从各种不同的角度反复告诫人们如何正确地对待这件事，以防止超过了限度而走向反面，乐极生悲。

叶秀娥： 乐极生悲，苦尽甘来，盛极而衰，万事万物都这么循环着。

靖　芬： 现代人通宵熬夜，笙歌不断，或沉溺于网络虚拟世界，有违"日出而作，日落而息"的养生原则，也可作为豫上六之例证。

温海明： 形势变化，自我反省。

林文钦：　上六这一爻告诫大家不能沉湎于欢乐之中。豫卦告诉我们，欢乐的原则在于要适中，千万不要过分。比如，初六爻不要一开始就自鸣自得，不能快乐得过了头。同时，欢乐要跟忧患始终联系在一起，不要总想着欢乐，不要过分地去享乐，一定要有忧患意识、危机意识。只有"生于忧患"，你才能活着，太安乐了就会早死。也只有六五爻"贞疾"，才能"恒不死"。此外，欢乐之源还在于有独特性、差异性，要有阴阳的聚合，只有大家都快乐，才是真正的欢乐。

温海明：　乐极生悲，祸福相依，首先是形势如此，其次是时刻警醒。

林文钦：　阴阳聚合就是章老师丹道说解的法门所在。

（整理者：贡哲 浙江大学哲学系本科生）

（本卦校对：刘杨 中国人民大学哲学系硕士生）

时　　间：2016年02月01日22：00 — 22：30
导读老师：张国明（沈阳市孔学会易经讲习所所长）
　　　　　孙福万（国家开放大学教授）
课程秘书：王　璇（中国人民大学哲学院硕士生）

依时顺势 动静合宜
——随卦卦辞明解

17　随卦

震下兑上

【明解文本】

随：元亨利贞，无咎。

《彖》曰：随，刚来而下柔，动而说，随。大亨贞，无咎。而天下随时。随之时义大矣哉！

《象》曰：泽中有雷，随，君子以向晦入宴息。

【讲课内容】

张国明： 首先大家关注的就是这个卦为什么有四德。随卦类似于屯卦，云雷与泽雷很像。坎为水，兑为泽，水泽本来是一家。

孙福万： 一般认为：第一，随卦下震上兑，震动兑说（悦），此动而彼说，故为随；第二，以少女从长男，亦随之象。随卦次豫卦。《序卦传》说："豫必有随，故受之以随。"悦豫之极，物之所随，随卦所以次豫卦。从少女从长男来讲，的确如此。当然还有其他深层含义。

张国明： 震为春雷为长子，元亨之义自在其中。然坎为险，兑为缺，故必利贞才行，兑为金秋坎为冬，秋冬也对应利贞。

孙福万： 陈梦雷说："随，从也。随者，我有以致物，而物自随乎我。故占当得大亨，然必利于正，乃得无咎。若不正，则虽亨而不免于咎矣。"诸卦中屯卦、临卦、无妄卦、革卦皆言"元亨利贞"，独随卦接以"无咎"。盖动而说，易至于不正而有咎，故示戒辞。

张国明：《彖传》的"刚来而下柔"，先贤已说得很清楚，震为刚兑为柔。不仅卦象如此，爻象亦如此，九五爻位于阴爻之下。初九爻也在六二爻之下。随卦讲了很多问题。随必有主有从，必有因有果，必有顺有逆，刚来而下柔一句，讲了这个问题。刚为随之主，柔为随之从。刚来下柔是前后相随之因。

孙福万：对，陈梦雷说："大抵阳爻则人随我，阴爻则我随人。而随人者，宜随上，不宜随下。"大概也是这个意思。因正则果吉。初九、九五之辞吉亦可知矣。刚来而下柔而必有随，几乎是普遍真理，跨越时空，每天都在发生，男女恋爱如此，家庭社会和谐也如此。还是引陈梦雷："此三随四所以有得，二系初则失，上无所随则不言随也。居上者宜为人所随。五君位为二所随，故贞吉。四臣位为三所随，故贞凶。初虽阳爻而在下，故不言随言系，而言交。此六爻之大略也。"《彖传》"随时之义大矣哉"，也有断为"随之时义"的。

王力飞：我感觉可能是随之时义。

孙福万：我更认同"随时"。我觉得这个"随时"太重要了！《易经》不就是讲时、位的吗？人做事，能做到"随时"太重要了！而讲"随之时义"，似乎揭示这个主题就弱了些。不是"相左"，而是角度不同。这个先贤有论述的。

张国明：再说下《象传》。泽中有雷，多好的象。外悦而内动，外柔而内刚，外凉而内热，一女一男，一阴一阳。看到这样吉祥而充满生机的状态，君子入安入息可也。卦辞、彖辞、象辞大致都说了，如有疑再交流。

张国明：请孙老师分析一下随卦为什么强调"随时"呢？平时我们多注意"随"的对象，对"时"重视不够。

孙福万：《象传》实际上也揭示了"随"的另外一重含义，就是到了晚上，暮色四合之时，就要休息。这就是"随时"，也是养生的基本道理。

张国明：时，解为天时。是否还有其他含义？

孙福万：《日讲易经解义》说："盖日出群动皆作，则以作为正；日入群动皆息，则又以息为正。"又说："雷隐泽中，造化之宴息；而日入冥晦，君子处内，即人事之宴息也。"讲随卦，《左传》的穆姜故事不能不提：

> 穆姜薨于东宫。始往而筮之，遇《艮》之八。史曰："是谓《艮》之《随》。《随》其出也。君必速也。"姜曰："亡。是于《周易》曰：'《随》，元亨利贞，无咎。'元，体之长也；亨，嘉之会也；利，义之和也；贞，事之干也。体仁足以长人，嘉德足以合礼，利物足以和义，贞固足以干事，然，故不可诬也，是以虽《随》无咎。今我妇人而与于乱。固在下位而有不仁，不可谓元。不靖国家，不可谓亨。作而害身，不可谓

利。弃位而姣，不可谓贞。有四德者，《随》而无咎。我皆无之，岂《随》也哉？我则取恶，能无咎乎？必死于此，弗得出矣。"

【讨论内容】

【"时"】

温海明： 泽雷吉祥有生机，也是动静合宜而随时吧？

孙福万： 《日讲易经解义》也提到"动静相生"之义："此《象传》是言君子随时静养之道也。向晦，日暮之时。孔子释随《象》曰：兑上震下，是泽中有雷。阳气之动奋者，随伏入之时而休息于下，此随之象也。君子体此，以为自强不息。此心固不容以怠荒，而动静相生。此身又不容以不息。盖日出群动皆作，则以作为正；日入群动皆息，则又以息为正。君子昼不居内，也不居外，各随其室，固如是耳。盖天道人事未尝少异。如穷东闭塞，雷隐泽中，造化之宴息也；日入冥晦，君子处内，人事之宴息也。人身一动一静，嘿与天运相符，必能保固精神，而后可恒久不已。否则进锐者退必速，始勤终怠之弊，安能免哉？"

张文智： 《杂卦传》讲"随，无故也"，是没有故旧，随时变革，如四时变革之意，四时即天道之展现，这也是随有四德的一个原因。随是渐变，革时巨变，都是顺天。

孙福万： "变通莫大乎四时"，"随时"当然首先就要随这个"时"。

温海明： 随时与随势分不开。

孙福万： "变通""随时"，应该是一致的。法家讲"法术势"。所以随卦又特别强调"利贞"，贞者正也。如随"一出于正"，则"于理为顺，于心为安，无愧于随之义矣"（《日讲易经解义》）。

张文智： 是的，随时则无咎，不随时则有咎。

（整理者：王璇 中国人民大学哲学院硕士生）

刚来下柔 随时而动
——随卦初九明解

时 间：2016年02月02日22：00 — 23：17

【明解文本】

初九：官有渝，贞吉。出门交有功。

《象》曰："官有渝"，从正吉也，"出门交有功"，不失也。

【讲课内容】

张国明：初九为震卦主爻，为象辞中的刚来下柔之爻。

裴健智：从否卦上九下到初九。是否也是全卦主爻？

张国明：震卦为阳刚，初九又是震卦的主爻，所以可以看作是全卦的主爻。这个爻阳刚气十足，动感十足，随时间而变，生机盎然。

裴健智：震为动，而且无应，故能随时而动。

张国明："有渝"，即有变化之意。古之圣人君子无不因时而化，随时而变。境变时异，而顽固不化非君子之道也。

裴健智：时变。后面黄老道家应该也是借鉴了《周易》的"时"的观念，特别强调"时"。

张国明：贞，持守之意。只有持守变革的状态，放弃自我之固执，随时随境而更新自我，才能体会此爻之真意。

裴健智：虽然时变，可是不脱离正道。变中还是有不变的。

张国明：出门与在家相对，在家曰静，出门曰动，初九爻为震之主爻自然对应出门之状态。

裴健智：而且，马恒君认为，互艮为门，初九在门外，故为出门。

张国明：交字与闭字相对，为交通之意，交则吉则有功，闭则凶则有过。

裴健智：闭应该和卦变前的否卦有关系。

【讨论内容】

【"官有渝"】

裴健智： 这一爻主要是为官之道吗？

张国明： 初九为阳为主动，为主动改变者。变化为天象之常，观天象之变而明人事之
变，正是圣人作《易》之用心所在。说为官之道也可。

裴健智： 坤为邑国，亦可。关键是前面有个官字。怎么解？

张国明： "官"可解释为上位者、主事者，说是人之大脑亦可。

张馨月： 为什么随卦初爻一上来要说"官"？

张国明： "官"与民相对。官合初九爻象。说为官之道也可。震为长子有持家监国之
象，说人际之道亦可，说自我修身之道亦可。

　　占到此爻自然是大吉大利。但宜男不宜女，宜官不宜民，宜变不宜静，
宜出不宜入等。

裴健智： 还是不理解宜官不宜民。初爻为民，四爻为诸侯，五爻为天子？

张国明： 只是类说而已。这个卦的主题是什么，是刚来下柔。贵来下贱，阳来下阴。

裴健智： 是的。上九到初九。下来了。

张馨月： 这个刚来下柔与官的关系是什么呢？

张国明： 正常看，初为民没错，但这个卦不同。比如领导下乡，就是说不是初位者，
而是来到初位的官。官有渝，即此意。

张馨月： 所以这爻是一定要讲卦变的是吗？

张国明： 官在上位为贞，来下位为渝。这个爻是阳，又是震，变是主象。阳来下阴，
才对。

裴健智： 其实和谦卦感觉也有关系。毕竟阳爻到下位，不知合适否？

张国明： 不懂相对，不知《易》。

张馨月： 一般好像是柔随刚，这里是刚随柔了，请讲讲里面的妙处。

张国明： 刚随柔恰如恋爱中男下女而求，人生妙境莫若恋爱。创国之时，君王多谦以
求贤者。

　　　　　　　　　　　　　　　　（整理者：张馨月　中国人民大学哲学院硕士生）

近子远夫 不可兼得
——随卦六二明解

时　间：2016年02月03日22：00 — 23：24

【明解文本】

六二：系小子，失丈夫。

《象》曰："系小子"，弗兼与也。

【讲课内容】

张国明： "系"类似女士挎着男士走。"系"与"失"相对，"小子"与"丈夫"相对。系此则失彼，故而言"弗兼与也"。"失"则类似自己孤独而行。

孙福万： "小子"指初九，而"丈夫"则有不同的说法。杨万里说："以刚随人者谓之随，以柔随人者谓之系。故二三上言系。"对于"丈夫"，有的说九五，有的说九四。说九五是"丈夫"，是从二五相应来说的，容易理解。二和初比，被初所系，自然不能上应，就失"丈夫"了。胡一桂认为"丈夫"是九四，原因是"三与四，五与上，皆比而不论应也"。震，这个初九肯定很英俊很潇洒的，肯定吸引人！

裴健智： 九四怎么解？九五是和六二正应，但是互艮为止，故不能前往正应。九四比较难理解。而且系小子（初九），六二为乘刚，反而能相系？

张国明： 六二乘刚不假，但也可看作与初九阴阳相邻而比。以刚下柔，六二自然会为其所动，牵系而行，共赏美景。

裴健智： 初九是大款，有权势。

【讨论内容】
【"失丈夫"】

温海明：　"系"好讲，关键是"失"。

张国明：　再有，就是近水楼台。"丈夫"自然是九五，二五正应，但相距较远。

裴健智：　既系初，自然失五。

张国明：　互艮为止，过不去。且心对初九有所属，不应有二心，应随着初九。

裴健智： 蒙卦之六三类似。蒙卦之六三，上有正应，然比于九二，则见金夫不有躬。屯卦之六二讼卦之六三，亦如此。女子大多专一，心有人，则不理别人了。

张国明： 如果这样的话，改成"系丈夫，失小子"岂不更好？似乎有深意？

孙福万： 可惜丈夫离得远。小子离得近，且小子主动又谦下。对，还有中有互艮。

张国明： 按胡一桂的说法，"三与四，五与上皆比"，故此卦不论应。再结合六三所讲"系丈夫，失小子"的丈夫是指九四，小子是指初九。如果六二爻也讲九四为丈夫，两爻的爻辞就统一起来了。

裴健智： 您认同胡先生这个观点吗？

孙福万： 感觉"丈夫"不必为同一个人。从象上看的话，互艮，六二也是娶不了九四的。有一定道理。从义理上说，"系小子，失丈夫"的含义深刻。对女性来说，不论是谈恋爱的时候，还是怀孕、生育的时候，都要注意避免这个现象。再推广来说，这句话也警示我们所有人，见小利必大事不成。

张国明： 总结得非常好。也警示我们做好邻近之事，很关键。

裴健智： 远丈夫不如近小子。

孙福万： 下互为艮，一阳二阴，自然九四是丈夫，但九四被六三抢走，初九又特别吸引人，六二就跟初九走了。九五身份尊贵，根本不可能是六二的丈夫，似亦可通。

（整理者：黄仕坤 中国人民大学哲学院硕士生）

随此失彼 不能独立
——随卦六三明解

时 间：2016年02月04日22：00 — 23：33

【明解文本】

六三：系丈夫，失小子。随有求，得。利居贞。

《象》曰："系丈夫"，志舍下也。

【讲课内容】

孙福万： 六二："系小子，失丈夫。"此爻旧解，淆乱至今者，一由卦象失传，二由同性相敌之理不明也。初震为小子，四艮为丈夫。二近初，故"系小子"。为六三所隔，不能承四，故"失丈夫"。《易林·家人之巽》云："孩子贪饵。"以伏震为孩子也。孩子即小子，是焦氏以震为小子，义即本此也。又复之剥云："夫亡从军。"以剥上艮为夫，是艮为丈夫，焦氏仍本之《易》。盖以二人言，初生者长，后生者少，故《说卦》以震为长子，艮为少子。而以一人言，则初少上老，故经以震为小子，艮为丈夫。先儒不知经取象，往往与《说卦》不同，不敢直认。岂知《象传》所释至明也。《象》曰："系小子，弗兼与也。"二居初四之间，近初远四，故曰"弗兼与"。虞翻谓二应五。以五为小子，五为少女，焉能为小子？失之远矣。以上可知，尚秉和先生以震为小子，艮为丈夫，这就将六二、六三爻辞中的丈夫、小子统一起来了，我认为可取。

温海明： 初九为小子，九四为丈夫。尚先生震艮之象也是从初九、九四取象。

孙福万： 对六二来说，一般认为以九五为丈夫，但尚秉和先生认为九四为丈夫，胡一桂也这么认为。对六三更是这样。六三爻辞："系丈夫，失小子。随有求，得。利居贞。"这个比较容易理解，好像历来无争议。三承四，故上系九四之丈夫；三为二所阻（同性相斥），故下失初九之小子。以阴承阳，随有求而有得，但为阳所系，故又戒曰"利居贞"。

【讨论内容】

【"失小子"】

  张国明： 三爻辞与二爻辞正好对比学习，三爻辞中的丈夫、小子应该争议不大。

  裴健智： 还是受到互艮的影响，只能失小子。

  张国明： 是，三爻还在震卦之中，必然受到初九影响。

  孙福万： 李士珍说，上互巽为利市百倍，故称"得"。但他又特别强调"不可诡随得利"。这个"诡随"，提得很有意思！

  张国明： 初九以阳下阴，对六二、六三都有吸引力。

  孙福万： "刚来而下柔"。

  张国明： 但相邻则作用大，相隔则作用小，有求，对应爻际关系而言。

【"随"与"系"】

  孙福万： 我觉得，学习随卦，要区分"随"与"系"。随人而不被人所系，是《易经》所强调的。一个人，不管地位多高，都要随顺别人，但所随之人要正，同时还要避免成为对方的"家臣"或奴隶，要保持自己的人格独立。即使夫妻之间，也是如此。

  温海明： 刚来而下柔，马恒君说是否卦上九到初位，柔爻之下。

裴健智： 在否卦的时候，六三也是与上九（现在的初九）正应。

孙福万： 本卦不宜纯粹从应否的角度解读。

张国明： 三爻是阴爻，下无阳爻，无人追求，虽初有意，然为二所系，又上无应，只能自己主动"求"了。

孙福万： 但六三自己去求，此随就有可能是"诡随"。

张国明： 有得，是得四爻照顾，四爻无应，上无比，很希望有人随系。

温海明： 六三差不多就是旷夫怨女的感觉，找不到更好的，随便随从一个得了。

张国明： 有点这意思。

裴健智： 无正应，只是靠着九四。不像六二，两条路可选。

张国明： 阴无主不立，无系则无方向。

温海明： 六三、九四，皆不正，想要小心眼，玩弄诡计，随人家还不好好随。

孙福万： 所以随人，有正也有邪，君子当慎之。一是被"系"，有可能丧失自己的独立性。另一方面，带着过强的目的性去随顺别人，就有可能变得邪性。

裴健智： 六三、九四都不当位。

温海明： 倒是抛弃初九很坚决，《象传》可谓一针见血！

张国明： 其实没有更多选择反而更好，对阴爻来说，有更多选择反而不利。

孙福万： 对！闭着眼睛想一下，当前有多少小人之随大人，是否属于"诡随"之徒呢？

温海明： 为了求有得，很坚决地抛弃下面的、原来的相好。

崔圣之： 在行政人事中，可供选择的机遇太少太少！

温海明： 六三互巽，有利可得。《象传》有点批评六三见利忘义吧？

孙福万： "志舍下也。"

张国明： 这就是女性的重大优点——专一。我不觉得"志舍下"有批评之意。

孙福万： 马振彪还有一说，认为六三有节烈之道，其"随"为"无子死夫"之义，从"志舍下"来说，除客观上初九为二所夺，似乎强调六三的主观愿望，倒也通。

裴健智： 互巽为利也为顺，故可得利，随有求得。

张国明： 六三失中非正，本不吉，然辞多吉意。这是六三审时度势、正确抉择的结果。

裴健智： 强调"求"还有"舍"。

张国明： 有求有舍。判断正确。

裴健智： 随势、随时而行，其实还是不错的。说成那样是否有点过了？

温海明： 可以理解为明智的选择，六三的形势使然。

孙福万： 是的，大部分六三都有问题，有求有舍，所以戒之"利居贞"。

张国明： 非常对，时势使然。

孙福万： 是形势使然，也是自身选择。

温海明： 见利忘义是道德判断，算是评价，但客观理解起来，六三要趋利避害，形势所在，别无选择。

张国明：　正是如此，我不赞同轻易挥舞道德棒。

【"利居贞"】

张国明：　另外，辞中未言利。"利居贞"之"利"非利益之利。

孙福万：　受马振彪的启发，我倒认为，此六三就像现在丁克家庭中的女方，为了和丈夫恩爱、缠绵，宁肯不要孩子，所谓"志舍下也"。大家认为如何？

温海明：　随卦是要说明六三其实很有随的智慧，知道什么形势下作最好的选择。

孙福万：　但《易经》讲"君子""小人"之处甚多，道德肯定是要讲的。如果不讲道德，《易经》就会偏离大道，流于术数了。

张国明：　是形势使然，也是自身选择。

裴健智：　或许很多道德都是后儒加上去的，其实并没有那么浓厚。

温海明：　《易传》还是有明显的儒家色彩的，解释《小象》有点道德倾向可以理解。

孙福万：　六二如果以女性视之的话，就相当于生了孩子，失了丈夫。

裴健智：　有夫在随夫、夫死随子的意味？

孙福万：　个人觉得，《易经》里肯定有一些历史事件，但若单纯以历史来解说《易经》，力度肯定不够，因为《易经》已经抽象到哲学的层面，讲的是普遍规律性的东西。另外，完全还原历史也不可能，其中的猜测成分会很大。

（整理者：李芙馥　中国人民大学哲学院博士生）

在道以明　心志公诚
——随卦九四明解

时　间：2016年02月12日22：00—23：12

【明解文本】

九四：随有获，贞凶。有孚，在道以明，何咎。

《象》曰："随有获"，其义凶也。"有孚，在道"，明功也。

【讲课内容】

张国明： 今天开讲随卦第四爻。九四爻辞曰"随有获"，不仅有获，卦辞说，来听的还会有孚。孚，谐音福，有孚即有福。不仅有福，还在道以明。

孙福万： 九四以刚居上之下，与五同德而三系之，有得人之随之象，故曰"有获"。获，指获六三。但一般认为，包括上边所举的说法，虽然九四"有获"，但九四之势陵逼于五，如果将所获归于己，则"虽正而凶"（程子语）。因为九四一般是大臣之位，是个很危险的位置。程子说："为臣之道，当使恩威一出于上，众心皆随于君。若人心从己，危疑之道也 。"陈梦雷说："卦中三阴三阳，阴宜随阳。初以在下不足为人所随，故但言交。四与五同德，故人随之。然四为大臣之位，上有刚德之君。虽君信民归，随皆有获。然使恩威不自五出，虽正亦有震逼之凶矣。故必中有孚诚，动皆合道，使心迹光明，君民共谅，乃得无咎也。"

孙福万： 作为大臣，最讲究的就是"功成而不居"。

【讨论内容】

【"贞凶"】

孙福万： 这个"贞凶"，不太好解，黄寿祺、张善文解为"守持正固以防凶险"。

张国明： 四爻何以有获，贞凶？违随之本义也。

郑　强： 我理解为：九四以阳刚处臣位，是位高权重之臣。臣近君则多危，有功则震主，四处臣位而得民心，必生嫌疑，贞固守于此，为凶险之道，故称"贞凶"。

张国明： 随卦之吉，在刚下柔则获吉；反之刚上柔为不动而获，在贞则凶。贞与动相对。

孙福万： 程子说"虽正亦凶"，是解"贞"为"正"。似乎也不太合适。

张国明： "贞"为持守，四爻与二三爻阳上阴下，为贞正之势，虽有获，其义则凶。

武彦平： 贞凶，是不是说贞固了，也就是说收获的确实成为自己的，就凶险了，应该把所获的贡献出来。

孙福万： 这可以结合《小象传》来理解。《象》曰："随有获，其义凶也。有孚，在道，明功也。"

郑　强： 人臣处于此，唯有心怀诚信、动作施为合于正道，以明哲处之，使恩威一出于君上，如此何咎之有？故称"有孚，在道以明，何咎"。

孙福万： 《易经证释》说"恐人误以贞为不可贞"，故《小象传》如此说："言贞凶者，由有获而来。若无获，自宜贞。今有获，或在其位，或逢其时，则有为之日也。故曰'义凶'，言含凶之机也。""其义凶，非真凶也。"我认为，如果"有获"而不居之，而将之归于九五，此即"有孚，在道"，可得"明功"也。

武彦平： 好像是利益分配。跟随别人，收获由别人分配，再推让，方可。

张国明： 有孚何也？一至五爻有风泽中孚之象，故言孚也。

许超哲： 收获的不是自己的则凶。应得而得为吉。

张国明： 何以在道？九四往下与初九之间的四爻，组合成为正反震与正反艮。震为大途，艮为径路，都是"在道"。

孙福万： 《易经证释》说："随卦之用，在顺时应变，与他卦有守不移者不同。如在六三，以贞为利，九四则以贞为凶。其内外行止，全不相类，乃时位之殊也。"这里是将"贞"解为负面的意义，大概是过于"守成"了，不符合大臣上进的本义，故为凶。

　　是的，尚秉和也解艮为道，为光明。陈梦雷说："爻曰以明，言以此明心迹也。《传》曰'明功'，言有明哲之功，则不为利欲所昏，而心迹自光明也。"

温海明： 九四光明磊落，看得明白，做得到位，否则麻烦很大。

张国明： 为何以明？一至四爻有大离象，离者明也。

郑　强： 离为明。

包文中： 随，刚来而下柔，动而悦，随。随有获，九四获的是六三。贞凶，九四上行随九五，但以刚随刚，刚之大过，虽正亦凶。

温海明： 九四功高自然震主，但明白事理，懂得把震动减缓到最小，避免凶祸。

孙福万： 这种解释也很好，以刚随刚，故凶。

张丽丽： 刚随刚就凶？

温海明： 跟着九五，结果自己捞了，当然会有麻烦。

【"有孚"】

郑　强： 有孚，孚为诚信、诚实，九四刚爻，阳实阴虚，故有孚应指九四阳爻处阴位。与中孚无关。

包文中： 有孚在道——卦象兑变坎为有孚，主卦三六组大坎为孚，震为大涂为道。主卦初至四为大离，变卦初至五为大离，九四、九五要明功？

郑　强： 中孚之孚，亦指二五之阳爻居中。三六组大坎为孚，有道理。

张国明： 一至四爻为大离。

孙福万： 《易经证释》说："随之本义，因时立德，因位立功，而皆归于道。道在，则天下莫不随之。以我随天，天亦随之。以我随人，人亦随之。非随天随人，乃随道耳。"并认为，爻辞"有孚在道，以明"下省一"道"字，即应为"有孚在道，以明道，何咎"，认为"有孚于天，有孚于人，实有孚于道"。总之一句话，"此九四备述随之真用，而特揭一道字"。我觉得这说得更透彻。

郑　强：随，下震为东道主，上兑为西为宾，宾来随主，宾以正随主，主以正来之，所以元亨利贞，随有互随之意，四爻为四随五。四互艮止，下应动卦，是下动而止于四，获下民之心也，随五而获下民之心，故说随有获。四以臣而获下民之心，恩威不归于君故凶。固守之，故凶。人臣处于此，唯有心怀诚信、动作施为合于正道，以明哲处之，使恩威一出于君上，如此何咎之有？故称"有孚，在道以明，何咎"。

包文中：九四人位，下互艮震体上互巽兑体。

孙福万：无论随人还是为人所随，其结果的吉凶与否，都要以是否随道为判断标准。这就是本爻的一个启示。

郑　强：随，要在随之正。必须以正相随，如果随以邪，则凶咎。

（整理者：孙世柳　中国人民大学哲学院硕士生）

随孚于嘉　美善之吉
——随卦九五明解

时　间：2016年02月13日22：00 — 23：18

【明解文本】

九五：孚于嘉，吉。

《象》曰："孚于嘉，吉"，位正中也。

【讲课内容】

张国明：九五爻有中正之德、尊贵之位，自然吉祥。九五爻得随之真义，刚来下柔，自得上六之感应相随，同时又有六二正应。一至五爻应可看作中孚卦。这点和四爻相同，故四五爻皆言孚。嘉无非美善，九五配嘉自是正理。

孙福万：朱熹《周易本义》说："阳刚中正，下应中正，是信于善也。"程子说："嘉，善也。自人君至于庶人，随道之吉，唯在随善而已。下应二之正中，为随善之义。"讲九四爻时，我们强调了随之本义为"随道"，本爻又强调"随道"就是"随善"，两者是一致的。
杨万里说："九五以阳刚居兑之中正，为一卦悦随之主，此圣君乐从天下之善者也，吉孰大焉? 孚，诚也。嘉，善也。"

【讨论内容】
【"孚"】

温海明： 张老师的取象应该是没有争议的，不过翻译出来，问题还是有一些。

郑　强： 随卦，随道很重要的一点就是相随以正，相随以道。看来问题在"于"，此处取的是《大象》。

温海明： "于"可以主动，可以被动，有"给、对"等意思。

孙福万： 张老师对于取象，别有感悟。这里当然取的是《大象》，但以此解"孚"是否必要，可以讨论。

温海明： 先看风泽中孚，像个大离卦。

郑　强： 感觉有待商榷，大象也没泽卦。

孙福万： 解释每一爻时，不一定和全卦的卦象相关。

郑　强： 对，卦以象，爻以变。孚，主要是孚信、诚实，阳爻为实，所以九四、九五都可称孚。

孙福万： 陈梦雷说："五与二皆正中，故谓孚于嘉也。然以二之正中，在五谓之嘉，在二反有失者，盖随之为义，贵我致人之随，而不欲徒随于人。随人者有阳刚之德，犹可自主；若一于阴柔，则系于近而失正应之可随者矣。故五孚于二，则有君臣同德之象；而二之系初，则有背公植党之戒也。"

包文中： 离卦、坎卦，有没有阴阳随系之象义?

孙福万： 陈这里讲的是"五孚于二"。

温海明： 可以实指，也可以虚指。有没有出处?

孙福万： 苏东坡说："'嘉'谓二也。《传》曰：'嘉偶曰配。'而昏礼为嘉，故《易》凡言'嘉'者，其配也。随之时，阴急于随阳者也，故阴以不苟随为'贞'，而阳以不疑其叛己为"吉"。六二以远五而贰于初，九五不疑而信之，则初不敢有，二不敢叛，故'吉'。"实际上，对此爻还是有不同理解的。这就是苏东坡的解释。

包文中： 随，"刚来而下柔"，震动而兑悦。九五爻动兑变震，悦而动。动而悦、悦而动，嘉者，喜悦加力之象?

郑　强： "'嘉偶曰配。'而昏礼为嘉，故《易》凡言"嘉"者，其配也。"二与五皆居中得正而相应，相配者也。

孙福万： 《传》应该指《左传》，其中有说："嘉偶曰配，怨偶曰仇。"

温海明： 九五是领导，跟六二心心相印，比较通，跟随上六可以讨论。

张国明：　"于"，按理应为主动。有、给等义都通。

温海明：　中孚，随初到四，或者初到五，可以取类似的象。

郑　强：　鼎卦九二："鼎有实，我仇有疾。"仇为怨偶。

孙福万：　离卦上九"有嘉折首，获其匪丑"，有人解释"丑"为"仇"，怨偶的意思。

温海明：　领导应该主动，"嘉"是实指，还是虚指？

张国明：　按随卦义，"嘉"有实指之象。九五下上六成一对，九五配六二也成一对。

孙福万：　苏东坡的解释就是实指，"嘉"指六二，是其配偶。但朱子、程子都解为
　　　　　　"善"。五、六也是一对？

张国明：　还是各种见解并存为上。

温海明：　是实指六二或者上六，或者就是好人的意思更好？还是虚指？美善？嘉美？

张国明：　初二、三四已成两对。

孙福万：　因为众说纷纭，所以让人头痛啊！

孙世柳：　孔颖达本当为虚指。

张国明：　初二三四爻辞中均已明言，上六也言系字。

郑　强：　兑卦与随卦上卦皆兑，兑之九五，信于小人，故九五爻辞"孚于剥，有
　　　　　　厉"；随卦九五信于君子，所以称孚于"嘉，吉"。

孙世柳：　得物之诚信，故获美嘉之吉也。

孙福万：　六二已经"系小子，失丈夫"，这里又说其为九五之嘉偶，的确有矛盾之
　　　　　　处。这六二不是一女嫁二夫吗？

郑　强：　老师说得对，九五下上六也有相随之意。

张国明：　"嘉"为上六为当。

孙福万：　李守力的观点不新鲜，朱子、程子就是这样看的。

温海明：　那是取实指之意。

张国明：　刚下柔是随的本义。我倾向实指。

郑　强：　我理解六二"系小子"的"小子"指孩子。

温海明：　一般指初九。

郑　强：　初九为震之主，震为长子。

孙福万：　过去我也讲过，相当于妇女生了小孩，一心照顾孩子，忘了丈夫。

叶　亮：　小子指阴爻。

孙福万：　如果按照这个思路，这个"失丈夫"也只是暂时的，丈夫还是丈夫。这样，
　　　　　　九五和六二的关系还是对的。小子不能指阴爻，肯定指初九。

温海明：　象辞强调正中，虚指也可以。六二丈夫是九四还是九五？

叶　亮：　是指初九，丈夫指九五，小子是初九。

张国明：　虚指当然可以。我只是觉得两两配对更有趣。

郑　强：　六二，得坤之正，为坤之主，坤为母，初九居下，故为子；九五相应，为乾

之正，故二称五为夫。

【卦变】

孙福万： "刚来而下柔"，我理解是说随卦是由否卦来，否之上九下为随之初九。用在这里解释九五和上六的关系，恐不妥。尚秉和又以九四为丈夫！

温海明： 马恒君同虞翻卦变说，《象传》有些不讲卦变讲不通。

张国明： 是的，刚下柔也确符合五上之状态。

温海明： 李守力不同意卦变，用其他办法解卦。

郑　强： 按卦变说，随卦确实是由否之上九下来下为随之初九。有一说随卦皆是以下随上，故五随上，说得通，但不影响五与二为正应。

孙福万： 关于卦变，有不少争议，可以用但不能过多用。潘雨廷先生有论述。

包文中： 是的，李守力不赞成卦变说，但有时用变卦象义。

温海明： 卦变不可轻易否定，卦变和变卦差别不小。

郑　强： 关于随时，在随卦里，由下而上，分别可以看出震卦、离卦、兑卦、坎卦为春夏秋冬四时，四时相随，也是随之意。

（整理者：孙世柳　中国人民大学哲学院硕士生）

随系有道　王享岐山
——随卦上六明解

时　间：2016年02月14日22：00—23：37

【明解文本】

上六：拘系之，乃从维之，王用亨于西山。

《象》曰："拘系之"，上穷也。

【讲课内容】

张国明：上六为随之终极，有不愿追随之象。然九五中正居下，自然会打动上六。是的上六后无退路，又为九五所动，确有拘系之象。从维之，从者随也。上为阴，故有从象。维者，维系也。由"拘系"到"从维"，有从被动到主动之意，意思更进一步。

孙福万：此为全卦之终，犹如行路总有个终点，即此也。这时上六前无所随，而九五所处中正，故为九五所系。系，六二、六三都曾涉及。这里的强度更大，讲"拘系"，就像拘禁罪人一样，不许私逃。但也可理解为强留嘉宾，不让他去之意。有人解"乃"为"仍"。"仍维之"，比"拘系"更进一层，也是不让离去之意。现在还有"维系"的说法。《易经证释》说："系阻其来，维遮其去。皆留之也。来者拘之使勿前去，去者维之使勿退也。进退皆不得，则唯有安之而已。"又说："所谓既来之则安之，即上六之意。"

【讨论内容】
【"文王"】

王力飞：如果王是文王，拘后有帝乙归妹，就好懂了。

张国明：确有上六指文王一说。

孙福万：对于这个"王"是否是文王，有争议。

张国明：用亨，亨通享。好理解。上爻多指宗庙祭祀。

王力飞：先拘系，后用姻亲维系，再用亨，是否有史料在此？

孙福万：按文王说，既然被拘系，暂不能离去，安顿下来，的确有被动到主动的过渡。

裴健智：拘系之是否是因为有大坎之象？最后能为之是因为有兑（悦）和巽（顺）之象？孙老师的"系阻其来，维遮其去"，是指从否卦卦变而来吗？

【"西山"】

张国明：兑为西，有西山之象。但孔、王持用兵说，这里没有卦象依据。

温海明：兑下互艮，为西山。

张国明：兑为悦为言，应为和好之意。

裴健智：互艮是不是有点远？

温海明："观象系辞，辞自象出。"卦爻辞基本上都有象的根据。"观象系辞"，也就是辞主要是看象写下来的。

孙福万：按照尚秉和先生的解释，三至上正反巽，巽为绳，故曰"系"，曰"维"。

郑　强：此卦三个阴爻，爻辞中都有一个系字，指阴爻系阳爻，此"拘系"，我理解应是上六系九五，又从而维系之，有跟从紧密之意。

张国明：西虽多山，但西与山是两个象。兑为金而主秋，方位是西。秋也是收成的季节。收获与用享联系起来了。

孙福万： 观象很重要。如张老师所说，兑为金而主秋，方位是西。秋也是收成的季节。

罗仕平： 否之初六本来就有茅茹，上至随之上六，仍有拘系之意？

张国明： 这个爻阐述了处于上穷之时的随系之道。

孙福万： 这里的"享"和《大象传》的"宴息"应该是对应的。

张国明： 上穷之时如随系有道，仍可转危为安，仍可用享，仍可享宴息之乐。

郑　强： 应该不是手执绳，应是手被绳所系，所以称拘系之。

孙福万： 升卦六四有"王用亨于岐山"。

温海明： 阴历八月雷声入泽而蛰伏收获享用之后，人与天地都要好好休息一下。岐山在西。

孙福万： 如果从九五的角度看，这个"拘系之""从维之"，也可以说是对上六坚决罗致的意思。如果说上六是贤人的话，九五坚决罗致之，并且以宴享的形式招待他，也说得过去。大多数人认为西山即岐山。

郑　强： 我理解，此爻主要意思是指人心之相随，固结如绳之拘系，又从而维系，民众相随之心如此坚固，所以能亨享其王业于西山。周朝王业之兴，正是得于民心相随与随善之固。

孙福万： 我觉得有这个意思。《易经证释》持此说。

郑　强： 此卦三个阴爻，二、三都说系小子、丈夫，此爻不说，只说拘系之，下又说"王用亨于西山"，说明是拘系于王，王为九五，民众相随之心固结如此，所以至周朝王业之兴。

孙福万： 总之此卦以随取义，很有意味。随有"随时""随道""随人""随善"等不同含义，但彼此均通。随人有"系"有"失"，还有"拘"有"维"，情境有异。不管随人还是被人所随，本卦强调的"利居贞"，以及"有孚在道以明"，都是我们应该牢记的。

（整理者：贡哲 浙江大学哲学系本科生）

（本卦校对：袁征 中国人民大学哲学院硕士生）

时　　间：2016年02月15日22：00 — 23：28
导读老师：张克宾（山东大学周易研究中心副研究员）
　　　　　寇方墀（独立学者，师从余敦康先生学易多年）
课程秘书：黄　桢（中国人民大学哲学院硕士生）

溺逸必乱　清除积弊
——蛊卦卦辞明解

18 蛊卦

巽下艮上

【明解文本】

蛊：元亨，利涉大川。先甲三日，后甲三日。

《彖》曰：蛊，刚上而柔下，巽而止，蛊。蛊，"元亨"，而天下治也。"利涉大川"，往有事也。"先甲三日，后甲三日"，终则有始，天行也。

《象》：山下有风，蛊。君子以振民育德。

【讲课内容】

寇方墀：有些蔬菜、水果放坏了，显现出一副腐败的样子，有些粮食生虫子了，这就是蛊。今天我们讨论蛊卦，蛊卦是《周易》第十八卦。"蛊"的古体字的写法是：

西藏有个工布藏族，有专门的毒户，会用蛊，祖传。《说文解字》："蛊，腹中虫也。"《春秋左氏传》曰："皿虫为蛊。""晦淫之所生也。" 这个"蛊"，既神秘，又恐怖。《通志·六书三》中描述，造蛊的方法，是将百种毒虫放在一个器皿中，使它们互相啖食，最后剩下的那条毒虫就称作蛊，所以蛊字结构的上面是三个"虫"，代表有很多虫，而下面是器皿的"皿"。"蛊"也表示东西生了虫子，比喻事物腐坏变质。《东坡易传》说："器久不用而虫生之，谓之蛊。人久宴溺而疾生之，谓之蛊。天下久安无为而弊生之，谓之蛊。"

《序卦传》曰："以喜随人者必有事，故受之以蛊。"以喜悦的心去追随人必然会有事端，所以在随卦后面是象征有弊乱之事的蛊卦。这里所说的喜悦应是指随卦中的兑卦。蛊卦在卦序中排在豫卦和随卦之后，"豫"和"随"象征着安逸并有众人追随。安逸久了、追随的人多了必然会产生事端。程颐说："夫喜悦以随于人者，必有事也。无事，则何喜？何随？蛊所以次随也。蛊，事也。蛊非训事，蛊乃有事也。"（《程氏易传》）有了事端就会产生乱象，所以随卦之后是蛊卦，蛊表示有事情发生，有蛊乱之象。

关于"蛊"字到底是指"腐坏"还是指"有事"，尚秉和《周易尚氏学》说："荀爽谓蛊为事，朱子盖以为不安，又曰'坏极而有事'。夫卦名皆由卦象而生，诂蛊为事为感，皆正训不误。而此则义为败坏，亦卦象所命也。《象》曰'巽而止蛊'，亦以败坏为说。"

综之，可知"蛊"确指"腐坏"，因腐坏而产生事端，由事端而导致乱象。

蛊卦上为山下为风，风遇到山而回旋，草木都被吹乱，所以称作蛊。从卦体看，下卦是巽，为长女；上卦是艮，为少男。《春秋左传·昭公元年》曰："女惑男，风落山。"长女下于少男，谓乱其情；风吹落山下的草木，谓乱其形。蛊卦显示的是腐坏的乱象，卦中各爻讨论的是如何治蛊除乱。

在释名之后，看卦辞。

[译文]蛊：大为亨通，利于涉过大河。甲前（分析考察）三日，甲后（观察监督）三日。

[解读]关于卦辞中的"元亨"，虞翻解为："泰初之上，与随旁通。刚上柔下，乾坤交，故'元亨'也。"（《周易集解纂疏》）意思是泰卦的初爻到上爻的位置上去，上爻则下来，这样互换一下位置，泰卦就变成了蛊卦，刚爻上去了，柔爻下来了，乾坤交，所以元亨。这是虞翻用"往来"法讲卦变解释卦辞。

这里面还提到了蛊卦与随卦"旁通"，我们发现，蛊和随这一对卦的关系挺有意思，蛊的综卦是随，蛊的错卦也是随。看来，随和蛊是如影随形，反正都脱不开干系了。所以，当有很多东西和人都在后面追随的时候，要注意清醒，不要变成"蛊"。

　　一卦六爻全部阴变阳，阳变阴，成为另一个卦。泽雷随变山风蛊，逐爻相错，即是错卦。同时，这两个卦又是互为倒置的综卦。虞翻用泰卦变蛊卦解释"元亨"，杨诚斋同样认为泰之初九上而为蛊之上九，泰之上六下而为蛊之初六，得出结论却是"蛊亦泰之坏"。（《诚斋易传》）杨诚斋认为："阳上而不降，阴下而不升，则上下之情两隔而不通。"所以，"蛊坏矣"，坏事了。那么为什么卦辞还会有"元亨"？杨诚斋接着举了两个例子。"桓以无知兴，文以里丕霸，故乱为治根，蛊为饬源。"《春秋左传·昭公四年》："齐有仲孙之难而获桓公，至今赖之。晋有里、丕之难而获文公，是以为盟主。"也就是说，正是因为蛊乱，才有治蛊之机和治蛊之后的大治，齐桓公、晋文公都是在蛊乱中崛起的。

　　正因为"腐败"不好，所以惩治"腐败"就会大有利处，利国利民。民间有句俗话叫作："和珅跌倒，嘉庆吃饱。"意思就是惩治腐败贪官，可以充实国库，于国于民都有利。所以，卦辞说要"利涉大川"，不要被腐败吓倒，要敢于涉险渡难，去争取胜利。

　　《周易》中很多卦体现着这种辩证关系。比如坎卦为险，遇险当然不好，但如果会用"险"，险就会成为堡垒和屏障。比如明夷卦为晦，指光明被损伤、被遮蔽，这当然不好，但如果会用"晦"，就会"用晦而明"，"晦"就成了一种治国修身的智慧。所以，蛊卦之时虽为败坏，但蕴含着"元亨"之义，这就是《周易》的妙处。

　　王阳明处明夷而悟道，大亨。再来看"先甲三日，后甲三日"，在我们的参考书目中，对"甲"有三种说法：以甲为日，以甲为申，以甲为数首、事始。分别列之。

　　第一种：以"甲"为时间上的开端，"十日之首"或"造作新令之日"。《子夏传》："先甲三日者，辛、壬、癸也。后甲三日者，乙、丙、丁也。"马融曰："甲为十日之首，蛊为造事之端，故举初而明事始也。"（《周易集解纂疏》）孔颖达《周易正义》引褚氏、何氏、周氏等并同郑义："以为'甲'者造作新令之日，甲前三日，取改过自新，故用辛也。甲后三日，取丁宁之义，故用丁也。"

　　第二种：王弼认为是指"创制之令"，并认为"甲、庚皆申命之谓"。意思是说：新创了政令，不能马上就用，要在宣布下令之前三日，反复申明，要让民众了解，在宣令之后，要反复叮咛，让民众重视，如果还不听从，就加以刑罚。

　　第三种：程颐认为指"数首、事始"，意思是治蛊之道要思虑其先后。

　　其实，诸家说法要表达的意思相近，就是要"思前""想后"，反复申明。当然，"思前想后"要付诸行动，治蛊行动要慎重，以保万无一失。同时也要给民众以了解和接受的过程，避免"不令而诛"，这样才能确保治蛊过程顺利，效果长久。黄寿祺《周易译注》认为"先甲""后甲"实又流露着"前车覆后车鉴""殷鉴不远"的意味。

　　接下来看《象传》。

[译文]《彖传》说："蛊，阳刚者居上，阴柔者处下，巽顺而能停止，蛊。"蛊，"大为亨通"，而天下得到治理。"利于涉过大河"，往前走可以有所作为。"甲前三日，甲后三日"，终而复始，是天道运行的规律。

[解读]蛊卦蕴含着治蛊之道，就国家社会来说，乱是治的根源，蛊是饬的前提。在蛊乱之时，要勇于涉险渡难，有所行动，运用治蛊之道，振衰除弊，拨乱反正。"甲"是天干计时的第一个符号，代表事物的开始。"先甲三日"指在治蛊创制开始之先要分析研究导致蛊乱的原因，制定治蛊方案，预先广为布告周知，以免有人因无知而触犯禁令；"后甲三日"指在实施政令之后，要观察实效，判断趋势，以图兴利除弊，成效长久。

《象》曰："山下有风，蛊。君子以振民育德。"

[译文]《大象传》说：山下面有风，是蛊乱的象征；君子看到这样的卦象，于是振作民心、培育良好的道德风尚。

[解读]在蛊乱之世，君子当从振起民心、培育民德入手，加强道德教化，最终从源头、根本上防治腐败。

【讨论内容】

郑　强：　您前面说："综之，可知'蛊'确指'腐坏'，因腐坏而产生事端，由事端而导致乱象。"这一句话我有所不认同。

寇方墀：　器物里长虫子，难道还不算腐坏吗？要尽早清除虫子，不然就坏事了。

郑　强：　所有的事情，都是为了治乱，所以做事，也叫治事。

寇方墀：　那蛊字何解呢？就是"事"。

郑　强：　蛊卦的每爻，都是在讲治蛊之道，做事的过程就是治蛊，而不是因为事而导致乱。

寇方墀：　这事和别的事的不同之处在哪？是因为腐坏而有事，治蛊之事。综之，可知"蛊"确指"腐坏"，因腐坏而产生事端，由事端而导致乱象。腐在先，事在后。

郑　强：　我同意蛊字解释。您前面又说，蛊卦在豫卦和随卦之后，豫卦和随卦象征着安逸并有众人随从，安逸久了、追随的人多了必然会发生事端。

寇方墀：　那是解释《序卦传》。所以，尚氏说，不可拘于序卦。解序卦的时候，要尊重原文。

罗仕平：　腐在先，事在后。

郑　强：　我理解，追随的人是来治事的，之所以治事，是因为每件事都是先乱后治。追随的人不是产生事端，而是跟着被追随者来治理事端。我就是针对这一句话有不同意见。

【卦变】

温海明：　您刚才提到虞翻和诚斋关于卦变的说法，可以再多说一些。

寇方墀：　好的，把泰卦的初九爻升到上爻的位置上，把泰卦的上六爻下降到初爻的位置上，就成了蛊卦。这就是往来。

罗仕平：　泰卦之初九升至蛊卦之上九，天地重新交涉不通，先王先后时代过去了。不但天地隔，且风吹不动，久之必出问题

寇方墀：　初九爻上去，为刚上，上六爻下来，为柔下，且蛊卦上下两体皆为刚上柔下（刚爻居于上而柔爻居于下）。虞翻认为这是乾坤交，杨诚斋认为这是两隔。

【惑】

孙福万：　请解释下"事"和"惑"的关系好吗？说到蛊，总会想到"惑"。

寇方墀：　蛊和毒的不同，在于惑。我同意杨诚斋的观点。前年去西藏，听说在工布藏族那里的毒户，会下蛊。"蛊"的意思是，在不知不觉中被下蛊，没有感觉，很长时间后，会慢慢显现，最后都不知道是怎么死的。传说放蛊是古代遗传下来的神秘巫术。过去，在中国的南方乡村中，曾经闹得非常厉害，谈蛊色变。工作组在藏区，去毒户家，不敢喝水。所以，会有巫蛊、蛊惑这样的词，会有巫蛊之祸。确实，藏地现在仍有祖传的专业毒户。

【蛊】

丰　铭：　古人对饮水不卫生导致肚子疼之类细菌感染的疾病不了解，就以为是肚里有虫子导致的。蛊字后来演化，就成巫蛊之术了。

孙福万：　实际上巽为风，风里就有虫。

丰　铭：　最早的可能就是讲课中说的食物腐败长虫子。总之是有个演化过程。

谢少常：　"虫善动而山有止，蛊之象也。虫动，生息之象，因此元亨；山有止，君子当有为，利涉大川，振民而育德。"风动，草木亦动，而山不动。正是自然风貌，动静相守，才有生生不息之态。君子观此象，应有所为。提振民气而有所动，但动若无止，没有边限，就会生事成乱。何以止？以德。因此，振民育德。这也合《大学》之道。新民，并止于至善。

张国明：　引人多思之故。蛊字真义何如，依然值得探讨。是腐败还是整治腐败？二者虽有关联，但毕竟含义相反。是乱还是治？虽说乱极则治，但乱与治毕竟含义相反。卦象是上下交还是上下不交，若论上下不交，又何以元亨？

温海明：　治乱相反，治乱难分，治的对象是乱。上下交还是不交？

张国明：　卦象明明是艮山挡路，为何又说利涉大川？此卦为何有先甲后甲之辞？三日之三是虚指还是实指？

温海明： 大乱时有利于大治，相当于过大河。甲为始，是开始治理的分界，即纳甲可解。"三"象上可实解，取义可虚解。

张国明： 甲为震卦，蛊上艮下巽，后天八卦图，艮在震先，为先甲之象。巽在震后，为后甲之象。三日之说，我倾向虚指。辛日丁日之说不一定合卦之原义。

王力飞： 蛊，皿中之虫，我把初六和九二画成托架，以初六为脚，六四、六五画成四条被九三和上九这个器皿围着的虫子，一看便知，就不再纠结蛊和山下有风、长女少男的关系了。省事，直观。

张国明： "虫善动而山有止，蛊之象也。虫动，生息之象，因此元亨；山有止，君子当有为，利涉大川，振民而育德。君子观此象，应有所为。提振民气而有所动，但动若无止，没有边限，就会生事成乱。何以止？以德。因此，振民育德。"谢兄之论甚是高明，对《大象》解释得非常合理。

（整理者：王璇　中国人民大学哲学院硕士生）

子救父弊 意承父事
——蛊卦初六明解

时　间：2016年02月16日22：00—23：42

【明解文本】

初六：干父之蛊，有子，考无咎，厉终吉。

《象》："干父之蛊"，意承"考"也。

【讲课内容】

寇方墀： 关于"先甲后甲"。《周易正义》孔颖达的解释："今案辅嗣《注》，'甲者，创制之令'，不云创制之日。又《巽卦》九五'先庚三日，后庚三日'，辅嗣《注》：'申命令谓之庚。'辅嗣又云：'甲、庚皆申命之谓。'"我以王弼解"甲"为"申命"出于此。

1．"蛊"字之"义"。

以甲骨文、小篆的字形以及《说文解字》的解释："蟲"字本义当为事物生虫之义，无论是人腹生虫，还是器皿中生虫，都有生病、腐坏之义，后来逐渐延伸到其他事物，词性发生变化，就有了"蛊蛊（毒虫）""蛊疾（心智惑乱的疾病）"，乃至"蛊祝（用邪术诅咒害人）""蛊伪（蛊惑诈伪）"等词出现，加之历史上各种巫蛊事件，使"蛊"字更加神秘，但仍不失其本来的生虫腐坏之义。

2．"蛊卦"是腐败还是惩治腐败。

蛊卦卦时为"蛊"，是腐败。卦义为"治蛊"，是惩治腐败。

蛊卦的卦象是"蛊"，风落山，有蛊乱、腐败之象，而蛊卦的卦辞、爻辞讨论的是如何"治蛊"，是在指导如何惩治弊乱腐坏。这种现象在六十四卦中很普遍，比如水山蹇，卦时是蹇难，而卦辞和爻辞阐述的是如何出蹇；困卦卦时是困顿，卦辞和爻辞讨论的是如何脱困；坎卦的卦时是险难，卦辞和爻辞讨论的是如何出险。再比如讼卦，卦象"天与水违行"，卦时为争讼，卦辞和爻辞讨论的却是如何能够免于争讼。卦时和爻辞的这种结构方式体现着时和用的关系。

3．上下交还是不交。

虞翻和杨诚斋关于蛊卦由泰卦变化而来提出了不同意见。虞翻认为上下相交，而杨诚斋认为上下不交。那么，究竟是"上下交还是不交"？今试作分析如下：泰卦初九刚爻上升到上爻的位置，同时上六柔爻下来到初爻的位置，对于由泰卦变蛊卦的这个"往来"过程，杨诚斋和虞翻持相同意见，但其结论却相反。虞翻认为这就是交，阳上去了，阴下来了，认为这就是上下相交；而杨诚斋却认为，阳上去了就停在了上面，阴下来了就处在了下面，于是形成了蛊卦，在蛊卦中阴上不去（因为阴气下行），阳下不来（因为阳气上行），上下不交，不交而成"蛊"。我们认为杨诚斋的说法更有道理，他是就蛊卦而言的，而不是就由泰至蛊的演变过程而言的，也就是说，虞翻的说法还没有切换到蛊卦的卦时中来，他把由泰到蛊的过程当蛊卦讨论了。

4．上下不交又何以元亨。

结合刚才讨论的第二个问题，此问题就会迎刃而解。上下不交是"蛊"的卦时，卦时是蛊乱、腐坏。卦辞、爻辞讨论的是如何"治蛊"，如何消除腐败，如何将"不交"打通，治蛊的效果是"元亨"。要达到这种效果，就必须敢于涉险渡难，因此治蛊要"利涉大川"，这是态度和决心问题，"先甲三日，后甲三日"是治蛊的方法。

5．"三日"之"三"是虚指还是实指？

《周易》中用"三"的地方不少，有的可实指，有的可虚指，比如"有不速之客三人来""田获三品""昼日三接""入于幽谷，三岁不觌"等。"先甲三日，后甲三日"中的"三"，如果实解为"三"，就会太过拘泥，况且根据不同的情况，宣布和实施政令的时间可长可短，如果限定为三日，无异于胶柱鼓瑟。但如果解为"多"，又有些模糊且弱化了"三"的概念，因此，翻译和解释的时候就以"三"解，在理解和运用的时候要明白这个"三"既可以是"三"，也包含了"多"。

先看爻象，初六处于整个蛊卦之初，象征治蛊刚刚开始，初六阴柔之质，承担治蛊之任，初六处于巽体之下，说明本性柔巽。《象》中有"巽而止"之辞，巽居内卦，为治蛊之主动，初六为巽卦之主，所以，治蛊行动由初六发起。初六与上体的六四不应，说明初六涉蛊不深，是清除腐旧势力的有生力量。既然蛊卦初六就开始治理腐败，那腐败从何时开始的呢？当是由蛊之前的豫、随之时慢慢积累而成，到蛊卦之时积弊已久，腐败之象已经显现，是需要清除积弊、大力治蛊的时候了。

下面看爻辞、《象传》：

爻辞："初六，干父之蛊，有子，考无咎，厉终吉。"《象》曰："干父之蛊，意承考也。"

1. 干（gàn），《广雅·释诂一》："正也。"指清除，匡正。蛊：蛊害，弊乱。

2. 考，《释名》曰："父死曰考。"段玉裁《说文解字注》："老也，凡言寿考者，此字之本义也。引伸之为成也。" 以下为"考"字的甲骨文、金文、小篆：

甲骨文　　金文　　小篆

从字形上来看，"考"是一个弯腰驼背拄着拐杖的老人。《礼记·曲礼》："生曰父，死曰考。" 所以，我们取"考"为"死去的父亲"之义，不取"成"义（黄寿祺取"成"）。腐败正是父亲那一代遗留下来的积弊，这本来是父辈的过咎，由于有初六这样的儿子开始着手清除积弊、惩治腐败，所以，可以弥补和挽救父亲的过失。这样做虽然会面临危险，但终究结果是吉祥的。

3. "意承"，王弼说："干事之首，时有损益，不可尽承，故意承而已也。"（王弼《周易注》）也就是说，王弼认为，要有损益地继承，不能照搬。承，指继承。

程颐说："子干父蛊之道，意在承当父之事也。"（《程氏易传》）意指意愿，承是承担。

杨诚斋说："曰考则非存，曰意则继志。"（《诚斋易传》）意指志向。

苏东坡说："孝爱之深者，其迹有若不顺，其迹不顺，其意顺也。"（《东坡易传》）孝爱至深的人，做事情表面看上去不那么完全顺从，但其内含之意却是真正的孝顺。

[译文]《小象传》说：清除父辈留下的弊乱，意在承担前辈的事业。

[解读]初六阴爻处下，且上无相应，涉蛊不深。事物的败坏不是一朝一夕形成的，父辈长期积累而成的腐败，到了儿子辈时蛊乱已成，只有惩治腐败，才能防止败落，使事业重获生机。初六虽然才质柔弱，但还是勇敢地承担起了治蛊的重任，以新生力量清除旧弊。有了治蛊的儿子，已经故去的父亲可以无咎了。清除腐败过程中所面临的艰难和危险是不言而喻的，一定要心存危厉，戒慎小心，才会最终得吉。

[破解]历史上"有子，考无咎"的事例不少：

宋代以史解《易》的李光以周宣王释此爻，周宣王继承周厉王之位而治理天下。厉王治时，王政无道，天下蛊坏。宣王继位，清除积弊，励精图治，实现了"宣王中兴"，这对于厉王来说，可以称得上是"有子，考无咎"了。

司马光则以胡亥和汉昭帝从反正两面阐释此爻，秦始皇因有胡亥这样的儿子和李斯这样的臣，王朝崩亡，后世将恶君之名归于始皇。汉武帝因有昭帝这样的儿子和霍光这样的臣，国家安宁，后世称武帝为明君。

【讨论内容】
【干父之蛊】

谢少常：　个人对"干父之蛊"的历代解释存疑。

包文中：　"干"字象理，请教老师们如何解？

谢少常：　只是存疑，却不敢"妄议"。

温海明：　从改革的分寸讲，初六是后继有人，励精图治。九二是内部改革，对家人不要大动干戈。九三是治理公共乱象，宁可矫枉过正。分寸是很不一样的。

包文中：　治蛊之法其实里面就有成蛊的因，这就是卦取蛊、爻取治蛊之理？

寇方墀：　上面回应第二个问题"关于'蛊卦'是腐败还是惩治腐败"的解释详细些。

【父】

谢少常：　如果说是子"干"父之蛊，似乎不应该是这种语序。

温海明：　初六从泰上六来到乾父之下。

寇方墀：　初六与九二、九三成亲比，各家都不言这层关系，尚氏言初六上承重阳，是与上合志。

温海明：　下巽初六顺承重阳，承志亲比，有理。初六有志于改革，决心利涉大川。九二先改自己家人，立定规矩，不可过度腐败，既往不咎，重新做人，但不可斩尽杀绝，所谓打铁还要自身硬。之后到九三，雷厉风行，宁可矫枉过正，也要老虎苍蝇全部拿下。这一幕幕如在眼前。从现实角度看，"考"就是不再继续掌握实权的前任。

寇方墀：　是的，以现代的角度来看，"考"为前任。

张克宾：　构建一个情景，随视野的不同，意蕴也层出无穷。

张国明：　一爻里同时出现父和考，总归有点怪异，确实是个问题。此父与考是同一人吗？如何既干又承呢？

罗仕平：　泰初上至蛊上，父去子下承，似为同一人？虽言改革，到底不能突然狂飙猛进，所谓"三年无改于父之道"？

张国明：　我依然倾向蛊之真义是以毒攻毒即惩治腐坏说。寇师之说虽自成体系，然难以圆满解释诸多问题。初六为巽之主爻，巽为顺，如何自强？又不正非中，如何领袖群伦主导改革？且自身为阴爻，上又无应，自立都不可能，如何雄心勃勃呢？干父之蛊，蛊者事也，干者非匡正之意，而是承担、顺承、继承之意，此父为做事之初，父丧之后，只宜承其先志，怎能大动干戈？再说即使立志革新，不也要先甲三日。王弼之说可从。

【子】

孙福万：　此初爻为阴爻，却为"子"，我也一直疑惑，请张老师释疑。

温海明：　初六本身看似阴柔无力，但从泰上六下来而有雷霆千钧之力。虞翻、诚斋到马恒君持卦变说，泰初九到蛊上九成艮为少男，有子。

孙福万：　那也是艮。

张国明：　卦变说不足以支撑易卦体系，不应有违本卦阴阳爻之基本定位，不论从哪里来，初六毕竟是阴爻，是初爻，是无应爻，是不正爻，不中爻。

温海明：　所以言意，不言实，初六可以有强意，而没有强力。

【考】

张克宾：　"考"，不必专指死去的父亲，活着的也可称"考"。

寇方墀：　"考"当为老，应不专指死去的父亲，考虑到古代传统中父死而子继，子掌握政权后才可以治父之蛊，否则对父有忤逆之嫌，解释出自《礼记·曲礼》。

郑　强：　我认为初六与九二、九三，均处于巽体，是治蛊者，上卦艮止则是所治之蛊，所以六四不治蛊，六五用九二治蛊，上九不事王侯，也不治蛊，这样可以吗？

温海明：　义理上是这样，从象上看，卦变后乾坤父母皆亡，所以取亡父有理。

（整理者：王璇　中国人民大学哲学院硕士生）

治理家乱　不可拘执
——蛊卦九二明解

时　间: 2016年02月17日22: 00 — 23: 18

【明解文本】

九二: 干母之蛊,不可贞。

《象》: "干母之蛊",得中道也。

【讲课内容】

张克宾: 关于"干"和"蛊"有不同的意见。我谈谈我的意见。干,本义为草木之茎,所谓主干。《文言》说: "贞者事之干也。"王弼说: "干,木之身而枝叶所依以立者。"这是干的本义。"贞固足以干事。"干就是能做事的意思。这是其引申义。汉注中说"干,正也",也属于引申义。所谓树木旁生为枝,正生为干。"干父之蛊"的"干",还是训为正好。有群友提出,"干"为沿袭、继承,我认为说"干父之蛊"含有继承父辈之事的意义可以,说"干"是继承、沿袭,则"干"字无此训。

蛊字当然与东西腐坏生虫有关,引申为腐败、蛊乱、蛊惑等意义。《周易》六十四卦为什么有个"蛊"卦,值得思考。有群友提出,蛊卦和巫蛊之术有关,值得考虑。但从蛊卦的卦、爻辞推断,恐怕蛊字还应该训为"事",当然是惑乱之事。"利涉大川,往有事也。"《彖传》大概也是以"蛊"为"事"讲。《尚书大传》中有: "五帝之蛊事。""蛊"通"故",事也。

综合来看,训"蛊"为惑乱之事,可能更符合整体卦义。九二爻: "干母之蛊,不可贞。"九二处内卦之中。男主外,女主内,所以说"干母之蛊",即匡正母辈的蛊乱。

寇方墀: 蛊卦和革卦的爻辞解读不同,革是按顺序讲革的过程,而蛊是讲针对不同的蛊乱如何去治。

[译文]九二,清除母辈留下来的弊乱,不可太过强硬。《象传》说:清除母亲留下来的弊乱,方法要刚柔适中。

[解读]九二居下卦巽体之中,阳刚居于柔位,说明有阳刚的能力而做事风格较为柔和;居于中位,说明能够持守中道;上与六五相应,说明可以用沟通的方式较为平和地治蛊。

朱熹《周易本义》："九二刚中,上应六五,子干母蛊而得中之象,以刚承柔而治其坏,故又戒以不可坚贞,言当巽以入之也。"九二刚爻与六五柔爻相应,有母子之象。九二刚爻居下卦中位,是刚中之子,而蛊坏之事由仍然健在且身居高位的母亲造成,在整饬老母所为的蛊事时,如果强行矫正就会伤了母子之伦常大义,如果避讳迁就又会使事态恶性发展,终受其患。这时应采取刚柔适中的方法,以至诚之心,委曲周旋,以中道整治,不可过于刚直。

[例解]汉武帝刘彻刚继位的时候,汉朝已经建立六十年,经过"文景之治",国家安定,经济充裕。但由于长期安定且宽松安逸,也积累下诸多矛盾和弊端,诸如大臣争权、官吏贪腐、诸侯王国的分裂因素依然存在、边境匈奴袭扰不断等,汉武帝需要进行大胆改革,以建立一个强有力的政权。但是,他的祖母窦氏却坚持沿用汉朝立国之初确立的黄老无为之术,在较量中,迫使汉武帝倚重的两个儒生赵绾、王臧自杀。这时汉武帝没有选择与祖母强争,而是动心忍性、委曲周旋,以孝道侍奉祖母,直到祖母窦氏去世之后,汉武帝才开始进行大刀阔斧的改革。

在王弼《周易略例·辨位》中有解释。初上无位,是说"初上无阴阳定位"。王弼根据《象》和《系辞》中的"二与四,同功而异位,其善不同,二多誉,四多惧,近也,三与五,同功而异位,三多凶,五多功,贵贱之等也",认为阴阳爻位只限于二、四和三、五,不提及初、上,这是说明初、上不以阴阳定其位。因此,王弼结合各卦初、上爻的共性,提出了"初上是事之终始,无阴阳定位也"的说法,以乾卦上九《文言》说"贵而无位"和需卦上六《象》文说"虽不当位"论证了这一说法,并得出结论:"历观众卦,尽亦如之,初上无阴阳定位,亦以明矣。"

所以,初六在初,就认为是小孩子,不妥,而应看作是治蛊之初。从改革的分寸讲,初六是后继有人,励精图治。九二是内部改革,内外有别,对自己家人不要大动干戈。九三是治理公共乱象,宁可矫枉过正。分寸是很不一样的。

瞿华英:根据不同治蛊时期,拿捏好度,初、二、三有别。

【讨论内容】
【"不可贞"】

张克宾:　内事之乱,不可用刚直之道,不能强行"干蛊",所以"不可贞",贞即固执以为正。也有注解以为,干母之蛊,除内事之乱,不同于外事,当用权变。正应巽卦,巽以行权之象。不可贞,即不可固守其常,当行权之义。《象传》说:"干母之蛊,得中道也。"九二处下卦之中,刚而居柔位,且得中,能刚柔得中以正母之蛊。这和初、三、四、五都不同。"皿中之虫,内中之乱？"蛊之本义为皿中之虫，但蛊即训为惑乱之事，则不必事事都与皿中之虫相联系了。

【"干母之蛊"】

郑　强：　干，正也，干就是能做事的意思；蛊字还是训为事，训蛊为惑乱之事。但对九二的解释有异义。如果说九二处内卦之中，男主外，女主内，就说九二是干母之蛊，那初爻与三爻均在内卦，为什么都称为干父之蛊呢？

张克宾：　我认为，这正是《周易》不容易解读的地方，其实它有取象的规则，但又不是严整划一，它是要在看似散漫的背后表达一系列的观念。蛊卦之主要意思，大概就是匡正先辈之弊患。所以开始初爻即讲干父之蛊。先辈之弊，有内有外，故到二爻时以其处内卦之中，故又专门指明干母之蛊当如何。

瞿华英：　六爻所指常转换言说对象。

张克宾：　到了三、四、五爻又回到干父之蛊上来。毕竟阳主阴从，父主母从。

郑　强：　上卦艮为止，六五又柔，止则惰，柔则暗，六五居尊位，九二与六五相应，我理解六五应为母，九二干六五母之蛊。

张克宾：　九二干六五母之蛊。古人多这样讲，未为不可。关键还要照顾到其他爻。

瞿华英：　有的六爻可以贯穿，有的不是完整的系统。爻与爻之间的象数关系，兼顾大象格局。

张克宾：　《说卦传》中讲的八卦基本卦象，乾为天为父为首，坤为地为母为腹之类，当然没问题。主要是后面大量的八卦物象，有些物象在经文中都没有出现过。《说卦传》中大量的物象，主要还是对占筮中八卦取象的归纳。

罗仕平：　是呀，第一次读《说卦传》觉得里面有一些陌生取象，估计可以那样用。

瞿华英：　是，延伸到当今生活中的象，仅是相似相关联想，没有必然的逻辑关系。

张克宾：　《左传》《国语》筮例中有大量的卦象分析，可见《周易》古占法是观卦中之象而推断之。后世占问卦爻辞的方法，属于晚起的方法。

罗仕平：　逻辑只是一个解读工具，执其为根本解《易》之方，有舍本逐末之嫌。

瞿华英：　《经》《传》相差500多年，《传》不可完全释《经》，是释《经》的一个向度。

张克宾：　话说回来，占看卦爻辞的方法虽然可能晚起，但它与观卦中之象一样，也都是爻观象。思维方式是一样的。

瞿华英：　回归《周易》象数思维。

张克宾：　问题很复杂，有时候抓住一个方面看，觉得很有道理，但还有很多可能性存在。

张吉华：　应讲思维方式。

瞿华英：　是有多种理解的可能，不变的方向是沿着卦辞所指格六爻对应意义。

张克宾：　卦辞是关键。

张文智： 蛊卦爻象与卦爻辞所显所述有类于"文革"之后"拨乱反正"时期的社会大象。

罗仕平： 一方面是思维，一方面可能也是生活阅历与生命体验，《易经》或许更是讲道之书，所谓"易也者，心之阴阳消息也"。

瞿华英： 治蛊是核心，安内是治蛊的核心。

张吉华： 卦辞是一卦之主义，那么主爻呢？有吗？主爻与主义之关系如何？

瞿华英： 看卦主。

张文智： 《说卦传》中的卦象在梅花易数中仍很实用。像"卦气"说等讲的更多地是自然之气象。

瞿华英： 经文中象更重明人事。

张文智： 在《周易》中人为三才之一，又多变，所以三四两爻的爻辞多凶险不定。

瞿华英： 成就君子之道更不易。

（整理者：黄仕坤 中国人民大学哲学院硕士生）

刚断除弊 顺行处事
——蛊卦九三明解

时　间：2016年02月18日22：00 — 23：17

【明解文本】

九三：干父之蛊，小有悔，无大咎。

《象》："干父之蛊"，终无咎也。

【讲课内容】

寇方墀： 解卦有多种维度，这很正常，否则易学史上怎么会有如此庞大复杂、蔚为大观的解易系统？这也正是《易》之魅力所在。我们都在寻求某种途径，以求突破，易学复兴的又一个新时代到来了，我们寻本也罢，出新也罢，训诂也罢，数理也罢，"君子学以聚之，问以辩之，宽以居之，仁以行之"，大家皆是同道，观象玩辞，切磋琢磨，涵泳体察，何乐如之！

我还是想就《周易》这本书究竟是讲什么的，简单说两句自己的看法。什么样的作者，就会写出什么样的作品，只需想想《周易》的作者是谁？他们胸怀中装的是什么？关心什么？希望解决什么？明白了这些，庶乎近矣！伏羲、文王、周公、孔子，是中华文化史上屈指可数称得上"内圣外王"的人物，孔子虽未身居尊位，后世亦称为"素王"。王的胸怀中装的是天下，关心的是苍生，希望解决的是经纶天下遇到的各种问题，他们仰观俯察、忧患以思、吐哺归心、韦编三绝，无不念兹在兹，毕生用力，终于体悟了大道之所在。这个精神接力棒在"四圣"手中传递了几千年，他们将思想智慧和天下情怀注入《易》中，以垂范后世，使后世有道可循。由于受历史时期和民众接受能力所限，"四圣"借助了原始宗教的卜筮形式，将大道寓于其中。

末学认为，得其精神，读《易》就有了基本的框架和定位，就样就可以"明其体"然后"达其用"。比如，我们讨论的蛊卦，如果是为政者，看到此卦，就得到了惩治腐败的指导思想和方式方法（家国同理）。如果我们只是普通个体，读到此卦，就以此卦修身养德：对于身来说，沉溺于安逸享乐或怠惰懒散就会生疾患，身中生"蛊"；对于心来说，长久处于顺境而缺乏反省，就容易产生贪婪、自私、嗔恨、傲慢等心理，心中生"蛊"。身心之蛊，都要勇于惩治和清除。这样学《周易》，岂不是每卦都有用？

蛊卦不好解，我们就各位师友讨论的问题，再进一步分析一下：

1. "干"字是匡正还是继承？

其实，匡正就是继承，以匡正的方式继承，用我们现在的说法就是"批判"地继承，用王弼的说法就是"损益"地继承。要于继承中创新，创新就是一种匡正，否则，"萧规曹随"就行了，何必"干"呢？所以，在蛊卦中，匡正和继承，是一，不是二。

2. "蛊"字是蛊乱还是蛊乱之事？

在爻辞中，"干父之蛊"的干是动词，"干"的对象是"蛊"，蛊是名词，是腐败弊乱，腐败弊乱必然以各种"事"来呈现。惩治和杜绝这些事，就是惩治和杜绝腐败，"事"是表，"腐"是里，表里一体。

3. 为什么在同一句话里出现"父"和"考"？

如果把"干父之蛊，有子，考无咎"这两个字互换一下位置，就会发现其中的差别："干考之蛊，有子，父无咎"，考是去世了的人，如何会蛊？除非闹鬼（注：无不敬之意，逝去之亲即为鬼。《论语》："非其鬼而祭之，谄也。"）。所以，蛊是父在世时造成的，父去世之后，子方得治蛊，使九泉之下的"考"因此无咎，顺理成章。

4. 关于蛊卦中主爻是哪爻？

主爻的说法是王弼在《周易略例·明象》中提出的，有成卦之主，有主卦之主。王弼虽有"一爻为主"说，但也认为不尽然，"或有遗爻而举二体者，卦体不由乎爻也"。程颐认为蛊卦初六是成卦之主。蛊卦象辞"巽而止"，是以二体而言卦义，与丰卦"明以动"相类。

先来看爻象：九三居下卦之极，刚居阳位，过刚而不中，又居巽体，在《说卦传》中，巽"其究为躁卦"，巽当以"顺"为"入"，躁则难入。因此，很容易阳亢有悔，然而以阳刚之质治蛊，用刚在所难免，九三虽有刚过之嫌，但得位居正，上面又是两个阴爻，说明前行的道路没有阻碍，这两点这对九三来说是有利条件。

下面来看爻辞和《象传》：

[**译文**]九三：清除父辈的弊乱，有些小的悔恨，没有大咎害。《小象传》说：清除父辈留下的弊乱，小有悔恨，没有大的咎害。

朱熹的解释干脆利落："过刚不中，故小有悔，巽体得正，故无大咎。"

杨诚斋的解释充满了文学家的色彩："革弊者，非刚则革不力，过刚则祸必亟。过刚而祸不亟者，九三其庶乎，然亦危矣。九三以刚处刚，过刚也。见天下之弊，不胜其愤，欲一决而去之，此其祸。……然能'小有悔'而'无咎'者，九三处巽之极，以极顺行过刚，故过而不过。'小有悔'，过刚也。'无大咎'，极顺也。"

苏东坡的解释人性化十足："九三之德与二无以异也，特不知所以用之。二用之以阴，而三用之以阳，故小有悔而无大咎。"

尚氏以象释易，另一番风景："三震体，故亦曰父。按九三上虽无应，然当位，前临重阴，与大畜九三象同，当吉。乃大畜九三利往，此云小悔无大咎者，以体下断也。凡巽体上爻多不吉，先儒不知其故在本弱，故多误解。"

[**解读**]九三居下卦之极，以刚居阳，过刚而不中。父亲仍然健在，儿子欲整饬父亲造成的弊乱，不刚不能治乱，而过刚又会伤害父子大义，有违中道与孝道。九三因不能中道处事，常因处理不当而产生一些小的悔恨，但九三当位得正，能够秉持正道治理蛊乱，同时又身在巽体之中，有巽顺之德，所以虽小有悔恨，却避免了大的咎害。

[**例解**]《孝经·谏诤章第十五》："子曰：'父有争子，则身不陷于不义。故当不义，则子不可以不争于父，臣不可以不争于君；故当不义，则争之。从父之令，又焉得为孝乎。'"

孔子说："父亲有敢于直言劝谏的儿子，就不会身陷不义之地。所以面对不义的事情，儿子不可以不向父亲表明反对态度，臣属不能不在君主面前争谏；就是因为面对的是不符合大义的事，就需要力争劝阻。如果顺从了父亲而使他行为不义，这又怎么能称作孝呢！"

【讨论内容】

瞿华英：九三处下卦内卦，还是内部讲应对内部蛊情，以柔、顺处理内部矛盾。

寇方墀： 下卦，也称内卦、贞卦，解作居下、居内、主动，都可以。不仅处理内部矛盾当以巽处，而且整个卦的卦义"巽以止"。

王力飞： 以巽止蛊。

瞿华英： 对外征凶，止征。

寇方墀： 就如夬卦，虽为决断，但卦义"健而说，决而和"。

瞿华英： 重和。

【女惑男，风落山】

寇方墀： 《周易》尚中和。对于九三爻，如无异议了，还有点时间，我们聊聊"女惑男，风落山"的问题。

《左传·昭公元年》记载，晋侯患病，请秦国一个名叫和的医生来看病。医和诊断后说："疾不可为也。是谓：'近女室，疾如蛊。非鬼非食，惑以丧志。良臣将死，天命不佑。'"接着又向晋侯阐述了"天有六气，降生五味，发为五色，征为五声，淫生六疾"的道理。

医和认为晋侯因近女室"不节不时"，罹患蛊疾。所谓蛊疾，是精神错乱昏迷的病。医和解释"蛊"：食器里生虫子叫作蛊，庄稼生了飞虫也叫作蛊，并引《周易》中的蛊卦"在《周易》，女惑男、风落山谓之蛊"作解。医和认为，晋侯得病的原因是"近女室，疾如蛊"，言下之意，提醒晋侯要想治病就必须修身修德，对欲望要自我节制。

这是一个很有名的典故，常被引用。那么，蛊卦是探讨"女惑男"吗？

我们知道，《周易》是一部经过漫长的历史时期由"四圣"逐步写就的书，"四圣"所具有的胸怀气度和治理天下之大道蕴含其中。《左传》记载医和为晋侯看病的鲁昭公元年已经到了春秋末期，礼崩乐坏、王道衰微，那些用卜筮来说事的卜官未必体悟"四圣"之道。有知其道者，面对那些耽溺于淫乐的诸侯、公卿时说起《周易》也是常作权宜而言之，更有些引用就是出于借《周易》说话，就和那时常借《诗》说话一样，与原文意思不搭界的例子比比皆是。引用只是为了引起对方的重视，使表达更为婉转而有力度，比如上面说的"女惑男"这句话的出处：晋侯耽溺于享乐，得了病，医生一看就知道病是他自己生活腐朽淫靡造成的，但又不能直说，就借蛊卦来说事，说是"女惑男"，其实是提醒晋侯生活要检点。当大臣赵孟问："何谓蛊？"医生说："淫溺惑乱之所生也。"晋侯自作自受罢了。

蛊卦《大象》说："山下有风，蛊。君子以振民育德。"这句才应是蛊卦最贴切的广告词。

关于"女惑男"和《周易》里"崇阳抑阴"的问题非常好，但同时也要说，这是个伪命题。"女惑男"的说法我们讨论过，是一个医生对病人说的话。在用这句话的时候，医生连卜筮的形式都没有，只是在特定情境下的正常医患对话，是用来规劝病人的，这里面哪有什么男权？是后世的人想多了。这件事被记录在《左传》里，应该是要让诸侯大夫们读之以为借鉴，从此修身养德，勤于政事。后世断章取义，舍本逐末，演绎过度，经不起推敲。

【蛊与惑】

王庆东：《春秋传》上说："'皿'上加'虫'为'蛊'。"肚子里的蛊毒，是淫乱产生的恶果。

寇方墀：无"惑"之义，惑是蛊后来发展引申而出现的词义。

王力飞：蛊之故，匡故事，和考就近了。

王庆东：蛊、惑之考在于此。

张克宾：蛊作惑讲，《左传》中有例证，《墨子》中也有例证。恐怕是医师随意发挥。

郑　强：心之蛊，可称为惑。

张克宾：这两条都是比附卦象，二者之间如何同类，我还真不清楚。哪位老师指教。

郑　强：风落山，繁体字的"風"内也有虫，秋风之落木，犹虫之坏物，亦犹女之惑男。

瞿华英：类似相关联想，关联中发生关系。

叶　亮：易学就是关联学，巽就是虫。所以蛊卦有腐败、隐晦、阴私的意思。要是问夫妻婚姻感情，表示感情已经很差了，甚至有第三者。

【不能过度】

张国明：所说"四圣"并无清除整顿父辈母辈腐败的经历。"四圣"扬名也并非靠整治腐败而成。如定蛊卦为腐败，则蛊卦同我们学过的讼卦和否卦一样为大凶卦，卦凶卦辞必凶，又怎能见吉呢？需卦吉则利涉大川，讼卦凶则不利涉大川。泰卦吉则天地交小往大来，否卦凶则天地不交大往小来。蛊卦既为腐败，何以腐败反而利涉大川呢？寇老师所谓卦时为腐败而卦义为清除腐败之说难以成立。六十四卦实为三十二对，两两相反。蛊与随相对。随的反义是蛊，蛊的反义是随。若蛊为腐败，则随为清廉。蛊为惑乱则随为肃正，而这些明显与随卦之真义无关。认定蛊为腐败，就否定了两两相反的易经真义，否定了太极图。反腐是当今时事，研《易》固然可以联系时事，然过度关联乃至比附则可能走向偏道。

（整理者：李芙馥　中国人民大学哲学院博士生）

放任弊乱 悔恨莫及
——蛊卦六四明解

时　间：2016年02月19日22：00—23：41

【明解文本】

六四：裕父之蛊，往见吝。

《象》："裕父之蛊"，往未得也。

【讲课内容】

寇方墀：我们来看今天的六四爻，先看一下爻象：六四柔爻居于阴位，下无所应，上无所比，凌乘于阳刚九三之上，又居于艮卦之下，本性无阳刚之气，又缺乏行动力，在需要治蛊之时，一副柔弱保守之象。下面是爻辞、《象传》的译文：

　[译文]六四：宽纵放任父辈造成的弊乱，这样往前发展会有遗憾羞吝。

　《小象传》：宽纵放任父辈造成的弊乱，这样往前是不可能成功了。

　先看"裕"字：

　《说文解字》："衣物饶也，从衣谷声。"本义指富饶，财物多。亦指宽裕，有宽纵义。关于六四"裕父之蛊"的是与非，各家的观点大体可分为两大阵营，第一阵营：

　虞翻："裕，不能争也。孔子曰：父有争子，则身不陷于不义。"（《周易集解纂疏》）认为争子才是孝子，六四"裕父之蛊"，不争，因此六四不义，往而见吝。

　朱熹："以阴居阴，不能有为，宽裕以治蛊之象也。如是则蛊将日深，故'往'则'见吝'。戒占者不可如是也。"（《周易本义》）"此两爻说得悔吝二字最分明，九三有悔而无咎，由凶而趋吉也。六四虽目下无事，然却终吝，由吉则趋凶也。"（《朱子语类》）意思是说六四现在不作为，将来必然会有悔恨。

　苏东坡："六四之所居与二无以异也，而无其德，斯益其疾而已。裕，益也。"意思是六四与九二没什么大的差异，但六四却没有治蛊的刚中之德，所以六四的柔懦纵容是在增益腐坏。

《周易折中》引刘弥邵曰："强以立事为'干'，怠而委事为'裕'。事弊而裕之，弊益甚矣。盖六四体艮之止而爻位俱柔，夫贞固足以干事，今止者怠，柔者懦，怠且懦，皆增益其蛊者也。持是以往，吝道也。安能治蛊耶？"意思是说，在蛊时，大义即为干蛊，六四却懈怠而柔懦，怎能不吝！

以上这几位大家，是第一阵营，他们认为六四柔懦不争，宽纵父之蛊，将来必会有吝惜。

下面来看第二阵营：

王弼："体柔当位，干不以刚，而以柔和，能裕先事者也。然无其应，往必不合，故曰'往见吝'。"（《周易注》）意思是说，六四个性柔顺，当位而不刚，说明能宽裕先辈的事。在这种情况下，六四前往治蛊必遭不合，往则见吝，所以不宜前往。

程颐："四以阴居阴，柔顺之才也。所处得正，故为宽裕以处其父事者也。夫柔顺之才而处正，仅能循常自守而已。若往干过常之事，则不胜而'见吝'也。以阴柔而无应助，往安能济？"（《程氏易传》）意思是说，以六四柔顺之才，不能干过常之事，以阴柔的才质去治蛊，不可能成功，所以宽裕处事较好。

杨诚斋："六四以阴柔之才，居近君之位，此大臣之弱于才而膺补坏未全之任者也。可以徐不可以亟，可以宽不可以迫，故曰'裕父之蛊'，劝以宽也。又曰'往见吝'，曰'往未得'，戒其迫也。"（《诚斋易传》）意思是说，六四才弱而居于近君之位，不能急于求成，宜徐图之。

第一阵营的观点是：面对积弊蛊乱，六四太过保守懦弱、不作为，这样下去，腐败会更严重，弊乱的态势会积重难返，将来一定会有深深的遗憾，悔恨莫及。

第二阵营的观点是：六四体柔无才，阴柔无应，仅能因循守旧而已，当宽裕地处理父辈的蛊乱，否则，才弱志刚，往必见吝。

我们认为，在积弊已久的蛊乱之世，当采取第一阵营的态度。六四能力不足，但治蛊的态度要坚定而明确，正如上面所引刘弥邵的话："夫贞固足以干事，今止者怠，柔者懦，怠且懦，皆增益其蛊者也。持是以往，吝道也。安能治蛊耶？"六四居位正，就该以正干事，倡导正风，唤起新生的力量，清除积弊。

综上观之，可见"裕"与"干"正好相反，"干"是奋力去做，时不我待主动去解决问题；"裕"是因循苟且，懈怠迁就，无所作为。六四以阴居阴，过于柔弱，毫无治蛊的阳刚之气，这种放任弊乱的作风，是在掩盖和无视腐坏的发展，久而久之，蛊将日深，积重难返，必会往见羞吝，惩治腐败是难以成功了。

【讨论内容】
【干与"裕"】

郑　强：　程颐："若往干过常之事，则不胜而'见吝'也。以阴柔而无应助，往安能济？"程颐应该归为第一阵营。

寇方墀：　第一阵营的观点是：六四太过保守懦弱、不作为，这样下去，腐败会更严重。第二阵营的观点是：六四体柔无才，阴柔无应，仅能因循守旧而已，当宽裕地处理父辈的蛊乱，否则，才弱志刚，往必见吝。程颐认为："若往干过常之事，则不胜而'见吝'也。"他主张宽裕处事。

郑　强：　第一阵营主张"裕"。第二阵营的观点是：六四体柔无才，阴柔无应，仅能因循守旧而已，当宽裕地处理父辈的蛊乱，否则往必见吝。"裕"是宽裕，增益父之蛊。

寇方墀：　"裕"是放任。

郑　强：　我认为"裕父之蛊"，就是增益父之蛊。

寇方墀：　其实，第二阵营，也认为裕不好，只是觉得六四没那个能力去干蛊。"裕父之蛊"，就是增益，没错。

郑　强：　苏东坡："裕，益也。"

寇方墀：　放任，就是增益。

王力飞：　裕，本有增加的意思。

寇方墀：　我支持第一阵营。六四能力不足，但态度要有，正如上面所引刘弥邵的话："夫贞固足以干事，今止者怠，柔者懦，怠且懦，皆增益其蛊者也。持是以往，吝道也。安能治蛊耶？"六四居位正，就该以正干事，倡导正风，六四却没有去做这样的努力。

郑　强：　第二阵营的王弼"体柔当位，干不以刚，而以柔和"，还是主张干的，只是说干得太柔而已。

寇方墀：　以柔和，就是以宽裕不急。

郑　强：　我理解除了王弼，他俩是一个阵营。

王力飞：　综合一下，都是柔弱。

寇方墀：　都有道理，所以说，对六四的感受很复杂，第二阵营的观点，比如把六四看作崇祯，就比较容易明白他们为什么持这种观点了。

　　　　　两大阵营，阵容都不小，问题是没有能力和条件的时候，已经发现了蛊乱，干还是裕？干，是大义，但能力不足，有可能往吝。

刘　娜：　看到有学者讲"干"是匡正的意思，正好和"裕"相反。

寇方墀：　裕，可以暂时维持稳定，但会使蛊乱更严重。是的，我们也讲"干"是匡正，"裕"和"干"相反。

张克宾：　六四虽居正位，但不好办。

王力飞： 益比放任更狠，助纣为虐。

郑　强： 往吝，我理解是去干只会羞吝。

寇方墀： 这是第二阵营的观点。

郑　强： 往吝，只会招致羞吝。

寇方墀： 但也可以解作，如果一直不作为，裕下去，就会吝。这是第一阵营的观点。有人认为蛊和随的卦象是相反的，因此卦义也相反，这种想法是不正确的。八卦两两相重而成六十四卦，形成了《周易》以阴阳爻象为核心、以八卦物象为基础的完整的符号体系。这个排列体系有规律蕴含其中，一是大多数卦存在相邻两卦之间彼此"反对"的关系，二是少数相邻卦存在彼此"正对"的关系。相邻的每两个卦构成一个小单元，这个小单元内部在卦象上呈"综"或"错"的关系。

　　在《序卦传》的解释中，卦与卦之间的关系基本体现为相因或相反的关系，而不是师友说的仅为相反的关系。比如从我们前面读过的十几卦来看，屯、蒙、需、讼、师、比等，更多的是相因关系，后一卦顺承前一卦而来，前一卦是后一卦形成的条件；另有一些卦是相反关系，比如泰和否等，从六十四卦卦序结构关系可以看出其中相因顺承、变化周流、物极必反、对立统一的辩证思维特点。前面我们讨论过，随和蛊从卦象来说，彼此既是综卦，也是错卦，如影随形，说明蛊的形成与随有密切联系，随是蛊的条件和前提，蛊因随而来，当蛊势已成，我们对蛊进行讨论的时候，就要根据蛊的卦时来讨论，不能还停留在随，要充分重视"时"。

郑　强： 卦者，时也。王弼："卦也者，时也；爻也者，适时之变也。"

寇方墀： 如果因为卦象上相反，就说每对卦的卦义相反，说蛊为腐败，随就是清廉，大谬也。还有，把治蛊解为惩治腐败符合卦义，之所以用"腐败"这个词，就是为了接地气，为了让大家一听就明白，如果觉得这个词太现代，称古典些的"弊乱""蛊乱"都可以。

【崇阳抑阴】

郑　强： "女感男，风落山"之间的同类性请老兄说说？风落山，繁体字的"風"内也有虫，秋风之落木也，犹虫之坏物，亦犹女之感男。我认为心之蛊，就是惑。

罗仕平： 即便不考虑男女，但也明显重阳抑阴呀！

裴健智： 《周易》里面崇阳抑阴的倾向，陈鼓应认为是受到了黄老道家的影响。黄老道家特别强调尚阳。

张吉华： 尚阳是道家？应该是儒家扶阳抑阴吧？道家才贵阴。

裴健智： 是黄老道家，不是道家。

罗仕平： 但《易经》和黄老谁先谁后呀？

裴健智： 著作主要体现在《黄帝四经》《管子》和一些出土文献中。黄老应是在前的，《易传》很可能受到黄老的影响。陈鼓应有专门论述，有兴趣可以看看。

（整理者：孙世柳 中国人民大学哲学院硕士生）

彰显父誉 扬善抑恶

——蛊卦六五明解

时　间：2016年02月20日22：00—22：30

【明解文本】

六五：干父之蛊，用誉。

《象》："干父用誉"，承以德也。

【讲课内容】

寇方墀：我们来学习和讨论六五爻。先看爻象：蛊卦六五爻阴柔得中，居于尊位，下有九二相应，上有上九亲比，都是治蛊的有利条件，且已到达蛊卦第五爻位，治蛊之道已近大成。

接着来看爻辞和《象传》，遍寻诸解，各家解读多相似，以六五能治蛊成功从而获得好声誉作解。

程颐："五居尊位，以阴柔之质，当人君之干，而下应九二，是能任刚阳之臣也。虽能下应刚阳之贤而倚任之，然己实阴柔，故不能为创始开基之事。承其旧业则可矣，故为干父之蛊……则可以为善继而成令誉也。"（《程氏易传》）意思是六五任用阳刚九二得以"干父之蛊"，最终获得了好的声誉。

朱熹："柔中居尊，而九二承之以德，以此干蛊，可致闻誉，故其象占如此。"（《周易本义》）六五柔中，任用九二，干蛊成功，获得好的声誉。

这样解释顺理成章，但细思之，也有不妥处，如果干蛊彻底否定先辈的所有作为，虽可获得一时良好的声誉，但自身的根基也会被动摇，用现在的话说，就是政治合法性会受到质疑。从客观角度来说，父辈应是功过兼有，不可能一无是处，子辈当善"用誉"彰其功而实"干蛊"改其过，将大政逐渐转到正轨上来。也就是要以德治蛊，继承先辈的事业。

《周易折中》引郑氏维岳曰："子有干蛊之名，则过归于亲。干蛊而亲不失于令名，是'用誉'以干之也。干蛊之最善者。"郑氏认为"用誉以干之"是最好的治蛊方法。

[**译文**] 六五：清除父辈留下的弊乱，用荣誉。

《小象传》说：清除父辈的弊乱，用彰显荣誉的方法，是为了以善德继承先辈事业。

[**解读**] 六五柔中之君，下应九二刚中之臣，能够任用贤明。九三过刚，六四过柔，只有六五与九二刚柔相济，彼此相应，才能形成良好的治蛊组合，君臣互为依托，共同治蛊。六五秉承善德，善于用德誉治蛊。对于父辈的功过，不是采取全盘否定或全盘肯定的方法，而是以柔顺中道的德行，将父辈功劳善德和荣誉的方面着力宣扬继承，扬善抑恶，整治蛊事，平稳过渡，顺转船头，从而成就治蛊大业，这是整饬弊乱最明智的方法。

【讨论内容】
【"用誉"】

郑　强：　寇老师将"用誉"解为"用彰显荣誉的方法"，鄙人有不同意见。这样解就看不出是六五用九二来干蛊了，与诸家之说大异。

王力飞：　用誉，当是干蛊的方法。

寇方墀：　我觉得这样解比较好，"用"字就以用来解。

郑　强：　《系辞传》有"二多誉、四多惧"之说，这里的"用誉"，就是用二，因二多誉，所以说"用誉"。

寇方墀：　用誉，也是一种方法，就像我们现在对孩子，有时要用"赏识教育"，比"棍棒教育"效果好。

郑　强：　不能同意。六五处君之位，是干前君之蛊，用二之才干之，似乎更确切。

寇方墀：　用二之才，没问题，"二多誉"不等于"二是誉"。用二，就是用誉，不太能讲得通。

丰　铭：　往蹇来誉，符合获誉。

王力飞：　用赞誉的方法干蛊，可以和很多方面验证起来，就是很好的解法。

郑　强：　另外，蛊卦上艮为少男，下巽为长女，少男血气未定，长女下之，少男受长女之惑，必然蛊惑，所以此卦"女惑男"之说貌似不无来处。

王力飞：　来自八卦取象，八卦取象是一种方法。

张克宾：　不是单纯用赞誉的方法干蛊，而是"干父之蛊"，要考虑到先辈的尊严，最终不失其令名。正确的方法为的是更为合理的结果，不矛盾。

寇方墀：　是的，不能自己获得了声誉，却建立在对先辈的彻底否定上。

张克宾：　如果只是用赞誉的方法干蛊是行不通的。

寇方墀： 那就应该是革了，或革命。

郑　强： 这样说也有道理，六五承上九，上九为前君、父，则赞誉亦未为不可。

温海明： 革应是不得已才革，正常太平时代，革来革去，老百姓受不了。

寇方墀： 蛊卦所讨论的是用什么方法治蛊，不是革卦之时的问题。

王力飞： 在革卦里，革和变是一对命题，本义当为巩固。巩用黄牛之革。

温海明： "崇阳抑阴"是《周易》作者作卦爻辞的价值倾向性，好像作者喜欢阳一
些，比如对比复卦和姤卦，显得阳爻生长好一些，阴爻生长就不太好。阴阳
本来应该是一样的，只是价值判断有所不同。

裴健智： 确实有崇阳的倾向。《周易》乾为首，崇阳。《归藏》坤为首，崇阴。

孙世柳： 《归藏》出土的王家台秦简和辑佚本内容有相同的部分，出土的《归藏》残
简较多，内容大致分为两类：一类为某某卜于某地，吉或不吉；一类为有韵
律的一些句子，很多已经很难理解。且卜的人，以神话人物居多，只有卦
画、卦名，并没有爻辞，所以后世很难发挥，影响没有《周易》大。《归
藏》是坤为首。《连山》是艮为首。

张吉华： 象数之学，阴阳之道，本无是非善恶之分，但解《易》之人角度不同，立场
各异，于是有了价值取向的倾向性。儒家重阳，道家贵阴，《周易》是儒家
定的，故《周易》有崇阳的倾向性。《易传》讲一阴一阳之谓道，是没有倾
向性的，老师在这个问题上是对的，但儒家与道家用之是各有其倾向性的。

罗仕平： 我认为《易经》未必完全属于儒家，《易传》更杂取黄老等，同时也不宜简
单讲儒家重阳，道家重阴。

张吉华： 《周易》经与传都带有儒家学理倾向，这就是孔子定易的功劳。就阴阳图而
言，是没有贵重之分的，问题在于如何去解读。中国文化就是从阴阳中来
的，因其有倾向性，故而有主客关系问题，形成了道德之学。天道是没有倾
向性的，问题在于谁去推。作为易卦中的爻位，不涉及主观性问题，但如何
去解读乾坤，则是有倾向性的。

温海明： 卦象阴阳平衡，从太极图到三百八十四爻都没有问题，《周易》卦爻辞的作
者如何解读阴阳而命辞是另一个问题。《周易》作者在"推天道以明人事"
的过程中，天道的阴阳平衡，但到了人事的层面阴阳就有倾向性了。这里面
有一个理解和解读的分寸问题。

张吉华： 读《易》，就应该理顺这个问题。阴阳是没有倾向性的，但引阴阳于道德就
有主客观的倾向性了。这个问题，一般解卦人都不会去多究，但本群是易学
与哲学，应当去研究。

（整理者：孙世柳　中国人民大学哲学院硕士生）

不事王侯 不累世俗

——蛊卦上九明解

时　问：2016年02月21日22：00—23：38

【明解文本】

上九：不事王侯，高尚其事。

《象》："不事王侯"，志可则也。

【讲课内容】

寇方墀：我们来学习和讨论上九爻。先看爻象：上九处于蛊卦的最上爻，与九三不应，有阳刚的才质，居艮山之巅，有贤士置身俗事之外、隐居山林之象。下有六五之君以柔中亲比，说明上九的贤德为王侯所尊尚，而上九高居山巅，自适其志，不累于世俗。孔颖达："最处事上，不复以世事为心，不系累于职位，故不承事王侯，但自尊高慕，尚其清虚之事，故云'高尚其事'也。《象》曰：'志可则'者，释不事王侯之义。身既不事王侯，志则清虚高尚可法则也。"意思是说：上九置身事外，不以世事牵挂于心，不被俗世的职位所牵系，乐得无官一身轻，不愿屈己以事奉王侯，超然物外，追慕高远，崇尚清虚，这样高尚的志趣，值得效法。

程颐认为，上九是贤人君子，然于蛊乱之世，生不逢时，与世道不合，不肯屈道以徇时，于是选择高洁自守，不为世事尘务所累，退隐山林，独善其身，守其志节。程颐认为选择到山中做高士的人，其原因有以下几种不同情况：

1. 有才华，有抱负，但生不逢时，不愿同流合污，于是选择高洁自守。

2. 自我有所体悟，自觉天性自足，不愿被世俗破坏了自然天性，于是退隐以自保其性。

3. 自知没有才华能力，于是安于本分，不作妄求。

4. 清高狷介，不屑于俗事，独洁其身。

无论是哪种情况，都是出自"高尚其事"，进退合道，其志值得效法。

《周易》六十四卦中，将上九喻为德行高尚之贤者的卦有大有（自天佑之，吉无不利）、蛊（不事王侯，高尚其事）、大畜（何天之衢，亨）、遁（肥遁，无不利）、渐（鸿渐于陆，其羽可用为仪，吉）。这几个卦的上九爻均体现了君子、高士对于超越于世俗之上的精神世界的追求，有着高洁的志趣。另有贲卦上九"白贲，无咎"，推崇返璞归真的素朴之美。可见，《周易》既倡导积极投入世间，经世致用，又崇尚高洁志趣，为出世者留出了广阔的天地。

中国传统文人的精神世界，是丰富的、立体的，有理有情，真挚淳然。

欧阳修是北宋大文学家，更是易学家，其易学著作有《易童子问》。另一位大诗人杨万里著有《诚斋易传》，名列"六宗"。大文豪苏东坡作《东坡易传》。他们以诗词文章留名于世，寓真情于诗文间，但他们更是思想深邃的易学大家。我们熟知的象数易学大家邵雍，著有《伊川击壤集》，有诗三千余首。言理则深邃，寓情则率真。拥有这样的精神世界，他们可以在入世和出世之间自在悠游：天下有道则见，无道则隐；穷则独善其身，达则兼济天下；用舍行藏，自得于心。外在的环境优劣与否，不能动其心，不能移其志。所以，苏东坡一生被贬数次，依然词风豪放，洒脱自在，多少人读其诗文，忧烦苦闷便欣然冰释；王阳明处绝地而逢生，仍能立学垂范，建功立业，其思想惠及后世。

学者当效先贤，仅有敏锐的思想不够，还要有坚韧的品格、开阔的胸襟、慈悲的心肠、高远的志向。"人能弘道，非道弘人"，志士当以弘道为己任。

纵时乖运舛，不能有为于世，尚可追慕清虚玄远，寄情于山水，白发渔樵江渚上，笑看秋月春风，亦得人生真趣。

罗仕平： 所以不宜简单地把《周易》理解为是儒家的？

寇方墀： 这为中国传统文人的精神品格提供了不竭的源泉和滋养。不能简单地把《周易》归为哪一家。

[译文] 上九：不事奉王侯，崇尚超然物外的人生志趣。

《小象传》说："不事奉王侯，崇尚超然物外的人生志趣，这样的志向可以效法。"

[解读] 蛊卦到了六五，治蛊之事已经完成。上九处于蛊之终极，是上体艮卦的主爻，其德为静止。上九选择退隐山野，不事王侯，过一种超然物外的生活，追求精神的自由，洁身自守，以尽天年。这种高尚的志趣合乎随时进退之义，是值得效法的。

[例解] 北宋政治家范仲淹写过一篇《严先生祠堂记》，叙述了汉光武帝刘秀与同学好友严光的事迹，说他们两人以道义彼此尊重、互相推崇。后来刘秀贵为天子，多次想聘用严光，严光却视官爵为泥土，不愿出仕做官，遂归隐江湖，在富春江畔隐居，清操自守，鄙弃禄位，达到了圣人自然清净的境界。

《严先生祠堂记》文中用蛊卦的上九来比喻严光，而用屯卦的初九来比喻刘秀："在蛊之上九，众方有为，而独'不事王侯，高尚其事'，先生以之。在屯之初九，阳德方亨，而能'以贵下贱，大得民也'，光武以之。"

[总结] 蛊卦阐述了如何清除积弊，治蛊除恶的原则和方法。在蛊乱之世，有志之士应

及时奋起，清奸除恶，施展抱负，使社会重现清明之风。在治蛊的过程中，要充分认识到其中的困难与危险，提前做好周密安排，做到"临事而惧，好谋而成"，先计而后行，同时，要将眼光放长远，做好长期规划，行动实施后要观察核实，使成效扎实长久。整治弊乱腐败要因时因事而制宜，既不能柔弱姑息，也不能过于刚直，应针对不同的对象和问题采取相应的措施。作为执政者，要任用贤能，使上下呼应，刚柔相济，以攻坚克难、兴利除弊，最终使治蛊大计获得成功。

最后，填词一首来为蛊卦作结：

浪淘沙·读蛊卦

风啸谷山间，恣意回旋，草石摇落奈何天。独上高楼抬望眼，风雨如磬。

蛊乱已经年，澄澈尤难，宁教元亨利涉川。古往今来多少事，犹在人间。

【讨论内容】

【关系】

丰　铭：　蛊卦阐述了清除积弊、治蛊除恶的原则和方法，那为什么上九却提倡当隐士呢？没明白治蛊大计和隐士之间有什么关系？

寇方墀：　一是治蛊已成，如张良，可以高尚其事去了。二是高洁自守，不愿再蹚浑水。程颐分析的四种情况可以作参考。

丰　铭：　功成身退。

温海明：　结合之前五爻，应该是治理得差不多了。

张克宾：　嗯，两说皆可，前者更上下贯通。

陈鹏飞：　上九也让人想起后期隐居广州的叶帅。

钟　鸣：　上九，治精神之蛊。

温海明：　前人讲隐士的多，其实金盆洗手、急流勇退更难。叶帅更近第二义。其实上九在震上，或可以理解为王侯之上，如当太上皇，近第一种解释。

【"凶"】

张克宾：　帛书本是"不事王侯，高尚其德，凶"，可惜楚简中缺此爻辞。

郑　强：　请问寇老师：1. 您是否认为《易》为卜筮之书；2. 您在工作生活实践中是否也经常使用《易经》进行卜筮？

寇方墀：　我的老师余敦康先生有一篇文章叫作《从易经到易传》，可以回答您这个问题。

张克宾：　我倾向于认为帛书本是改写的。

丰　铭：　高尚其德，凶？

寇方墀：　丁四新老师认为帛书中的"凶"是衍文。

张克宾：　还是今本好，帛书本大概是汉人刻意改的。

郑　强：　同意，帛书改写了，年代可能也没那么早。应该是衍文。

张克宾：　说是衍文，也未必有过硬的证据。

丰　铭：　帛书中除了这里，今本还有哪里把"凶"字删掉的吗？

谢少常：　从爻辞的惯例上看，总觉得最后一爻的爻辞像是后人注入的，但也合乎卦象。

丰　铭：　得先统计下帛书中除了这里，今本还有哪里把"凶"字删掉了才好说。隐遁的思想早已有之。刚才我顺了一遍帛书，可能就这一处是把"凶"字删掉了。

（整理者：贡哲　浙江大学哲学系本科生）

（本卦校对：袁征　中国人民大学哲学院硕士生）

时　　间：2016年02月22日22：00—23：58
导读老师：张文智（山东大学周易研究中心副教授）
　　　　　　刘正平（杭州师范大学人文学院副研究员）
课程秘书：贡　哲（中国人民大学哲学院硕士生）

——临卦卦辞明解

居高临下　临事知惧

19 临卦

兑下坤上

【明解文本】

临：元亨，利贞。至于八月有凶。

《彖》曰：临，刚浸而长，说而顺，刚中而应。大亨以正，天之道也。"至于八月有凶"，消不久也。

《象》曰：泽上有地，临。君子以教思无穷，容保民无疆。

【讲课内容】

张文智： 在开讲之前已与诸位师友谈到过《易经证释》，我这里所讲多从中择出。我们首先来看一下《序卦传》："有事而后可大，故受之以临。"临卦继蛊卦，其义以有事者必大。如人功业彪炳，誉位隆崇，则必非常人，世所称大人者也。凡易卦称大必因乾。临卦之大，则以出乎坤，返乎乾，而能应事体物，育德致用，以成资生之道，以广大生之义，故以大称。

　　临之"大"与其卦辞有关。临："元亨，利贞。至于八月有凶。"临之"大"，正因其有乾卦之四德。《易》以明象，象不明，则由辞以寻象。从卦象上看，临卦二阳四阴，阴与阴聚，阳与阳连，故名临，如大军列阵以相邻也，如贵宾结驷以来临也，又如汇众水以临大海，连群峰以临大壑也，又如日月丽中天而临大地，风云排太空而临山河也，其势甚逼，其状甚严，其来也俨然，其加也勃焉，是曰临。

而从上下卦言，兑为泽，坤为土，兑在下而坤在上，犹土之防堵四旁也。水无防则泛流无止，得土以为堤，则逼处一隅，而不复漫漶。然堤防不固，必有溃决冲湔之害。二者相得则为利。事物之至非所豫曰临时，可见其与豫之义相悖。雷地豫与复反，临类复，亦与豫悖，明临豫之异趣，则明临之大用矣。

据"卦气"说，临为十二月卦。与后天八卦之艮卦相应，有"成始成终"之意。于时为冬之余，春之先，培蓄蛰类，涵润萌芽。化寒气以为温和，发深源以为厚泽，融冰霜以濡枯土，转星宿以开春元，则临之功也。故临在卦为大，在德为施，在用为生，在气为转，以乾元之道，成坤元之德。临为十二月卦，当春之先，正得阳刚上升之气，以应天道生发之令，故临有乾之四德，与屯相类。而屯中之震为后天之始，坎为先天之始（天一生水），亦全具乾之四德。

临为十二月卦，而一届八月，气已变，令已换，则反为观，而阴长阳消，是其凶也，乃对临之时言，为临利于阳而忌阴也。八月阳消过半，正与十二月阳长相对，故当临之时为吉，当观之日则凶也。曰"有凶"者，明其属于天道，人苟善趋避，犹可免也。不过用临者至八月已穷，其数必变，若不知顺变则将罹于凶矣。易教重人事，以人应天而能趋避，则逢凶可化为吉。如卜得临者，当知临之用有穷，而预为之备，则不致有八月之凶。

不独八月为凶，凡阳之消，阴之长，皆非临所宜，独举八月者，以其时正与之反耳。凡卦皆有时令，皆有宜否。今以临明其例，使占者知所审焉。也就是说，占得此卦，不仅八月有凶，至七月已有凶兆了。

我们再来看一下《象传》。《象传》没什么难理解的，只是最后的"消不久也"容易让人误读。临卦为阳息阴消，此处的"消不久"指不久就要阳消阴息也。众所周知，姤卦时已开始阴息阳消了。

现在我们再来看一下《象传》。《象》曰："泽上有地，临。君子以教思无穷，容保民无疆。""临以体坤合乾，备四德而刚中能应，得正位而悦泽以顺，是具天地生成之道，有乘时致用之功者也。故君子因之以兴教育、励思想，而孚乾之天行健以自强不息，不独为资生之德，且含成用之义，以兑之悦泽万物，如水之利润，坤之厚德载物，如地之广博，君子因之行仁政，敷德教，阐文明，以容民保民。"

"容保民无疆者，自诚以成人成物，即推己以尽性而时中，致中和以位育天地也。盖临进则为泰，泰则天地位，万物育，临之所志也。临因兑泽之象，依阳长之义，如水之渐被，气之潜移，在不知不觉中，而能使天地同化，即由教思之精弘，德泽之深远，能默化民众，使归于大治，以成元亨利贞之德也。"以上多出自《易经证释》。

刘正平：《象传》的第一个"刚"指初九，第二个"刚"指九二。

【讨论内容】
【"八月有凶"】

裴健智：为何"八月有凶"？

刘正平：我后面重点跟大家说说"八月有凶"的事情。

郑　强：阴与阴聚，阳与阳连，故名临，如大军列阵以相邻也，如贵宾结驷以来临也，泰卦、大壮卦皆是阴与阴聚，阳与阳连，何不称"临"？有几个问题：1."又如汇众水以临大海，连群峰以临大壑也，又如日月丽中天而临大地，风云排太空而临山河也，其势甚逼，其状甚严，其来也俨然，其加也勃焉，是曰临。"但从卦象上看，看不出有日月、群峰、风云、山河之象。2."水无防则泛流无止，得土以为堤，则逼处一隅，而不复漫溏。然堤防不固，必有溃决冲涮之害。"与临似不相干。3."事物之至非所豫曰临时，可见其与豫之义相悖。雷地豫与复反，临类复，亦与豫悖，明临豫之异趣，则明临之大用矣。"临与复、豫关系不大。4."据'卦气'说，临为十二月卦。与后天八卦之艮卦相应，有'成始成终'之意。"临为建丑，十二月不错，但与后天艮卦相应无有来处。5."至于八月有凶"，应当是自临建丑至否建申之月，阳道消，阴道长，才说至于八月有凶。

张文智：虽然泰卦、大壮等卦也是阳临阴，但泰为阴阳之平，富足生发之象，与春天正月相应，这时阳气已发过地面，阳与阴已无迫胁相临之势。大壮卦亦然，阳已过半，有盛大之势，故卦辞戒之以"利贞"。利贞者，人道也，地道也，自修也。

张国明：后天八卦艮对应丑、寅，临卦应十二月与后天艮卦相应没问题的。

郑　强：这是六画卦。

张文智：不同的卦气图有相通的意义。临卦是阳来促阴，阴猝不及防，为天道之始，故称大，而泰卦则是天地之和，大壮卦及夬卦则有阳决阴之势，不可称大。有乾之四德的卦有数个，如屯卦、临卦、无妄卦、革卦等，但乾之四德为全德，而坤之下皆为乾所生，其四德则有时地之宜焉。对于临卦来说，至阳消之时已显凶矣。

刘正平："八月有凶"，一般的解释是从气候的角度说的，从正月到八月，阳气渐消，阴气渐长，秋天肃杀之气，所以说"八月有凶"。这个八月就是十二月里的八月份。但也有一种解释，认为八月是八个月。孔颖达《周易正义》引何氏云："自建子阳生至建未为八月。"也就是这个样子：

周正建子											
子	丑	寅	卯	辰	巳	午	未	申	酉	戌	亥
一月	二月	三月	四月	五月	六月	七月	八月	九月	十月	十一月	十二月

罗仕平：马恒君解释是八月为央，以阴消阳故凶。

刘正平：孔颖达《周易正义》引褚氏云："自建寅至建酉为八月。"也就是这个样子：

夏正建寅											
子	丑	寅	卯	辰	巳	午	未	申	酉	戌	亥
		一月	二月	三月	四月	五月	六月	七月	八月	九月	十月

郑　强：确实有几种说法，如至建未、建申、建酉。

丰　铭：按周历八月就是夏末了。感觉秋天很难联想到凶。

张文智：临卦主生发，就像一个人胸怀天下之志，想干一番事业一样，但后天世界有盈有虚，物极必反。至临卦之反而对面（即观卦）的时候就"凶"了。后天五行皆有其生、旺、墓、绝之序。

郑　强：到观卦就是建酉之月。

裴健智：建未、建酉，哪种合适呢？

郑　强：建申之月是否卦，窃以为建申为是。

刘正平：这两种说法，即周正建子、夏正建寅之正月为"临"的起点的说法都没有充足的说服力。

张文智：天数有长有消，有进有退，有显有隐，有强有弱。临当春而利，至秋则反。八月秋半而为阴之盛，当卦之观，恰与临反，故临至八月则有凶，为数尽而气改、时过而事非也。

郑　强：复卦一阳生为建子，临二阳生为建丑，泰三阳生为建寅，大壮四阳生为建卯，按地支依次类推，从姤一阴生，为建午，从建丑临卦到建申否卦正好八个月。

裴健智：到底是观卦与临卦反还是遁卦？

刘　云：取商正，八月对应否卦，天地不交，故有凶。

刘正平：所以孔颖达认为，"据否卦之时，故以临卦建丑，而至否卦建申为八月也。"也就是这个样子：

殷正建丑											
子	丑	寅	卯	辰	巳	午	未	申	酉	戌	亥
	一月	二月	三月	四月	五月	六月	七月	八月	九月	十月	十一月
	临	蛊	随	豫	谦	大有	同人	否			

张文智： 那么，从临卦到否卦，从殷正建丑的一月到八月，正好经历八个卦，也是八
个月。所以，孔颖达的这个说法比较到位。

郑　强： 合于阳者必乖于阴，长于前者必消于后。临为阳长阴消，观则阴长阳消，长
之为吉，遇消则凶。此八月不利于临，非卦之凶，乃时之灾也。

张文智： 建子之月是十一月，阳始生之月。

包文中： 卜得临卦者，当知临之用有穷，而预为之备，则不致有八月之凶，不独八月为
凶，凡阳之消，阴之长，皆非临所宜，独举八月者，以其时正与之反耳。

张文智： 临卦，大象为大震，震为雷，阳气出。兑为正秋仲秋，为酉为八月，阳气
衰，雷声伏。

郑　强： 可知不仅八月有凶，对临卦来说，姤卦、遯卦、否卦时已有"凶"象了。只
是到八月已是临卦的覆卦，正与临卦反，故为至凶之时。消不久，就是提醒
君子当临之阳方盛长之时，就要想到阳消的日子不远了，所以称"消不
久也"。

罗仕平： 其实否卦、观卦都可以凶，用哪一种都说得过去，问题在于中间还经过了姤
卦、遯卦这样以阴消阳的卦，同样可以是凶。

【十二消息卦】
刘正平： 这里其实还有一个"十二消息卦"的解释，更合理。

张文智： 从生旺墓绝的角度来讲，六、七月是墓时，至八月乃为绝时。

罗仕平： 感觉临卦之综卦解释似更合理。

刘正平： 找了一个"十二消息卦"的图。

郑　强：　对，这个图最能说明问题。

临卦的"十二消息卦解读"

何氏说："建子阳生至建为八月。"此说原理是《临卦》互通，即《临》长于《乾》，复消于《遁》。《遁》虽然在"十二消息卦"中属于六月卦，但在周历中正好是八月。只有采用周历，周正建子，才能将《遁》跟"八月"对应起来。

卦名	复	临	泰	大壮	夬	乾	姤	遁	否	观	剥	坤
十二消息卦	建子	建丑	建寅	建卯	建辰	建巳	建午	建未	建申	建酉	建戌	建亥
对应关系	十一月	十二月	一月	二月	三月	四月	五月	六月	七月	八月	九月	十月
周正	一月	二月	三月	四月	五月	六月	七月	八月	九月	十月	十一月	十二月
殷正	十二月	一月	二月	三月	四月	五月	六月	七月	八月	九月	十月	十一月
夏正	十一月	十二月	一月	二月	三月	四月	五月	六月	七月	八月	九月	十月

褚世说："自建寅至建酉为八月。"这是将《临卦》和《观卦》对应起来，因为《观卦》在"十二消息卦"中属于八月卦，跟夏历的对应关系是相同的，所以必须采用夏历，夏正建寅，从一月到八月正好对应《观卦》。但《观卦》在卦辞"大观在上，顺而巽，中正以观天下"中根本看不出"八月有凶"的迹象，所以此解不准确。

卦名	复	临	泰	大壮	夬	乾	姤	遁	否	观	剥	坤
十二消息卦	建子	建丑	建寅	建卯	建辰	建巳	建午	建未	建申	建酉	建戌	建亥
对应关系	十一月	十二月	一月	二月	三月	四月	五月	六月	七月	八月	九月	十月
周正	一月	二月	三月	四月	五月	六月	七月	八月	九月	十月	十一月	十二月
殷正	十二月	一月	二月	三月	四月	五月	六月	七月	八月	九月	十月	十一月
夏正	十一月	十二月	一月	二月	三月	四月	五月	六月	七月	八月	九月	十月

孔颖达说："据《否》卦之时，故以《临》卦建丑，而至《否》卦建申而为八月。"这个说法是依据王弼注《临卦》卦辞"小人道长，君子道消"，这句话正好出现在《否》卦来推算"八月"指的是什么。从表中可以看出，《否卦》与八月相对应只有在殷历中，殷正建丑。

卦名	复	临	泰	大壮	夬	乾	姤	遁	否	观	剥	坤
十二消息卦	建子	建丑	建寅	建卯	建辰	建巳	建午	建未	建申	建酉	建戌	建亥
对应关系	十一月	十二月	一月	二月	三月	四月	五月	六月	七月	八月	九月	十月
周正	一月	二月	三月	四月	五月	六月	七月	八月	九月	十月	十一月	十二月
殷正	十二月	一月	二月	三月	四月	五月	六月	七月	八月	九月	十月	十一月
夏正	十一月	十二月	一月	二月	三月	四月	五月	六月	七月	八月	九月	十月

刘正平：　这个表一方面解释什么是"八月有凶"，另一方面是对孔颖达疏里提出的"何氏说""褚氏说"和他自己的见解的形象化解释。

郑　强：　建丑为临卦，至建申则是否卦。

刘正平：　这十二个卦，从卦象上看，阳阴消长，周而复始。在一个卦体中，凡阳爻去而阴爻来称为"消"，阴爻去而阳爻来称为"息"。"十二消息卦"即被视为由"乾""坤"二卦各爻的"消""息"变化而来的。息，就是长。

郑　强：　阳息正是阴长。应当按周正自临卦至遁卦为八月。

瞿华英： 夏历建子。干宝《周礼注》引《归藏》云："复子，临丑，泰寅……"至八月即至"遯未"。

刘正平： 三种说法都有道理，特别是何氏和孔颖达说，都有理有据。但这个十二消息卦的理论成熟得比较晚，虽然能解得通，但还是有点令人怀疑。

郑　强： 按夏、商、周对应的历来看，因《易经》自伏羲出，年岁既久，难以论说，但三种说法的意思都是一样的。

瞿华英： 八月到底指什么？《周易》产生时还没有十二消息，另外按周历建寅讲不通。

罗仕平： 十二消息应本就隐含其间，只是后人将其提炼并发挥出来而已。

瞿华英： 高亨《周易古经今注》："至于八月有凶，承利贞而言……但利于八阅月之内，而不利于八阅月之外，故曰'利贞，至于八月有凶'。"

罗仕平： 仅按阴阳消息，都说得过去。但单选八月而不说六月七月，估计就不只是消息。

郑　强： 按阴阳消息，都能解得通。

【基本卦义】

张国明： "八月有凶"不算太难理解，但临卦的基本卦义是什么却值得探讨。临为大，这个大是什么意思？临卦的主旨又是在阐述什么？

张文智： 对人来讲虽然八月是收获的季节，而对临来说则是其临绝之时。曰有凶者，天道如是，人能体会得宜，或亦免焉。

温海明： 壮大即阳的壮大。

张国明： 壮大？那遯卦就是减小了？

刘正平： 孔颖达从王弼注出发，提出了一个比较合理的说法。王弼注卦辞说："小人道长，君子道消。"这句话正好出现在否卦《象传》里。

温海明： 遯卦阴气生长壮大，阳减小，要遯。

张国明： 阳的壮大有道理。整治腐败已成，则正气升阳气壮，正能量日渐充足，正气足则身强体健，身强体健则成"大"。

温海明： 看象辞，是居高临下，临事知惧。

郑　强： 临有居高临下和以下临逼两种意思。

张国明： 在探讨高位者处事之道吗？

温海明： 是的，六五和上六很明显。

张国明： 六五、上六并无戒惧之辞，何以知之？

张文智： 临有居高临下之道，更重要的是《象传》所说的"教思无穷"、成己成物之道。

罗仕平： 还是倾向观卦与临互为覆卦，不然单独挑八月略显突兀。

（整理者：王璇　中国人民大学哲学院硕士生）

乘时奋起　天下咸感
——临卦初九明解

时　间：2016年02月23日22：00 — 23：51

【明解文本】

初九：咸临，贞吉。

《象》曰："咸临贞吉"，志行正也。

【讲课内容】

张文智：我们先来看一下"咸"的字面意思。咸者，同也，皆也，有莫不如是之意。临卦以阳为用，初二两爻皆阳，阳以临阴，刚以临柔，则阴随阳化，柔承刚易。此气之所至，数之所变，虽阴多而不能与阳抗，柔盛而不能与刚平，则相与俱化，故曰"咸临"。临卦为阳爻息长之卦，而初爻则相当于震之初爻，有奋迅升起之势。有非力所能遏止，且得九二之联贯，有群集同举之象，尤非人事可排抵挽退之时，故称"咸临"。之所以如此，是因为初九得时之宜，当气之盛，而以阳加阴，以刚出柔，如正人君子，乘时奋起，天下云从，而言行为大众所怀，丰采为群伦所望。故其占吉。又由于初爻位在下，象动于群众，起于田野，犹圣贤发于陇亩，英雄起于草泽，必有其德，必有其才。才德即全，群众咸服，则克协贞吉之占也。所以其"吉"得之于初爻之德才兼备。

我们再来看"贞"的意思。贞，正也。出无邪私，行非委曲，故曰贞。如女子之贞节有素，人自赞美之也。初犹地雷复，克己复礼之道，以履乾之行健不息之德。而临卦进则地天泰，乾坤交泰之象，以成同人大有之功，故其进也，天下顺之，其守也，人民望之，此所以为贞吉也。

我们再来看一下初爻之《象传》。《象》曰："咸临贞吉，志行正也。"意思是说，贞吉之占、咸临之用，莫非因于志行之正大光明也。从卦象来看，临卦下卦兑下伏艮，成泽山咸象。咸，感也。山泽通气，感动至捷。人之所能互感者，必性情之所发。发于情，正于性。咸卦象辞亦曰："天地感而万物化生，圣人感人心而天下和平。"所以，初九爻之"咸临"有以己之正感动他人之意。

【讨论内容】

【兑下伏艮】

丰　铭：兑下伏艮怎么理解的？

张文智：临与遯是旁通卦，即京房所说的伏卦。遯下卦为艮，所以可以看作兑下伏艮。

郑　强：兑的伏卦，就是艮。

【"咸临"】

刘正平：这里就是有个初九和六四关系的问题。

张文智：初九与六四相应。

刘正平：初与四应，得正应四，故"贞吉也"。

张文智：而这里的初二两爻的"咸临"恐怕不是感动其所应之爻，其旨恐在感应其他全部之阴爻。"咸临"还有"事之必行，志之必达，起无不应，推无不远之意"，代表了初爻的决心。临卦本来就有君临天下之气势，又有"教思无穷"之意志。

郑　强：兑为泽，艮为山，山泽通气，故咸。咸者，感也。又，下卦兑伏艮，兑少女，艮少男，少女少男相感，咸为感，故咸临。咸卦亦为少男下少女，咸者，感也。

罗仕平：临之初亦来于复之初，复其本而见天地之心，故起无不应，推无不远？

张文智：是的。以期天下俱化，人人皆能与天道相合。

罗仕平：咸卦为下经之首，侧重言人事。

张文智：虽然文王卦序上经主要讲天道，下经主要讲人道，但每一卦皆含天地人三才之道。临卦主要是以阳化阴，以刚化柔，若无感动力，恐不能化人。

罗仕平：是的，只能说是侧重。

张文智：临卦从复卦刚浸而长而来，进则为泰，所以临卦的意义重大，故其有乾之四德。天道内含，只待初二两爻之发扬。

【阴阳】

裴健智：临卦主要是以阳化阴，以刚化柔，这是否可以说明易经有崇阳的倾向？

张文智：是的，《易经》有崇阳的倾向，但也不是抑阴。

罗仕平：复为乾卦，始见天地之心，亦近于道教之结圣胎？姤之初爻为勿用取女？

张文智：从道教的角度来讲，可以这么理解。只要弄清太极元气，乾元、坤元之关系，用九、用六之关系，就可以理解《周易》对阴阳的态度了。这些在《易经证释》中都有详细的解释，后人对此问题有许多误读。建议大家仔细看一下《易经证释》的相关内容。只要把乾坤两卦读通，其他的卦就好贯通了。《易经》是儒家的密理，确实不易读懂。以前人们把儒、道两家的分歧太扩大化了。我建议先把《易经证释》精读后再看汉宋以后的诸家注释，读《易经证释》不会那么难。当然最好先看《大学证释》及《中庸证释》。《易经证释》象数、义理兼备，多有汉宋之儒所未发者。虽然这套书的来源有些离奇，但确能一以贯之地把易道解释清楚，汉宋以后诸儒未有能全面达此境界者。

（整理者：张馨月 中国人民大学哲学系硕士生）

欲罢不能 无力革命
——临卦九二明解

时　间：2016年02月24日22：00 — 23：27

【明解文本】

九二：咸临，吉，无不利。

《象》曰："咸临吉无不利"，未顺命也。

【讲课内容】

张文智：我们讲临卦九二爻辞及其《象》义。其辞曰："九二：咸临，吉，无不利。""咸"与"临"之义与初九爻同。其象为：以阳得正位，如贤者得位乘时，独立不倚，雄愿四方之象。又犹英才崛起于下，得民人拥戴以临天下，而天下莫不顺之，故有"吉无不利"之占。"吉"指德言，"无不利"指功言。德立于内而见于外，功成于人而归于己。功德一也。分言之者，以九二得位，有可为之时，而因应适宜，有成功之望也。这是爻辞的基本意思。

我们再来看一下《象传》。这里比较难理解的是"未顺命"之义。据《易经证释》，"未顺命"有二义：一则言我德既立，进则有功，所对之主，为阴柔地道之六五，不足与有为，则不奉其命而独立自强，以救天下，以绥众民也；二则为有德有才，乘时得位，所向无阻，所至无前，天下莫不顺之，兆民莫不服之，"未顺命"者，即"未有不顺命"之意。"未"犹"莫不"二字之义，以释爻辞"无不利"，为所至莫不应命，莫不有功。也有人认为，九二在下，虽所至有功，犹人臣之位，尚未受天命，故曰"未顺命"。而据《易经证释》，"顺"与"奉"异。顺天者乃对上言，事如汤武之代起，原在臣下之位，而有君人之德与才，虽未至帝位，而天下莫不服之，是对桀纣之命为"未顺"耳。临虽与革有别，而其义颇似革。革取泽火合成，而临则地泽合，其同为阴卦而阳上出，固有近似。九二逼于四阴之位，其下有初九之助，欲罢不能，欲进则唯有自备以迫阴使服，故"未顺命"一语，实以九二不得六五之命也。此爻关乎临之大用，读者宜细审之。临之所以称"大"者，即在九二一爻也。因此，《周易》颇有变革、革命思想。以前曾有学者指出，《周易》是在为周代商的合法性造舆论。这也是临卦与革卦皆具乾卦四德的一个原因，以二者皆有"顺乎天而应乎人"之义。我先讲这些，请正平兄及其他同仁进一步开示。

刘正平：九二"咸临"跟初九义是一样的，区别还是在于九二的爻位。九二得中未得正，上应于六五，所以是很好的一爻。如同朱骏声所言："得中多誉，兼有四阴，体复初元吉，故无不利。"朱骏声还说："二臣位，欲感人君，感天下，非易事也，故曰未顺命。"九二爻比较难理解的就是《小象》"未顺命"一句。前面张老师已经列出了几种说法，其中朱骏声的说法实际已经包含在张老师所讲里了。王弼注和孔颖达疏的说法也有一定的道理。当然，这里顺带说一句，朱熹说，为什么是"未顺命"，未详，他自己也说不清楚。王弼注："有应在五，感以临者也。刚胜则柔危，而五体柔，非能同斯志者也。若顺于五，则刚德不长，何由得'吉无不利'乎？全与相违，则失于感应，其得'咸临，吉无不利'，必未顺命也。"王弼的意思是：九二和六五的关系，是一种非顺非违的关系，所以是"未顺命"。朱骏声说，"未"和"非"在古代意思相同。所以"未顺命"就是"非顺命"。孔颖达疏根据王弼注发挥，意思相同。

【讨论内容】

张文智：　如果是"非顺命"，就有些不情愿之意，与"吉无不利"恐怕有所不符。

郑　强：　我认为按照王弼与孔颖达的解释比较符合爻义。从五爻爻辞来看，王弼与孔颖达的解释也是二爻所寓之义之一。九二以刚应于六五，九二刚爻，没有完全顺从六五阴爻之命，所以未可尽顺于六五之命。

温海明：　阳长不够，还不足以革命。

张文智：　我理解这里的"咸"主要是感民众，在此卦之中，主要是感三、四、上爻。

郑　强：　九二对于六五柔弱之君，不可全部听命于六五柔弱之君，而是要斟酌事宜，该顺从的顺从，不该顺从的不顺从。九二以至诚感于六五之君，而不是一味听命于六五。

张文智：　虽然阳长不够，因有初九之助，二爻又"德施周普"，多得民众支持，有欲罢不能之势。

郑　强：　九二又处于下卦兑悦之卦，所以特别说其非悦而顺命者。

温海明：　虽欲罢不能，但不足以改变形势，实现变革之天命，此解非君命。

张文智：　与"观兵孟津"之形势类似。当然，也有九二知道六五能力不足，而暂代君为民请命之意。只是临之九二未如师之九二获"王三赐命"之殊荣，所以仍有抗争之义。因为临卦在春之先，主旨是以阳驱阴，以刚化柔。

郑　强：　以臣临君，但过刚过柔都不行。

张文智：　虽然阳长不够，但也只有临卦当之。至如大壮、夬卦则又过矣。临与革皆有乾之四德，内寓"顺天应人"之义。

郑　强：　九二居中得正，得中庸之道以处君。不过无不及。我不认为革与临可以类比。

张文智：　由于这里的九二是从初九阳长而来，但这里的九二更应该从乾九二"德施普也""龙德而正中者也"方面理解。

（整理者：黄仕坤　中国人民大学哲学院硕士生）

贪甘则败　发忧则成
——临卦六三明解

时　间：2016年02月25日22：00 — 22：54

【明解文本】

六三：甘临，无攸利。既忧之，无咎。

《象》曰："甘临"，位不当也。"既忧之"，咎不长也。

【讲课内容】

张文智：　今天我们讲临卦六三爻辞及其《象》义。其辞曰："六三：甘临，无攸利。既忧之，无咎。"整个临卦主要的卦义是以阳化阴，以刚化柔。临卦自三爻以后皆阴爻，皆以阴顺从阳，而随刚化。其德与初、二爻有别，其用亦不同，视位当否为准。六三以阴加阳，不得其位，而以柔遇刚。这是从爻位来讲。

我们再看一看爻辞的基本含义。"甘"的基本意思是甜，曰"甘临"，言如味之甘口也。六三本兑之主爻，以悦泽为用，上接坤之至阴，下随初、二两阳，介乎刚柔之间，而具愉快之想。故曰甘临，言主宾上下，均能悦从，如味之适口，口之美味也。在临卦，初二两爻为主，上坤三爻为宾，六三在主宾之间，可以理解为六三用甜言蜜语活跃于主宾之间，以取悦主宾。凡相悦者，必怠其志，宴安酖毒之谓也。男女贪恋则损其德，君臣贪恋则废其政，友人贪恋则荒其事。凡有所甘者，恒丧志辱身，败德毁业，为其不能刻苦自励也。故曰无攸利，言无益于身心，无成于德业也。然以六三虽柔靡寡能，阿好失志，而以其近于九二，迫于阳刚，得聆乾惕之戒，颇知恐惧之义，则虽甘悦自画，而犹忧虑其后。既知忧矣，则咎可免，谓终不为甘所困，而能随九二奋进以善其后，虽有咎亦不久矣。故曰"既忧之，无咎"。以上是爻辞的基本意思。

我们再来看一下其《象》义。六三以阴从阳，善恶兼具。甘之与忧，一善一恶。贪于甘则败，发于忧则成，为爻象自贻之义，视人用之如何耳。以位不当，己之无权，则不觉甘悦以阿好于人，是其初之过也。因阳刚之逼接而友辅之获益，则犹能振聩启聋，以生于忧患，而图自盖其愆，是其后之免咎也。免咎即改过之效，吾人宜知所励矣。如果占得此爻，占者当知自己所当取舍。凡事事在人为，易教重人道，主张以人合天，卦爻辞乃据卦爻象推气数演化之表征。人为三才之一，最终之吉凶取决于占者本身之德行。以上是我据《易经证释》及个人体会所讲。

【讨论内容】
【"甘临"与"咎不长"】

刘正平：　我这里引虞翻的一段话作个说解。虞翻曰："'兑为口'，坤为土，'土爰稼穑作甘'。兑口衔坤，故曰'甘临'。失位乘阳，故'无攸利'。言三失位无应，'故，忧之'。动而成泰卦，故'咎不长也'。"

温海明：　六三面对阳长的形势，开始开心，之后忧虑，能有好转。

孙福万：　"易教重人道，主张以人合天""人为三才之一，最终之吉凶取决于占者本身之德行"。此为易学正途！

张文智：　九二不吃六三以言相乐那一套，并告诫他如此行动之危险后果。

温海明：　人应该放下主观的好恶，顺从阴阳之化的大势。六三听从告诫，认清形势，转危为安。

刘正平：　虞翻引用《尚书·洪范》里的一段话，解释了什么是"甘临"。又六三爻失位，阴爻居阳位，乘九二阳刚，失位乘阳，所以"无攸利"。

张文智：是的，临者，大也，九二想干大事业，六三暂时未明，由九二来启发并告诫之，所以才"既忧之，无咎"。

郑　强：人应该放下主观的好恶，顺从阴阳之化的大势。虞翻曰："'兑为口'，坤为土，'土爱稼穑作甘'。兑口衔坤，故曰'甘临'。"节卦九五动而变坤，与下之兑，亦成兑口衔坤，故曰"甘节"。

刘正平：如果把六三爻变为九三爻，临卦就成了泰卦，所以虞翻说这叫"无咎""咎不长也"。从义理方面讲，也正好契合张老师所说。

张文智：初九、九二想干大事业，以合天道，以合乾之四德，就要感化其他四阴。

孙福万：看来六三得变才行。

刘正平：无论虞翻所说，抑或是王弼、孔颖达所言，都对六三有个"改过易容"的期许，否则必有咎害。

【虞翻与象数化】

罗仕平：如果把六三爻变为九三爻，临卦就成了泰卦，所以虞翻说这叫"无咎""咎不长也"。刘老师，感觉虞翻总喜欢类似解法，为了说清一个字不惜变了整个卦，是否有过度嫌疑。

张文智：泰卦是临卦的目标，泰卦开启同人大有，有大同义。

郑　强：看来六三得变才行，窃以为是变而成乾之九三"终日乾乾、夕惕若厉"，故"咎不长"。

刘正平：虞翻是有这个特点，但在十二消息卦里，临卦后面就是泰卦，所以个人觉得他这里说的还是有些道理。

张文智：虞翻的许多解释很巧妙，也有许多地方很牵强。有一位美国教授通过虞翻解旅卦"鸟焚其巢"一句来说明虞氏之"案文责卦"，大家可以参考。

孙福万：但六三变九三，就不是兑口含坤了，甘或许就没有了，变成反面或则为苦了。但人生皆苦，不吃苦还真不行。不忧也不行，泡在蜜罐里是要出问题的。故此爻还有易道之忧患意识。

罗仕平：只是虞翻在非消息卦地方也经常如此变，他创卦例之多几乎是汉易其他人总和。

张文智：正是虞翻将《周易》过度象数化才导致王弼的扫象。

孙福万：虞翻的卦变，恐有繁琐之处。

郑　强：是的，象学失传，故后世解卦多有繁琐之处。

张文智：《周易》本来是象数、义理合一，虞翻与王弼乃至后来的程颐都走得有些极端。卦气等象数学主要体现了古人时空一体的观念，京房师徒以之占灾异确有独到之处，而后汉易家又以之解《易》一定会遇到许多麻烦。据《易经证释》，十二消息卦等卦气图比《周易》成书要早，但《周易》也吸收了其中的与时偕行的观念，所以据此可以解通许多卦。王兴业先生的《三坟易探微》也曾论证过，十二消息卦等属于连山或归藏易，大家可以参考。《周易》吸收了《连山》《归藏》的精华，这也是孔子"从周"之意。

郑　强：　易道广大悉备，象、数、义理皆不可偏废。

【十二消息考证】

刘正平：　十二消息卦更早？

张文智：　是的，刘大钧老师的《卦气溯源》对此亦有考证，大家可作参考。

罗仕平：　先有八卦，再有十二消息，再有《连山》《归藏》，再有《周易》？

张文智：　是的，当然都是以河图、洛书为基础。

罗仕平：　图、书虽然可推出八卦，但其来源怎么看？

张文智：　十二消息卦之变化太有规律，符合自然界变化之规律，而未能极尽人事之变化，这部分是后来由《周易》完成的，所以《周易》仍适用于当今社会。《周易证释》有详细讲解，方便时可以查看一下。目前还没有专门讲消息卦的著作，我写的《孟、焦、京易学新探》一书对此有所涉及，仅供参考。

（整理者：李芙馥　中国人民大学哲学院博士生）

阴居得正　乐观刚长

——临卦六四明解

时　间：2016年02月26日22：00 — 23：19

【明解文本】

六四：至临，无咎。

《象》曰："至临无咎"，位当也。

【讲课内容】

张文智：今天我们讲临卦六四爻辞及其《象》义。其辞为："六四：至临，无咎。"这一爻比较简单，大家对此爻义估计也没有太大的异义。

六四居外卦之始，为坤卦之初，与六三同属中爻，一阳一阴，位自不同，而爻皆柔也。坤与兑交，地与泽接，故曰"至临"。"至"亦"临"也。临之取义即本乎是。泽为水，地为土。水土相抗而不相仇，相防而不相参，故曰临，如宾之来至也。六四恰居临至之衡，故曰至临。以阴居阴位，合乎既济之道，其位为当，故无咎。这是六四爻辞的基本意思。

我们再来看一下其《象传》。《象》曰："至临无咎，位当也。" 中位以九三六四，合乎既济之例，为当位，反之则与未济同，为不当位。故六三为不当，而六四为当也。此义已迭见各卦，今重述之，使读者知中位之要，而临之进为泰，则中位皆当，反为否，则皆不当。临则六四为当位，故有可为。君子因之，以成元亨利贞之道，以致教思容保之功。其所本皆在此一爻之当位，以发展人事，光大人道，而推进于泰与既济。此以人爻所在，有异于他爻也。以上是《易经证释》的解释。

我的理解是：六四得位并与初九相应，与九二同功而异位。六四本坤贞顺之德，明初九、九二之大志并与初九、九二配合，以成"乾始坤成"之业，故"无咎"。

【讨论内容】
【乐观阳长】

温海明： 象上互震为至。

张文智： 上虽互震，而震为动，为上腾，对全卦来说应为"往"。

温海明： 六四避开了阳长的前锋，位置比较舒服，冲击比较小。

张文智： 当然对坤卦来说，可为"至"。

刘正平： 如同王弼说的："处顺应阳，不忌刚长，而乃应之，履得其位，尽其至者也。"

罗仕平： 合既济之例，《易经证释》也常用吗？虞翻也常用成既济定。

张文智： 六四当位情不是为了避开阳长的强势，而是有些主动配合初九、九二之大行动、大志愿，以成临卦之四德。《易经证释》常用，但与虞翻所说的意思不太相同。

郑　强： 此爻得正与五同德，下又应于初九，初九亦得正位，以此临九，所以称临之至，得位有应，故称至临。

张文智： 《易经证释》将每卦的三、四两爻称为人爻、中爻，并且很重视这两爻在全卦中的位置。

温海明： 六四位置好啊，也就乐观阳长。

【人爻中爻】

罗仕平： 上下交际之间位置当然重要了！

郑　强：《易经证释》的这种解释有无来处？一般的解释就是六四阴爻处阴位而得正。

张文智：据《易经证释》，三爻、四爻分别为阳、阴之卦多为吉卦、亨通之卦。我统计了一下，大约符合这一规律。

郑　强：两人位的中爻一起与既济相比，以前未听说过。

罗仕平：天时地利都须为人所用，人位安定了，自然也不会有太多凶相。

张文智：《易经证释》主要据乾坤之三、四两爻之义推出此例。如果三、四爻分别为阳爻、阴爻，则类既济与泰，反之则类未济与否。

罗仕平：虞翻单独有此易例，只是他用在全卦，范围更广？

张文智：当然这种情况不是完整的既未济，而是说这类卦暗含既未济之因素。虞翻的"成既济定"之说主要是想表达阴阳之间总是有一种由不平衡走向平衡的趋势。

罗仕平：是的，他所沿用的荀爽"二五升降说"也表达这种趋势。这也成了他常常变卦解辞的依据。

郑　强：我一直认为既济不是吉卦，亨小，是初吉终乱之卦。

张文智：《易经证释》还将五爻为阳、二爻为阴之卦称为得天地之中之卦。我统计了一下，有乾之四德之卦除临卦之外，其他如屯、无妄、革等卦也具有这一特点。当然《周易》主要讲变易，在得到既济之前，人们总向往既济，而得到既济之后，又常常居安忘危，所以初吉终乱。

郑　强：是的，四德一般是指二五亨通的卦。

张文智：荀爽的"阳升阴降"说也没问题，符合《周易》中的某些卦象，而如果想据此解通每一卦，就会遇到问题。

郑　强：如同王弼说的："处顺应阳，不忌刚长，而乃应之，履得其位，尽其至者也。"

张文智：汉代特别是东汉易学家的这些解易体例，都有其根据，但不能将它们绝对化。

罗仕平：汉易学家们穷尽毕生精力也只能说圆某一部分。

【《易经证释》】

张文智：据《易经证释》，《周易》集结了伏羲、《连山》《归藏》等易的精华，又有所创新。

我们读《周易》，即如《易经证释》所说，最终要学会在每一卦中找到太极之理，否则，如果我们只追逐于卦爻辞与卦爻象，就会如同循情逐物一般。这也是一个格物致知的过程。像汉易所崇尚的"卦气"说是自然在一年中的气的变化规律，对中医学等仍有指导价值。而《周易》更重以人合天之道，所以更重视三、四两爻。天道重元亨，人道重利贞。上经重天道，所以卦辞元亨较多，下经重人道，所以下经"利贞"较多。

我看后觉得很好，所以才向大家推荐。当然仁者见仁，智者见智。每个人都可以坚持自己的观点。《易经证释》很重视自己去修证，即很重视《大学》所说的内圣的功夫，即"定、静、安、虑、得"的功夫，《大学证释》对儒家静坐的功夫、层次及其与佛、道的关系有详细论述，大家可以参考。内功与外行缺一不可。建议大家看一看《大学证释》及《中庸证释》讲的这一部分内容，并身体力行地体会一下"至善""至诚"的境界。

如果达到中庸所说的"至诚前知"的境界，我们就真正可以做到"善为易者不占"了。

丰　铭：集思广益。杜甫的《戏为六绝句》之六是这样说的："未及前贤更勿疑，递相祖述复先谁？别裁伪体亲风雅，转益多师是汝师。"

刘正平：温老师开辟的这个平台的价值之一就在这里，把五湖四海的学者和求学者都聚集在这里共同学习、参悟，交流。杜甫说"转益多师是汝师"，金庸小说里的那些武功超群者都是遍学天下奇功的人。

（整理者：孙世柳　中国人民大学哲学院硕士生）

君临天下　心意宜中
——临卦六五明解

时　间：2016年02月27日22：00—22：52

【明解文本】

六五：知临，大君之宜，吉。

《象》曰："大君之宜"，行中之谓也。

【讲课内容】

张文智：今天我们讲临卦六五爻辞及其《象》义。其辞曰："六五：知临，大君之宜，吉。""知临"指知识智慧有所加临于事物也。六五以阴行阳，得外卦中位，有俯临一切之象。而六五之位需要"高视远瞩，广接公衡，非知识无以调察其情，非智慧无以辨别其要"。六五得之中位，沉潜刚克，则耳目足用其才智，是两相益也。盖有知以明事物，则"格物"之义；因事物以增益其知，则"致知"之义也。二者迭为主宾，故曰"知临"。六五与九二相应，一阴一阳，一内一外，刚柔互济，则上下相得。君臣互济，则德业同大。此在有其位者用之而宜，乃见其功，故曰"大君之宜"。言非得位而有德者，不克副是爻之用也。"大君"不必天子，唯以德位俱隆为准，以非九五也。有知者必得位乘时而后成其用。而乘时得位者，必格物致知而后见其才。此二者亦相需相成。犹有位者必有其德，有德者必有其才，才德在己，时位在天，人天相因而天下平治，大家归服。既得其位，克守其中，则其得之"吉"可知，为柔以刚成，形以神用也。此爻最重在得中位，致中行，处处不失中，而后事事得顺理成章，此圣人制作之本，在上者卑以就下，在下者崇以孚上。上下相济，乃成中行。若高益高，下益下，相去日远，乖中行甚矣。故泰卦以坤在上，既济以坎居外，而临以坤居兑之上，正是此义，亦即称"大"之由来，志与之道也。

以上是《易经证释》对此爻的基本释义。我们再来看一下其象义。《象》曰："大君之宜，行中之谓也。"

此申明爻辞义，而见中行之可贵也。以九二在下，而曰"未顺命"；以六五在上，而曰"行中"。无非抑高崇卑，扶阳按阴之义。此即中国民治精义，不以位之隆而忘德之盛也。临之备四德，有异他卦者，实在此。无他，阴虽众，能从阳化，位虽高，能以中行而已。读者于此宜细审之。

以上是《易经证释》的解释。我的理解是临以九二为主用之爻。初九、九二怀天下之志，以行天道，有德施众普之心，既有能力，又得民心。六五作为在位者，应有宽大之心，放手让九二拓展事业。但六五处中之位，有中正之德，宜有明了一切之智。另外，因六五是阴爻，就其本身来讲，要效法坤六五"黄裳元吉"之德，以德配天，才能获吉。《易经证释》的说法里面还有此术语，一会儿讨论的时候再说。我先讲这些，请正平兄批评并完善之。

【讨论内容】
【"大君"和王】

温海明：君临天下，天人共助，心意宜中，气象大吉。

刘正平：关于六五爻辞的"大君"，如何理解？有两种说法：一部分以荀爽为代表，认为是"九二"；另外大部分认为是六五。荀爽说："五者，帝位。大君谓'二'也。宜升上居五位吉，故曰'知临，大君之宜'也。"这是一个说法，大家可以讨论。

张文智：《易经证释》刚才已说："'大君'不必天子，唯以德位俱隆为准，以非九五也。"

林　武：尚秉和先生持九二说，他以震为大君之象。

刘正平： 张老师所举《易经证释》的说法，对这种分歧予以调和。

张文智： 按《易经证释》的说法，如果五爻为九五的话，则应为天子或王。

刘正平： 另外，《中庸》："唯天下之至圣，为能聪明睿智，足以有临也。"

郑　强： 师卦的上六"大君有命，开国承家"与此卦同，师上卦为坤，临上卦亦坤，二卦上卦均错乾，乾为大君。

张文智： 比九五称"王"；离上九称"王"，则六五为母后；明夷六五为"箕子"；涣九五称"王"；蹇九二称"王臣"。可知九五为"王"，为天子，二爻虽有君之德，但为臣。履六三，"武人为于大君"，六三动而变阳成乾，故与师临上卦错乾同义。

【帝乙】

张文智： 泰六五称"帝乙"，归妹六五亦称"帝乙"，据《易经证释》，这里的帝乙并非指历史上的帝乙，而是据爻象而来。五位为"帝"，为阴爻故称"乙"（而非"甲"）。

刘正平： 另外，李道平的《周易集解纂疏》指出了临卦小象的一个特征。他说，初、四皆正，故曰"行正"；二、五皆中，故曰"行中"。"知临"而言"行中"者，《中庸》言"舜之大知，用中于民"，是其义也。这个说法很有意思，有助于我们贯通理解。

张文智： 履六三为"武人为于大君"，巽初六亦有"利武人之贞"，这里的"武人"都有以阴行阳之象。履卦只有六三为缺陷，如无缺陷，则成乾矣。巽以顺逊为德，爻辞如此是为了告诫初六不要以弱逞强，而应顺"巽伏"之德。

刘正平： 帛书《周易》阴爻像个"八"字，是不是跟这里的"乙"有关联？

罗仕平： 泰卦六五也有"帝乙归妹"。

张国明： 从爻辞看，二爻并未言中，四爻也并未言正。

张文智： 帛书竹书《周易》阴爻或写成"八"，或写成"六"，皆代表阴爻，恐怕与"乙"无直接关系。

张国明： 帝乙之论非普遍性，难以服人。

郑　强： 泰卦中爻互卦为归妹，与归妹卦同，故皆称"帝乙归妹"，我认为帝乙当与箕子明夷一样，都指的是历史人物。

张文智： 这只是《易经证释》的一种解释，《易经证释》的意思是说，我们不要将爻辞太具体化而失去其"《易》含万象"的意思。当然我们可以将它们与历史上的真实人物相联系，只不过以它们为喻罢了。

刘正平： "正"和"中"是《小象》提出来的，爻辞里确实没有。不过九二爻辞和小象都没有提到"行中"，这应该是李道平的发挥。

张国明： 是的，应是后人附会发挥。

张文智：《周易》六十四卦是一个气数推演模型，按《序卦》之意，社会及人类历史的发展应该按此序发生，而实际上并非如此，只是有些社会阶段与某些卦象基本相符（包括当今社会亦是如此），而不会与卦象完全一致，这就是作为三才之一的人本身的作用。这也是易教本身的目的。如果人人都明道行道，整个社会早就大同了。所以孔子、孟子等期望后世有更多圣贤的出现。

张国明：《易经证释》的意思是说，我们不要将爻辞太具体化而失去其"《易》含万象"的意思。如果从含万象的角度阐释，还是可以说得通的，也不失为一种解《易》的方法。

张文智：是的，个人认为，"箕子""帝乙"等只是此象的一种表达，如果在具体运用中，就如临六五一样，要从整个卦来看六五虽柔而中的特性并分析。

丰　铭：请教，帝乙归妹，是否可能是历史事件占卜结果的一种记录？因为这事在王国维释读甲骨文之前大家似乎都不知道，所以和历代注解自然不同。人能济天道之穷，如果有更多的君子，即使社会黑暗时也易于力挽狂澜。这也是《杂卦》最后一句"君子道长，小人道消"的期望所在。

罗仕平：《易》含万象。章太炎当时结合考古成果说卦序，也有胶柱鼓瑟、过度解读之嫌。

张文智：古史辨派将卦爻辞视为古代的占筮记录或历史故事，有些情况是这样，而有些卦爻辞很严整，如乾、坤两卦之卦爻辞绝对不是占筮记录。即使是记录或故事，也只是借它们为喻，以让大家明了卦象与圣人之意。

丰　铭：看殷墟卜辞，体例和《周易》完全不一样的。

张文智：它们不属于一个体系。

张国明：借喻之说甚精妙。虽有似无，说无实有。

张文智：即使在春秋时期，仍是三《易》并用，大家可参考廖群教授几年前在《周易研究》上发表的一篇文章，对此有较详细的考证。

（整理者：孙世柳　中国人民大学哲学院硕士生）

敦厚之志 大用在内
——临卦上六明解

时　间：2016年02月28日22：00 —22：51

【明解文本】

上六：敦临，吉，无咎。

《象》曰："敦临"之吉，志在内也。

【讲课内容】

刘正平：上六："敦临，吉，无咎。"临卦上六一爻，"处坤之极"，以敦而临之。敦者，厚也。坤德居厚，"坤厚载物，德合无疆；含弘光大，品物咸亨"。坤卦《大象传》曰："地势坤，君子以厚德载物。"

张文智：据《易经证释》，此临上六爻辞，言上爻之用也。上为坤之终，坤土也，敦厚也。土极而厚也，地之德也。以地防泽，贵在敦厚。厚则无漫溃之虞，故占吉。既吉矣，自免于咎，故曰"无咎"。土厚载物，河海不泄，则泽成其利物之功，故得吉占。而土与水相制，土盛水安，不至相害，反能相成，故免咎。以上是《易经证释》对爻辞的解释。这些都比较容易理解，而《易经证释》对象辞的解释却别有一番风味。《象》曰："'敦临'之吉，志在内也。"此申明爻辞之义而见临之大用仍在内也。"在内"者，指"利贞"言，以地之用在能制水，水之用在能自制。如以堤防水，水不泛流则成利物之功，是土之功，即水之功。而临卦坤在外，兑在内，坤之功即兑之功。然非坤，无以成兑泽之用。坤不自见其用，而志在成泽之利，故曰"志在内也"。坤道至此已极，极则必变，变而为艮，亦土也。土更高矣，故有"敦临"之称。山泽通气，山川出云。云气所蒸，为霖为雨，终化为水，则山林之用，亦水泽之功，不独互益也。山林之志，反切于成水泽之利。是上爻之位，虽超出群爻，而志反在下也。亦极高变卑之义。天道固如是也。为有山之高，愈见水之下；为有山之用，愈著泽之功。是用临者，以高临下之势，必知以高就卑之道，无使高者愈亢，下者愈沉，失其中行，咎害立至，故临之进为泰而地反居天上矣。深明此理，则事无不成，功无不大。地以代天，坤以承乾。博厚以成高明，悠久以至无疆，则天地之生，人物之化育，皆由此道见之矣。故不曰"高临"而曰"敦临"。

【讨论内容】

【"敦临"】

王力飞： 可以理解为大君以敦厚之风深入民间吗？

张文智： "敦"之半即"亨"字，有类于"高"字，而义则易高明为博厚，此即地道
代成之象，读者宜细思之。以上是《易经证释》对象辞的解释，其中也包括
一些术语，且有些字句读起来不容易直接理解。

刘正平： 朱熹说，上六一爻，"居卦之上，处临之终，敦厚于临。吉而无咎之道
也。" 朱熹这几句话总结得很到位。我们第一天学临卦的时候，对于临卦
的卦辞"至于八月有凶"，当时我们讨论得很激烈。临卦卦辞提出了警示：
一味刚长必致凶险。所以上六一爻处临之极，而能以敦厚之德临刚，化解了
凶险，终获吉。

【"志在内也"】

裴健智： 上六不同于六五（与下卦的九二相应），如何能体现志在内呢？

郑　强： 上六，处坤顺之极，处尊位而志在从于下卦之二阳，以尊应卑，以高从下，
敦厚之至，故称敦临。上六志在下卦之二阳，正因为不应，故称志在内。

张文智： 这涉及两个问题，上六爻辞称"吉"者很少，而临上六称吉与其大象有
关。临卦上六虽然无应，但是因为土泽成临，此卦与泽山咸及水泽节有相
类之处。

裴健智： 象上坤为顺，互震为行，兑为悦，下面有二阳爻。意为顺着二阳爻而行，而
悦？我正好想到了咸卦的感应问题，这卦虽然也是上下卦为男女，却不讲男
女的感应。

刘正平： 对，孔颖达疏就是这样的观点，认为上六虽在临卦之极，但志意正在于初
九、九二两爻，意在"助贤"。

郑　强： 有一解法，就是说下卦的兑与其错卦艮形成泽山咸卦。

张文智： 泰卦上六与九三虽然相应，但上六却有"城复于隍，勿用师"之占。

裴健智： 相应并非通用于全部的爻。郑强老师、张老师也提到了坤变为艮。

丰　铭： 临观之义或予或求。

张文智： 个人认为，其根本的原因是临卦为十二月卦，在春之先，如腊月梅花，内含
天道之四德，其行较远，而泰时阳气已露，其行也近。

郑　强： 对，山泽通气。

裴健智： 解释为山泽也挺有道理的。

郑　强： 临有"给予"和"求取"的意思。

张文智： 另一个缘由是坤卦或阴爻的性质为一体两面。好的方面是坤之贞顺之德，不
好的方面是其阴沉险恶之性及过亢疑阳之性。而在临卦上六，主要体现的是

其好的一面。

郑　强：　这一爻与艮卦上九一样，艮上九称"敦艮"，都是说土德深厚。

张文智：　个人认为，《易经证释》所说的"极则为变，变则为艮"应从后天八卦
　　　　　图及洛书的方位来理解。在后天八卦图中，坤艮相对，而在洛书则称为
　　　　　"二八移位"。

裴健智：　正好坤卦与艮卦相对。

张文智：　是的，这些在《易经证释》都有解释。震卦上六爻辞"震不与其躬，与其
　　　　　邻"与这一图式亦有关系。所以易图对我们理解卦爻辞与卦爻象之间的关系
　　　　　很重要。

刘正平：　我们读《周易》时感觉黄寿祺《周易译注》每卦后面的总论颇有"教思无
　　　　　穷"的价值。这一卦黄寿祺是这样总结的：一、"临人"除必须根据不同的
　　　　　地位、条件采取不同的方式外，还要求在下者当以刚美感应于上，居上者当
　　　　　以柔美施惠于下。此与《尚书·洪范》"沉潜刚克，高明柔克"之义略可相
　　　　　通。二、凡处"临人"之时，只要善居其位，必将多吉。

张文智：　临上六爻辞旨意与六五之辞有相类之处，即"圣人制作之本，在上者卑以就
　　　　　下，在下者崇以孚上。上下相济，乃成中行。若高益高，下益下，相去日
　　　　　远，乖中行甚矣"。 这也是《周易》共同富裕及富而教之的精神。

（整理者：贡哲 浙江大学哲学系本科生）

（本卦校对：赵敏 中国人民大学哲学院硕士生）

时　　间：2016年02月29日22：00 — 23：26
导读老师：赵建功（华中科技大学哲学系副教授）
　　　　　吴　宁（中山大学博雅学院讲师）
课程秘书：黄仕坤（中国人民大学哲学院硕士生）

——内心圣洁　诚意通天
观卦卦辞明解

20 观卦

坤下巽上

【明解文本】

观：盥而不荐，有孚颙若。

《彖》曰：大观在上，顺而巽，中正以观天下。"观，盥而不荐，有孚颙若"，下观而化也。观天之神道，而四时不忒，圣人以神道设教，而天下服矣。

《象》曰：风行地上，观；先王以省方，观民设教。

【讲课内容】

赵建功：《观》："盥而不荐，有孚颙若。"盥：祭祀时用酒浇地以迎神。荐：奉献，进奉，献牲于神。盥而不荐：古代祭祀礼仪，先洒酒后献牲，故"盥而不荐"指祭祀时已洒酒而尚未献牲。有：以，用。孚：信，诚信。颙若：诚敬仰望的样子。有孚颙若：以虔诚敬畏的诚信神情仰望神灵。郑玄曰："坤为地，为众。巽为木，为风。九五，天子之爻。互体有艮，艮为鬼门，又为宫阙。地上有木而为鬼门宫阙者，天子宗庙之象也。"马融曰："盥者，进爵灌地以降神也。此是祭祀盛时，及神降荐牲，其礼简略，不足观也。'国之大事，唯祀与戎。'王道可观，在于祭祀。祭祀之盛，莫过初盥降神。故孔子曰：'禘自既灌而往者，吾不欲观之矣。'此言及荐简略，则不足观也。以下观上，见其至盛之礼，万民敬信，故云'有孚颙若'。孚，信。颙，敬也。"王弼曰："王道之可观者，莫盛乎宗庙。宗庙之可观者，莫盛乎盥也。至荐简略，不足复观，故'观，盥而不荐'也。"李鼎祚曰："鬼神害盈，祸淫福善。若人君修德，至诚感神，信则'黍稷非馨，明德惟馨'。故'观盥而不观荐'，飨其诚信者也。斯即'东邻杀牛，不如西邻之禴祭、实受其福'，是其义也。"

【讨论内容】
【"盥"】

郑　强：　盥，指祭祀时用酒浇地以迎神。但多家的解释与此解不同：盥，是盥洗的意思，指祭祀开始时，先洗手，而后才"酌郁鬯于地以降神、荐牲"。

赵建功：　朱熹《周易本义》："观，官奂反，下'大观''以观'之'观'，《大象》'观'字，并同。观者，有以示人而为人所仰也。九五居上，四阴仰之，又内顺外巽，而九五以中正示天下，所以为观。盥，将祭而洁手也。荐，奉酒食以祭也。颙然，尊敬之貌。言致其洁清而不轻自用，则其孚信在中，而颙然可仰。戒占者当如是也。或曰'有孚颙若'，谓在下之人信而仰之也。"此卦四阴长而二阳消，正为八月之卦，而名卦系辞，更取他义，亦扶阳抑阴之意。盥字有两解。《象传》讲"神道设教"与此有关。

郑　强：　窃以为，盥，解为盥洗、洁手为安。

温海明：　互艮为手，在巨大的宗庙门下洗手，洗得非常干净，内心神圣，汹涌澎湃。诚心、诚意通于天地鬼神。

赵建功：　两解可以并存，《易经》没有一个标准解释。

裴健智：　而且这一卦提到了神道设教，神道设教儒家和道教似乎都讲。

罗仕平：　中国宗教学的关键呀！这一卦感觉马恒君老师讲得挺好的。

温海明：　诚心实意真情。核心是祭祀时那种庄严恭敬和无比虔诚。

裴健智：　祭祀当然要诚心诚意，心诚则灵。

赵建功：　观卦主爻是九五，九五之尊上观天意，下观民心，故曰观。"国之大事，唯祀与戎。"王道可观，在于祭祀。祭祀之盛，莫过初盥降神。祭祀是天子与臣民互动的重要场所，也是施行教化的主要活动。

郑　强：　"核心是祭祀时那种庄严恭敬和无比虔诚。"领祭者诚心诚意、孚信在中，为从祭之人所仰观。

赵建功：　在祭祀的过程中，主祭者与参与者都怀着虔诚之心，共同营造一个非常好的互"观"氛围，大家在这一氛围中自然受到感化，从而达到祭祀的主要目的。

温海明：　大观天下天意，不是随便看看。

赵建功： 是啊，《象传》"大观在上"指在上位的领袖、君王以高远大度的眼光胸怀天下。观卦九五居君位而且得中得正，其下四爻皆为阴爻，为君王中正观下、臣民顺服观上之象，象征君王贤明中正，治国有方，臣民心悦诚服，甘愿顺从。

郑　强： 观卦上巽为风，下坤为地，"君子之德风，小人之德草，草上之风，必偃"，在上者领祭时庄严恭敬、孚信在中，从祭者及在下之人仰观而皆化，榜样很重要。

王　璇： 为什么九五爻不会被下面的四个阴爻侵蚀呢？

郑　强： 还不到那个时候，到那时就成剥卦了。

赵建功： 中正以观天下，观卦的主爻是九五，为阳爻而居上卦之中且得正，象征君王有中正之德，能上观天意，下观民心，顺天应人，故为天下臣民所观仰拥戴，故曰观。九五爻居于至尊之位，且有中正之德，下面的四个阴爻象征臣民，观仰拥戴九五，怎么会侵蚀呢？

罗仕平： 天地父母都去了还不忧伤？但也正因此故，促成神道设教，还算不上太坏。

裴健智： 阴气向下，侵蚀不到吧！天子比父母还亲。

赵建功： 阴也会与阳顺应，这是两回事。

罗仕平： 君王神道设教，说明碰到一定的麻烦，互相吐泡儿求生存，也是不得已之事。

温海明： 一个互艮一个大艮，都止住啦，另外阴顺阳，风光无限好。

【"神道设教"】

赵建功： "顺而巽"，"巽"借为"逊"，谦逊。观卦下坤上巽，坤性顺，巽为逊，故曰"顺而巽"。观天之神道，而四时不忒：观察大自然神妙莫测的运动变化规律，知其四时运行从无差失。圣人以神道设教，而天下服矣：圣人遵循大自然神妙莫测的规律以施行教化，天下民众无不心悦诚服。九五观天意民心，臣民观中正之九五，互观以致太平盛世。

罗仕平： "九五爻居于至尊之位，且有中正之德，下面的四个阴爻象征臣民，观仰拥戴九五，怎么会侵蚀呢？"这可算作神道设教的方法？

裴健智： 神道设教究竟要怎么理解？

王　璇： 神道指祭祀吧！祭祀时斋庄忠敬以观天之神道，臣民以此得到教化。我这样理解。

赵建功： 神道设教一方面指神秘莫测的天道，另一方面与祭祀相关，含义很丰富。

罗仕平： 太上，下知有之。其次，亲而誉之。其次，畏之。感觉神道设教已到畏之，因畏而人为设之？

温海明： 所以就蔚为大观。

郑　强： 神道设教，用祭祀这种神道来教化百姓，百姓仰之而皆化。慎终追远，民德归厚。

裴健智：　这是儒家的理解，道教里面也有神道设教。

赵建功：　要历史地看祭祀，在古代，"国之大事，唯祀与戎"。王道可观，在于祭祀。《易经》是诸子百家之源头、大道之源。《象传》："风行地上，观；先王以省方，观民设教。"观卦下坤上巽，坤为地，巽为风，故曰"风行地上"；风行地上，吹拂万物，万物随风摇曳，其景自有可观，故卦"观"；先王观此卦象，亲自省察各方，观察各地民情疾苦，因地制宜以施行教化。省方，巡视各方。观民，观察各地民情疾苦。设教，施行教化。

（整理者：王璇　中国人民大学哲学院硕士生）

观如幼童　浅见则吝
——观卦初六明解

时　间：2016年03月01日22：00 — 22：59

【明解文本】

初六：童观，小人无咎，君子吝。

《象》曰：初六"童观"，"小人"道也。

【讨论内容】

赵建功：　我们今天来看初六："童观，小人无咎，君子吝。"初六为什么是"童观"？观，是上下互观，同时自观，大家以为如何？观的关键是"颙"，敬也。

郑　强：　对，上下齐观，观止矣。

王　璇：　"观我生""观其生"就有自观、互观的意思吧？

赵建功：　是的。子曰"修己以敬"，《易传》曰"敬以直内"，《礼记》曰"毋不敬"，皆是此意。因此，观的过程实际上是学习、修身的过程，也就是内圣外王的过程，蔚为大观啊。《象》曰："大观在上。"童：马融曰"犹独也"；郑玄曰"稚也"；虞翻曰"艮为童"。大家可以取其一，或同时参考。

王　璇：　王弼、孔颖达从义理上讲，初六离九五最远，柔弱不能自进，如童子观望。

裴健智：　从爻位上是否也可以推出为童，毕竟处于初爻。初六为初爻而且是柔爻，应该可以理解为童。

赵建功：　初六处观之始，阴柔失位，与上无应，又居位卑下，远离九五阳刚中正之君，仰望难及，犹如幼童之见识，所观甚浅。此于百姓无所咎害，而对于立身社会之君子则难免鄙吝了。《易经》还有几处"小人无咎，君子吝"。

郑　强：　初六处坤顺之地，当观之时，内心平顺单纯，思虑无多，观事简单，上应艮为少子，故谓之童观。小孩或小人目光短浅，看事情看不到本质可以理解，君子见识短浅殊非所宜，故吝。

赵建功：　是的。可以从多方面看"童观"，不必执着。古人主张德位相配，"德不配位，必有灾殃"。

（整理者：张馨月 中国人民大学哲学院硕士生）

女子可观　君子羞之
——观卦六二明解

时　间：2016年03月02日22：00 — 23：31

【明解文本】

六二：阚观，利女贞。

《象》曰："阚观，女贞"，亦可丑也。

【讲课内容】

吴　宁：　赵老师之前主讲观卦的卦辞、《象传》和初爻。今天接着讲六二爻。先看爻辞。

六二："阚观，利女贞。"阚和窥不同。《说文》："阚，闪也。"即自门内偷看。段注："此与窥义别。窥，小视也。"小视，即从小孔或缝里看。爻辞的意思是：从门内偷偷观察，有利于女子守正。初六是童观，然后过渡到六二的女观。我觉得王弼的解释很清楚："处在于内，无所鉴见。体性柔弱，从顺而已。犹有应焉，不为全蒙，所见者狭，故曰'闚观'。"

【讨论内容】
【女子窥户】

郑　强：　从卦象上看，六二为观之正爻，离为目，又为中女，坤为阖户，互九五为艮门，故有女子窥门户观望之象。

吴　宁：　六二居中且与九五正应。六二与九五既然相应，就应彼此相观才是，但六二似没观到六五，据前人的解释，原因在于六二阴柔暗弱。六二爻以阴柔居内、处下、守中而观于外，目之所及，所见甚小，不仅是从门缝里看，还是偷看，因此看不清楚，也看不全。王弼还说："居观得位，柔顺寡见，故曰'利女贞'，妇人之道也。"这种情况对女子来讲无妨，但君子之道与妇人之道不同，君子若如此，则失之鄙陋。《周易集解》侯果云："得位居中，上应于五，闚观朝美，不能大观。处大观之时而为闚观，女正则利，君子则丑也。"船山《周易内传》："六二中而当位，亦可谓之贞，而为主于内卦，以成阴之盛满，知有大观在上，且信且疑，而从门内窃视之，弗敢决于应也，女子之贞而已，其所利者在是也。"

郑　强：　因为是偷看，不该看的也不能看，所以女孩要利女贞。

温海明：　六二比初六还是更有见识一些。

郑　强：　比初六有见识。

吴　宁：　其实我觉得女子窥观，有时也无问题，例如古时候有人上门求亲，女子在某处窥观一下不仅无妨，而且好像是必要的。

王立飞：　初六童观，也就远远地看个热闹。

温海明：　旧社会不让女子看世界，她们只能偷窥一下本来应该属于她们的世界。

吴　宁：　正是。六二阴爻得中得正，就对古代女子的要求来说是合乎常理的，所以闚观一下应该没啥问题。

王立飞：　能透过门缝偷偷看，说明一步步近了。

郑　强：　是的，本来封建时期女孩就是养在深闺不露面的，只能窥观，但不能有邪曲心，所以利贞。但要是窥观张长李短就不对了。

吴　宁：　世家大族的女子可能确实要养在深闺，而普通人家的女子看看男子也没啥。

王　璇：　六二爻主要从女子角度讲，但《象传》"可丑"是从君子角度说，这怎么回事？

吴　宁：　《象传》："闚观，女贞，亦可丑也。"根据众多注家的看法，此处"亦可丑也"之前承上文省略了"君子"一语。此处的君子可指九五。《象传》的意思是：从门缝里暗中观察，对当时的女子而言是合乎常理的，但这对君子来说则是可耻的。《象传》里的"亦可丑也"，引入了礼的规范。女子可闚观，但君子不当如此，这是因为女子闚观似乎是合乎礼制的，但君子坦荡荡，所以不该闚观，否则就不合礼制了。感觉这一爻各家注解的分歧不大。

（整理者：黄仕坤 中国人民大学哲学院硕士生）

内察外观 与时进退
——观卦六三明解

时 间：2016年03月03日22：00 — 23：29

【明解文本】

六三：观我生，进退。

《象》曰："观我生进退"，未失道也。

【讲课内容】

吴 宁：今天讨论观卦六三爻，先看爻辞，六三："观我生，进退。"《说文》："生，进也。"《公羊传·桓公八年》注云："生，犹造也。"造，即作为。《周易本义》："我生，我之所行也。"所以爻辞的大意是：外观并内察自己的行为，以决定进退。这一爻的"观"也有内察的意思在其中，但是否也强调外观，在不同的注家那里可能就有差别了。

【讨论内容】

【观我与观民】

温海明： 一解为民，生民。

吴 宁： 感觉将九五爻辞"观我生"中的"生"解为民、生民更恰当。

温海明： 九五《象传》说："观我生，观民也。"

吴 宁： 因此感觉六三和九五的"观我生"可能侧重点有别。

温海明： 如果借过来，就是考察民情来决定进退之道的分寸，是统一起来理解比较顺，还是不统一理解比较合理，要综合各家来判断。

吕　欣：　六三居下之上可进可退，还不是九五的中正尊位，似乎九五的"观我"是针对尊位而言的观民生，而九三解为独观己之行为更贴切？

吴　宁：　是的，朱子对六三的理解就只侧重于"我之所行""独观己所行之通塞以为进退，占者自审也"。

郑　强：　下二爻位卑，故初六童观、六二窥观，观之小；六四居臣位观国，九五君位观民，观之大；六三为君子，只能自观，合于时则进，不合于时则退，上互巽，巽为进退、为不果，故观我生进退。

吴　宁：　初六童观距离九五最远，六二阙观次之。无论是孩童之观，还是女孩隔门偷看，离"大观"都相去甚远。相较而言，六三更接近九五，所以能既仰观九五之大之美，还可以反观自我、照察自身，从而谨慎地做出抉择。

裴健智：　初六、六二、六四、九五都是向外看，六三却观己，感觉有点突兀。

吴　宁：　王弼的注则不限于自观："居下体之极，处二卦之际，近不比尊，远不'童观'，观风者也。"观风者，即观民情民风。王弼认为六三有此作用。

裴健智：　朱熹站在理学的背景下，强调观己有其背景。马恒君认为："观民，象上也有根据，坤为民众，上为巽，为进退。"

吴　宁：　所以我觉得六三不仅内察，也要外观。

裴健智：　可能六三是个小官，只能观一部分百姓。

郑　强：　对，占者自审。

吴　宁：　六三爻爻辞为"观我生进退"，外观内察、观风相几，所以进退之际须相时而动，此爻可说是重在内察；九五爻爻辞为"观我生君子无咎"，也有外观内察之意，若是结合《小象传》来看似乎侧重于观民。根据王弼的看法，六三似乎可以理解为朝廷和民众之间的纽带，六三既要观风，也要内观。

郑　强：　如果借过来，就是考察民情来决定进退之道的分寸。上考察君情，下考察民情，再决定进退，要结合自己情况及对上下的评估情况再决定进退。

裴健智：　进退的话，观卦本身为大艮卦，为止，反过来为大震卦，为行，故有进退之象。

吕　欣：　从卦象上，六三处于坤下巽上的交界，地上有风，处进退之间，宜内观外观反观，"既要观风，也要内观"，故此爻宜为占者自审。

裴健智：　三爻处于上下卦之间，确实上下都得观。

吴　宁：　这一爻并未讨论吉凶得失，接下来说小象。《象》曰："观我生进退，未失道也。"《小象传》的大意是，外观并内察自身的作为，以决定进退，就不会离失正途。

裴健智：　一般三爻多凶，这一爻却并不凶。

吴　宁：　没错，反而感觉这一爻有惧的意思在。

裴健智：　感觉六三活得真不容易，不过结果还不算太差。

吴　宁：　《小象传》表明，只要不失其道，进退都无妨，关键在于需要外观内察、观风相几。三、四爻处在夹缝之中，日子往往确实不太好过。

郑　强：若占得此爻，占者需结合自身和考察上下情况，自己决定进退，进退在我不在人。

温海明：历代的区别主要在于侧重哪方面来理解，观风主要是观民风，但解释的侧重点不同。

吴　宁：王弼和朱熹对此爻的理解差别就很大。王弼强调观风，未及内观；朱子、船山则重视内审。船山谓："此则吉凶得失之未审，而存乎占者之自审也。六三柔而与坤为体，则退而就阴，其时然也；三为进爻，而较近于五，则进而就阳，其志然也。退不失时，进以遂志，两者皆无过焉，道在观我所行而不在物。自修其身，内省不疚，斯以退不狎于不顺，进不迫于违时，其庶几矣。"

（整理者：李芙馥 中国人民大学哲学院博士生）

观国典礼 利为王宾
——观卦六四明解

时　间：2016年03月04日22：00 — 22：49

【明解文本】

六四：观国之光，利用宾于王。

《象》曰："观国之光"，尚宾也。

【讲课内容】

赵建功：一路"观"来，终于开"光"了。可见只要善于"观"，就一定会有"光"的。六四柔顺得正，上承九五中正之君，故得观仰国家的光辉盛治和光明前途，有利于出来辅佐君王，以匡济天下。有人说，能观天下之贤俊，选荐予君王，而君王亦以宾客之礼款待之。李士鉁曰："贤人者，邦国之光也。六四承阳得君，不自喜其进，而以贤人为进，此诸侯贡士之象。道义之士，当初进时，不屈以臣道，而接以宾礼。"四爻位是诸侯所在。崔憬曰："六四得位比尊，承于王者，职在搜扬国俊，宾荐王庭，故以进贤为尚宾也。"四爻似也可是太子位。

【讨论内容】

温海明： "光"是贤人合理，还是风光气象合理？

赵建功： 后者更好。两者又相关。

温海明： 观典礼，观气象，观贤才，毕竟有些不同，后面好像理解没有太多差距。

郑　强： 程颐说："观见国之盛德光辉。"

温海明： 《象传》的宾倒应该是贤宾，且是内宾贤才，国家气象才有可观。

赵建功： 还有观九五中正之君及国之光辉盛治。

郑　强： 不指君身而说国，观天下之政化而人君道德可见。

赵建功： 尚"宾"，即尚贤。"观国之光"时，四海之内皆兄弟啊！

温海明： 主要六四是九五之宾吧。

赵建功： 是的。

郑　强： 有一种说法，六四变而为乾，后天八卦方位乾在西北，古人待宾客坐于西北，乾又为王，故利用宾于王不是很赞成此说，作一说存此。

赵建功： 此时宾也可解释为臣服、辅佐。

裴健智： 光字如何取象？

赵建功： 虞翻曰："坤为国。临阳至二，天下文明。反上成观，进显天位，故'观国之光'。"

温海明： 君王的座上宾，外宾比内宾有派头，内宾是辅佐，柔顺刚，阴承阳。

郑　强： 九五就是光，君之盛德光辉。

温海明： 仰观九五？

郑　强： 君有盛德，则臣宜宾服。

温海明： 九五都看平民百姓，六四还是看看国家气象更好吧！

郑　强： 看君之德，不看君身，即不看九五，而观国之政化。

赵建功： 尚秉和先生说："艮为国，为光。"

裴健智： 感觉光字应该取离，可是找不到。

温海明： 马恒君说，进入大官门，进到天子身边，好像登上天安门城楼一样。

郑　强： 是看国家气象，看便是看政化，观国之政化而君之盛德可见。

温海明： 坤，含弘光大，阴长之时。

郑　强： 当然有用。如我为臣，观之政化，即见国君之盛德，有盛德之君在上，当知宜于辅佐、为此君所宾。

裴健智： 仔细看看，马恒君的解释还是很到位的。

赵建功： 所以我们不要太依赖自己有限的感官了，而要反躬自省，"反闻闻自性"。

罗仕平： 《周易证释》认为观生（己性）到观国正是由内而外，由己及人，观乎人文以化成天下。

赵建功： 老子说"万物并作，吾以观复"，不能依赖感官去观。

张吉华： "陈厉公，蔡出也，故蔡人杀五父而立之。生敬仲。其少也，周史有以《周易》见陈侯者，陈侯使筮之。遇观之否，曰：'是谓"观国之光，利用宾于王"。此其代陈有国乎？不在此，其在异国。非此其身，在其子孙。"光"，远而自他有耀者也。"坤"，土也；"巽"，风也；"乾"，天也。风为天于土上，山也。有山之材，而照之以天光，于是乎居土上，故曰"观国之光，利用宾于王"。庭实旅百，奉之以玉帛，天地之美具焉，故曰"利用宾于王"。犹有观焉，故曰其在后乎。风行而著于土，故曰其在异国乎。若在异国，必姜姓也。姜，大岳之后。山岳则配天。物莫能两大。陈衰，此其昌乎。'"

郑　强：　罗老师已开始引用《周易证释》了。对，刚才还想着这个案例。

赵建功：　现在我们不是在"观"吗？

罗仕平：　复其本而见天地之大心，这里要观复还得观回六三？若安神书训生为性，也说得过去。

赵建功：　观复只是观之一。现在的重点是观。"观国之光"意蕴无穷，诸家解释多可会通，我们可慢慢观。

（整理者：孙世柳　中国人民大学哲学院硕士生）

观民察道　四海化善
——观卦九五明解

时　间：2016年03月05日22：00 — 22：46

【明解文本】

九五：观我生，君子无咎。

《象》曰："观我生"，观民也。

【讲课内容】

赵建功：　王弼："居于尊位，为观之主，宣弘大化，光于四表，观之极者也。上之化下，犹风之靡草，故观民之俗，以察己道，百姓有罪，在予一人。君子风著，己乃'无咎'。上为观主，将欲自观乃观民也。"王弼讲得很好，将九五爻之意蕴阐发无遗，上为观主，将欲自观乃观民也。九五阳刚中正，为观卦之主，犹如明君盛德光华，为天下人所观仰，又能时常自省其所施为，不断修美其德行。如此有德之君子，必无咎害。孔颖达："九五居尊，为观之主。四海之内，由我而观，而教化善，则天下有君子之风；教化不善，则天下著小人之俗，故观民以察我道，有君子之风著，则无咎也。故曰'观我生，君子无咎'也。"九五身为观卦之主，上与上九互观，下与臣民互观，同时又要自观，自观观人，自观观神，不容易啊！上九为隐退之高人或隐秘之神灵，九五与之互观，乃修身之重要内容。这样九五之尊才会有所敬畏，而不会肆无忌惮，从而成为明君。九五与其下四阴爻象征臣民互观，了解民心所向，于是就会以人为本，完善制度，风行草偃，天下太平。所以《象》曰："观我生，观民也。"政者，正也。九五具备中正之德，故能自正正民。以身作则，令行禁止，治国如示诸掌。

【讨论内容】

罗仕平：大观在上，中正以观天下。

郑　强：明于郊社之礼，禘尝之义，治国如示诸掌，以身作则还不至于如示诸掌吧？

赵建功：请把九五与六三的"观我生"互观。

郑　强：此爻君位，人君为下四阴所观，既为民所观又反观于己，欲观己乃观民。

赵建功：九五具中正之德，能不"明于郊社之礼，禘尝之义"吗？

郑　强：那也不一定啊，在《礼》里，禘尝之义恐怕不是一般人能够懂的！

赵建功：禘尝之义的核心即是敬，即"观：盥而不荐，有孚颙若"之"颙"，九五乃中正明君，观之已久，对此自然明了吧！

郑　强：主要指祭祀天的一种礼。"或问禘之说。子曰：'不知也。知其说者之于天下也，其如示诸斯乎！'指其掌。"这说明孔子尚且不知禘尝之义。

赵建功："'知其说者之于天下也，其如示诸斯乎！'指其掌。"我们能说孔子不知禘尝之义吗？孔子说"不知"可能是谦辞，或者只是不知禘之具体细节吧！

郑　强：或许孔子谦虚了，但他自己说的不知也。

赵建功：《程氏易传》："九五居人君之位，时之治乱，俗之美恶，系乎己而已。观己之生，若天下之俗皆君子矣，则是己之所为政化善也，乃无咎矣。若天下之俗未合君子之道，则是己之所为政治未善，不能免于咎也。"

（整理：孙世柳　中国人民大学哲学院硕士生）

君民天下 君子通观
——观卦上九明解

时　间：2016年03月06日22：00—22：48

【明解文本】

上九：观其生，君子无咎。

《象》曰："观其生"，志未平也。

【讲课内容】

赵建功：上爻位为宗庙，故与神灵有关，九五之尊"中正以观天下"，上观天意，下观民心，故能使"天下服"，观天意很关键，因为在专制时代，天是唯一能限制君权的存在。

吴　宁：九五为君，上爻在五之上，为宗庙，为帝师。此爻为帝师观人主之动作施为如何，合于道则无咎。不能理解为宗庙，可以解为无位的贤人君子或人主之师。也是一家之言。但将上爻理解为天或神灵也可取。天在古人心目中具有无可替代的重要地位，所以《象传》说"观天之神道，而四时不忒；圣人以神道设教，而天下服矣"。

李鼎祚曰："鬼神害盈，祸淫福善。若人君修德，至诚感神，则'黍稷非馨，明德惟馨'。故'观盥而不观荐'，飨其诚信者也。斯即'东邻杀牛，不如西邻之禴祭，实受其福'，是其义也。"可以参看。若以上九象征太上皇或帝师之类，可以解释为：上九阳刚居观卦之上，虽退居虚位，不当事任，但其下应六三，说明仍有治国平天下之志，欲使下四阴爻象征之臣民皆受感化而为君子。此君子之德行，自然无咎。

马其昶曰："其生，天下之生也。圣人之志，必使下观而化，天下皆为君子，大舜之善与人同是也。"马振彪曰："上九观其生志未平，即文王发政施仁、视民如伤之意。我为君子，而天下之生不尽为君子，皆我之咎。必观其无忝所生，人皆君子，乃无咎也。"

【讨论内容】

裴健智：　两个"无咎"（九五与上九），程度不同吧？

赵建功：　地位处境不同，故意味有别。如以上九为天（神灵），更是另一番深意。

裴健智：　怎么讲？天子是沟通天人的中介？

王　璇：　《象传》说"观我生，观民也"，那"观我生"和"观其生"能不能理解成考察本国庶民、和考察他国庶民？我看到的今人注本有这样写的。

赵建功：　君子能观天意，时刻注意使自己的思想、行为上合天心，下应民心，自然无咎。

王　璇：　我感觉这样解虽符合《象传》，但似乎跟整个卦的旨趣有差异。

赵建功：　不过此意可以同时参考。《易经》"唯变所适"，没有一个标准解释，要据语境而论。

　　　　　总之，观的核心是"敬"。马振彪曰："观我生者，不徒观之而已，必有诚意、正心、修身之实功，此即'明明德'之事。观其生者，亦非徒观之而已，亦必有齐家、治国、平天下之实验，此即'新民'之事。穷则独善其身，进退无不合道，达则兼善天下，以中正之德为万夫之望，是为能观我生者也。观天下之不平者皆得其平，而吾之志愿亦得其平，是为能观其生者也。此皆所谓'止于至善者也'。"一般解释为：上九欲使下观者皆受感化而为君子者，以其虽退居虚位，不当事任，而化民之志，民胞物与之心，丝毫未曾稍懈。

　　　　　"观"是互观和自观。只有时刻用心去观，才能准确把握天意、民心，从而治国平天下。

（整理者：贡哲　浙江大学哲学系本科生）

（本卦校对：赵敏　中国人民大学哲学院硕士生）

时　　间：2016年03月07日22：00 — 23：31
导读老师：冯国栋（浙江大学人文学院教授）
　　　　　翟奎凤（山东大学儒学高等研究院副教授）
课程秘书：孙世柳（中国人民大学哲学院硕士生）

颐中有物 电闪雷鸣 利于用狱

——噬嗑卦卦辞明解

21 噬嗑卦

震下离上

【明解文本】

噬嗑：亨。利用狱。

《彖》曰：颐中有物，曰噬嗑，噬嗑而亨。刚柔分，动而明，雷电合而章。柔得中而上行，虽不当位，利用狱也。

《象》曰：雷电噬嗑，先王以明罚敕法。

【讲课内容】

翟奎凤：噬嗑："亨。利用狱。"噬嗑：亨通，利于使用刑罚。《彖传》说：嘴里有东西，这是噬嗑的卦象。噬嗑而亨通，刚柔分列，震动而离明，雷电交合而放光。柔爻上行至中位，虽然不当位（六五以阴爻处刚位），但仍然利于使用刑罚。《象传》说：雷电，噬嗑，先王因此明令刑罚、严肃法制。这是我的翻译。

　　《杂卦传》："噬嗑，食也。"可观而后有所合，故受之以噬嗑，嗑者，合也。物不可以苟合而已。

冯国栋： 噬嗑卦在观卦之后。前一卦为观卦，风行地上，为教化之行，故言体神道而设教，故主于教化；此卦为噬嗑，电雷并作，利用刑狱，主于刑法。李道平曰："观政之道，不外劝惩。教所以劝，刑所以惩也。在观之家，则教以劝之，而易合者合；在噬嗑之家，则刑以惩之，而不合者亦合。"也就是说，观卦与噬嗑卦分别代表了教化与刑法两种统治术，所以观后是噬嗑。

接着我们看卦义。《程氏易传》："噬，啮也；嗑，合也。口中有物间之，啮而后合之也。卦上下二刚爻而中柔，外刚中虚，人颐口之象也。中虚之中，又一刚爻，为颐中有物之象。口中有物，则隔其上下不得嗑，必啮之，则得嗑，故为噬嗑。"

上图是颐卦的卦象，初、上各一阳爻，其他四个为阴爻，像人的口。

噬嗑卦则是颐卦中又有一个阳爻，所以是"咬然后合"的意思。请大家再看一下这个卦象，也是颐卦中间有个阳爻，那它为什么不叫噬嗑呢？

上图是贲卦，为何不是噬嗑？主要是因为噬嗑，下卦为震，为动，人咬物，下动而上不动。这样我们就记住了三个卦即颐卦、噬嗑卦、贲卦。

接下来看卦辞："噬嗑，亨，利用狱。"正如刚才所说，口中有物，则不能合，不能合则不能通。正如社会、国家，有强梁不化者，则国家、社会不能和谐，去之，则能亨通。而去之之法则是用刑狱。此处之所以不用"刑"而用"狱"古人认为，狱是察狱，是断案；而刑是施刑，是执行。《程氏易传》："不云'利用刑'，而云'利用狱'者，卦有明照之象，利于察狱也。狱者所以究察情伪，得其情，则知为间之道，然后可以设防与致刑也。"这是义理派的说法。我们再看看象数派的解释。虞翻曰："否五之坤初，坤初之五，刚柔交，故亨也。坎为狱，艮为手，离为明……互体坎，坎为法律，又为刑狱。"

【讨论内容】

【"柔得中而上行"】

翟奎凤： 《彖传》"柔得中而上行"，有不同的解释，《周易集解》引述汉代人的观点，以为是自否卦卦变而来，朱熹以为是自益卦变来。

郑　强： 窃以为应自否卦变来。此卦可自否卦来，亦可自泰卦来，然以否卦来取义，初五相易，柔上行得中。自益卦来，则是三四相易，朱子的说法不妥。

冯国栋： 噬嗑卦作为三阴三阳之卦，应该是从否卦、泰卦而来，但朱子认为从益卦而来。不知朱子的说法从何而来，朱子自己也没有解释。

翟奎凤： 下面是我列的象辞中关于"柔进而上行"的话：

晋，进也。明出地上，顺而丽乎大明，柔进而上行。是以康侯用锡马蕃庶，昼日三接也。

睽，火动而上，泽动而下；二女同居，其志不同行；说而丽乎明，柔进而上行，得中而应乎刚。鼎，象也。以木巽火，亨饪也。圣人亨以享上帝，而大亨以养圣贤。巽而耳目聪明，柔进而上行，得中而应乎刚，是以元亨。

包括噬嗑卦，共四卦有"柔""上行"的语句，共同特征都是外卦为离，而且在象辞叙述中都是取离为"明"。程颐说："据成卦而言，非谓就卦中升降也，如讼、无妄云'刚来'，岂自上体而来也。凡以柔居五者，皆云'柔进而上行'，柔居下者也，乃居尊位，是进而上也，非谓自下体而上也。"（《程氏易传》卷二）程子的这个说法很深刻，"柔进而上行"不一定要用卦变的说法，柔爻其性质本趋下在下，现在上，故曰上行。程子也注意到，与"柔进"相对应的就是"刚来"的问题，讼卦、随卦、涣卦象辞皆云"刚来"，无妄卦象辞说"刚自外来，而为主于内"，四卦"刚来"，内卦坎、震各两卦。刚本位在上，现在下，故曰"刚来"。

冯国栋： 关于上行有三解。一、初上升为五为上行。侯果认为："坤之初六，上升乾五，是柔得中而上行。"二、五虽为尊位，但还要进取为上行。孔颖达疏："既在五位，而又称上行，则似若王者虽见在尊位，犹意在欲进，仰慕三皇五帝可贵之道，故称上行者也。"三、柔居上体为上行。金景芳："《周易》柔下刚上是常例，若柔居上体，则言上行，若刚居下体，则言来。"

郑　强： 来知德直以此卦自综卦贲卦来，翻转而柔上得中。

冯国栋： 刚才我们讨论了《彖传》的上行，象传中还有一个"刚柔分"，也有不同说法。"刚柔分"，高亨认为应该是"刚柔交"。因为，它的母卦否卦、泰卦都有天地交、天地不交之句。对于什么是刚柔，有三家说法。一、刚指下卦震，柔指上卦离。孔颖达疏："刚柔分，谓震刚在下，离柔在上。"胡氏《周义口义》："刚柔分者，离阴也，为柔，为明；震阳也，为刚，为威。"二、是三刚三柔之卦。朱子曰："又三阴三阳，刚柔中半。"《诚斋易传》："三刚三柔，分而不杂。"三、由否卦而来，李鼎祚引卢氏："乾之九五分降于坤初，坤之初六分升乾五，是刚柔分也。"

罗仕平： 否卦之初五互换，打破了阴阳互分不交的僵局。

冯国栋： 对，所以高亨先生认为应该是"刚柔交"而不是"刚柔分"。

罗仕平： 初六升至六五，正好柔得中而上行。奇怪，这么自然而然的解法，朱子为何要强说是自益卦来？

【 "雷电噬嗑" 】

冯国栋： "雷电噬嗑，先王以明罚敕法。"这一句有问题。

温海明： 惊蛰过后，电闪雷鸣，风雨交加，这一卦也是天卦。

冯国栋： 丰卦的《大象传》："雷电皆至，丰，君子以折狱致刑。"而这一卦的《大象传》是："雷电噬嗑，先王以明罚敕法。"两卦都是"雷电"，所以噬嗑卦的《大象传》有问题。按《大象传》的体例，噬嗑卦的《大象传》应该是"电雷噬嗑"，而不是"雷电噬嗑"。

罗仕平： 两卦互为旁通？

郑　强： 我认为没问题。噬嗑柔上刚下，柔上为离，离为明，以柔为主，故主于明；丰则刚上柔下，主于刚，故折狱。震刚为威，离为明，刑狱必以明而威。

冯国栋： "雷电"，依《大象传》之体例应为"电雷"。如云雷屯、山下出泉蒙，都是先上卦后下卦，此处"雷电"则是先下卦后上卦。《程氏易传》说："象无倒置者，疑此文互也。"也就是说噬嗑卦的《大象传》有倒文。

郑　强： 不然，文王用辞极精，所以雷电者，必先阳后阴也。古人先尊后卑，阳尊故先。传非文王，孔子亦然。

冯国栋： "雷电丰"，"雷电噬嗑"，这里两卦同一表达"雷电"，有矛盾。其实石经《周易》，正作"电雷噬嗑"。

郑　强： 不解，我只有去问孔子了。古人还讲究音和五声，或雷电和于五音亦未可知。

罗仕平： 互为旁通故取互文。涉及刑罚之事还是雷声够震撼？青梅煮酒论英雄呀。

冯国栋： 其实这个是涉上而误的，《彖传》里有"雷电合而章"的话，大概《象传》承上而误。

（整理者：张馨月 中国人民大学哲学院硕士生）

处刑之初 小惩大诫 小人之福
——噬嗑卦初九明解

时　间：2016年03月08日22：00 — 23：15

【明解文本】

初九：屦校灭趾，无咎。

《象》曰："屦校灭趾"，不行也。

【讲课内容】

翟奎凤：初九：给脚带上枷锁，看不见脚指头，没有咎害。

　　初九爻动，震变坤，噬嗑卦之晋卦，其卦辞曰"康侯用锡马蕃庶，昼日三接"，其《大象传》曰"君子以自昭明德"。黄道周结合"自昭明德"作了发挥，他说："屦校之于蕃锡远矣，谓是得情之道也。古之为刑者，屝屦而民不犯，三覆三反，以致众辞。《虞书》曰'好生之德，洽于民心，兹用不犯于有司'，谓是雷电亦有昼日之道，昭德焉耳。《康诰》曰：'要囚，服念五六日，至于旬时，丕蔽要囚。'又曰：'时乃大明服，惟民其敕懋和。'夫折狱者，非明德而能之乎？噬嗑卦之晋卦，用是道也，小惩大诫则亦谓此也。"（《易象正》）沈该《易小传》说："屦校灭趾，刑之薄也。处刑之初，所犯未深，罪小刑薄，使知惩惧，不进于恶，小惩大戒，小人之福也，是以无咎。盖震为足，在足之下者趾也。变而为坤，灭趾之象也。震之刚动，变而为坤之静顺，不进于恶也。卦变为晋，晋进也，有进而上行之象，是以禁之于始也。"

　　两人都以为噬嗑卦初爻为小惩大诫之义，黄道周这里取晋卦大象"自昭明德"比较妥帖，沈该以晋卦为进，又云"禁之于始""不进于恶"，则有些让人费解，但沈该以震变坤为灭趾，似可取。

　　以上是我按变卦来解的。

【讨论内容】

孙世柳：算是小的惩罚，没有什么大的咎害。

翟奎凤：结合噬嗑卦变卦即晋卦大象辞"自昭明德"，还是比较有意思的。震为足，变为坤，脚没了，似乎合于"灭趾"之象。

郑　强：窃以为，讲本卦，不宜多涉变卦。噬嗑明罚敕法，专讲以刑狱治小人之道。初爻为震履为足趾，上互九四为坎为校，校为校械、为桎梏、为枷锁，卦象有震足为枷锁所没，故曰屦校灭趾。所以无咎者，互艮为不行，初爻为始，止恶于初萌，所谓小惩大诫之义也。

王力飞：犯人无咎还是官家无咎？

翟奎凤："屦校灭趾，不行也。""不行"到底该怎么翻译？犯人无咎吧。

郑　强：初爻互卦为艮，艮为止，止则不行，皆无咎。

孙世柳：小惩大诫，故罪过止息不行也。

王力飞："不行"，是脚镣禁足，不给乱走。

郑　强：《易》为卜筮之书，占者如为刑官，占此以治小人而得此爻，则刑者无咎；小人或其家人占小人得此爻，则小人亦无大咎。

罗仕平：用变卦虽然也解得通，但的确略显复杂。

郑　强：孔颖达之解与此解不矛盾。

（整理者：张馨月　中国人民大学哲学院硕士生）

乘刚用刑　噬肤伤鼻　处中无咎
——噬嗑卦六二明解

时　间：2016年03月09日22：00—22：46

【明解文本】

六二：噬肤灭鼻，无咎。

《象》曰："噬肤灭鼻"，乘刚也。

【讲课内容】

冯国栋：今天我们来学习噬嗑卦的第二爻。这一爻既要吃肉，又有伤鼻，挺热闹。关键问题是谁噬肤，谁的鼻子被灭，又是谁乘刚，谁无咎？按古来的说法，噬嗑一卦，初、上二爻是受刑之人，二、三、四、五四爻是施刑的人。如此说来，第二爻就是施刑的人，那么谁噬肤，谁的鼻子被灭，又是谁乘刚，谁无咎呢？

《周易正义》孔颖达疏："噬肤灭鼻者，六二处中得位，是用刑者。所刑中当，故曰噬肤。肤是柔肥之物，以喻服罪受刑之人也。乘刚而刑，未尽顺道，噬过其分，故至灭鼻，言用刑太深也。无咎者，用刑得其所疾，谓刑中其理，故无咎也。"同上的意思是：六二为用刑之人，噬肤喻六二用刑容易，像吃肥肉一样容易。乘刚而刑，太过分，以至伤了犯人的鼻子。虽然用刑太过，但因为处中，所以无咎。则噬肤者、乘刚者、无咎者，皆是六二用刑之人。

【讨论内容】
【"噬"】

冯国栋：　上面说到，孔颖达认为六二是用刑之人，用刑太过，伤了犯人的鼻子。但金景芳先生的意思却与此不同：六二是施刑者，施刑者施刑太容易，就像咬肥肉，把自己的鼻子都咬进肉里了。所以，噬肤者、乘刚者、灭鼻者、无咎者，都指六二。灭鼻，是鼻子啃到肉里了。

郑　强：　金景芳与孔颖达是一致的，用刑的就是施刑的。

冯国栋：　《周易本义》："六二中正，故其所治如噬肤之易。然以柔乘刚，故虽甚易，亦不免于伤灭其鼻。占者虽伤，而终无咎也。"朱子认为是六二伤了自己的鼻子。

郑　强：　用刑的不会伤自己的鼻子。

冯国栋：　这样看来，"灭鼻"至少有三种说法：第一，伤了犯人的鼻子，如孔颖达疏；第二，伤了自己的鼻子，如《周易本义》；第三，自己的鼻子被肥肉遮没了，如金景芳《周易全解》。

王力飞：　割鼻子这种刑法，伤其体表，有碍观瞻，但不影响别的。施刑者无大错。

冯国栋：　这几位虽然有些不同，但大体一致认为，噬肤是个比喻，比喻断狱容易。但高亨先生则有新解："奴隶越其分而吃肉，触怒奴隶主而割其鼻。割鼻是轻刑，奴隶受此轻刑，小惩大戒，不致再受重刑，则无咎矣。"这里"无咎的"是受刑的人，不是施刑的人。所以这一爻实在是众说纷纭，为何如此？原因在于"噬肤、灭鼻、无咎"三者的逻辑关系并不清楚。同时，象辞说乘刚，乘刚一般是不好的，为何卦辞是无咎？

温海明：　三者的逻辑关系值得大家讨论。

冯国栋：　卦辞只说了三个事：噬肤、灭鼻、无咎。中间没有任何逻辑关系的提示，所以解说者按一定的逻辑关系把三个词串起来，但假设的逻辑关系又有不同，造成解说的种种不同。这在《周易》的解说里并不鲜见。而《小象》避开逻辑关系不谈，只谈象"乘刚"。而后世注家又把乘刚和噬肤、灭鼻、无咎的逻辑补出来，所以愈来愈复杂。

【"灭"】

郑　强：　二爻在艮卦，艮为山，人面鼻高隆起似山，二变为离，不见艮山，故灭鼻。

冯国栋：　义理之解，最终无解。那就再看看象数派的说法，正如郑老师所说，用互卦来解。虞翻曰："艮为肤，为鼻，鼻没水坎中，隐藏不见，故噬肤灭鼻。"

罗仕平：　虞翻取艮为皮肤，盖取其象状。

郑　强：　噬肤，凡伏羲八卦顺序，相邻者为肤，二为震，又互离，二卦相邻为肤。

冯国栋：　互艮遮没有互坎里。

郑　强：　剥卦也言肤，艮七坤八相邻，睽言肤，兑二离三相邻，此卦也相邻，故亦言肤。二是肤，三是肉，四是脽，脽为肉中连骨，二爻本来阴柔，又居柔位，相当于皮肤本柔，又被炖烂了，可以想象有多柔了。

【施刑者】

冯国栋：　二、三、四、五这四爻都有"噬某物"，所以古来认为这四爻都是施刑者。但按卦象来讲，第四爻是要去掉的，应该是受刑者。

王力飞：　都是施者，卦辞为用狱。

冯国栋：　力飞兄认为六爻都是施者吗？

孙世柳：　都是施者不通。

郑　强：　认为不宜遽言为施刑者，宜以占者取象。

王力飞：　轻刑，好一些，重则差，有轻刑的取向，仁也。

冯国栋：　杨万里看出这个矛盾，并做了弥缝。《诚斋易传》："九四，一卦之梗也。干肺，有骨之肉，一味之梗也。九四自为梗而曰'噬干肺'，噬之者谁也？以九四噬九四也。曷为以九四噬九四也？以九四刚直之大臣，噬九四强梗之大臣也。居大臣之位而近君者，岂一人而已哉？"杨万里把一个九四爻，分成刚直的施刑者和强梗的受刑者，就是为了弥缝古来说法的矛盾。

王力飞：　乱世用重典，周初重仁德。

冯国栋：　总的来说，这一爻各家说法都能自洽，但放在一起对比就有问题。

郑　强：　在这个例子里，你看不出谁是施刑者。

冯国栋：　这其实涉及到《易》是什么，是占卜书，还是哲理书。占者只看一爻，所以解说容易；义理要看整体，说圆了就更难。

罗仕平：　《周易证释》只字不提刑狱，只说是专注吃腐（肤）肉，还深埋进鼻子，不合于道，但好在祸害最多一人或自己，所以无咎。

（整理者：黄仕坤　中国人民大学哲学院硕士生）

失政刑人 坚忍不屈 生怨不服
——噬嗑卦六三明解

时　间：2016年03月10日22：00－22：49

【明解文本】

六三：噬腊肉，遇毒；小吝，无咎。

《象》曰："遇毒"，位不当也。

【讲课内容】

冯国栋： 昨天我们吃了肥肉，今天要吃腊肉了。昨天的吃肥肉众说纷纭，今天吃腊肉，自从王弼定了基调，倒是没什么人反对，解释比较一致。王弼注："处下体之极，而履非其位，以斯食物，其物必坚。岂唯坚乎，将遇其毒。'噬'以喻刑人，'腊'以喻不服，'毒'以喻怨生。然承于四而不乘刚，虽失其正，刑不侵顺，故虽'遇毒，小吝无咎'。"就是六三以阴爻处阳位，不中不正。要施刑，困难挺大，就像吃腊肉，结果还遇上了毒药。孔颖达疏："噬腊肉者，腊是坚刚之肉也。毒者，苦恶之物也。三处下体之上，失政刑人，刑人不服，若啮其腊肉。非但难啮，亦更生怨咎。犹噬腊而难入，复遇其毒味然也。三以柔不乘刚，刑不侵顺，道虽有遇毒之吝，于德亦无大咎，故曰'噬腊肉，遇毒，小吝无咎'也。象曰'位不当'者，谓处位不当也。"基本是王注的展开。

　　《程氏易传》："三居下之上，用刑者也。六居三，处不当位。自处不得其当，而刑于人，则人不服而怨怼悖犯之，如噬啮干腊坚韧之物而遇毒恶之味，反伤于口也。用刑而人不服，反致怨伤，是可鄙吝也。然当噬嗑之时，大要噬间而嗑之，虽其身处位不当，而强梗难服至于遇毒，然用刑非为不当也，故虽可吝，而亦小噬而嗑之非有咎也。"

【讨论内容】

郑　强：　我煮过腊肉吃，陈久的腊肉煮过后，有一种黄油，苦恶难吃，我理解那大概就是毒。用盐腌过再日晒后，肥肉就出现那种毒。

冯国栋：　古人也有这样的说法，味浓就是毒。

温海明：　艮在离下，肉被火烤干，坎为毒，干肉有毒。

王力飞：　竹笋焖肉，俗称打屁股，肉刑。

温海明：　古注意思多象征打死不招坚决死硬的坏蛋（有时其实是真好人）。

冯国栋：　对于"腊肉"是谁，荀爽和杨万里都认为就是指九四。荀爽曰："腊肉，谓四也，三以不正，噬取异家，法当遇罪，故曰遇毒。"杨万里："六三之去恶，视六二则难矣。何难乎六三也？九四为一卦之梗，若腊之坚而难噬也。噬之则遇毒而伤齿矣，而况齿之弱者乎？六三以柔弱之才，居刚决之位，此弱于齿而噬夫坚者也，能不遇毒乎？故曰位不当也。"一个是硬腊肉，一个是软牙齿，结果还好，有小意外，但大局尚可。

郑　强：　二以柔居柔，故为肤；三以柔居刚，是外柔而内实刚，似腊肉。故我认为三指腊肉，而非四。

冯国栋：　虞翻就是这么说的，虞翻曰："三在肤里，故称肉。离日熯之为腊，坎为毒。故噬腊肉，遇毒，毒谓矢毒也。"李道平的疏讲得更贴切些，李道平："四阳为骨，二为肤。三在肤里，故称肉。"李道平认为二是最外面的肤，三是肉，四是骨。

郑　强：　从四看，就是这样。四为骨，二为肤，三在骨肤之间，是肉。

陈鹏飞：　好像前面提到的王弼、孔颖达、程颐注都说的是六三食腊肉，那么六三本身似乎不应是腊肉吧。

冯国栋：　这确实是有矛盾的。荀爽、诚斋主要从卦辞上解，虞翻、李道平主要从爻辞上看，所以有矛盾。也就是我们昨天讨论过的，四是受刑者还是施刑者的问题。

郑　强：　四肯定是受刑者，四是梗阻，噬嗑，就是噬四。三以阴居阳，不中又不正之人，外示柔而内实刚，所以不好治，故治之则遇毒。二以柔居柔，是犯错误的老实人，所以似肤而易治。

冯国栋：　杨万里说："自二至五，皆曰噬，何也？三臣分去恶之任，一君当去恶之主也。"杨万里的说法也代表了大多数人的看法，但确实也有不通之处。

郑　强：　是的，有不通之处，我也不理解。

冯国栋：　把五看作施刑之人，初、上、二、三、四皆为受刑者，初、上没问题，二以柔居柔，为老实人，易治，也通。三外柔内刚，象腊肉，也通。九四刚梗象带骨肉，也通。就是五是施刑之人，噬干肉，不好理解。这个意思是对的，初、上是打击的对象，二、三、四、五是专政者，这与王弼以来的说法是相通的。

郑　强：　那就把五也当作受刑者呢？

冯国栋：　只要不把四当成专政的对象，似乎整个卦辞还是通的。解通的方法，应是如力飞兄以前讲的，卦辞、爻辞、象辞分开来解，不要一锅子烩。

郑　强：　"六五，噬干肉得黄金，贞，厉无咎。"或者五可以看作现在所说的大老虎？

王力飞：　干肉，烤刑，榨取赎金，老这么干危厉，但没大错，酷吏而已。

冯国栋：　或许这就通了，五也是受刑者，以柔居刚，也是干肉，与二一样。

郑　强：　一般是这样的，卦辞讲卦体，爻辞讲卦用，比如屯讲难，爻都是在讲治难之
　　　　　法，很多卦都是这样。

温海明：　合起来有些地方难，大部分通。分开来容易各自成理，但有时离主题万里。

冯国栋：　把六爻都看成噬嗑的对象。初、上没问题，二以柔居柔，为老实人，易治，也
　　　　　通。三外柔内刚，象腊肉，也通。九四刚梗象带骨肉，也通。五是以柔居刚，
　　　　　与三一样，也象干肉，也通。这样就全通了。

（整理者：李芙馥 中国人民大学哲学院博士生）

治狱刚直 被治不屈 艰难无光

——噬嗑卦九四明解

时　间：2016年03月11日22：00 — 23：22

【明解文本】

九四：噬干胏，得金矢，利艰贞，吉。

《象》曰："利艰贞吉"，未光也。

【讲课内容】

冯国栋：　今天我们来学习噬嗑卦的九四爻。今天的问题点，首先是"金矢"怎么解。王弼
取其喻义："金，刚也；矢，直也。"金，铜也；矢，指镞，箭头也。人以弓矢射兽，矢着
兽体，镞折而钳于骨中，未剔出，故人在啃骨吃肉时发现此物。除刚直、箭头外，朱子的解
释比较深。朱子《周易本义》："《周礼》：狱讼入钧金束矢而后听之。"《周礼·大司
寇》："以两造禁民讼，入束矢于朝，然后听之。以两剂禁民狱，入钧金三日，乃致于朝，
然后听之。"就是说为了减少诉讼，必须原被告双方都来交箭，然后才立案，箭的象喻是
直。为了减少刑狱，原被告双方都纳上券，交上金，然后才立案，金取其诚。也就是说朱子
认为：得金矢是源于古代的诉讼制度。当然，这个制度是否真是这样，后人也颇有争论。因

为《周礼》这个书的真伪有问题。

《诚斋易传》："九四一卦之梗也，干胏有骨之肉，一味之梗也。九四自为梗而曰'噬干胏'，噬之者谁也？以九四噬九四也。曷为以九四噬九四也？以九四刚直之大臣噬九四强梗之大臣也。居大臣之位而近君者，岂一人而已哉？"金景芳："就全卦而言，九四是口中梗塞之物，是社会中阻碍安定、和谐的消极因素，是噬的对象，应该除掉的东西。但是就爻位而言，它又是除间的人，是用刑者。"《周易》卦之取象与爻之取象往往不同，可能是卦辞、爻辞非一时一人所作的缘故。杨万里把九四当作一帮人，有专政的也有被专政的。而金景芳先生比较通达。

【讨论内容】

【"噬干胏"】

郑　强：　九四为大梗，间于颐中，不噬不可，必去之而后快，何以在此又为解易之梗阻哉！

王力飞：　这不影响，有硬骨，所以硬啃。

温海明：　有解为受刑人，也有解为判决者，还是两者得兼？

冯国栋：　我们昨天的决议是当成专政的对象。

温海明：　受刑人骨头硬，不吭声，不像昨天可能反咬一口。

王力飞：　断狱的。

郑　强：　九四为噬嗑之主爻，所以成噬嗑者也，此为大梗，是骨中之肉，甚难噬者，故在此，又为我等解易之梗。

温海明：　那九四《象传》如何"未光"？

冯国栋：　我认为这一卦的《象传》都在讲位置，这一卦爻辞、《象传》颇有矛盾。

温海明：　有说这骨头上肉太少，还不够光，味道也不光。

冯国栋：　所以金景芳先生的观点值得重视。

王力飞：　王夫之说，因为作者不是一人，一周公，一孔子。

冯国栋：　未光，也是说位置不中不正。

温海明：　是位置不太好，所以艰难。

王力飞：　象不与爻通。

孙铁骑：　诸位易友，我发表一点异见。如果认为易是哲理，那六爻就应当是六条原则，而不是具体事例，所以爻辞只可以象取义，不可具体化为以词释义，而孔子作传解经，《小象传》为孔子对爻辞之解释，所以解爻辞之主要依据当为《小象传》。九四《小象传》为"利艰贞吉，未光也"。也就是说此爻重点"未光也"，因为生命未光大，所以要艰贞，才会得吉。而爻辞则为对此道理的形象化表达，不必执象泥文。

郑　强：　此为带骨之肉，噬之甚难，必以刚直如金矢者，方能去此之梗，故曰噬干胏，得金矢，利艰贞，虽然噬之不易，然最终得吉。

温海明： 您是说受刑人处境艰难，生命中暂时没有光明？《象传》为解释卦爻辞的根据。

郑　强： 一小时还没解通此爻，说明此爻确实如带骨之肉，这么多老师还解不去它，噬之不易也。再艰难，还要去啃它，所以利于艰贞，吉。

【"金"】

温海明： 那你是认可有本金做担保，反正打赢打输判官都是赚的，今天判官很危险，律师赚大头，以前好像不是这样吧。

郑　强： 不如直刚如金矢，直以此解解之，故吉。

冯国栋： 六二的《小象》是"乘刚"，六三《小象》是"位不当"，九四的《小象》是"未光"，六五的《小象》是"得当"。这几个《小象》，都是讲爻的位置的。

孙铁骑： 整个卦的六爻解读都应当以《大象传》为逻揖起点，此卦是为了"以明罚敕法"，那么"未光"也就是执法之人本身未光大，从而无信服力，故要艰贞自守，培育自己，才终会大吉。

冯国栋： 乘刚，不当，得当，都是爻位。

罗仕平： 本金也没有多少，但可是提着脑袋玩儿的事呀。

郑　强： 离为光明，此爻居离之下，未光。

温海明： 如果是判官的位置，就是不好不稳的位置，很危险的。

孙铁骑： 一卦六爻如果不能解出统一的道理，那还叫什么哲学。

郑　强： 治阴险小人，必以刚直之道，所以得如金矢之刚直，虽艰难，贞固，则吉。此爻就是说治狱者，如遇阴险难治的小人，不能晓以道理，宜以刚直之道噬之即可。对这个爻，不用讲道理，直接上刑就行了。直以刚强如矢之直，直接治之，他再牛也不怕。

温海明： 治狱者刚直当然可以，但被治者宁死不屈，宁折不弯，再刚直不阿的治狱者也没有办法，所以未光，双方互相折磨，都达不到目的。

郑　强： 所以才叫未光！真是有意思，这爻真是带骨之肉，太难解了。

孙铁骑： 孔子言吾道一以贯之，不能一贯解易，就非孔子之易。

冯国栋： 孙老师，一以贯之是精神，不是文字。

孙铁骑： 不懂哲学就会把孔易解偏。精神要化为文字。

冯国栋： 但不能执着于文字。

孙铁骑： 但以上爻辞解读已执着于文字。

郑　强： 啃它，只以刚、直二字，如金矢之刚直，去之即可，故利艰贞而吉。

【"矢"】

孙世柳： 孔颖达也作此解。另一说为铜箭头。

冯国栋：　高亨就认为是铜箭头，高氏的解常常出人意表。

王力飞：　王夫之也取箭，他和讼狱制度结合起来说的，讨论时再说。

冯国栋：　原来源头在这儿。

罗仕平：　马恒君老师以为九四在坎上离中，坎为弓轮，离为戈兵，弓上戈兵，只能是箭。

王力飞：　王夫之说的是旁听，取断狱之公正。

郑　强：　之所以得金矢，是源于古代的诉讼制度。得断狱之刚直，故利艰贞，吉。

王力飞：　我提一不同的看法：初九为脚镣，九四为手铐，那地方几乎无肉，都是骨头，上九为枷。

冯国栋：　整体看象，还是有意思的。

罗仕平：　他认为初九为脚镣，上九为枷锁，但没提九四为手铐。

（整理者：孙世柳　中国人民大学哲学院硕士生）

中而行刚　刑戮得当　怀危无咎
——噬嗑卦六五明解

时　间：2016年03月12日22：00 — 23：07

【明解文本】

六五：噬干肉，得黄金，贞厉，无咎。

《象》曰："贞厉无咎"，得当也。

【讲课内容】

冯国栋：这一爻各家说法差别不大，我们先看王弼注："干肉，坚也；黄，中也；金，刚也。以阴处阳，以柔乘刚，以噬于物，物亦不服，故曰'噬干肉'也。然处得尊位，以柔乘刚，而居于中，能行其戮者也。履不正而能行其戮，刚胜者也。噬虽不服，得中而胜，故曰'噬干肉，得黄金'也。己虽不正，而刑戮得当，故虽贞厉而无咎也。"也就是说六五虽然以阴处阳，又乘刚，位置不太好，但终归处中，虽有困难，最后无咎。道路虽曲折，前途还是光明的。《程氏易传》："五在卦愈上而为'噬干肉',反易于四之'干胏'者,五居尊位,乘在上之势以刑于下,其势易也。在卦将极矣,其为间甚大,非易嗑也,故为'噬干肉'也。'得黄金',黄中色,金刚物,五居中为得中道,处刚而四辅以刚,'得黄金'也。五无应而四居大臣之位,得其助也。'贞厉,无咎',六五虽处中刚,然实柔体,故戒以必正固而怀危厉则得无咎也。"

【讨论内容】

【"噬"】

郑　强：六三叫遇毒,四与五叫得,是不是可以理解为施刑者得刚直之道、刚中之道呢?

温海明：一爻两个主语比较难。

瞿华英：噬嗑卦在观卦之后,其主旨是什么?在此基础上结合象数理解六五,是否更好懂。

王力飞：都是施行者。

郑　强：观而后能合,好像《序卦传》里是这样说的,"观而后有所合,故受之以噬嗑。"

瞿华英：噬嗑卦主旨?

郑　强：去梗。

王力飞：卦辞为用狱。

郑　强：除去间梗,但一卦可从很多角度理解,《系辞传》里有日中而市,交易而退,盖取之噬嗑。

瞿华英：先王以明罚敕法。

郑　强：先王以明罚敕法就是通过用刑法来除去梗阻啊!

王力飞：受刑者皆刺头。

瞿华英：至六五呢?离卦卦德?

郑　强：比如社会很安定,有个小人出来行大不轨之事,则此小人为文明社会之梗阻,必以刑罚除之而社会可以重得安定。六五也可以理解为离卦之德,离得坤卦之中,坤六五为黄裳,黄为中德,故此亦理解为得中道。

罗仕平：儒家一向主张王道治国,以德服人,这一卦怎么一路看下来都这么暴力。

郑　强：以德服人不是不用刑罚,用刑正所以不用刑也。比如蒙卦的初爻就是这个意思。

瞿华英：如冯老师所讲,过程是艰难的,六五结果还是光明的。无咎,善补过也。

郑　强：王道行于天下,也不可避免地会有小人出来作乱,对此小人必以刑治之。

瞿华英：危险中,行中道,才能至贞厉而无咎。

王昌乐：守正虑危,执法得当。

瞿华英：如程氏言,处柔体,执法不可过刚。

郑　　强：　不过此爻有黄金，如果黄理解为中，金就是刚，刚中之德。刚中就是不过
　　　　　　刚。四爻是得刚直之德，此爻得刚中之德。

【"黄金"】

冯国栋：　高亨先生认为："盖有人置黄金粒于干肉之中，以谋害食者。食者以齿嚼
　　　　　　之，而发现黄金粒。"

温海明：　卦里到底是九四还是六五最好？大家好像啃不动。六五黄金，比金属箭头好？

郑　　强：　对九四，须用刚直，对此爻，须用刚中。

王力飞：　刑罚重，得赎金，虽坚持这么做危厉，但无咎害。

冯国栋：　六三得毒，九四得箭头，六五得黄金，好像还是六五好。

郑　　强：　此卦应该是每爻辞，前一句说的噬什么应指受刑者，后一句是对施刑者而说。

罗仕平：　马恒君老师以为是否之二五互换，否之下坤为黄，九五为金，故曰黄金。

瞿华英：　干肉和黄金是一个问题的两个方面，有区别又有联系。

王昌乐：　有柔有刚。

瞿华英：　六五之象。

郑　　强：　从卦象上看，金应当指的是乾，八卦乾为金，此爻变后为乾卦，故金。

罗仕平：　《象传》说"柔得中而上行，虽不当位"，这里又说得当，虽勉强中可贯
　　　　　　通，还是略显牵强。

王昌乐：　虽不当位，但能体刚用柔。

郑　　强：　《象传》说"柔得中而上行"是指卦变自否来时，"不当位"，因为阴居于
　　　　　　五之阳位，故不当位。此则从爻变上说，爻变为乾，乾为金，故刚。

【不当位】

瞿华英：　六五中而不正，阴居阳位，所以说不当位。

王昌乐：　刚柔并济，是断案的好方法。

郑　　强：　此爻本来就不当位。

瞿华英：　一阴一阳之谓道。

王昌乐：　是，阴阳有道。

罗仕平：　要变乾怎么变？

王昌乐：　柔得中而上行。

罗仕平：　本来就是乾变离，这里要怎么变回乾。

王昌乐：　柔是顺，是性格，顺乎案情。得中，是处事得当，深明中道。处理案子以事
　　　　　　情为依据。上行，是地位，在上位说了算。

罗仕平：　那上面的爻变为乾是指什么呢？

郑　　强：　六五阴爻动，变为阳爻。变阳爻，上卦就成乾卦了。

罗仕平： 实际操作中的变爻？这样解多数难题都成浮云了，解不通了看变爻变卦去。

王昌乐： 体刚用柔为道。过柔，容易优柔寡断。

郑　强： 对，我认为对施刑者来说，应该就是这样理解。

【过刚】

王昌乐： 过刚容易伤人，所以要行乎中道，刚柔并济。刚中是坚守正道，处事得当。

郑　强： 此卦就是不好理解，初爻、上爻明显是指受刑者，这几爻又像是指施刑者。

王昌乐： 施刑者亦是受刑者，处理不当，吉凶生焉。

罗仕平： 杀人众多，以悲哀泣之。战胜，以丧礼处之。斗来斗去，把人性的光明和光辉都斗没有了。

王昌乐： 六五以阴居阳，以柔行刚，守正虑危，执法得当，心之存民也。

（整理者：孙世柳　中国人民大学哲学院硕士生）

无聪不明　恶积不改　枷锁上身

——噬嗑卦上九明解

时　间：2016年03月13日22：00 — 23：14

【明解文本】

上九：何校灭耳，凶。

《象》曰："何校灭耳"，聪不明也。

【讲课内容】

冯国栋： 今天我们学习噬嗑卦的最后一爻。何，就是荷。校，前面讲过，是枷的统称。"灭耳"的"灭"，与"灭趾"的"灭"一样，也有两个意思：一是伤灭，就是伤了耳朵；二是遮没，盖住了耳朵。

　　王弼注："处罚之极，恶积不改者也。罪非所惩，故刑及其首，至于'灭耳'，及首非诚，'灭耳'非惩，凶莫甚焉。'聪不明'，故不虑恶积至于不可解也。"王弼认为上九是恶积不改的，所以受到很重的刑罚，所以是凶。之所以《象传》说"聪不明"，是因为说自己没有及时反省罪过，以致罪不可解。

《程氏易传》："上九，何校，灭耳凶。上过乎尊位，无位者也，故为受刑者。居卦之终，是其间大噬之极也。《系辞》所谓'恶积而不可掩，罪大而不可解'者也，故何校而灭其耳，凶可知矣。履霜坚冰至，人之聋暗不悟，积其罪恶以至于极。古人制法，罪之大者何之以校，为其无所闻知，积成其恶，故以校而灭伤其耳，戒聪之不明也。" 程子认为之所以要伤耳，在于古人认为一个人最终积成罪恶是因为不聪明，所以要伤灭其耳以示惩戒。

【讨论内容】
【"凶"】

张　悦：　"善不积不足以成名，恶不积不足以灭身。小人以小善为无益而弗为也，以小恶为无伤而弗去也，故恶积而不可掩，罪大而不可解。《易》曰：'何校灭耳，凶。'"和初九有很强的关联。

冯国栋：　初九是小惩大戒，这是恶积不改。

张　悦：　勿以恶小而为之，勿以善小而不为。积善与积不善。

郑　强：　从卦象看，上卦为离明，互坎为耳，上九变而不见离明，耳无所闻知，则耳不聪明，不明于善，故凶。

王力飞：　既济上六，濡其首，凶，和这爻有些类似，刑具卡在脖子上，把耳朵都遮没了，预示着关乎生死，故凶。

冯国栋：　杨万里："初九灭趾，故恶不行；上九灭耳，以聪不明。使耳而聪，聪而明，则闻过而改久矣，何至于恶积罪大而受大戮之凶乎？"杨万里的这段说法还是有意思的。上爻多数不好，但有几个例外，比如否卦、履卦等。这一卦从最初的小惩大戒，至最后恶积不改。中间经过噬肤、肉、骨、肉的过程，说明断狱去间本是好事，但好事却不好做。

王力飞：　纳金矢，犹可减缓之，到灭耳，没有回转的余地了。

丰　铭：　聪而明，则闻过而改久矣，何至于恶积罪大而受大戮之凶乎。

郑　强：　否倾则喜，履旋元吉。

张　悦：　时与位。上爻位不好，但是有时候时好。

郑　强：　断狱去间，本是好事，但好事却不好做。

王力飞：　除恶的对象也是人，仁者也会扼腕叹息。

温海明：　上九罪大恶极，差不多用炸药包了。

郑　强：　上九变成震雷——炸药包。

温海明：　地雷要自己踩，这是要主动去炸。

郑　强：先是离火，又变震雷，一道火光过后，雷声传来，炸药包响了。

【"校"】

丰　铭：杨万里说的"受大戮之凶"，是杀头吧。

温海明：到了判刑充军杀头的地步，是太凶了。

丰　铭：武松、林冲都这样戴大枷子。

温海明：刑具从脚上到脖子上，越来越重，一开始都当受刑对象理解。

丰　铭：我一直是以递进观点读六爻的，这个卦也很明显，从开始的小罪，一直到最后的杀头之罪，罪行一爻比一爻大。

郑　强："小人以小善为无益而弗为也，以小恶为无伤而弗去也，故恶积而不可掩，罪大而不可解。"这指的就是受刑对象。

温海明：其实，对犯人的惩戒和对罪犯的审判与量刑，本来就是分不开的。

罗仕平：只是被审的有时不见得是真正的罪犯呀。

郑　强：把每个爻都当作去除梗阻的过程，就不用纠结受刑或施刑者了。

冯国栋：中间四爻都有噬某某，所以古人把它们看成一类。

【"噬"】

温海明：上九罪大恶极，单说他咎由自取还是不够，得有人给他判罪量刑，有人给他戴上枷锁，所以不仅仅是罪犯本身的情景。

丰　铭：这卦我也还没想好，只是觉得可以用稽查、审计的思路去看。

冯国栋：二是以阴处阴的老实人，三是以阴处阳的老腊肉，四是以阳处阳的硬骨头，五和三一样是以阴处阳的干肉。

郑　强：稽查、审计的思路是想用于丰铭的《周易史说》里边。

罗仕平：据说包青天断案靠占卜，所以才尽量避免了屈打成招。

郑　强：讲到噬嗑卦时，大概就开始说商纣王的离任审计了。借此又可以清除一批敌对势力了。

丰　铭：内部矛盾和现在的反腐差不多。

张国明：初灭足为防犯人跑，为明罚之始，中间四爻为明罚之中，上最终定罪为明罚之终！

（整理者：贡哲　浙江大学哲学系本科生）

（本卦校对：张云飞　中国人民大学艺术学院硕士生）

时　　间：2016年03月14日22：00 — 23：24

导读老师：张国明（沈阳大学文化传媒学院副教授）

　　　　　于闽梅（中国青年政治学院副教授）

课程秘书：王　璇（中国人民大学哲学院硕士生）

刚柔交错　质主饰辅

——贲卦卦辞明解

22 贲卦

离下艮上

【明解文本】

贲：亨。小利有攸往。

《彖》：贲，"亨"；柔来而文刚，故"亨"。分刚上而文柔，故"小利有攸往"。刚柔交错，天文也；文明以止，人文也。观乎天文，以察时变；观乎人文，以化成天下。

《象》：山下有火，贲；君子以明庶政，无敢折狱。

【讲课内容】

张国明： 上卦所讲噬嗑卦是刚决，是用狱；现在所讲贲卦是柔错，是文化。贲，上卉下贝，从花卉从贝类，花、贝皆文饰之物。上艮为山，山上有草木为卉，下离为贝，合为贲字。《序卦传》："物不可以苟合而已，故受之以贲。贲者，饰也。"贲，亨。何以亨？刚柔交错也，阴阳相会也！

　　郑玄曰："贲，文饰也。离为日，天文也。艮为石，地文也。天文在下，地文在上，天地二文，相饰成贲者也。犹人君以刚柔仁义之道饰成其德也。刚柔杂，仁义合，然后嘉会礼通，故'亨'也。"

　　凡易之道，最讲阳阴相合，孤阴单阳皆不利不亨。何以小利？李士珍曰："阴主小，小不可以大也。至敬无文，大礼不饰，文饰之道固不可大用也。文太繁则灭其质，华太盛则伤其根，光明而遇艮止，欲其文，不欲其过乎文也，故小利有攸往。"程颐曰："物有饰而后能亨，故曰无本不立，无文不行。有实而加饰，则可以亨矣。文饰之道，可增其光彩，故能小利于进也。"有学者认为亨指二爻，柔文刚居中位故亨。小利指上爻，刚去文柔不得中位故仅言小利。

朱熹《周易本义》云："先儒说'天文'上当有'刚柔交错'四字，理或然也。"自王注本后已有"刚柔交错"，则文理通达。

于闽梅：此卦的《象传》说"君子以明庶政，无敢折狱"，公瑾当年，小乔出嫁了，大喜事一般不行断狱之事。

张国明：现在有些国家逢大喜事（如新王登基）时还有实行大赦的传统。离为火，有光明之象，旧时官府衙门多悬"正大光明"四字，断案折狱最忌讳暗箱操作。艮为止，折狱之本在于使罪者改过自新。不能使用过度手段，也不宜用残酷大刑。

【讨论内容】
【"文"】

郑　强：　文以质为本，文不可过于质，文饰过盛，则伤其本质，故为文不可尽饰而伤其本，故贲卦曰："小利有攸往。"

于闽梅：　这卦卦象与屯卦似，都为迎亲卦。

王昌乐：　迎亲卦何解？

于闽梅：　白马王子，迎亲的车马仪仗以白色为主。这不是新解，古代就有这样解的。从初九到上九，就是新郎修饰成"白马王子"去迎亲的卦象。七个"文"，文饰的要点：线条和色彩。

丰　铭：　迎亲的车马仪仗现在都是喜欢红色呀。

郑　强：　迎亲的本质在合二姓之好，如果过为铺张施设，则失礼之本，故饰当小不当大。

于闽梅：　按《礼记》观点，夏人尚黑色，商人尚白色，周人尚红（赤）色。

丰　铭：　但现实都是大张旗鼓。

郑　强：　苟能欢喜迎亲，则骑驴乘马亦可合二姓之好。

王昌乐：　《论语》："质胜文则野，文胜质则史，文质彬彬，然后君子。"绘事而后素。

郑　强：　绘事而后素，礼后。论语还说："先进于礼乐，野人也；后进于礼乐，君子也。如用之，则吾从先进。"这就是先质而后饰。

张国明：　先质而后饰。

于闽梅：　但这一卦的问题也在这里，所以孔子得此卦不悦。

张国明：　何以知必是商朝之事？若是迎亲，礼仪自当隆重，夫子何以不悦？

于闽梅：　只是以崇尚白色判断，还因孔子在《论语》中说，理想的生活是夏历、商朝的车饰和周朝的帽子。这一卦正好讲到白马驾的白贲的婚车。白贲：以白为饰。夫子不悦是从文质角度，这一卦质有余而无法受文饰。山下有火，丹漆不文，白玉不雕。所以重文质彬彬的孔子以之为非纯正之卦。

王昌乐：《杂卦》讲"贲，无色也"，无色为素，素者质也，贲为质不为饰。

郑　强：不能这样理解。白玉不雕，质有余也。本来很美的白玉，雕凿太甚，则失玉之美。

于闽梅："贲"为文饰之意，上九的白贲是"以白为文饰"。《序卦传》："贲，饰也。"

张国明：山下有火，光明达于山，山中草木皆得焕发文彩，正是文饰之象。

于闽梅：白马加白车饰，这种线条和色彩还是太单调。

裴健智：六四、六五也讲婚姻和束帛之礼。我大体看了看爻辞，都还不错。应该算是比较好的卦。艮为少男，离为中女，互坎为马，互震为行。少男骑马去迎亲。

于闽梅：六四提到白马马车不是寇而是来迎亲的，是喜卦，只是孔子认为卦不够纯正。

张国明：确是喜卦。下卦为离为红色，上卦为艮为黄色，皆为喜庆之色！

于闽梅：不过具体还是要看日子。比如就有记载，有家算到此卦，解卦人说结合日子来看会生儿子，但有悼亡之戚。因算命之日辰居土，"土"加"贲"是"坟"的繁体字，结果生子，但是夫人死。所以算到喜卦勿喜，凶卦勿悲，因有很多复杂因素。

罗仕平：这一卦让夫子觉得即便再去混个官也只是摆设了。

郑　强：两位老师是一致的，都是崇质而恶文之著。《诗》曰："衣锦尚炯。恶其文之著也。故君子之道，黯然而日章。"

王昌乐：贲卦讲文，从中看出文与质的关系。不能全当成迎亲了。

罗仕平：易无达诂，婚嫁得此卦也正好说得过去。

裴健智：文明过度也是有道理的，毕竟下卦为离为文，上六到九三互为大离卦，故有文明过度之嫌。

郑　强：《孔子家语》中说孔子自筮得贲卦而不悦，他的弟子子张上前问道："师，闻卜者得贲者吉，而夫子之色不平，何也？"孔子说："以其离耶。在《周易》，山下有火谓之贲，非正色之卦也。夫质也，黑白宜正焉。今得贲，非吾之兆也。吾闻丹漆不文，白玉不雕，何也？质有余，不受饰也。"

张国明：这个材料好。山下有火，非正色，即非白黑二色也。夫子喜质不喜饰，更反证贲为饰不为质也。

罗仕平：质朴过度即为昏昧，咱不干也罢，退而讲《易经》。此卦背景好像是孔子退而讲学前得，得此卦想必再去当个官也没肉干了，索性关门授徒，删述六经了。

裴健智：是非正色，还是文饰过度？

张国明：首先明确一点：非正色。夫子认为黑白为正色。其次，贲为文饰，但没说过度。"文明以止"又如何过度？

温海明：文饰美化是本义。文明是限制人的言语行为，文明过度看从哪个角度讲。

（整理者：王璇　中国人民大学哲学院硕士生）

舍车安步 世羞君贵
——贲卦初九明解

时　间：2016年03月15日22：00 — 23：15

【明解文本】

初九：贲其趾，舍车而徒。

《象》曰："舍车而徒"，义弗乘也。

【讲课内容】

张国明：王弼注："在贲之始，以刚处下，居于无位，弃于不义，安夫徒步以从其志者也。故饰其趾，舍车而徒，义弗乘之谓也。"

《程氏易传》："初九以阳刚居明体而处下，君子有刚明之德而在下者也。君子在无位之地，无所施于天下，唯自贲饰其所行而已。趾取在下而所以行也。君子修饰之道，正其所行，守节处义，其行不苟，义或不当，则舍车舆而宁徒行。众人之所羞，而君子以为贲也。""舍车而徒"之义，兼于比应取之。初比二而应四，应四正也，与二非正也。九之刚明守义，不近与于二，而远应于四，舍易而从难，如舍车而徒行也。守节义，君子之贲也。是故君子所贲，世俗所羞；世俗所贵，君子所贱。以车徒为言者，因趾与行为义也。舍车而徒行者，于义不可以乘也。

《程氏易传》说得好。初九具备刚、明二德，又居正位。近有比，远有应。多种吉祥因素汇聚。

《程氏易传》说"舍弃大车而甘于徒步行走"，说明初九就所处地位这一意义来说不应该乘坐大车。马振彪指出："贤者安步当车，终身不辱；睽之于义，弗背乘车，虽徒行亦为止生色，即'贲其趾'之义也。"（《周易学说》）此将"贲"当合"义"的道理阐析得至为明白。就初九有应于六四这一情状而言，其"义"似体现于安步缓行、静待四应，故不乘非"义"之车。《礼记·坊记》云："君子苟无礼，虽美不食焉。"亦可与此爻之义发明。

【讨论内容】

【"趾"】

张国明：以脚趾比喻，正是远取诸物、近取诸身之常象。

郑　强：　近虽有比，而趋于应。近比二爻坎卦为车，上应四爻互震为趾为行，故舍车而徒行。

张国明：　坎为弓轮，有车象。震为动为行。

郑　强：　人皆以乘车为荣为饰，今初爻舍车而不以徒行为辱者，以道义为荣者为饰者也。

张国明：　舍车而徒步，在常人看来是傻。而在君子看来，则是另外一种选择。

【"贲其趾"】

于闽梅：　这卦为贲卦，但初九则为脚文饰，放弃车而徒步。

张国明：　正如《论语·里仁》中谈及的："子曰：'富与贵，是人之所欲也，不以其道得之，不处也。贫与贱，是人之所恶也，不以其道得之，不去也。君子去仁，恶乎成名？君子无终食之间违仁，造次必于是，颠沛必于是。'"

郑　强：　有一种说法认为这种傻就是忠厚，是轻于文饰而尚于质素也。

于闽梅：　从脚开始，之后是头发、胡子，最后才是车，有可能马车没装饰好，宁可不乘车。

王力飞：　这里有个君子理解和常人理解的分歧，我喜欢普通一些。

张国明：　初九汇聚多种美德，正是君子。

郑　强：　车不装饰，相对于徒步来说本来就是一种贲饰。过去大夫一级的官员不徒行，饰也。

于闽梅：　两位说的都有一定道理，因文王观物取象，所以爻辞中的象其实很重要。同时，我说的是另一种可能，因为后面（六四）还是上车了。

夏　天：　初九，处于最底层的君子，所以义弗乘也。

张国明：　初爻，居于离卦为明，明则不暗。刚爻处正，正则不邪。不过我还是倾向于初九为君子之行。

罗仕平：　虚云老和尚晚年依然喜欢走路不乘车。

张国明：　车从何来？二爻来而文刚，二爻应该是乘车的。近比初九，邀请初九乘车，为初九所拒。

孙福万：　下互为坎，坎为车。初九舍车而徒，是"自贲"者也。

郑　强：　二爻也不是乘车的，易经里凡言乘车之爻皆在车之上，今二在坎车之下，理非乘车者。

张国明：　从位看，初位为庶民，庶民中也有君子，不敢贪求富贵。乘坐大夫之车马属于僭越本分，故选择徒步而行，安步当车，以明其志。这其实也是一种文饰。

郑　强：　初九如果按下民或士人来解，舍车而徒，应该可以理解为舍贲而保其质朴。

温海明：　古代文饰打扮一次脚趾不容易，走得越远越好，让更多人看见。

罗仕平：　有人说弘一法师晚年补了两百多补丁的僧衣是真正的奢华。

温海明：　补丁越多越要天天穿，补丁是最好的文饰。

王力飞：　我主要感觉这卦的主线，是不提倡文饰的，所以，才以常人的眼光理解初爻。

张国明：　罗老师这个材料补充得好。大家引以为傲的东西不一样。

裴健智：　舍车而徒步，在常人看来是傻，有便宜不占。而在君子看来，则是另外一种选择。这个是否和《老子》的"虽有舟舆，无所乘之，虽有甲兵，无所陈之。使民复结绳而用之"相通？

张国明：　我理解可能是另外一种境界，另外一种思想，和这个可能有所不同。

郑　强：　弘一法师正当此爻之义。

罗仕平：　那件衣服以前在虎跑寺，现在没了，但大师舍利塔尚在。

郑　强：　如果弘一法师穿草屦走得越远，越好让更多人看见，就应了这一爻了。

王力飞：　文饰和质朴的关系，貌似质朴要实用一些，靠谱一些。

张国明：　在老子看来，技术进步可能会扰乱人心，不应过分追求。

孙福万：　《说苑》讲孔子占得贲卦而不悦。子张问："师，闻卜者得贲者吉，而夫子之色不平，何也？"子曰："吾闻丹漆不文，白玉不雕，何也？质有余，不受饰也。"马其昶说："初之舍车，亦不受饰也。"

王力飞：　现在改作风，有一条也是从简，提倡节俭、节约。

张国明：　质朴更好些。

王力飞：　感觉初爻华而不实。

【文饰文明】

张国明：　文饰是必需的。文饰某种意义上代表着文明。

郑　强：　《老子》："虽有舟舆，无所乘之，虽有甲兵，无所陈之。使民复结绳而用之。"按照老子见素抱朴来理解，这爻就是这意思。

张国明：　否定文饰，某种意义上就否定了文明。

于闽梅：　是的，就是"野人"，质胜文。

郑　强：　物不可苟合，故必须要有文饰。

裴健智：　质和文。

郑　强：　按老子解就是质胜文。

于闽梅：　但文胜质更可怕，"则史"，史通饰，就是假人。

张国明：　两者不可偏废，应以质为主。

郑　强：　是的，过文了就没质了，没质了就一个空衣裳，假人。

裴健智：　老子不强调文只强调质？还是其他？

张国明：　现代社会重包装，文过也。社会确实假人假货太多了。

裴健智：　好像庄子对文质有特别严厉的批评，老子呢？

郑　强：　老子强调质朴。

张国明：　我们生活在文过饰重的时代。

郑　强：　这时代是这样的。马其昶说："初之舍车，亦不受饰也。"不按道义按质朴
　　　　　解就是这意思。

罗仕平：　否定虚假文饰？孟子驳夷子之薄葬？

于闽梅：　我上面谈的是《论语》的观点，不是老子的。老子的观点借鲁迅的话来理解
　　　　　最好。鲁迅先生说，虽然道家从老子以来最讨厌文，而重质，"然文辞之美
　　　　　富者，实惟道家"。

张国明：　庄子之文，汪洋恣肆，美妙绝伦。

孙福万：　孔子是"素王"，但他不愿意当"素王"。

郑　强：　孟子是批判过薄伤亲，批墨家的思想吧。

【"义"之美】

张国明：　《象》曰："舍车而徒，义弗乘也。"

郑　强：　孔子以为大德者必受命于天，见麒麟而泣，忧其道不行也。还是按前边说
　　　　　的，按程子说的理解最合适。《论语》强调的是文质彬彬，文质相当，用
　　　　　《论语》是无法解此爻的，舍车只能按老子思想解。

张国明：　其"义"似体现于安步缓行、静待四应，不受二爻之亲比。是不是考虑二爻
　　　　　居上而凌，有无礼之举？故"君子苟无礼，虽美不食焉"。供大家参考。

温海明：　自己选择，觉得按道理（客观的和自己的道理）不应该坐车，终归就是想要
　　　　　让大家都看看自己美丽灿烂的脚。

张国明：　展示美丽的脚，有意思，古人平时行为有没有展示脚的事呢？

温海明：　脚虽然通常粗鄙，但确实应该敝帚自珍，有车不上，更显出脚象征自尊心的根源。

张国明：　生活中有些男子自尊心很强，明明是女子条件很好，但因为担心人家说上
　　　　　门，就宁可放弃了。

孙福万：　印象中凡初应于四而动者均不吉，反不如无应或虽应而固守其位者。李光地
　　　　　似对此有论述，可查。

郑　强：　清朝的女子最忌讳大脚。女子舍车是为展示其小脚。

温海明：　大脚也是象，心理的象比较有理。

张国明：　有理，直透内心世界。

温海明：　现在鞋子、袜子还是一样透露了打扮脚的内心世界。

于闽梅：　海明君说的也是很有可能的。

温海明：　《象传》的义直接通脚跟，接地气。

孙福万：　过去中国男人都有恋足癖啊！可看潘光旦译的《性心理学》。

张国明：　修饰脚，现在很流行的样子。

罗仕平：　有袜必有心，心外无袜。

温海明：　有心方有袜。

于闽梅： 这儿说的可是男人修饰自己的脚。《程氏易传》："君子修饰之道，正其所行，守节处义，其行不苟，义或不当，则舍车舆而宁徒行。众人之所羞，而君子以为贲也。""舍车而徒"之义，窃以为《程传》之理最明！

王昌乐： 美化行为，独善其身，洁身自好。

温海明： 《程氏易传》义理通透，只是车不坐，还是跟脚趾有关，要把爻辞落实一下。

郑　强： 女人修饰脚，男人修脚，都为了"舍车"。

温海明： 修饰是为了给人看，修是为了更好地走，没车也可以走得很好，君子的脚跟是接地气的，咱不要车走得更稳当。

王昌乐： 《论语·先进》："以吾从大夫之后，不可徒行也。"

孙福万： 那是另一回事了，那是礼。据说释迦牟尼佛的脚美得不得了！

郑　强： 释迦牟尼佛的脚是千福轮象。

孙福万： 所以男人的脚并不比女人的差。

温海明： 站得稳，行得正，就是脚跟接地气的（本）义。

孙福万： 希望大家从脚回到趾。

张国明： 这段话对"义"字有发挥，专门谈到了脚的"义"。

温海明： 脚趾是脚的根源，比脚跟更有贴近大地的原生态意味。

张国明： 脚"义"之说可能是重大创新。

王昌乐： 初九为文之始。

孙福万： 让我想起了海德格尔赞美过农夫的鞋。

罗仕平： 据说虚老晚年走路，人家乘车，但从未迟到。

温海明： 脚趾是身体的大义，身体的开端，自尊心的源头。这是应该从海德格尔的味道来理解。孙老师是研究西方哲学的海德格尔起家，有深意焉。

（整理者：张馨月　中国人民大学哲学院硕士生）

文饰胡须　男性气息
——贲卦六二明解

时　间：2016年03月16日22：00—22：56

【明解文本】

六二：贲其须。

《象》曰："贲其须"，与上兴也。

【讲课内容】

张国明： 昨天修饰脚，今天修饰胡须了。何以有须之象呢？王弼："六二得其位而无应，三亦无应，俱无应而比焉，近而相得者也。'须'之为物，上附者也。循其所履以附于上，故曰'贲其须'也。"在王弼看来，二爻是柔爻，不自立，而上比于三，这个比实质是依附的比，正如胡须依附于身体而存在。按理胡须在面，应该在上卦，但根据王弼的理解，这个胡须应该比较长，离鞋子不远了，循着鞋子往上来就是须了。

从象数角度看，九三互震与上九互艮合成颐卦，六二在颐下，自然也可看作是胡须了。颐者，口也。

再看象辞。王弼曰："六二得其位而无应，三亦无应，俱无应而比焉，近而相得者也。"其美须者，乃说明其与九三相比而同心，互为文饰而相得益彰。在王弼看来，二、三有点同是天涯沦落人的味道。心意相通，很快成了知音，并建立了稳固的联盟，一荣俱荣一损俱损。

【讨论内容】

【"须"】

张国明： 古人蓄须，长胡子的也不少。

丰　铭： 多长的胡子，长髯翁？长髯翁是个别现象，此处的胡须不一定很长。

郑　强： 还有种说法，"须"是贱妾。如归妹六三爻，也是以阴承阳，叫"归妹以须"。

孙福万： "嫛"。但这个地方不该是贱妾的意思。

郑　强： 因此卦六二变为兑，兑为妾，贱妾亦自不能贵，比于上阳，承随九三，故与上同兴。因初九是贲其趾，先儒便以为此须为胡须，可存此一说。但归妹卦的六三就是这个须字，解释为贱妾。且归妹六三也在兑卦，有妾之象，此卦六二变也为兑，故可作一说。

张国明：贱妾一说，可能为引申义。

郑　强：此妾柔不能自立，得刚而后立。下不能自兴，得上而后兴。

张国明：清代段玉裁《说文解字注》："须，颐下毛也。"

王昌乐：自三到上有颐相，不能用归妹解。

温海明：从《象》上讲，嘴下胡须，非常形象，也跟初九脚趾通。

张国明：《说文》："须面毛也。从页从彡。凡须之属皆从须。臣铉等曰：'此本须鬓之须。'页，首也。彡，毛饰也。借为所须之须。俗书从水，非是。"白话翻译为：须，长在脸上的毛。字形采用"页、彡"会义。所有与须相关的字，都采用"须"作偏旁。刘沅曰："上谓九三，火炎上故象兴。六二为贲主，盖刚为质，柔为文，文不附质，焉得为文？圣人左质右文之意也。"

郑　强：同意以胡须解。

【柔来文刚】

张国明：《周易》最朴实也是最深刻的思想就在于强调"刚柔并济"。

王昌乐：柔文刚，刚文柔。

张国明：庄子说，相濡以沫者也。二、三相濡以沫，互相成就，与三一同兴起。上显然指三爻。这个和《象传》"柔来而文刚"关联，主要是来文三爻，三爻幸福！

王昌乐：《庄子》："相濡以沫不如相忘于江湖。"

张国明：相忘于江湖，得道者也。几人能做到？相濡以沫，能做到已很不易。袁枢曰："柔不能自立，得刚而后立。下不能自兴，得上而后兴。"柔不能自立，绝无轻视之意。其实刚也不能自立。古人大概很看重胡须的文饰。

温海明：古人的胡须比脚趾重要，天天要修饰美化。

郑　强：女人脚趾重要，男人胡须重要。

王昌乐：胡须离不开人。

张国明：三绺长髯，飘洒于胸前。

王昌乐：与上兴也。

温海明：关公是形象代言人，飘飘长髯，飘洒胸前，丝毫不影响吃饭打仗。

孙福万：古人认为胡须的繁茂或者凋零，是与肾脏有关的。《灵枢》云："血气盛则髯美长，血少气多则髯短，气少血多则髯少。血气皆少，则无髯。"不知此爻与此有无关系？

郑　强：坎为血卦，二在坎下，有关系。阴血发为胡须，有此一说。

张国明：似乎中医认为头发少、头发白都是肾功能不足之体现。坎为水，水旺肾功能好，胡须美，所以贲之。这个角度切入得好。

孙福万：想起了"耍"字。据说"而"之本义即"须"，所以耍字有色情意味，四川人讲"耍朋友",大概源于此。"须"是男子汉的象征。留胡子的人最性感,会"耍朋友"!

温海明：前面讲须与肾有关,又是男性特征的表现。

王昌乐：很多大人物的胡子都很修美,如马克思、恩格斯、海明威等。

孙福万：关于发、须、毫和气血之关系,焦竑亦有论述。

王昌乐：古人养生之道通文化之妙。孙老师妙解文化之奥。

王力飞：上卦自脚开始,二爻为鼻子,胡子离鼻子不远。

温海明："须"讲成"妾"近女色,讲成"须"近男色。

张国明：有人认为《周易》这本书与"色"有关。

孙福万：每个男人都有个隐秘的愿望——留一片大胡子。

郑　强：阴阳就是男女,和"色"脱不了干系。

王昌乐：吾闻好德如好色者也。

温海明：感谢诸位老师像好色一样好德,讲得轻松精彩!

张国明：像好色一样好德,总结到位。

（整理者：黄仕坤 中国人民大学哲学院硕士生）

执手相依 相濡以沫
——贲卦九三明解

时　间：2016年03月17日22：00 — 23：07

【明解文本】

九三：贲如濡如,永贞吉。

《象》曰："永贞之吉",终莫之陵也。

【讲课内容】

张国明：今天晚上共同学习九三,先看爻辞。九三："贲如濡如,永贞吉。"王弼："处下体之极，居得其位，与二相比，俱履其正，和合相润，以成其文者也。既得其饰，又得其润，故曰'贲如濡如'也。"王弼这个说法很不错，甚至是很精彩。九三爻有几个吉祥因素：得正、得明、得比，还有一个得润。得正、得比，大家都懂。得明，是因为处于离卦上爻之外爻，火光炎上，故得明。得润，是因为处于坎卦之中爻之内爻，水流向下，故得润。不利因素也有：上无应，三多凶。《象传》有柔来文刚之辞，正是二爻与三爻。昨天已经说过，二爻与三爻有点同是天涯沦落人的味道，因而意气相投，情感相和，言行相依，琴瑟和鸣。一阴一阳之谓道，在这里得到了充分的体现。正是昨天提到的，相濡以沫，执手相依。彼此互相照亮，彼此互相文饰，彼此互相润泽，彼此互相成就。情感相和至此，永远这样持续下去，大吉之象。

【讨论内容】

王 璇： 这一爻似乎没有体现三多凶吧？其他条件太好了。

张国明： 三多凶，王力飞统计过，我也统计了，只是概率，三爻凶并不普遍。贞，我倾向王力飞的说法，翻译成持守、固守比较恰当。

郑 强： 没有直接说吉，而说永贞则吉，加了永贞为前提，还是需要戒慎。

【"贲如濡如"】

郑 强： 九三本离，离为文为饰，故贲如；互坎，坎为水为泽，故濡如。"贲如濡如"是文饰而有光泽之意。二、三、四爻皆正，三又刚，故利永贞。三与上九非正应，故上不能陵。此爻为刚正而能自饰之爻。

张国明： 孔颖达："'贲如濡如'。其美如此，长保贞吉，物莫之陵，故《象》云'永贞之吉，终莫之陵'也。" 卢氏曰："有离之文以自饰。故曰'贲如'也。有坎之水以自润，故曰'濡如'也。体刚履正，故'永贞吉'。与二同德，故'终莫之陵'也。"

王 璇： 持守正固则吉祥。

王力飞： 不能加正固。贞，在爻辞里都有贞的内容，如"屯其膏，小贞吉，大贞凶"，贞的是"屯其膏"这种行为。这爻贞的是"贲如濡如"的状态。

温海明： 这里可理解为坚贞不渝的爱情，可以感天动地、超越时空，彼此精神之间的融合所带来的融汇天地的吉祥和幸福，最终甚至可以战胜世间一切沧海桑田的变迁。恋人之间心意相通、相濡以沫的状态，好像彼此都是对方生命存在的前提一般。

于闽梅： 我曾说这一卦的卦象跟屯卦正好相对：屯卦是十年"剩女"勉强嫁，哭得眼睛流血。这一卦象是白马王子娶中女，声势浩大，但聘礼不够。

郑 强： 美丽的爱情故事。

张国明：　应了于老师讲的娶亲之事呀！

王力飞：　于老师说的是《焦易》。《易》这样解就有灵性和生活气息了。

温海明：　可惜孙老师不在，本来可以有好多层的性心理学意味可以解读。

罗仕平：　想起赵孟頫和他妻子管道升，相呴以湿，相濡以沫到终身呀。

于闽梅：　九三好到本卦极点，但六四开始说娶亲动静太大，差点被怀疑是寇，与屯卦一样。六五说聘礼太少，但还算圆满。上九则需以白来修饰，才能无祸。

孙福万：　九三处离之上、坎之中，水火既济，好！

温海明：　本爻之爱有如《圣经·旧约·雅歌》："求你将我放在心上如印记，戴在你臂上如戳记。因为爱情如死之坚强。"

张国明：　一出手就提到既济，补充很到位！

孙福万：　无色为上色，白贲最佳！

【"永贞吉"】

温海明：　"永贞吉"的爱情，是人间爱的天堂、爱的绝唱，所以世间永流传。世间没有任何东西可以凌驾于如死之坚贞的爱情之上。

张国明：　"你侬我侬，忒煞情多；情多处，热似火；把一块泥，捻一个你，塑一个我。将咱两个一齐打破，用水调和；再捻一个你，再塑一个我。我泥中有你，你泥中有我；我与你生同一个衾，死同一个椁。""人生贵极是王侯，浮名浮利不自由。争得似，一扁舟，弄月吟风归去休。"还有一词同样写道："南望吴兴路四千，几时闲去云水边？名与利，付之天，笑把渔竿上画船。"

　　　　　　两位旷世才人相成眷属，在之后的一生中相互学习、相互促进，同心同德、相敬如宾，既能各自独立、各有千秋，又能相得益彰、珠联璧合。管道升与赵孟頫确实是久经考验的天造地设的绝配。

　　　　　　看《象传》"永贞之"，永远持守这种相濡以沫的状态，当然吉。这种状态带给人的幸福，可令人生死相许。外物外事外人怎么能影响到他们呢。正所谓"终莫之陵"也。

温海明：　张老师对此爻之阴阳相和、相濡以沫的理解，表达出了感天动地之境界。好像《魂断蓝桥》那种动人心魄、坚贞不渝的爱情故事一般百转千回。

张国明：　外在的凌辱，外在的不顺，外在的嘲讽，外在的白眼，统统随风去吧。

温海明：　真爱无敌，跨越时空，超越一切。

（整理者：李芙馥　中国人民大学哲学院博士生）

舍比从应 情投意合

——贲卦六四明解

时　间：2016年03月18日22：00 — 23：21

【明解文本】

六四：贲如皤如，白马翰如，匪寇婚媾。

《象》曰：六四，当位疑也。"匪寇婚媾"，终无尤也。

【讲课内容】

于闽梅：九三好到本卦极点，各位君子淑女都出来唱"情歌"。不过易者变异也，六四就开始说娶亲动静太大，差点被怀疑是寇，与屯卦的判词很像。迎亲的马队被怀疑成匪徒，大喜转为大恐怖，再经确认松一口气，情绪如同过山车。这种误认其实暗藏风险。南朝时谢灵运好山水，他是大贵族，一出行就带好多随从，带着武器开山劈路，当地官员被吓得不行，常常误以为是匪徒，就常到皇帝那告他想造反。

张国明：有道理，这个和屯卦那个爻辞太像了。黄寿祺认为，六四，文饰得那样淡美，全身是那样素白，坐下白马又是那样纯洁无杂；前方并非强寇，而是聘求婚配的佳偶。而王弼的意思是，六四爻遇到了两个求婚者，一个是九三，一个是初九。与九三比，与初九应。这个和屯卦六二爻的情况很类似。屯六二与初九比，与九五应。王弼认为，寇指九三，为求婚道路上的拦路者。王弼言："有应在初而阂于三，为己寇难，二志相感，不获通亨，欲静则疑初之应，欲进则惧三之难，故或饰或素，内怀疑惧也。鲜洁其马，'翰如'以待，虽履正位，未敢果其志也。三为刚猛，未可轻犯，匪寇乃婚，终无尤也。"黄寿祺说："六四虽当位得正，然其处多惧之位，心仍疑惧，不敢速往应初，故特以匪寇婚媾勉之。且初九舍车弃华，而其白马尚素，两者志趣相合，故不须疑虑，往必有得。"

于闽梅：王弼的意思是三为刚猛，要确定不是寇才可以婚，才能无忧。于是想平定内心但已经开始怀疑"初之应"，静不下来。这样说就是放弃与前面的应了。孔注偏离了王弼原意。

张国强：黄寿祺先生则反对九三为寇说。

于闽梅：黄寿祺先生的意见也是在孔注基础之上说的。

张国强：认为是六四处于疑位，自己怀疑人家，后来解开心结，心寇随之而散，最终结良缘。

于闽梅： 孔颖达把王弼的意思说成是两个人，是两种状态，其实我觉得更像美女与野兽的故事，最后爱情让野兽回变成王子。

【讨论内容】

【"寇"】

郑　强：不能放弃初九之应。王弼的意思也是如果九三匪寇的话，就可以与初为婚媾。屯卦二爻跟此卦相同，此爻以柔乘刚，而与初正应，屯卦二爻也是以柔乘刚，而与五正应，两柔所乘，皆为寇难，所以寇者必为柔下之刚。如果按四多惧理解，就解不通屯之二爻了。对初九又当贲己，故"贲如"；对九三之寇，又当守素，故"皤如"。至于说，九三爻为什么最终由寇而非寇，王弼没有分析，孔注则持假设说，认为如果九三不是寇，则与初为婚。那么问题来了：九三到底是不是寇？如果是寇，后来为何成为非寇呢？一种假设是，六四居正应对措施得当，以素装应对表明自己决心，使得九三最终放弃了抢婚的念头。六四阴爻得正，自然非轻浮之人，又为艮卦初爻，有止之德。没有给九三任何暗示、任何机会，九三最终放弃。"匪寇婚媾"应该理解为，如果没有九三为寇难，就可以与初九为婚媾。

张国明：那依郑老师所说，柔下之刚为寇，又何以同意孔注假设柔下之刚不为寇呢？为寇已是事实，《象传》又何以言"疑也"？

郑　强：寇，指三，不为寇，是三不兴寇难。

温海明：六四互坎为寇，又疑，因与初九应而涣然冰释。

郑　强：或者也可理解为，如果不是九三这个寇，就可以婚媾了。

张国明：对，六四既在艮卦，有止德，又在坎卦，有意思。温老师似乎不同意柔下刚爻为寇之说，而认为寇由坎卦而来，对吗？

温海明：互坎比较直接，深爱本身就在危险之中，只是因为深爱而蒙蔽了双眼，不是吗？

张国明：坎为寇是正宗观点。屯卦也有坎卦，贲卦也有坎卦，都通。

【美女与野兽】

温海明：于老师提醒大家要过山车了，好惊险，好像强盗要来抢劫，几乎小命都要丢了，到头来还好，居然是来求婚的，皆大欢喜，是喜剧。

张国明：这下，温老师就否定了王注和孔注的九三为寇的说法了。九三爻下有六二，刚柔已经合为一体，不会成为人家婚姻道路上的羁绊。

温海明：欢喜冤家啊，这是莎士比亚戏剧的感觉。过山车不是碰壁。张老师的分析有道理，深爱继续。

张国明：但不排除四爻看到三爻二爻如此恩爱，因自己身处坎卦而对远方之应爻有所怀疑。

王昌乐： 白马来迎，疑者不疑，寇者不寇。

张国明： 最终疑心解除，四与初也是情投意合。一个舍车而徒志趣高洁，一个白马翰如贞洁自守，终成眷属。

温海明： 讲得非常精准到位，人生本来就是如此。

王昌乐： 如宝玉、黛玉。

张国明： 过山车，但结局圆满，皆大欢喜。我们虽在千年之后，也不禁为之喜也。

温海明： 古往今来讴歌不息的伟大的爱情故事，都是如此。

张国明： 另外，爱至深处，确实常起疑心，似乎女性更明显。

郑　静： 深爱本身就在危险之中，距离产生美。

温海明： 两段伟大永恒的爱情故事。刚才张老师说得到位。

于闽梅： 佩服诸位，最后都以爱情大合唱结束。

张国明： 两段伟大永恒的爱情故事。咱们适合做月老啊。

王昌乐： 初九也好，九三也罢，爱不必求同，但求为诚。

张国明： 今天是于老师上来直接定下了调子——过山车。

温海明： 我们之前演过宫廷剧，现在是爱情大喜剧！于老师调子定得太到位了。

于闽梅： 诸位骨子里都是浪漫主义者。

温海明： 大导演的感觉。这样的故事穿越时空，荡气回肠。

张国明： 这样的故事，不论多大年龄的人感受其中依然颇受震动。

温海明： 还得找些群友做演员。

张国明： 今天好啊，解决了爻辞中的疑难，突破了王弼、孔颖达之论有创新，又欣赏了两段伟大的爱情故事。盛宴啊！

温海明： 好有成就感，历史性的大突破。

（整理者：秦凯丽　中国人民大学哲学院硕士生）

礼轻情重 家国呈祥
——贲卦六五明解

时　间：2016年03月19日22：00 — 23：25

【明解文本】

六五：贲于丘园，束帛戋戋，吝，终吉。

《象》曰：六五之吉，有喜也。

【讲课内容】

张国明： 王弼："处得尊位，为饰之主，饰之盛者也。施饰于物，其道害也。施饰丘园，盛莫大焉，故贲于束帛。"

于闽梅： 其实我也没有答案。高亨认为"丘园，女家之所居也"，是说来求婚。虞翻的解释相反，认为上卦是艮山，六五是半山，丘园为"隐士之家"。

张国明： 高先生的观点是说装修自己家的宅院和房子？依卦象看，艮之五爻确有半山之象。

于闽梅： 《周易集解》引虞翻观点说是"隐士之象"。

张国明： 在王弼、孔颖达那里，与舆服宫馆之物相对，丘园自然质朴。贲于物为有害，而贲于丘园则有利。

【讨论内容】

王昌乐： 六五为君位，不以君论。

于闽梅： 何故？

王昌乐： 六五有处士之象。

于闽梅： 但这个观点是反王弼和孔颖达的。

王昌乐： 不反。尊德，两象可以合之。在野的贤者，求贤之君。

温海明： 在野的贤者，求贤之君，两象不合，礼贤下士的图画就出不来。

丰　铭： 六十四卦中的五爻好像没有说在野贤者的。

王昌乐： 君王赠送薄礼，对丘园之主加以文饰。

【求亲】

于闽梅： 这样说就通了，回到王、孔的路子上了。因为隐士不需要厚礼，送厚礼反而看低了隐士，表达敬意就"终吉"了。

王昌乐： 认同老师的观点。

于闽梅： 我也很认同。但另一个求亲的角度也说得通。给女方的聘礼不多，但代表了足够的诚意，所以"终吉"。

温海明： 前半句呢？

于闽梅： 前面说过装饰的丘园是女方家的田园。

王昌乐： 丘园之主，可以是隐士。

于闽梅： 所以《象》称"有喜"。

郑　强： 六五君位为君，然以阴处君位，是柔弱之君，阴柔之才，不足以自守神器，下又与二不应，故必求于上九之贤，故曰"贲于丘园"。丘园指上九隐居山林的贤士。

温海明： 所以今天是前面两段爱情故事的圆满结局。

于闽梅： 无论是国事还是家事，都以尚俭为"终吉"。

温海明： 去装扮女方家田园里的小别墅，虽女方觉得礼品不够厚重，不过最终还是有喜啦！

张国明： 我觉得可能没有完，还有戏。

于闽梅： 其实不矛盾，《楚辞》中常用香草美人喻君臣关系。

温海明： 都有喜啦，还要高潮迭起不成？

【江山美人】

张国明： 六五阴柔得中，高居尊位，虽无下应，然上承阳刚，无应也是好事，正好一心一意亲比上九。上九为高贤隐士，故以丘园作比。高贤隐士重视诚，故聘之以丝帛。同时高贤必然看轻财富，所以点到即可，无需太多。以江山相托，岂不是更有诚心吗？

温海明： 您这是爱江山又爱美人的节奏啊。

张国明： 君王礼聘高隐贤士的目的是什么？邀请他共相治国安民，以成至美之贲道。五爻为柔，类比女王可也！丘园代指隐士、上九。

温海明： 这确实是贲卦的要旨所在，不但爱情故事要有一个完美的结局，而且情怀不能局限在自己的小家里面，要把前面的爱情烈火熊熊燃烧到家国天下。

张国明： 其实，贲卦的主题有两个：柔来文刚和刚来文柔。刚来文柔，就是上九来助柔王嘛！五与上，同样一柔一刚，一阴一阳。

温海明： 这个妙，爱情故事超越了小家子气，成为爱江山更爱美人的史诗。

【 "喜" 从天降 】

张国明： 贲于丘园，胸襟十分开阔，比贲足、贲须、贲服、贲马眼界更为开阔。

王昌乐： 上九文之极。

张国明： 当然，也是这个爻的君位决定的。

王昌乐： 六五自身是不是可以刚健柔顺。

张国明： 喜从何来？喜从天上来。上九就是天。喜得上九之助，共同治国，共同安民，开创出人文化成的文明境界。

王昌乐： 人中有这样的。

温海明： 果然是江山美人、人中龙凤的境界。

张国明： 观乎人文，以化成天下。

温海明： 张老师把《象传》的境界画龙点睛了。

【 "天文"：装修天地 】

王昌乐： "喜"，贤臣喜得明君。

张国明： 现在常说鱼水之欢类比男女情感，其实明君贤相也可比作鱼水之欢。

温海明： 人文就是小家小爱，要文明以止，发乎情止乎礼。"天文"才是贲卦的要旨所在，上察天时，下化众生，是装修天地宇宙万物，而非装扮自己的小家小屋。

张国明： 明君离不开贤臣，贤臣也离不开明君。温老师此言真正是点睛。

王昌乐： 所以不能说六五文弱。

张国明： 化成天下某种意义上是五爻、上爻的职责。

郑　强： 六五以柔居君位，正以文弱之才不足以自守才求上九之贤。

王昌乐： 六五为柔顺，能下尊求贤。

温海明： 连天地都要装修，怎么能是文弱书生，当然是如张老师所说，是得时得位的人中龙凤。读贲卦，知道斯文载道，需要师友们继续装修。张老师这种文化的装修，才是超越时空的大装修，相比起来，政治家们的改天换地，不过是一时一地的小装修。

于闽梅： 我喜欢女君主得贤臣的说法。

张国明： 我赞同于老师。

郑　强： 如果这一爻用在武则天身上，完全可当此爻之意。

张国明： 其实女王贤相，可能是一种很理想的状态。

于闽梅： 妙解，甚合吾意。

温海明： 今晚既是一场荡气回肠的解读，又有超越古注的境界出来。

【 "吝终吉" 】

于闽梅： "吝，终吉"：礼太轻，有点对不起，但结果圆满。

郑　强：山林本贫乏之地，聘请山林之士，礼虽不隆，可获终吉。

于闽梅：束帛，《子夏易传》："五匹为束，三玄二纁，象阴阳。"

王昌乐："治人事天莫若啬"，吝惜可以吗？

郑　强：好像不是此意吧。啬，古同"穑"，收割庄稼。

王昌乐：啬为爱惜、吝惜。王爱惜贤，知重金不可，心去之。

张国明：我觉得可以从几个角度看"吝，终吉"：

一是把丘园比作隐士高贤，则高贤并不看重财富多少，是以虽吝终吉。

二是把丘园比作自然景观，如君王后花园之类，则应依山之形势、园之起伏尽其自然之美，贲之以束帛，是人文之象。人文之贲不可无，但不可过。故而吝道反而终吉。

三是丘园也可比作国家，贲于丘园也可比作治理国家，治理国家则尚节可不尚奢华。故而吝可获吉。

于闽梅：三点很好！

温海明：礼轻情重，刚柔相济，爱情圆满，国事呈祥。

（整理者：孙世柳　中国人民大学哲学院硕士生）

会当绝顶　化成天下
——贲卦上九明解

时　间：2016年03月20日22：00—23：36

【明解文本】

上九：白贲，无咎。

《象》："白贲无咎"，上得志也。

【讲课内容】

于闽梅：对比《论语》中孔子与学生对话，先引诗经"巧笑倩兮，美目盼兮，素以为眩分"，然后孔子提出"绘事后素"。白贲，就是素。

张国明： 犹人有美质，然后可加文饰。上九刚居柔位，又得六五以柔承之，而处贲之极，贲道尽去其华丽而归于朴素，文饰以白为主，有崇尚自然纯美之象，故其无所咎害。《论语》："绘事后素（绘画之事后素功）。"郑玄注："素，白采也，后布之，为其易渍污，是功成于素之事也。"马振彪曰："此有质而后有文，所谓无本不立者也。"无本不立，本立而道生。艮者仙风道骨风范也，高人隐士之类。白衣飘飘，更显其圣洁之质。此爻，不利要素为位不正，下无应；有利要素为下有比。

【讨论内容】
【绘事后素】

温海明： "绘事后素"有不同理解，有说"绘事后素"的"素"是"后素功"，素描功第一位，设色功第二位。

张国明： 根据前面的分析，贲卦主旨在于刚柔之间互相文饰。互相成就是此卦主旨。

温海明： 成就是文饰的色彩，由质变美？还是洗尽铅华，返璞归真？

裴健智： 好像一种是儒家的思路，一种是道家的思路。

温海明： 白贲，一说在白色上文饰。

张国明： 上九以刚爻之体居于高贤之位，来文饰五君爻，以此成就二者之美。

温海明： 是啊，哪种更加合理？

张国明： 白贲，以白色为文饰。洗尽铅华，返璞归真更加合理。

裴健智： 感觉还是第一种比较合适一点，从第一爻到第六爻，可以看成一个不断文饰的过程。

张国明： 在白色上再加文饰，不符合艮之象。艮为止，艮为终始，有返本归真之意。

裴健智： 象上亦可说通。马恒君认为，从泰卦来，大地由朴素变得华丽。

张国明： 同时上爻为阳爻，阳刚之爻通常不喜欢华丽之饰。再有艮卦为山、为隐，有仙象。白色正配之。

温海明： 按卦变来说，上九刚爻实现了它来文饰装扮柔爻的志向。

于闽梅： 是的。

温海明： 按照艮山解，确实是张老师说的味道。

张国明： 五爻以少量束帛贲于丘园，上爻白贲，配合得非常好。

【"化成天下"】

温海明： 按照《象传》中"关乎人文，以化成天下"的讲法，也可以说是给大地做装扮，是以文饰质，从而在昨天那种装扮天地的境界上更进一步，昨天是家国，今天是天下。

张国明： 五爻、上爻携手治国，共同理政，共同化成天下。正所谓，登高方能望远。

温海明： 从昨天的家国拉高到天下，实现了装修天下的伟大志向。

张国明： 化成天下，需要的就是高度，高瞻远瞩。

温海明： 这样讲，上六就成为艮山之巅了（top of the world）。

张国明： 提到高瞻远瞩，非艮卦之上爻不能担此重任。艮为止为定力，不被浮云遮望眼。

温海明： 这样理解，白是天地的虚白，正好大做装修，搞顶层设计，有经纶天下之志。艮为定力，看透世间浮云，妙哉。

张国明： 正应如此理解！

【"上得志"】

温海明： 这样跟象辞"上得志"通了。不论是上来得志，还是在上得意，都可以，搞顶层设计是何等绝妙的自我实现的体验！

张国明： 五爻有喜，上爻得志；阴阳和合，携手化民。

温海明： 而且怎么搞都"无咎"，天地尽情挥洒，潇洒走一回。

张国明： 不用说真有顶层设计的机会，就是体会一下登上高山，一览天下的感觉也足够我们幸福几天了。

温海明： 虽然可以说有机会搞顶层设计，潇洒走一回的成功境界的背后有洗尽铅华、返璞归真的味道，但如果单纯强调后者就离象辞的上得志有距离。

张国明： 两者结合，方合象辞之妙。

温海明： 这贲卦解完，真有"会当凌绝顶，一览众山小"之妙境，每天都高潮迭起。

张国明： 我们也可以随着温老师的词句，体会一下夫子登泰山的感觉了。贲足、贲须、贲服、贲马、贲丘园、贲天下。

【儒道合一】

温海明： 一个表面看起来只是文饰的卦，搞装修的卦，到顶之后，其实是经纶天地，与天地精神相往来的极致境界。

张国明： 正是如此。

温海明： 与天地精神相往来，也是一种白茫茫、与天地同体的弘逸境界。

张国明： 同样一个贲卦，不同的爻位自有不同的高度，不同的高度决定了不同的视野，不同的视野影响了装饰的不同范围和不同境界。

温海明： 用儒家的进路解，是一路搞装修上来，境界越来越高，最后到了山顶，实现了极致的状态，才有点道家的气象出来。

张国明： 穷则独善其身，舍车而徒；达则兼济天下，化成天下。

温海明： 路上还闹出了两场令人魂牵梦绕的爱情史诗出来，这也是儒家入世的表现。

张国明： 儒家走到山顶，几近道家气象。这个观点高度认同。

温海明： 在山顶上搞顶层设计，达到儒道合一的境界，不但脚痛会忘，什么痛苦都可以放下，也是那种心通天地的自我实现境界，有点悟道的意味出来。这个层次有道理，合乎儒家从正心诚意到治国平天下的修身过程！本周多明解、妙解！

（整理者：贡哲 浙江大学哲学系本科生）

（本卦校对：廖浩 中国人民大学哲学院硕士生）

时　　间：2016年03月21日22：00 — 23：21
导读老师：曾凡朝（齐鲁师范学院教授）
　　　　　赵建功（华中科技大学哲学系副教授）
课程秘书：张馨月（中国人民大学哲学院硕士生）

妄动得咎　固守待时
——剥卦卦辞明解

23 剥卦

坤下艮上

【明解文本】

剥：不利有攸往。

《彖》曰：剥，剥也，柔变刚也。"不利有攸往"，小人长也。顺而止之，观象也。君子尚消息盈虚，天行也。

《象》曰：山附于地，剥；上以厚下安宅。

【讲课内容】

曾凡朝：从上下卦说，下卦是坤，上卦是艮，下坤上艮，坤为地，艮为山。山高地卑，山本应高起于地，而今反附着于地，剥之象也。从剥卦看，内坤外艮，有顺时而止之象。故占得之者，不可以有所往也。艮以止为德，处阴盛已极之世之时，止而不行，可以免于害。即使免不了害，犹不自失。总之一句话，处剥之时君子自有不剥之道！

【讨论内容】
【"顺而止之"】

吕　欣：上艮下坤，山地剥。

丰　铭：顺时而止。

王昌乐：那是可以解为柔剥刚吗？坤顺势而上，艮止而往。

曾凡朝：　可以，这里主要是阴柔之凶，卦象不吉利。

姚利民：　老师，占得此卦，告诫当事人务必谨慎行事？

曾凡朝：　戒阳之往。有所行，皆谓之"往"。

温海明：　山附在地上好像还蛮稳的，怎么剥落？

王昌乐：　一地震山就不行了，火山就喷发了。阴势累积，内朽外摧，摧枯拉朽。

王力飞：　果实在前，纷纷去抢，就剥落了。剥，上九被群阴打秋风了。

王昌乐：　顺势而为，无为而治。

曾凡朝：　在这样的处境下，如果"有攸往"，不但凶危，实际是义所不许，道所不容。

温海明：　所以要静观其变，静守待时。顺应时势，该止则止，心随天行。

郑　强：　山附于地，君附于民也。君以民为本，故厚其下民则君安于上。艮有门象，为宅，地基薄则墙颓，下薄则上危，君子厚其下所以自安其居也。

丰　铭：　山附于地很像滑坡，要附成覆该如何是好？

温海明：　滑坡的说法很有道理，山顶的东西眼看要掉下来，这时要修整地基，加固民宅。主要就是先要顺应时势，自己心念止，之后找机会止住败坏的时势。昨天刚说可以挥斥方道，今天就要顺而止之，可见形势变化之迅速。

王昌乐：　我们的心态是积极引领变革，还是等变革了再变？

温海明：　当然是积极引领变革。

王昌乐：　可是积极引领的少，静观其变的多，守势的也多。

温海明：　等着变通的多，能够通变的少。易经每一卦都教我们积极引领变革，能引就引，不能引就退，剥卦时势不好，引不动，就停止，静观其变。

王昌乐：　变了的又如何守？

温海明：　顺应时势。能量再大的人，也不能违抗天地的时势。

王昌乐：　关键是引的人少，等的人多。

温海明：　敢于引领变化，能够引领变化的，从来都少。

裴健智：　顺着这个形势算不算是顺天道而行？

温海明：　剥的形势，小人得志，君子节节败退，君子不能顺行，不能逃遁，还是要尽量止住败坏的局势。

（整理者：王璇　中国人民大学哲学院硕士生）

剥床之足 灭下之道
——剥卦初六明解

时　间：2016年03月22日22：00 — 22：46

【明解文本】

初六：剥床以足，蔑贞凶。

《象》曰："剥床以足"，以灭下也。

【讲课内容】

曾凡朝：昨晚温老师谈到"天行"，物极必反，循环往复，虽然处在剥时，但自有可以不剥之道，正如《彖传》所言"君子尚消息盈虚，天行也"。初六："剥床以足，蔑贞凶。"昨天我们一起学习了剥卦，什么是剥卦？实际上，失了剥卦，也是有异议的。比如，剥卦究竟应读bō卦，还是pū卦？这里只是提出来引起大家进一步的思考。什么是床？王弼说："床者，人之所以安也。"孔颖达加了一个字"处"，"床者人之所以安处也"。王夫之说："床，所安处者。"东汉的虞翻说："此卦坤变乾也。动初成巽，巽木为床。"坤变乾，阴爻先灭掉乾的最下一位阳爻。

　　初九　██变成██　初六。初爻一变，下卦变成了巽卦（██ >巽）。所以，虞翻说"动初成巽，巽木为床"，"以"是自的意思。所以，朱熹的《周易本义》说"剥自下起"。

　　蔑，一说灭，一说无。朱熹说："蔑，灭也"。《周易集解》也说："卢氏曰：蔑，灭也。"《周易集解》有"蔑，无。贞，正也"。阴为邪，阳为正。王弼说："剥床之足，灭下之道也。下道始灭，刚陨柔长。"床在人下，足又在床下。今剥床之足，是尽灭于下也。阴剥阳，柔变刚，邪侵正，小人消君子，所以"凶"。

【讨论内容】

【"剥床以足"】

　　姚利民：　初六，原解释为"床脚"，大的方面还可以引申为国家的基础，可否这样理解？

　　裴健智：　初爻为足。

韩广岳：　可以理解为任何事物的基础、根本或者开始。

曾凡朝：　宋代的程颐说，以床为象者，取身之所处也。床是一个象，足也是一个象。
　　　　　"以"，也有解释为"之"的，"剥床以足"即剥床之足。马恒君说，考之
　　　　　卦画，巽像一张床（下有床腿，上有床板）。

巽 ☰

　　　　　　　有的说，"床"仅为一道具，即泛指卧具。

韩广岳：　"以"是自、从，应该更是泛指，指事物的整体。

曾凡朝：　"剥床以足"，剥床之足，是金景芳先生解释的。

王昌乐：　为什么用床比？

裴健智：　有没有从内部开始剥落的意思？

韩广岳：　用什么不重要。

曾凡朝：　甚至可以问，西周时代的床和我们后世的床一样吗？王夫之说："自外割削
　　　　　残毁，以及于内，曰'剥'。"用床有用床之意，王夫之说："床，所安处
　　　　　者。以，犹及也。"

韩广岳：　用床是因为解剥卦更形象，没有特别的意思，也不必过于解读。

王昌乐：　床喻君子，小人坏之。床可躺可用，有棱有角。方方正正，有实有虚。

曾凡朝：　床在人之下，床足又在床之下。金景芳先生说床是人借以休息之物，常处人
　　　　　之下。床足是床借以支撑之物，又在床之下。

温海明：　阴爻上升灭阳，邪灭正，基础开始出问题。

曾凡朝：　剥卦的卦辞是"不利有攸往"，当此不利有攸往之时，应该顺时而止。"贞
　　　　　凶"，戒占者固执而不知变，所以凶。

（整理者：张馨月　中国人民大学哲学院硕士生）

剥床以辨 道消而凶

——剥卦六二明解

时　间：2016年03月23日22：00 — 23：12

【明解文本】

六二：剥床以辨，蔑贞凶。

《象》曰："剥床以辨"，未有与也。

【讲课内容】

曾凡朝： 初六：剥床以足，蔑贞凶。六二：剥床以辨，蔑贞凶。六二爻的爻辞和初六的只差一个字——辨。辨，有的说是床干，有的说是床端。尚秉和先生的《周易尚氏学》认为："辨、端音近通用"，"端，首也，剥床以端，是剥及床头也"。剥床以辨，剥到床头了。王弼说："辨者，足之上也。"孔颖达认为："辨，谓床身之下，床足之上，足与床身分辨之处也。"我们掌握从下往上剥，就可以了。所以，"辨"是床体中的一个部件，初六已经灭了床之足，现在又向上发展一步。剥是十二消息卦之一。

　　这六卦：姤卦（☰）、遁卦（☰）、否卦（☰）、观卦（☰）、剥卦（☰）、坤卦（☰）。注意一下《小象传》："剥床以辨，未有与也。"与，应。孔颖达是这样说的："《象》云'未有与'也。言无人与助之也。"所以王夫之说："自恃其居中得位，为群阴之主，而与阳若不相与，然则剥之而无忌。夜郎王岂知汉之大哉！"六二的位置中正，可是有得骄傲啊。王夫之认为，"辨"是床干。他说："'辨'，床干也。较足而近矣，其不知有正犹初也，故凶亦如之。"郑玄曰："足上称辨，谓近膝之下。诎则相近，信则相远，故谓之辨。辨，分也。"

【讨论内容】

【"未有与"】

　　姚利民： 与六五不相应，没有靠山。

　　温海明： 六二大难当头，孤立无援。

　　王力飞： 只有自己的位置中正，失比，失应。

瞿华英： 高亨释："未有与为无人助之。"内卦，自招凶祸。

孙福万： 据说南方现在还有"不相与"之说。两人不相与，就是不对脾气的意思。"与"，赞同，支持。

丰　铭： 六二的位置真的很尴尬，上下不通，左右无缘。

瞿华英： 蔑弃正道。

温海明： 是主动地带领坏人干坏事，目中无人，无所不为。

郑　强： "六二阴爻，本居中得正不应凶，因无与而凶，如有阳爻应之或有阳爻比之，则有与，今六二既无阳爻相应，又无阳爻相比，故无与凶。"

【"辨"】

曾凡朝： 《周易易读》："'辨'，通遍，周遍、周边之意，在这里指床周围的栏板。"

孙福万： 辨，千古之秘！

曾凡朝： 是的，千古之谜，还有一说，"辨"，本作"采"。《说文》："采，辨别也，象兽指爪分别也。读若辨。""辨"亦别也，故云"指间称辨"。

瞿华英： 《周易集解》引郑玄曰："辨，分也。"

丰　铭： 就是标牌、床沿。反正，"辨"就是可以看见的地方。

孙福万： 辨、板，一音之转。

丰　铭： 有人提出四爻的肤，就是您说的铺席子或垫子。

郑　强： 还一种说法，认为初爻与二爻爻辞断句应当把"蔑"字单独断，如"六二，剥床以辨，蔑，贞凶"理解为，当剥床以至辨灭，再固守而不知变，则凶。

丰　铭： 当时的床是什么样的很关键，这个应该不难考证。

曾凡朝： 卦辞是一种象，是表义的，把握这个卦的关键，五阴在下而生，一阳在上而将尽。

瞿华英： 五阴剥一阳。

张吉华： 《说文》："辨：息也，方沔切。""判：分也，普半切。"

曾凡朝： 所以，《象传》曰："剥，剥也。"

瞿华英： 不知道是床还是"安身之坐也"，但不影响卦义大概方向。

王力飞： 反正就那么一个东西，一层层腐蚀剥落了，得知道防微杜渐。

曾凡朝： 得此占者，如果固执而不知变，则其"凶"必也。

瞿华英： 六二贞卜的结果，凶。

张吉华： 辨，判也。这个与卦辞"不利有攸往"之义连起来了。

曾凡朝： 反过来说，学易一定要学会依道因时变通。

王力飞： 贞正而防凶，就绕远了。

瞿华英： 循象而释。贞，贞卜。

曾凡朝： 这也是我第一天和大家分享的，处于剥之时，还是有不剥之道。

王力飞：　辩证对待。

瞿华英：　把握好剥与不剥之间的度。

温海明：　您的解法是把床席看作床的一部分，如果分开，就是床板到床腿的部分。可能这样更好？处于剥之时，还是有不被剥之道。

瞿华英：　张善文释为床板。剥为凶，止剥可止凶。

王力飞：　辨，可理解为颜色、花纹、图案等表面的东西，变为阳爻，通贲卦的九二，贲其须。

姚利民：　辨有那么多"易"，正说明易经的深奥。

张孝慧：　头尾相对，首足相应，足上膝下，从下到上，层层递剥。

王力飞：　辨，辨别，表面的花纹、雕刻、装饰等，均可看作标识。

温海明：　花纹、雕刻都剥掉，倒是接近分的本意。

张吉华：　很明显，剥卦的叙事，是从上往下的。

王力飞：　抽丝剥茧看剥卦。补充一条，蔑和目有关，和轻视、忽视、视而不见、看不清有关，剥蚀已经开始，忽视不改是有凶险的。

罗仕平：　《易经证释》说辨为"边际，喻坤道成女，其德在贞，六二外无所与，自失其守，故凶"。还说此为"文王被囚，以近取譬，慨世道之艰，慎明哲之道"。

曾凡朝：　大家对"辨"进行了充分的讨论，搞不清的，阙疑。我们可以先回顾一下。虞翻曰："指间称辨。"郑玄曰："足上称辨。"崔憬曰："今以床言之，则辨当在第足之间，床桄也。"王弼曰："辨者，足之上也。"朱骏声曰："辨在第足之间，亦谓之荐，大抵床身之下床足之上，分辨处近是。"一会儿就把各位给搞晕了。还有一个，高亨曰："《释文》：'辨，薛虞云：膝下也。'王引之曰：'辨当读为骗……古声辨与骗通，犹周遍之遍通作辨也。古字多假借，后人失其读耳。'……剥床以髌，亦病痛之象。"

孙福万：　朱骏声曰："辨在第足之间。""第足"是什么意思？

曾凡朝：　"第"也是床的组成部分。

【古代的床的考辨】

曾凡朝：　床，安身之所，可是，查已考认出的甲骨文字，无"牀"字。查《尔雅·释器》，也无"牀"字，但有"箦"与"第"字。长沙马王堆西汉墓出土的帛书《五十二病方》及帛书《周易·巽》九二与上九爻辞中，有"牀"字。东汉许慎的《说文解字》，无"床"字，有"牀"字。宋徐铉本曰："牀，安身之坐者。"

孙福万：　辨即板，是有文献依据的。

王力飞：　是否《周易》文字的本意必是甲骨文的字意？还有个前提，甲骨文是否没有歧义？

瞿华英： 楚竹书，剥臧以辨。

孙福万： 六二剥床板，六三剥床席，六四就剥肤。

姚利民： 记得曾老师昨天说过古代的床和现在的不太一样。

温海明： 《易》的作者离甲骨文时代也很远了。

丰　铭： 当时的床是什么样的很关键。

曾凡朝： 是啊，西周时究竟有没有我们后世所理解的这样结构形式的床呢？这是一个问题。

孙福万： 不一定是睡床，可能是现在的椅子。

瞿华英： 历史还原很难，但很重要。

张吉华： 床是一个人入坐的概念。《说文》："牀：安身之坐者，仕庄切。"人入坐是身体往下也。

韩广岳： 可汗坐胡床。

姚利民： 令我印象最深的是，处于剥之时，自有不剥之道。

王立飞： 坐床好，和上九的"与"呼应。

孙福万： 已经剥了床足，接着就该床板啦，在板与足中间，非要找个东西出来，难！非找也可以，但和床足不相称。

丰　铭： 床撑子，椅撑子。

张吉华： 上言"床，安身之所"，但又引长沙马王堆西汉墓出土的帛书《五十二病方》及帛书《周易·巽》九二与上九爻辞中有"牀"字。东汉许慎的《说文解字》，无"床"字，有"牀"字。宋徐铉本曰："牀，安身之坐者。"这"所"与"坐"应有区别吧？

温海明： 从象上看，还是更接近床腿上半部分。

王力飞： 大腿？

温海明： 崔璟说基本可以理解为床大腿。

瞿华英： 足之上。

（整理者：黄仕坤 中国人民大学哲学院硕士生）

小人心良 处浊独清
——剥卦六三明解

时　间：2016年03月24日22：00 — 22：47

【明解文本】

六三：剥之，无咎。

《象》曰："剥之，无咎"，失上下也。

【讲课内容】

曾凡朝： 六三："剥之，无咎。"帛书作："剥，无咎。"《释文》："'剥，无咎'，一本作'剥之无咎'，非。"众阴剥阳，六三自己单独应之，去其党而从正，无咎之道也。程颐说的挺有意思："三之为可谓善矣，不言吉何也？曰：方群阴剥阳，众小人害君子，三虽从正，其势孤弱，所应在无位之地，于斯时也，难乎免矣，安得吉也？其义为无咎耳。言其'无咎'，所以劝也。"这一爻给我们的启示如下。第一，虽然有时候和不好的人在一起，但自己还是要从正，尽力为好。第二，一个人毕竟势单力薄，只能无咎。要想更好，吉利，还要结交更多的好人，抱团取暖，一起干好事。第三，找到自己的位也很重要，程颐说："六三所应在无位之地，于斯时也，难乎免矣，安得吉也？其义为无咎耳。言其'无咎'，所以劝也。"第四，如果联系下一卦，就有意思啦。"剥之三，即复之四。复六四不许以吉，剥六三许以'无咎'，何也？复，君子之事，明道不计功，不以吉许之可也。剥，小人之事，小人中独知有君子，不以'无咎'许之，无以开其补过之门也。"

【讨论内容】

【"剥之"】

王力飞：　六三应该和上九相应有关，因不正，失比，故继续剥之。

丰　铭：　六三有点盼头。

孙福万：　三虽受剥，但和上九相应，故无咎。六三到底剥的什么？

曾凡朝：　六三，还是阴剥阳吧，帛书和释文是这样说。

丰　铭：　那么说"之"是衍文，或者后人加上的？

曾凡朝：　李镜池说："之，代词，指车。这是从贵族的立场说，认为农民应该照常造车，没问题。"王弼说："与上为应，群阴剥阳。"

王力飞：　高、李有时很天马行空。

温海明：　"剥之"是造车？想象力丰富，根据呢？

曾凡朝：　李镜池先生想象力丰富。信马由缰，不顾传统，可备一说，但很难继续。程
颐说："众阴剥阳之时，而三独居刚应刚，与上下之阴异矣。志从于正，在
剥之时为无咎者也。"

孙福万：　张次仲曰："剥是五阴剥阳，而爻辞则以阳受剥为义。易法如此。"君子居
六三之世，当从上九之阳，犹坤以丧朋而有庆也，故无咎？

温海明：　六三算小人中有良心的好小人。坏事也跟着干，但又不愿随众把坏事做绝。

姚利民：　六三有上九应，已经暗含弃暗投明之意，故无咎。

温海明：　即使同流合污也别把坏事做绝，才是不被剥之道。

丰　铭：　《易经证释》说："此于君子得外援足以自保，不至同流合污，不可究诘。
故曰失上下也。"

曾凡朝：　是啊，要给自己留条路。

姚利民：　六三虽处于污染之池，但已经种下善根。

（整理者：李芙馥　中国人民大学哲学院博士生）

休戚相关　岌岌可危

——剥卦六四明解

时　间：2015年03月25日22：00 — 22：30

【明解文本】

六四：剥床以肤，凶。

《象》曰："剥床以肤"，切近灾也。

【讲课内容】

赵建功：六四："剥床以肤，凶。""肤"怎么解是关键。肤，是荐席、床面、床板，还是什么？虞翻曰："辨上称肤，艮为肤。"六四居上艮之下，故为肤。王弼："初二剥床，民所以安，未剥其身也。至四剥道浸长，床既剥尽，以及人身，小人遂盛，物将失身，岂唯削正，靡所不凶。"孔颖达《周易正义》曰："四道浸长，剥床已尽，乃至人之肤体，物皆失身，所以凶也。"《释文》云："京本作簠。"虞翻注："艮为肤。"《释名·释形体》云："肤，布也，布在表也。"《说卦》云："坤为布。"《左传·庄公廿二年》云："奉之以玉帛。"杜预注："坤为布帛。"六四处外卦，如肤布于表。《说文》云："簠，黍稷圜器也。从竹从皿，甫声。"艮为竹，坤为皿。

曾凡朝：王肃说："在下而安人者，床也；在上而处床者，人也。坤以象床，艮以象人。人、床剥尽，以及人身，为败滋深，害莫甚焉。"以阴消阳，至四则上体之乾毁，故"剥床以肤"。乾毁则"臣弑君、子弑父，故凶矣"。

【讨论内容】
【"肤"】

王力飞：是否为表面大面积剥落？

赵建功：可能是。

郑　强：一说艮为身。

曾凡朝：艮以象人。

赵建功：可备一说。

张光明："肤"是人肤还是床肤呢？

赵建功：人肤还是床肤皆可，以床肤更好。床肤即席子。

郑　强：身躺床上，挨着床为肤。

曾凡朝：崔憬曰："床之肤犹荐席，若兽之有皮毛也。"

赵建功：尚秉和先生认为王肃之说不可从，尚先生之说可从。

温海明：如果初六床脚，六二床大腿，六三床身、床席，六四就到皮肤了。

赵建功：王弼、孔颖达亦皆主肤指人身。

曾凡朝：还有一说，《释文》："肤，京作簠。"

金宇亮：虞翻："为肤。以阴变阳，至四乾毁，故'剥床以肤'。臣弑君，子弑父。"

王军军：这个床不是我们现在意义的床吧。

王力飞：席子成床肤了，人体的表皮为肤。

赵建功：感觉"肤"还是解为床肤（席子）更好。

金宇亮：虞翻也是您这么解的。

王力飞：　床的表皮，床肤和床是一体的。

赵建功：　所以也有人解为床板。

金宇亮：　意思把床拟人化，像剥皮一样，然后五是君位，这么一剥就威胁到君了。所以是子弑父，臣弑君。

赵建功：　有道理。

姚利民：　六四胆大包天。

赵建功：　最大之小人！当然胆大包天啦。

郑　强：　剥床以肤，剥床尽则及于身，故《象传》云"切近灾"。

张光明：　六四已到上卦了，为何以下卦的坤为布来释肤呢？

王力飞：　三、四、五爻为坤。互卦。

郑　强：　如果下卦坤为床，此爻在上为艮卦，艮为身，故以身肤解之为安。

赵建功：　六四紧挨下卦。

郑　强：　卦有二体，上下也，下为床则上宜为身，故窃以为身肤为得其卦义。

丰　铭：　床席。

温海明：　前面说了，艮为肤。

赵建功：　结合《象传》，如解肤为身肤，那"剥床以肤"已经是灾了，怎么说"切近灾"呢？

温海明：　艮的象有皮有肉。

罗仕平：　君有疾在肤里，不治将恐深。

赵建功：　皮厚啊！尚秉和先生之说可从。

温海明：　好问题，皮肤已经是灾了，眼看灾越来越大了，逃都逃不掉。

金宇亮：　如果说那时睡到地上的话，我理解下卦的是床，那五睡在四的上面，需要一个阳爻来当"床垫"，然后这个床垫被剥掉了（变成了阴），所以就是床单被撤了，直接睡在地上，然后君主就会凶（着凉）？

赵建功：　所以肤还是解为床肤（席子）好些。

金宇亮：　另外如果"肤"解释成皮肤，剥通"驳"或者"扑"的话能不能解释？

罗仕平：　上面解为布干啥用的，身子包在布里，皮肤有保护，睡起来舒服些？

郑　强：　《易》中凡言肤皆指身之肤，如蛊、姤卦皆为身肤，肤为皮表，尚在腠理，未及深，故云切近灾，这样解可以吗？

赵建功：　当然可以。

王力飞：　剥是抱大腿，不是啃。抱，有时也脱层皮。

赵建功：　《易》"唯变所适"，原无定解，只是随机显义，看哪个更契理契机。

郑　强：　我理解三剥之，就应该已剥完床了。

曾凡朝：　啃一口就走，抱住不松手。

郑　强：　《易经》凡按八卦顺序相邻的卦都互称为肤，如此卦是艮坤相邻，睽卦是兑离相邻，蛊卦是离震相邻。

罗仕平： 三有臀无肤呀。相邻为肤？

张光明： 不过五不是上下相邻，三、四才是。

罗仕平： 相邻为肤仅限先天？

张光明： 我感兴趣的是相邻为肤的这个结论是从何得出的，或者出处在哪？

郑　强： 相邻是卦相邻，不是爻相邻。顺序：乾兑离震巽坎艮坤。我理解是先天。

罗仕平： 是出现"肤"的多有此关系？

郑　强： 姤的"肤"，九三变为坎，原为巽，坎巽相邻。

张光明： 都有这个规律才说明你的说法是对的，天泽履没查到"肤"。

郑　强： 不是吧，再变也不过三变。

张光明： 天泽相邻。

罗仕平： 虞翻虽然创了几十个卦例，但他每一个都还安了个勉强能说得过去的名号，比如成既济定、交旁通等。要是所有肤都有这规律，郑兄是不是也可以发明个卦例，以后遇此都变之有据。

郑　强： 不能这样理解问题吧，写易的没取肤象。

张光明： 这也是一个方法，用统计法来研易。

郑　强： 卦者象也，读《易经》不取象恐怕不行吧。

罗仕平： 规律太多失其简易，也近乎无规律了？

郑　强： 太多就过滥，不多不少正好。

罗仕平： 虞翻的每个卦例都可以解几个卦，甚至有的很精彩，但他的那些卦例串不起来，王弼嫌其支离，干脆一扫帚全扫了。

（整理者：孙世柳　中国人民大学哲学院硕士生）

成群结队 留阳示好
——剥卦六五明解

时 间：2016年03月26日22：00—22：30

【明解文本】

六五：贯鱼，以宫人宠，无不利。

《象》曰："以宫人宠"，终无尤也。

【讲课内容】

赵建功： 六五："贯鱼，以宫人宠，无不利。"好像否极泰来、时来运转了啊！看来只要善于应对，即使坏事也是能变好事的。李鼎祚《周易集解》引虞翻曰："剥消观五。巽为鱼，为绳；艮手持绳贯巽，故'贯鱼'也。艮为宫室，人谓乾；五以阴代阳，五贯乾，为宠人，阴得丽之，故'以宫人宠'。动得正成观，故'无不利'也。"丽，附丽、附着、依附，指六五顺承上九。尚秉和先生则以为坤为鱼，剥卦重坤，故曰贯鱼；艮为宫为宠。李鼎祚《周易集解》引何妥曰："夫剥之为卦，下比五阴，骈头相次，似贯鱼也。鱼为阴物，以喻众阴也。夫宫人者，后夫人嫔妾，各有次序，不相渎乱，此则贵贱有章，宠御有序。六五既为众阴之主，能有贯鱼之次第，故得'无不利'矣。"

【讨论内容】

【"贯鱼"】

丰 铭： 《易经证释》："贯鱼者指群阴为鱼，而六五率之，如贯串也。鱼以水为谐乐，阴以阳为亲和。六五近阳，故取鱼为喻。"

郑 强： 先儒多以巽为鱼，此爻变巽。艮为门阙、宫室之象。

赵建功： 说的是，可以博采众长。

郑 强： 下比五阴，骈头相次，似贯鱼也。鱼为阴物，以喻众阴也。

王昌乐： 六五无毁阳之意，有尊阳之心。

赵建功： 是的，六五身居君位，能谦卑处下，顺承上九，故"无不利"。

温海明： 鱼在水中间，都是成群结队的，所以是鱼贯，这里讲贯鱼。

丰 铭： 《易经证释》："六五在正位而为阳，虽属阴爻，阴加于阳，与六三相似，

犹非重阴，且得近阳，其德异于以下各爻，其志亦不比于群阴。有出乎其
类，拔乎其萃之想，虽阴而能居领率之地，虽柔而能有贞固之思。"

赵建功：六五为群阴之首，如同皇后谦让不争，持守中道，故能统帅宫女井然有序，
依次得宠于上九君王，不争风吃醋，相互妒忌，则无所不利。

王昌乐：巽长女坤众也。贯鱼引领。

【"以宫人宠，终无尤也"】

赵建功：《象》曰："以宫人宠，终无尤也。"李鼎祚《周易集解》引崔憬曰："鱼
与宫人皆阴类，以比小人焉。鱼大小一贯，若后夫人嫔妇御女，小大虽殊，
宠御则一，故'终无尤也'。"

王昌乐：众阴引领共奉上九。不过这个不剥。

郑　强：六五君位，阴爻居之，而在宫阙之中，后妃宫女也，下有床第，是后妃宫女
陪侍君王，为剥其元气之人。剥而无不利者，以皇后持守中道，以其阴德率
诸宫女承顺其君，故无不利。

王力飞：上九统六五？不是，是六五鱼贯奉上九。

赵建功：六五为群阴之首，身居君位，又能柔顺不争，顺承上九，持守中道，故"无
不利""终无尤"。

郑　强：六五统众阴。

王昌乐：六五无不利是因为能贯鱼。

丰　铭：我理解为，作者这里说的正是前天曾老师说的，剥之时亦有不剥之道的不剥
之道。

赵建功：因为六五为群阴之首，身居君位，又能柔顺不争，顺承上九，持守中道。

丰　铭：所以才说无不利。"贯鱼"是强调次序、有序，这里应该是推及用人之道，
也就是不剥之道。

王昌乐：是的，物有本末，事有终始。

温海明：整个阴爻从下往上剥，一直很凶，剥到六五，突然对阳爻示好起来了，觉得
留着阳爻多好啊，不要剥他得了。

曾凡朝：另外两个说法。高亨曰："贯训习，鱼疑当读为御。官人为受官刑之人。近
习侍使之辈，用受官刑之人，则无淫秽之虞，虽宠之亦无不利。"李镜池
曰："贯鱼，射中了鱼：射鱼为献祭。《礼记·射义》：'天子将祭，必先
习射于泽而后射于射宫，射中者得与于祭，不中者不得与于祭。'此言宫人
射中了鱼，得到参加祭祀的荣宠。对宫人来说，这当然是好事。与前农民为
贵族造车受伤作对比，说明待遇不同。"何妥说："让大小老婆像鱼一样依
照贵贱宠辱的次序排列起来，不会混乱，依照次序一个一个地淫媾，那就很
好。"高亨说："官人是已经阉割了的宦者，训练这些已经没有性能力的男
人，让他们伺候，就没有淫秽的担忧。"李镜池说："让宫人去射鱼，射中

者得到参加祭祀的荣宠。"

王昌乐： 高亨所解不能出位。

王力飞 好好地招待过了，但我的果实，不能随便被你们剥走。明理的君子，给你安排个车，该干吗干吗去，啥也干不了只知道打秋风的小人，直接轰走算了。小人折腾来折腾去，还是个穷光蛋，越折腾越穷。尤其是像曾老师这么硕果累累的大人物，应该有过这种经历和体会。

姚利民： 小小六五有那么多官庭故事。

曾凡朝： 是啊，何妥曰："夫剥之为卦，下比五阴，骈头相次，似贯鱼也。鱼为阴物，以喻众阴也。夫宫人者，后夫人娱妾各有次序，不相渎乱，此则贵贱有章，宠辱有序，六五既为众阴之主，能有贯鱼之次第，故得无不利矣。"

王昌乐： 《剥》有不剥之理。

郑　强： 剥卦以阴爻与阳爻相应或近比为吉，故六三应阳无咎，六五承阳无不利。

曾凡朝： 得贯通才行，在贯通前，我还是先采用传统的。五，群阴之主也。"鱼"，阴物，故以为象。

（整理者：孙世柳 中国人民大学哲学院硕士生）

生机所寄 小人迁善
——剥卦上九明解

时　间：2016年03月27日22：00 — 23：46

【明解文本】

上九：硕果不食，君子得舆，小人剥庐。

《象》曰："君子得舆"，民所载也。"小人剥庐"，终不可用也。

【讲课内容】

曾凡朝： 六五虽为阴，但居中位，具有君威。这一爻对我们很有启示。第一，当了老大，在老大的位子上，要有团队领导能力，广结善缘，兼蓄并包。"贯鱼以宫人宠"，像王后统领后宫嫔妃一样。第二，在老大的位子上要有正确的方向和追求。"六五"居于剥卦的君位，做了老大，上承"上九"之阳，得处剥之善。第三，有道，有顺从之道。《象传》中的"顺而止之，观象也"，大概说的是"六五"吧。

前四爻都说到了剥，今天要讨论的也有"小人剥庐"。六五爻辞没有出现"剥"，程颐这样解释："剥及君位，剥之极也，其凶可知，故更不言剥，而别设义以开小人迁善之门。"剥卦剥到了第五爻，剥及君位，剥之极也，凶险可想而知，所以，不再言剥，设义以开小人迁善之门。在剥卦即将结束的时候，阐发此意义，圣人劝人向善的心意多么深切啊!

上九是此卦唯一的阳爻，一阳在上，生机所寄，硕果仅存。马恒君说："作者把全卦唯一的刚爻上九，既比作是树上结的一个硕大果子，又比作是房子的顶盖。"

赵建功：来知德曰："硕果者，硕大之果。阳大阴小，硕之象也。艮为果，果之象也。不食者，在枝间未食也。诸阳皆消，一阳在上，硕果独在枝上之象也。此爻未变，艮错兑为口，犹有可食之象。此爻一变则为坤而无口矣，不食之象也。果硕大不食，必剥落朽烂矣，故孔子曰'剥者烂也'。果剥落朽烂于外，其中之核又复生仁，犹阳无可尽之理，穷上反下，又复生于下也。舆者，物赖之以载，犹地之能载物也。变坤，坤为大舆，舆之象也。一阳复生于地之下，则万物皆赖之以生，此得舆之象也。庐者，人赖之以覆，犹天之能覆物也，五阴为庐，一阳盖上，为庐之椽瓦。……剥则阴矣，故曰小人。下一画新生，此反下也，故曰得，得则阳矣，故曰君子。盖阳剥于上，则必生于下，生之既终，则必剥于上。未剥之先，阳一画在上，故其象似庐；既剥之后，阳生于下，则上一画又在下矣，故其象似舆。诸阳消剥以尽，独上九一爻，故有硕果不食之象。今上九一爻既变，则纯阴矣，然阳无可尽之理，既剥于上，必生于下，故生于下者，有君子得舆而为民所载之象，剥于上者，有小人剥庐，终无所用之象。占者得此，君子小人，当自审矣。"

《象传》："君子得舆，民所载也；小人剥庐，终不可用也。"来知德曰："民所载者，民赖之以承载也，庐所赖以安身者也。今既剥矣，终何用哉？必不能安其身矣，国破家亡，小人无独存之理。载字，从舆字上来。不可用，从剥字上来。"

【讨论内容】
【唯一阳爻】

温海明：《易》的作者看到阳爻就开心。

曾凡朝：是啊，有生机有活力，有好事。

丰　铭：《周易证释》："夫一阳在上，生机所寄，犹木之留硕果，以存其生生不息之仁。故取为喻。硕果仅存，其贵重可知。而群阴相避，其免于侵食可知。

故曰硕果不食，明其重在生也。"

温海明：　其实已经岌岌可危，偏偏说硕果仅存。

姚利民：　上天有好生之德，想起曾老师讲的不剥之道。

温海明：　剥中得生，一阳来复。

丰　铭：　岌岌可危等于硕果仅存。

曾凡朝：　是啊，诸爻"剥"阴，岌岌可危。

王力飞：　阴承阳，阴在阳的庇护下剥阳，打秋风的阴是好的，阳就麻烦了，得养那么多官人。

赵建功：　易道一方面说"一阴一阳之谓道"，一方面又有阳尊阴卑之取向。

温海明：　有扶阳抑阴的倾向。

赵建功：　与人为善，方为君子，所以"神而明之，存乎其人"。

王力飞：　阴阳的用法体系比较杂，且相互之间会打架。

赵建功：　不是打架，是易道"唯变所适"。

【 "硕果不食" 】

温海明：　看仅存的硕果被什么样的人拿去，结果是不一样的。

赵建功：　是啊，一切都有因缘！老子曰："圣人不积，既以为人己愈有，既以与人己愈多。"

温海明：　与人为善，硕果多多。

赵建功：　所以易道讲："君子以遏恶扬善，顺天休命。"

温海明：　艮为门，硕果，刚爻为大，是高高的大门上挂着硕大无比的果实，引得过往的君子小人全都垂涎欲滴。

姚利民：　通过此卦，圣人在引导我们与人为善，终得硕果。

温海明：　这是君子的做法，小人会迫不及待地把硕果占为己有，自己吃掉。

赵建功：　《国语》："唯厚德者能受多福，无德而服者众，必自伤也。"与人为善，命自我立，这就是易道的核心。

温海明：　与人为善，命自我立，这里不剥就是不被剥之道。君子留着硕果与人为善还可以坐上奔驰，小人独吞之后还恨不得放把火把房子都烧掉。

赵建功：　老子曰："夫唯不争，故天下莫能与之争。""上善若水。水善利万物而不争，处众人之所恶，故几于道。居善地，心善渊，与善仁，言善信，正善治，事善能，动善时。夫唯不争，故无尤。"

张俊杰：　看来道家思想是对《易经》智慧的发扬。

赵建功：　《易》《老》相通。

丰　铭：　果硕大不食，必剥落朽烂。

温海明：　不吃不行？

丰　铭：　果子在最高处够不着，最后就烂了，留种。来知德是这个意思。

温海明：　以德性言，君子摘好，小人摘不好；以结果言，好结果是君子，不好的结果是小人。

张国明：　艮为山，为高处，喻为树冠上之果或山顶上之果，大而美，人皆思得之，剥之。一般人却都够不到！穷极反下之说，不足以明之。剥的主题是什么？就是摘果嘛，焉有见之而空手返还之理？君子、小人各显神通。必须摘，焉能待其自落？

温海明：　您把剥卦努力摘星的主旨揭示出来。结果都是要摘的，摘的后果自负，靠摘的人的德性来负责。六五有福，毕竟明白时势，通情达理。

【"君子得舆，小人剥庐"】

张国明：　君子得舆，站在车上摘，小人则直接站到房顶上摘！或者说君子满足于车上已摘到的，而小人不满足不惜剥庐摘之。

温海明：　反正上九的硕果六五是吃到了，上九好的话，跟自己的姬妾一起坐奔驰，大家还都说他们是神仙眷侣，不好的话，跟她们一起把屋顶掀翻，家业都付之一炬。

孙福万：　硕果如不被人食而自己烂掉，也不好吧？犹如鼎之九三"雉膏不食"，好吗？

王力飞：　列强进中国鲸吞蚕食的时候，有车的跑了，没本事的倒了。你贯鱼，给他地方，给他银子，却不满足，胃口反倒日大。硕果，非得大的果子吗？剥不走的是别的，这个，剥的人抢不走，不给剥。太王跑往岐山，被剥的原因，何以复？民心向背，仁善未丢。

张国明：　如按太王事之逻辑，君子得舆，何解？

王力飞：　纣从老周家也剥了不少东西，但诸侯归附，乐师都跑过去了。我理解，上爻是亢位，是不给剥的转化。打发君子，杜绝小人。小人终不可用，继续受损，故剥庐。

张国明：　安排自己去岐山前的随从？

王力飞：　私属。他只带走一部分人，别的扶老携幼投奔，庐当然没了。

张国明：　硕果不食可解为自己往岐山，君子得舆解为部分人追随而去！

【与其他阴爻的关系】

王力飞：　我理解的复，为复返、复归，跟传统易学的理解不一样。

张国明：　群阴剥阳，君子有难，小人得利！又何以诸阴爻多不吉辞？

王力飞：　被剥的对象不利啊。

张国明：　是啊，被剥者不利，你的角度不错，给我以新的启迪。

王力飞：　床只是隐喻。比如离卦，看了武王牧誓的内容，如豻如离，我就从军队的角度看离卦。上句是如虎如黑。对六五的解法，看法不一。如果把它当后位，看到官人，想到这些很正常。

张国明：　莫非群阴剥阳，只有一阴得利？其他人都充当了分母？

温海明：　这是个好问题，硕果被多少人分享？可能君子德性好，跟众姬妾分享，大家看了都觉得特好，赞不绝口，小人德性不好，估计连六五都分不到一口。

张国明：　这么想，有点道理！群阴剥阳，在下面的光顾剥床了，都没有近阳的机会！

王力飞：　我只看作剥的一个阶段，把很多鱼拿出来打发他们，防止他们把安身立命的床都给剥了。

温海明：　下面的把床都剥了，上九和六五这神仙眷侣连床都没有啊。

张国明：　群阴剥阳之时，阳已无力回天！

王力飞：　所以，坐车跑吧，坐不起的，只能看着房子也被拆了。

张国明：　对，这个思路对。真正的受益者只有六五。

王力飞：　留得青山在，不怕没柴烧。硕果，青山也，保住"硕果"这个命根子，其他都好说。

张国明：　上九除逃外别无出路！

温海明：　六五正想享受上九这个硕果的时候，突然发现没床，只能跟上九坐车走，往车里去。

张国明：　别的阴爻还以为得床即得人呢！结果空欢喜！六四碰到了皮肤，接近得人了，实际也未得到。只有六五尝到了实惠，活人在群阴眼热之际和上九乘车走人，乘车走人后，群阴方明，怒极而剥庐！

（整理者：贡哲　浙江大学哲学系本科生）

（本卦校对：廖浩　中国人民大学哲学院硕士生）

"周易明解"群64卦导读老师（2024年5月）

1. 林文钦（前台湾高雄师范大学国文系教授）

2. 章伟文（北京师范大学哲学学院中国哲学与文化研究所所长、教授）

3. 孙福万（国家开放大学教授、中国传统文化研究中心主任）

4. 李尚信（山东大学易学与中国古代哲学研究中心常务副主任、教授）

5. 曾凡朝（齐鲁师范学院教授）

6. 余治平（上海交通大学哲学系教授）

7. 谢金良（复旦大学中国语言文学系教授）

8. 何善蒙（浙江大学哲学学院教授）

9. 冯国栋（浙江大学古籍研究所教授）

10. 郑朝晖（广西大学国学研究中心主任、人文学院教授）

11. 史少博（西安电子科技大学教授）

12. 梅珍生（湖北省社会科学院哲学研究所所长、二级研究员）

13. 黄忠天（台湾清华大学兼任教授，台湾高雄师范大学经学研究所前所长）

14. 刘　震（中国政法大学人文学院副院长、哲学系系主任、教授）

15. 赵建功（华中科技大学哲学系副教授）

16. 张国明（沈阳大学文法学院副教授）

17. 辛亚民（中国人民大学国学院副教授）

18. 于闽梅（中国社会科学院大学文学院副教授）

19. 张文智（山东大学易学与中国古代哲学研究中心副主任、教授）

20. 张克宾（山东大学易学与中国古代哲学研究中心教授）

21. 张丰乾（西安外事学院教授）

22. 蒋丽梅（北京师范大学哲学学院教授）

23. 翟奎凤（南京大学哲学系教授）

24. 刘增光（中国人民大学哲学院副教授）

25. 谷继明（同济大学人文学院副院长、哲学系主任、教授）

26. 宋锡同（华东师范大学哲学系教授，党群佛教文化研究所研究员）

27. 刘正平（杭州师范大学人文学院副院长、教授）

28. 孙铁骑（吉林师范大学马克思主义学院副教授）

29. 孙钦香（江苏省社会科学院哲学与文化研究所副研究员）

30. 吴　宁（中山大学博雅学院副教授）

31. 寇方墀（河北美术学院老庄文化研究中心教授）

32. 尚　旭（独立学者，拂镜台文化创始人）

33. 温海明（中国人民大学哲学院教授）

"周易明解"群64卦导读安排

上经

2015年

一	乾	10月12日—10月18日	张克宾	辛亚明
二	坤	10月19日—10月25日	何善蒙	翟奎凤
三	屯	10月26日—11月01日	冯国栋	章伟文
四	蒙	11月02日—11月08日	刘 震	刘增光
五	需	11月09日—11月15日	曾凡朝	赵建功
六	讼	11月16日—11月22日	林文钦	刘正平
七	师	11月23日—11月29日	张国明	余治平
八	比	11月30日—12月06日	何善蒙	刘增光
九	小畜	12月07日—12月13日	张克宾	郑朝晖
十	履	12月14日—12月20日	冯国栋	吴 宁
十一	泰	12月21日—12月26日	刘 震	于闽梅
十二	否	12月27日—01月03日	曾凡朝	章伟文

2016年

十三	同人	01月04日—01月10日	张文智	余治平
十四	大有	01月11日—01月16日	何善蒙	寇方墀
十五	谦	01月17日—01月23日	余治平	刘增光
十六	豫	01月25日—01月31日	林文钦	章伟文
十七	随	02月01日—02月14日	张国明	孙福万

十八	蛊	02月15日—02月21日	张克宾	寇方墀
十九	临	02月22日—02月28日	张文智	刘正平
二十	观	02月29日—03月06日	赵建功	吴 宁
二一	噬嗑	03月07日—03月13日	冯国栋	郑朝晖
二二	贲	03月14日—03月20日	张国明	于闽梅
二三	剥	03月21日—03月26日	曾凡朝	赵建功
二四	复	03月28日—04月03日	何善蒙	辛亚明
二五	无妄	04月04日—04月10日	曾凡朝	章伟文
二六	大畜	04月11日—04月17日	张文智	孙铁骑
二七	颐	04月18日—04月24日	张国明	孙福万
二八	大过	04月25日—05月01日	林文钦	孙钦香
二九	坎	04月02日—05月08日	张丰乾	刘正平
三十	离	05月09日—05月15日	赵建功	于闽梅

下经

三一	咸	05月16日—05月22日	何善蒙	孙钦香
三二	恒	05月23日—05月29日	张克宾	尚 旭
三三	遁	05月30日—06月05日	寇方墀	翟奎凤
三四	大壮	06月06日—06月12日	张文智	辛亚明
三五	晋	06月13日—06月19日	李尚信	余治平
三六	明夷	06月20日—06月26日	曾凡朝	蒋丽梅
三七	家人	06月27日—07月03日	张国明	赵建功
三八	睽	07月04日—07月10日	孙福万	刘正平
三九	蹇	07月11日—07月17日	冯国栋	郑朝晖
四十	解	07月18日—07月24日	张丰乾	于闽梅
四一	损	07月25日—07月31日	章伟文	孙铁骑
四二	益	08月01日—08月07日	刘 震	刘增光
四三	夬	08月08日—08月14日	张国明	翟奎凤
四四	姤	08月15日—08月21日	何善蒙	辛亚明
四五	萃	08月22日—08月28日	章伟文	孙钦香
四六	升	08月29日—09月04日	林文钦	余治平

四七	困	09月05日—09月11日	寇方墀	于闽梅
四八	井	09月12日—09月18日	张克宾	孙铁骑
四九	革	09月19日—09月25日	赵建功	吴 宁
五十	鼎	09月26日—10月02日	谷继明	孙钦香
五一	震	10月03日—10月09日	李尚信	刘正平
五二	艮	10月10日—10月16日	孙福万	张文智
五三	渐	10月17日—10月23日	冯国栋	宋锡同
五四	归妹	10月24日—10月30日	郑朝晖	辛亚民
五五	丰	10月31日—11月06日	谢金良	蒋丽梅
五六	旅	11月07日—11月13日	张国明	史少博
五七	巽	11月14日—11月20日	张丰乾	曾凡朝
五八	兑	11月21日—11月27日	林文钦	孙铁骑
五九	涣	11月28日—12月04日	张文智	于闽梅
六十	节	12月05日—12月11日	余治平	黄忠天
六一	中孚	12月12日—12月18日	寇芳墀	赵建功
六二	小过	12月19日—12月25日	梅珍生	章伟文
六三	既济	12月26日—01月01日	何善蒙	孙福万

2017年

| 六四 | 未济 | 01月02日—01月08日 | 张国明 | 张克宾 |

《明解周易的当代意义》学术研讨会暨 "周易明解"群线下聚会

2017年1月8日，《明解周易的当代意义》学术研讨会暨"周易明解"群线下聚会在中国人民大学逸夫会议中心第一会议室召开，国际易学联合会荣誉会长王国政先生、国际易学联合会俄罗斯籍副会长安德烈先生、国际易学联合会副会长、北京大学马克思主义学院执行院长孙熙国教授、国际儒学联合会秘书长牛喜平先生、山东大学易学研究中心常务副主任李尚信教授、国际易学联合会会长助理樊沁永博士、四海孔子书院院长冯哲先生、华夏出版社副社长陈振宇先生先后发表讲话。会议由国际易学联合会秘书长、中国人民大学哲学院温海明教授主持。

《明解周易的当代意义》学术研讨会暨"周易明解"群线下聚会

2017.1.8·中国人民大学

国际易学联合会荣誉会长王国政先生代表现任会长孙晶先生表示，易学联合会要走国际化和联合当代易学界的发展路线，"周易明解"这个学术共同体做出了很好的尝试，因为大家都正在努力处理好三个关系：一是古代经典与当代诠释的关系，二是易学义理与术数之间的关系，三是国内易学推广与国际易学传播的关系。来自俄罗斯远东科学院的安德烈副会长表示，很高兴看到中国的中青年易学家们聚在一起讨论当代易学的发展，也请大家关注俄罗斯易学界对《周易》和太极拳的最新研究。孙熙国副会长认为，"周易明解"群如此聚集当代易学界的顶级学者一起解读卦爻辞，可能是具有历史意义的论学盛会，而且将来的成果也很可能具有划时代的价值，从论学之初，"周易明解"学术共同体试图打通古今各家注本，经传互证，侧重易学义理的诠释，没有神秘主义倾向，在处理易学与哲学的关系方面，诸位学者做出了有益的尝试。国际儒联秘书长牛喜平先生指出，易学的国际化与儒学的国际化密不可分，所以国际儒联和国际易联应该携手并进推进易学与儒学的国际化，也应该加强易学与儒学之间的交流与对话。山东大学《周易》研究中心李尚信教授作为参与导读的学者认为，该学术共同体高手云集，俨然占有当代易学界的半壁江山，而且群里师友彼此切磋，大家共同进步，非常受益，很多解释通俗晓畅，对易学史上很多聚讼纷争的问题做出了当代的回应，无论是从结果上还是从方法上都有超越。该群培育了一批易坛新秀，为易学界的发展注入了新鲜血液，为下一步易学的发展打下了坚实的基础。国际易学联合会会长助理樊沁永博士致谢与会专家的参与及提交的学术论文，希望学界一起为办好《国际易学研究》辑刊而努力。四海书院院长冯哲先生认为《周易》是中国传统文化的源代码，他乐见"周易明解"群首轮导读的圆满结束，希望下一步能够帮助"周易明解"群落地，进一步推动经典传播和文明对话，推进这一件既有现实意义也有历史意义的事情。华夏出版社副社长陈振宇先生回顾了之前多年支持国际易联出版《国际易学研究》辑刊的历程，期待与易联进一步合作，并带来该社出版的马恒君《周易》著作分赠与会代表。

在上午的专家发言中，复旦大学谢金良教授指出，"周易明解"群是当代易学研究的新高地，为易学界带来了全新的气象，他指出"周易明解"学术共同体做到了《周易》研究界的很多"前所未有"：比如线上线下同时讲课，讨论学习，各个不同的易学门派摒除门户之见共同参研，连续坚持四百多个日日夜夜，从未间断，当代几乎从未有这么多教授一起解读《周易》，而且讲稿正在编辑整理，有望出版。他觉得明解的"明"妙就妙在可解与不可解之间，期待苟非其人，道不虚行，大家一起把明解群实现的责任感和担当感继续下去。浙江大学何善蒙教授也讲到，没想到明解群能够延续到今天，成为当代易学界最有趣和有意义的学术高地之一。山东大学《周易》研究中心的张文智教授推崇《易经证释》，认为《周易》就是一门改命的学问，古人学习《周易》真诚感天，今天我们学习《周易》也要有这样的诚敬才行。齐鲁师范大学曾凡朝教授感叹明解群虽然坚持一年多很不容易，但大家还是一起坚持下来了，对于学习《周易》的学术共同体的建立是一个里程碑式的事件，培育了一批能够担当易学传播使命感的老师和学生，培养当代人通过学习经典，领悟大道而成就自己的小我成为大我，实现"各美其美，美美与共"的境界。广西大学郑朝晖教授回顾了历代《周易》注疏和哲学思想发展之间的关系，他指出，每隔一千年左右，对《周易》的新诠释必将带动中国哲学的新发展，第一个千年是商周文化融通，第二个千年是道家文化与儒家文化的融通，第三个千年是中国哲学与佛教思想的融通，第四个千年是中国哲学与西方思想的融会贯通。所以我们这个时代需要新的诠释思路、新的方法论和新的经典系统，我们需要有能力和魄力担当文化诠释与传承的新一代传道者，而"周易明解"群无疑是为播种文化传承的慧苗做出了历史性的贡献。长白山师范学院的孙铁骑老师说，明解群运用现代技术手段，汇集学术界和民间的易学家们一起学习64卦，对于帮助大家明解《周易》哲理，为人们生活造福都有贡献。

在下午的专家发言中，青年政治学院的于闽梅教授认为《易》可以晚一点接触，要在玩中学《易》，要义理、象数并重，注重同时代的文献资料。沈阳大学的张国明教授接着上午老师关于"明解"的"明"继续说，太明不好，明是过程不是结果，1月8日最后一天讲《未济》上九爻，说明解释仍将无穷无尽。明解群能够坚持下来，与应合乾卦创生之本，赋予乾阳之气的温老师的坚持很有关系，他能够为而不宰，甘当捧人角色，"见群龙无首吉"。明解群推崇百家争鸣，不崇"看齐意识"，符合"天德不可为首"的道理。比大师更重要的是一大批如饥似渴的学《易》学生团队，体现出"坤厚载物，德合无疆"的德性。明解群的明解符合《周易》的思维方式，"寂然不动，感而遂通"，"寂然"是乾坤的完美结合，充满无限能量。国家开放大学的孙福万教授指出，《易经》是哲学，有独特的思维方式，独特的人文精神。《易经》介乎罗素所谓"哲学、宗教、科学"三者之间，更多的是哲学。他主要谈了"变通明玩"四个字，并提出感想与建议，认为明群应该坚持学术本位，回答社会关切，经世致用，可以做点事情，比如考虑如何落地的问题。在中国人民大学刘增光老师谈了自己学习《周易》的经历和体会之后，来自北京的寇方墀老师认为，对于明群的发展，方向比速度更重要。《周易》是拿来用的，可以帮助人们找到时位作决策，能够明体达用，经世致用，解决困惑。有时候不以个人吉凶祸福去做，所以要有担当精神，今天我们面临国学的全面复兴，要从卜筮或宗教、哲学、历史、科学等角度来理解《周易》，作为现代学《易》者，大家应轻装上阵，"明"解《周易》。来自北京的尚旭老师也谈了自己的学《易》经历，以及自己从事《周易》实践的经验等。

国际易联常务副秘书长庞薇、群友郑静、萧金奇、赵安军、张弛弘弢等先后发言，对"周易明解"群的发展提出了很多中肯的建议。本次线下聚会是与国际易学联合会和中国人民大学孔子研究院联合举办的，是在侯川、林正焕、尚旭、傅爱臣、陶安军、黄胜得、赵薇、程姝、瞿华英、刘娜、元融、闫睿颖、陈鹏飞、刘久红、姚利民、张倩、张楚歌、陈佳红、刘京华、张静、靳君、罗仕平、王眉涵、刘世猛、陈沅、臧永志、石彩霞、李永红、刘云、李云、黄汉礼、常会营、施星辉、王鹏、郑智力、王鉴石、乔蓓、柴方吕、苏伯亚、柯仁昌、许超哲、徐东、郑强、韩毅、王力飞等几十余位热心群友的支持下才得以成功举办的，群友们的热心支持也是对诸位学界前辈公益讲学的诚挚表达。

【聚会花絮】

1月8日线下聚会最后在多位导读老师和群友们的热心参与之下圆满结束。导读老师寇方墀填曲一首：

《山坡羊·读未济卦》

临河回顾，波翻云聚，当年鬼方知何处？

曳其轮，濡其尾，漫漫浮沉求济路。

风雨怎堪成险阻？

难，心不移；易，志更笃！

聚会之际，有太一道院院长黄胜得先生祝福：

周易明解精修群。

为国为民培菁英。

以易以明教群伦。

众英得理布四海。

以理服人行天下。

理正气神显道光。

道光普照万物祯。

学生孙世柳（孙百心）有《学易词》：

四百日夜群芳聚，众明易夕惕若厉。

先师往去拜今师，慕后生何等福气。

自壮求学路漫漫，朝夕一爻通周易。

恩师诱导启来路，有朝中华惊天地。

复旦大学谢金良教授发表了一篇联名诗，以金玉良言话群英，得到聚会群友普遍点赞：

旭日东升天微明，

元融宁静护易行。

胜得内丹传福万，

恒君正宗立门庭。

少博命理启文智，

善蒙良言见金奇。

> 朝晖增光德正焕，
>
> 铁骑安军傅爱臣。
>
> 熙国喜平安德烈，
>
> 凡朝尚信哲利民。
>
> 张弛力飞曾振宇，
>
> 奎凤未至先克宾。
>
> 丽梅闽梅寇芳墀，
>
> 庞薇赵薇瞿华英。
>
> 候川昌乐王国政，
>
> 明群久红樊沁永！

奉天承运，国明福成，元亨利贞，保定永红。

谢教授又和多位老师一起和诗一首：

> 海内存知己，明群共利贞，
>
> 温温伏羲易，存存炎黄情。
>
> 蒙蒙探赜隐，静静待国明，
>
> 燕山已远去，复旦重光明。
>
> 良言即真金，蒙正自成善，
>
> 正蒙有张子，明解待诸公。

诸位师友解读和赋诗幽默风趣，才华横溢，给明解群的聚会增色不少。